新编政府会计

XINBIAN ZHENGFU KUAIJI

王国生 ◎ 编著

首都经济贸易大学出版社
Capital University of Economics and Business Press
·北京·

图书在版编目（CIP）数据

新编政府会计 / 王国生编著. -- 北京 : 首都经济贸易大学出版社, 2025. 1. -- ISBN 978-7-5638-3718-2

Ⅰ. F810.6

中国国家版本馆 CIP 数据核字第 20243D3M01 号

新编政府会计
王国生　编著

责任编辑	陈雪莲
封面设计	砚祥志远·激光照排 TEL：010-65976003
出版发行	首都经济贸易大学出版社
地　　址	北京市朝阳区红庙（邮编100026）
电　　话	(010) 65976483　65065761　65071505（传真）
网　　址	http://www.sjmcb.cueb.edu.cn
经　　销	全国新华书店
照　　排	北京砚祥志远激光照排技术有限公司
印　　刷	人民日报印务有限责任公司
成品尺寸	185毫米×260毫米　1/16
字　　数	736千字
印　　张	28.75
版　　次	2025年1月第1版
印　　次	2025年1月第1次印刷
书　　号	ISBN 978-7-5638-3718-2
定　　价	64.00元

图书印装若有质量问题，本社负责调换

版权所有　侵权必究

前 言

《新编政府会计》是为各类院校开设政府会计、政府会计及非营利组织会计、公共部门会计、非营利组织会计等课程编写的教科书。

在我国，政府会计主要由政府财政总会计和政府单位（行政单位和事业单位）会计所组成。众所周知，财政是国家治理的基础和重要支柱，而政府会计则是财政管理的一项重要的基础工作。政府会计服务于财政预算管理和政府财务管理，为各级人民代表大会、各级政府、各级财政和监督机关（如审计、税务等）、上级主管部门和本单位以及社会公众等会计信息使用者提供可靠、相关的预算信息和财务管理信息，以反映政府会计主体受托责任履行情况以及决策的制定。

基于政府会计在政府管理中的重要作用，结合财政部近期发布的一系列政府会计准则、制度等规范，笔者编写了《新编政府会计》一书。该书的特点主要表现在以下方面：

一、内容新颖

《新编政府会计》的"新"主要表现在以下三方面：

（1）内容新。本书严格按照表1所示的会计规范等内容编写。

表1 会计规范

会计规范	文号	发布日期
中华人民共和国会计法	中华人民共和国主席令第二十八号	2024-06-28
会计人员职业道德规范	财会〔2023〕1号	2023-02-01
《政府会计准则第11号——文物资源》及其应用指南	财会〔2023〕19号	2023-11-16
政府会计准则制度解释第6号	财会〔2023〕18号	2023-10-20
预算管理一体化规范（2.0版）	财办〔2023〕12号	2023-04-14
财政总会计制度	财库〔2022〕41号	2022-11-18
预算指标核算管理办法（试行）	财办〔2022〕36号	2022-09-21
政府财务报告编制办法	财库〔2023〕21号	2023-11-08
政府部门财务报告编制操作指南	财库〔2023〕22号	
政府综合财务报告编制操作指南	财库〔2023〕23号	
行政事业单位划转撤并相关会计处理规定	财会〔2022〕29号	2022-10-18
政府会计准则制度解释1号	财会〔2019〕13号	2019-07-23
政府会计准则制度解释2号	财会〔2019〕24号	2019-12-27
政府会计准则制度解释3号	财会〔2020〕15号	2020-10-23
政府会计准则制度解释4号	财会〔2021〕33号	2021-12-30

续表

会计规范	文号	发布日期
政府会计准则制度解释 5 号	财会〔2022〕25 号	2022-09-29
政府会计准则制度解释 6 号	财会〔2023〕18 号	2023-10-31
《政府及非营利组织会计准则制度》应用案例	—	2022-07-07
《政府及非营利组织会计准则制度》实施问答	—	2022-07-05

（2）教材内容重新组织。《政府会计准则——基本准则》明确提出政府会计核算采用政府预算会计和财务会计适度分离又相互衔接的模式。传统的政府单位会计教材大多按照预算会计和财务会计的账务处理方法分章论述、相互分离方式设计。《新编政府会计》无论在财政总会计还是政府单位会计方面，对会计主体发生的经济业务的处理实现了财务会计与预算会计的有机融合，体现了政府会计有别于企业会计的显著特点，将政府会计"双功能"（预算会计功能和财务会计功能）、"双基础"（收付实现制基础和权责发生制基础）、"双报告"（决算报告和财务报告）核算模式的精髓完整地呈现在读者面前，有助于读者全面、系统地了解和掌握政府会计难点和重点以及账务处理技能。

（3）坚守政治性。教材是铸魂育人的重要载体和基本工具。《新编政府会计》一书全面体现教育部在全国高校推广课程思政的要求，秉承政治性是新时代高质量教材首要属性的理念。作为会计专业教材，它不仅承载着传递丰富的政府会计知识、提高和强化职（执）业能力的使命，还担负着培育和弘扬社会主义核心价值观的重任。为此，《新编政府会计》重视思想教育的渗透，每章开篇专门设置思政目标，将专业培养目标与思政教育目标相融合，利用教材平台，通过潜移默化、润物无声的方式，将马克思主义立场、观点、方法贯穿教材始终，充分体现习近平新时代中国特色社会主义思想，通过梳理重构政府会计课程知识，并将课程思政内容融入教材，实现全面传授专业知识与系统思政教育无缝对接，取得良好协同育人效果。

二、结构设计合理、形式多样

《新编政府会计》每章以"学习目标和思政目标"开始，使读者对本章学习目的有一个整体认识，同时，指出本章的学习重点和难点。本书内容丰富，除介绍政府会计业务处理内容和方法外，每章设计若干思考题、练习题，实现思想引领与思维训练相融合。教材是教与学的媒介，对于教与学过程中的重点和难点，本书以流程图形式加以说明，以简驭繁；对于有些内容较多、章与章之间具有一定的对应关系的章节，本书以表格形式予以归纳并前后呼应，既适合教师讲授，也便于自学。

三、实务与理论并重

本书在内容取舍上紧扣政府会计准则及其指南、《财政总会计制度》、《政府单位会计制度》及其解释、实施问答等核心内容，结合政府各级财政、政府单位运行活动的特点，以丰富的实例深入浅出地对政府会计实务中的难点和重点业务的核算方法做了诠释，并且精心设计了大量实例，这些实例体现了政府会计准则、制度的精髓，既丰富和完善了学生专业知识架构，也提高了他们解决实际问题的能力。

四、适用范围广泛

本书除满足各类财经院校会计、审计、财务管理或理财专业开设政府会计、政府会计及非营利组织会计、公共部门会计、非营利组织会计等课程教学的需要，还可以为其他相关专业（如财政学、税收、金融学、行政管理、劳动与社会保障专业）和课程以及社会教育（如后续学历教育、非学历教育和职业培训等）提供系统学习政府会计管理的材料。

此外，本书对重要的财政和预算方面法规、政府会计准则制度以及政府会计应用案例等采用二维码方式链接，帮助读者加深对政府会计的认识和理解，拓展其知识面，提高其学习质量。

笔者在编写本书过程中参阅了国内外大量的文献，参考内容在本书中已加注明，如有遗漏，敬请谅解。在此，向本教材编写过程中所参考的全部文献的作者致以最诚挚的谢意。另外，特别感谢首都经济贸易大学出版社陈雪莲编辑为本书出版所付出的心血和创造性劳动。

由于笔者水平和能力有限，本书纰漏甚至错误在所难免，恳请读者批评指正。

编者

2024年2月

目 录

上篇 总 论

第一章 政府会计基本理论 2
 第一节 政府与政府会计 2
 第二节 政府会计理论体系 9
 第三节 政府会计核算模式 17
 第四节 政府会计规范 21

中篇 财政总会计

第二章 财政总会计概述 28
 第一节 财政总会计对象与会计要素 28
 第二节 财政总会计目标与职责 33
 第三节 财政总会计核算 34

第三章 财政总会计资产 45
 第一节 资产概述 45
 第二节 流动资产 46
 第三节 非流动资产 56

第四章 财政总会计负债 71
 第一节 负债概述 71
 第二节 流动负债 73
 第三节 非流动负债 84

第五章 财政总会计收入与预算收入 99
 第一节 收入与预算收入概述 99
 第二节 税收收入与一般公共预算收入 103

第三节　非税收入与一般公共预算收入、政府性基金预算收入、
　　　　　　国有资本经营预算收入 ································ 107
　　第四节　投资收益与一般公共预算收入、国有资本经营预算收入 ········ 112
　　第五节　补助收入与补助预算收入、上解收入与上解预算收入 ·········· 112
　　第六节　地区间援助收入与地区间援助预算收入 ······················ 115
　　第七节　财政专户管理资金收入与专用基金收入 ······················ 116
　　第八节　债务预算收入和债务转贷预算收入 ·························· 120
　　第九节　其他收入 ·· 123

第六章　财政总会计费用与预算支出 ···································· 126
　　第一节　费用与预算支出概述 ···································· 126
　　第二节　拨款费用与其预算支出 ·································· 132
　　第三节　财务费用与其预算支出 ·································· 136
　　第四节　转移性费用与其预算支出 ································ 142
　　第五节　财政专户管理资金支出与其预算支出 ······················ 146
　　第六节　专用基金支出与其预算支出 ······························ 148
　　第七节　债务还本和债务转贷支出 ································ 149

第七章　财政总会计净资产与预算结余 ·································· 154
　　第一节　净资产与预算结余概述 ·································· 154
　　第二节　本期盈余与本期预算结余 ································ 155
　　第三节　累计盈余与预算累计结余 ································ 162
　　第四节　预算周转金与预算稳定调节基金 ·························· 164
　　第五节　权益法调整 ·· 166
　　第六节　以前年度盈余调整 ······································ 167

第八章　财政总会计报表 ·· 173
　　第一节　会计报表概述 ·· 173
　　第二节　财务报表 ·· 176
　　第三节　预算会计报表 ·· 190

下篇　政府单位会计

第九章　政府单位会计概述 ·· 198
　　第一节　政府单位的组成与经济特征 ······························ 198

第二节　政府单位会计科目 …………………………………………………… 201

第十章　政府单位流动资产 …………………………………………………………… 205
　　　第一节　流动资产概述 …………………………………………………………… 205
　　　第二节　货币资金与短期投资 …………………………………………………… 206
　　　第三节　应收及预付款项 ………………………………………………………… 215
　　　第四节　存货 ……………………………………………………………………… 225

第十一章　政府单位非流动资产 ……………………………………………………… 242
　　　第一节　长期投资 ………………………………………………………………… 242
　　　第二节　固定资产 ………………………………………………………………… 251
　　　第三节　在建工程 ………………………………………………………………… 262
　　　第四节　无形资产 ………………………………………………………………… 266
　　　第五节　公共基础设施、政府储备物资、文物资源和保障性住房 …………… 273
　　　第六节　其他非流动资产 ………………………………………………………… 282

第十二章　政府单位负债 ……………………………………………………………… 290
　　　第一节　负债概述 ………………………………………………………………… 290
　　　第二节　流动负债 ………………………………………………………………… 291
　　　第三节　非流动负债 ……………………………………………………………… 313

第十三章　政府单位收入与预算收入 ………………………………………………… 324
　　　第一节　收入与预算收入概述 …………………………………………………… 324
　　　第二节　财政拨款收入及其预算收入 …………………………………………… 328
　　　第三节　事业收入及其预算收入 ………………………………………………… 333
　　　第四节　上级补助收入、附属单位上缴收入及其预算收入 …………………… 339
　　　第五节　经营收入及其预算收入 ………………………………………………… 342
　　　第六节　非同级财政拨款收入及其预算收入 …………………………………… 344
　　　第七节　债务预算收入 …………………………………………………………… 346
　　　第八节　投资收益及其预算收入 ………………………………………………… 347
　　　第九节　其他类收入及其预算收入 ……………………………………………… 347

第十四章　政府单位费用与预算支出 ………………………………………………… 356
　　　第一节　费用与其预算支出概述 ………………………………………………… 356
　　　第二节　业务活动费用及其预算支出 …………………………………………… 359
　　　第三节　单位管理费用及其预算支出 …………………………………………… 364

第四节	经营费用及其经营支出	368
第五节	资产处置费用及其预算支出	371
第六节	上缴上级费用、附属单位补助费用及其预算支出	373
第七节	所得税费用	376
第八节	其他费用和其他支出	377

第十五章	政府单位净资产与预算结余	383
第一节	净资产	383
第二节	预算结余	395

第十六章	政府单位会计报表	412
第一节	政府单位会计报表概述	412
第二节	财务报表	414
第三节	预算会计报表	429
第四节	附注	443

主要参考文献 ·· 447

上篇 总论

第一章 政府会计基本理论

【学习目标和思政目标】
● 学习目标：了解政府与政府会计的关系，熟悉政府的经济环境，掌握政府会计目标、政府会计基础、政府会计主体和报告主体、政府会计法规体系。
● 思政目标：充分认识我国政府会计在促进政府改革、社会经济发展等方面所发挥的重要作用，提高对专业学习的兴趣，激发民族自信、职业自信、文化自信，并将这种自信融入目前和未来的学习、工作和生活之中，使自己不断成长，成为国家栋梁之材，为社会做出有益贡献。

【学习重点和难点】
● 学习重点：政府及其组成、政府经济环境特征、政府会计的目标和基础、政府会计核算主体与报告主体、政府会计要素以及政府会计准则和会计制度等。
● 学习难点：政府会计目标、政府会计核算主体、政府会计要素等。

第一节 政府与政府会计

现代社会是一个错综复杂的有机组合体，其生存与发展既离不开企业所创造财富的支持，也需要非营利性组织提供的教育、文化、医疗等服务，更需要政府的管理、协调、监督、服务和保障。因此，在社会主义市场经济环境下，我国的社会组织一般由营利性组织（称为企业或公司）、非营利性组织和政府组织三部分构成。

一、政府及其财政活动

（一）政府的内涵

在社会生活中，政府承担着提供公共产品和公共服务、满足社会多种需求的职能。自古以来政府一直处于社会秩序的中心。在人类历史的实践中，政府一直充当着国家的代理人，无时无刻不在左右着一国经济的发展，无处不在地影响着人们的生活。"从摇篮到坟墓，我们的生活无不受政府活动的影响。"[1] 政府是国家的象征和代表，对外是国家的代言人；对内是国家机器的核心，是行使国家权力的机关。伴随人类文明程度的不断提升，政府在社会中的作用和影响日趋扩大。

什么是政府？关于政府的概念有狭义和广义之分。狭义的政府仅指国家行政机关，如《现代汉语词典》将政府解释为"国家权力机关的执行机构，即国家行政机关"[2]。而广义

---

[1] 施蒂格利茨. 政府经济学 [M]. 北京：春秋出版社，1988：2.
[2] 中国社会科学院语言研究所词典编辑室. 现代汉语词典 [M]. 修订本. 北京：商务印书馆，1996.

的政府是指包括立法、行政、司法等在内的国家机关，"就其作为秩序化统治的一种条件而言，政府是国家的权威性表现形式。其正式的功能包括制定法律，执行和贯彻法律，以及解释和应用法律。这些功能在广义上相当于立法、行政和司法功能"①。

我国政府由中央政府和地方政府组成。中央政府的最高行政机关是国务院，地方政府的行政机关分为省（自治区、直辖市）、州或县（市、区）和乡镇三级人民政府。各级政府行政机关是国家权力的执行机构，由各级人民代表大会产生，对本级人民代表大会及其常务委员会负责并报告工作，受其监督。下级政府行政机关受上级行政机关的领导，地方各级政府服从国务院的统一领导。

按照结构理论，我国行政机关的结构可以分为纵向结构和横向结构。其中，纵向结构是指各级政府上下之间、各级政府各组成部门上下之间构成领导与服从的主从关系。我国行政机关纵向结构如图 1-1 所示。

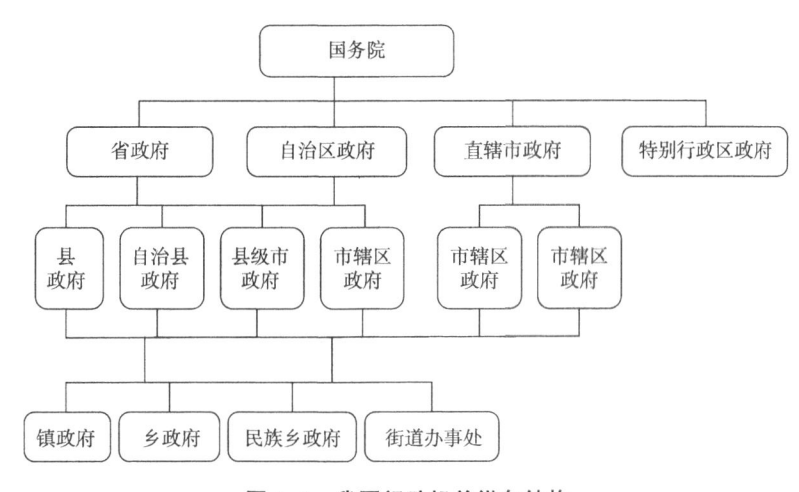

图 1-1 我国行政机关纵向结构

横向结构是指同级政府相互之间和每级政府各组成部门之间构成协调的平行关系。例如，各省、自治区、直辖市政府之间，部（委）内部各司（局）之间，厅（局）内各处（室）之间，都是一种平行协调的横向结构关系，共同对一个上级负责。

（二）财政活动

在当代社会里，财政是一国经济系统不可或缺的组成部分，它是"国家治理的基础和重要支柱"。什么是财政？财政是以国家为主体，凭借政治权力，为满足社会公共需要参与社会产品分配所形成的政府经济活动。财政通过政府经济活动使社会再生产过程相对均衡与协调，实现社会资源优化配置、社会收入公平分配以及国民经济稳定与发展②。关于财政的概念进一步解释如下：

1. 国家或政府是财政活动的主体。它们都以政权使者的身份在财务活动中起着主导性的作用，既是财政收入的主要组织者，又是财政支出的主要安排者，也是财政政策的唯一制定者。

---

① 布莱克维尔政治学百科全书 [M]. 北京：中国政法大学出版社，2002：312.
② 李红霞，姚东旭. 财政学 [M]. 3版. 北京：中国财政经济出版社，2017.3.

2. 国家或政府为了维持其存在和发展，发挥和实现其资源配置、收入分配、调控经济和监督管理等职能作用，必须通过集中财政收入和统一安排财政支出，占有和分配使用一部分社会产品和国民收入。一个良好的政府首先是一个有效的政府，政府的有效性很大程度上取决于政府职能配置的有效性，而能否掌握各类充分、相关信息已成为职能配置有效的前提和基础。信息是多方面的，提供的渠道也不是唯一的，与统计信息、价格信息等相比，会计信息以其可比、综合等天然优势，在政府职能配置中发挥着独特的作用。

3. 财政活动集中反映在税收、政府支出、公债等与预算行为有关的活动中，并且时刻影响着每个企业、家庭和个人。如同企业进行生产经营决策依赖客观、有用、透明的会计信息一样，政府制定和执行税收、政府支出、公债等经济决策，也要依赖于政府会计提供与此相关的经济信息；同样，与企业所有者与经营者之间存在一定委托、受托责任关系一样，政府与纳税人或公民之间也存在委托、受托责任关系，也就是纳税人或公民将公共资源和公共财产委托政府管理，而政府承担了保障公共资源和公共财产的安全、完整的受托责任。政府从人民的公共利益出发，一方面，接受公民的委托，履行好政府公共事务的管理职责；另一方面，应当向社会公众报告其受托责任的履行情况。可见，政府制定各类宏观经济决策、报告其受托责任离不开政府会计提供相关信息。

二、政府的经济环境特征

与企业、非营利组织相比，政府的经济环境特征主要体现在以下几个方面。

（一）多层公共受托责任关系

公共受托责任关系是指政府机构对公共财政资源负有受托管理责任，履行管理职能并定期向受托方报告其责任履行情况的义务。

在我国，公共领域存在多层委托受托责任关系。比如政府与立法机构间的关系、政府内部各级政府（中央、省、市、县、乡五个级次）间的关系，政府与党派间的关系等。

本质上讲，政府是一个国家或社会的代理机构，代理人民执行国家职能，受托管理公共资源，承担社会公众赋予的公共受托责任。人民通过法律，把权力、责任赋予和委托给人民意志的代表即国家，政府代表国家行使管理社会公共事务的权力，对公共资源、公共财政、公有资产等进行配置、管理、使用，向社会提供公共产品和公共服务。由于公共产品和公共服务的广泛性，政府也就对全体公民承担了社会、政治、经济、文化的受托责任。这种由公共权力的委托而产生的受托责任即"公共权力受托责任"。公民与政府之间的这种"委托-代理"关系，决定了政府不但必须严格按照预算的要求筹集和使用财政资金，保证各项财政收支在总量上不突破预算的限制，还必须严格按照预算的要求将各种不同来源的资金用于预算设定的用途，保证各项财政收支在配比上不突破预算的限制。我国公共受托责任关系如图1-2所示①。

政府这种公共受托责任、相互关系及其履行情况，需要通过一定的方式（如政府决算报告、财务报告）向社会全体公民披露，搭建政府与社会公众之间相互了解和彼此沟通的桥梁，帮助与政府利益相关各方利用政府提供的各种信息（主要是会计信息），全面、清晰地掌握政府财务信息和预算执行信息、资产负债管理状况、财政风险防范能力，促进

---

① 中国会计学会. 政府会计理论与准则体系研究 [M]. 大连：大连出版社，2010.

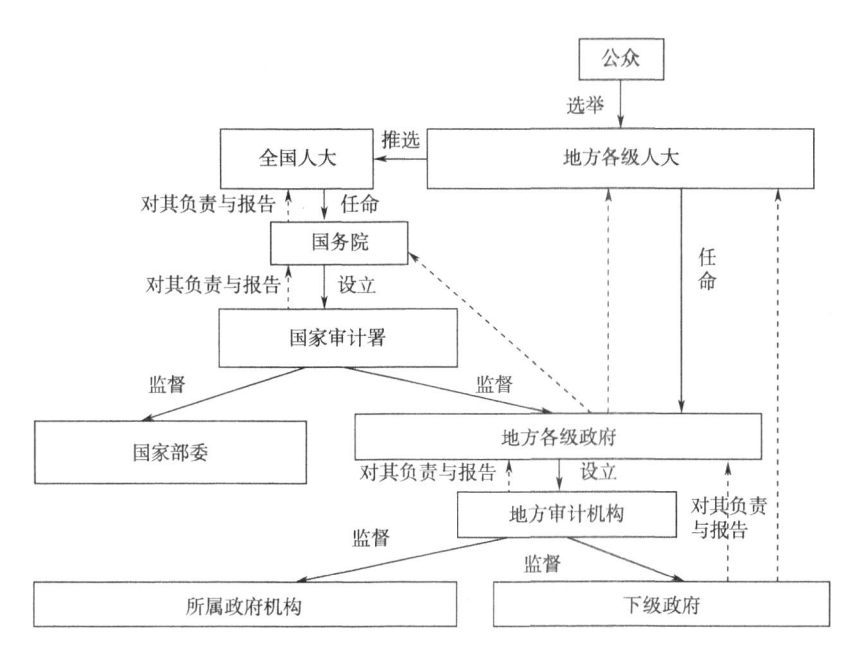

```
                    ┌──────┐
                    │ 公众 │
                    └──────┘
              推选  ↑  选举  ↓
      ┌────────┐        ┌──────────────┐
      │ 全国人大│◄───────│ 地方各级人大 │
      └────────┘        └──────────────┘
   对其负责与报告↑↓任命              │任命
      ┌────────┐                     │
      │ 国务院 │                     │
      └────────┘                     │
   对其负责与报告↑↓设立               │
      ┌──────────┐                   │
      │国家审计署│                   │
      └──────────┘                   │
       监督↙    ↘监督                 ▼
  ┌────────┐  ┌──────────────┐
  │国家部委│  │ 地方各级政府 │
  └────────┘  └──────────────┘
              对其负责与报告↑↓设立   ↑对其负责与报告
              ┌──────────────┐
              │ 地方审计机构 │
              └──────────────┘
              监督↙    ↘监督
      ┌──────────────┐  ┌──────────┐
      │ 所属政府机构 │  │ 下级政府 │
      └──────────────┘  └──────────┘
```

图 1-2　我国公共受托责任关系

各级政府及其所辖部门、单位提高执政能力和管理水平。

（二）运营的目的

政府建立和运营的最终目标不是营利而是为社会提供公共产品和公共服务（包括福利项目、治安维持、公共教育、国家安全服务等），以满足社会及其成员的共同需求。并且政府提供这些公共产品或公共服务，并不考虑成本能否得到补偿或者费用的支付者是否从中受益。

企业的根本宗旨是营利。"企业管理中，每个决策与行动都必须始终将经济利益放在第一位。"[①] 企业通过将所有者出资以及从资本市场上筹集的社会资源转化为现实的生产力，向消费者提供具有吸引力的货物或服务，达到获取利润的目的。

非营利组织产生、存在和发展的基础既不是国家职能，也非追逐利润，而是社会公共利益。因此，促进社会公益事业，如慈善、教育、科研、保健、福利、文化、艺术、体育、环保、社会服务等事业的健康发展是非营利组织追求的目标。

（三）财务资源的来源和使用

任何组织必须拥有足够的财务资源以实现其目的。政府财务资源来源于税收、向社会公众发行国债或地方政府债券、国有资产经营收益、接受社会捐赠、按成本补偿原则收取的服务费等，其中税收和政府性收费是政府主要的经济资源来源。由于政府不以营利为目的，众多的财政资源受到有关法律、法规、合同、协议等来自外部的约束，被限定用于特定的公共活动或目的，如行政管理、国防、外交、教育、科技、文化、卫生、社会保障、基础设施、重大工程以及战略性产业、自然垄断产业等公共物品或自然垄断产品等方面。

企业的财务资源主要通过接受投资者的投资、向债权人借入以及销售产品或提供服务

---

① Managment：tasks-responsibilities-practices［M］. New York：Harper & Row，1973：40.

的收入等方式筹集，投资者出资的目的是将其资源投入生产经营过程后使投入的资本增值，债权人通过资金的借贷获取利息或转让收益，同时，企业按照市场机制收取所提供产品的价款或服务费。在企业存续期间，投资者享有收回投资、分享利润的权利，即使企业进入解散、破产程序，投资者也拥有剩余财产权。

非营利组织具有弥补市场失灵和政府失灵的社会功能，这类组织既没有政府获得税收的公权力，也没有企业"钱生钱"的市场机制，而是靠自身使命定位去赢得社会资源[①]。因此，非营利组织可能获取资源的途径既不同于政府也有别于企业，主要包括接受捐赠、政府补贴或津贴、税收优惠、会费收入和弥补成本支出等。非营利组织的财务资源无论以何种方式筹集，全部被投入了公共事业。

（四）监管和控制方式

政府提供的公共产品或服务是独一无二的，消费者无须付费或只要象征性地付费就能获取，并且纳税人与公共产品或服务受益者之间非关联性或相关性弱，加之政府运营活动的非营利性，为恰当使用资源、避免不经济和无效的运营活动，监控政府公共资源使用状况的措施就显得尤为重要。为了促使政府有效地管理各种财务资源，必须对政府的财务资源建立一套比企业、非营利组织更为严格的监管和控制规则，如法律、行政法规、部门规章和规范性文件等，使政府的运营活动受到法规的约束。

经营获利是企业从事生产经营活动的出发点和归宿。如果提供的产品或服务不能获利，企业就必须调整产品或退出市场，盈利指标是评价企业能否持续经营、管理者受到奖惩重要的评价指标。"因此，在自由竞争的经济部门中，盈利动机和盈利指标构成了一个自动的分配和规范机制。"[②]

非营利组织是介于政府组织和企业之间的一种社会组织。它在某些方面的特征类似于企业，例如：它的创建和运营来自民间，并受多数市场规则约束；而它的某些特征又类似于政府，因为非营利组织的使命是为社会提供公共产品，其运营具有明显的公共性。为此，非营利组织对财务资源采取了类似但又不等同于政府和企业的监管和控制方式。

三、政府会计的概念

政府会计是会计的一个重要分支，它适用于各级政府以及与该级政府财政部门直接或者间接发生预算拨款关系的国家机关、军队、政党组织、社会团体、事业单位和其他单位（以下简称"各部门、各单位"）。它以货币为主要计量单位，采用确认、计量、记录和报告的程序和方法，对各级政府、各部门、各单位所管理的国家公共事务、财政资金和公共资源等进行反映和监督，向财务报告使用者提供与政府的财务状况、运行情况（含运行成本）和现金流量等有关的信息，反映政府会计主体公共受托责任履行情况，有助于财务报告使用者作出决策或者进行监督和管理。关于政府会计概念进一步解释以下三点：

《政府会计准则——基本准则》

---

① 胡杨成，蔡宁. 资源依赖视角下的非营利组织市场导向动因探析 [J]. 社会科学家，2008（3）.
② 弗里曼，肖尔德斯. 政府及非营利组织会计：理论与实践 [M]. 7版. 上海：上海财经大学出版社，2004.

第一，政府会计是会计工作和会计理论的统一。政府会计工作按照服务对象不同分为财务会计（含预算会计）和成本管理会计。前者主要向政府主体以外的服务对象提供信息，后者主要为政府主体服务。无论是财务会计还是成本管理会计，政府会计首先表现为服务于政府财政管理的一项实践活动（即政府会计工作），通常包括确认、计量、记录和报告环节，并采用设置会计科目、编制凭证、登记账簿、编制报表等方法；其次，既然有政府会计实践，就有实践经验的总结和概括（即政府会计理论），通过政府会计理论解释和指导政府会计实践。总之，政府会计既包括政府会计理论，也包括政府会计实践。

第二，政府会计适用的领域为各级政府、各部门、各单位（以下简称"政府会计主体"），其对象为国家公共事务、财政资金和公共资源（以下简称"经济资源"）等，其基本职能是反映和监督政府及其单位经济资源的增减变动及其存量情况。政府会计在同一会计核算系统采用收付实现制和权责发生制双重核算基础，财务会计实行权责发生制，预算会计一般实行收付实现制，通过财务会计核算形成财务报告，通过预算会计核算形成决算报告，预算会计要素和财务会计要素相互协调，决算报告和财务报告相互补充，共同反映政府会计主体的预算执行信息和财务信息。

第三，政府会计目标是通过编制决算报告和财务报告向会计信息使用者提供相关信息。编制决算报告的目标是向决算报告使用者提供与政府预算执行情况有关的信息，综合反映政府会计主体预算收支的年度执行结果，有助于决算报告使用者进行监督和管理，并为编制后续年度预算提供参考和依据。编制财务报告的目标是向财务报告使用者提供与政府的财务状况、运行情况（含运行成本，下同）和现金流量等有关的信息，反映政府会计主体公共受托责任履行情况，有助于财务报告使用者作出决策或者进行监督和管理。

政府会计的本质就是对政府会计主体受托责任履行的过程及其结果的确认和报告。

四、政府会计的组成

（一）政府财政总会计与政府单位会计

政府会计的组成与政府预算的组成紧密相关。

政府预算是指国家以社会经济管理者身份取得收入，并将其用于维持政府公共活动，保障国家安全和社会秩序，发展社会公益事业等各项支出的政府基本收支计划[①]。从形式上看，政府预算是按一定标准将财政收入和支出分门别类地列入各种计划表格，反映一定时期政府财政收支的具体来源和资金的使用方向；从内容上看，各项收入来源和支出去向体现了政府的职能范围，全面反映了一定时期内政府的方针政策和要达到的政治、经济和社会发展目标，是政府管理社会经济事务、实施宏观调控的主要手段。在现代社会，多数国家实行多级预算管理体制。我国实行一级政府一级预算，设立中央、省、自治区、直辖市，设区的市、自治州，县、自治县、不设区的市、市辖区，乡、民族乡、镇五级预算。

按照政府预算收支管理范围划分，政府预算分为财政预算和部门预算。财政预算是指由一级政府编制、经立法机关审批、反映政府一个财政年度内全部财政资金的收支预算，亦即关于财政部门筹集、分配和使用资金的预算。《中华人民共和国预算法》规定，财政

---

① 马蔡琛. 政府预算 [M]. 2 版. 大连：东北财经大学出版社，2018.

预算包括一般公共预算、政府性基金预算、国有资本经营预算、社会保险基金预算。部门预算是指由各级政府的各个部门编制的反映各本级部门本系统内各级单位全部收支的预算。其中："部门"是指那些与财政直接发生经费领拨关系的一级预算单位，主要包括三类：①开支行政管理费的部门，包括人大、政协、政府机关、共产党机关、民主党派机关、社团机关；②公检法司部门；③依照公务员管理的事业单位，如气象局、地震局、教育局等。"单位"是指部门本级及部门所属各单位，按照预算管理关系，分为二级预算单位、三级预算单位等，其中部门本级视为二级预算单位。单位预算是部门预算的组成部分，它是与财政部门直接发生预算拨款关系的国家机关、军队、政党组织、社会团体、事业单位的全部收支预算。

《中华人民共和国预算法》

根据政府预算的组成，政府会计分为政府财政总会计和政府单位会计。

1. 政府财政总会计。政府财政总会计是各级政府财政核算、反映、监督政府一般公共预算资金、政府性基金预算资金、国有资本经营预算资金、社会保险基金预算资金以及财政专户管理资金、专用基金和代管资金等资金活动或事项的专业会计。由于实施会计活动的主体为政府财政部门，因此称为政府财政总会计或财政总会计，简称"总会计"。

2. 政府单位会计。政府单位会计是指适用于行政与事业单位的一门专业会计，它以货币为主要计量单位，对行政事业单位资金运动的过程及结果进行确认、计量、记录和报告，向会计信息使用者提供与行政事业单位财务状况、预算执行情况等有关的会计信息，反映行政与事业单位受托责任的履行情况，有助于会计信息使用者进行管理、监督和决策。实施会计活动的主体为政府所辖单位，所以称为政府单位会计。

（二）政府预算会计、政府财务会计和政府成本管理会计

政府会计按照主要服务对象不同，分为政府预算会计、政府财务会计和政府成本管理会计。政府预算会计、政府财务会计主要以政府会计主体外部为服务对象，又称对外报告会计；政府成本管理会计主要以政府会计主体内部为服务对象，又称对内报告会计。

1. 政府预算会计。政府预算会计，简称"预算会计"。《政府会计准则——基本准则》（财政部令〔2015〕78号，以下简称《基本准则》）指出：预算会计是指以收付实现制为基础对政府会计主体预算执行过程中发生的全部收入和全部支出进行会计核算，主要反映和监督预算收支执行情况的会计。

预算是政府财务管理和控制的关键手段，也是政府（或类似机构）监管财务运行状况的核心内容。预算会计是以预算管理为中心的宏观管理信息系统和管理手段，通过设立一套自我平衡的预算科目体系，运用会计的程序和方法，对中央与地方各级政府预算以及政府单位预算及预算收支执行情况进行确认、计量和记录，以加强预算的会计控制，并通过预算与实际执行情况的比较分析，定期向政府管理者、立法机构及其他相关部门报告预算执行情况的会计信息，以评价和考核政府执行预算收支的情况。可见，政府预算会计是与政府预算管理紧密联系，主要为政府预算管理提供预算收入、预算支出和预算结余等方面信息的会计系统。

2. 政府财务会计。政府财务会计简称"财务会计"。《基本准则》指出：财务会计是指以权责发生制为基础对政府会计主体发生的各项经济业务或者事项进行会计核算，主要反映和监督政府会计主体财务状况、运行情况和现金流量的会计体系。

根据政府委托代理理论，政府是社会公众的受托人，社会公众为政府提供可供使用的资源，政府对公众承担着巨大而广泛的受托责任。政府财务会计通过规范的程序和方法，向政府管理部门、立法机构、审计部门、社会公众、政府的债权人、投资者、与政府的项目合作者、咨询评级机构等，提供政府受人民委托管理国家公共事务和国家资源、国有资产，报告政府公共财务资源管理业绩及履行受托责任情况，有助于政府作出各类经济决策。

3. 政府成本管理会计。政府成本管理会计简称"成本会计"，是指确认、计量和报告政府会计主体提供公共产品和公共服务所发生的成本信息的会计系统。成本管理会计信息使用者主要是政府管理者、决策者和利益相关者；成本管理会计对象为政府会计主体所从事的公共管理、公共服务的活动、项目或作业；成本管理会计基本程序为成本费用的归集和分配；成本管理会计的目标是提供政府管理活动、特定项目和作业的成本组成及其变动情况或趋势，以及与政府相关的资产和负债管理效率及效果等方面的信息。

政府核算的成本主要包括政府单位成本、按照政府会计报告级次逐级汇总形成的同类型政府部门成本及各级政府成本。政府成本管理会计信息能够帮助会计信息使用者加强预算管理，设置服务产品或制定服务价格，计量相关项目或活动成本的控制业绩，评估项目以及各种经济决策，恰当地评价政府的预算完整性、运营业绩及其政府受托责任的履行情况。

第二节　政府会计理论体系

任何学科领域都是实践与理论相互统一的产物，政府会计也是如此。尽管政府会计基于实践而形成和发展起来了，但它是建立在一定理论体系基础之上的。政府会计目标、政府会计假设、政府会计基础、政府会计要素、政府会计信息质量要求等构成了政府会计理论的主要内容。

一、政府会计目标

（一）政府会计目标的概念

概括地讲，政府会计目标是向政府会计信息使用者提供反映其受托责任履行情况以及对决策有用的经济信息。政府会计目标明确了政府会计信息的内容和范围，确立了政府会计核算模式或方法，决定了财务报表和预算会计报表的框架结构。它既是政府会计核算的起点、引领政府会计行为的导向，也是制定政府会计规范（如政府会计准则、制度等）的依据，还是评价、鉴定政府会计工作质量的最终标准。

（二）政府会计目标的内容

政府会计由财务会计、预算会计和成本会计构成。政府会计目标也具体分为财务会计目标、预算会计目标和成本会计目标，三者既有联系又有不同。

《基本准则》指出，财务会计目标是"向财务报告使用者提供与政府的财务状况、运行情况（含运行成本）和现金流量等有关信息，反映政府会计主体公共受托责任履行情况，有助于财务报告使用者作出决策或者进行监督和管理"，预算会计目标是"向决算报告使用者提供与政府预算执行情况有关的信息，综合反映政府会计主体预算收支的年度执行结果，有助于决算报告使用者进行监督和管理，并为编制后续年度预算提供参考和依据"。

成本会计目标主要是通过提供与公共服务或产品、作业的成本相关且可靠的信息，满足政府成本信息需求者掌握成本节约程度和效率高低信息的需求，帮助政府决策者在分配政府资源、授权并修改项目，以及评估项目业绩等方面作出决策。

无论是财务会计目标、预算会计目标还是成本会计目标，其基本内容主要包括三方面，即向谁提供信息（会计信息使用者）、提供什么信息（信息内容、信息质量）、以什么方式提供信息（财务报表和预算会计报表系统）。这三者的关系如图1-3所示。

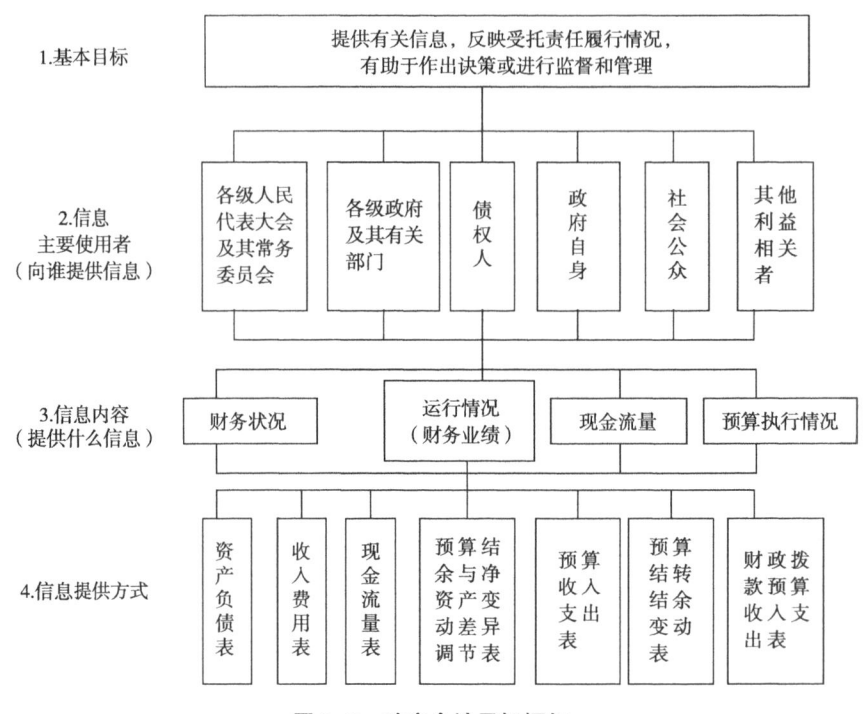

图1-3 政府会计目标框架

（三）政府会计目标的解释

1. 向谁提供会计信息。"谁"即会计信息使用者。《基本准则》分别规定了政府决算报告和政府财务报告的使用者。根据《基本准则》的规定，政府决算报告使用者包括各级人民代表大会及其常务委员会、各级政府及其有关部门、政府会计主体自身、社会公众和其他利益相关者。政府财务报告使用者包括各级人民代表大会常务委员会、债权人、各级政府及其有关部门、政府会计主体自身和其他利益相关者。

（1）各级政府及其有关部门：主要是指各级财政机关、上级机关、立法机关、审计机关等。它们利用政府提供的会计信息，取得政府运营目标实现程度的信息，并监督检查政府遵守预算、法律规章、行政法令等情况。

（2）债权人：主要是指国内外银行等金融机构、国外政府或国际组织（国际货币基金组织或者世界银行组织等）以及为政府赊销提供经济资源的各类经济主体等。这些债权人需要利用会计信息作出是否继续向政府提供贷款和信用或是否对政府进行赊销的决策。潜在的债权人也需要根据相关的会计信息决定是否未来继续保持与政府的资金信贷或其他合作关系。

（3）政府自身：主要是指单位领导、纪检部门、预算管理委员会、资产管理部门、内部审计等部门。它们要用会计信息表现或检查自身受托职责履行情况或取得的工作业绩与实现运行目标的程度。会计信息使用者以此来评价政府对受托资源保管、使用以及取得效率或效果等情况。

（4）社会公众以及其他利益相关者。如经济和财务分析师、工会组织、媒体、职工等，他们通过会计信息了解政府发展状况，以便作出各类恰当的经济决策。

上述政府会计信息使用者可分为两类：一是内部使用者，如政府内部管理者、单位职工及工会组织；二是外部使用者，是指与政府及其单位有一定的利益关系但不参与其运营活动的单位或个人，如各级政府及其有关部门、债权人、单位客户、社会公众等。

2. 提供什么信息。政府会计主体提供什么会计信息与会计信息使用者需求相关。不同的会计信息使用者对会计信息的需求可能千差万别，但总体包括两类会计信息：一类是与作出各类决策相关的信息；二是与受托责任履行情况相关的信息。具体内容如表1-1所示[①]。

表1-1 会计信息使用者对会计信息需求

	使用会计信息的目的	需要信息
各类决策信息	作出对政府预算批准或修改的决策	政府对预算资金的筹集和分配使用情况
	作出对政府举债政策及税赋政策的决策	政府现金收支差额情况和负债情况
	作出对政府各项经济、政治政策的决策	政府掌控的资金情况和各种经济资源情况
	作出对行政事业性收费的定价决策	单位提供公共服务的成本
	作出对负有相关经济责任的政府领导的罢免或任命决策	政府或政府单位在经济责任方面各项受托责任的履行情况
	作出对与其利益相关的财政政策进行支持或反对的决策	特定的财政资金分配情况
	作出对政府的交易决策或贷款决策	政府的支付能力和偿债能力
	作出对政府的捐赠决策	政府对捐赠财物的分配、使用情况
受托责任履行情况信息	评价政府及政府单位对公共财产的管理保护情况	政府及政府单位的各项财产情况
	评价政府单位提供公共服务的绩效	政府提供公共服务的项目、数量及其成本费用
	评价政府及政府单位的持续运营能力	政府及政府单位的财务状况、偿债能力和支付能力
	监督政府领导或管理部门的活动是否符合有关法规规定	政府对预算资金和全部经济资源的组织和分配使用情况

---

① 王彦，王建英，赵西卜. 政府与非营利会计 [M]. 8版. 北京：中国人民大学出版社，2024.

续表

	使用会计信息的目的	需要信息
受托责任履行情况信息	监督政府的廉政状况	政府特定项目的资金花费情况
	评价下级政府或政府单位使用财政资金的合规性和绩效	下级政府或政府单位财政资金的用途和使用绩效

为满足会计信息使用者对政府会计信息的需求，政府会计主体主要提供以下四方面信息：

（1）预算执行情况信息。预算规定了政府活动的范围和方向。它是政府管理社会经济事务、实施宏观调控的主要手段，也是与政府相关各方监管政府财务运行状况的核心内容和依据。为此，政府会计应提供预算执行情况信息，帮助会计信息使用者了解政府预算收入和预算支出及收支差额的形成、数额等信息，掌握政府收支预算执行情况，客观评价政府工作业绩，提高预算执行水平。同时，利用政府会计信息可以进一步了解政府财务资源的筹集和使用是否合法、合规，与预算是否吻合。

（2）业务活动运行情况信息。政府运行状况通常以其职能履行情况作为评价标准。履行职责需要耗费各类经济资源，而如何获得以及如何使用各类经济资源是政府会计信息使用者关注的重要内容之一。政府会计能够提供政府当期各类经济资源的取得和使用的信息，帮助政府会计信息使用者了解政府各类经济资源来源和使用情况。此外，政府履职状况一般不以取得收入的多少作为标准或依据。因为政府提供公共服务所发生的费用或支出甚至比收入更能说明问题，所以政府会计应提供公共服务成本费用信息，帮助政府信息使用者正确评价政府取得经济资源是否经济，使用资源是否高效，实现公共服务目标是否完整。

（3）财务状况信息。财务状况即政府的资产、负债、净资产及其结构。它是政府财政日常活动、投资和筹资活动的结果。提供财务状况信息，有助于会计信息使用者了解政府资产的规模、结构及其流动性，负债的规模、结构和偿债能力，净资产的规模、结构及其变化趋势。具体来说：一是根据资产变化状况，反映政府承担保护和管理公共财产等职责的履行程度，政府各种经济资源能够支持未来服务活动的程度，在报告期内资源数量和构成与对资源要求的变化，开展各类服务活动和偿还各类债务必要的未来现金流的数量和时间；二是根据负债变化状况，帮助会计信息使用者评估单位因承担义务或承诺而在未来履行义务或承诺导致资源流出的情况；三是根据净资产变化状况，反映政府拥有或控制资源与未来动用资源履行义务之间的平衡关系，总体判断政府财务状况改善或恶化状况，评价政府未来的资源是否足以维持公共服务并偿付到期的债务。

（4）现金流量信息。充裕的货币资金（广义现金）是保证政府正常运行的前提。虽然政府不以营利为目的，但其众多的决策内容很少是由现金以外的东西所决定的，能否取得持续稳定的现金流入、合理使用现金，对于政府履职和开展业务活动具有非凡的意义。因此，有关现金流入、现金流出以及现金流量净额（现金结余）等信息在评价政府支付能力、偿债能力和工作业绩等方面发挥了不可替代的作用，该信息也为全方位评价政府受托责任履行情况提供了重要依据。

3. 以何种方式提供信息。政府会计以财务报表和预算会计报表形式将会计信息传输给会计信息使用者，帮助其制定正确决策，揭示其受托责任履行情况。应该说，政府会计信息使用者的范围非常广泛，他们对政府会计信息需求的侧重点有所不同，但财务报表和预算会计报表的容量毕竟有限，它不可能同时满足信息使用者所有的要求，只能提供一般的、通用的财务信息和预算信息。这些信息主要是通过财务报表和预算会计报表传递给使用者的。

二、政府会计假设

政府会计假设应主要包括会计主体、持续运行、会计分期和货币计量。其中，政府会计主体是政府会计核算和监督的特定单位或者组织，是政府会计确认、计量和报告的空间范围。《基本准则》指出："政府会计主体应当对其自身发生的经济业务或者事项进行会计核算。"

对政府会计主体的界定有两个标准：一是要拥有公共受托权力，在法律上拥有开展政府活动的权力；二是要拥有使用公共受托资产的权力，在财政上拥有开展活动的能力。这两个方面使主体承担了公共受托责任，具有对外报告受托责任履行情况的义务。

《财政总会计制度》指出："本制度适用于中央，省、自治区、直辖市及新疆生产建设兵团，设区的市、自治州，县、自治县、不设区的市、市辖区，乡、民族乡、镇等各级政府财政部门总会计。"在财政总会计中，一级政府是会计工作特定的空间范围，是财政总会计的主体。但需要说明的是，各级政府财政总会计主体是各级政府而不是各级财政部门。各级财政部门仅代表各级政府通过编制会计报表反映各级政府的财务状况和预算执行情况。

《政府会计制度——行政事业单位会计科目和报表》（财会〔2017〕25号，以下简称《政府单位会计制度》）指出，"本制度适用于各级各类行政单位和事业单位"。政府单位会计主体包括行政单位和事业单位。行政单位的根本职责就是向社会提供公共服务，保证社会、经济的正常运行。行政单位的经费主要来源是政府财政拨款，行政单位履行职能而发生的支出属于公共需要的范畴，是公共财政必须保障的范围。行政单位属于独立的会计主体。

事业单位是以政府职能、公益服务为主要宗旨的一些公益性单位等。它们参与社会事务管理，履行管理和服务职能，其上级部门多为政府行政主管部门或者政府职能部门。目前，按照社会功能将现有事业单位划分为承担行政职能、从事生产经营活动和从事公益服务三个类别。其中，承担行政职能的事业单位，其行政职能划归为行政机构或转为行政机构，其事业单位会计主体转变为行政单位会计主体；从事生产经营活动的事业单位逐步转为企业，其主体也转变为企业会计主体；事业单位会计主体是指从事公益服务的事业单位。

三、政府会计基础

政府会计基础对会计系统的影响以初始确认为起点，以财务报表列报、披露为终点。政府会计基础贯穿于某会计期间会计活动的始终。

（一）收付实现制

《基本准则》指出：收付实现制是指以现金的实际收付为标志来确定本期收入和支出

的会计核算基础。凡在当期实际收到的现金收入和支出，均应作为当期的收入和支出；凡是不属于当期的现金收入和支出，均不应当作为当期的收入和支出。关于收付实现制进一步解释如下：

1. 收付实现制目标：以评价政府会计主体受托责任为目的，向报表使用者提供一定期间内现金产生来源及其能力、现金分配或用途以及报告日现金余额的信息。

2. 收付实现制要素：狭义要素包括现金收入（即预算收入）、现金支出（即预算支出）、现金余额（预算结余）；广义要素在狭义要素基础上还包括现金报告。

3. 收付实现制的确认和计量：只确认实际发生的现金收支事项，而不反映与现金收支无关的事项，也不考虑未发生的现金收支或虚拟的现金收支。收付实现制以某一期间收到和支付的现金的差异（现金收支净额）来计量财务结果，计量的关键在于现金余额及其变化。

4. 收付实现制报告模式：收付实现制下的报告模式是收入支出表（也称现金流量表）。在收付实现制下，报表披露的信息表明了报告期内政府会计主体的现金开支多于还是少于它所获得的现金。

（二）权责发生制

权责发生制又称应计制。《基本准则》指出："权责发生制是指以取得收取款项的权利或支付款项的义务为标志来确定本期收入和费用的会计核算基础。凡是当期已经实现的收入和已经发生的或应当负担的费用，不论款项是否收付，都应当作为当期的收入和费用；凡是不属于当期的收入和费用，即使款项已在当期收付，也不应当作为当期的收入和费用。"

关于权责发生制解释如下：

1. 权责发生制的前提：存在完备的社会信用基础。在这一前提下，应收款项才可能体现为收回等量现金的权利，负债项目可能代表着未来等量现金的流出。

2. 权责发生制目标：严格计量会计期间内所实现的收入、所发生的成本，使相互关联的收入与成本能够定期地配比。

3. 权责发生制灵魂：实现收入与费用的相互配比，为考核和评价工作业绩提供依据。

4. 权责发生制技术方法：权责发生制通过一些特定的会计处理方法如应计法、递延法及摊销法，实现其目标。

5. 权责发生制报告模式：财务报表的报告模式，以资产负债表、收入费用表和现金流量表的编制为基础。该模式提供的信息有助于使用者评价报告主体的运营业绩、财务状况和现金流量，评价报告主体遵循权责发生制预算情况，作出关于是否向报告主体提供资源或进行业务往来的决策。

根据《基本准则》规定，政府财务会计采用权责发生制，预算会计采用收付实现制。

四、政府会计要素

政府会计要素是对政府会计对象的基本分类，是政府会计核算对象的具体化，也是政府用于反映其财务状况、运行情况、现金流量和预算执行情况的基本单位。与政府会计分类相适用，政府会计要素分为财务会计要素和预算会计要素。财务会计要素侧重于提供反映政府财务状况、运行情况和现金流量等方面的信息，预算会计要素则侧重于提供反映政府预算执行情况方面的信息。

(一) 财务会计要素

1. 资产、负债和净资产。资产是指政府过去的经济业务或者事项形成的、由政府控制的、预期能够产生服务潜力或者带来经济利益流入的经济资源。政府的资产按照流动性分为流动资产和非流动资产。负债是指政府过去的经济业务或者事项形成的预期会导致经济资源流出政府会计主体的现时义务。行政和事业单位的负债按照流动性分为流动负债和非流动负债。净资产是指行政和事业单位资产扣除负债后的净额。

政府的资产、负债及净资产是同一资金的两个不同方面。资产表明政府拥有哪些经济资源，其数额是多少。负债和净资产则表明是谁提供了这些经济资源。有一定数额的资产，就必然有一定数额的负债和净资产。反之，有一定数额的负债和净资产，也必然会形成一定数额的资产。在数量上，任何政府的资产都等于该单位负债与净资产之和。资产、负债和净资产之间的关系可用下式即会计等式表示：

$$资产=负债+净资产 \qquad (1-1)$$

2. 收入和费用。收入是指报告期内导致政府净资产增加的、含有服务潜力或者经济利益的经济资源的流入。收入是政府履行公共受托责任的资金来源，取得收入表现为资产的增加或负债的减少，最终导致政府净资产增加。

政府在一定时期内会获得收入，同时还会发生一定的费用。费用是指报告期内导致政府净资产减少的、含有服务潜力或者经济利益的经济资源的流出。费用是政府履行公共受托责任引起的经济资源的流出，发生费用表现为资产的流出、资产消耗或负债的增加，最终引起的净资产减少。

如果将收入、费用要素考虑进去，会计等式就转化为以下形式：

$$资产=负债+净资产+（收入-费用） \qquad (1-2)$$

或

$$资产+费用=负债+净资产+收入 \qquad (1-3)$$

期末，将收入及费用转入净资产后，式（1-2）或式（1-3）也就转化为式（1-1）的形式。

会计等式反映了会计要素之间的基本数量关系，它是设置会计科目、复式记账和编制资产负债表、收入费用表的依据。会计等式、会计要素和财务报表之间的关系如图1-4所示。

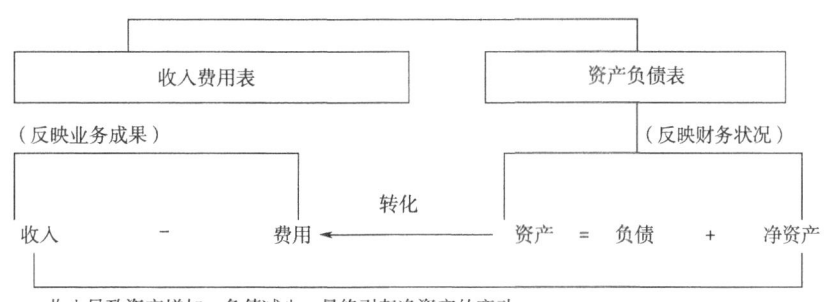

图1-4 会计要素、会计等式和财务报表之间的关系

（二）预算会计要素

根据《基本准则》的规定，政府预算会计要素包括预算收入、预算支出与预算结余。三者关系如下：

$$预算收入-预算支出=预算结余$$

1. 预算收入。预算收入是指政府会计主体在预算年度内依法取得的并纳入预算管理的现金流入。《财政总会计制度》规定，预算收入包括一般公共预算收入、政府性基金预算收入、国有资本经营预算收入、财政专户管理资金收入、专用基金收入、转移性预算收入、动用预算稳定调节基金、债务预算收入、债务转贷预算收入和待处理收入等。《政府单位会计制度》规定，预算收入包括财政拨款预算收入、事业预算收入、上级补助预算收入、附属单位上缴预算收入、经营预算收入、其他类预算收入。

2. 预算支出。预算支出是指政府会计主体在预算年度内依法发生并纳入预算管理的现金流出。《财政总会计制度》规定，预算支出包括一般公共预算支出、政府性基金预算支出、国有资本经营预算支出、财政专户管理资金支出、专用基金支出、转移性预算支出、安排预算稳定调节基金、债务还本预算支出、债务转贷预算支出和待处理支出等。《政府单位会计制度》规定，预算支出包括行政支出、事业支出、经营支出、上缴上级支出、对附属单位补助支出、投资支出和其他支出。

3. 预算结余。预算结余是指政府会计主体预算年度内预算收入扣除预算支出后的资金余额，以及历年滚存的资金余额。《财政总会计制度》规定，预算结余包括一般公共预算结转结余、政府性基金预算结转结余、国有资本经营预算结转结余、财政专户管理资金结余、专用基金结余、预算稳定调节基金、预算周转金和资金结存等。《政府单位会计制度》规定，预算结余包括财政拨款结转结余、非财政拨款结转、经营结余和其他资金结余。

预算结余反映了政府工作报告期内控制现金经济资源的净流入，用公式可表示为：

$$预算结余=预算收入-预算支出$$

可见，预算结余是现金资源流入、现金资源流出两个因素共同作用的结果。其数额的大小取决于预算收入、预算支出的确认和计量，不存在确认标准和计量问题。

需要说明的是，上述预算收入、预算支出确认和计量的基础为收付实现制，因此，预算结余也是在收付实现制基础上形成的。

五、政府会计信息质量要求

所谓会计信息质量要求，是说什么样的会计信息可以满足报表使用人的要求，对其使用者具有价值。根据《基本准则》，政府会计信息质量要求包括：

（一）可靠性

政府会计主体应当以实际发生的经济业务或者事项为依据进行会计核算，如实反映各项会计要素的情况和结果，保证会计信息真实可靠。

（二）全面性

政府会计主体应当将发生的各项经济业务或者事项统一纳入会计核算，将经济业务或者事项的静态信息与动态信息相结合、列示信息与披露信息相结合、确定信息与预计信息相结合，确保会计信息能够全面反映政府会计主体预算执行情况和财务状况、运行情况、现金流量等。

(三) 相关性

政府会计主体提供的会计信息应当与反映政府会计主体公共受托责任履行情况，以及报告使用者决策或者监督、管理的需要相关，有助于报告使用者对政府会计主体过去、现在或者未来的情况作出评价或者预测。

(四) 及时性

政府会计主体对已经发生的经济业务或者事项应当及时进行会计核算，不得提前或者延后。为了保证会计信息的及时性，应做好三方面工作：一是及时收集会计信息（及时收集整理各种原始凭证）；二是对已经发生的经济业务及时加工处理，不得拖延和积压；三是将编制完毕的会计报表及时传递给使用者。

(五) 可比性

政府会计主体提供的会计信息应当具有可比性。对于同一政府会计主体不同时期发生的相同或者相似的经济业务或者事项，应当采用一致的会计政策，不得随意变更。确需变更的，应当将变更的内容、理由及其影响在附注中予以说明。

(六) 可理解性

政府会计主体提供的会计信息应当清晰明了，便于报告使用者理解和使用。同时，提供的会计信息要做到公开和透明。

(七) 实质重于形式

政府会计主体应当按照经济业务或者事项的经济实质进行会计核算，不限于以经济业务或者事项的法律形式为依据。

第三节 政府会计核算模式

政府会计核算模式是指政府会计核算制度体系结构的基本框架，它是政府会计核算制度体系本质特征的体现。具体表现为在财政总会计、政府单位会计框架下，各自运行预算会计和财务会计两套科目体系，发挥预算会计功能和财务会计功能（即"双功能"），采用收付实现制和权责发生制基础（即"双基础"），编制决算报告和财务报告（即"双报告"）。

一、财务会计与预算会计的关系

(一) 财务会计与预算会计的联系

前已述及，财务会计与预算会计是政府会计的两个重要分支，彼此既有区别又相互联系。

1. 财务会计和预算会计共存于一个会计主体。财务会计和预算会计存在共同的会计主体，这个会计主体可能是各级政府，也可能是行政单位或事业单位。每个主体的会计活动都是财务会计与预算会计的有机融合，以业务活动业绩和结果的核算为例：一方面，通过对收入和费用的确认、计量、记录和报告，反映政府全部财务活动的业绩和结果，揭示政府受托责任履行情况；另一方面，为了充分体现预算的严肃性，明确预算管理部门和预算执行单位各自的责任，需要通过预算会计核算预算收入、预算支出和预算结余情况，实现对预算执行过程的管理和控制。

2. 财务会计和预算会计存在同样的会计对象。财务会计和预算会计具有同样的会计对象，即政府及其单位的各项经济活动。但是，预算会计侧重于对预算资金来源和使用情况的核算，以及对预算资金流量进行监督控制；财务会计则侧重于反映政府及其单位全部财务资源的来源和运营情况，既包括预算年度的收支信息，也包括预算年度之前和之后相关的会计信息，既关注财务资源的流量控制，也关注存量的控制。

3. 财务会计包含预算会计。预算会计专门确认、计量、记录和报告当年的预算收支及结果，以满足财政部门、上级主管部门以及立法机关、审计部门等相关方面考核政府公共财产受托责任履行情况的需要。财务会计除提供预算编制、调整与执行过程中的预算信息外，还需要全面反映政府的财务状况、营运业绩等情况。可见，预算会计寓于财务会计之中，财务会计包括预算会计。

（二）预算会计与财务会计的区别

1. 会计目标不同。财务会计目标融合了受托责任观与决策有用观，一方面通过财务报表向政府会计信息使用者提供其受托责任履行情况信息，另一方面通过提供财务会计信息来帮助会计信息使用者客观评价政府运营业绩，预测未来的发展趋势，作出各类公共管理决策，提高公共管理绩效。

预算会计的目标相对简单，即监控政府预算执行过程、防止预算超支等。

2. 会计基础不同。现阶段，我国预算的编制采用收付实现制。因此，预算会计核算基础与预算编制基础保持一致，采用收付实现制。

与预算会计不同，财务会计基础采用权责发生制。权责发生制能够正确反映政府控制的经济资源以及已承担的现实义务，为加强政府资产负债管理、防范财务风险、客观评价政府受托责任履行情况等提供依据。

3. 会计对象范围不同。预算会计以纳入预算管理的现金资源，即预算资金运动为对象，反映预算及预算执行情况。由于预算以"年度"为期间基础进行编制、执行和调整，因此预算会计确认、计量、记录和报告的对象就是当年预算收支情况及结果。

财务会计对象除了反映当期预算资金运动情况及结果外，还要全面、系统、完整地反映政府财务状况、运行情况、现金流量以及受托责任履行情况。可见，财务会计的对象范围要比预算会计宽泛。

4. 会计要素不同。根据不同的会计基础，政府会计要素分为现金基础（预算会计）要素和权责发生制（财务会计）要素。预算收入、预算支出和预算结余构成了预算会计的三个要素，这三个要素连续、系统、分类地反映预算执行的过程和结果；财务会计分为资产、负债、净资产、收入和费用五个会计要素，这五个会计要素全面、完整、系统地反映各级政府和政府单位资产负债状况和财务收支运行情况。

5. 会计报告提供的信息不完全相同。根据《财政总会计制度》规定，各级政府财政预算会计应编制预算收入支出表、一般公共预算执行情况表、政府性基金预算执行情况表、国有资本经营预算执行情况表、财政专户管理资金收支情况表、专用基金收支情况表、附注等预算会计报表，财务会计应编制资产负债表、收入费用表、现金流量表、本年预算结余与本期盈余调节表、附注等财务会计报表。

根据《政府单位会计制度》的规定,政府单位预算会计应编制预算收入支出表、预算结转结余变动表和财政拨款预算收入支出表等预算会计报表,财务会计应编制资产负债表、收入费用表、现金流量表、预算结余与净资产变动差异调节表、附注等财务报表。

可见,财务会计提供的信息除反映预算执行情况(如预算结余与净资产变动情况)外,还要提供资产、负债、净资产、收入和费用等经济业务的信息。

二、政府会计核算模式

由于政府会计目标的多重性,单一的预算会计或财务会计模式很难全面反映政府预算收支执行情况、财务状况、运行情况以及公共受托责任履行情况。为此,政府会计采用了预算会计与和财务会计适度分离又相互衔接的会计模式,满足加强政府预算管理的需要,实现全面提供政府资产负债等财务状况信息的目的。

(一) 预算会计与财务会计的适度分离

预算会计与财务会计是政府会计的两个子系统,彼此之间的适度分离表现在以下几个方面:

1. 在同一会计核算系统中实现财务会计和预算会计双重功能,通过资产、负债、净资产、收入、费用五个要素进行财务会计核算,通过预算收入、预算支出和预算结余三个要素进行预算会计核算。这样在完善预算会计功能基础上强化了财务会计功能,能够更加完整地反映政府会计信息。

2. 在同一会计核算系统中,分别设置财务会计类科目和预算会计类科目。财务会计设置资产、负债、净资产、收入和费用五类会计科目,预算会计设置预算收入、预算支出和预算结余三类会计科目。

3. 在同一会计核算系统中,财务会计采用权责发生制,预算会计采用收付实现制。这使得政府会计核算既能反映预算收支等预算管理所需信息,又能反映资产、负债、运行成本等财务管理所需信息。

4. 在同一会计核算系统中,分别提供财务报告和决算报告实现其目标。财务报告和决算报告的目标不同,各自内容也不同。财务会计主要通过资产负债表、收入费用表、现金流量表、预算结余与净资产变动差异调节表和附注,提供关于政府财务状况、财务业绩、现金流量、成本等信息,以促进政府更好地履行公共受托责任;决算报告主要通过预算收入支出表、预算结转结余变动表、财政拨款预算收入支出表及时提供政府预算执行情况信息,以提升政府预算管理水平。

(二) 预算会计与财务会计的衔接

预算会计与财务会计的衔接主要采用财务会计和预算会计"平行记账"方式,即政府发生纳入预算管理的现金收支业务,在进行财务会计核算的同时,也需进行预算会计核算,各自编制会计分录,记入相关账簿中。对于其他业务,仅财务会计对此进行确认,编制会计分录,记入相关账簿中。预算会计与财务会计的衔接关系如图1-5所示。

【例1-1】某省财政根据发生的经济业务编制相关的会计分录。

(1) 收到中国人民银行国库报来的预算收入日报表等凭证,当日共收到财政预算收入36 000万元,其中:税收收入25 000万元,纳入一般公共预算管理的非税收入4 000万

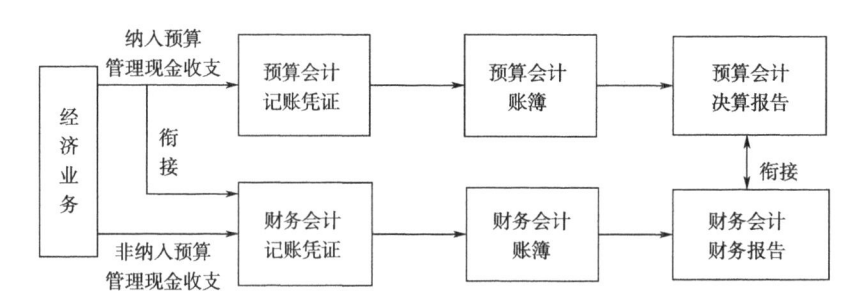

图 1-5 预算会计与财务会计衔接关系

元,纳入政府性基金预算管理的非税收入 4 000 万元,纳入国有资本经营预算的非税收入 2 000 万元,上级政府财政补助收入 1 000 万元。确认预算收入的账务处理如表 1-2 所示。

表 1-2

预算会计		财务会计	
借:资金结存——库款资金结存	360 000 000	借:国库存款	360 000 000
贷:一般公共预算收入	290 000 000	贷:税收收入	250 000 000
政府性基金预算收入	40 000 000	非税收入	100 000 000
国有资本经营预算收入	20 000 000	与上级往来	10 000 000
补助预算收入——上级调拨	10 000 000		

(2) 省财政以现金方式对企业拨付注册资本金 30 000 万元,采用权益法进行核算。拨付注册资本金的账务处理如表 1-3 所示。

表 1-3

预算会计		财务会计	
借:一般公共预算支出	300 000 000	借:股权投资——投资成本	300 000 000
贷:资金结存——库款资金结存	300 000 000	贷:国库存款	300 000 000

(3) 经批准,省财政对使用外国政府和国际金融组织贷款资金的 A 项目单位履行担保责任。现该批贷款到了支付利息的时间,但 A 项目单位未能如期支付,由省财政代为偿付到期利息 170 万元。省财政为项目单位代为偿付利息的账务处理如表 1-4 所示。

表 1-4

预算会计	财务会计	
确认其他应收款不需要会计处理	借:其他应收款	1 700 000
	贷:国库存款	1 700 000

(4) 将转存在农业银行的粮食风险基金 5 000 万元拨付给省粮食管理部门,用于满足粮食收购的资金需要。拨付粮食风险基金账务处理如表 1-5 所示。

表 1-5

预算会计	财务会计
不编制会计分录	借：专用基金支出　　　　　　50 000 000 　贷：其他财政存款　　　　　　　50 000 000

上述政府会计核算模式满足了现行部门决算报告制度的需要，兼顾了部门编制权责发生制财务报告的要求，使公共资金管理中预算管理、财务管理和绩效管理相互联结、融合，全面提高了政府单位的管理水平和资金使用效率。

第四节　政府会计规范

我国政府会计规范是一个完整的体系，有着严密的结构和层次，其体系构成如下。

一、《中华人民共和国预算法》

《中华人民共和国预算法》（以下简称《预算法》）是有关国家的预算收入和预算支出，以及进行预算管理的法律规范的总称。它是财政领域的基本法律制度。

《预算法》公布于1994年，自1995年1月1日起施行。该法在2014年、2018年进行了修正。该法修正后由总则、预算管理职权、预算收支范围、预算编制、预算审查和批准、预算执行、预算调整、决算、监督、法律责任、附则等十一章组成。

《预算法》既是规范政府收入支出的行为准则，也是制定政府会计标准体系的依据。

二、《中华人民共和国会计法》

《中华人民共和国会计法》（以下简称《会计法》）是我国会计法规的母法，是规范会计行为、生成会计信息的规则，也是指导会计工作的最高准则。《会计法》自1985年5月起施行，1993年、1999年、2017年进行了修正，2024年6月28日，十四届全国人大常委会通过《关于修改〈中华人民共和国会计法〉的决定》，自2024年7月1日起实行。修改后的会计法共七章五十三条，包括总则、会计核算、公司与企业会计核算的特别规定、会计监督、会计机构和会计人员、法律责任及附则。

三、《预算指标核算管理办法（试行）》

《预算指标核算管理办法（试行）》是财政部为缓解财政收支矛盾、强化预算管理、硬化预算约束，于2022年9月21日发布的行政法规。该办法明确了预算指标核算科目、要素、管理业务场景梳理等内容。该办法有助于政府控制支出总额，硬化预算约束，严禁无预算或超预算支出，实现全方位控制预算支出总额。

《预算指标核算管理办法（试行）》共分为六章：第一章为总则，第二章为预算指标核算科目，第三章为预算指标核算科目说明，第四章为预算指标核算要素，第五章为预算指标核算管理业务场景梳理，第六章为报表格式及报表编报说明。各级政府财政部门都要按照《预算指标核算管理办法（试行）》规定的会计科目和核算规则对财政预算指标进行核算，编制预算指标会计报表。

四、政府会计准则

政府会计准则是关于政府会计核算工作的规范，是评价政府会计信息质量的准绳，既是政府会计实务的提纯，也是政府会计理论的延伸。政府会计准则由政府会计基本准则、具体准则及其应用指南构成。

（一）基本准则

在政府会计标准体系中，基本准则是政府会计的"概念框架"，其功能是明确政府会计基本原则和方法，构建政府会计核算框架体系，统驭政府会计具体准则、应用指南和政府会计制度的制定，为政府会计实务问题提供处理原则，为编制政府财务报告提供基础标准。《基本准则》发布于2015年，自2017年1月1日起施行。该准则分为总则、政府会计信息质量要求、政府预算会计要素、政府财务会计要素、政府决算报告和财务报告、附则等六章，共计62条。

（二）具体准则

具体准则是在政府会计基本准则的指导下，主要规定政府发生的经济业务或事项的会计处理原则，具体规定经济业务或事项引起的会计要素变动的确认、计量和报告。

财政部为了适应权责发生制政府综合财务报告制度改革需要，2016年7月开始制定并印发了政府会计具体准则，如表1-6所示。

表1-6　政府会计具体准则

准则名称	文号	实施时间
政府会计准则第1号——存货	财会〔2016〕12号	2017年1月1日
政府会计准则第2号——投资	财会〔2016〕12号	2017年1月1日
政府会计准则第3号——固定资产	财会〔2016〕12号	2017年1月1日
政府会计准则第4号——无形资产	财会〔2016〕12号	2017年1月1日
政府会计准则第5号——公共基础设施	财会〔2017〕11号	2018年1月1日
政府会计准则第6号——政府储备物资	财会〔2017〕23号	2018年1月1日
政府会计准则第7号——会计调整	财会〔2018〕28号	2019年1月1日
政府会计准则第8号——负债	财会〔2018〕31号	2019年1月1日
政府会计准则第9号——财务报表编制和列报	财会〔2018〕37号	2019年1月1日
政府会计准则第10号——政府和社会资本合作项目合同	财会〔2019〕23号	2021年1月1日
政府会计准则第11号——文物资源	财会〔2023〕19号	2025年1月1日

（三）应用指南

应用指南是对具体准则的实际应用作出的操作性规定。它是针对具体准则的难点和关键点所制定的操作性指南，有助于会计人员完整、准确地理解和掌握具体准则。目前，我国出台了《〈政府会计准则第 3 号——固定资产〉应用指南》《〈政府会计准则第 10 号——政府和社会资本合作项目合同〉应用指南》《〈政府会计准则第 11 号——文物资源〉应用指南》。

五、会计制度

会计制度有广义和狭义之分。本章所讲的狭义会计制度，是指财政部制定的会计核算行为规范，主要规定会计科目及其使用说明、会计报表格式及其编制说明等，包括：

（一）政府单位会计制度

2017 年 11 月，财政部制定印发了《政府会计制度——行政事业单位会计科目和报表》（财会〔2017〕25 号）（以下简称《政府会计制度》），自 2019 年 1 月 1 日起施行。该制度适用于各级各类行政单位和事业单位，共分为五个部分，具体内容如图 1-6 所示。

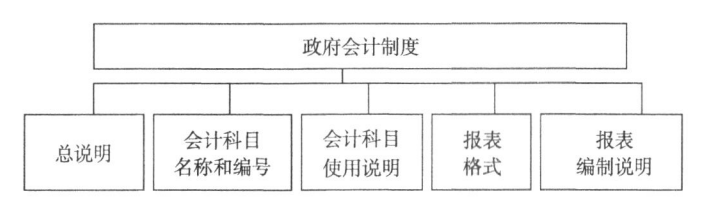

图 1-6　《政府会计制度》内容

（二）财政总会计制度

财政总会计是各级政府财政核算、反映、监督一般公共预算资金、政府性基金预算资金、国有资本经营预算资金、社会保险基金预算资金以及财政专户管理资金、专用基金和代管资金等资金有关的经济活动或事项的专业会计。

财政总会计制度是我国财政会计核算工作的具体规范。它是根据《中华人民共和国会计法》《中华人民共和国预算法》及其他有关法律法规，结合财政工作特点和管理要求制定的。财政总会计制度直接对政府财政会计核算工作发挥规范作用。

1950 年财政部制定的《各级人民政府暂行总预算会计制度》自 1951 年实施。这是我国第一个财政总预算会计制度，通用于各级人民政府总预算。在此会计制度基础上，财政部对其进行不断地修改和完善，陆续发布了《财政机关总预算会计制度》（1988）、《财政总预算会计制度》（1997）、《财政总预算会计制度》（2015）。

《财政总会计制度》

2022 年 12 月财政部制定印发了《财政总会计制度》（财库〔2022〕41 号），自 2023 年 1 月 1 日起施行。《财政总会计制度》共分八章，具体内容如图 1-7 所示。

图 1-7　《财政总会计制度》内容

需要说明的是，社会保险基金预算资金会计核算不适用于《财政总会计制度》，由财政部另行规定。

(三) 政府成本核算规范

政府成本核算规范是主要由政府成本核算的基本指引、具体指引、主管部门规范文件、单位核算办法等所构成的成本核算指引体系。基本指引是成本核算技术层面的顶层设计，具体指引处于承上启下的重要环节，主管部门规范文件和单位核算办法是与基本指引和具体指引相配套的贯彻实施文件。

基本指引和具体指引属于国家统一会计制度的组成内容，由财政部制定发布，主要内容如下：

1. 《事业单位成本核算基本指引》（2019）。《事业单位成本核算基本指引》是事业单位开展成本核算工作的基本依据。它明确了事业单位成本及其核算的基本概念、基本原则和基本方法，确立了事业单位成本核算技术层面的顶层设计，为成本核算具体指引的制定提供了基本遵循。

《事业单位成本核算基本指引》共五章三十一条。第一章为总则，第二章为成本核算对象，第三章为成本项目和范围，第四章为成本归集和分配，第五章为附则。

2. 政府成本核算具体指引。政府成本核算具体指引为行业主管部门和单位开展成本核算提供了制度依据。在《事业单位成本核算基本指引》基础上，财政部陆续发布了《事业单位成本核算具体指引——科学事业单位》《事业单位成本核算具体指引——高等学校》《事业单位成本核算具体指引——公立医院》，对相关行业的成本核算对象、成本项目、成本范围、成本归集和分配方法、成本报告内容等作出具体规定，以提高成本核算指引的指导性和操作性。

【关键词汇】

政府会计（governmental accounting）	政府会计基础（basis of government accounting）
政府预算会计（government budget accounting）	政府会计要素（government accounting elements）
政府财务会计（government financial accounting）	公共受托责任（public fiduciary duty）
政府会计目标（government accounting objectives）	政府会计核算模式（government accounting model）
政府会计假设（government accounting assumption）	

【思考与练习】

一、思考题

1. 与企业相比，政府经济环境特征表现在哪些方面？
2. 政府财务资源来源与运用有何特别之处？
3. 与企业会计财务报表使用者相比，政府财务报告使用者为何具有广泛性？

4. 与企业组织相比，政府组织会计主体有何特殊性？
5. 我国政府会计信息质量要求包括哪些？
6. 什么是政府会计核算模式？简述政府会计模式的特点。
7. 政府会计规范主要包括哪些内容？
8. 简述《财政总会计制度》的框架结构。

二、练习题

（一）单项选择题

1. 下列选项中，属于我国政府财务会计要素的是（　　）。
   A. 预算收入　　　B. 预算结余　　　C. 净资产　　　D. 预算支出
2. 下列各项中，关于收付实现制的表述正确的是（　　）。
   A. 期末需要对本期的收益和费用进行调整
   B. 以款项收付的责任或义务是否发生为确认标准
   C. 能正确地反映各期的成本费用情况
   D. 以款项是否收到或付出为核算标准
3. 政府单位将融资租入固定资产视同自有固定资产核算，所体现的会计信息质量要求是（　　）。
   A. 客观性　　　B. 一贯性　　　C. 实质重于形式　　　D. 可比性
4. 下列关于政府会计核算模式表述中，不正确的是（　　）。
   A. 政府会计由预算会计和财务会计构成
   B. 政府会计核算模式应当实现预算会计与财务会计适度分离并相互衔接
   C. 政府财务会计主体应当编制决算报告和财务报告
   D. 会计报表（报告）主要以权责发生制为基础进行编制

（二）多项选择题

1. 受托责任中，属于政府组织的受托责任有（　　）。
   A. 财务受托责任　　B. 经济受托责任　　C. 社会受托责任　　D. 政治受托责任
2. 下列各项中，受到政府会计目标影响的有（　　）。
   A. 政府财务报告的内容和构成　　　B. 政府单位会计职业道德水平
   C. 政府具体业务的会计处理方法　　D. 政府会计核算基础
3. 下列关于政府会计核算体系的表述中，正确的有（　　）。
   A. 财务会计主要反映和监督预算收支执行情况
   B. 预算会计实行收付实现制
   C. 财务会计实行权责发生制
   D. 政府会计主体应当编制决算报告和财务报告
4. 下列各项中，属于我国政府会计规范体系的有（　　）。
   A. 基本准则　　　B. 具体准则　　　C. 会计制度　　　D. 应用指南

中篇 财政总会计

第二章　财政总会计概述

【学习目标和思政目标】
●学习目标：了解财政总会计的概念和特征、预算指标的内涵，熟悉财政总会计职责、财政总会计的核算内容、预算指标核算的内涵、预算指标核算科目的设置方法，掌握财政总会计科目的分类、预算指标核算方法。
●思政目标：深刻理解财政总会计的重要地位和作用，发扬社会责任担当精神，利用已掌握的财政总会计理论和方法，分析和关注国家政治、经济和财政政策，积极投入政府各类管理活动之中。

【学习重点和难点】
●学习重点：财政总会计特征、政府总会计的核算内容、预算指标核算科目的设置方法及其核算。
●学习难点：预算指标核算的内涵、预算指标核算科目的设置方法及其账务处理。

第一节　财政总会计对象与会计要素

一、财政总会计的概念

财政总会计是各级政府财政核算、反映、监督政府一般公共预算资金、政府性基金预算资金、国有资本经营预算资金、社会保险基金预算资金以及财政专户管理资金、专用基金和代管资金等资金活动的专业会计。财政总会计工作是国家预算管理的基础，是财政信息系统的重要组成部分。关于财政总会计概念进一步明确以下内容：

第一，财政总会计的主体是各级政府。我国实行一级政府一级预算的预算级次制度，并设置了五级权力机关和五级政府，即：①中央；②省、自治区、直辖市；③设区的市、自治州；④县、自治县、不设区的市、市辖区；⑤乡、民族乡、镇。与此相适应，设置了五级预算，有一级政府（预算）就有一级财政总会计，每级财政总会计主体是各级政府。财政总会计分级如图2-1所示。

各级政府通过财政总会计全面、准确、及时地反映政府预算执行情况，反映政府各项财政经济活动的内容、状况和变化趋势，为宏观经济管理提供可靠的信息。

第二，财政机关是组织国家财政收支，办理国家预算、决算的专职管理机关，是财政管理的具体执行主体。它们负责制定财政规章制度，全面、具体地实施财政收支计划，对财政活动进行日常管理，代表各级政府负责管理国家财政收支、办理国家预算和决算、组织会计核算。

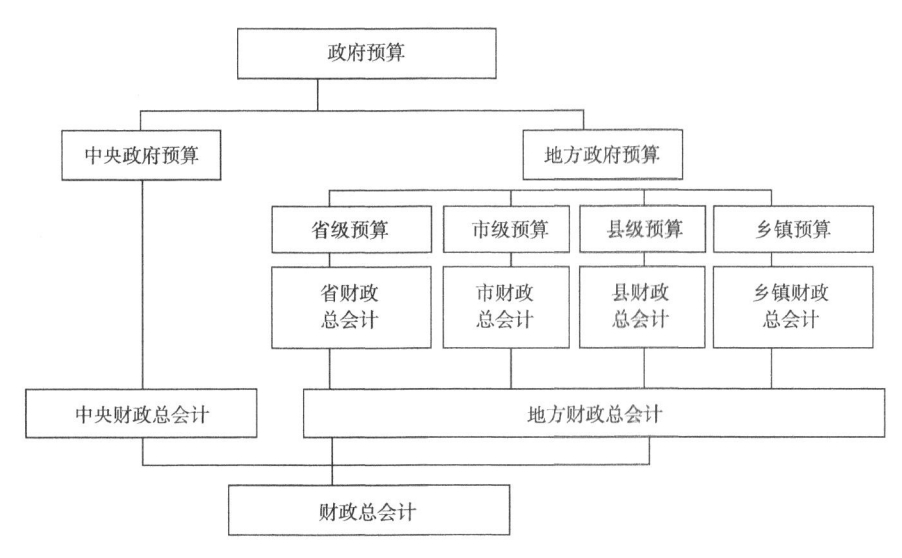

```
                        ┌──────────┐
                        │ 政府预算  │
                        └────┬─────┘
              ┌──────────────┴──────────────┐
         ┌────┴─────┐                  ┌────┴─────┐
         │中央政府预算│                  │地方政府预算│
         └────┬─────┘                  └────┬─────┘
              │         ┌────────┬──────────┼──────────┬────────┐
              │    ┌────┴───┐┌───┴────┐┌────┴───┐┌─────┴────┐
              │    │省级预算 ││市级预算││县级预算││乡镇预算  │
              │    └────┬───┘└───┬────┘└────┬───┘└─────┬────┘
              │    ┌────┴───┐┌───┴────┐┌────┴───┐┌─────┴────┐
              │    │省财政  ││市财政  ││县财政  ││乡镇财政  │
              │    │总会计  ││总会计  ││总会计  ││总会计    │
              │    └────┬───┘└───┬────┘└────┬───┘└─────┬────┘
         ┌────┴─────┐                  ┌────┴──────────┴────┐
         │中央财政总会计│                │   地方财政总会计   │
         └────┬─────┘                  └────┬───────────────┘
              └──────────────┬──────────────┘
                        ┌────┴─────┐
                        │ 财政总会计│
                        └──────────┘
```

图 2-1　财政总会计分级

第三，财政总会计核算目标是向会计信息使用者提供政府财政预算执行情况、财务状况、运行情况和现金流量等会计信息，反映政府财政受托责任履行情况。

第四，财政总会计的主要职责是处理总会计的日常核算业务，实行会计监督，办理财政各项收支、资金调拨及往来款项的会计核算工作，参与预算管理，及时组织年度财政决算、行政事业单位决算的编审和汇总工作，进行上下级财政之间的年终结算工作。

二、财政总会计对象

财政总会计对象是指财政总会计所要核算、反映和监督的内容。它规定了财政总会计进行确认、计量、记录和报告的范围及其内容。财政总会计对象主要包括：

（一）预算资金

财政总会计与预算管理紧密衔接，通过发挥政府会计职能作用，保障预算执行精准性和决算数据真实有效，同时，反作用于预算编制等财政管理顶层设计。

1. 一般公共预算资金。一般公共预算资金是指纳入一般公共预算[①]管理的财政资金。财政总会计要反映一般公共预算资金收入的取得和支出的用途。一般公共预算资金的收入来源以税收为主体，兼有非税收入、债务收入、转移性收入等。此外，为了平衡或弥补一般公共预算收支缺口，财政部门还建立了预算稳定调节基金和预算周转金。预算稳定调节基金和预算周转金也属于一般公共预算资金的范畴。一般公共预算资金支出的方向主要是保障和改善民生、推动经济社会发展、维护国家安全、维持国家机构正常运转等方面。

2. 政府性基金预算资金。目前，我国政府性基金预算资金主要包括农网还贷资金、铁路建设基金、民航发展基金、旅游发展基金、国家电影事业发展专项资金、国有土地收

---

① 一般公共预算是对以税收为主体的财政收入，安排用于保障和改善民生、推动经济社会发展、维护国家安全、维持国家机构正常运转等方面的收支预算。政府性基金预算是对依照法律、行政法规的规定在一定期限内向特定对象征收、收取或者以其他方式筹集的资金，专项用于特定公共事业发展的收支预算。

益基金、农业土地开发资金、国有土地使用权出让金、专项债务对应项目专项收入、小型水库移民扶助基金等。

政府性基金预算资金主要来源于政府非税收入中的政府性基金收费收入、地方政府债务收入、政府性基金转移支付收入等。政府性基金预算资金按照基金内容和性质分别用于科学技术、文化旅游体育与传媒、社会保障与就业、节能环保、城乡社区、农林水、交通运输、资源勘探工业信息、金融等方面。此外，政府性基金预算资金还可以用于纳入政府性基金预算管理的上下级政府转移支付、地方政府专项债务还本、付息、支付发行费用等。

3. 国有资本经营预算资金。国有资本经营预算是对国有资本收益作出支出安排的收支预算。国有资本经营预算资金是指各级政府及其部门、机构履行出资人职责的企业按规定上缴国家的资金，包括：①国有独资企业按规定上缴国家的利润；②国有控股、参股企业国有股权（股份）获得的股息、股利；③企业国有产权（含国有股份）转让收入；④国有独资企业清算收入（扣除清算费用）和国有控股、参股企业国有股权（股份）分享的清算收入（扣除清算费用）；⑤其他收入。

国有资本经营预算资金的用途包括：①资本性支出，用于国有企业改制、重组，自主创新，提高企业核心竞争力等方面的支出；②费用性支出，主要用于弥补国有企业改革成本，解决历史遗留问题方面的支出；③其他支出，即用于社会保障等方面的支出。

需要说明的是，国有资本经营预算资金支出范围除调入一般公共预算和补充社保基金外，限定用于解决国有企业历史遗留问题及相关改革成本支出、对国有企业的资本金注入及国有企业政策性补贴等方面。同时，国有资本经营预算资金一般不进行上下级政府之间的转移支付。

4. 社会保险基金预算资金。社会保险基金预算[①]资金是指纳入社会保险基金预算管理的财政资金。社会保险基金预算收入包括各项社会保险费收入、利息收入、投资收益、一般公共预算补助收入、集体补助收入、转移收入、上级补助收入、下级上解收入和其他收入。社会保险基金预算支出包括各项社会保险待遇支出、转移支出、补助下级支出、上解上级支出和其他支出。社会保险基金预算资金应当在精算平衡的基础上实现可持续运行，一般公共预算可以根据需要和财力适当安排资金补充社会保险基金预算资金。

5. 财政专户管理资金。我国管理政府性资金有两类账户，一类是国库账户（中央银行账户），另一类是非国库账户（商业银行账户）。财政专户是各级财政部门为核算具有专门用途的资金，在商业银行及其他金融机构开设的资金账户，用于政府性资金收支、存取、核算、管理。专用账户可以防止政府性资金被公共管理部门滥用，加强政府性资金的有效调控。目前，财政专户管理资金专指教育收费，包括高中以上学费、住宿费，高校委托培养费，党校收费，教育考试考务费，函大、电大、夜大及短训班培训费，等等。

6. 专用基金。专用基金是指在一般公共预算中安排的用于某种专门用途的资金，目前包括粮食风险基金、重要商品储备专项基金等。专用基金大部分来源于一般公共预算资金，主要包括两个方面：一是本级财政按照预算在一般公共预算中安排的资金；二是专用基金在使用过程中产生的一些收入，如利息收入、按照规定上缴财政的粮食或商品购销差

---

① 社会保险基金预算是对社会保险缴款、一般公共预算安排和其他方式筹集的资金，专项用于社会保险的收支预算。

价收入等。专用基金只能用于规定的专门用途，不同的专用基金用途不同。专用基金一般在财政专户进行专户存储结算，实行专款专用、单独管理，并按照各项专用基金分别核算。专用基金也存在上下级政府之间的转移支付，所以也包括上下级政府之间转移支付的专用基金。如果某项专用基金撤销，其剩余资金一般要重新归入一般公共预算资金。

7. 代管资金。代管资金是指财政部门代为管理的各类资金，包括政府资金、社会保障基金、专项基金等。

上述每类预算资金都由预算收入和预算支出组成。预算收入的规模很大程度上制约了预算支出的规模。预算收入、预算支出及其预算结余构成了政府财政总会计的主要内容，并被确认为预算会计三大要素，如图 2-2 所示。

财政总会计要素

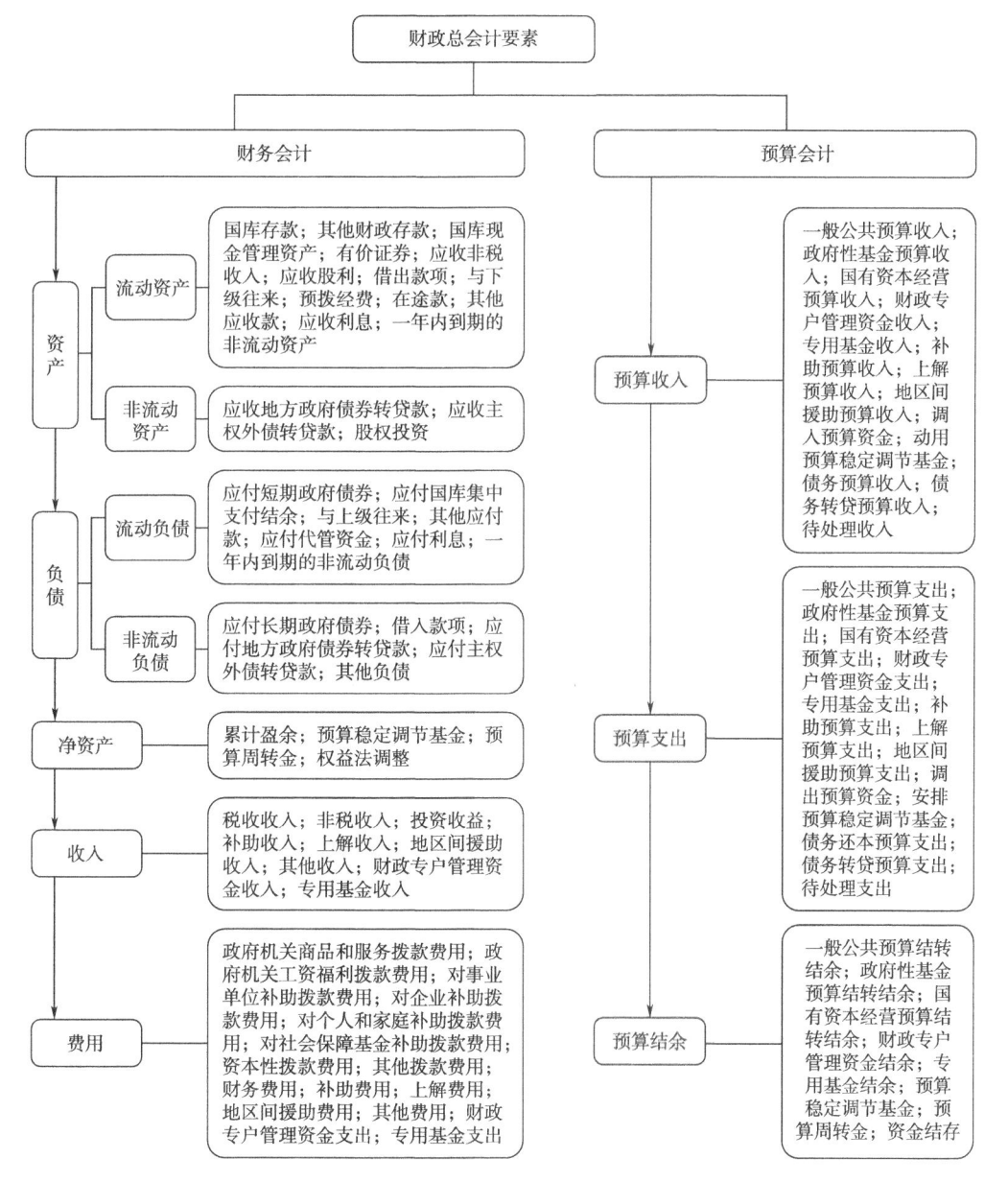

财务会计

- 资产
  - 流动资产：国库存款；其他财政存款；国库现金管理资产；有价证券；应收非税收入；应收股利；借出款项；与下级往来；预拨经费；在途款；其他应收款；应收利息；一年内到期的非流动资产
  - 非流动资产：应收地方政府债券转贷款；应收主权外债转贷款；股权投资
- 负债
  - 流动负债：应付短期政府债券；应付国库集中支付结余；与上级往来；其他应付款；应付代管资金；应付利息；一年内到期的非流动负债
  - 非流动负债：应付长期政府债券；借入款项；应付地方政府债券转贷款；应付主权外债转贷款；其他负债
- 净资产：累计盈余；预算稳定调节基金；预算周转金；权益法调整
- 收入：税收收入；非税收入；投资收益；补助收入；上解收入；地区间援助收入；其他收入；财政专户管理资金收入；专用基金收入
- 费用：政府机关商品和服务拨款费用；政府机关工资福利拨款费用；对事业单位补助拨款费用；对企业补助拨款费用；对个人和家庭补助拨款费用；对社会保障基金补助拨款费用；资本性拨款费用；其他拨款费用；财务费用；补助费用；上解费用；地区间援助费用；其他费用；财政专户管理资金支出；专用基金支出

预算会计

- 预算收入：一般公共预算收入；政府性基金预算收入；国有资本经营预算收入；财政专户管理资金收入；专用基金收入；补助预算收入；上解预算收入；地区间援助预算收入；调入预算资金；动用预算稳定调节基金；债务预算收入；债务转贷预算收入；待处理收入
- 预算支出：一般公共预算支出；政府性基金预算支出；国有资本经营预算支出；财政专户管理资金支出；专用基金支出；补助预算支出；上解预算支出；地区间援助预算支出；调出预算资金；安排预算稳定调节基金；债务还本预算支出；债务转贷预算支出；待处理支出
- 预算结余：一般公共预算结转结余；政府性基金预算结转结余；国有资本经营预算结转结余；财政专户管理资金结转结余；专用基金结余；预算稳定调节基金；预算周转金；资金结存

图 2-2 财政总会计要素

(二) 财务状况

根据财政总会计核算目标，财政总会计不仅要反映各级政府预算执行情况（包括预算收入、预算支出和预算结余），还要全面完整反映其财务状况、运行情况、现金流量以及政府财政受托责任履行情况。财政总会计提供的财务状况信息包括资产、负债和净资产三方面信息，具体内容如图2-2所示。

(三) 财政运行情况

为了反映财政运行情况（各级政府履职过程和结果），政府会计除确认、计量和披露政府资产、负债和净资产外，还要反映政府收入、费用（营运成本）等相关信息，以及资产的耗费情况（折旧与折耗等）、政府承担法定义务以外的其他责任及非付现成本等方面的信息。因此，政府组织财政活动取得的收入和发生的费用构成了政府会计对象的内容之一。财政总会计收入和费用内容如图2-2所示。

(四) 现金流量情况

财政总会计中的现金包括政府财政的国库存款、其他财政存款及国库现金管理资产中的商业银行定期存款。现金流量是指上述现金的流入和流出。由于现金对政府财政的重要性就如同水对生命的意义一样，政府财政相关利益各方十分重视现金流量信息。财政总会计需要以现金流量为对象，通过编制和提供现金流量表反映各级政府及其部门、单位的现金流量结构、特点和发展趋势，真实披露日常活动、投资活动和筹资活动现金流量状况，向会计报表使用者提供有关受托责任和决策制定的信息。

(五) 政府受托责任

在现代社会生活中，委托受托关系无处不在，受托责任无时不有。在我国，一切权力属于人民，人民是国家一切财富的所有者。人民通过各级人民代表大会委托各级政府经营管理其拥有的公共财产，人民与政府之间形成了委托代理关系。各级人民代表大会和其同级人民政府形成了公共委托和受托关系（公共受托关系）。各级政府接受委托后，必须按委托人的要求认真履行其所负的受托公共经济责任，完成人民的托付，通过财政总会计确认、记录和报告受托责任履行情况，以明确政府的受托责任，帮助会计信息使用者制定相关决策。公共受托关系复杂，涉及众多方面，如立法机关、利益集团、纳税人和公民等。不同的利益方可能期望政府履行不同的公共受托责任，如对公共资源的投入、过程、产出、结果和政策等。

三、会计要素

会计要素是对会计对象的基本分类。它根据会计目标的要求，对政府会计信息提供的形式作出了规定，即：要求政府会计提供一个主体资产、负债、净资产、收入和费用（财务会计）信息；提供预算收入、预算支出和预算结余（预算会计）信息。不论政府会计核算的范围如何，都应当提供这些方面的信息，如图2-2所示。

第二节 财政总会计目标与职责

一、财政总会计目标

财政总会计目标是政府会计目标的具体化。《财政总会计制度》指出：财政总会计的核算目标是向会计信息使用者提供政府财政预算执行情况、财务状况、运行情况和现金流量等会计信息，反映政府财政受托责任履行情况。财政总会计目标一般由会计信息使用者、使用者需要什么样的信息以及以什么方式提供信息三部分内容组成。

（一）会计信息使用者

财政总会计的会计信息使用者包括人民代表大会、政府及其有关部门、政府财政部门自身和其他会计信息使用者。

国家的一切权利属于人民，各级人民代表大会授权各级政府管理公共财政资源和处理公共事务，因此，各级人民代表大会及其常务委员会是政府财务信息的首要的使用者；各级政府承担着对人民所托付的财政资源保值、增值并提供优质公共服务的任务，它们通过会计信息了解受托责任履行情况；与政府相关部门，如政府财政部门、立法机构、审计部门等有关部门也需要内容丰富、透明的政府会计信息等。

（二）会计信息使用者需要的信息

财政总会计信息使用者所需要的信息包括：预算收入、预算支出和预算结余等预算执行信息；政府财政资产、负债和净资产结构和趋势；政府运营成本水平及其变化情况；政府组织财政收入、安排公共支出信息以及与其相关的绩效评价信息。

（三）财政总会计提供信息的方式

财政总会计通过财务报表和预算会计报表提供各种信息。财务报表包括资产负债表、收入费用表、现金流量表、本年预算结余与本期盈余调节表等会计报表和附注；预算会计报表包括预算收入支出表、一般公共预算执行情况表、政府性基金预算执行情况表、国有资本经营预算执行情况表、财政专户管理资金收支情况表、专用基金收支情况表等会计报表和附注。

二、财政总会计职责

财政总会计职责是指财政总会计根据其在政府会计中的地位所应承担的工作任务和应尽的责任。明确会计职责是做好财政总会计工作的前提。

（一）进行会计核算

进行会计核算是财政总会计工作的首要职责。核算内容包括办理政府财政各项预算收支、资产负债以及财政运行的会计核算工作，定期编制并提供财政决算报告和财务报表，反映政府财政资金收入、支出和结余情况，为会计报表使用者提供政府财务状况、运行情况和现金流量等信息。

（二）严格财政资金收付调度管理

财政总会计要组织办理财政资金的收付、调拨，在确保资金安全性、规范性、流动性的前提下，合理调度管理资金，维护公共财政资金的正常使用，理性配置财政资金，提高资金使用效益。

（三）规范账户管理

财政账户简单地说就是政府的财政部门在金融机构开立的账户。各级财政部门应当按照财政国库管理制度和银行账户管理有关规定，加强对国库单一账户、财政专户、零余额账户和预算单位银行账户等的管理。

（四）实行会计监督，参与预算管理和财务管理

通过会计核算和反映，进行预算执行情况、财务状况、运行情况和现金流量情况分析，并对财政、部门及其所属单位的预算执行和财务管理情况实行会计监督。

（五）协调相关部门业务关系

财政总会计主要相关部门包括预算收入征收部门（税务部门和海关）、国家金库、国库集中收付代理银行、财政专户开户银行和其他有关部门。这些部门核算对象是政府财政预算资金运动的不同阶段，这些相关部门会计工作和财政总会计形成一个有机整体，共同参与政府预算执行工作。在这个有机整体中，财政总会计居主导地位，其他部门或单位会计在财政总会计的业务指导下开展核算工作。

（六）组织财政决算和财务报告工作

政府财政总会计要组织本地区财政总决算、部门决算、政府财务报告编审和汇总工作。

通过组织财政决算工作可以检查和总结预算执行情况；政府财务报告（包括政府部门财务报告和政府综合财务报告）可以反映各级政府整体的财务状况、运行情况和财政中长期可持续性，以及反映各级政府资产负债和成本费用等财务状况和运行情况。

（七）组织和指导下级财政总会计工作

适应政府预算管理体制和行政隶属关系的划分，各级财政总会计存在上下级财政之间领导和被领导的关系。因此，上级财政总会计处于主导地位，下级财政总会计处于基础地位。上级财政总会计具有组织和指导下级财政总会计的职责和作用。

第三节 财政总会计核算

一、预算指标核算

为硬化预算约束和规范预算管理行为，2022年9月，财政部印发《预算指标核算管理办法（试行）》（财办〔2022〕36号），于2023年1月1日起实施。

财政预算指标（以下简称"预算指标"）是指在财政预算管理中，按照批准的财政收入应当达到的目标额度和财政支出的最高限定额度，前者称为财政收入预算指标，后者

称为财政支出预算指标①。预算指标核算是指政府财政部门采用复式记账法，对预算指标管理业务或事项进行核算，通过对预算指标的批复、分解、下达、生成、调整、调剂、执行和结转结余等全生命周期过程进行记录，实时反映预算指标的来源、增减及状态，实现预算指标管理全流程"顺向可控，逆向可溯"。

根据《预算指标核算管理办法（试行）》，预算指标核算范围包含一般公共预算资金、政府性基金预算资金、国有资本经营预算资金、专用基金、财政专户管理资金（教育收费）等。财政预算指标核算的主体是负责进行预算指标管理的财收部门相关内部机构。

财政部门通过设置预算指标会计科目及其核算，形成预算指标会计报表，根据报表的财政收支预算和实际财政预算收支对比反映财政收支预算的实际执行情况，为进一步加强政府预算资金管理提供重要依据。

（一）预算指标核算科目及其说明

根据《预算指标核算管理办法（试行）》的规定，将所有预算指标科目分为借方余额科目和贷方余额科目两类，如表2-1所示。借方余额科目是支出预算科目，贷方余额科目是收入预算科目。同时，该办法对财政资金预算指标核算科目使用方法进行了说明。

表 2-1 财政资金预算指标核算科目

借方余额科目			贷方余额科目		
类别	用途	科目设置	类别	用途	科目设置
一、指标来源类	核算年度总支出预算，并通过本科目控制支出指标生成及后续流程	1001 政府支出预算	二、提前安排类	核算在各级人民代表大会（以下简称"人大"）批准预算之前按相关法规可以提前安排的支出指标，并在人大批准预算后予以核销	2001 本级财力提前下达指标
		1002 安排国库集中支付结余			2002 本级财力年初控制数
					2003 其他预拨指标
五、支出指标类	核算在指标来源类科目和提前安排类科目控制下生成的支出指标，并通过本科目控制支付申请类及后续流程	5001 待下达指标	三、结转结余类	核算确认收入和确认支付相抵后的结转结余	3001 结转结余
		5002 可执行指标			
		5003 可执行指标冻结			
七、支付申请类	核算财政和单位在支出指标控制下的支付申请，并通过本科目控制确认支付及后续流程	7001 支付申请	四、财力类	核算年度总收入预算	4001 政府收入预算
					4002 应付国库集中支付结余

---

① 王彦，王建英，赵西卜. 政府与非营利组织会计 [M]. 7 版. 北京：中国人民大学出版社，2017.

续表

借方余额科目			贷方余额科目		
类别	用途	科目设置	类别	用途	科目设置
八、支付类	核算在指标来源类、支出指标类和支付申请类科目控制下的确认支付，并通过本科目进行结转结余核算	8001 确认支付	六、收入类	核算财力类科目的确认收入，并通过"确认收入"科目进行结转结余核算	6001 确认收入
九、结转核销类	核算根据预算指标结转结余规定，指标来源类、支出指标类的指标结转结余，并通过本科目和结转结余类科目进行年终结账	9001 指标结转			
		9002 指标结余			

注：(1) "1001 政府支出预算"科目设置以下二级科目：100101 本级支出预算；100102 补助支出预算；100103 预备费；100104 上解支出；100105 地区间援助支出预算；100106 调出资金；100107 安排预算稳定调节基金；100108 债务还本支出预算；100109 债务转贷支出预算；1001010 补充预算周转金；1001011 结转下年支出；100199 待分预算。

(2) "4001 政府收入预算"科目设置以下二级科目：400101 本级收入预算；400102 补助收入预算；400103 上解收入；400104 地区间援助收入预算；400105 调入资金；400106 动用预算稳定调节基金；400107 债务收入预算；400108 债务转贷收入预算；400109 上年结转收入。

(3) "5002 可执行指标"科目设置以下二级科目：500201 本级支出指标；500202 补助支出指标；500203 上解支出指标；500204 地区间援助支出指标；500205 债务还本支出指标；500206 债务转贷支出指标。

(二) 预算指标核算管理业务场景梳理

预算指标核算管理业务场景仅供各级政府财政部门在预算指标核算管理时参考，不得以此作为进行有关经济活动的依据。预算指标核算管理业务场景包括三方面：一是触发记账条件，即管理业务确认要求，如本级政府财政部门审核确认；二是记账规则，按照表 2-1 所列科目，采用复式记账方式将业务予以登记，预算指标核算科目运用流程如图 2-3 所示[①]；三是控制规则，即对记账金额的要求。

图 2-3 解释如下：①根据各级人大批准年初预算，确定预算收入和预算支出总额。②收到属于预算收入的财政资金。③财政部门将年度总支出预算分解形成的可执行预算指标数。④财政部门批准的支付申请数。⑤根据财政部门实际支付的资金数。⑥结转确认收入和确认支付。⑦根据预算安排将下年需按原用途继续使用的政府支出预算结转至指标结转。"结转结余"科目的贷方余额表示收大于支的盈余部分（A）。"指标结转"科目借方余额（B）和"指标结余"科目的借方余额（C）表示本年未支出需结转至下年支出部分。通过编制借记"结转结余"科目，贷记"指标结转""指标结余"分录，将（A）与（B）两者冲平。⑧年终结账，将本年度结转结余类和结转核销类清零。

---

① 只说明预算指标核算主要科目的流程。

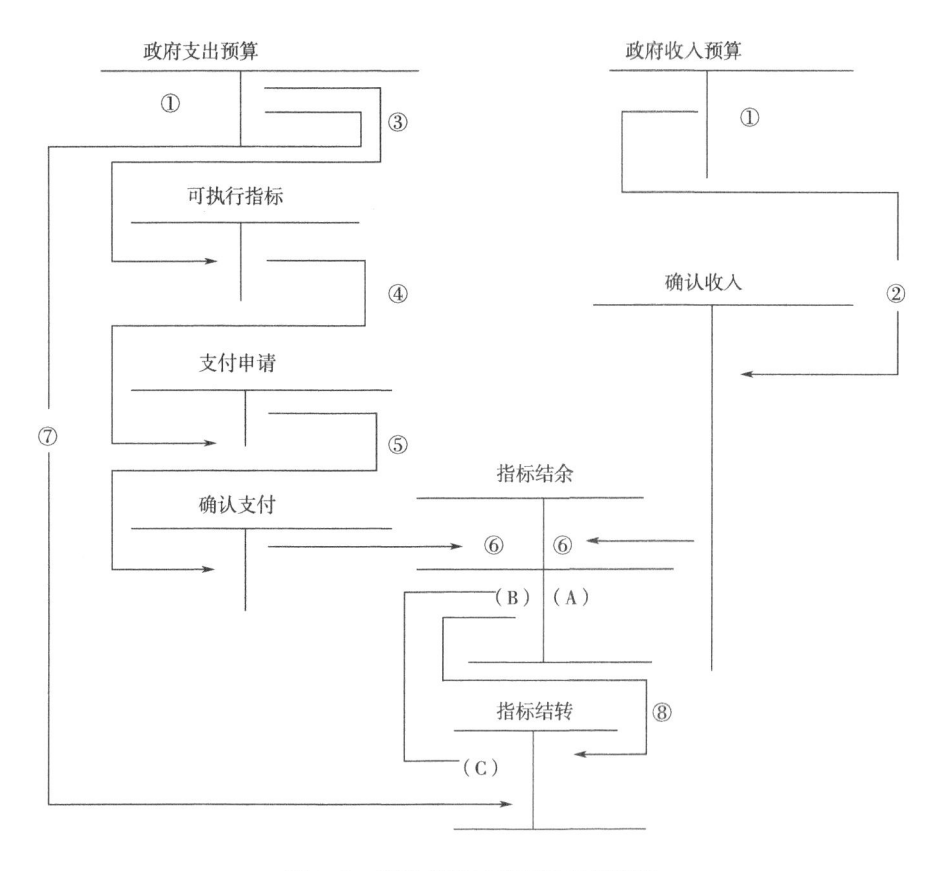

图 2-3　预算指标核算科目运用流程

(三) 报表格式及报表编报说明

《预算指标核算管理办法（试行）》规定，期末，应根据各个预算指标会计科目的本期累计发生额或期末余额编制预算指标会计报表。本部分规定政府财政部门应编制的预算指标会计报表包括：预算指标核算管理总表，一般公共预算收入预算变动及执行情况表，一般公共预算支出预算变动及执行情况表，政府性基金预算收入预算变动及执行情况表，政府性基金预算支出预算变动及执行情况表，国有资本经营预算收入预算变动及执行情况表，国有资本经营预算支出预算变动及执行情况表。

二、会计科目设置

财政总会计科目是对财政总会计要素的具体内容进行分类核算的项目。在财政总会计制度中事先确定会计科目，然后根据这些科目在账簿中开立账户，分门别类地连续记录各项经济业务。

(一) 财务会计科目

与财务会计要素相适应，财政总会计财务会计科目分为资产类、负债类、净资产类、收入类和费用类五类科目，如表 2-2 所示。

表 2-2 财务会计科目表

序号	科目编号	会计科目名称	序号	科目编号	会计科目名称
		第一类 资产类	28	3021	预算稳定调节基金
1	1001	国库存款	29	3022	预算周转金
2	1002	其他财政存款	30	3041	权益法调整
3	1003	国库现金管理资产	31	3051	以前年度盈余调整
4	1011	有价证券			第四类 收入类
5	1021	应收非税收入	32	4001	税收收入
6	1022	应收股利	33	4002	非税收入
7	1031	借出款项	34	4003	投资收益
8	1032	与下级往来	35	4005	补助收入
9	1033	预拨经费	36	4007	上解收入
10	1034	在途款	37	4011	地区间援助收入
11	1035	其他应收款	38	4012	其他收入
12	1041	应收地方政府债券转贷款	39	4013	财政专户管理资金收入
13	1042	应收主权外债转贷款	40	4021	专用基金收入
14	1061	股权投资			第五类 费用类
		第二类 负债类	41	5001	政府机关商品和服务拨款费用
15	2001	应付短期政府债券	42	5002	政府机关工资福利拨款费用
16	2011	应付国库集中支付结余	43	5003	对事业单位补助拨款费用
17	2012	与上级往来	44	5005	对企业补助拨款费用
18	2013	其他应付款	45	5007	对个人和家庭补助拨款费用
19	2014	应付代管资金	46	5011	对社会保障基金补助拨款费用
20	2015	应付利息	47	5007	资本性拨款费用
21	2021	应付长期政府债券	48	5008	其他拨款费用
22	2022	借入款项	49	5011	财务费用
23	2026	应付地方政府债券转贷款	50	5021	补助费用
24	2027	应付主权外债转贷款	51	5022	上解费用
25	2045	其他负债	52	5023	地区间援助费用
		第三类 净资产类	53	5031	其他费用
26	3001	累计盈余	54	5041	财政专户管理资金支出
27	3011	本期盈余	55	5042	专用基金支出

(二) 预算会计科目

与预算会计要素相适应，财政预算会计科目分为预算收入类、预算支出类和预算结余类三类科目，如表 2-3 所示。

表 2-3　　预算会计科目表

序号	科目编号	会计科目名称	序号	科目编号	会计科目名称
	第一类 预算收入类		73	7007	专用基金支出
56	6001	一般公共预算收入	74	7011	补助预算支出
57	6002	政府性基金预算收入	75	7012	上解预算支出
58	6003	国有资本经营预算收入	76	7013	地区间援助预算支出
59	6005	财政专户管理资金收入	77	7021	调出预算资金
60	6007	专用基金收入	78	7031	安排预算稳定调节基金
61	6011	补助预算收入	79	7041	债务还本预算支出
62	6012	上解预算收入	80	7042	债务转贷预算支出
63	6013	地区间援助预算收入	81	7051	待处理支出
64	6021	调入预算资金		第三类 预算结余类	
65	6031	动用预算稳定调节基金	82	8001	一般公共预算结转结余
66	6041	债务预算收入	83	8002	政府性基金预算结转结余
67	6042	债务转贷预算收入	84	8003	国有资本经营预算结转结余
68	6051	待处理收入	85	8005	财政专户管理资金结余
	第二类 预算支出类		86	8007	专用基金结余
69	7001	一般公共预算支出	87	8031	预算稳定调节基金
70	7002	政府性基金预算支出	88	8033	预算周转金
71	7003	国有资本经营预算支出	89	8041	资金结存
72	7005	财政专户管理资金支出			

1. 政府收支分类科目与预算会计科目关系辨析。政府收支分类科目是明确政府收支分类、编制政府预决算、组织预算执行及预算单位进行会计明细核算的重要依据。预算会计服务于财政预算管理，预算会计科目的设置、账簿登记、报表项目设置等必须与政府收支分类科目相适应。政府收支分类科目与政府会计科目因预算管理流程而联系起来。

《2023 年政府收支分类科目》

2. 预算会计明细科目的设置方法。政府收支分类科目与预算会计科目之间存在着天然联系。这种联系主要体现在预算收入类、预算支出类科目所属明细科目的设置方式上。

（1）收入类科目。《财政总会计制度》规定，"一般公共预算收入""政府性基金预算收入""国有资本经营预算收入""财政专户管理资金收入"等科目应当根据政府收支分类科目中的规定进行明细核算。收入类业务预算会计分录的编制方法如图 2-4 所示。

```
（总分类科目）        借：国库存款
                     贷：一般公共预算收入
（明细科目）          ——税收收入——增值税——国内增值税——国有企业增值税
                                    ↑        ↑          ↑            ↑
（政府收支分类科目）                  类       款          项            目
```

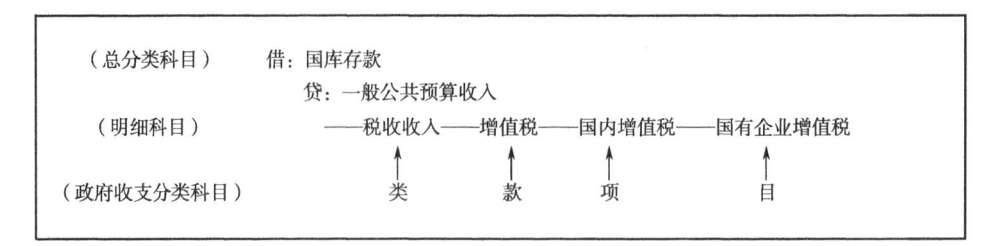

图 2-4 预算收入类业务会计分录的编制方法

【例 2-1】某省财政厅会计收到同级国库报来的预算收入日报表，如表 2-4 所示。

表 2-4 预算收入日报表

级次：省　　　　　　　　　　　　　　　　　　　　　　　　　　　　　单位：万元

类	预算科目			本日收入
	款	项	目	
税收收入	增值税	国内增值税	国有企业增值税	16 500
		国内增值税	集体企业增值税	4 000
	消费税	国内消费税	国有企业消费税	2 300
	企业所得税	国有铁道企业所得税	铁道运输企业所得税	25 000
	个人所得税	个人所得税	储蓄存款利息所得税	2 000
	城市维护建设税	国有企业城市维护建设税		1 300
	城市维护建设税	集体企业城市维护建设税		280
	—	—		51 380
非税收入	行政事业性收费收入	公安行政事业性收费收入	机动车号牌工本费	15.2
	罚没收入	一般罚没收入	税务部门罚没收入	350
	政府性基金收入	彩票公益金收入	体育彩票公益金收入	1 820
	国有资本经营收入	利润收入	电信企业利润收入	26 350
				28 535.2
合计	—	—	—	79 915.2

根据表 2-4 预算收入日报表编制该业务的财务会计分录：

```
借：国库存款                                              799 152 000
    贷：税收收入                                          513 800 000
        非税收入                                          285 352 000
```

"税收收入"科目及其所辖明细账依据政府收支分类科目表设置如下：

```
税收收入——增值税——国内增值税——国有企业增值税        165 000 000
        ——增值税——国内增值税——集体企业增值税         40 000 000
        ——消费税——国内消费税——国有企业消费税         23 000 000
        ——企业所得税——国有铁道企业所得税——铁道运输企业所得税
                                                       250 000 000
```

——个人所得税——个人所得税——储蓄存款利息所得税 20 000 000
——城市维护建设税——国有企业城市维护建设税 13 000 000
——城市维护建设税——集体企业城市维护建设税 2 800 000

合计 513 800 000

"非税收入"科目及其所辖明细账依据政府收支分类科目表设置如下：
非税收入——行政事业性收费收入——公安行政事业性收费收入——机动车号牌工本费
152 000
——罚没收入——一般罚没收入——税务部门罚没收入 3 500 000
——政府性基金收入——彩票公益金收入——体育彩票公益金收入
18 200 000
——国有资本经营收入——利润收入——电信企业利润收入 263 500 000

合计 285 352 000

（2）支出类科目。《财政总会计制度》规定，"一般公共预算支出""政府性基金预算支出""国有资本经营预算支出""财政专户管理资金支出"等科目应当根据政府收支分类科目中的规定进行明细核算。

【例2-2】某省财政总会计收到财政国库支付执行机构报来的预算支出结算清单，如表2-5所示。

表2-5 预算支出结算清单

代理银行：工商银行××分行
日期：2×24年5月20日   单位：万元

预算部门	支出功能分类科目名称（项）	支出经济分类科目名称（款）	本日列支金额合计
省生态环境厅	节能环保——环境保护管理事务——行政运行	机关商品和服务支出——办公经费	500
省卫生局	卫生健康管理事务——机关服务	机关商品和服务支出——会议费	180
省卫生局	公共卫生——突发公共卫生事件应急处理	机关商品和服务支出——专用材料购置费	120
省公安厅	公共公安——信息化建设	机关资本支出（二）——大型修缮	600
省教育局	教育——普通教育——高等教育	机关资本支出（一）——设备购置	200
省税务局	税收事务——税收业务	培训费	450
本日支出合计			2 050

根据表2-5编制该业务的预算会计分录：
借：一般公共预算支出——节能环保——环境保护管理事务——行政运行——机关商品和服务支出——会议费 5 000 000
——卫生健康——卫生健康管理事务——机关服务——机关商品和服务支出——办公经费 1 800 000
——卫生健康——公共卫生——突发公共卫生事件应急处

理——机关商品和服务支出——专用材料购置费 1 200 000
　　——公共公安——公安——信息化建设——机关资本支出
（二）——大型修缮　　　　　　　　　　　　　 6 000 000
　　——教育——普通教育——高等教育——机关资本支出
（一）——设备购置　　　　　　　　　　　　　 2 000 000
　　——一般公共服务——税收事务——税收业务——机关商品和
服务支出——培训费　　　　　　　　　　　　　 4 500 000
　　贷：国库存款　　　　　　　　　　　　　　　20 500 000

需要说明的是，为了便于读者清晰并简明理解财政总会计的主要账务处理方法，后续章节相关的会计处理未严格按照政府收支分类科目表中的类、款、项、目级次设置明细科目并编制会计分录，而是根据讲解的内容，针对每部分会计处理所涉及的主要会计科目的明细账及其设置方法进行说明。

三、财政总会计科目体系

财政总会计科目由预算指标会计科目、预算会计科目和财务会计科目组成，其体系如图 2-5 所示①。

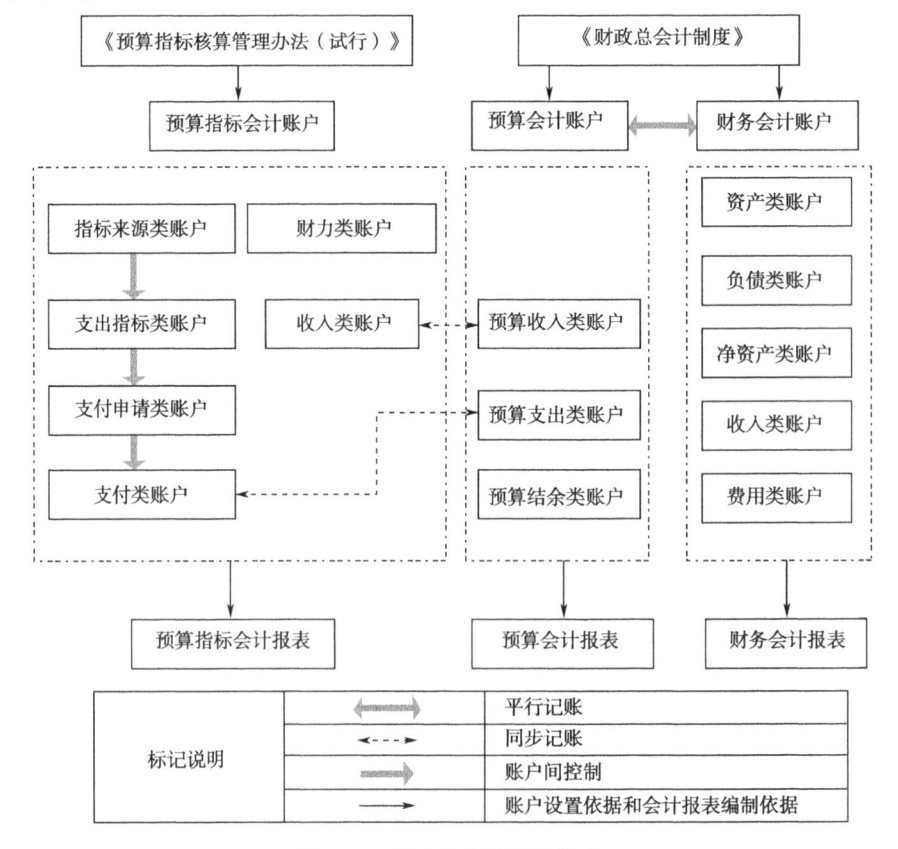

图 2-5　财政总会计科目体系

---

① 王彦，王建英，赵西卜. 政府与非营利组织会计 [M]. 8 版. 北京：中国人民大学出版社，2024.

(一) 预算指标会计科目与预算会计科目的关系

当财政部门收到纳入财政收入预算管理的财政资金时,预算指标会计科目中的"确认收入"科目和预算会计科目中的预算收入类科目进行同步(时间一致、金额一致)记账;当财政部门支付纳入财政支出预算管理的财政资金时,预算指标会计科目中的"确认支付"科目和预算会计科目中的预算支出类科目进行同步(时间一致、金额一致)记账。预算指标会计科目和预算会计相关科目同步记账,能够确保预算指标会计科目核算的确认收入和确认支付如实反映财政预算资金的实际收支。同时,"确认收入""确认支付"科目登记的数据与"政府收入预算""政府支出预算"科目登记的数据对比,可以反映财政预算的实际执行情况。

(二) 预算会计科目和财务会计科目的关系

财政总会计对财政部门的经济活动采用预算会计科目和财务会计科目平行记账的方式登记科目。即:如果一项经济活动既引起预算会计要素项目发生变动,又引起财务会计要素项目发生变动,就要同时在预算会计科目和财务会计科目进行登记;如果一项经济活动只引起预算会计要素项目发生变动,只在预算会计科目进行登记;如果一项经济活动只引起财务会计要素项目发生变动,只在财务会计科目进行登记。预算会计科目和财务会计科目的平行记账既可以及时反映财政预算的执行情况,又可以全面反映政府财政的财务状况。

【关键词汇】

政府总会计(general financial accounting)	财政总会计制度(general financial accounting system)
财政总会计对象(general financial accounting object)	预算指标核算(budget index accounting)
财政总会计职责(general financial accounting responsibilities)	

【思考与练习】

一、思考题

1. 什么是财政总会计?如何理解财政总会计?我国政府哪些预算活动需要《财政总会计制度》予以规范?
2. 什么是财政总会计对象?简述财政总会计对象的主要内容。
3. 与企业会计、政府单位预算会计相比,财政总会计特征主要表现在哪些方面?
4. 什么是财政总会计要素?财政总会计要素包括哪些内容?
5. 什么是财政总会计职责?其具体职责包括哪些内容?
6. 财政总会计科目是如何分类的?它与政府收支分类科目有何关系?
7. 什么是预算指标核算?简述预算指标核算的内容和原则。

二、练习题

(一) 单项选择题

1. 下列各项中,不属于财政总会计核算对象的是( )。
A. 政府性基金预算资金 B. 国有资本经营预算资金

C. 财政专户管理资金　　　　　　　　D. 国有实物资产资金

2. 下列各项中,关于财政总会计科目设置表述正确的是(　　)。

A. 预算会计应设置"税收收入"科目

B. 财务会计和预算会计共同设置"专用基金收入"科目

C. 预算会计科目的设置必须与政府收支分类科目相适应

D. 预算会计基础是收付实现制,预算会计不设置债务收入科目

3. 下列关于财政总会计表述中,正确的是(　　)。

A. 政府预算会计要素包括预算收入、预算支出与预算结余

B. 政府财务会计要素包括资产、负债、净资产、收入、费用和利润

C. 财务会计实行收付实现制,预算会计实行权责发生制

D. 对于纳入部门预算管理的现金收支业务只需要进行预算会计处理

(二) 多项选择题

1. 下列各项中,属于财政总会计运行模式的是(　　)。

A. 决算报告和财务报告

B. 收付实现制基础和权责发生制基础

C. 预算会计科目体系和财务会计科目体系

D. 预算会计功能和财务会计功能适度分离

2. 下列各项中,属于《财政总会计制度》规范范围的有(　　)。

A. 社会保险基金预算资金　　　　　　B. 财政专户管理资金

C. 政府财政代管资金　　　　　　　　D. 财政专用基金

3. 下列关于政府财政会计预算指标核算的表述中,正确的有(　　)。

A. 预算指标核算是预算会计的重要内容

B. 预算指标核算实时反映预算指标的来源、增减及状态

C. 预算指标核算将各级政府、各部门和各单位的预算纳入核算范围

D. 预算指标核算结果需要在预算收入支出表中列示

第三章 财政总会计资产

【学习目标和思政目标】
　　●学习目标：了解财政总会计资产组成，熟悉主要资产的内容，掌握各类资产财务会计和预算会计的账务处理方法。
　　●思政目标：①通过财政总会计资产的核算，理解政府资产在社会发展中所发挥的重要作用，激发学习专业知识的热情，立志在国家建设中发挥自己的聪明才智。②政府资产的概念、内涵与外延与我国法律法规有着密切的联系，通过资产学习，增强法律意识。③政府资产是促进政府繁荣昌盛、可持续发展的物质基础和强大支撑。通过政府资产核算，加强政府资产管理意识，高度重视政府资产的安全，谨防资产流失、滥用和损害国家和公众利益的行为。④通过资产转移支付业务学习，形成全局概念，学会正确处理国家、地区、企业与个人之间的关系。

【学习重点和难点】
　　●学习重点：国库存款、国库现金管理资产、有价证券、应收非税收入、应收款项、应收地方政府债券转贷款、股权投资。
　　●学习难点：应收地方政府债券转贷款、应收主权外债转贷款、股权投资。

第一节 资产概述

一、资产的概念及特征

　　资产是指政府财政占有或控制的能以货币计量的经济资源。财政总会计核算的资产（即财政资产）包括财政存款、国库现金管理资产、有价证券、应收非税收入、应收股利、应收及暂付款项、借出款项、预拨经费、在途款、应收转贷款、股权投资等。在财务会计要素中，财政资产是位居第一位的要素，财务会计确认、计量和报告的主要信息是财政资产的增减变动情况。
　　关于财政资产的概念，从其时间、性质、会计主体拥有方式和可计量性等方面进一步解释如下：
　　（1）在时间上，各级政府占有或控制的财政资产是由过去经济活动所形成或产生的，预期未来发生的经济活动不形成资产。但是，政府管理或控制的资产并不完全是由过去的经济活动形成的，因为政府对资产的控制权可能是法律赋予的，或由历史原因或既成事实所形成的，如文物资源等资产。
　　（2）在性质上，财政资产是能够产生服务潜能或经济利益的经济资源。具有服务潜力或产生经济利益的能力是财政资产的基本属性。服务潜能是指一项资产能够为主体所用，帮助政府会计主体实现其目标，并且这种服务潜能可以使主体在不产生净现金流的情况下实现其目标。"经济利益"是指资产产生净现金流入的能力。带来的经济利益流入，可能是通过回收、变现等方式流入的国库存款、其他财政存款，也可能是通过抵销债务等方式减少这类现金及现金等价物流出。可见，服务潜力或产生经济效益的能力可以直接从资源本身或资源使用权中产生。

（3）在会计主体拥有方式上，财政资产是由各级政府会计主体占有或者控制的，其中：占有是依法对特定资源具有支配、管理、拥有的权利；控制是使资产处于被主体占有、管理或影响之下，并且能够使用资产所产生的各项利益，如服务潜能或经济利益以及资源产生的现金流等。

（4）在可计量上，财政资产应当按照取得或发生时实际金额进行计量。无论是财政资金的筹集还是分配，都是通过货币形式实现的，不存在对实物资产的直接分配，也就是财政资产都是货币形式的，而非实物资产。

二、财政资产的分类

财政总会计核算的资产，按其流动性分为流动资产和非流动资产。

（一）流动资产

流动资产是指预计在1年内（含1年）变现的资产，包括财政存款、有价证券、应收非税收入、在途款、预拨经费、借出款项、应收股利、应收利息、应收及暂付款项。

（二）非流动资产

非流动资产是指流动资产以外的资产，包括应收转贷款（包括应收地方政府债券转贷款、应收主权外债转贷款）、股权投资。

三、财政资产确认与计量的基本原则

根据《基本准则》，符合资产定义的经济资源在同时满足以下条件时被确认为资产：①与该经济资源相关的服务潜力很可能实现或者经济利益很可能流入政府会计主体；②该经济资源的成本或者价值能够可靠地计量。符合资产定义并确认的资产项目应当列入资产负债表。

《财政总会计制度》指出，财政总会计核算的资产应当按照取得或发生时实际金额进行计量，即政府财政总会计对资产采用的计量属性为历史成本。

第二节 流动资产

一、财政存款

（一）财政存款的概念和内容

财政存款是指政府财政部门代表政府管理的国库存款和其他财政存款等。其中："国库存款"是指政府财政存放在国库单一账户的款项，它是各级政府为了满足日常支付需要而以现金和准现金形式持有的存款；"其他财政存款"是指政府财政未列入"国库存款"

科目反映的各项存款,包括财政周转金存款、未设国库的乡镇财政在专业银行的预算资金存款、部分由财政部指定存入专业银行的专用基金存款等。

财政存款的支配权属于同级政府财政部门,并由总会计负责管理,统一在国库或选定的银行开立存款账户,统一收付,不得透支,不得提取现金。

(二)国库存款

国库存款是财政部门存放在国家银行中尚未使用的财政资金存款。其主要功能有两个:一是当财政部门取得税款、国有企业利润、国有股份股息、发行政府债券等各种形式的收入时,应通过转账方式从有关存款机构的账户转入国库账户;二是当财政部门把各项经费拨付给各个使用财政资金的指定部门时,应通过国库账户把资金划转入有关部门或单位存款机构的存款账户。

为了反映和监督国库存款增减变动情况,政府财政财务会计(以下简称"财务会计")应设置"国库存款"科目。该科目的借方登记国库存款的增加;贷方登记国库存款的减少;期末借方余额反映政府财政国库存款的结存数。

为了反映政府财政纳入预算管理的资金流入、流出、调整和滚存情况,政府财政预算会计(以下简称"预算会计")应设置"资金结存"总账科目及其明细科目。该科目的借方登记资金结存的流入或增加;贷方登记资金结存流出、减少;年末借方余额反映政府财政预算资金的累计滚存情况。

"资金结存"科目应设置"库款资金结存""专户资金结存""在途资金结存""集中支付结余结存""上下级调拨结存""待发国债结存""零余额账户结存""已结报支出""待处理结存"明细科目。

政府财政国库存款增加时,财务会计应按照实际收到或支付的金额,借记或贷记"国库存款"科目,贷记或借记有关科目;对于同时引起预算资金的变动,预算会计应借记或贷记"资金结存"科目,贷记或借记有关预算会计科目。

【例3-1】M市财政收到国库报送的预算收入日报表,列明收到税收收入50万元,非税收入25万元,其中已经根据缴款票据确认过的非税收入10万元。编制财务会计分录:

借:国库存款　　　　　　　　　　　　　　　　　750 000
　　贷:税收收入　　　　　　　　　　　　　　　　500 000
　　　　非税收入　　　　　　　　　　　　　　　　150 000
　　　　应收非税收入　　　　　　　　　　　　　　100 000

同期,编制该业务的预算会计分录:

借:资金结存　　　　　　　　　　　　　　　　　750 000
　　贷:一般公共预算收入　　　　　　　　　　　　750 000

(三)国库现金管理存款

国库现金管理存款是指政府财政实行国库现金管理业务存放在商业银行的款项,主要包括库存现金、活期存款和与现金等价的短期金融资产等。

政府财政部门的国库现金管理活动主要是在确保国库现金安全和资金支付需要的前提下,将国库存款中高于保障支付需求余额、暂时不用的国库现金按一定期限存放于商业银行,商业银行提供足额质押

《地方国库现金管理试点办法》

并向财政部门支付利息,提高财政资金使用效益。这一行为的主体仅限于中央和省级政府财政部门。也有个别地方试点市级政府财政部门进行国库现金管理活动,但要由省级政府财政部门代理。目前规定的国库现金管理存款期限一般在一年以内(含一年)。

为了反映和监督政府财政将暂时闲置的国库存款存放商业银行或者投资于货币市场形成的资产情况,财务会计应设置"国库现金管理存款"科目。该科目的借方登记国库现金管理存款的增加;贷方登记国库现金管理存款的减少;期末借方余额反映政府财政实行国库现金管理业务持有的存款。"国库现金管理存款"科目应按照业务种类设置"商业银行定期存款""其他国库现金管理资产"明细科目,并可根据管理需要进行明细核算。

政府财政将国库存款转存商业银行,按照存入商业银行的金额,财务会计应借记"国库现金管理存款"科目,贷记"国库存款"科目。

商业银行定期存款收回国库时,财务会计应按照原存入商业银行的存款本金,借记"国库存款"科目,贷记"国库现金管理存款——商业银行定期存款"科目。同期,财务会计按照实际收回的金额与原存入商业银行的存款本金之间的差额,借记"国库存款"科目,贷记"非税收入"科目;预算会计按其差额,借记"资金结存——库款资金结存"科目,贷记"一般公共预算收入"科目。

其他国库现金管理业务可根据管理条件和管理需要,参照商业银行定期存款的账务处理。

【例3-2】某省财政根据国库现金管理的有关规定,将库款100 000万元转存商业银行。转存期满后,国库现金管理存款收回国库,实际转存国库金额为101 500万元。

(1)将库款转存商业银行。编制财务会计分录:

借:国库现金管理存款　　　　　　　　　　　　　　　　1 000 000 000
　　贷:国库存款　　　　　　　　　　　　　　　　　　　　1 000 000 000

(2)国库现金管理存款收回并存入国库。编制财务会计分录:

①借:国库存款　　　　　　　　　　　　　　　　　　　1 000 000 000
　　贷:国库现金管理存款　　　　　　　　　　　　　　　1 000 000 000

②借:国库存款　　　　　　　　　　　　　　　　　　　　　15 000 000
　　贷:非税收入　　　　　　　　　　　　　　　　　　　　　15 000 000

同期,编制该业务的预算会计分录:

借:资金结存——库款资金结存　　　　　　　　　　　　　　15 000 000
　　贷:一般公共预算收入　　　　　　　　　　　　　　　　　15 000 000

(四)其他财政存款

其他财政存款是指政府财政未列入"国库存款"科目核算的各项财政存款,包括财政周转金、未设国库的乡镇财政在商业银行的预算资金存款以及部分由财政部指定的存入商业银行的专用基金存款等。

为了反映和监督其他财政存款的增减变动情况,财务会计应设置"其他财政存款"科目。该科目的借方登记其他财政存款的增加;贷方登记其他财政存款的减少;期末借方余额反映政府财政持有的其他财政存款。其明细账应当按照资金性质和存款银行等设置并进行明细核算。

政府财政其他财政存款增加时,财务会计应按照实际收到或支付的金额,借记或贷记

"其他财政存款"科目，贷记或借记有关科目；同期，预算会计应借记或贷记"资金结存"科目，贷记或借记有关预算会计科目。

二、有价证券

财政总会计中，有价证券是指地方各级财政按照有关规定取得并持有的中央政府财政部以信用方式发行的国债。

地方各级财政可利用本级财政的结余资金购买中央政府发行的各种有价证券。中央政府向地方政府发行国库券等有价证券，是中央财政向地方财政借款的一种方式，是平衡中央预算收支、调剂资金余缺、进行宏观调控以及控制地方支出规模的辅助手段。地方各级财政利用本级财政资金购买有价证券不确认为预算支出，持有的有价证券被视同货币性质资产，转让或到期兑付有价证券实际收到的金额与该证券账面余额之间的差额，财务会计将其确认为投资收益或其他费用，预算会计则将其确认为一般公共预算收入或一般公共预算支出。

为了反映和监督有价证券的增减变动情况，财务会计应设置"有价证券"科目。该科目借方登记购入有价证券；贷方登记转让或到期兑付有价证券的数额；期末借方余额反映政府财政持有的有价证券金额。其明细账应当按照有价证券种类和资金性质设置并进行明细核算。

政府财政购入有价证券时，财务会计应按照实际支付的金额，借记"有价证券"科目，贷记"国库存款""其他财政存款"等科目。转让或到期兑付有价证券时，财务会计按照实际收到的金额，借记"国库存款""其他财政存款"等科目；按照该有价证券的账面余额，贷记"有价证券"科目；按照其差额，贷记或借记有关收入或费用科目。同期，预算会计按照实际收到的金额大于该有价证券的账面余额的差额，借记"资金结存——库款资金结存"科目，贷记"一般公共预算收入"科目；如果实际收到的金额小于该有价证券的账面余额，按其差额借记"一般公共预算支出"科目，贷记"资金结存——库款资金结存"科目。

【例3-3】某市财政部门根据发生的下列有价证券业务进行相关的会计处理：

（1）市财政用一般预算结余资金购买中央财政发行的5年期国债150 000万元，编制财务会计分录：

借：有价证券　　　　　　　　　　　　　　　　　　　1 500 000 000
　　贷：国库存款　　　　　　　　　　　　　　　　　　1 500 000 000

（2）该市持有的国债到期，共收到兑付款154 500万元，其中本金150 000万元、利息4 500万元，全部款项已转入国库。编制财务会计分录：

借：国库存款　　　　　　　　　　　　　　　　　　　1 545 000 000
　　贷：有价证券　　　　　　　　　　　　　　　　　　1 500 000 000
　　　　投资收益　　　　　　　　　　　　　　　　　　　　45 000 000

同期，编制该业务的预算会计分录：

借：资金结存——库款资金结存　　　　　　　　　　　　　45 000 000
　　贷：一般公共预算收入　　　　　　　　　　　　　　　　45 000 000

三、应收非税收入

应收非税收入是指政府财政应向缴款人收取但实际尚未缴入国库的非税收入款项。其中：非税收入是指除税收以外，由各级国家机关、事业单位、代行政府职能的社会团体及其他组织依法利用国家权力、政府信誉、国有资源（资产）所有者权益等取得的各项收入，包括行政事业性收费、政府性基金、罚没收入、国有资源（资产）有偿使用收入、国有资本收益、彩票公益金收入、特许经营收入、中央银行收入、以政府名义接受的捐赠收入、主管部门集中收入、政府财政资金产生的利息收入等。可见，非税收入不包括社会保险费、住房公积金（指计入缴存人个人账户部分）和政府发行的债务收入。

非税收入按照其性质和管理方式不同，分别纳入一般公共预算、政府性基金预算和国有资本经营预算进行管理。

为了反映和监督应向缴款人收取但实际尚未缴入国库的非税收入款项，财务会计应设置"应收非税收入"科目。该科目借方登记应收非税收入的增加；贷方登记应收非税收入的减少；期末借方余额反映政府财政尚未入库的应收非税收入。其明细账应参照政府收支分类科目中"非税收入"科目进行明细核算，同时可根据管理需要，参照实际情况，按执收部门（单位）进行明细核算。对于非税收入管理部门不能提供已开具非税收入缴款票据、尚未缴入本级国库的非税收入数据的地区，可暂不使用"应收非税收入"科目。

政府财政总会计确认取得非税收入时，财务会计按照非税收入管理部门提供的已开具缴款票据、尚未缴入本级国库的非税收入金额，借记"应收非税收入"科目，贷记"非税收入"科目。实际收到非税收入款项时，按照实际收到的非税收入金额，财务会计借记"国库存款"科目，贷记"应收非税收入"科目（已列应收非税收入部分），未列入应收非税收入部分金额，贷记"非税收入"科目；同期，预算会计按照实际收到的非税收入金额，借记"资金结存"科目，贷记"一般公共预算收入""政府性基金预算收入""国有资本经营预算收入"科目。

【例3-4】M单位是某省本级的预算单位。2×24年初，M单位准备将其管辖的国有资产科研楼一楼门面房出租。经批准后，M单位与承租方签订出租合同，约定租期一年、租金350万元。

（1）科研楼出租产生的收入确认为非税收入。编制财务会计分录：

借：应收非税收入　　　　　　　　　　　　　　　　　　　3 500 000
　　贷：非税收入　　　　　　　　　　　　　　　　　　　　　　3 500 000

（2）实际收到出租科研楼租金时，编制财务会计分录：

借：国库存款　　　　　　　　　　　　　　　　　　　　　3 500 000
　　贷：应收非税收入　　　　　　　　　　　　　　　　　　　　3 500 000

同期，编制该业务的预算会计分录：

借：资金结存——库款资金结存　　　　　　　　　　　　　3 500 000
　　贷：一般公共预算收入　　　　　　　　　　　　　　　　　　3 500 000

四、应收股利和应收利息

（一）应收股利

应收股利是指政府因持有股权投资应当收取的现金股利或应当分得的利润。它是各级政府财政进行股权投资所获得的收取投资回报的权利。

为了反映和监督政府因持有股权投资应当收取的现金股利或利润的增减变动情况,财务会计应设置"应收股利"科目。该科目借方登记应收股利的增加;贷方登记应收股利的减少;期末借方余额反映政府尚未收回的现金股利或利润。其明细账应当按照被投资主体设置并进行明细核算。

政府财政关于应收股利的核算方法,应根据其对股权投资采用权益法和成本法而有所不同。具体核算方法举例参见本章第三节。

(二)应收利息

应收利息是指政府财政期末应收未收的转贷款利息金额。它是各级政府财政进行转贷业务应收取利息。

为了反映和监督应收利息的增减变动情况,财务会计通过"应收地方政府债券转贷款""应收主权外债转贷款"科目下的"应收利息"明细科目核算其具体情况。该明细科目借方登记应收利息的增加;贷方登记应收利息的减少;期末借方余额反映政府尚未收回的利息。

实务中,政府财政根据债务管理部门计算并提供的政府债券转贷款、主权外债转贷款的应收利息情况,按期进行核算。具体核算方法举例参见本章第三节。

五、借出款项

借出款项是指政府财政按照对外借款管理相关规定借给预算单位临时急需的并需按期收回的款项。借出款项仅限于政府财政对纳入本级预算管理的一级预算单位(不含企业)安排的借款,借款资金仅限于临时性资金周转和应对社会影响较大突发事件的临时急需垫款,借款期限不得超过一年,借款时应明确还款来源。

为了反映和监督政府财政借出款项增减变动情况,财务会计应设置"借出款项"科目。该科目借方登记借出的款项;贷方登记收回的借款;期末借方余额反映政府财政借给预算单位尚未收回的款项。其明细账应当按照借款单位等设置并进行明细核算。

政府财政将款项借出时,财务会计应按照实际支付的金额,借记"借出款项"科目,贷记"国库存款"等科目;政府财政收回借款时,按照实际收到的金额,借记"国库存款"等科目,贷记"借出款项"科目。

【例3-5】2×24年,某省财政发生借出款项业务如下:

(1)经批准,将3 000万元资金借给省辖民政局用于危房修缮。编制财务会计分录:

借:借出款项——省民政局　　　　　　　　　　　　　　30 000 000
　　贷:国库存款　　　　　　　　　　　　　　　　　　　　　　30 000 000

(2)省所辖A市财政未及时上缴转贷债务本金,省财政为其垫付代为偿还的到期地方政府债券本金20 000万元。将款项借出时,编制财务会计分录:

借:借出款项　　　　　　　　　　　　　　　　　　　200 000 000
　　贷:国库存款　　　　　　　　　　　　　　　　　　　　　200 000 000

省财政收到所辖A市财政归还垫付地方政府债券本金20 000万元时,编制财务会计分录:

借:国库存款　　　　　　　　　　　　　　　　　　　200 000 000

貸：借出款项　　　　　　　　　　　　　　　　　　　　　　　　　200 000 000

六、应收及暂付款项

应收及暂付款项是指政府财政业务活动中形成的债权，包括与下级往来和其他应收款等。应收及暂付款项应当及时清理结算，不得长期挂账。

（一）与下级往来

与下级往来是指本级政府财政与下级政府财政的往来待结算款项。在政府财政日常核算中，有时在上下级之间会发生财政资金周转调度业务；在年终财政体制结算中，也会发生下级财政应向上级财政上解资金或上级财政应向下级财政补助资金的业务。上下级财政间发生的这类待结算业务，对于上级财政来说属于与下级往来业务，而对于下级财政而言则是与上级往来业务。

为了反映和监督与下级往来业务的增减变动情况，财务会计应设置"与下级往来"科目。该科目的借方登记拨付下级政府财政款项；贷方登记收回或结算拨付下级政府财政款项；期末借方余额反映下级政府财政欠本级政府财政的款项；期末贷方余额反映本级政府财政欠下级政府财政的款项。该科目应按照下级政府财政进行明细核算。

与下级往来的账务处理方法如表3-1所示。

表3-1 与下级往来的账务处理方法

序号	业务或事项内容		账务处理	
			财务会计	预算会计
1	拨付资金给下级政府	拨付时能明确转移支付资金性质和科目	借：补助费用 　贷：国库存款	借：补助预算支出——一般公共预算补助支出 　贷：资金结存——库款资金结存
		拨付时暂无法明确转移支付资金性质和科目	借：与下级往来 　贷：国库存款	借：补助预算支出——调拨下级 　贷：资金结存——库款资金结存
		从特设专户拨付资金给下级财政款项	借：与下级往来 　贷：其他财政存款	借：补助预算支出——调拨下级 　贷：资金结存——专户资金结存
2	收到下级政府财政缴入国库的往来待结算款项		借：国库存款 　贷：与下级往来	借：资金结存——库款资金结存 　贷：补助预算支出——调拨下级
3	扣缴下级政府财政应偿还的政府债券本息		借：与下级往来 　贷：应收地方政府转贷款 　　——应收本金/应收利息	借：补助预算支出——调拨下级 　贷：资金结存——上下级调拨结存
4	年终两级财政结算时，确认应当由下级政府财政上交的收入数		借：与下级往来 　贷：上解收入	借：补助预算支出——调拨下级 　贷：上解预算收入 　　——一般公共预算收入/政府性基金预算收入/国有资本预算收入

序号	业务或事项内容	账务处理	
		财务会计	预算会计
5	年终两级财政结算时,确认应补助下级政府财政的费用数	借:补助费用 贷:与下级往来	借:补助预算支出——一般公共预算收入/政府性基金预算收入/国有资本预算收入 贷:补助预算支出——调拨下级

【例3-6】2×24年,某省财政部门发生下列与下级往来的经济业务:

(1) 拨付所辖M市、N市财政资金6 500 000万元,其中M市4 000 000万元的性质明确;N市2 500 000万元的资金性质暂时无法明确。编制财务会计分录:

借:补助费用　　　　　　　　　　　　　　　　　　40 000 000 000
　　与下级往来　　　　　　　　　　　　　　　　　　25 000 000 000
　　贷:国库存款　　　　　　　　　　　　　　　　　　65 000 000 000

同期,编制该业务的预算会计分录:

借:补助预算支出——一般公共预算补助支出　　　　40 000 000 000
　　　　　　　——调拨下级　　　　　　　　　　　　25 000 000 000
　　贷:资金结存——库款资金结存　　　　　　　　　　65 000 000 000

(2) 年终两级财政结算,确认应补助N市财政款2 000 000万元,余款收回并缴入国库。编制财务会计分录:

借:国库存款　　　　　　　　　　　　　　　　　　　5 000 000 000
　　补助费用　　　　　　　　　　　　　　　　　　　20 000 000 000
　　贷:与下级往来——N市　　　　　　　　　　　　　25 000 000 000

同期,编制该业务的预算支出分录:

借:资金结存——库款资金结存　　　　　　　　　　　5 000 000 000
　　补助预算支出——一般公共预算支出　　　　　　　20 000 000 000
　　贷:补助预算支出——调拨下级　　　　　　　　　　25 000 000 000

(二) 其他应收款

其他应收款是指政府财政临时发生的其他应收、暂付、垫付款项。它是某政府财政让渡其资金使用权而被其他会计主体临时占用的资金。各级政府财政应当及时清理其他应收款项,不得长期挂账。

为了反映和监督政府财政临时发生的其他应收、暂付、垫付款项的增减变动情况,财务会计应设置"其他应收款"科目。该科目的借方登记其他应收款的增加,贷方登记其他应收款的减少;年终,原则上应无余额。其明细账应当按照资金性质、债务单位等设置并进行明细核算。

需要说明的是,项目单位拖欠外国政府和国际金融组织贷款本息和相关费用导致相关政府财政履行担保责任而代偿的贷款本息费,也通过"其他应收款"科目核算。

政府财政发生其他应收款项业务时,财务会计应借记"其他应收款"科目,贷记"国库存款""其他财政存款"等科目;收回其他应收款项时,借记"国库存款""其他财政存款"科目,贷记"其他应收款"科目。

政府财政将确认的其他应收款项转列费用时，财务会计应借记有关费用科目，贷记"其他应收款"科目；同期，预算会计应借记"一般公共预算支出""政府性基金预算支出""国有资本预算支出"科目，贷记"资金结存"科目。

七、预拨经费

预拨经费是指政府财政预拨给预算单位尚未列为预算支出的款项，包括已预拨应在以后各期列支的款项以及年度终了前预拨的下年度款项。

根据《中华人民共和国预算法》规定，各级政府预算报告须经同级人民代表大会批准方可执行。但在预算年度末、次年政府预算未经批准之前，为满足各预算单位下年初对预算资金使用的需求，财政总会计要按照一定的标准向所辖预算单位预拨下年初预算经费。

需要说明的是，预拨经费不形成预算支出，属于待转销的过渡性资产，财政预算经批准后，预拨经费再按批准的预算数额转作预算支出。

为了反映和监督预拨经费增减变动情况，财务会计应设置"预拨经费"科目核算预拨给预算单位尚未列为预算支出的经费。该科目借方登记预拨经费的增加；贷方登记预拨经费的减少；借方余额反映政府财政年末尚未转列支出或尚待收回的预拨经费数。其明细账应当按照预拨经费种类、预算单位等设置并进行明细核算。

政府财政拨出款项时，财务会计应借记"预拨经费"科目，贷记"国库存款"科目；同期，预算会计应借记"待处理支出"科目，贷记"资金结存——库款资金结存"科目。政府财政收回预拨款项时，财务会计和预算会计编制与拨出财政款项相反的会计分录。

政府财政将预拨款项转列费用和支出时，财务会计借记有关费用科目，贷记"预拨经费"科目；同期，预算会计应借记"一般公共预算本级支出""政府性基金预算支出""国库存款"科目，贷记"待处理支出"科目。

【例3-7】某县财政根据发生的预拨经费业务编制相关的会计分录：

（1）2×23年12月，按照规定采用财政实拨资金方式向所属预算单位预拨2×24年初部分一般预算经费3 000万元。编制财务会计分录：

　　借：预拨经费——某预算单位　　　　　　　　　　　　　30 000 000
　　　　贷：国库存款　　　　　　　　　　　　　　　　　　　　　　30 000 000

同期，编制该业务的预算会计分录：

　　借：待处理支出　　　　　　　　　　　　　　　　　　　30 000 000
　　　　贷：资金结存——库款资金结存　　　　　　　　　　　　　30 000 000

年末，预算会计将待处理支出转入资金结存，编制预算会计分录：

　　借：资金结存——待处理结存　　　　　　　　　　　　　30 000 000
　　　　贷：待处理支出　　　　　　　　　　　　　　　　　　　　30 000 000

不编制财务会计分录。

（2）该县财政总会计在2×24年2月按照规定将预拨给预算单位的经费转作一般预算支出（政府机关商品和服务费）。编制财务会计分录：

　　借：政府机关商品和服务拨款费用　　　　　　　　　　　30 000 000
　　　　贷：预拨经费——某预算单位　　　　　　　　　　　　　　30 000 000

同期，编制该业务的预算会计分录：

　　借：一般公共预算本级支出　　　　　　　　　　　　　　30 000 000

贷：资金结存——待处理结存　　　　　　　　　　　　　　　　　　　　　30 000 000

八、在途款

　　在途款是指决算清理期和库款报解整理期内发生的需要过渡处理的属于上年度收入、支出等业务的款项。

　　为正确反映和监督各财政年度财政收支的数额，财政总会计将年度终了后的10天设定为"决算清理期和库款报解整理期"。在此期间内，收到属于上年度收入和收回上年不应列支的款项，《财政总会计制度》将其确认为在途款。因为，这些款项款虽然在本期收到，但资金权属仍为上一年。

　　为了反映在途款增减变动情况，财务会计应设置"在途款"科目。该科目的借方登记在途款的增加；贷方登记在途款的减少；期末借方余额反映政府财政持有的在途款。

　　政府财政在报告清理期和库款报解整理期内收到属于上年度收入等款项时，在上年度账务中，财务会计应借记"在途款"科目，贷记有关收入科目或"应收非税收入"科目；同期，预算会计应借记"资金结存——在途资金结存"科目，贷记"一般公共预算收入""政府性基金预算收入""国有资本预算收入"科目。

　　政府财政收回属于上年度费用等款项时，在上年度账务中，财务会计应借记"在途款"科目，贷记"预拨经费"或有关费用科目；同期，预算会计应借记"资金结存——在途资金结存"科目，贷记"一般公共预算支出""政府性基金预算支出""国有资本预算支出"科目。

　　政府财政冲减上年度确认的在途款时，应按照实际收到的金额，在本年度账务中，财务会计应借记"国库存款"科目，贷记"在途款"科目；同期，预算会计应借记"资金结存——库款资金结存"科目，贷记"资金结存——在途资金结存"科目。

　　【例3-8】2×24年，某省财政部门在国库存款决算清理期内发现应予以收回2×23年度的政府性基金预算收入3 000万元，并及时进行了收回。该省财政部门应编制会计分录如下：

　　（1）在2×23年度账上，编制财务会计分录：

　　借：在途款　　　　　　　　　　　　　　　　　　　　　　　　　　30 000 000
　　　　贷：非税收入——政府性基金预算收入　　　　　　　　　　　　　　30 000 000
　　同期，编制该业务的预算会计分录：
　　借：资金结存——在途资金结存　　　　　　　　　　　　　　　　　30 000 000
　　　　贷：政府性基金预算收入　　　　　　　　　　　　　　　　　　　30 000 000

　　（2）在2×24年账上，编制财务会计分录：

　　借：国库存款　　　　　　　　　　　　　　　　　　　　　　　　　30 000 000
　　　　贷：在途款　　　　　　　　　　　　　　　　　　　　　　　　　30 000 000
　　同期，编制该业务的预算会计分录：
　　借：资金结存——库款资金结存　　　　　　　　　　　　　　　　　30 000 000
　　　　贷：资金结存——在途资金结存　　　　　　　　　　　　　　　　30 000 000

第三节　非流动资产

政府财政非流动资产主要包括应收地方政府债券转贷款、应收主权外债转贷款和股权投资，这些资产属于政府财政可支配的重要经济资源。

一、应收地方政府债券转贷款

(一) 应收地方政府债券转贷款概述

1. 地方政府债券。地方政府债券是指省、自治区、直辖市和经省级人民政府批准自办债券发行的计划单列市人民政府（以下简称"地方政府"）发行的、约定一定期限内还本付息的政府债券。它以当地政府的税收能力为还本付息的担保。地方政府依法自行组织本地区地方政府债券发行和还本付息工作，具体由地方政府财政部门负责办理。地方政府债券包括一般债券和专项债券。一般债券是指为没有收益的公益性项目发行，主要以一般公共预算收入为还本付息资金来源的政府债券；专项债券是指为有一定收益的公益性项目发行，以公益性项目对应的政府性基金收入或专项收入为还本付息资金来源的政府债券。

地方政府债券有两种模式：一是地方政府直接发债筹集资金。二是中央政府发债或省、自治区、直辖市政府举债之后，再继续发放贷款资金。这部分资金用于地方农林水利投资、交通建设投资、城市基础设施和环境保护建设投资、城乡电网建设与改造和其他国家明确的建设项目。

2. 应收地方政府债券转贷款。应收地方政府债券转贷款是指地方本级政府财政转贷给下级政府财政的地方政府债券资金的本金及利息。通过资金的转贷，可以帮助下级政府财政解决资金不足的问题，促进地方经济发展。

(二) 会计科目的设置

为了反映和监督本级政府财政转贷资金的增减变动情况，财务会计应设置"应收地方政府债券转贷款"科目。该科目借方登记向下级政府财政转贷地方政府债券的本金及利息；贷方登记收回下级政府财政偿还的转贷款本息；期末借方余额反映政府财政应收未收的地方政府债券转贷款本金和利息。"应收地方政府债券转贷款"科目应设置"应收本金"和"应收利息"明细科目，并按照转贷对象进行明细核算，根据管理规定设置"一般债券""专项债券"等明细科目。其中，"应收利息"科目通常应根据债务管理部门计算并提供的政府债券转贷款的应收利息情况，按期进行核算。

为了反映和监督债务转贷预算收支情况，预算会计应设置"债务转贷预算收入""债务转贷预算支出"科目，两个会计科目的性质、结构及其应用参见第五章、第六章。

(三) 应收地方政府债券转贷款的账务处理

1. 向下级转贷资金。政府财政向下级政府财政转贷地方政府债券资金时，财务会计应按照转贷的本金，借记"应收地方政府债券转贷款"科目，按照实际拨付的金额或债务管理部门确认的转贷金额，贷记"国库存款"或"与下级往来"等科目，按照其差额，借记或贷记有关费用科目；同期，预算会计应借记"债务转贷预算支出"科目，贷记"资金结存""补助预算支出"科目。

需要说明的是，根据财政转贷地方政府债券资金用途不同，"债务转贷预算支出"科目所设置和使用的明细科目也不同，转贷资金为一般政府债券的，使用的资金应记入"一般债务转贷支出"明细科目，否则，记入"专项债务转贷支出"明细科目。

2. 按期确认并收到应收利息。政府财政按期确认地方政府债券转贷款的应收利息时，根据债务管理部门计算确认的转贷款本期应收利息，财务会计应借记"应收地方政府债券转贷款——应收利息"科目，贷记"财务费用——利息费用"等有关科目。

政府财政收到下级政府地方政府债券转贷款本息时，财务会计按照收到的金额，借记"国库存款""其他财政存款"等科目，贷记"应收地方政府债券转贷款——应收本金/应收利息"科目。

3. 扣缴转贷款本息。政府财政扣缴下级政府财政应偿还的地方政府债券转贷款本息时，财务会计按照扣缴的金额，借记"与下级往来"等科目，贷记"应收地方政府债券转贷款——应收本金/应收利息"科目；同期，预算会计应借记"补助预算支出——调拨向下级"科目，贷记"资金结存——上下级调拨结存"科目。

4. 豁免转贷款本息。政府财政豁免下级政府财政应偿还的地方政府债券转贷款本息时，根据债务管理部门转来的有关资料及有关预算文件，财务会计按照豁免金额，借记"补助费用""与下级往来"等科目，贷记"应收地方政府债券转贷款——应收本金/应收利息"科目。

【例3-9】某省财政发生应收地方政府债券转贷款业务及其会计分录如下：

（1）2×23年1月5日，省财政向下级政府财政转贷地方政府债券资金12 000万元，期限2年，年利率为4.8%，以国库存款支付。编制财务会计分录：

借：应收地方政府债券转贷款——应收本金　　　　　　　120 000 000
　　贷：国库存款　　　　　　　　　　　　　　　　　　120 000 000

同期，编制该业务的预算会计分录：

借：债务转贷预算支出——一般债务转贷支出　　　　　　120 000 000
　　贷：资金结存——库款资金结存　　　　　　　　　　120 000 000

（2）2×23年12月31日，确认地方政府债券转贷款的应收利息。编制财务会计分录：

本期应收未收利息 = 12 000×4.8% = 576（万元）

借：应收地方政府债券转贷款——应收利息　　　　　　　5 760 000
　　贷：财务费用——债务发行兑付费用　　　　　　　　5 760 000

（3）2×25年1月，转贷资金到期，省财政部门收回下级政府财政偿还的全部转贷款本金，其利息作为对下级资金补助予以豁免。编制财务会计分录：

借：国库存款　　　　　　　　　　　　　　　　　　　　120 000 000
　　补助费用　　　　　　　　　　　　　　　　　　　　5 760 000
　　贷：应收地方政府债券转贷款——应收本金　　　　　120 000 000
　　　　　　　　　　　　　　　　——应收利息　　　　5 760 000

同期，编制该业务的预算会计分录：

借：补助预算支出——调拨下级　　　　　　　　　　　　5 760 000
　　贷：资金结存——上下级调拨结存　　　　　　　　　5 760 000

二、应收主权外债转贷款

（一）外债的内涵及其分类

外债是指境内机构对非居民承担的以外币表示的债务。其中，"境内机构"是指在中国境内依法设立的常设机构，包括但不限于政府机关、金融境内机构、企业、事业单位和社会团体；"非居民"是指中国境外的机构、自然人及其在中国境内依法设立的非常设机构。

外债是一国对外经济活动的一个主要组成部分。政府通过举借外债，筹措社会发展所需要的资金，促进本国经济增长，弥补财政赤字以及暂时的外汇短缺。

外债可以按照不同标志进行分类，其中债务偿还责任和按债务类型是主要的分类标志，如图3-1所示。

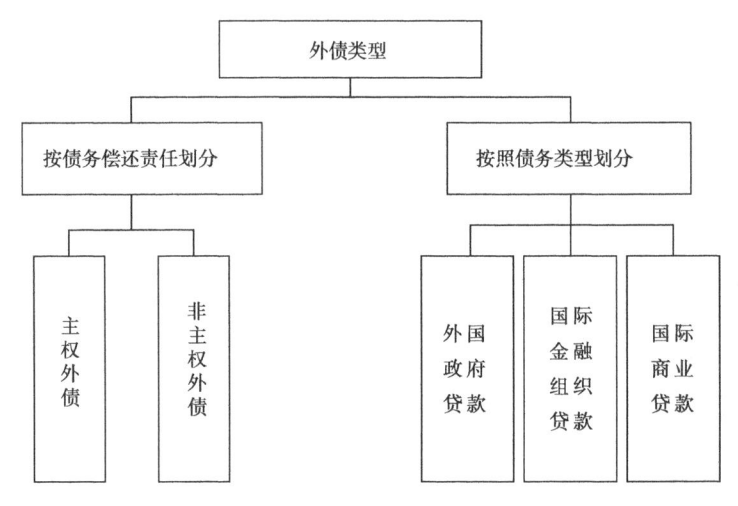

图3-1 外债类别

1. 主权外债和非主权外债。按照债务偿还责任划分，外债分为主权外债和非主权外债。

（1）主权外债。主权外债是指由国务院授权机构（财政部）代表国家举借的、以国家信用保证对外偿还的外债，也称政府外债。其以国家主权信用为基础，由中央政府（财政部）统一借入和统一对外偿还，可以由政府层层转贷，也可以通过财政部向地方政府直接转贷。在直接转贷方式下，财政部仅承担担保责任，接受直接转贷的地方政府财政部门作为借入主权外债的直接债务人。

按照政府承担还款责任的不同，主权外债分为政府负有偿还责任贷款和政府负有担保责任贷款[①]。

政府负有偿还责任贷款又分为统借统还主权外债和统借自还主权外债。统借统还主权外债指中央政府借入并承担偿还责任的主权外债；统借自还主权外债指由财政部代表国家统一借入，并向地方政府层层转贷，由地方财政部门、中央或地方项目单位负责偿还的主

[①] 王彦，王建英，赵西卜. 政府与非营利组织会计 [M]. 7版. 北京：中国人民大学出版社，2021.

权外债。政府负有偿还责任贷款,应当纳入本级政府的预算管理和债务限额管理,其收入、支出、还本付息纳入一般公共预算管理。

政府负有担保责任贷款是指通过财政部门转付或由外方直接付给用款单位的转贷款,财政部门对其只承担债务担保责任。政府负有担保责任贷款,不纳入政府债务限额管理、政府依法承担并实际履行担保责任时,应当从本级政府预算安排还贷资金,纳入一般公共预算管理。

主权外债以外的其他债务为非主权外债,非主权外债由债务人自担风险、自行偿还。

2. 外国政府贷款、国际金融组织贷款和国际商业贷款。

(1) 外国政府贷款指中国政府向外国政府举借的官方信贷,包括发达国家向发展中国家提供的具有开发援助和贸易发展性质的长期优惠贷款,主要由软贷款、出口信贷、赠款三种资金构成。

(2) 国际金融组织贷款指中国政府向世界银行、亚洲开发银行、联合国农业发展基金会和其他国际性、地区性金融机构举借的非商业性信贷。

(3) 国际商业贷款指境内机构向非居民举借的商业性信贷,例如向境外银行和其他金融机构借款,向境外企业、其他机构和自然人借款,向境外发行中长期债券(含可转换债券)和短期债券(含商业票据)。

(二) 应收主权外债转贷款的内涵

1. 外债转贷款。外债转贷款是指国内机构(即转贷款债权人)从境外借用直接外债后,按照国家相关规定或者根据自身与境外债权人关于资金用途的约定,在对外承担第一性还款责任的前提下,向境内其他机构(即转贷款债务人)继续发放的贷款资金。外债转贷款包括政策性外债转贷款和商业性外债转贷款。其中政策性外债转贷款包括财政外债转贷款和财政性外债转贷款两类。

(1) 财政外债转贷款是指国家财政部门代表中央政府对外谈判和签约,并由国家财政部门作为转贷款债权人(或直接外债的债务人)向下级财政部门或境内其他机构继续发放的贷款。

(2) 财政性外债转贷款是指国家财政部门代表中央政府参与对外谈判和签约,并在其委托下根据政府协议等规定,由开展转贷款业务的政策性银行、国有商业银行和股份制商业银行作为转贷款债权人(或直接外债的债务人)向境内其他机构继续发放的贷款。

2. 应收主权外债转贷款。应收主权外债转贷款是指本级政府财政转贷给下级政府财政的外国政府和国际金融组织贷款等主权外债资金的本金及利息。它是我国引进外资、利用外资的一种重要途径,具有贷款条件优惠、期限长等特点。

(三) 会计科目的设置

为了反映和监督本级政府财政转贷给下级政府财政的外国政府、国际金融组织贷款等主权外债资金的本金及利息,财务会计应设置"应收主权外债转贷款"科目。该科目借方登记应收主权外债转贷款的本金及利息;贷方登记收回应收主权外债转贷款的本息;期末借方余额反映政府财政应收未收的主权外债转贷款本金及利息。该科目应当设置"应收本金"和"应收利息"两个明细科目,并按照转贷对象进行明细核算。

(四) 应收主权外债转贷款的账务处理

1. 向下级政府财政转贷主权外债资金。本级财政向下级政府财政转贷主权外债资金,且主权外债最终还款责任由下级政府财政承担时，本级政府财政应根据以下情况分别处理，如表 3-2 所示。

表 3-2　主权外债资金拨付的账务处理

业务内容		财务会计	预算会计
主权外债资金拨付到下级政府财政金库或下级政府财政专户		借：应收主权外债转贷款——应收本金 借/贷：有关费用 　　贷：国库存款 　　　　其他财政存款	借：债务转贷预算支出——一般债务转贷支出 借/贷：一般公共预算支出 　　贷：资金结存——库款资金结存 　　　　　　　——专户资金结存
转贷资金	省级政府财政转贷市级，且外方将主权外债资金直接拨付到项目单位或供应商	借：应收主权外债转贷款——应收本金 　贷：借入款项	借：债务转贷预算支出——一般债务转贷支出 　贷：债务预算收入——一般债务收入
	市级政府财政转贷县级，且外方或省级政府财政将主权外债资金直接拨付到项目单位或供应商	借：应收主权外债转贷款——应收本金 　贷：应付主权外债转贷款——应付本金	借：债务转贷预算支出——一般债务转贷支出 　贷：债务转贷预算收入——一般债务转贷收入

2. 按期确认应收利息。政府财政按期确认主权外债转贷款的应收利息时，财务会计应根据债务管理部门计算确认的转贷款本期应收利息，借记"应收主权外债转贷款——应收利息（下级承担）"科目，贷记"应付利息/应付主权外债转贷款——应付利息（下级承担）"科目。

3. 收回转贷款本息。政府财政收回下级政府财政偿还的主权外债转贷款本息时，财务会计按照收回的金额，借记"国库存款""其他财政存款"等科目，贷记"应收主权外债转贷款——应收本金/应收利息"科目。

4. 扣缴转贷款本息。政府财政扣缴下级政府财政应偿还的主权外债转贷款本息时，根据不同情况分别处理：

（1）本级政府财政扣缴下级政府财政应归还的主权外债转贷款本息，财务会计应借记"与下级往来"科目，贷记"应收主权外债转贷款——应收本金/应收利息"科目；同期，预算会计应借记"补助预算支出——调拨下级"科目，贷记"资金结存——上下级调拨结存"科目。

（2）本级政府财政扣缴完毕后归还主权外债本息时，应借记"借入款项/应付利息"科目，贷记"国库存款/其他财政存款"科目；同期，预算会计应借记"资金结存——上下级调拨结存/库款资金结存/专户资金结存"科目。

5. 豁免转贷款本息。政府财政豁免转贷款本息分为债权人（外方）豁免转贷款本息和本级政府财政豁免转贷款本息两种情况，具体账务处理如表 3-3 所示。

表 3-3 豁免转贷款本息的账务处理

业务和事项内容		财务会计	预算会计
债权人（外方）豁免本金和利息	省级政府财政	借：借入款项——本金 　　　应付利息 　　贷：应收主权外债转贷款——应收本金/应收利息	不编制分录
	市级政府财政	借：应付主权外债转贷款——应付本金/应付利息 　　贷：应收主权外债转贷款——应收本金/应收利息	不编制分录
本级政府财政豁免本金和利息	豁免下级政府财政主权外债转贷款本金和利息	借：补助费用/与下级往来 　　贷：应收主权外债转贷款——应收本金/应收利息	借：补助预算支出——调拨下级 　　贷：资金结存——上下级调拨结存
	本级政府归还应由下级政府财政归还但已豁免的主权外债转贷款本金和利息	借：借入款项/应付主权外债转贷款——应付本金/应付利息 　　贷：国库存款/其他财政存款	借：资金结存——上下级调拨结存 　　贷：资金结存——库款资金结存/专户资金结存

6. 年末结算汇兑损益。年末，政府财政根据债务管理部门提供的应收主权外债转贷款因汇率变动产生的期末人民币余额与账面余额之间的差额资料，借记或贷记"财务费用——汇兑损益"科目，贷记或借记"应收主权外债转贷款"科目。

【例 3-10】某省政府向 MN 国际金融组织借入主权外债资金 60 000 万元，用于该省范围内环境保护项目建设，全部贷款已转入国库。该省政府将贷款 60% 转贷给所辖 A 市政府。根据约定，贷款期限为 10 年，全部贷款每年利息为 3 000 万元，该市政府按期向省政府偿付贷款本息。

（1）省财政部门取得贷款，编制财务会计分录：
借：国库存款　　　　　　　　　　　　　　　　　　　　　　　　600 000 000
　　贷：借入款项　　　　　　　　　　　　　　　　　　　　　　　　600 000 000
同期，编制该业务的预算会计分录：
借：资金结存——库款资金结存　　　　　　　　　　　　　　　　600 000 000
　　贷：债务预算收入——一般债务收入　　　　　　　　　　　　　600 000 000
（2）省财政向 A 市政府财政转贷外债资金，编制财务会计分录：
借：应收主权外债转贷款　　　　　　　　　　　　　　　　　　　360 000 000
　　贷：国库存款　　　　　　　　　　　　　　　　　　　　　　　　360 000 000
同期，编制该业务的预算会计分录：
借：债务转贷预算支出　　　　　　　　　　　　　　　　　　　　360 000 000
　　贷：资金结存——库款资金结存　　　　　　　　　　　　　　　360 000 000
（3）省财政每年确认外债转贷款的应收利息，编制财务会计分录：
借：应收主权外债转贷款——应收利息　　　　　　　　　　　　　 18 000 000

贷：应付利息　　　　　　　　　　　　　　　　　　　　　　　　18 000 000
　（4）省财政每年收到 A 市政府支付的外债转贷款利息，编制财务会计分录：
　　借：国库存款　　　　　　　　　　　　　　　　　　　　　　　　18 000 000
　　　贷：应收主权外债转贷款——应收利息　　　　　　　　　　　　18 000 000
　（5）外债转贷款到期，省财政收到归还的主权外债转贷款本金 36 000 万元。编制财务会计分录：
　　借：国库存款　　　　　　　　　　　　　　　　　　　　　　　　360 000 000
　　　贷：应收主权外债转贷款——应收利息　　　　　　　　　　　　360 000 000

三、股权投资

（一）股权投资概述

股权投资是指政府持有的各类股权投资资产，包括国际金融组织股权投资、投资基金股权投资、国有企业股权投资等。其中：

1. 国际金融组织股权投资，我国政府财政代表政府认缴国际金融组织股本，构成了对国际金融组织的股权投资。国际金融组织主要包括国际货币基金、世界银行集团、国际开发协会、国际金融公司、国际发展援助机构、国际清算银行、亚洲开发银行等。政府财政通过国际金融组织股权投资，推动政府与市场力量合作，加强与发达国家、国际金融机构及国际金融中心的合作。

2. 投资基金股权投资，是指政府财政资金通过与社会资本共同发起设立股权投资基金，再由股权投资基金按照政府意愿进行财政资金的投放，间接投资于所需扶持企业，激励企业创新、促进技术产业化、鼓励创业。政府所投放的资金主要是通过一般公共预算、政府性基金预算、国有资本经营预算等安排的资金。

3. 国有企业股权投资，是指对国家出资企业的股权投资。国家出资的企业包括国有独资企业、国有独资公司，以及国有资本控股公司、国有资本参股公司等。各级政府对其出资企业负有出资责任并获得与股权相应的投资收益权，并负责对股权投资的核算与报告。

需要说明的是，政府单位（是指事业单位）作为投资人的国家出资企业，由投资单位履行国有出资人职责，并由投资的政府单位进行会计核算。

（二）会计科目的设置

为了反映和监督股权投资增减变动情况，财务会计应设置"股权投资"科目。该科目的借方登记股权投资的增加；贷方登记股权投资的减少；期末借方余额反映政府持有的各种股权投资金额。"股权投资"科目应当按照"国际金融组织股权投资""政府投资基金股权投资""企业股权投资"设置一级明细科目，在一级明细科目下，分别设置"投资成本""损益调整""其他权益变动"明细科目，同时应根据管理需要，按照被投资主体进行明细核算。

（三）股权投资成本法

股权投资核算基本方法有成本法和权益法。《财政总会计制度》规定，股权投资在持有期间通常采用权益法进行核算。政府无权决定被投资主体的财务和经营政策或无权参与被投资主体的财务和经营政策决策的，应当采用成本法进行核算。

成本法是指投资按照投资成本计量的方法。采用成本法股权投资以取得时的成本计价，除追加投资、收回投资等外，股权投资的账面价值一般保持不变。被投资单位宣告分派利润或现金股利，投资方按应享有的份额确认当期投资收益。

1. 股权投资的取得。

（1）企业股权投资的取得。企业股权投资取得方式及其账务处理如下：①以现金取得企业股权投资。政府财政以现金取得企业股权投资时，财务会计应按照实际支付的金额，借记"股权投资——企业股权投资（投资成本）"科目，贷记"国库存款"科目；同期，预算会计应借记"一般公共预算支出等"科目，贷记"资金结存——库款资金结存"科目。政府财政实际支付的金额中包含的已宣告但尚未发放的现金股利，财务会计应当单独确认为应收股利，借记"应收股利"科目，贷记"国库存款"科目。②以现金以外其他资产置换取得股权投资。政府财政通过非现金形式对企业进行股权投资（即以现金外其他资产置换取得股权投资），如有价证券等，财务会计应按照股权管理部门确认的金额，借记"股权投资——企业股权投资（投资成本）"科目，贷记"有价证券等"科目。③通过清查发现以前年度取得、尚未纳入财政总会计核算的股权投资时，财务会计应根据股权管理部门提供的资料，按照其确定的投资成本，借记"股权投资——企业股权投资（投资成本）"科目，贷记"以前年度盈余调整"科目。已宣告但尚未发放的现金股利，应当单独确认为应收股利。④无偿划入股权投资。无偿划入股权投资时，根据股权管理部门提供的资料，按照其确定的投资成本，借记"股权投资——企业股权投资（投资成本）"科目，贷记"其他收入"科目。

（2）认缴国际金融组织股本。政府财政代表政府认缴国际金融组织股本，财务会计应按照实际支付的金额，借记"股权投资——国际金融组织股权投资（投资成本）"科目，贷记"国库存款"科目；同期，预算会计应借记"一般公共预算支出"等科目，贷记"资金结存——库款资金结存"科目。

（3）对投资基金进行股权投资。政府财政对投资基金进行股权投资，财务会计应按照实际支付的金额，借记"股权投资——政府投资基金股权投资（投资成本）"科目，贷记"国库存款"科目；同期，预算会计应借记"一般公共预算支出"等科目，贷记"资金结存——库款资金结存"科目。

2. 现金股利或利润的处理。被投资企业宣告发放现金股利或利润，政府财政应根据股权管理部门提供的资料，财务会计应按照应上缴政府财政的部分，借记"应收股利"科目，贷记"投资收益"科目。

政府财政收到现金股利或利润，财务会计应按照实际收到的金额，借记"国库存款"科目，按照已计入应收股利的金额，贷记"应收股利"科目，按照两者差额，贷记"投资收益"科目；同期，预算会计应借记"资金结存——库款资金结存"科目，贷记"一般公共预算收入/国有资本经营预算收入"科目。

3. 股权投资的减少。

（1）股权投资的处置。政府财政处置股权投资有两种方式：一是以支出退回的方式处置股权投资；二是以产权转让方式处置股权投资。无论采取何种处置方式，财务会计应按照收回的金额，借记"国库存款"科目，按照已宣告尚未领取的现金股利或利润，贷记"应收股利"科目，按照被处置股权投资账面余额，贷记"股权投资——企业股权投资（投资成本）"科目，按照其差额，贷记或借记"投资收益"科目；同期，预算会计应按照实际收回的金额，借记"资金结存——库款资金结存"科目，贷记"一般公共预算收入/国有资本经营预算收入"科目、有关支出（冲减资本金注入）科目。

（2）无偿划出股权投资。政府财政无偿划出股权投资时，按照被划出股权投资的账面余额，借记"其他费用"科目，贷记"股权投资——企业股权投资（投资成本）"科目。

（3）企业破产清算。企业破产清算时，政府财政根据股权管理部门提供的资料，按照缴入国库清算收入的金额，借记"国库存款"科目，按照破产清算股权投资的账面余额，贷记"股权投资——企业股权投资（投资成本）"科目，按照其差额，借记或贷记"投资收益"科目；同期，预算会计应按照缴入国库清算收入的金额，借记"资金结存——库款资金结存"科目，贷记"一般公共预算收入/国有资本经营预算收入"科目。

（4）投资基金投资减少。投资基金存续期满、清算或政府财政从投资基金退出需收回出资，财务会计按照收回的金额，借记"国库存款"科目，按照已宣告尚未领取的现金股利或利润，贷记"应收股利"科目，按照股权投资账面余额，贷记"股权投资——政府投资基金股权投资（投资成本）"科目，按照借贷方差额，贷记或借记"投资收益"科目；同期，预算会计应借记"一般公共预算支出等"科目，贷记"资金结存——库款资金结存"科目。

【例3-11】某省财政部门发生认缴国际金融组织股本业务及其会计处理如下：

（1）2×23年初，省财政部门以国库资金认缴某国际金融组织股本50 000万元，采用成本法核算股权投资。编制财务会计分录：

  借：股权投资——国际金融组织股权投资（投资成本） 500 000 000
    贷：国库存款 500 000 000

同期，编制该业务的预算会计分录：

  借：一般公共预算支出 500 000 000
    贷：资金结存——库款资金结存 500 000 000

（2）2×23年末，该国际金融组织宣告发放现金股利，该省财政部门确认现金股利3 000万元。编制财务会计分录：

  借：应收股利 30 000 000
    贷：投资收益 30 000 000

（3）2×24年初，省财政部门以产权转让方式处置股权投资，取得转让收入54 000万元（含应收股利）且已入国库。编制财务会计分录：

  借：国库存款 540 000 000
    贷：股权投资——国际金融组织股权投资（投资成本） 500 000 000
      应收股利 30 000 000
      投资收益 10 000 000

同期，编制该业务的预算会计分录：

  借：资金结存——库款资金结存 540 000 000
    贷：一般公共预算收入 540 000 000

（四）股权投资权益法

权益法是指长期股权投资按照实际成本入账后，根据被投资单位经营损益，按其持有被投资单位股份的比例以及股利的分配做出相应调整的方法。被投资单位当期发生收益，投资单位按比例相应调增"股权投资"科目；被投资单位当期发生亏损，投资单位则按比例调减"股权投资"科目；收到发放的股利，也要调减"股权投资"科目。可见，权益法下"股权投资"科目的账面价值已不是长期股权投资的原始成本，而是投资单位在被投资企业中应享有的相应份额。以企业股权投资为例，其具体核算内容和核算方法如下：

1. 股权投资的取得。

（1）以现金取得股权投资。政府财政以现金取得股权投资、以现金以外其他资产置换取得股权投资，其财务会计和预算会计账务处理同成本法，略。

（2）确认未入账股权投资。政府财政通过清查发现以前年度取得、尚未纳入财政总会计核算的股权投资时，根据股权管理部门提供的资料，财务会计应按照股权投资的投资成本，借记"股权投资——企业股权投资（投资成本）"科目，按照以前年度实现的损益中应享有的份额，借记"股权投资——企业股权投资（损益调整）"科目，按照二者合计金额，贷记"以前年度盈余调整"科目；按照确定的其他权益变动金额，借记"股权投资——企业股权投资（其他权益变动）"科目，贷记"权益法调整"科目。已宣告但尚未发放的现金股利，应当单独确认为应收股利。

（3）无偿划入股权投资。政府财政无偿划入股权投资时，根据股权管理部门提供的资料，按照股权投资的投资成本，借记"股权投资——企业股权投资（投资成本）"科目，按照以前年度实现的损益中应享有的份额，借记"股权投资——企业股权投资（损益调整）"科目，按照二者合计金额，贷记"其他收入"科目；按照确定的其他权益变动金额，借记"股权投资——企业股权投资（其他权益变动）"科目，贷记"权益法调整"科目。

（4）收益转增投资。政府财政股权投资持有期间，被投资主体以收益转增投资的，根据股权管理部门提供的资料，按照收益转增投资的金额，财务会计应借记"股权投资——企业股权投资（投资成本）"科目，贷记"股权投资——企业股权投资（损益调整）"科目。

2. 被投资主体实现净利润或发生净亏损。被投资主体实现净利润的，根据股权管理部门提供的资料，财务会计应按照应享有的份额，借记"股权投资——企业股权投资（损益调整）"科目，贷记"投资收益"科目。

被投资主体发生净亏损的，根据股权管理部门提供的资料，财务会计应按照应分担的份额，借记"投资收益"科目，贷记"股权投资——企业股权投资（损益调整）"科目，但以"股权投资"的账面余额减记至零为限。发生亏损的被投资主体以后年度又实现净利润的，按照收益分享额弥补未确认的亏损分担额等后的金额，借记"股权投资——企业股权投资（损益调整）"科目，贷记"投资收益"科目。

3. 现金股利或利润的处理。被投资主体宣告发放现金股利或利润的，根据股权管理部门提供的资料，按照应上缴政府财政的部分，借记"应收股利"科目，贷记"股权投资——企业股权投资（损益调整）"科目。

政府财政收到现金股利或利润时，财务会计应按照实际收到的金额，借记"国库存款"科目，贷记"应收股利"科目；按照实际收到金额中未宣告发放的现金股利或利润，借记"应收股利"科目，贷记"股权投资——企业股权投资（损益调整）"科目。

4. 其他权益变动。被投资主体发生除净损益和利润分配以外的所有者权益变动的，根据股权管理部门提供的资料，按照应享有或应分担的份额，借记或贷记"股权投资——

企业股权投资（其他权益变动）"科目，贷记或借记"权益法调整"科目。

5. 股权投资减少。

（1）处置股权投资。政府财政处置股权投资时，根据股权管理部门提供的资料，按照被处置股权投资对应的"权益法调整"科目账面余额，借记或贷记"权益法调整"科目，贷记或借记"股权投资——企业股权投资（其他权益变动）"科目；按照处置收回的金额，借记"国库存款"科目，按照已宣告尚未领取的现金股利或利润，贷记"应收股利"科目，按照被处置股权投资的账面余额，贷记"股权投资——企业股权投资（投资成本/损益调整）"科目，按照其差额，贷记或借记"投资收益"科目。

（2）无偿划出股权投资。政府财政无偿划出股权投资时，根据股权管理部门提供的资料，财务会计按照被划出股权投资对应的"权益法调整"科目账面余额，借记或贷记"权益法调整"科目，贷记或借记"股权投资——企业股权投资（其他权益变动）"科目；按照被划出股权投资的账面余额，借记"其他费用"科目，贷记"股权投资——企业股权投资（投资成本/损益调整）"科目。

（3）企业破产清算股权投资的处理。企业破产清算时，政府财政根据股权管理部门提供的资料，按照破产清算企业股权投资对应的"权益法调整"科目账面余额，借记或贷记"权益法调整"科目，贷记或借记"股权投资——企业股权投资（其他权益变动）"科目；按照缴入国库清算收入的金额，借记"国库存款"科目，按照破产清算股权投资的账面余额，贷记"股权投资——企业股权投资（投资成本/损益调整）"科目，按照其差额，借记或贷记"投资收益"科目。

【例3-12】2×22年至2×24年，M市财政部门根据对N机电国有企业（简称"N机电企业"）股权投资业务，编制会计分录如下：

（1）2×22年初，M市财政使用国有资本经营预算资金向N机电企业出资35 000万元，占该企业全部注册资本的35%。编制财务会计分录：

  借：股权投资——企业股权投资——投资成本   350 000 000
    贷：国库存款   350 000 000

同期，编制该业务的预算会计分录：

  借：国有资本经营预算支出   350 000 000
    贷：国库存款——库款资金结存   350 000 000

（2）2×22年，N机电企业资产评估增值6 000万元。根据股权管理部门提供的资料，M市财政按照占股比例确认应享有资产评估增值2 100万元。编制财务会计分录：

  借：股权投资——企业股权投资——其他权益变动   21 000 000
    贷：权益法调整   21 000 000

（3）2×22年12月末，股权管理部门提供资料显示，N机电企业当年实现净利润800万元，市财政按其出资比例享有280（800×35%）万元利润。编制财务会计分录：

  借：股权投资——企业股权投资——损益调整   2 800 000
    贷：投资收益   2 800 000

（4）2×23年4月20日，N机电企业董事会决定，股利分配2 000万元全部转增资本。M市财政按照出资比例确认转增资本700万元。编制财务会计分录：

  借：股权投资——企业股权投资——投资成本   7 000 000
    贷：股权投资——企业股权投资——损益调整   7 000 000

（5）2×23 年 4 月 20 日，N 机电企业宣布发放现金股利 300 万元。市财政按照占股比例确认享有现金股利 105（300×35％）万元；5 月 20 日收到国库报送收入日报表，列明 4 月 20 日宣布分配的现金股利 105 万元已全部转入国库。

①市财政确认应享有的现金股利 105 万元。编制财务会计分录：

借：应收股利——N 机电企业　　　　　　　　　　　　　　　　1 050 000
　　贷：股权投资——企业股权投资——损益调整　　　　　　　　1 050 000

②市财政收到现金股利。编制财务会计分录：

借：国库存款　　　　　　　　　　　　　　　　　　　　　　　1 050 000
　　贷：应收股利——N 机电企业　　　　　　　　　　　　　　　1 050 000

同期，编制该业务的预算会计分录：

借：资金结存——库款资金结存　　　　　　　　　　　　　　　1 050 000
　　贷：国有资本经营预算收入　　　　　　　　　　　　　　　　1 050 000

（6）2×23 年，N 机电企业经营不善，发生亏损 400 万元。M 市财政按照出资比例承担亏损 140（400×35％）万元。编制财务会计分录：

借：投资收益　　　　　　　　　　　　　　　　　　　　　　　1 400 000
　　贷：股权投资——企业股权投资——损益调整　　　　　　　　1 400 000

（7）2×24 年初，该市财政将全部投资转让。根据股权管理部门的报告，转让股权收到资金 40 000 万元（已扣除交易相关税费）。

股权转让前相关科目余额：

"股权投资——投资成本"科目余额 35 700（35 000+700）万元；

"股权投资——其他权益变动"科目借方余额 2 100 万元；

"股权投资——损益调整"科目贷方余额 665（700+105+140-280）万元；

"权益法调整"科目贷方余额 2 100 万元。

编制该业务的财务会计分录：

借：国库存款　　　　　　　　　　　　　　　　　　　　　　400 000 000
　　股权投资——损益调整　　　　　　　　　　　　　　　　　6 650 000
　　贷：股权投资——投资成本　　　　　　　　　　　　　　357 000 000
　　　　股权投资——其他权益变动　　　　　　　　　　　　　21 000 000
　　　　投资收益　　　　　　　　　　　　　　　　　　　　28 650 000

借：权益法调整　　　　　　　　　　　　　　　　　　　　　21 000 000
　　贷：股权投资——其他权益变动　　　　　　　　　　　　21 000 000

同期，编制该业务的预算会计分录：

借：资金结存——库款资金结存　　　　　　　　　　　　　400 000 000
　　贷：国有资本经营预算收入　　　　　　　　　　　　　400 000 000

【关键词汇】

国库存款（deposit at treasury）	应收非税收入（non-tax income receivable）
国库现金管理资产（treasury cash management assets）	与下级往来（contact with subordinates）

续表

有价证券（securities）	股权投资（equity investment）
预拨经费（advance appropriation）	股权投资权益法（equity investment equity method）
应收股利（dividends receivable）	股权投资成本法（cost method of equity investment）

【思考与练习】

一、思考题

1. 什么是财政总会计资产？财政总会计资产是如何分类的？具体包括哪些内容？
2. 财政存款包括哪些内容？各自用途是什么？
3. 试比较预拨经费、借出款项和与下级往来三者的关系？
4. 有价证券和股权投资的会计处理有何不同？其原因是什么？
5. 试比较长期股权投资核算成本法和权益法账务处理的特点和主要区别。
6. 应收地方政府债券转贷款和应收主权外债转贷款各自会计核算的特点是什么？

二、练习题

（一）单项选择题

1. 下列各项中，属于财政总会计非流动资产的是（　　）。
   A. 应收非税收入　　　　　　　B. 预拨经费
   C. 借出款项　　　　　　　　　D. 应收转贷款

2. 下列各项中，属于财政总会计资产核算范围的是（　　）。
   A. 固定资产　　　　　　　　　B. 无形资产
   C. 借出款项　　　　　　　　　D. 公共基础设施

3. 资产类科目中的"与下级往来"科目，如果出现贷方余额，编制资产负债表的正确处理方法是（　　）。
   A. 作为负债填列　　　　　　　B. 作为资产填列
   C. 作为资产类，以负数填列　　D. 作为净资产填列

4. 下列各项中，属于各级政府为满足日常支付需要而以现金和准现金形式持有的存款的是（　　）。
   A. 国库存款　　　　　　　　　B. 其他财政存款
   C. 国库现金管理存款　　　　　D. 资金结存

5. 采用成本法核算的长期股权投资，被投资单位宣告发放现金股利或利润时，按照应收的金额（　　）。
   A. 借记"应收股利"科目，贷记"投资收益"科目
   B. 借记"应收股利"科目，贷记"长期股权投资"科目
   C. 借记"银行存款"科目，贷记"应收股利"科目
   D. 借记"银行存款"科目，贷记"长期股权投资"科目

6. 下列各项中，属于"应收主权外债转贷款"科目核算范围的是（　　）。
   A. 本级政府财政转贷给下级政府财政的主权外债资金的本金
   B. 本级政府财政之间相互转贷的主权外债资金的本金和利息

C. 本级政府财政转贷给下级政府财政的主权外债资金的本金和利息

D. 本级政府财政转贷给下级政府财政的主权外债资金的利息

7. 某市财政购买某股权投资基金，共拨款 1 000 万元，取得该基金 60% 的份额，投资时该基金的总份额为 2 000 万元。该股权投资的初始成本为（　　）万元。

A. 600　　　　　B. 1 000　　　　　C. 1 200　　　　　D. 2 000

（二）多项选择题

1. 下列各项中，属于财政总会计的"股权投资"科目核算范围的有（　　）。

A. 国际金融组织股权投资　　　　B. 投资基金股权投资

C. 国有企业股权投资　　　　　　D. 国债投资

2. 下列各项中，省级政府财政转贷市级，且外方将主权外债资金直接拨付到项目单位或供应商的会计分录正确的有（　　）。

A. 借：应收主权外债转贷款——应收本金
　　贷：借入款项

B. 借：债务转贷预算支出——一般债务转贷支出
　　贷：债务预算收入——一般债务收入

C. 借：应收主权外债转贷款——应收本金
　　贷：应付主权外债转贷款——应付本金

D. 借：债务转贷预算支出——一般债务转贷支出
　　贷：债务转贷预算收入——一般债务转贷收入

3. 下列各项中，关于政府财政向下级政府拨付资金的会计处理正确的有（　　）。

A. 拨付时能明确转移支付资金性质和科目
　　借：补助费用
　　　贷：国库存款

B. 拨付时暂无法明确转移支付资金性质和科目
　　借：与下级往来
　　　贷：国库存款

C. 从特设专户拨付资金给下级财政款项
　　借：与下级往来
　　　贷：其他财政存款

D. 收到下级政府财政缴入国库的往来待结算款项
　　借：国库存款
　　　贷：与下级往来

（三）业务核算题

资料：某省财政部门使用一般公共预算资金出资建立一个科技型中小企业技术创新基金（属于资源勘探工业信息等支出功能分类），财政出资 50 000 万元，占基金全部股的 40%，基金协议规定各出资方按照出资比例享有基金所有者权益。基金运行期间的所有者权益情况如表 3-4 所示①。

---

① 王彦，王建英，赵西卜. 政府与非营利组织会计 [M]. 7 版. 北京：中国人民大学出版社，2017.

表 3-4　科技型中小企业技术创新基金所有者权益情况表　　　　　单位：万元

时间	财政出资或撤资	财政股本/基金总股本	基金所有者权益				
			合计	其中			
				本年利润	分配股利	未分配利润	其他权益变动
第一年6月	50 000	50 000/125 000	125 000				
第一年年末			125 000				
第二年年末			150 000	25 000		25 000	
第三年4月		58 000/145 000	150 000		20 000①	5 000	
第三年9月			160 000				10 000②
第三年年末			190 000	30 000		35 000	
第四年4月			180 000		10 000③	25 000	
第四年年末			250 000	70 000		95 000	
第五年年初	-50 000④	29 000/145 000	250 000			（略）	

注：①假定第三年4月分配的股利全部转增基金股本。
②假定为接受捐赠。
③假定第四年4月宣布股利分红，5月支付现金股利。
④假定第五年年初撤资5亿元（撤资后财政占基金股份的20%），财政撤资股份由基金的其他股东认购；撤资所得资金5亿元已经缴入国库。

要求：编制该省财政会计对该基金出资、撤资及所有者权益变动的会计分录。

第四章 财政总会计负债

【学习目标和思政目标】
●学习目标：了解财政总会计负债概念、特征，熟悉政府财政负债类别、流动负债和非流动负债内容，掌握流动负债和非流动负债的账务处理方法。
●思政目标：懂得偿还任何债务需要付出代价，对适度负债进行深入理解；学会正视债务，合理规划、合理融资，熟谙既要有效发挥举债融资的积极作用，又要坚决防范化解债务风险的意义；以政府公债信用为例，形成诚实守信的价值观和道德观。

【学习重点和难点】
●学习重点：政府财政总会计负债的分类和内容、应付短期政府债券、应付国库集中支付结余、与上级往来、其他应付款、应付长期政府债券、借入款项、应付地方政府债券转贷款、应付主权外债转贷款。
●学习难点：应付国库集中支付结余、应付长期政府债券、应付主权外债转贷款、应付地方政府债券转贷款。

第一节 负债概述

一、负债的概念及特征

负债是指政府会计主体过去的经济业务或者事项形成的，预期会导致经济资源流出政府会计主体的现时义务。现时义务是指政府会计主体在现行条件下已承担的义务。未来发生的经济业务或者事项形成的义务不属于现时义务，不应当确认为负债。

在当今信用经济高度发展的社会，为某种需要而举债已是非常普遍的经济现象。举债主体或借债人主要有两类：一是私人和企业，二是政府。私人和企业举借的债务称为"民间债务或私债"；政府举借的债务通常称为"公债"，主要是指中央政府在国内外发行债券或向外国政府和银行借款所形成的国家债务，也包括地方政府举借的各种类型的债务。政府举借债务时以国家财政（中央财政）为债务人，以国家财政承担还本付息为前提条件，通过借款或发行有价证券等方式，有效地向社会筹集或集中数额庞大的建设资金，加快经济发展的速度，促使国民经济持续、稳定、协调地发展。

政府财政总会计负债内容包括应付政府债券、应付国库集中支付结余、应付及暂收款项、应付代管资金、应付利息、借入款项、应付转贷款、其他负债等。

由于财政总会计职能的特殊性，其负债也具有独特性，具体表现为：①债务主体特殊性。财政总会计负债的主体是一级政府，不是财政机关或其部门。政府负债是政府信用的一种形式，其背后是政府的信誉，因此，这种债务对债权人的权益不会产生损失。②债务偿还方式特殊性。财政总会计负债的偿还只能以减少资产的方式，而且是以货币资金偿还，不同于企业负债偿还方式的多样化。③债务形式特殊性。财政总会计负债的种类较少，主要是本级政府与上级或下级政府之间的资金转移、本级政府与所属预算单位之间的资金转移，以及政府信用形成的债务。④存在无偿性债务。无偿性债务是指不需要偿还利息的债务，例如因体制结算、向上级财政借入、与上级往来产生的款项，以及待清理的不明性质暂存款，属于财政总会计无偿性债务。

二、负债的分类

（一）负债的基本分类

《基本准则》指出：政府会计主体的负债按照流动性分为流动负债和非流动负债。这是政府会计负债的基本分类。

1. 流动负债。流动负债是指预计在1年内（含1年）偿还的负债。按照资产负债表项目分类，流动负债包括应付短期政府债券、应付国库集中支付结余、与上级往来、其他应付款、应付代管资金、应付利息、一年内到期的非流动负债。通常情况下，政府流动负债的债权人、偿付金额、到期日一般是确定且已知的。负债的流动性越强或偿还期限越短，政府面临的偿债压力越大，债务违约风险也越大。

2. 非流动负债。非流动负债是指流动负债以外的负债。按照资产负债表项目分类，非流动负债包括应付长期政府债券、借入款项、应付地方政府债券转贷款、应付主权外债转贷款、其他负债。

（二）负债的其他类别

在《政府会计准则第8号——负债》将负债划分为流动负债和非流动负债的基础上，还对负债进行以下划分：

1. 按照偿还时间和金额基本确定与否分类，负债分为：①偿还时间和金额基本确定的负债，例如应付政府短期或长期债券、借入款项等；②由或有事项形成的预计负债。

2. 按照负债形成原因分类，各级财政部门发生的负债分为：①财政部门与预算单位之间因某些特殊原因而发生的应付、暂收款项；②上下级财政结算中形成的债务，包括财政周转金借款和体制结算往来款；③按法定程序和核定的预算举借的债务。

三、负债确认与计量基本原则

根据《财政总会计制度》的规定，符合负债定义的债务，应当在对其承担偿还责任并且能够可靠地进行货币计量时确认。符合负债定义并确认的负债项目应当列入资产负债表。政府财政承担或有责任（偿债责任需要通过未来不确定事项的发生或不发生予以证实）的负债不列入资产负债表，但应当在报表附注中披露。同时，该制度规定，负债应当按照承担的相关合同金额或实际发生额进行计量。

第二节 流动负债

一、应付短期政府债券

(一) 政府债券概述

政府债券是国家为了筹措资金而向投资者出具的、承诺在一定时期支付利息和到期还本的债务凭证。政府债券的举债主体是国家。政府债券根据发行主体的不同,可分为中央政府债券和地方政府债券。

1. 中央政府债券。凡属中央政府发行的债券,一般称为国家公债,简称"国债",它是中央政府为筹集财政资金而向投资者出具的、承诺在一定时期支付利息和到期偿还本金的债权债务凭证。国债是中央政府组织财政收入的重要形式,发行国债资金列入中央政府预算(或由中央政府转贷地方),纳入一般公共预算管理。作为中央政府调度使用的资金,它是政府筹集财政收入、弥补财政赤字的重要手段。

我国政府债券可以按照不同标准进行分类,如表4-1所示。

表4-1 政府债券分类

分类标准	划分类别		内涵
按照发行主体划分	中央政府债券	国内发行的国债	发行国债收入列入中央预算,由中央政府安排支出和使用,还本付息也由中央政府承担
		国际上发行的主权债券	
按偿还期限是否确定	定期债券	短期国债	发行期限在1年以内
		中期国债	发行期限在1年(含1年)以上、10年(不含10年)以下
		长期国债	发行期限在10年(含10年)以上
	不定期债券		政府发行的不规定还本付息期限的国债
按照发行方式	按面值发行		按债券票面金额发行债券
	溢价发行		按高于债券面额的价格发行债券
	折价发行		按低于债券面额的价格发行债券
按债券品种不同	记账式国债		由财政部面向全社会各类投资者、通过无纸化方式发行的、以电子记账方式记录债权并可以上市和流通转让的债券
	凭证式国债		由财政部发行的、有固定票面利率、通过纸质媒介记录债权债务关系的国债
	储蓄国债(电子式)		财政部面向境内中国公民储蓄类资金发行的、以电子方式记录债权的不可流通的人民币债券
按照资金用途不同	一般国债(普通国债)		用于弥补政府预算赤字所发行的国债
	特别国债		为特殊用途而发行的国债

国债资金在使用上和税收一样,主要应用于社会公共需要的领域,最终依靠税收偿还,而非依靠具体项目运作的商业利润来偿还。

2. 地方政府债券。凡属地方政府发行的债券,称为地方公债,简称"地方债"或"市政债券",具体是指省、自治区、直辖市和经省级人民政府批准自办债券发行的计划单列市人民政府(简称"地方政府")发行的、约定一定期限内还本付息的政府债券。它是地方政府凭借其信用举借的债务,是地方政府筹措财政收入的一种形式。

地方政府债券按资金用途和偿还资金来源通常可以分为一般债券(普通债券)和专项债券(收益债券)。一般债券是为没有收益的公益性项目发行,主要以一般公共预算收入为还本付息资金来源的政府债券;专项债券是为有一定收益的公益性项目发行,以公益性项目对应的政府性基金收入或专项收入为还本付息资金来源的政府债券。

地方债券的发行方式有地方政府直接发行和债转贷。前者由省、市地方政府发行,发行债券的债务收入列入地方预算,由地方政府安排使用,还本付息也由地方政府承担,但地方债券的发行范围并不局限于本地区;后者是指中央政府增发一定数量的国债,通过财政部将国债资金转贷给省级政府用于地方的经济和社会发展建设项目。省级财政部门作为省级政府的债权、债务人的代表,负责对财政部的还本付息工作。

3. 应付政府债券。应付政府债券是指政府财政采用发行政府债券方式筹集资金而形成的负债,包括应付短期政府债券和应付长期政府债券。前者属于政府财政流动负债,主要通过"应付短期政府债券"科目核算;后者则属于政府财政非流动负债,主要通过"应付长期政府债券"科目核算。

(二)短期应付债券

短期应付债券是指中央政府和地方政府发行的期限不超过1年(含1年)的国债和地方政府债券。它是中央政府及其地方政府采取的一种融资方式。短期债券具备明确的期限、起止日期、定金、每期息票以及到期付息的优点,可作为一种投资资产,具有风险较低、收益相对较高的特点。另外,投资者还可以通过投资政府短期债券获得一定的稳定收益。

为了反映和监督应付短期政府债券增减变动情况,财务会计应设置"应付短期政府债券"科目,以核算应付国债和地方政府债券的本金,其中,国债包括中央政府财政发行的国内政府债券和境外发行的主权债券等。该科目贷方登记短期应付债券的增加,借方登记短期应付债券的减少,期末贷方余额反映政府财政尚未偿还的短期政府债券本金。

"应付短期政府债券"科目应当设置"应付国债""应付地方政府一般债券""应付地方政府专项债券"明细科目。债务管理部门应当设置辅助明细账,主要包括政府债券金额、种类、期限、发行日、到期日、票面利率、偿还本金及付息情况等内容,并按期计算债券存续期应付利息情况。

短期应付债券账务处理内容如下:

1. 债券的发行。

(1)中央政府财政发行国债,财务会计按照实际收到的金额,借记"国库存款"科目，按照短期政府债券实际发行额，贷记"应付短期政府债券——应付国债"科目，按照发行收入和发行额的差额，借记或贷记"财务费用"科目；同期，预算会计按照实际收到的金额，借记"资金结存——库款资金结存"科目，按照政府债券实际发行额度，贷记"债务预算收入"科目，按照其差额，借记或贷记有关支出科目。

（2）地方政府财政发行债券，财务会计按照实际收到的金额，借记"国库存款"科目，按照短期政府债券实际发行额，贷记"应付短期政府债券——应付地方政府一般债券/应付地方政府专项债券"科目，按照发行收入和发行额的差额，借记或贷记"财务费用"科目；同期，预算会计按照实际收到的金额，借记"资金结存——库款资金结存"科目，按照政府债券实际发行额度，贷记"债务预算收入——一般债务收入/专项债务收入"科目，按照其差额，借记或贷记有关支出科目。

2. 国债随卖、随买业务。中央政府除了发行和到期赎回国债业务，还可以在债券二级市场买入自身发行的国债，称为随买业务；也可以在债券二级市场卖出国债，称为随卖业务。随买随卖业务可促进国债市场的交易，买卖双方实现一定差价收益。

（1）国债随卖业务。中央财政发生国债随卖业务（指财政部在债券二级市场卖出国债）时，财务会计和预算会计账务处理同"中央政府财政发行国债"。

（2）国债随买业务。中央财政发生国债随买业务（指财政部在债券二级市场买入国债）时，财务会计按照国债随买面值，借记"应付短期政府债券"科目，按照实际支付的金额，贷记"国库存款"等科目，按照其差额，借记或贷记"财务费用——利息费用"科目；同期，预算会计按照国债随买面值，借记"债务还本支出——国债还本支出"科目，按照实际支付的金额，贷记"资金结存——库款资金结存"科目，按照实际支付金额与面值的差额，借记或贷记"一般公共预算支出"科目。

3. 偿还债券本金。

（1）中央政府财政偿还国债，财务会计应按照实际偿还短期国债的本金，借记"应付短期政府债券——应付国债"科目，贷记"国库存款"等科目；同期，预算会计按照偿还短期政府债券的本金，借记"债务还本支出——国债还本支出"科目，贷记"资金结存——库款资金结存"科目。

（2）地方政府财政偿还债券，财务会计应按照实际偿还本级政府财政承担的短期政府债券本金时，借记"应付短期政府债券——应付地方政府一般债券/应付地方政府专项债券"科目，贷记"国库存款"等科目；同期，预算会计借记"债务还本支出——一般债务还本支出/专项债务还本支出"科目，贷记"资金结存——库款资金结存"科目。

【例 4-1】某省财政部门根据发生的短期政府债券业务，进行相关的会计处理。

（1）经批准，2×23 年 7 月 1 日省财政部门发行为期 10 个月的一般债券额度 30 000 万元、专项债券额度 50 000 万元，支付债券印刷、发行等费用 3 800 万元，债券按月计息并支付，月利率为 0.4%。

发行债券款 = 30 000+50 000−3 800 = 76 200（万元）

根据上述计算结果编制财务会计分录：

借：国库存款	762 000 000
财务费用——债务发行兑付费用	38 000 000
贷：应付短期债券——应付地方政府一般债券	300 000 000
——应付地方政府专项债券	500 000 000

同期，编制该业务的预算会计分录：

借：资金结存——库款资金结存　　　　　　　　　　　　　762 000 000
　　一般公共预算支出　　　　　　　　　　　　　　　　　 38 000 000
　　贷：债务预算收入——一般债务预算收入　　　　　　　300 000 000
　　　　　　　　　　——专项债务收入　　　　　　　　　500 000 000

（2）每月计提债券应付利息，编制财务会计分录：

地方政府一般债券利息=30 000×0.4%=120（万元）
地方政府专项债券利息=50 000×0.4%=200（万元）

借：财务费用——利息费用　　　　　　　　　　　　　　　 3 200 000
　　贷：应付利息——应付地方政府债券　　　　　　　　　 3 200 000

（3）债券到期支付债券利息，编制财务会计分录：

借：应付利息——应付地方政府债券　　　　　　　　　　　32 000 000
　　贷：国库存款　　　　　　　　　　　　　　　　　　　32 000 000

同期，编制该业务的预算会计分录：

借：一般公共预算支出　　　　　　　　　　　　　　　　　32 000 000
　　贷：资金结存——库款资金结存　　　　　　　　　　　32 000 000

（4）2×24年4月30日偿还本级短期政府一般债券全部本金，编制财务会计分录：

借：应付短期债券——应付地方政府一般债券　　　　　　 300 000 000
　　　　　　　　——应付地方政府专项债券　　　　　　 500 000 000
　　贷：国库存款　　　　　　　　　　　　　　　　　　 800 000 000

同期，编制该业务的预算会计分录：

借：债务还本预算支出——一般债务还本支出　　　　　　 300 000 000
　　　　　　　　　　——专项债务还本支出　　　　　　 500 000 000
　　贷：资金结存——库款资金结存　　　　　　　　　　 800 000 000

二、应付国库集中支付结余

在国库集中支付方式下，各级政府单位的资金统一存放到国库中，由国库根据需要统一支付。但在年末，国库中可能存在单位尚未使用的当年预算结余资金，对于这部分国库资金，政府单位拥有其预算额度和使用权。从政府财政角度看，期末时这些预算结余就构成政府财政对预算单位的一种负债，称为"应付国库集中支付结余"。应付国库集中支付结余是指省级以上（含省级）政府财政国库集中支付中应列为当年费用，但年末未支付，需结转下一年度支付的款项。也就是按照财政部门批复的部门预算，当年未支付而需结转下一年度支付的款项，并按照权责发生制要求列支后形成的债务。

为了反映和监督应付国库集中支付结余的增减变动情况，政府财政应设置财务会计"应付国库集中支付结余"科目。该科目的贷方登记年末应列为当年费用，但尚未支付需结转下一年度支付的款项；借方登记以后年度实际支付国库集中支付结余资金；期末贷方余额反映政府财政尚未支付的国库集中支付结余。该科目应按照预算单位进行明细核算；同时可根据管理需要，参照政府收支分类科目中支出经济分类科目进行明细核算。

年末，政府财政按照当年发生的应付国库集中支付结余，财务会计应借记有关费用科目，贷记"应付国库集中支付结余"科目；同期，预算会计应借记相关支出科目，贷记

"资金结存——集中支付结余结存"科目。

政府财政实际支付应付国库集中支付结余资金时，财务会计借记"应付国库集中支付结余"科目，贷记"国库存款"科目；同期，预算会计应借记"资金结存——集中支付结余结存"科目，贷记"资金结存"科目。

政府财政收回尚未支付的应付国库集中支付结余作为存量资金，财务会计应借记"应付国库集中支付结余"科目，贷记"其他应付款"科目；同期，预算会计应借记"资金结存——集中支付结余结存"科目，贷记"待处理收入"科目。

政府财政将作为存量资金的国库集中支付结余进行如下处理：

（1）收回预算。政府财政将尚未支付的应付国库集中支付结余收回预算，财务会计应借记"应付国库集中支付结余"科目，贷记"以前年度盈余调整——预算管理资金以前年度盈余调整"等科目；同期，预算会计借记"资金结存——集中支付结余结存"科目，贷记有关支出科目。

（2）重新安排。将收回的应付国库集中支付结余作为存量资金重新安排使用：

①按原预算科目使用的，财务会计应借记"其他应付款"科目，贷记"国库存款"科目；同期，预算会计应借记"待处理收入/资金结存——待处理结存"科目，贷记"资金结存——库款资金结存"科目。

②调整预算科目使用的，财务会计应借记"其他应付款"科目，贷记"以前年度盈余调整——预算管理资金以前年度盈余调整等"科目；借记有关费用科目，贷记"国库存款"科目。预算会计应借记"待处理收入/资金结存——待处理结存"科目，贷记有关支出（原科目）；借记有关支出（新列科目），贷记"资金结存——库款资金结存"科目。

【例4-2】某省财政部门发生应付国库集中支付结余相关业务及其会计处理如下：

（1）2×23年度终了，某省财政部门与其所辖甲基础研究院和乙科技大学核对财政拨款的全年预算数和国库集中支付数，其中，甲基础研究院资本性支出预算年末应结转额度150万元；对乙科技大学尚未使用的本年财政预算450万元确认费用列支。编制该业务的财务会计分录：

借：资本性拨款费用　　　　　　　　　　　　　　　　　　　　4 500 000
　　政府机关商品和服务拨款费用　　　　　　　　　　　　　　1 500 000
　　贷：应付国库集中支付结余——甲基础研究院　　　　　　　4 500 000
　　　　　　　　　　　　　　　——乙科技大学　　　　　　　1 500 000

同期，编制该业务的预算会计分录：

借：一般公共预算支出　　　　　　　　　　　　　　　　　　　6 000 000
　　贷：资金结存——集中支付结余结存　　　　　　　　　　　6 000 000

（2）2×24年3月，省财政部门收到零余额账户代理银行与国库结算的有关凭证，列明乙科技大学支付科研设备采购款150万元。编制财务会计分录：

借：应付国库集中支付结余——乙科技大学　　　　　　　　　　1 500 000
　　贷：国库存款　　　　　　　　　　　　　　　　　　　　　1 500 000

同期，编制该业务的预算会计分录：

借：资金结存——集中支付结余结存　　　　　　　　　　　　　1 500 000
　　贷：资金结存——库款资金结存　　　　　　　　　　　　　1 500 000

（3）2×24年6月，省财政部门将省科技厅压缩的行政经费结余（应付国库集中支付结余）20万元收回作为存量资金。下半年，将该存量资金调剂转作该年度对甲基础研究院的项目经费拨款。

①收回省教育厅经费结余，编制财务会计分录：

借：应付国库集中支付结余——省教育厅　　　　　　　　　　200 000
　　贷：其他应付款　　　　　　　　　　　　　　　　　　　　200 000

同期，编制该业务的预算会计分录：

借：资金结存——集中支付结余结存　　　　　　　　　　　　200 000
　　贷：待处理收入　　　　　　　　　　　　　　　　　　　　200 000

②用存量资金调剂支付甲基础研究院，编制财务会计分录：

借：其他应付款　　　　　　　　　　　　　　　　　　　　　200 000
　　贷：国库集中支付——甲基础研究院　　　　　　　　　　　200 000

同期，编制该业务的预算会计分录：

借：一般公共预算支出——基础研究——专项基础科研——甲基础研究院
　　　　　　　　　　　　　　　　　　　　　　　　　　　　200 000
　　贷：一般公共预算支出——科学技术管理事务——行政运行——省科技厅　200 000
借：待处理收入　　　　　　　　　　　　　　　　　　　　　200 000
　　贷：资金结存——库款资金结存　　　　　　　　　　　　　200 000

三、与上级往来

与上级往来是指本级政府财政与上级政府财政往来待结算的款项。它是上下级财政之间由于财政资金的周转调度以及预算补助、上解结算等事项而形成的债务。

为了反映和监督本级政府财政与上级政府财政往来待结算款项的增减变动情况，政府财政应设置财务会计"与上级往来"科目。该科目贷方登记与上级往来款项的增加，借方登记与上级往来款项的减少，期末贷方余额反映本级政府财政欠上级政府财政的款项，借方余额反映上级政府财政欠本级政府财政的款项。"与上级往来"科目可根据管理需要，按照往来款项的类别和项目等进行明细核算。

政府财政发生与上级往来业务内容如下：

（一）收到上级政府财政拨付的款项

下级政府财政收到上级政府财政补助时，财务会计应借记"国库存款"科目，贷记"与上级往来"科目；同期，预算会计应借记"资金结存——库款资金结存"科目，贷记"补助预算收入——上级调拨"科目。

政府财政收到通过特设专户调拨的补助资金时，财务会计应借记"其他财政存款"科目，贷记"与上级往来"科目；同期，预算会计应借记"资金结存——库款资金结存"科目，贷记"补助预算收入——上级调拨"科目等。

下级政府财政收到上级政府通过财政拨付的其他未来性款项时，财务会计应借记"国库存款/其他财政存款"科目，贷记"与上级往来"科目。

（二）与主权外债相关的与上级往来业务

各级政府财政发生主权外债业务时，如果上级政府财政承担主权外债偿还责任，资金由本级政府财政同级部门使用，根据资金拨付对象不同分别进行处理：①资金拨付到本级政府财政的，财务会计应借记"国库存款""其他财政存款"等科目，贷记"与上级往来"科目或"补助收入"科目；同期，预算会计应借记"资金结存——库款资金结存/专户资金结存"科目，贷记"补助预算收入——上级调拨"科目。②资金直接拨付到本级政府财政项目单位或供应商，财务会计应借记有关费用科目，贷记"与上级往来"科目或"补助收入"科目；同期，预算会计应借记"一般公共预算支出"科目，贷记"补助预算收入——上级调拨"科目。

（三）上下两级政府财政年终结算

上下两级政府财政年终结算中，确认应当上交上级政府财政的款项，借记"上解费用"科目，贷记"与上级往来"科目；同期，预算会计应借记"上解预算支出"科目，贷记"补助预算收入——上级调拨"科目。

上下两级政府财政年终结算中，确认的应当由上级政府财政补助的款项，财务会计应借记"与上级往来"科目，贷记"补助收入"科目；同期，预算会计应借记"补助预算收入——上级调拨"科目，贷记"补助预算收入———般公共预算补助收入"等科目，借记"资金结存——上下级调拨结存"科目，贷记"补助预算收入——上级调拨"科目。

（四）归还上级政府财政的往来性款项

下级政府财政归还上级政府财政的往来性款项时，财务会计应按照实际归还的金额，借记"与上级往来"科目，贷记"国库存款""其他财政存款"等科目；同期，预算会计应借记"资金结存——上下级调拨结存"科目，贷记"资金结存——库款资金结存/专户资金结存"科目。

（五）上级政府财政扣缴款项

上级政府财政扣缴有关款项时，财务会计应借记有关科目，贷记"与上级往来"科目；同期，预算会计应借记有关科目，贷记"补助预算收入——上级调拨"科目。

【例4-3】2×24年，某省与其所辖A市财政局发生往来款项业务如下：

（1）A市财政局向省财政厅临时借入无偿资金20 000万元，款项已全部入库。根据市财政"预算收入日报表"编制财务会计分录：

借：国库存款　　　　　　　　　　　　　　　　　　　　200 000 000
　　贷：与上级往来　　　　　　　　　　　　　　　　　　20 000 000

同期，编制该业务的预算会计分录：

借：资金结存——库款资金结存　　　　　　　　　　　　200 000 000
　　贷：补助预算收入——上级调拨　　　　　　　　　　200 000 000

（2）省、市两级政府财政年终结算中，确认应由省政府财政补助A市财政15 000万元，余款5 000万元待定。编制财务会计分录：

借：与上级往来　　　　　　　　　　　　　　　　　　　150 000 000
　　贷：补助收入　　　　　　　　　　　　　　　　　　150 000 000

同期，编制该业务的预算会计分录：

借：补助预算收入——上级调拨　　　　　　　　　　　　150 000 000
　　贷：补助预算收入———般公共预算补助收入　　　　150 000 000
借：资金结存——上下级调拨结存　　　　　　　　　　　150 000 000
　　贷：补助预算收入——上级调拨　　　　　　　　　　150 000 000

（3）年末，A 市财政局将财政款 5 000 万元归还省财政。编制财务会计分录：

借：与上级往来　　　　　　　　　　　　　　　　　　　50 000 000
　　贷：国库存款　　　　　　　　　　　　　　　　　　　　50 000 000

同期，编制该业务的预算会计分录：

借：资金结存——上下级调拨结存　　　　　　　　　　　50 000 000
　　贷：资金结存——库款资金结存　　　　　　　　　　　　50 000 000

四、其他应付款

其他应付款是指政府财政临时发生的暂收、应付、收到的不明性质款项和收回的结转结余资金等。由于其他应付款项属于待结算款项，无论其金额大小，必须及时清理，不能长期挂账。清理结算时，根据款项的性质，将其他应付款退还或转作收入。

为了反映和监督其他应付款的增减变动情况，财务会计应设置"其他应付款"科目。该科目贷方登记其他应付款的增加，借方登记其他应付款的减少，期末贷方余额反映政府财政尚未结清的其他应付款项。其明细账应当按照债权单位或资金来源等进行明细核算。

需要说明的是，税务机关代征入库的社会保险费也通过"其他应付款"科目核算。

（一）收到相关款项，确认其他应付款

政府财政收到与其他应付款相关的款项（如不明性质款项、代征入库社会保险费、应由项目单位承担还本责任的主权外债资金）时，财务会计应借记"国库存款""其他财政存款"等科目，贷记"其他应付款"科目；政府财政将有关款项清理退还、划转、转作收入时，借记"其他应付款"科目，贷记"国库存款""其他财政存款"或有关收入科目。

政府财政收回结转结余资金时，财务会计应借记"国库存款""其他财政存款"等科目，贷记"其他应付款"科目；同期，预算会计应借记"资金结存——库款资金结存/专户资金结存"科目，贷记"待处理收入"科目。

（二）清理与其他应付款相关款项

政府财政对已入账的其他应付款进行清理转销时，应根据不同情况分别进行处理：

1. 退回资金。政府财政退回有关款项，财务会计应借记"其他应付款"科目，贷记"国库存款""其他财政存款"等科目。预算会计不编制会计分录。

2. 转作收入。政府财政将已入账的其他应付款转作收入，财务会计应借记"其他应付款"科目，贷记有关收入科目；同期，预算会计应借记"资金结存——库款资金结存/专户资金结存"科目，贷记有关预算收入科目。

3. 按原预算科目使用。政府财政将已收回的结转结余资金按原预算科目使用的，在实际安排支出时，财务会计应借记"其他应付款"科目，贷记"国库存款""其他财政存款"等科目；同期，预算会计应借记"待处理收入/资金结存——待处理结存"科目，贷记"资金结存——库款资金结存/专户资金结存"科目。

4. 调整预算科目。政府财政将已收回的结转结余资金调整预算科目使用，意味着无具体政府单位负债转换为具体债务对象，财务会计按实际安排支出，借记"其他应付款"科目，贷记"以前年度盈余调整——预算管理资金以前年度盈余调整"等科目；同期，借记有关费用科目，贷记"国库存款"等科目。预算会计借记"待处理收入/资金结存——

待处理结存"科目，贷记有关支出科目（原科目）；同期，借记有关支出科目（新列科目），贷记"资金结存——库款资金结存/专户资金结存"科目。

5. 冲减当年费用。政府财政对于已入账的其他应付款项需要冲减当年费用的，财务会计应借记"其他应付款"科目，贷记有关费用科目；同期，预算会计应借记"资金结存——库款资金结存/专户资金结存"科目，贷记有关支出科目。

政府财政将有关款项确认应冲减以前年度有关费用事项的，财务会计应借记"其他应付款"科目，贷记"以前年度盈余调整——预算管理资金以前年度盈余调整"等科目；同期，预算会计应借记"资金结存——库款资金结存/专户资金结存"科目，贷记有关支出科目。

【例4-4】某市财政部门收回和拨付单位预算资金业务如下：

(1) 2×23年12月中旬，市财政部门收到市公安局专项经费结余资金（一般公共预算）25万元作为存量资金，调剂转作对市辖文物局重点研究项目拨款，并同期改变支出预算科目。编制财务会计分录：

借：国库存款　　　　　　　　　　　　　　　　　　　　　　　250 000
　　贷：其他应付款——市文物局　　　　　　　　　　　　　　　250 000

同期，编制该业务的预算会计分录：

借：资金结存——库款资金结存　　　　　　　　　　　　　　　250 000
　　贷：待处理收入　　　　　　　　　　　　　　　　　　　　　250 000

(2) 2×23年12月末，市财政结转待处理收入25万元，编制该业务的预算会计分录：

借：待处理收入　　　　　　　　　　　　　　　　　　　　　　250 000
　　贷：资金结存——待处理结存　　　　　　　　　　　　　　　250 000

(3) 2×24年3月，以实拨资金方式向市辖文物局支付作为存量资金收回的结余资金25万元。编制财务会计分录：

借：其他应付款——市文物局　　　　　　　　　　　　　　　　250 000
　　贷：以前年度盈余调整——预算管理资金以前年度盈余调整　　250 000
借：对事业单位补助拨款费用　　　　　　　　　　　　　　　　250 000
　　贷：国库存款　　　　　　　　　　　　　　　　　　　　　　250 000

同期，编制该业务的预算会计分录：

借：一般公共预算支出——文物——文物保护　　　　　　　　　250 000
　　贷：一般公共预算支出——公安——信息化建设　　　　　　　250 000
借：资金结存——待处理结存　　　　　　　　　　　　　　　　250 000
　　贷：资金结存——库款资金结存　　　　　　　　　　　　　　250 000

五、应付代管资金

应付代管资金是指政府财政代为管理的、使用权属于被代管主体的资金。财政代管资金是指国库集中支付改革后，预算单位转入财政代管资金专户，由财政部门代为管理的其他财政性资金，主要包括党费、工会经费、各类保证金、社保公积金代扣代缴款项等。这些资金通常是从政府财政拨款或税收等渠道中划拨给财政部门的资金，但需要按照相关法规进行审批和划拨手续后，委托代管机构进行具体管理和使用。财政代管资金的所有权归属于政府财政，财政部门对这些资金具有决策权和监督权。同时，财政部门也承担着对代管机构的选用、监督和评估等职责，确保资金的安全、合规运作。财政代管资金具有专有性、约束性、复杂性等特点。

为了反映和监督政府财政代为管理资金增减变动情况，财务会计应设置"应付代管资金"科目。该科目贷方登记收到的代管资金，借方登记支付的代管资金，期末贷方余额反映政府财政尚未支付的代管资金。该科目应当根据管理需要进行相关明细核算。

政府财政收到代管资金时，财务会计应借记"其他财政存款"等科目，贷记"应付代管资金"科目；政府财政支付代管资金时，借记"应付代管资金"科目，贷记"其他财政存款"等科目；政府财政持有代管资金产生的利息收入按照有关规定仍属于代管资金的，借记"其他财政存款"等科目，贷记"应付代管资金"科目。

【例4-5】M市财政根据发生的应付代管资金业务编制相关的会计分录。

(1) 收到相邻N市汇来代管款项1 500万元。编制财务会计分录：

借：其他财政存款　　　　　　　　　　　　　　　　　　　　15 000 000
　　贷：应付代管资金　　　　　　　　　　　　　　　　　　　15 000 000

(2) 本期代管资金产生的利息收入60万元。编制财务会计分录：

借：其他财政存款　　　　　　　　　　　　　　　　　　　　　　600 000
　　贷：应付代管资金　　　　　　　　　　　　　　　　　　　　　600 000

(3) 支付代管资金和利息。编制财务会计分录：

借：应付代管资金　　　　　　　　　　　　　　　　　　　　15 600 000
　　贷：其他财政存款　　　　　　　　　　　　　　　　　　　15 600 000

六、应付利息

应付利息是指政府财政以政府名义发行的政府债券及借入款项应支付的利息。在财政总会计中，应付利息包括应付短期政府债券、借入款项、应付地方政府债券转贷款、应付主权外债转贷款中的应付利息，以及属于分期付息到期还本的应付长期政府债券中的应付利息。

为了反映和监督政府财政应付利息增减变动情况，财务会计应设置"应付利息"科目。该科目贷方登记确认本期应付的利息；借方登记支付的应付利息；期末贷方余额反映政府财政应付未付的利息金额。"应付利息"科目应根据管理需要设置"应付国债利息""应付地方政府债券利息""应付地方政府主权外债利息"明细科目，并应根据债务管理部门计算并提供的政府债券及借入款项的应付利息情况，按期进行核算。

应付利息账务处理的主要内容如下。

(一) 确认应付利息

1. 中央政府财政。中央政府财政计算本期应付国债利息，财务会计应借记"财务费用——利息费用"科目，贷记"应付利息———应付国债利息"科目。

2. 省级政府财政。省级政府财政计算本期应付地方政府债券利息，财务会计应借记"财务费用——利息费用（本级承担部分）""应收地方政府债券转贷款——应收利息（下级财政承担部分）"科目，贷记"应付利息——应付地方政府债券利息"科目。

3. 主权外债应付利息。省级以上（含省级）财政计算本期主权外债应付利息，财务会计应借记"财务费用——利息费用（本级承担部分）""应收主权外债转贷款——应收利息（下级财政承担部分）"科目，贷记"应付利息——应付主权外债利息"科目。

(二) 支付利息

省级以上政府财政（含省级）实际支付利息时，其账务处理如下：

1. 政府财政支付本级利息，财务会计应借记"应付利息"科目，贷记"国库存款/其他财政存款"科目；同期，预算会计应借记"一般公共预算支出/政府性基金预算支出"科目，贷记"资金结存——库款资金结存"科目。

2. 市县缴款，由省级代市县归还利息，财务会计应借记"国库存款/其他财政存款"科目，贷记"应收地方政府债券转贷款——应收利息""应收主权外债转贷款——应收利息"科目；同期，借记"应付利息"科目，贷记"国库存款/其他财政存款"科目。

3. 省级扣款且代市县归还利息。

（1）省级财政部门扣款时，财务会计应借记"与下级往来"科目，贷记"应收地方政府债券转贷款——应收利息""应收主权外债转贷款——应收利息"科目；同期，预算会计应借记"补助预算支出——调拨下级"科目，贷记"资金结存——上下级调拨结存"科目。

（2）省级财政代市县归还利息时，财务会计应借记"应付利息"科目，贷记"国库存款/其他财政存款"科目；同期，预算会计应借记"资金结存——上下级调拨结存"科目，贷记"资金结存——库款资金结存"科目。

(三) 政府财政提前赎回已发行的政府债券

1. 中央政府财政。中央政府财政提前收回已发行的国债，财务会计应根据实际支付利息与计提的应付利息的差额，借记"应付利息——应付国债利息"科目，贷记"财务费用——利息费用"科目（当年差额）、"以前年度盈余调整——预算管理资金以前年度溢余调整"科目（以前年度差额）。

2. 省级政府财政。省级政府财政提前收回已发行的地方政府债券，财务会计应根据实际支付利息与计提的应付利息的差额，借记"应付利息——应付地方政府债券利息"科目，贷记"财务费用——利息费用"科目（当年差额）、"以前年度盈余调整——预算管理资金以前年度盈余调整"科目（以前年度差额）。

(四) 豁免政府财政主权外债转贷款利息

债权人（外方）豁免政府财政应归还的主权外债转贷款利息，财务会计按照实际支付利息与计提的应付利息的差额，借记"应付利息——应付主权外债利息"科目，贷记"财务费用——利息费用"科目（当年差额）、"以前年度盈余调整——预算管理资金以前年度盈余调整"科目（以前年度差额）。

(五) 期末结算外币借款汇兑损益

期末，政府发行的以外币计价的政府债券及借入款项由于汇率变化产生的应付利息折算差额，财务会计应借记或贷记"财务费用——汇兑损益"科目，贷记或借记"应付利息"科目。

外币借款汇兑损益举例参见第六章第三节。

第三节　非流动负债

一、应付长期政府债券

（一）应付长期政府债券的概念

应付长期政府债券是指政府财政以政府名义发行的期限超过 1 年的国债和地方政府债券的应付本金。其中，国债包括中央政府财政发行的国内政府债券和境外发行的主权债券等。

政府通过发行长期债券筹集大量社会资金，满足各种政府开支需求；长期政府债券的发行和回购可以调节社会货币供应量，以稳定物价、抑制通胀或刺激经济增长，为投资者提供相对稳定的投资渠道；可以通过延长财政资金的偿还期限减轻短期内财政收支的压力。由于偿还债券本息以政府信誉为保障，因此应付长期政府债券风险很低。

（二）会计科目的设置

为了反映和监督应付长期政府债券的增减变动情况，财务会计应设置"应付长期政府债券"科目。该科目贷方登记应付长期政府债券的增加；借方登记应付长期政府债券的减少；期末贷方余额反映政府财政尚未偿还的长期政府债券本金。"应付长期政府债券"科目应设置"应付国债""应付地方政府一般债券""应付地方政府专项债券"明细科目。债务管理部门应设置辅助明细账，主要包括政府债券金额、种类、期限、发行日、到期日、票面利率、实际偿还本金及付息情况等内容，并按期计算债券存续期应负担的利息金额。

（三）应付长期政府债券的账务处理

1. 长期政府债券的发行。

（1）一般方式发行债券。中央政府财政发行国内政府债券，财务会计应按照实际收到的金额，借记"国库存款"科目，按照长期政府债券实际发行额，贷记"应付长期政府债券——应付国债"科目，按照其差额，借记或贷记有关费用科目；同期，预算会计按照实际收到的金额，借记"资金结存——库款资金结存"科目，按照政府债券实际发行额，贷记"债务预算收入——国债收入"科目，按照其差额，借记或贷记"一般公共预算支出"科目。

中央政府财政在境外发行主权债券，财务会计应按照实际收到的金额，借记"其他财政存款"科目，按照长期政府债券实际发行额，贷记"应付长期政府债券——应付国债"科目，按照其差额，借记或贷记有关费用科目；同期，预算会计按照实际收到的金额，借记"资金结存——专户资金结存"科目，按照政府债券实际发行额，贷记"债务预算收入——国债收入"科目，按照其差额，借记或贷记"一般公共预算支出"科目。

地方政府发行债券，财务会计应按照实际收到的金额，借记"国库存款"科目，按照长期政府债券实际发行额，贷记"应付长期政府债券——应付地方政府一般债券/应付地方政府专项债券"科目，按照其差额，借记或贷记有关费用科目；同期，预算会计按照实际收到的金额，借记"资金结存——专户资金结存"科目，按照政府债券实际发行额，贷记"债务预算收入———一般公共预算收入/专项债务收入"科目，按照其差额，借记或贷记"一般公共预算支出"科目（一般债券）、"政府性基金预算收入"科目（专项债券）。

中央财政发生国债随买、随卖业务时，账务处理参照"应付短期政府债券"科目使用说明中的国债随买、随卖业务的账务处理。

（2）按定向承销方式发行政府债券。①置换本级政府一般债务或专项债务。政府财政以定向承销方式发行长期政府债券时，根据债务管理部门转来的债券发行文件等有关资料，借记"以前年度盈余调整""应收地方政府债券转贷款"等科目，按照长期政府债券实际发行额，贷记"应付长期政府债券———应付地方政府一般债券/应付地方政府专项债券"科目，按照发行收入和发行额的差额，借记或贷记有关费用科目；同期，预算会计应根据债务管理部门转来的债券发行文件等有关资料进行确认，根据置换本级政府一般债务或专项债务金额，借记"债务还本预算支出———一般债务还本支出/专项债务还本支出"科目，贷记"债务预算收入———一般债务收入/专项债务收入"科目，两者如有差额，应借记或贷记相关支出科目。②转贷下级政府财政债务。政府财政以定向承销方式发行长期政府债券并转贷下级政府财政债务时，财务会计应按照转贷金额，借记"应收地方政府债券转贷款———应收本金"科目，贷记"应付长期政府债券———应付地方政府一般债券/应付地方政府专项债券"科目；同期，预算会计应借记"债务转贷预算支出———一般债务转贷支出/专项债务转贷支出"科目，贷记"债务预算收入———一般债务收入/专项债务收入"科目。

2. 长期政府债券本金的偿还。省级以上政府财政（含省级）实际偿还长期政府债券本金时，应区分不同情况分别处理：

（1）国债本金的偿还。中央政府财政支付国债本金，财务会计应借记"应付长期政府债券———应付国债"科目，贷记"国库存款"科目；同期，预算会计应借记"债务还本预算支出———一般债务还本支出"科目，贷记"资金结存———库款资金结存"科目。

（2）地方政府债券本金的偿还。省级财政支付本级承担还款责任的一般债券和专项债券的本金，财务会计应借记"应付长期政府债券———应付地方政府一般债券/应付地方政府专项债券"科目，贷记"国库存款/其他财政存款"科目。

（3）省级财政代市县归还本金。省财政部门收到缴款（市县缴款由省级代市县归还转贷本金）时，财务会计应借记"国库存款/其他财政存款"科目，贷记"应收地方政府债券转贷款———应收本金"科目；省财政部门代为归还转贷本金时，财务会计应借记"应付长期政府债券"科目，贷记"国库存款/其他财政存款"科目。

【例4-6】中央财政发生国债业务及其编制的相关会计分录如下：

（1）2×24年9月末发行一批5年期电子式储蓄国债，票面利率为4.2%，实际收到国债发行资金480 000万元，与其发行额相同。该期国债每年付息一次，到期偿还本金并支付最后一年利息。编制财务会计分录：

借：国库存款 4 800 000 000
　　贷：应付长期政府债券———应付国债 4 800 000 000

同期，编制该业务的预算会计分录：

借：资金结存———库款资金结存 4 800 000 000
　　贷：债务预算收入———国债收入 4 800 000 000

（2）中央财政向相关债券承销团成员按承销国债面值的0.15%支付发行手续费共计

720万元。编制财务会计分录：

借：财务费用——债务发行兑付费用　　　　　　　　　　　　　　7 200 000
　　贷：国库存款　　　　　　　　　　　　　　　　　　　　　　7 200 000

同期，编制该业务的预算会计分录：

借：一般公共预算支出　　　　　　　　　　　　　　　　　　　　7 200 000
　　贷：资金结存——库款资金结存　　　　　　　　　　　　　　7 200 000

（3）2×24年12月31日确认国债应付利息，编制财务会计分录：

$$应付利息 = \frac{480\,000 \times 4.2\%}{12} \times 3 = 5\,040（万元）$$

借：财务费用——利息费用　　　　　　　　　　　　　　　　　　50 400 000
　　贷：应付利息　　　　　　　　　　　　　　　　　　　　　　50 400 000

（4）2×25年9月末支付第1年国债利息。编制财务会计分录：

借：应付利息——应付国债利息　　　　　　　　　　　　　　　　50 400 000
　　财务费用——利息费用　　　　　　　　　　　　　　　　　　151 200 000
　　贷：国库存款　　　　　　　　　　　　　　　　　　　　　　201 600 000

同期，编制该业务的预算会计分录：

借：一般公共预算支出　　　　　　　　　　　　　　　　　　　　201 600 000
　　贷：资金结存——库款资金结存　　　　　　　　　　　　　　201 600 000

（5）2×29年9月末国债到期，偿还其本金480 000万元并支付最后一年利息20 160万元。编制财务会计分录：

借：应付长期政府债券——应付国债　　　　　　　　　　　　　　4 800 000 000
　　应付利息——利息费用　　　　　　　　　　　　　　　　　　50 400 000
　　财务费用——利息费用　　　　　　　　　　　　　　　　　　151 200 000
　　贷：国库存款　　　　　　　　　　　　　　　　　　　　　　5 001 600 000

同期，编制该业务的预算会计分录：

借：债务还本预算支出——一般债务还本支出　　　　　　　　　　5 001 600 000
　　贷：资金结存——库款资金结存　　　　　　　　　　　　　　5 001 600 000

二、借入款项

（一）借入款项的概念

借入款项是指政府财政以政府名义向外国政府和国际金融组织等借入的款项，以及以经国务院批准的其他方式借入的款项。可见，借入款项的主要内容是政府财政筹集的外债资金。政府借入款项数额、举债信誉对国家财政和政府的国际信誉产生重要影响。因此，各级政府财政要加强借入款项的核算，提供真实、可靠以及相关的借入款项信息。

（二）会计科目的设置

为反映和监督借入款项增减变动情况，财务会计应设置"借入款项"科目。该科目贷方登记借入款项的增加；借方登记借入款项的减少；期末贷方余额反映本级政府财政尚未偿还的借入款项本金。"借入款项"科目应按照债权人进行明细核算。债务管理部门应设置辅助明细账，主要包括借入款项对应的项目、期限、借入日期、实际偿还及付息情况等内容，并按期计算借款存续期应负担的利息金额。

(三) 借入款项的账务处理

政府主权外债是指以中华人民共和国的名义向世界银行、亚洲开发银行等国际金融组织或外国政府所举借的，再由财政部、转贷银行或其他转贷机构向地方政府或相关部门转贷的债务。地方政府主权外债是由省、市、县三级地方政府授权机构代表（主要是财政部门）分别代表本级政府向上一级政府转贷举借的或者以地方政府信用保证对外偿还的债务。

1. 借入资金。省级以上政府财政（含省级）实际收到借入的主权外债资金，按照实际收到的金额借记"国库存款""其他财政存款"科目，按照实际承担的债务金额贷记"借入款项"科目，按照实际收到的金额与承担的债务之间的差额，借记或贷记有关费用科目；同期，预算会计按照实际借入的金额，借记"国库存款/其他财政存款"科目，按照借款额，贷记"债务预算收入———一般债务收入"科目，按照其差额，借记或贷记有关支出科目。

2. 借入主权外债。省级以上政府财政（含省级）借入主权外债，且由外方将贷资金直接支付给用款单位或供应商，且本级政府财政承担还款责任，应根据贷款使用部门不同分别进行处理。

（1）贷款资金由本级政府财政同级部门使用，财务会计应借记有关费用科目，贷记"借入款项"科目；同期，预算会计应借记"一般公共预算支出"科目，贷记"债务预算收入———一般债务收入"科目。

（2）贷款资金由下级政府财政同级部门使用，财务会计应借记"补助费用/与下级往来"科目，贷记"借入款项"科目；同期，预算会计应借记"补助预算支出———调拨下级"科目，贷记"债务预算收入———一般债务收入"科目。

省级以上政府财政（含省级）借入主权外债，且由外方将贷款资金直接支付给用款单位或供应商，下级政府财政承担还款责任，贷款由下级政府同级部门使用，财务会计应借记"应收主权外债转贷款———应收本金"科目，贷记"借入款项"科目；同期，预算会计借记"一般债务转贷支出———一般债务转贷支出"科目，贷记"债务预算收入———一般债务收入"科目。

3. 偿还主权外债本金。政府财政偿还主权外债本金时，应根据不同业务和事项内容分别进行账务处理，如表 4-2 所示。

表 4-2 偿还主权外债本金的账务处理

业务和事项内容	财务会计	预算会计
归还本级承担还款责任的主权外债本金	借：借入款项 　　贷：国库存款/其他财政存款	借：债务还本预算支出———一般债务还本支出 　　贷：资金结存———库款资金结存/专户资金结存
市县缴款，由省级代市县归还本金	县缴款时： 借：国库存款/其他财政存款 　　贷：应收主权外债转贷款———应收本金 归还时： 借：借入款项 　　贷：国库存款/其他财政存款	

续表

业务和事项内容	财务会计	预算会计
省级通过扣款方式从市县扣回主权外债本金	借：与下级往来 贷：应收主权外债转贷款——应收本金	借：补助预算支出——调拨下级 贷：资金结存——上下级调拨结存
省级扣款完毕后，代市县归还主权外债本金	借：借入款项 贷：国库存款/其他财政存款	借：资金结存——上下级调拨结存 贷：资金结存——库款资金结存/专户资金结存

4. 豁免外债。债权人豁免省级以上政府财政（含省级）承担偿还责任的借入主权外债本金，财务会计根据债务管理部门转来的有关资料，按照被豁免的本金入账，借记"借入款项"科目，贷记"其他收入"科目。

债权人豁免下级政府财政承担偿还责任的借入主权外债本金，财务会计应借记"借入款项"科目，贷记"应收主权外债转贷款——应收本金"科目。

【例4-7】某省财政部门获得外国政府项目贷款150 000万元，年利率4.5%，贷款资金转入财政部门资金账户。协议约定，省财政取得贷款需要按贷款金额的1.2%支付管理费，并从贷款中直接扣除。编制财务会计分录：

贷款项目的管理费＝150 000×1.2%＝1 800（万元）

借：其他财政存款　　　　　　　　　　　　　　　　1 482 000 000
　　财务费用　　　　　　　　　　　　　　　　　　　　18 000 000
　　贷：借入款项　　　　　　　　　　　　　　　　　1 500 000 000

同期，编制该业务的预算会计分录：

借：资金结存——专户资金结存　　　　　　　　　　1 500 000 000
　　贷：债务预算收入　　　　　　　　　　　　　　　1 500 000 000

【例4-8】承例4-7，如果外方将该省获得的外国政府贷款150 000万元直接付给省所辖M市政府财政同级部门使用，M市政府财政承担还款责任，不考虑管理费用。编制财务会计分录：

借：应收主权外债转贷款——应收本金　　　　　　　1 500 000 000
　　贷：借入款项　　　　　　　　　　　　　　　　　1 500 000 000

同期，编制该业务的预算会计分录：

借：债务转贷预算支出——一般债务转贷支出　　　　1 500 000 000
　　贷：债务预算收入——一般债务收入　　　　　　　1 500 000 000

M市政府财政向省财政部门缴款，由省财政部门代市归还本金。编制会计分录如下：

（1）省财政部门收到M市缴款，编制财务会计分录：

借：国库存款　　　　　　　　　　　　　　　　　　1 500 000 000
　　贷：应收主权外债转贷款——应收本金　　　　　1 500 000 000

（2）省财政部门归还借入款项本金，编制财务会计分录：

借：借入款项　　　　　　　　　　　　　　　　　　1 500 000 000
　　贷：国库存款　　　　　　　　　　　　　　　　　1 500 000 000

如果外国政府债权人豁免M市政府财政承担偿还责任的借入主权外债本金，编制财务会计分录：

借：借入款项　　　　　　　　　　　　　　　　　　　　　1 500 000 000
　　贷：应收主权外债转贷款——应收本金　　　　　　　　　　　1 500 000 000

三、应付地方政府债券转贷款

（一）应付地方政府债券概述

地方政府债券是指省、自治区、直辖市政府（含经省级政府批准自办债券发行的计划单列市政府，以下统称"省级政府"）在国务院批准的债务发行限额内，以承担还本付息责任为前提依法筹集资金的债务凭证。

目前，我国地方政府举债只能采取发行地方政府债券的形式。地方政府债券分为一般债券和专项债券两种，采用记账式固定利率附息形式。其中："一般债券"是指地方政府为没有收益的公益性项目发行的、约定一定期限内主要以一般公共预算收入还本付息的政府债券；"专项债券"是指地方政府为有一定收益的公益性项目发行的、约定一定期限内以公益性项目对应的政府性基金或专项收入还本付息的政府债券。

需要说明的是，除省级政府外，目前市、县、乡级地方政府不允许发行地方政府债券。但是市、县、乡级政府可以通过转贷的形式获得其隶属的省级政府发行的地方政府债券。因此，地方政府债券存在上级地方政府向下级地方政府层层转贷的情况。

（二）应付地方政府债券转贷款

应付地方政府债券转贷款是指地方政府财政从上级政府财政借入地方政府债券转贷款的本金和利息。"转贷款"简称"转贷"，是指省级以上政府发行国债或地方政府债融资（统称"政府债"），再通过商业银行以高于政府债的利率贷给所辖地方政府，由地方政府逐年归还。

为了反映和监督应付地方政府债券转贷款增减变动情况，财务会计应设置"应付地方政府债券转贷款"科目。该科目贷方登记应付地方政府债券转贷款的增加；借方登记应付地方政府债券转贷款的减少；期末贷方余额反映本级政府财政尚未偿还的地方政府债券转贷款本金和利息。"应付地方政府债券转贷款"科目应设置"应付本金"和"应付利息"明细科目，其下可根据管理规定设置"地方政府一般债券""地方政府专项债券"等明细科目。其中，"应付利息"科目通常应根据债务管理部门计算并提供的政府债券转贷款的应付利息情况，按期进行核算。

应付地方政府债券转贷款的账务处理包括以下内容：

1. 取得转贷资金。本级政府财政收到上级政府财政转贷地方政府债券资金（含一般债券和专项债券）时，按照实际收到的金额或债务管理部门转来的相关资料，财务会计应借记"国库存款"或"与上级往来"等科目，按照转贷本金金额，贷记"应付地方政府债券转贷款——应付本金"科目，按照其差额，借记或贷记有关费用科目。

预算会计按照实际收到的转贷资金，借记"资金结存——库款资金结存""补助预算收入——上级调拨"科目，按照转贷额度贷记"债务转贷预算收入——一般债务转贷收入"按照其差额，借记或贷记"一般公共预算支出"科目。

2. 确认应付利息。按期确认地方政府债券转贷款的应付利息时，根据债务管理部门计算确定的本期应付未付利息金额，借记"财务费用——利息费用"科目，贷记"应付地方政府债券转贷款——应付利息"科目。

3. 偿还转贷款本息。偿还本级政府财政承担的地方政府债券转贷款本息时，财务会计应借记"应付地方政府债券转贷款——应付本金/应付利息"科目，贷记"国库存款""其他财政存款"科目。

预算会计按照偿还债券本金借记"债务还本预算支出——一般债务还本支出/专项债务还本支出"科目，贷记"资金结存——库款资金结存/专户资金结存"科目；按照偿还债券利息借记"一般公共预算支出/政府性基金预算支出"科目，贷记"资金结存——库款资金结存/专户资金结存"科目。

4. 扣缴转贷款本息。上级政府财政扣缴地方政府债券转贷款本息时，财务会计应借记"应付地方政府债券转贷款——应付本金"科目，贷记"与上级往来"科目；扣回利息时，借记"应付地方政府债券转贷款——应付利息"科目，贷记"与上级往来"科目。

预算会计按照偿还债券本金，借记"债务还本预算支出——一般债务还本支出/专项债务还本支出"科目，贷记"补助预算收入——上级调拨"科目；扣回利息时，借记"一般公共预算支出"或"政府性基金预算支出"科目，贷记"补助预算收入——上级调拨"科目。

5. 豁免转贷款本息。上级政府财政豁免本级政府承担的转贷款本息时，根据债务管理部门转来的有关资料及有关预算文件，按照豁免金额，财务会计应借记"应付地方政府债券转贷款——应付本金/应付利息"科目，贷记"补助收入"或"与上级往来"等科目。

预算会计豁免转贷款本息的会计处理同"扣缴转贷款本息"。

【例4-9】2×24年，某省财政部门与其所辖市级财政发生政府债券业务及编制相关的会计分录如下[①]：

（1）9月1日，省财政部门发行面额为200 000万元的地方政府一般债券，其中为下属市级政府代发70 000万元，支付债券发行费用2 000万元，债券发行款已全部足额收妥。债券期限为三年，到期一次还本付息，年利率4.8%。编制该业务的财务会计分录：

借：国库存款　　　　　　　　　　　　　　　　　1 980 000 000
　　财务费用　　　　　　　　　　　　　　　　　　　20 000 000
　贷：应付地方政府债券转贷款——应付本金　　　　2 000 000 000

同期，编制该业务的预算会计分录：

借：资金结存——专户资金结存　　　　　　　　　1 980 000 000
　　一般公共预算支出　　　　　　　　　　　　　　　20 000 000
　贷：债务预算收入——一般公共预算收入　　　　　2 000 000 000

（2）省财政部门将地方政府债券转贷给所辖A市财政部门40 000万元，B市财政部门30 000万元。A、B两市财政应分别负担债券发行费400万元和300万元，协议约定发行费直接从转贷款中扣除。省、市财政对该业务会计处理如下：

①省财政部门编制该业务会计分录，如表4-3所示。

[①] 王彦，王建英，赵西卜. 政府与非营利组织会计［M］. 8版. 北京：中国人民大学出版社，2024.

表 4-3 省财政部门向 A 市财政、B 市财政转贷债券款的账务处理

	财务会计	预算会计
债券款转贷 A 市财政	借：应收地方政府转贷款 　　——应收本金——A 市财政　400 000 000 　贷：财务费用　　　　　　　　　　4 000 000 　　　国库存款　　　　　　　　　396 000 000	借：债务转贷预算支出——一般债务转贷支出 　　　　　　　　　　　　　　　400 000 000 　贷：一般公共预算支出　　　　　4 000 000 　　　资金结存——库款资金结存　396 000 000
债券款转贷 B 市财政	借：应收地方政府转贷款 　　——应收本金——B 市财政 　　　　　　　　　　　　　　　300 000 000 　贷：财务费用　　　　　　　　　　3 000 000 　　　国库存款　　　　　　　　　297 000 000	借：债务转贷预算支出——一般债务转贷支出 　　　　　　　　　　　　　　　300 000 000 　贷：一般公共预算支出　　　　　3 000 000 　　　资金结存——库款资金结存　396 000 000

②A 市财政、B 市财政收到转贷资金编制会计分录，如表 4-4 所示。

表 4-4 A 市财政、B 市财政收到转贷资金的账务处理

	财务会计	预算会计
A 市财政	借：国库存款　　　　　　　　　396 000 000 　　　财务费用　　　　　　　　　4 000 000 　贷：应付地方政府债券转贷款 　　　　——应付本金　　　　　400 000 000	借：资金结存——库款资金结存　396 000 000 　　　一般公共预算支出　　　　　4 000 000 　贷：债务转贷预算收入 　　　　——一般债务转贷收入　400 000 000
B 市财政	借：国库存款　　　　　　　　　297 000 000 　　　财务费用　　　　　　　　　3 000 000 　贷：应付地方政府债券转贷款 　　　　——应付本金　　　　　300 000 000	借：资金结存——库款资金结存　297 000 000 　　　一般公共预算支出　　　　　3 000 000 　贷：债务转贷预算收入 　　　　——一般债务转贷收入　300 000 000

(3) 第 1 年末省财政确认利息费用和应收利息：
①省财政部门对该地方政府债券计提其应付利息。编制财务会计分录：

$$应付利息 = 200\,000 \times 4.8\% \times \frac{4}{12} = 3\,200（万元）$$

借：财务费用——利息费用　　　　　　　　　　　　　　　　32 000 000
　贷：应付利息——应付地方政府债券转贷款　　　　　　　　32 000 000

②省财政确认应收转贷 A、B 市财政债券款利息共计 1 120 万元（70 000×4.8%×4/12），其中：A 市财政 640 万元，B 市财政 480 万元。编制财务会计分录：

借：应收地方政府债券转贷款——应收利息——A 市财政　　　6 400 000
　　　　　　　　　　　　　　——应收利息——B 市财政　　　4 800 000
　贷：财务费用——利息费用　　　　　　　　　　　　　　　11 200 000

上述业务①、②合并的财务会计分录为：
借：财务费用——利息费用　　　　　　　　　　　　　　　　20 800 000
　　　应收地方政府债券转贷款——应收利息——A 市财政　　6 400 000
　　　　　　　　　　　　　　　——应收利息——B 市财政　4 800 000

贷：应付利息——应付地方政府债券转贷款　　　　　　　　　　　　32 000 000
　（4）第1年末A市财政、B市财政会计确认利息费用和应付利息，其中A市财政640万元、B市财政480万元。编制财务会计分录：

A市财政：

借：财务费用——利息费用　　　　　　　　　　　　　　　　　　　　6 400 000
　　贷：应付地方政府债券转贷款——应付利息　　　　　　　　　　　　6 400 000

B市财政：

借：财务费用——利息费用　　　　　　　　　　　　　　　　　　　　4 800 000
　　贷：应付地方政府债券转贷款——应付利息　　　　　　　　　　　　4 800 000

（5）该地方政府一般债券3年间利息如表4-5所示。

表4-5　债券3年间利息　　　　　　　　　　　　　　　　　　　单位：万元

		第1年（9—12月）	第2年	第3年	第4年（1—8月）	合计
省财政	应付利息	3 200	9 600	9 600	6 400	28 800
	应收利息	1 120	3 360	3 360	2 240	10 080
A市财政应付利息		640	1 920	1 920	1 280	5 760
B市财政应付利息		480	1 440	1 440	960	4 320

省市财政确认第二年、第三年、第四年（1—8月）利息费用的会计分录同业务（3）、（4）。

（6）债券即将到期，省、市财政会计的业务处理内容如下。

①省财政收到市政府应归还的债券本金和利息。其中：A市财政本金40 000万元，利息5 760万元；B市财政本金30 000万元，利息4 320万元。省财政编制财务会计分录：

借：国库存款　　　　　　　　　　　　　　　　　　　　　　　　　800 800 000
　　贷：应收地方政府债券转贷款——应收本金——A市　　　　　　　400 000 000
　　　　　　　　　　　　　　　　　　　——应收本金——B市　　　300 000 000
　　　　　　　　　　　　　　　　　　　——应收利息——A市　　　 57 600 000
　　　　　　　　　　　　　　　　　　　——应收利息——B市　　　 43 200 000

②A、B两市财政将应当归还的地方政府债券本息上缴省政府财政，其会计处理如表4-6所示。

表4-6　A、B两市财政上缴省财政应归还债券本息的账务处理

	财务会计	预算会计
A市财政	借：应付地方政府债券转贷款——应付本金　　400 000 000 　　　　　　　　　　　　　　　　——应付利息 　　　　　　　　　　　　　　　　　　57 600 000 　　贷：国库存款　　　　　　　　　457 600 000	借：债务还本预算支出　　400 000 000 　　　一般公共预算支出　　 57 600 000 　　贷：资金结存——库款资金结存 457 600 000
B市财政	会计处理同A市财政，略	会计处理同A市财政，略

(7) 省财政发行的地方政府债券期满，兑付债券本息。编制财务会计分录：
借：应付地方政府债券转贷款——应付本金　　　　　　　　　2 000 000 000
　　　　　　　　　　　　　——应付利息　　　　　　　　　　288 000 000
　　贷：国库存款　　　　　　　　　　　　　　　　　　　　2 288 000 000
同期，编制该业务的预算会计分录：
借：债务还本预算支出——一般债务还本支出　　　　　　　　1 300 000 000
　　一般公共预算支出　　　　　　　　　　　　　　　　　　　187 200 000
　　贷：资金结存——库款资金结存　　　　　　　　　　　　1 487 200 000

(8) 如果债券即将期满，省财政对 A 市财政转贷债券款采取扣款且代市财政归还本息处理，对 B 市财政转贷债券款本息全部豁免，作为对该市的财政补助。相关会计处理如下：

①省财政通过扣款方式从 A 市扣回转贷本金。
省财政：
借：与下级往来——A 市财政　　　　　　　　　　　　　　　457 600 000
　　贷：应收地方政府债券转贷款——应收本金　　　　　　　　400 000 000
　　　　　　　　　　　　　　　——应收利息　　　　　　　　57 600 000
同期，编制该业务预算会计分录：
借：补助预算支出——调拨下级　　　　　　　　　　　　　　457 600 000
　　贷：资金结存——上下级调拨结存　　　　　　　　　　　457 600 000
A 市财政：以代扣方式归还转贷债券款，编制财务会计分录：
借：应付地方政府债券转贷款——应付本金　　　　　　　　　400 000 000
　　　　　　　　　　　　　——应付利息　　　　　　　　　57 600 000
　　贷：与上级往来——省财政　　　　　　　　　　　　　　457 600 000
同期，编制该业务预算会计分录：
借：债务还本支出——一般债务还本支出　　　　　　　　　　400 000 000
　　一般公共预算支出　　　　　　　　　　　　　　　　　　57 600 000
　　贷：补助预算收入——上级调整　　　　　　　　　　　　457 600 000

②省财政豁免 B 市财政应承担转贷款本息，双方财政账务处理如表 4-7 所示。

表 4-7　省财政豁免 B 市财政应承担转贷款本息的账务处理

	省财政	B 市财政
财务会计	借：补助费用　　　　　343 200 000 　　贷：应收地方政府债券转贷款——应收本金 　　　　　　　　　　　　　300 000 000 　　　　　　　　　　　——应收利息 　　　　　　　　　　　　　43 200 000	借：应付地方政府债券转贷款——应付本金 　　　　　　　　　　　　　300 000 000 　　　　　　　　　　　——应付利息 　　　　　　　　　　　　　43 200 000 　　贷：补助收入　　　　343 200 000
预算会计	借：预算补助支出——调拨下级　343 200 000 　　贷：资金结存——上下级调拨结存　343 200 000	借：债务还本预算支出——一般债务还本支出 　　　　　　　　　　　　　300 000 000 　　　一般公共预算支出　　43 200 000 　　贷：补助预算收入——上级调拨　343 200 000

需要说明的是，省财政豁免 B 市财政应承担的转贷款本息，业务（7）兑付债券本息的

预算会计处理如下：

借：债务还本预算支出——一般债务还本支出　　　　　　1 600 000 000
　　一般公共预算支出　　　　　　　　　　　　　　　　　230 400 000
　　贷：资金结存——库款资金结存　　　　　　　　　　　1 830 400 000

四、应付主权外债转贷款

（一）应付主权外债转贷款的概念

应付主权外债转贷款是指本级政府财政从上级政府财政借入主权外债转贷款的本金和利息。各级政府财政取得一定的主权外债转贷款，增加了各级政府财政经济资源，有利于促进本地区经济的发展。由于举借主权外债必然增加政府的债务负担，因此要合理安排转贷款资金的使用方向和结构，充分发挥主权外债资金的作用，降低主权外债转贷资金风险。

（二）会计科目的设置

为了反映和监督应付主权外债转贷款的增减变动情况，财务会计应设置"应付主权外债转贷款"科目。该科目贷方登记应付主权外债转贷款的增加；借方登记应付主权外债转贷款的减少；期末贷方余额反映本级政府财政尚未偿还的主权外债转贷款本金和利息。"应付主权外债转贷款"科目应设置"应付本金"和"应付利息"明细科目。债务管理部门应当设置辅助明细账，主要包括应付主权外债对应的项目、期限、借入日期、实际偿还及付息情况等内容，并按期计算外债存续期应负担的利息金额。

（三）应付主权外债转贷款的账务处理

政府财政部门借入的主权外债分为外方（指作为主权外债债权人的外国政府和国际金融组织）将资金付给财政部门和外方将资金直接付给用款单位或供应商两种方式。无论何种方式，各级政府财政部门借入、转贷和归还主权外债资金业务主要包括：①借入主权外债；②转贷主权外债；③期末对主权外债计息；④扣缴和分摊主权外债相关的费用；⑤归还主权外债本金、利息和相关费用；⑥年末扣缴下级财政部门欠缴的主权外债。

1. 主权外债资金付给财政部门。本级政府（省级以下，不含省级）财政收到上级政府财政转贷的主权外债资金时，按照实际收到的金额借记"国库存款""其他财政存款"科目，按照实际承担的债务金额贷记"应付主权外债转贷款"科目，按照实际收到的金额和承担的债务金额之间的差额，借记或贷记有关费用科目。同期，本级财政收到主权外债转贷资金时，预算会计应借记"资金结存——库款资金结存/专户资金结存"科目，贷记"债务转贷预算收入"科目。其他内容的账务处理与应付地方政府债券基本相同，与此业务相关举例略。

2. 外方将贷款资金直接付给用款单位。本级政府从上级政府财政借入主权外债转贷款，且由外方或上级政府财政将贷款资金直接支付给用款单位或供应商，其借入和转贷业务核算中，不涉及财政存款的核算，但要根据主权外债的偿债责任，确认相关的负债和债权资产，同时进行相关预算收入、支出的核算。借入主权外债政府财政（省级以上）对于外方将主权外债资金直接付给用款单位的账务处理，如表 4-8 所示。

表 4-8 应付主权外债转贷款账务处理

业务和事项			财务会计	预算会计
借入主权外债转贷款	本级政府财政承担还款责任	本级政府财政同级部门使用贷款资金	借：有关费用科目 　　贷：应付主权外债转贷款——应付本金	借：一般公共预算支出 　　贷：债务转贷预算收入——一般债务转贷收入
		下级政府财政同级部门使用贷款资金	借：补助费用/与下级往来 　　贷：应付主权外债转贷款——应付本金	借：补助预算支出——调拨下级 　　贷：债务转贷预算收入——一般债务转贷收入
	下级政府财政承担还款责任，贷款资金由下级政府财政同级部门使用		借：应收主权外债转贷款——应收本金 　　贷：应付主权外债转贷款——应付本金	借：债务转贷预算支出——一般债务转贷支出 　　贷：债务转贷预算收入——一般债务转贷收入

【例 4-10】2×23 年，某省财政（通过财政部）从 M 国际金融组织取得一项贷款，资金由外方直接付给用款单位，该省与其所辖市县发生相关业务及编制会计分录如下：

（1）该省所辖 A 市财政从省财政借入主权外债转贷款 16 000 万元，其中：A 市农业农村局农业建设使用贷款 4 000 万元；A 市卫生局医疗服务使用贷款 3 000 万元，A 市财政承担还款责任。A 市财政会计根据用款单位实际发生的贷款数额，编制财务会计分录如下：

借：对企业补助拨款费用　　　　　　　　　　　　　　　　　　40 000 000
　　对事业单位补助拨款费用　　　　　　　　　　　　　　　　30 000 000
　　贷：应付主权外债转贷款——应付本金　　　　　　　　　　70 000 000

同期，编制该业务的预算会计分录：

借：一般公共预算支出　　　　　　　　　　　　　　　　　　　70 000 000
　　贷：债务转贷预算收入——一般债务转贷收入　　　　　　　70 000 000

（2）A 市将外债转贷款转给其所辖 a 县额度 6 000 万元，A 市承担还款责任。A 市财政根据债务管理部门转来的有关资料及有关预算文件，编制财务会计分录：

借：补助费用——a 县财政　　　　　　　　　　　　　　　　　60 000 000
　　贷：应付主权外债转贷款——应付本金　　　　　　　　　　60 000 000

同期，编制该业务的预算会计分录：

借：债务还本预算支出——调拨下级　　　　　　　　　　　　　60 000 000
　　贷：债务转贷预算收入——一般债务转贷收入　　　　　　　60 000 000

（3）A 市财政将外债转贷款转给其所辖 b 县额度 3 000 万元，b 县承担还款责任。A 市财政编制财务会计分录：

借：应收主权外债转贷款——应收本金　　　　　　　　　　　　30 000 000
　　贷：应付主权外债转贷款——应付本金　　　　　　　　　　30 000 000

同期，编制该业务的预算会计分录：

借：债务转贷预算支出——一般债务转贷支出　　　　　　　　　30 000 000
　　贷：债务转贷预算收入——一般债务转贷收入　　　　　　　30 000 000

3. 确认应付利息。政府财政按期确认主权外债转贷款的应付利息时，根据债务管理部门计算确认的转贷款本期应付未付利息金额，借记"财务费用——利息费用"科目，贷记"应付主权外债转贷款——应付利息"科目。

4. 偿还主权外债转贷款的本息。

（1）本级政府财政偿还主权外债转贷款的本息。政府财政偿还主权外债转贷款的本息时，财务会计应借记"应付主权外债转贷款——应付本金/应付利息"科目，贷记"国库存款""其他财政存款"等科目；同期，预算会计应借记"债务还本预算支出——一般债务还本支出"科目、"一般公共预算支出"科目（利息），贷记"资金结存——库款资金结存/专户结存"科目。

（2）上级政府财政扣缴借入主权外债转贷款的本息。上级政府财政扣缴借入主权外债转贷款的本息时，借记"应付主权外债转贷款——应付本金/应付利息"科目，贷记"与上级往来"科目；同期，预算会计应借记"债务还本预算支出——一般债务还本支出"科目、"一般公共预算支出"科目（利息），贷记"补助预算收入——上级调拨"科目。

5. 豁免主权外债转贷款本息。上级政府财政豁免主权外债转贷款本息，其账务处理如表4-9所示。

表4-9　上级政府财政豁免主权外债转贷款本息的账务处理

业务和事项内容	财务会计	预算会计
豁免本级政府财政承担偿还责任的主权外债转贷款本息	借：应付主权外债转贷款 　　——应付本金/应付利息 贷：补助收入/与上级往来	借：债务还本预算支出——一般债务还本支出——一般公共预算支出（利息） 贷：补助预算收入——上级调拨
豁免下级政府财政承担偿还责任的主权外债转贷款本息	借：应付主权外债转贷款——应付本金/应付利息 　　贷：与上级往来/补助收入 借：与下级往来/补助费用 　　贷：应收主权外债转贷款——应收本金/应收利息	借：补助预算支出——调拨下级 　　贷：资金结存——上下级调拨结存 借：资金结存——上下级调拨结存 　　贷：补助预算收入——上级调拨

五、其他负债

其他负债是指政府财政因有关政策明确要求其承担支出责任的事项而形成的支付义务。政府财政通过设置"其他负债"科目反映和监督政府财政因有关政策明确要求其承担支出责任的事项而形成的支付义务。该科目贷方登记其他负债的增加；借方登记其他负债的减少；期末贷方余额反映政府财政承担的尚未支付的其他负债余额。

政策明确由政府财政承担支出责任的其他负债，按照确定应承担的负债金额，借记"其他费用"科目，贷记"其他负债"科目。期末，根据债务管理部门转来的其他负债期末余额与账面余额的差额，借记或贷记"其他负债"科目，贷记或借记"其他费用"科目。

【关键词汇】

| 应付短期政府债券（short term government bonds payable） | 借入款项（borrowed money） |

续表

应付国库集中支付结余（treasury centralized payment balances payable）	应付地方政府债券转贷款（local government bonds payable）
与上级往来（to contact with the superior）	应付主权外债转贷款（sovereign debt transfer loan）
其他应付款（accounts payable-others）	应付长期政府债券（long-term government bonds payable）

【思考与练习】

一、思考题

1. 财政总会计负债包括哪些内容？它是如何分类的？其确认与计量的标准是什么？
2. 何谓应付国库集中支付结余？对其采用什么会计基础进行核算，采用该会计基础的原因是什么？
3. 财政总会计暂收及应付款项包括哪些内容？如何对其进行核算与管理？
4. 什么是应付政府债券？它包括哪些内容？与借入款项相比，两者的区别和联系表现在哪些方面？
5. 什么是应付转贷款？应付转贷款包括哪些内容？

二、练习题

（一）单项选择题

1. 按照资产负债表负债项目的分类，下列各项中，属于非流动负债的是（ ）。
   A. 应付国库集中支付结余 　　B. 与上级往来
   C. 应付地方政府债券转贷款 　D. 应付代管资金

2. 下列会计科目中，核算政府发行期限不超过一年的地方政府债券应付本金和利息的是（ ）。
   A. 应付短期政府债券 　　B. 有价证券
   C. 应付地方政府转贷款 　D. 借入款项

3. 下列会计科目中，用于核算政府财政临时收到不明性质款项的是（ ）。
   A. 其他应付款　　B. 与上级往来　　C. 应付代管资金　　D. 应付账款

4. 下列各项中，关于财政总会计负债表述不正确的是（ ）。
   A. 应付转贷款是指地方政府财政向同级政府财政借入转贷资金而形成的负债
   B. 与上级往来属于政府财政资产
   C. 应付政府债券是指政府财政采用发行政府债券方式筹集资金而形成的负债
   D. 应付代管资金是指政府财政代为管理的使用权属于被代管主体的资金

5. 下列各项中，属于应付主权外债转贷款核算的是（ ）。
   A. 政府财政部门以政府名义向外国政府和国际金融组织等借入的款项，以及经国务院批准的其他方式借入的款项
   B. 本级政府财政从上级政府财政借入的主权外债转贷款的本金和利息
   C. 以政府名义发行国债和地方政府债券形成的短期和长期负债
   D. 地方政府财政从上级财政借入的地方政府债券转贷款的本金和利息

(二) 多项选择题

1. 下列各项中，属于"借入款项"核算范围的有（　　）。
A. 向外国政府借入的款项　　　　B. 发行国债筹集的资金
C. 向国际金融组织借入的资金　　D. 应付地方政府债券转贷款

2. 下列会计科目中，属于核算财政部门借给下级财政部门预算资金的是（　　）。
A. 暂付款　　　B. 与下级往来　　　C. 与上级往来　　　D. 借出款项

3. 下列各项中，关于政府财政从上级政府财政借入主权外债转贷款，且由外方将贷款资金直接支付给用款单位的财务会计处理正确的有（　　）。
A. 本级政府财政承担还款责任，贷款资金由本级政府财政同级部门使用
借：有关费用科目
　　贷：应付主权外债转贷款
B. 本级政府财政承担还款责任，贷款资金由下级政府财政同级部门使用
借：补助费用
　　贷：应付主权外债转贷款
C. 下级政府财政承担还款责任，贷款资金由下级政府财政同级部门使用
借：应收主权外债转贷款
　　贷：应付主权外债转贷款
D. 本级政府财政承担还款责任，贷款资金由本级政府财政同级部门使用
借：补助费用
　　贷：应付主权外债转贷款

(三) 业务核算题

1. 资料：2×24 年 10 月初，中央财政发行一批 5 年期电子式储蓄国债，票面利率为 4%，国债实际发行面值、发行收入和发行额均为 64 000 万元，经确认到期应付债券本金为 64 000 万元。该期债券每年支付一次利息，到期偿还本金并支付最后一年利息。中央财政向相关债券承销团成员按承销债券面值的 0.15% 支付债券发行手续费共计 96 万元。2×24 年 12 月末发行国债应计利息 640 万元。1 年后，该期债券支付 1 年的利息 2 560 万元。5 年后，国债到期偿还本金 64 000 元并支付最后一年利息 2 560 万元。

要求：编制中央财政国债发行、计息和到期收回会计分录。

2. 资料：某省获得外国政府的项目贷款 150 000 万元，该贷款项目的管理费用为贷款金额的 0.8%，在提供贷款时直接扣除。根据以下情况分别进行会计处理：

(1) 省财政收到借入的主权外债资金，存入国库。

(2) 省政府财政借入主权外债，且由外方将贷款资金直接支付给用款单位。具体内容如下：①省财政承担还款责任，贷款资金由省卫生局使用 80 000 万元，农林局使用 300 00 万元，教育局使用 40 000 万元；②省财政承担还款责任，贷款资金由所属 A 市财政同级文化局使用 20 000 万元，B 市财政同级环保局使用 60 000 万元，C 市国土资源局使用 70 000 万元；③省级所属市级财政承担还款责任，贷款资金由市级财政同级部门使用，使用部门、贷款金额如②。

要求：根据上述经济业务编制该省财政总会计的会计分录。

第五章 财政总会计收入与预算收入

【学习目标和思政目标】

●学习目标：了解政府财政收入（财务会计）、预算收入（预算会计）的概念，熟悉税收收入、非税收入、投资收益、补助收入、地区间援助收入、财政专户管理资金收入、专用基金收入等财务会计收入的内容，掌握它们的核算方法；熟悉预算会计的一般公共预算收入、政府性基金预算收入、国有资本经营预算收入、财政专户管理资金收入、专用基金收入、补助预算收入的内容，掌握其核算方法。

●思政目标：懂得政府财政收入是政府从事公共服务活动的物质基础和重要保障，它"取之于民，用之于民"。结合我国面临新冠疫情所采取的财政政策和税收优惠政策，理解我国财政资金以人民为本、为民服务，树立爱国、敬业意识，学好专业知识，回报社会。

【学习重点和难点】

●学习重点：收入与预算收入概念和内容，财务会计的税收收入、非税收入、投资收益、补助收入、地区间援助收入、财政专户管理资金收入、专用基金收入；预算会计的一般公共预算收入、政府性基金预算收入、国有资本经营预算收入、财政专户管理资金收入、专用基金收入、补助预算收入。

●学习难点：财务会计的税收收入、非税收入、投资收益、补助收入、财政专户管理资金收入、专用基金收入，预算会计的一般公共预算收入、政府性基金预算收入、国有资本经营预算收入、财政专户管理资金收入、专用基金收入、补助预算收入。

第一节 收入与预算收入概述

政府会计收入根据其核算目标和核算基础不同分为收入和预算收入。

一、收入

（一）收入的概念和特点

1. 收入的概念。《基本准则》指出：收入是指报告期内导致政府会计主体净资产增加的、含有服务潜力或者经济利益的经济资源的流入。政府财务会计收入包括税收收入、非税收入、投资收益、转移性收入、财政专户管理资金收入、专用基金收入、其他收入。

根据"资产=负债+净资产+（收入-费用）"中五会计要素间的相互关系以及财政运营活动的过程和变化，可知收入会引起资产增加或者负债减少（或者两者兼而有之），并最终导致政府会计主体净资产增加。关于收入的概念进一步解释如下：①收入将引起资产增加或者负债减少（或者两者兼而有之），并最终将导致政府经济利益或服务潜力增加。②收入将导致本期净资产增加。政府确认收入一定会增加本期净资产，但导致本期净资产增加仅指收入本身对净资产的影响，并非收入扣除费用的净额。因为收入扣除相关费用后的净额可能会引起净资产的增加，也可能会引起净资产的减少。③筹资流入的资源，特别是借款并不满足收入的定义，它们仅引起资产和负债相同金额的变化，并没有影响净资产。

2. 收入的特点。根据上述收入的概念，可对收入特点归纳如下：

（1）收入以权责发生制为基础。在权责发生制下，收入的显著特点包括：一是收入引起净资产增加，具体表现为资产的流入（增值）或负债的减少，但不包括与净资产有关的事项；二是业务和事项导致收入确认是以权利或义务发生为基础的，而不考虑现金收到与否。

（2）收入形式多样。在现代社会，政府可以通过征税、收费或发行公债等多种形式获得收入，而税收是政府获得财政收入的最主要形式。政府税收收入无须偿还，政府取得需要偿还的资金，不应确认为收入，应当作为负债处理。

（3）收入的多少与政府的效率和效益无关。在企业中，利润是衡量其效率和效益的重要指标和依据。而政府的主要目标并非收入和收益最大化，取得收入仅是一种手段，收入的数额并不能反映政府的效率和效益，收入的多少与效率和效益的高低不存在因果关系。

（4）收入与费用大多不存在配比关系。在企业中，多数收入与费用之间存在直接匹配关系。例如企业销售收入与销售成本是同步确认的，并且根据销售收入抵减销售成本后差异确认毛利或毛损。但政府多数服务收入与服务成本之间不存在直接配比关系。除向某些使用政府资源者的单位或个人索取服务收费以及收取政府间特定服务的收入外，政府大部分收入源于向纳税人征收的税金，但纳税人不一定获得其缴纳税金的直接相应服务。

（二）收入确认的条件

根据《基本准则》，收入的确认应当同时满足以下条件：

1. 与收入相关的经济资源（含有服务潜力或者经济利益）很可能流入政府会计主体。其中：①"资源"是具有服务潜力或产生经济利益的能力的项目。②"服务潜力"是为实现主体目标而提供服务的能力。服务潜力使主体能够实现其目标，而不必然产生净现金流入。③"经济利益"是现金流入或现金流出的减少。现金流入（或减少的现金流出）可能源于资产用于生产和销售服务或直接交换资产以换取现金或其他资源。④"很可能"意味着可能性要比有可能大。

2. 含有服务潜力或者经济利益的经济资源流入会导致政府会计主体资产增加或者负债减少。因为根据"资产=负债+净资产+（收入−费用）"中五会计要素的相互关系，获得收入的结果必须是资产增加或者负债减少。

3. 流入金额能够可靠地计量。"可计量"意味着可以合理地估计。通常收入要以很高的可靠性来计量。

（三）收入的分类

收入可以按照不同标志进行分类，财政总会计收入按照会计报表列报要求可分为以下类别：税收收入、非税收入、投资收益、补助收入、上解收入、地区间援助收入、其他收入、财政专户管理资金收入、专用基金收入。

二、预算收入

(一) 预算收入的概念和特征

1. 预算收入的概念。《财政总会计制度》指出：预算收入是指政府会计主体在预算年度内依法取得的并纳入预算管理的现金流入。政府财政预算收入包括一般公共预算收入、政府性基金预算收入、国有资本经营预算收入、财政专户管理资金收入、专用基金收入、转移性预算收入、补助预算收入、动用预算稳定调节基金、债务预算收入、债务转贷预算收入、待处理收入等。

2. 预算收入特征。

(1) 预算收入是收付实现制基础下的概念。现金制的基本特征是在收到或支付现金时确认交易和事项，而无论交易和事项在何时发生，它以某一期间的现金收支差额来计量财务结果。

(2) 预算收入是编制预算会计报表的重要内容。根据《财政总会计制度》规定，会计报表由"六表一注"构成，其中四张报表都包括预算收入，且其为每张报表的第一项。

(3) 与预算收入相关会计科目的设置与预算管理要求相吻合。

(二) 预算收入的确认

1. 预算收入确认的条件。由于预算会计采用收付实现制，因此，《基本准则》规定，预算收入一般在实际收到时予以确认，以实际收到的金额计量。

2. 预算收入确认的依据。

(1) 根据预算收入日报表列明的金额确认。政府财政收到一般公共预算收入、政府性基金预算收入和国有资本经营预算收入款项时，根据当日预算收入日报表所列一般公共预算本级收入、政府性基金预算收入和国有资本经营预算收入的金额入账。

(2) 根据转入财政专户的资金确认收入。例如：财政专户管理资金收入应在收到财政专户管理资金时确认收入，在通过预算支出安排取得专用基金收入并将资金转入财政专户时确认收入。

(3) 按照尚未收到的上解款金额确认收入。如年终与下级政府财政结算时，根据预算管理部门提供的有关资料，按照尚未收到的上解款金额确认上解预算收入。

(4) 收到资金时确认收入。例如：地区间援助预算收入，根据收到援助方政府财政转来的资金确认收入；补助预算收入按照收到上级政府财政调拨的资金确认收入；调入预算资金按照调入或实际收到的金额确认收入。

(5) 债务预算收入。政府财政通过发行债券、向外国政府和国际金融组织借款等方式筹集的纳入预算管理的债务收入，根据不同情况确认收入，如表 5-1 所示。

表 5-1 债务预算收入的确认

业务内容	确认收入依据
省级以上（含省级）政府财政发行债券	按照政府债券实际发行额确认收入
中央财政发生国债随卖业务	按照国债随卖面值确认收入
按定向承销方式发行的政府债券	根据债务管理部门转来的债券发行文件等有关资料确认收入
政府财政向外国政府、国际金融组织等机构借款	按照实际提款的外币金额和即期汇率折算的人民币金额确认收入

续表

业务内容		确认收入依据
本级政府财政借入主权外债，且由外方或上级政府财政将贷款资金直接支付给用款单位或供应商	本级政府财政承担还款责任	贷款资金由本级政府财政同级部门使用的，本级政府财政根据贷款资金支付有关资料确认收入
		贷款资金由下级政府财政同级部门使用的，本级政府财政根据贷款资金支付有关资料及预算文件确认收入
	下级政府财政承担还款责任，贷款资金由下级政府财政同级部门使用	本级政府财政根据贷款资金支付有关资料确认收入

（三）预算收入分类

政府收支分类，就是在政府预算管理中，按照特定的标准，对政府预算收入和支出进行类别和层次划分，以全面、准确、清晰地反映政府收支活动，从而有效地为政府预算的编制、执行和决算提供基础性的技术平台[1]。因此，政府收支分类体系是编制政府预决算、组织预算执行以及预算单位进行会计核算的重要依据。

预算收入分类反映政府收入的来源性质，清楚地反映了政府资金的来源渠道。收入分类中，按经济性质将政府收入分为类、款、项、目四级。收入经济分类用于反映政府预算收入的经济性质和具体来源，说明预算资金"怎样获取"。采用收入经济分类对政府预算收入进行划分，能够直观反映预算收入中利、税、债、费的占比，有助于优化政府的收入结构。

预算收入通过对一部分国内生产总值（GDP）的占有，以货币形式表现一定量的资金，它是政府各项职能得以实现的物质保证。

1. 按照预算收入口径大小分类。按照预算收入口径大小分类，预算收入有广义和狭义之分。广义的预算收入是指《中华人民共和国预算法》（以下简称《预算法》）四本预算对应的预算收入；而狭义的预算收入仅指一般公共预算收入，又称为小口径财政收入，它是我国预算收入体系的主体部分。

2. 按预算收入的管理方式分类。按预算收入的管理方式分类，预算收入可分为以下四类：

（1）一般公共预算收入。一般公共预算将以税收为主体的财政预算收入，安排用于保障和改善民生、推动经济社会发展、维护国家安全、维持国家机构正常运转等。一般公共预算收入包括税收收入、非税收入、债务收入、转移性收入。其中：①税收收入。财政收入主要由两部分组成，一是税收收入，二是非税收入。税收收入主要包括经人大立法和国务院发布条例而征收的以税名称（我国现行17个税种）征收的财政收入，具体包括增值税、消费税、企业所得税、个人所得税、资源税、城市维护建设税、房产税、印花税、城镇土地使用税、土地增值税、车船税、船舶吨税、关税、车辆购置税、耕地占用税、契税、烟叶税等，其收入在财政收入中占有最大比重。②非税收入，指除税收以外，由各级政府、国家机关、事业单位、代行政府职能的社会团体及其他组织依法利用政府权力、政府信誉、国家资源、国有资产或提供特定公共服务、准公共服务取得用于满足社会公共需要或准公共需要的财政性资金。③债务收入，指政府及政府所属机构以债务人的身份，按照有借有还并偿付利息的信用经济原则，向国内外企业、组织和个人举借的债务。④转移收入，指

---

[1] 马蔡琛. 政府预算 [M]. 2版. 大连：东北财经大学出版社，2018.

财政资金在各级政府财政之间无偿流动所形成的收入，包括上级税收返还和转移支付、下级上解收入、调入资金以及按照财政部规定列入转移性收入的无隶属关系政府的无偿援助。

（2）政府性基金预算收入，指国家通过向社会征收以及出让土地、发行彩票等方式取得的收入，其列举的类级科目包括非税收入、转移性收入。

（3）国有资本经营预算收入，指国家以所得者身份依法取得的国有资本收益，主要包括国有独资企业按规定上缴国家的利润，国有控股、参股企业国有股权（股份）获得的股利、股息，企业国有产权（含国有股份）转让收入，国有独资企业清算收入（扣除清算费用）和国有控股、参股企业国有股权（股份）分享的公司清算收入（扣除清算费用），其他收入，等等。其列举的类级科目包括非税收入。

（4）社会保险基金预算收入，指根据国家社会保险和预算管理法律法规取得的社会保险缴款和其他方式筹集的资金，其列举的类级科目包括社会保险基金收入、转移性收入。

3. 按照会计报表列报要求分类。按照"预算收入支出表"列报要求分类，政府预算收入分为一般公共预算收入、政府性基金预算收入、国有资本经营预算收入、财政专户管理资金收入、专用基金收入、转移性预算收入、补助预算收入、动用预算稳定调节基金、债务预算收入、债务转贷预算收入、待处理收入等。

三、收入与预算收入关系

收入与预算收入分别属于财政总会计的财务会计要素和预算会计要素。两者之间存在一定的关系，表现为不论是政府确认收入还是取得预算收入，都引起政府财政资源总额的增加或内部结构的变化。但虽然两者同属一个会计系统内部经济资源的流入，由于彼此采用的会计基础不同，因此收入与预算收入的范围、确认的时点不一定相同，两者之间存在差异，具体可表现为以下两种情况。

（1）当期确认为收入但没有确认为预算收入。例如：当期应收未缴库非税收入；当期已确认的投资收益但未收到现金；当期无偿划入股权投资。

（2）当期确认为预算收入但没有确认为收入。例如：当期收到上期应收未缴库非税收入；当期收到利润收入和股利股息收入但以前期间已确认收入；当期债务收入但不确认为收入；当期转贷款收入但不确认为收入；当期收到清算、处置股权投资的收入但不确认为收入。

第二节　税收收入与一般公共预算收入

一、税收收入概述

众所周知，国家要行使职能必须有一定的财政收入作为提供公共产品、进行公共管理活动的财力保障。财政收入有广义和狭义之分。广义的财政收入是指《预算法》中的一般公共预算、政府性基金预算、国有资本经营预算、社会保险基金预算四本预算对应的财政收入之和；狭义的财政收入仅指一般公共预算收入，根据政府收支分类科目，一般公共预算收入包括税收收入、非税收入、债务收入和转移性收入。官方所称的财政收入仅指一般公共预算收入。

在现代市场经济条件下，政府取得财政收入的手段多种多样，如征税、发行货币、发行国债、收费、罚没等。税收是财政收入的主要来源，我国税收收入占一般公共预算收入的80%以上①。我国税收按征税对象分类，可划分为流转税类、所得税类、财产税类、资源税类和行为税类五类。具体种类包括增值税、消费税、关税、企业所得税和个人所得税、房产税、车船税、车辆税、契税、耕地占用税、城市维护建设税、印花税、资源税、城镇土地使用税、土地增值税。税收具有强制性、无偿性、固定性的特点，筹集财政收入稳定可靠，是世界各国政府组织财政收入的主要形式。

在财政总会计中，"税收收入"是政府依法向纳税人征收的各种税金收入。根据政府收支分类科目②，从分类结构上看，税收收入分为类、款、项、目四级，以满足不同层次的管理需求，这为进一步加强收入管理和数据统计分析创造了有利条件，如表5-2所示。

表5-2 收入分类科目表（税收收入部分）

类	款	项	目
税收收入	增值税	国内增值税	国有企业增值税
			集体企业增值税
			股份制企业增值税
			……
		进口货物增值税	进口货物增值税
			……
		出口货物退增值税	出口货物退增值税
			免抵调减增值税
	消费税	……	……
	企业所得税	国有冶金工业所得税	……
		国有有色金属工业所得税	……
		国有煤炭工业所得税	……
		国有电力工业所得税	……
		……	……
	个人所得税	……	……
	资源税	……	……
	城市维护建设税	……	……
	房产税	……	……
	印花税	……	……
	城镇土地使用税	……	……
	土地增值税	……	……
	车船税	……	……
	船舶吨税	……	……
	关税	……	……
	耕地占用税	……	……
	契税	……	……
	烟叶税	……	……
	环境保护税		
	其他税收收入		

---

① 邹加怡，许宏才. 财政工作基本业务［M］. 北京：中国财政经济出版社，2019.
② 政府收支分类科目反映了政府各项收支活动的具体细节，是编制政府预决算、组织预算执行以及预算单位进行会计明细核算的重要依据，也是社会各界了解政府活动、进行预算民主监督的重要依据。

二、会计科目的设置

为了反映和监督政府财政筹集的纳入本级财政管理的税收收入，财务会计应设置"税收收入"科目。该科目贷方登记税收收入的增加；借方登记期末税收收入的结转数额；期末结转后，本科目应无余额。其明细账应根据政府收支分类科目中"税收收入"科目的款、项、目等设置并进行明细核算。

对于政府财政取得的税收预算收入，预算会计通过设置"一般公共预算收入"科目进行核算。该科目用于反映和监督政府财政筹集的纳入本级一般公共预算管理的税收收入和非税收入。该科目贷方登记收到的一般公共预算本级收入数，平时贷方余额反映本级政府财政税收收入的累计数。年终转账时，"一般公共预算收入"科目贷方余额转入一般公共预算结转结余，期末结转后，"一般公共预算收入"科目应无余额。其明细账应根据政府收支分类科目中"一般公共预算收入"科目的款、项、目等设置并进行明细核算。

三、税收收入的缴库

（一）税收收入征缴的职责分工

我国负责预算收入征收工作的有财政、税务、海关等部门和单位。

1. 税务、海关等征收机关负责按照税收政策和税务征管制度规定组织税款征收，并开具法定税收票证，将税款及时足额缴入国库。

2. 财政部门负责按日接收同级人民银行国库电子《国家金库收入日报表》，按照收入分类科目，将税收收入记入财政总预算会计账。

3. 人民银行国库负责按规定按日及时将电子缴库信息、入库流水、收入日报表等信息通过系统发送至财政部门。

（二）税收收入征缴的方式

目前，税款缴纳基本使用电子缴库形式，只在特殊情况下使用传统缴税方式，例如集贸市场及偏远地区可能使用现金转账缴税。税款缴库包括划缴入库和自缴入库两种方式。

1. 划缴入库。划缴入库模式是纳税人与税务机关、开户银行事前签订授权划缴税款协议，税务机关发起联机扣税缴库，包括实时扣税和批量扣税两种方式。实时扣税是指纳税人在税务大厅或网上直接申报缴税，税务机关审核后实时发起逐笔扣税指令，纳税人开户银行收到指令后自动从纳税人银行账户扣缴入库，并将回执实时返回税务机关。批量扣税主要适用于个体工商户等定期定额缴税的情况，事先约定纳税时间与金额，税务机关定时发起批量扣税指令，纳税人开户银行收到指令后自动从纳税人银行账户扣缴入库，并将扣款结果返回税务机关。

2. 自缴入库。自缴入库模式是纳税人向税务机关申报纳税后，持税务机关开具的《银行端查询缴税凭证》，通过商业银行柜台、网上银行、手机银行、POS机等银行提供的查询缴税渠道，查询并确认应缴税款信息后，将税款通过银行直接划缴入库。

四、税收收入的账务处理

政府财政收到税收收入款项时，财务会计应根据当日收入日报表所列本级税收收入数，借记"国库存款"科目，贷记"税收收入"科目；同期，预算会计收到款项时，根据当日预算收入日报表所列一般公共预算本级收入数,借记"资金结存——库款资金结存"科目,贷记"一般公共预算收入"科目。

年终转账时,财务会计应将"税收收入"科目贷方余额转入本期盈余,借记"税收收入"科目,贷记"本期盈余——预算管理资金本期盈余"科目;预算会计应将"一般公共预算收入"科目贷方余额转入一般公共预算结转结余,借记"一般公共预算收入"科目,贷记"一般公共预算结转结余"科目。

【例 5-1】 某省财政部门会计收到人民银行国库报来的公共财政预算收入日报表,如表 5-3 所示,当日共收到公共财政预算收入 62 880 万元。

表 5-3 预算收入日报表

级次:省　　　　　　　　　　　　　　　　　　　　　　　　　　　　单位:元

预算科目				本日收入
类	款	项	目	
税收收入	增值税	国内增值税	国有企业增值税	165 000 000
			集体企业增值税	40 000 000
	消费税	国内消费税	国有企业消费税	23 000 000
	企业所得税	国有铁道企业所得税	铁道运输企业所得税	280 000 000
	个人所得税	个人所得税	储蓄存款利息所得税	20 000 000
	城市维护建设税	国有企业城市维护建设税		13 000 000
		集体企业城市维护建设税		2 800 000
	房产税	国有企业房产税		82 000 000
	印花税	证券交易印花税	证券交易印花税	3 000 000
合计	—	—	—	628 800 000

根据表 5-3 编制财务会计分录:
借:国库存款　　　　　　　　　　　　　　　　　　　　628 800 000
　　贷:税收收入①　　　　　　　　　　　　　　　　　　628 800 000
同期,编制该业务的预算会计分录:
借:资金结存——库款资金结存　　　　　　　　　　　　628 800 000
　　贷:一般公共预算收入——税收收入(增值税)　　　　205 000 000
　　　　　　　　　　——税收收入(消费税)　　　　　　23 000 000
　　　　　　　　　　——税收收入(企业所得税)　　　　280 000 000
　　　　　　　　　　——税收收入(个人所得税)　　　　20 000 000
　　　　　　　　　　——税收收入(城市维护建设税)　　15 800 000
　　　　　　　　　　——税收收入(房产税)　　　　　　82 000 000
　　　　　　　　　　——税收收入(印花税)　　　　　　3 000 000

【例 5-2】 承例 5-1,该省全年税收收入 25 063 000 万元。年终,结转税收收入科目

---

① 明细科目设置参照政府收支分类科目中的"一般公共预算收入"科目。

全年发生额。
  借：税收收入（明细科目略）   250 630 000 000
    贷：本期盈余——预算管理资金本期盈余   250 630 000 000
  同期，编制该业务的预算会计分录：
  借：一般公共预算收入（明细科目略）   250 630 000 000
    贷：一般公共预算结转结余   250 630 000 000

第三节 非税收入与一般公共预算收入、政府性基金预算收入、国有资本经营预算收入

一、非税收入概述

（一）非税收入的概念

非税收入是指除税收以外，由各级政府、国家机关、事业单位、代行政府职能的社会团体及其他组织依法利用政府权力、政府信誉、国家资源、国有资产或提供特定公共服务、准公共服务取得并用于满足社会公共需要或准公共需要的财政资金，是政府财政收入的重要组成部分，是政府参与国民收入分配和再分配的一种形式[①]。例如，政府财政取得的专项收入、行政事业性收费收入、罚没收入、国有资本经营收入、国有资源（资产）有偿使用收入、捐赠收入、政府住房基金收入等属于非税收入范畴。非税收入是政府财政收入的重要组成部分，是政府参与国民收入分配的重要形式。

（二）非税收入的特点

相对于税收的强制性、无偿性和固定性而言，非税收入具有以下特点：

1. 强制性与自愿性并存。在非税收入中，有些收入是国家强制收取的，如部分行政性收费、罚没收入以及政府性基金等，具有典型的强制性特点。而有些收入则体现了一定的自愿性，如事业性单位在提供服务和劳务时所收取的补偿性费用等，如果公民不愿享受某项服务，就不用缴费。

2. 非固定性。非税收入的征收时间和征收数额具有非固定性。有些非税收入项目是政府为了某一特定时期的特定需要而在特定条件下设立的，一旦完成了既定目标或任务，通常会取消；部分非税收入项目的征收数额与其所对应的特定的征收对象及其行为有密切关系，一旦该对象或行为消失或剧减，相关征收数额也会随之消失或减少，如罚没收入等。

3. 有偿性。与税收无偿性不同，非税收入的征收对象在缴纳各类非税款项后，往往会获得直接对等的服务或收益，也就是征收机关在征收非税收入后，有义务为征收对象提供相应的服务或利益。

4. 资金专用性。非税收入的使用一般与其来源相关联，意味着多数非税收入具有专款专用的特点。例如，行政事业性收费基本用于补偿政府提供公共服务的成本。

[①]《财政部关于加强政府非税收入管理的通知》（财综〔2004〕53号）。

(三) 非税收入的内容

1. 行政事业性收费。行政事业性收费是指国家机关、事业单位、代行政府职能的社会团体及其组织根据法律法规等有关规定，依照国务院规定程序批准，在实施社会公共管理，以及在向公民、法人和其他组织提供特定公共服务过程中，向特定对象收取的费用[①]。

2. 政府性基金。政府性基金[②]是指各级人民政府及其所属部门根据法律、行政法规和中共中央、国务院文件规定，为支持特定公共基础设施建设和公共事业发展，向公民、法人和其他组织无偿征收的具有专项用途的财政资金。政府性基金具备以下特点：①政府性基金是各级政府及其所属部门对公民、法人和其他组织的无偿征收，它不是从公共预算直接拨款设立的基金；②政府性基金具有特定或专项用途，只能用于其指向的实现特定政策目的的领域，而不能用于一般财政性支出；③政府性基金的缴费人具有特定性，其与基金目的有特殊关联。

需要说明的是，虽然政府性基金和行政事业性收费都属于非税收入，都有特定的征收对象，但两者之间的区别非常明显。行政事业性收费的前提是收费机构为特定对象提供了具体的公共服务，收取费用是为了合理补偿管理或服务成本，缴费人与收费机构之间公共服务的提供、受益关系非常明显，其征收以自愿为前提。而政府性基金的征收具有强制性，其缴费人虽然也和基金项目之间存在利益关系，但只是一种潜在的受益关系。

3. 国有资源或国有资产有偿使用收入。国有资源（资产）有偿使用收入，是指矿藏、水流、海域、无居民海岛以及法律规定属于国家所有的森林、草原等国有资源有偿使用收入，按照规定纳入一般公共预算管理的国有资产收入等。

4. 国有资本经营收入。国有资本经营收入主要包括：国有独资企业（公司）按规定上交国家的利润，国有控股、参股企业（公司）国有股权获得的股利、股息，企业国有产权转让收入，从国家出资企业取得的清算收入，等等。

5. 其他非税收入。其他非税收入包括彩票公益金、罚没收入、以政府名义接受的捐赠收入、主管部门集中收入以及政府财政资金产生的利息收入等。但不包括社会保障基金、住房公积金。

(四) 非税收入的类别

非税收入按其经济性质的不同大致划分为五大类：限制性收费，如排污费、对某些高能耗和可能引发公共风险行业（或行为）的限制性收费；成本补偿性收费，如使用费和某些规费、证照性收费；资产资源性收费，如国有资本经营收益、特许权收入、国有土地有偿使用收入（土地出让金）、水资源费；行政司法管理（管辖权）性收费，如罚款、罚没收入、工商、司法收费、某些政府性基金（资金、附加）；其他非税收入，如彩票发行公益金、赠予收入、主管部门集中收入、无主财物变现收入等。

二、会计科目的设置

为了反映和监督政府财政筹集的纳入本级财政管理的非税收入，政府财政应设置财务会计"非税收入"科目。该科目贷方登记政府财政确认非税收入，借方登记期末已列应收

---

① 国家发展改革委、财政部《关于印发〈行政事业性收费标准管理办法〉的通知》（发改价格规〔2018〕988号）。
② 《政府性基金管理暂行办法》（财综〔2010〕80号）。

非税收入中不能缴库的金额、年终转账将"非税收入"科目贷方余额转入本期盈余的金额。期末结转后，"非税收入"科目应无余额。"非税收入"科目应参照政府收支分类科目中"非税收入"科目进行明细核算。

预算会计设置"一般公共预算收入""政府性基金预算收入""国有资本经营预算收入"科目核算非税收入。其中：

（1）"一般公共预算收入"科目反映和监督政府财政筹集的纳入本级一般公共预算管理的税收收入和非税收入，其结构已介绍，不再赘述。

（2）"政府性基金预算收入"科目反映和监督政府财政筹集的纳入本级政府性基金预算管理的非税收入。该科目贷方登记实际收到政府性基金预算本级收入数；借方登记年终转账将本科目贷方余额转入政府性基金预算结转结余数；"政府性基金预算收入"科目平时贷方余额反映本级政府性基金预算收入的累计数，期末结转后，"政府性基金预算收入"科目应无余额。"政府性基金预算收入"科目应根据政府收支分类科目中"政府性基金预算收入"科目进行明细核算。

（3）"国有资本经营预算收入"科目反映和监督政府财政筹集的纳入本级国有资本经营预算管理的非税收入。该科目贷方登记实际收到国有资本经营预算本级收入数；借方登记年终转账将"国有资本经营预算收入"科目贷方余额转入国有资本经营预算结转余数；"国有资本经营预算收入"科目平时贷方余额反映本级政府性基金预算收入的累计数，期末结转后，"国有资本经营预算"科目应无余额。"国有资本经营预算收入"科目应根据政府收支分类科目中"国有资本经营预算收入"科目进行明细核算。

三、非税收入收缴流程

非税收入应全部纳入预算管理，并按资金性质分别纳入一般公共预算、政府性基金预算和国有资本经营预算管理。

财政部门根据各执收单位实际收缴管理工作需要确定其收缴方式，缴款人或执收单位按照规定的收缴方式及时足额缴纳非税收入。执收单位按照财政部门在一体化系统中设置的非税收入项目信息，开具电子《非税收入一般缴款书》；缴款人持执收单位开出的《非税收入一般缴款书》缴款，资金通过代理银行直接上缴财政。

在集中汇缴方式下，执收单位按照财政部门规定的时限要求，在一体化系统中汇总填制电子《非税收入一般缴款书》，将应缴款项及时足额上缴财政。对于缴入财政专户的非税收入，代理银行按日向财政部门提供其代收非税收入资金的财政专户库存表等原始凭证。同时，由代理银行在规定时限内根据财政部门指令或财政部门委托，分科目将非税收入资金及时足额准确地缴入国库，并将缴库凭证回单反馈给财政部门。财政部门对代理银行原始凭证进行审核，经审核无误后，分资金性质、收入分类科目、非税收入项目和单位将非税收入记入财政专户会计账。

财政部门按日接收同级人民银行电子《国家金库收入日报表》后，分资金性质和收入分类科目，将非税收入记入财政总会计账。

四、非税收入的账务处理

目前，政府非税收入实行严格的"收支两条线"管理制度，收取的款项直接存入各级财政部门在指定的代理银行开设的"非税收入汇缴结算户"，非税收入按规定的预算级次缴入国库或财政专户，由各级政府纳入同级财政统筹安排，调剂使用，有法定专门用途的非税收入实行专款专用。各地收取非税收入一般统一使用《非税收入一般缴款书》和《非税收入专用票据》。

(一) 定期确认非税收入

政府财政定期按照非税收入管理部门提供的已开具缴款票据、尚未缴入本级国库的非税收入金额，确认应收非税收入，借记"应收非税收入"科目，贷记"非税收入"科目；政府财政实际收到非税收入时，对于能够确认其中已确认的应收非税收入部分，财务会计应借记"国库存款"科目，贷记"应收非税收入"科目。同期，预算会计应借记"资金结存——库款资金结存"科目，贷记"一般公共预算收入""政府性基金预算收入""国有资本经营预算收入"科目。

【例5-3】某市财政全部实行非税收入电子化管理。某日，财政总会计收到非税收入管理部门报来的相关资料表明，当日已开具缴款票据但尚未缴入本级国库的非税收入（一般公共预算收入）500万元，其中：专项收入180万元，行政事业性收费收入320万元。
编制财务会计分录：

借：应收非税收入　　　　　　　　　　　　　　　5 000 000
　　贷：非税收入——专项收入　　　　　　　　　　1 800 000
　　　　　　　　——行政事业性收费收入　　　　　3 200 000

同期，编制该业务的预算会计分录：
借：资金结存——库款资金结存　　　　　　　　　5 000 000
　　贷：一般公共预算收入——专项收入　　　　　　1 800 000
　　　　　　　　　　　　——行政事业的性收费收入 3 200 000

(二) 不定期确认非税收入

政府财政不定期确认非税收入，按照实际收到的非税收入金额，借记"国库存款"科目，贷记"非税收入"科目，期末，非税收入管理部门应提供已列应收非税收入中确认不能缴库的金额，借记"非税收入"科目，贷记"应收非税收入"科目。

财务会计确认非税收入的同期，预算会计应借记"资金结存——库款资金结存"科目，贷记"一般公共预算收入""政府性基金预算收入""国有资本经营预算收入"科目。

【例5-4】某市财政收到国库报来的收入日报表，当日共收到非税收入3 500万元，如表5-4所示。

表5-4　预算收入日报表

级次：市　　　　　　　　　　　　　　　　　　　　　　　　　　　　单位：元

预算科目				本日收入
类	款	项	目	
税收收入	增值税	国内增值税	国有企业增值税	165 000 000
	消费税	国内消费税	国有企业消费税	23 000 000
	……			
小计	—	—	—	628 800 000

续表

预算科目				本日收入
类	款	项	目	
非税收入	一般公共预算	专项收入	文化事业建设费收入		16 500 000
		行政事业费收费收入	财政行政事业费收费收入	考试考务费	1 800 000
		罚没收入	一般罚没收入	交通罚没收入	3 500 000
		捐赠收入	国内捐赠收入		8 600 000
	政府性基金预算	政府性基金预算收入	彩票公益金收入	体育彩票公益金收入	22 000 000
	国有资本预算	国有资产经营收入	股利、股息收入	其他股利、股息收入	32 000 000
小计	—	—	—		84 400 000
合计	—	—	—		713 200 000

根据表 5-4 编制财务会计分录①：

借：国库存款　　　　　　　　　　　　　　　　　　　　84 400 000
　　贷：非税收入——一般公共预算收入　　　　　　　　30 400 000
　　　　　　　　——政府性基金预算收入　　　　　　　22 000 000
　　　　　　　　——国有资产经营收入　　　　　　　　32 000 000

同期，编制该业务的预算会计分录：

借：资金结存——库款资金结存　　　　　　　　　　　　84 400 000
　　贷：一般公共预算收入　　　　　　　　　　　　　　30 400 000
　　　　政府性基金预算收入　　　　　　　　　　　　　22 000 000
　　　　国有资产经营预算收入　　　　　　　　　　　　32 000 000

（三）年终转账

年终转账时，财务会计将"非税收入"科目贷方余额转入本期盈余，借记"非税收入"科目，贷记"本期盈余——预算管理资金本期盈余"科目；同期，预算会计应借记"一般公共预算收入"科目，贷记"一般公共预算结转结余"科目。

【例 5-5】某市财政进行年终结算，财务会计将"非税收入"科目贷方余额为 45 000 万元转入本期盈余；预算会计将"一般公共预算收入"科目贷方余额 50 000 万元、"政府性基金预算收入"科目贷方余额 15 000 万元、"国有资本经营预算收入"科目贷方余额 5 000 万元转入各自预算结转结余科目。

（1）将"非税收入"科目余额转入"本期盈余"科目。编制年终转账的会计分录：

借：非税收入　　　　　　　　　　　　　　　　　　　450 000 000
　　贷：本期盈余——预算管理资金本级盈余　　　　　450 000 000

（2）将不同预算收入科目期末余额转入其相应的预算结转结余科目。编制年终转账的会计分录：

借：一般公共预算收入　　　　　　　　　　　　　　　500 000 000
　　贷：一般公共预算结转结余　　　　　　　　　　　500 000 000

---

① 财务会计和预算会计科目明细科目参见表 5-4。

借：政府性基金预算收入　　　　　　　　　　　　　　　150 000 000
　　　　贷：政府性基金预算结转结余　　　　　　　　　　　　　150 000 000
　　借：国有资本经营预算收入　　　　　　　　　　　　　　 50 000 000
　　　　贷：国有资本经营预算结转结余　　　　　　　　　　　　 50 000 000

第四节　投资收益与一般公共预算收入、国有资本经营预算收入

一、投资收益内容

政府总会计投资收益是指政府股权投资所实现的收益或发生的损失。

（一）股权投资持有期间确认的投资收益

股权投资持有期间，根据股权管理部门提供的资料，按照应享有或应分担的被投资主体实现净损益的份额，确认投资收益。

（二）处置股权投资确认的投资收益

政府财政处置股权投资时，按照收回的金额抵减，已宣告尚未领取的现金股利或利润、股权投资账面余额后的差额，即处置股权投资确认的投资收益。

（三）产权转让股权投资确认的投资收益

产权转让是指政府授权的部门或投资机构通过产权交易机关实现其出资人所有权及相关财产权利转移的行为。

二、会计科目的设置

为了反映和监督政府财政投资收益情况，财务会计应设置"投资收益"科目。该科目贷方登记政府股权投资收益的增加；借方登记政府股权投资收益的减少；平时贷方余额反映政府股权投资收益的累计数。年终转账后，"投资收益"科目无余额。"投资收益"明细科目可根据管理需要，按照被投资主体进行明细核算。

三、投资收益的账务处理

财政总会计投资收益主要来源于两方面：一是政府财政进行有价证券投资确认的投资收益；二是政府财政进行股权投资确认的投资收益。

第五节　补助收入与补助预算收入、上解收入与上解预算收入

一、补助收入

补助收入是指上级财政按财政管理体制规定或因专项需求等原因对本级财政进行补助而形成的收入，包括税收返还、一般性转移支付和专项转移支付等。补助收入会增加本级

财政的收入，相应减少上级财政的财力，但它属于不同级次政府间的财力转移，对上级和本级财政的财力总量不会产生影响。

为了反映和监督上级政府财政按照财政体制规定或专项需要补助给本级政府财政的款项，财务会计应设置"补助收入"科目、预算会计应设置"补助预算收入"科目。

"补助收入"科目贷方登记年终与上级政府财政结算确认的应当由上级政府补助的收入数；借方登记退还或核减的补助收入，年终转账将本科目贷方余额转入本期盈余数；"补助收入"科目平时贷方余额反映本级政府财政取得补助收入的累计数，期末结转后，"补助收入"科目应无余额。

"补助预算收入"科目贷方登记年度预算执行中收到上级政府财政调拨的资金、专项转移支付资金实行特设专户管理收到的资金、贷款最终由上级政府财政承担的本级政府财政部门贷款，借方登记本级政府财政向上级政府财政归还资金、年终两级财政办理结算确认上级补助预算收入，期末将"补助收入"科目下各明细科目余额分别结转至相应的预算结余类科目。"补助收入"科目平时贷方余额反映本级政府财政收到上级政府财政调拨资金的累计数。期末结转后"补助收入"科目应无余额。

补助收入及其预算收入的账务处理内容如下：

（一）补助收入增加

政府财政在年度预算执行中，收到上级政府财政调拨的资金时，财务会计应借记"国库存款"科目，贷记"与上级往来"科目；同期，预算会计应借记"资金结存——库款资金结存"科目，贷记"补助预算收入——上级调拨"科目。

专项转移支付资金实行特设专户管理的政府财政部门，收到资金时按照实际收到的金额，财务会计应借记"其他财政存款"科目，贷记"与上级往来"科目；同期，预算会计应借记"资金结存——专户资金结存"科目，贷记"补助预算收入——上级调拨"科目。

有主权外债业务的财政部门，贷款资金由本级政府财政同级部门（单位）使用，且贷款的最终还款责任由上级政府财政承担的，其账务处理如表5-5所示。

表5-5 补助收入及其预算收入确认的账务处理

	财务会计	预算会计
本级政府财政部门收到贷款资金并存入国库	借：国库存款 贷：与上级往来	借：资金结存——专户资金结存 贷：补助预算收入——上级调拨
外方将贷款资金直接支付给供应商或用款单位	借：有关费用科目 贷：与上级往来	借：一般公共预算支出 贷：补助预算收入——上级调拨
年终与上级政府财政结算，确认应当由上级政府补助的收入数	借：与上级往来 贷：补助收入	借：补助预算收入——上级调拨 贷：补助预算收入——一般公共预算补助收入/政府性基金预算补助收入/国有资本经营预算补助收入

补助收入及其预算收入增加举例参见第四章财政总会计负债。

（二）补助收入减少

政府财政退还或核减补助收入，财务会计应借记"补助收入"科目，贷记"与上级往来"科目；同期，预算会计应借记"补助预算收入———一般公共预算补助收入/政府性基金预算补助收入/国有资本经营预算补助收入"科目，贷记"补助预算收入———上级调拨"科目。

上级政府财政豁免本级政府财政主权外债，根据管理部门提供的有关资料和有关预算文件，按照外债本金，财务会计借记"应付主权外债转贷款———应付本金"科目，贷记"与上级往来/补助收入"科目；按照应付外债利息，借记"应付主权外债转贷款———应付利息"科目，贷记"与上级往来/补助收入"科目。预算会计应借记"资金结存———上下级调拨结存"科目，贷记"补助预算收入———上级调拨"科目。

(三) 补助收入期末结转

补助收入期末结转时，财务会计应借记"补助收入"科目，贷记"本期盈余———预算管理资金本期盈余"科目；同期，预算会计应借记"补助预算收入———一般公共预算补助收入/政府性基金预算补助收入/国有资本经营预算补助收入"科目，贷记"资金结存———上下级调拨结存""一般公共预算结转结余""政府性基金预算结转结余""国有资本经营预算结转结余"科目。

二、上解收入

(一) 上解收入的概念

上解收入是指按照体制规定由下级政府财政上交给本级政府财政的款项，包括：按财政管理体制规定由国库在下级预算收入中直接划解给本级财政的一般性转移支付上解收入、政府性基金转移上解收入，按财政管理体制结算后由下级财政补缴给本级财政的收入和各种专项转移支付上解收入，等等。上解收入会增加本级财政的收入，相应减少下级财政的财力，但它属于不同级次政府间的财力转移，对下级和本级财政的财力总量不产生影响。

(二) 会计科目的设置

为了反映和监督政府财政按照体制规定由下级政府财政上交给本级政府财政的款项，财务会计应设置"上解收入"科目，预算会计应设置"上解预算收入"科目。

"上解收入"科目贷方登记年终与下级政府财政结算时，按照结算确认的应上解金额；借方登记退还或核减上解收入、年终转账将本科目贷方余额转入本期盈余数；"上解收入"科目平时贷方余额反映上解收入的累计数，年终将上解收入转入相关结余账户后，"上解收入"账户无余额。"上解收入"科目可根据管理需要，按照上解地区设置明细核算账户。

"上解预算收入"科目贷方登记年终与下级政府财政结算时，根据预算管理部门提供的有关资料，确认尚未收到的上解款项；借方登记年终转账时将"上解预算收入"科目贷方余额转入结转结余科目的金额；"上解预算收入"科目平时贷方余额反映上解收入的累计数，期末结转后，"上解预算收入"科目应无余额。

(三) 上解收入的账务处理

年终，政府财政与下级政府财政结算时，按照结算确认的应当上解款金额，财务会计应借记"与下级往来"科目，贷记"上解收入"科目；同期，预算会计应借记"补助预算支出——调拨下级"科目，贷记"上解预算收入——一般公共预算补助收入/政府性基金预算补助收入/国有资本经营预算补助收入"科目。

政府财政退还或核减上解收入时，编制与上述会计分录相反的分录。

期末结转上解收入时，借记"上解收入"科目，贷记"本期盈余——预算管理资金本期盈余"科目；同期，预算会计应借记"上解预算收入"科目，贷记"一般公共预算结转结余""政府性基金预算结转结余""国有资本经营预算结转结余"科目。

【例5-6】某省财政收到下级财政上解给本级财政的款项1 200万元，其中：一般预算体制上解850万元，政府性基金收入上解350万元。编制财务会计分录：

借：国库存款　　　　　　　　　　　　　　　　　　　　　　12 000 000
　　贷：上解收入——一般预算上解　　　　　　　　　　　　　8 500 000
　　　　　　　　——基金预算上解　　　　　　　　　　　　　3 500 000

年终，"上解收入"科目贷方余额为7 000万元。"上解预算收入"科目贷方余额为6 500万元，其中属于一般公共预算的资金4 500万元，属于政府性基金预算的资金2 000万元。

（1）将"上解收入"科目本期发生额合计转入"本期盈余"科目。编制财务会计分录：

借：上解收入　　　　　　　　　　　　　　　　　　　　　　70 000 000
　　贷：本期盈余　　　　　　　　　　　　　　　　　　　　70 000 000

（2）将"上解预算收入"科目本期发生额合计转入"一般公共预算结转结余"科目。编制该业务的预算会计分录：

借：上解预算收入　　　　　　　　　　　　　　　　　　　　65 000 000
　　贷：一般公共预算结转结余　　　　　　　　　　　　　　45 000 000
　　　　政府性基金预算结转结余　　　　　　　　　　　　　20 000 000

第六节　地区间援助收入与地区间援助预算收入

一、地区间援助收入的概念

在政府领域，援助是政府运作的最基本的再分配或转移支付制度。它分为中央政府对地方政府的援助和地方政府之间的援助两种形式。地区间援助是地方政府间援助的一种形式。地方政府间援助具有以下特点：①援助内容的多样性，包括财政援助、教育援助、干部交流、紧急事件救援等。②援助性质以官方援助为主，主要是以政府的名义进行的官方援助。③援助的无偿性、主动性。地方政府间的援助是无条件的，是建立在双方自愿互利的基础上的主动性援助。

地区间援助不仅是地方政府间横向合作的重要组成部分，而且是缩小地区差异、实现共同发展、摆脱危机困境的可行选择，在一定程度上还能够分担中央政府的责任，减轻中央政府的财政负担。

地区间援助收入是指受援方政府财政收到援助方政府财政转来的可统筹使用的各类援助、捐赠等资金收入。这些资金可以是可统筹使用的，也可以是特定用途的。这种收入属于非固定收入项。

二、会计科目的设置

为了反映和监督受援方政府财政收到援助方政府财政转来的可统筹使用的各类援助、捐赠等资金收入，财务会计应设置"地区间援助收入"科目，预算会计应设置"地区间援助预算收入"科目。

"地区间援助收入"科目贷方登记收到援助方政府财政转来的款项；借方登记年终转账将"地区间援助收入"科目贷方余额转入本期盈余数；"地区间援助收入"科目平时贷方余额反映地区间援助收入的累计数，期末结转后，"地区间援助收入"科目应无余额。

"地区间援助预算收入"科目贷方登记收到援助方政府财政转来的资金；借方登记年终转账将"地区间援助预算收入"科目贷方余额转入一般公共预算结转结余；"地区间援助预算收入"科目平时贷方余额反映地区间援助收入的累计数，期末结转后，"地区间援助预算收入"科目应无余额。

三、地区间援助预算收入的账务处理

政府财政收到援助方政府财政转来的资金时，财务会计应借记"国库存款"科目，贷记"地区间援助收入"科目；同期，预算会计应借记"资金结存——库款资金结存"科目，贷记"地区间援助预算收入"科目。

年终转账时，财务会计应将"地区间援助收入"科目贷方余额转入本期盈余，借记"地区间援助收入"科目，贷记"本期盈余——预算管理资金本期盈余"科目；同期，预算会计应借记"地区间援助预算收入"科目，贷记"一般公共预算结转结余"科目。

【例5-7】M省财政厅收到N省财政厅转来的援助资金3 000万元，存入国库。编制财务会计分录：

借：国库存款	30 000 000
贷：地区间援助收入	30 000 000

同期，编制该业务的预算会计分录：

借：资金结存——库款资金结存	30 000 000
贷：地区间援助预算收入	30 000 000

第七节 财政专户管理资金收入与专用基金收入

一、财政专户管理资金收入

（一）财政专户管理资金概述

财政专户管理资金包括财政专户和纳入该账户管理的资金两方面内容。财政专户是指县级（含市辖区和县级开发区）以上财政部门为履行财政管理职能，在银行业金融机构开设用于管理核算特定资金的银行结算账户。该专户资金实行集中管理、分账核算，除依照法律法规和国务院、财政部规定纳入财政专户管理的资金外，预算安排的资金应全部实行国库集中支付制度，不得转入财政专户。财政专户中用于支出（或退付）的资金，原则上应按照预算、用款计划、项目进度和规定程序支付，具备条件的地区可比照国库集中支付制度支付。除应及时缴入国库单一科目的非税收入资金以及国家另有规定外，财政专户资金可在确保资金安全前提下开展保值增值管理。

财政专户管理资金是指核算未纳入预算并实行财政专户管理的资金，包括教育收费、彩票发行机构和彩票销售机构业务费用等资金。财政专户管理资金不纳入财政预算管理范围，也不用于与财政预算资金之间的调剂。财政专户管理资金实行收支两条线，分为财政专户管理资金收入和财政专户管理资金支出。

（二）财政专户管理资金收入

财政专户管理资金收入是指政府财政纳入财政专户管理的教育收费等资金收入，主要包括：收到教育事业单位、彩票发行和销售机构交来的财政专户管理资金；财政专户管理资金产生的存款利息。

（三）会计科目的设置

为了反映和监督政府财政纳入财政专户管理资金收入的增减变动情况，财务会计和预算会计设置名称相同的"财政专户管理资金收入"科目。

"财政专户管理资金收入"科目贷方登记财务会计和预算会计收到的财政专户管理资金（或资金收入）；借方登记年终将财政专户管理资金转入"本期盈余"科目（财务会计）或将贷方余额转入"财政专户管理资金结余"科目数额（预算会计）；平时贷方余额反映财政专户管理资金收入的累计数，结转后，"财政专户管理资金收入"科目无余额。

"财政专户管理资金收入"科目可根据管理需要，按照预算单位、政府收支分类科目中收入分类科目等进行明细核算。

（四）财政专户管理资金收入的账务处理

政府财政收到财政专户管理资金时，财务会计应借记"其他财政存款"科目，贷记"财政专户管理资金收入"科目；同期，预算会计应借记"资金结存——专户资金结存"科目，贷记"财政专户管理资金收入"科目。

年终转账时，财务会计应将"财政专户管理资金收入"科目贷方余额全额转入"财政专户管理资金结余"科目，借记"财政专户管理资金收入"科目，贷记"本期盈余——财政专户管理资金本期盈余"科目；同期，预算会计应借记"财政专户管理资金收入"科目，贷记"财政专户管理资金结余"科目。

【例5-8】某省财政根据发生的财政专户管理资金收入业务编制相关的会计分录。

（1）收到财政专户管理的资金收入共计38 000万元。其中，教育行政事业性收费收入10 000万元，公安行政事业性收费收入5 000万元，卫生行政事业性收费收入17 000万元，党校行政事业性收费收入6 000万元。编制财务会计分录如下：

借：其他财政存款　　　　　　　　　　　　　　　　　　380 000 000
　　贷：财政专户管理资金收入——教育行政事业性收费收入　　100 000 000
　　　　　　　　　　　　　　——公安行政事业性收费收入　　 50 000 000
　　　　　　　　　　　　　　——卫生行政事业性收费收入　　170 000 000
　　　　　　　　　　　　　　——党校行政事业性收费收入　　 60 000 000

同期，编制该业务的预算会计分录：

借：资金结存——专户资金结存　　　　　　　　　　　　380 000 000
　　贷：财政专户管理资金收入　　　　　　　　　　　　　　380 000 000

（2）收到彩票发行机构和彩票销售机构的业务费用25 000万元。编制财务会计分录：

借：其他财政存款　　　　　　　　　　　　　　　　　　250 000 000
　　贷：财政专户管理资金收入——非税收入（其他收入）　　250 000 000

同期，编制该业务的预算会计分录：

借：资金结存——专户资金结存　　　　　　　　　　　　250 000 000
　　贷：财政专户管理资金收入　　　　　　　　　　　　　　250 000 000

（3）年终转账，将"财政专户管理资金收入"科目余额转入"财政专户管理资金结余"科目，编制如下会计分录。

财政专户管理资金收入＝38 000+25 000＝63 000（万元）

借：财政专户管理资金收入　　　　　　　　　　　　　　630 000 000
　　贷：财政专户管理资金结余　　　　　　　　　　　　　　630 000 000

二、专用基金收入

（一）专用基金概述

一般而言，专用基金就是按照规定提取或者设置的具有专门用途的资金。财政总会计中的专用基金是指政府财政通过由本级预算支出安排取得的或由上级财政部门拨入的具有专门用途的资金，如粮食风险基金等。专用基金收入具有特定的来源渠道，其使用也具有专款专用的特点，有时需要专户存储、专户核算。

专用基金具有以下特征：一是设立的目的性，即任何基金都必须依特定的目的或活动设立；二是限制性，即基金的筹集和运用都必须受政府预算的限制；三是广泛的受托责任，即基金筹集与运用对立法机构、资源提供者、公共服务的对象以及社会公众负有政治的、经济的、法律的和社会的广泛责任；四是非实体性，基金不是一个经济实体，其本身只是一个有着特定来源和用途的财务个体，为此，在对其进行会计核算时，需要采用特定的程序和方法；五是基金形式的多样性，基金可以是现金，也可能是物资。

（二）会计科目的设置

为了反映和监督专用基金收入增减变动情况，财务会计与预算会计均设置了"专用基金收入"科目。

财务会计"专用基金收入"科目贷方登记预算支出安排取得专用基金收入；借方登记退回专用基金收入以及年终转账将本科目贷方余额全数转入"专用基金结余"科目的数额；平时贷方余额反映取得专用基金收入的累计数。年终结转后，"专用基金收入"科目无余额。"专用基金收入"科目应当按照专用基金的种类进行明细核算。

预算会计"专用基金收入"科目贷方登记通过预算支出安排取得专用基金收入并将资金转入财政专户、通过预算支出安排取得专用基金收入；借方登记退回专用基金收入、年终转账将本科目贷方余额转入专用基金结余；"专用基金收入"科目平时贷方余额反映取得专用基金收入的累计数，期末结转后，"专用基金收入"科目应无余额。

（三）专用基金收入的账务处理

政府财政通过预算支出安排取得专用基金收入转入财政专户的，财务会计应借记"其他财政存款"科目，贷记"专用基金收入"科目；同期，预算会计应借记"资金结存——专户资金结存"科目，贷记"专用基金收入"科目。

政府财政退回当年或往年取得的专用基金收入，财务会计应借记"专用基金收入"科目（当年部分）、"以前年度盈余调整——专用基金以前年度盈余调整"科目（往年部分），贷记"其他财政存款"科目；同期，预算会计应借记"专用基金收入"科目，贷记"资金结存——专户资金结存"科目。

政府财政通过预算支出安排取得专用基金收入仍存在国库的，借记有关费用科目，贷记"专用基金收入"科目；同期，预算会计应借记"一般公共预算本级支出"等科目，贷记"专用基金收入"科目。

期末，政府财政结转专用基金收入时，财务会计应借记"专用基金收入"科目，贷记"本期盈余——专用基金本期盈余"科目；同期，预算会计应借记"专用基金收入"科目，贷记"专用基金结余"科目。

【例5-9】2×24年，某省财政根据发生的专用基金收入业务编制相关的会计分录：

(1) 通过预算支出安排取得专用基金收入6 000万元转入财政专户。编制财务会计分录：

借：其他财政存款　　　　　　　　　　　　　　　　　60 000 000
　　贷：专用基金收入　　　　　　　　　　　　　　　　　60 000 000

同期，预算会计编制该业务的预算会计分录：

借：资金结存——专户资金结存　　　　　　　　　　　60 000 000
　　贷：专用基金收入　　　　　　　　　　　　　　　　　60 000 000

(2) 通过预算支出安排取得专用基金收入1 500万元仍存在国库。编制财务会计分录：

借：对企业补助拨款费用　　　　　　　　　　　　　　15 000 000
　　贷：专用基金收入　　　　　　　　　　　　　　　　　15 000 000

同期，编制该业务的预算会计分录：

借：一般公共预算本级支出　　　　　　　　　　　　　15 000 000
　　贷：专用基金收入　　　　　　　　　　　　　　　　　15 000 000

(3) 省政府财政退回专用基金收入800万元，其中属于当年部分500万元，以前年度部分300万元。

借：专用基金收入　　　　　　　　　　　　　　　　　5 000 000
　　盈余调整——专用基金以前年度盈余调整　　　　　3 000 000
　　贷：其他财政存款　　　　　　　　　　　　　　　　　8 000 000

同期，编制该业务的预算会计分录：

借：专用基金收入　　　　　　　　　　　　　　　　　8 000 000
　　贷：资金结存——专户资金结存　　　　　　　　　　　8 000 000

(4) 年终转账，编制财务会计分录：

专用基金收入科目余额 = 6 000+1 500−500 = 7 000（万元）

借：专用基金收入　　　　　　　　　　　　　　　　　70 000 000
　　贷：本期盈余——专用基金本期盈余　　　　　　　　　70 000 000

同期，编制该业务的预算会计分录：

专用基金收入科目余额＝6 000+1 500-800＝6 700（万元）

借：专用基金收入　　　　　　　　　　　　　　　　67 000 000
　　贷：专用基金结余　　　　　　　　　　　　　　　　67 000 000

第八节　债务预算收入和债务转贷预算收入

一、债务预算收入

债务预算收入是指政府财政根据法律法规等规定，通过发行债券、向外国政府和国际金融组织借款等方式筹集的纳入预算管理的债务收入。

为了反映和监督债务预算收入增减变动情况，预算会计应设置"债务预算收入"科目。该科目贷方登记债务预算收入的增加；借方登记债务预算收入的减少；"债务预算收入"科目平时贷方余额反映债务预算收入的累计数。期末结转后"债务预算收入"科目无余额。"债务预算收入"科目应设置"国债收入""一般债务收入"和"专项债务收入"明细科目，并根据政府收支分类科目中"债务收入"科目进行明细核算。

债务预算收入账务处理内容：

（一）中央财政和省级（含省级）发行债券

政府财政收到政府债券发行收入时，财务会计按照实际收到的金额（见第四章财政总会计负债，下同略）进行账务处理；同期，预算会计按照实际收到的金额，借记"资金结存——库款资金结存"科目，按照政府债券实际发行额，贷记"债务预算收入"科目，按照其差额，借记或贷记有关支出科目。

（二）中央财政发生国债随卖业务

中央财政发生国债随卖业务时，按照实际收到的金额，借记"资金结存——库款资金结存"科目；根据国债随卖确认文件等相关债券管理资料，按照国债随卖面值，贷记"债务预算收入"科目，按照实际收到金额与面值的差额，借记或贷记"一般公共预算支出"科目。

（三）按定向承销方式发行的政府债券

按定向承销方式发行的政府债券，根据债务管理部门转来的债券发行文件等有关资料进行确认，由本级政府财政承担还款责任。贷款资金由本级政府财政同级部门使用的，借记"债务还本预算支出"科目，贷记"债务预算收入"科目；转贷下级政府财政的，借记"债务转贷预算支出"科目，贷记"债务预算收入"科目。

（四）举借外债

政府财政向外国政府、国际金融组织等机构借款时，按照实际提款的外币金额和即期汇率折算的人民币金额，借记"资金结存——库款资金结存""资金结存——专户资金结存"等科目，贷记"债务预算收入"科目。本级政府财政借入主权外债，且由外方或上级政府财政将贷款资金直接支付给用款单位或供应商时，应根据以下情况分别处理：

1. 本级政府财政承担还款责任，贷款资金由本级政府财政同级部门使用的，本级政府财政根据贷款资金支付有关资料，借记"一般公共预算支出"科目，贷记"债务预算收入"科目。

2. 本级政府财政承担还款责任,贷款资金由下级政府财政同级部门使用的,本级政府财政根据贷款资金支付有关资料及预算文件,借记"补助预算支出——调拨下级"等科目,贷记"债务预算收入"科目。

3. 下级政府财政承担还款责任,贷款资金由下级政府财政同级部门使用的,本级政府财政根据贷款资金支付有关资料,借记"债务转贷预算支出"科目,贷记"债务预算收入"科目。

(五) 债务预算收入的年终转账

年终转账时,"债务预算收入"科目下"国债收入""一般债务收入"的贷方余额转入"一般公共预算结转结余",借记"债务预算收入——国债收入""债务预算收入——一般债务收入"科目,贷记"一般公共预算结转结余"科目;本科目下"专项债务收入"的贷方余额转入政府性基金预算结转结余,借记"债务预算收入——专项债务收入"科目,贷记"政府性基金预算结转结余"科目,可根据预算管理需要,按照专项债务对应的政府性基金预算收入科目分别转入"政府性基金预算结转结余"相应明细科目。

债务预算收入账务处理举例参见第四章。

二、债务转贷预算收入

债务转贷预算收入是指省级以下(不含省级)政府财政收到上级政府财政转贷的债务收入。为了反映债务转贷预算收入增减变动情况,政府财政应设置"债务转贷预算收入"科目。该科目贷方登记债务转贷预算收入的增加;借方登记债务转贷预算收入的减少;本科目平时贷方余额反映债务转贷预算收入的累计数。期末结转后"债务转贷预算收入"科目无余额。"债务转贷预算收入"科目应设置"一般债务转贷收入""专项债务转贷收入"明细科目,并根据政府收支分类科目中"债务转贷收入"科目进行明细核算。

应付主权外债转贷款业务的主要类型有两个:

(1) 收到上级政府财政转贷的主权外债资金。

(2) 从上级政府财政借入主权外债转贷款,且由外方或上级政府财政将贷款资金直接支付给用款单位或供应商。

应付主权外债转贷款的账务处理如表5-6所示。

表5-6 应付主权外债转贷款的账务处理

业务和事项内容	财务会计	预算会计
本级政府财政收到上级政府财政转贷的地方政府债券和主权外债资金	借:国库存款/其他财政存款 　　与上级往来 借/贷:有关费用 　贷:应付地方政府债券转贷款—— 　　应付本金	借:资金结存——库款资金结存/专户 　　资金结存 　　补助预算收入——上级调拨 借/贷:有关支出 　贷:债务转贷预算收入——一般债务 　　转贷收入 　　　　　　　　——专项债务 　　转贷收入

续表

业务和事项内容		财务会计	预算会计
收到转贷的主权外债资金（非债券资金）		借：国库存款/其他财政存款 借/贷：有关费用 　　贷：应付主权外债转贷款	借：资金结存——库款资金结存/专户资金结存 借/贷：有关支出 　　贷：债务转贷预算收入——一般债务转贷收入
本级政府财政收到上级政府财政转贷的以定向承销方式发行的长期政府债券	置换本级政府债券	借：以前年度盈余调整 借/贷：有关费用 　　贷：应付地方政府债券转贷款——应付本金	借：债务还本预算支出——一般债务还本支出 借/贷：有关支出 　　贷：债务转贷预算收入——一般债务转贷收入 　　　　　　　　　　——专项债务转贷收入
	转贷一般债券、专项债券	借：应收地方政府债券转贷款——应收本金 　　贷：应付地方政府债券转贷款——应付本金	借：债务转贷预算支出——一般债务转贷支出 　　　　　　　　　　——专项债务转贷支出 　　贷：债务转贷预算收入——一般债务转贷收入 　　　　　　　　　　——专项债务转贷收入
本级政府财政从上级政府财政借入主权外债转贷款，且由外方或上级政府财政将贷款资金直接支付给用款单位或供应商	本级政府财政承担还款责任，贷款资金由本级政府财政同级部门使用	借：有关费用 　　贷：应付主权外债转贷款——应付本金	借：一般公共预算支出 　　贷：债务转贷预算收入——一般债务转贷收入
	本级政府财政承担还款责任，贷款资金由下级政府财政同级部门使用	借：补助费用/与下级往来 　　贷：应付主权外债转贷款——应付本金	借：补助预算支出——调拨下级 　　贷：债务转贷预算收入——一般债务转贷收入
	下级政府财政承担还款责任，贷款资金由下级政府财政同级部门使用	借：应收主权外债转贷款——应收本金 　　贷：应付主权外债转贷款——应付本金	借：债务转贷预算支出——一般债务转贷支出 　　贷：债务转贷预算收入——一般债务转贷收入
债务转贷预算收入年终结转	一般债务转贷	—	借：债务转贷预算收入——一般债务转贷收入 　　贷：一般公共预算结转结余
	专项债务转贷	—	借：债务转贷预算收入——专项债务转贷收入 　　贷：政府性基金预算结转结余

债务转贷预算收入账务处理举例参见第四章。

第九节 其他收入

一、其他收入概述

其他收入是指政府财政除税收收入、非税收入、投资收益、补助收入、上解收入、地区间援助收入、财政专户管理资金收入、专用基金收入以外的各项收入，包括从其他渠道调入资金、豁免主权外债偿还责任以及无偿取得股权投资等产生的收入。

为了反映和监督其他收入增减变动情况，财务会计应设置"其他收入"科目。该科目贷方登记其他收入的增加；借方登记其他收入的减少；"其他收入"科目平时贷方余额反映本级政府财政其他收入的累计数。期末结转后，"其他收入"科目应无余额。

为了反映和监督政府财政从其他渠道调入预算资金增减变动情况，预算会计应设置"调入预算资金"科目。该科目贷方登记从其他类型预算资金及其他渠道调入一般公共预算、政府性基金预算；借方登记年终转账时按照明细科目贷方分别转入相应的结转结余科目的金额；平时贷方余额反映调入预算资金的累计数，期末结转后，"调入预算资金"科目无余额。"调入预算资金"科目应按照不同资金性质设置"一般公共预算调入资金""政府性基金预算调入资金"明细科目。

二、调入资金

政府财政从其他类型预算资金及其他渠道调入一般公共预算时，财务会计应借记"国库存款"科目，贷记"其他收入"科目；同期，预算会计应借记"资金结存——库款资金结存""调出预算资金——政府性基金预算调出资金/国有资本经营预算调出资金"科目，贷记"调入预算资金——一般公共预算调入资金"科目。

政府财政从其他类型预算资金及其他渠道调入政府性基金预算时，财务会计应借记"国库存款"科目，贷记"其他收入"科目；同期，预算会计应借记"资金结存——库款资金结存"科目，贷记"调入预算资金——政府性基金预算调入"科目。

三、年终转账

年终转账时，政府财政将"其他收入"科目贷方余额按明细科目分别转入相应的结转结余科目，财务会计应借记"其他收入"科目，贷记"本期盈余——预算管理资金本期盈余"科目；同期，预算会计应借记"调入预算资金——一般公共预算调入资金/政府性基金预算调入资金"科目，贷记"一般公共预算结转结余""政府性基金预算结转结余"等科目。

【关键词汇】

税收收入（tax revenue）	一般公共预算收入（general public budget revenue）
非税收入（nontax receipt）	政府性基金预算收入（budgetary revenue of government-managed funds）

续表

投资收益（income from investment）	国有资本经营预算收入（budgetary revenue from state capital operations）
补助收入（supplementary income）	财政专户管理资金收入（income from funds managed by special financial accounts）
上解收入（upper income）	补助预算收入（supplementary budget revenue）
地区间援助收入（interregional assistance income）	上解预算收入（overstate the budget revenue）
财政专户管理资金收入（income from funds managed by special financial accounts）	地区间援助预算收入（interregional aid budget income）
专用基金收入（proceeds from special purpose fund）	债务转贷预算收入（budgetary revenue from debt transfers）

【思考与练习】

一、思考题

1. 简述财政总会计收入和预算收入的含义，说明财政总会计收入和预算收入的内容。
2. 简述一般公共预算收入、政府性基金预算收入、国有资本经营预算收入的含义，说明这三类收入核算方法的异同。
3. 说明财政专户管理资金收入、专用基金收入的含义，指出它们会计核算的差异。
4. 什么是转移性收入、补助收入、上解收入、调入资金和地区间援助收入？说明它们之间的异同以及会计核算方法的区别。
5. 什么是债务收入、债务转贷收入？指出两者的异同以及会计核算方法的区别。
6. 说明财政总预算会计收入确认的标准，简述财政总预算会计收入的管理要求。

二、练习题

（一）单项选择题

1. 下列各项中，属于政府财政其他收入的是（   ）。
   A. 非税收入　　　　　　　　　　B. 地区间援助收入
   C. 豁免主权外债资金　　　　　　D. 非税收入
2. 下列各项中，属于财政总会计一般预算收入的是（   ）。
   A. 上解收入　　B. 税收收入　　C. 政府性基金收入　　D. 补助收入
3. 下列各项中，不属于财政总会计非税收入的是（   ）。
   A. 国有资产有偿使用收入　　　　B. 捐赠收入
   C. 罚没收入　　　　　　　　　　D. 上年结余收入
4. 根据《财政总会计制度》的规定，下列会计科目中，属于政府财务会计和预算会计共同设置的会计科目是（   ）。
   A. 国有资产有偿使用收入　　　　B. 捐赠收入
   C. 专用基金收入　　　　　　　　D. 上年结余收入

（二）多项选择题

1. 下列各项中，应通过"上解收入"科目核算的有（   ）。
   A. 体制规定由下级预算收入中划给本级财政收入的款项

B. 体制结算后由下级财政补缴给本级财政的款项
C. 下级财政的各种专项上解款项
D. 税收的返还收入

2. 下列各项中，属于政府财政财务会计收入的有（　　）。
A. 转移性收入　　　　　　　　B. 投资收益
C. 非税收入　　　　　　　　　D. 动用预算稳定调节基金

（三）业务核算题

资料：某省通过中央政府直接转贷获得某国际金融组织的项目贷款，以一般公共预算资金偿还，采用外方将贷款直接支付给项目实施单位的方式。该项目贷款的部分业务如下：

（1）省财政部门将该项目贷款额度的40 000万元转贷给所属甲市，6 000万元转贷给省属A公司，12 000万元转移支付给所属乙市，以财政拨款方式给省属B、C事业单位使用额度各4 000万元。

（2）甲市财政部门将该项目转贷款额度的10 000万元以财政拨款方式给市属D事业单位使用，4 000万元转贷给所属丙县。

（3）乙市财政部门以财政拨款方式给市属E事业单位使用额度4 000万元。

（4）丙县财政部门将该项目转贷款额度的8 000万元以财政拨款方式给县属F事业单位使用。

该贷款项目实施后，各级财政部门收到外方给项目实施单位出具的第一期付款通知单，其中：省属B事业单位800万元；省属C事业单位360万元；甲市属D事业单位960万元；乙市属E事业单位300万元；丙县属F事业单位200万元。

要求：根据上述业务，编制省、市、县各级财政会计进行账务处理的会计分录（项目管理费略，有关收入、支出的明细账略）。

第六章 财政总会计费用与预算支出

【学习目标和思政目标】
  ●学习目标：了解费用与预算支出的概念、特征及其内容，熟悉和掌握各类费用和预算支出的账务处理方法。
  ●思政目标：以马克思成本费用理论为依据，引导学生深刻理解政府财政费用与预算支出的内涵，认识加强费用和预算支出核算的意义；弘扬艰苦奋斗、勤俭节约的优良作风，积极参与各种资源管理，降低各种资源耗费，提高其使用效益。

【学习重点和难点】
  ●学习重点：费用与预算支出的概念、内容，各种拨款费用、财务费用、补助费用、地区间援助费用、财政专户管理资金支出、专用基金支出、安排预算稳定调节基金；一般公共预算支出、政府性基金预算支出、国有资本经营预算支出、财政专户管理资金支出。
  ●学习难点：资本性拨款费用、财政专户管理资金支出、专用基金支出、补助预算支出、债务还本预算支出、债务转贷预算支出、地区间援助预算支出。

第一节 费用与预算支出概述

一、费用

（一）费用的概念和特点

《基本准则》指出：费用是指报告期内导致政府会计主体净资产减少的、含有服务潜力或者经济利益的经济资源的流出。财政总会计核算的费用包括政府机关商品和服务拨款费用、政府机关工资福利拨款费用、对事业单位补助拨款费用、对企业补助拨款费用、对个人和家庭补助拨款费用、对社会保障基金补助拨款费用、资本性拨款费用、其他拨款费用、财务费用、转移性费用、其他费用、财政专户管理资金支出、专用基金支出等。

根据费用的概念，可对费用特征总结如下：

1. 费用是权责发生制（应计制）基础下的概念。权责发生制的基本特征是在交易和事项发生时而不是在现金实际收付时对交易和事项进行确认。权责发生制会计确认的会计要素有资产、负债、净资产、收入和费用。与现金制"预算支出"相比，权责发生制"费用"要素为政府财务报告使用者提供了更广泛的信息。

2. 费用的确认。在权责发生制下，费用确认的时点有很多，可能于发生支出之前（如赊购事项）确认，也可能在支出之时或支出之后确认。其核心在于设法确定资源何时为主体所消耗。

3. 费用的发生可能导致政府会计主体资产减少（如政府财政的拨款费用），也可能导致其负债增加（如政府财政按期计提利息费用），或者两者兼而有之。但并非所有资产减少都是费用，代付款项、预拨款项等就不是费用。

4. 费用将导致本期净资产的减少。根据"资产=负债+净资产+（收入-费用）"中五要素之间的关系，"收入-费用"最终转入净资产，可见，确认费用最终导致净资产资产减少。

（二）费用的确认

《基本准则》指出：费用的确认应当同时满足以下条件：

1. 与费用相关的含有服务潜力或者经济利益的经济资源很可能流出政府会计主体。

2. 含有服务潜力或者经济利益的经济资源流出会导致政府会计主体资产减少或者负债增加。

3. 流出政府会计主体的服务潜力或经济利益能够可靠地计量。

（三）费用的分类

费用如何分类取决于会计信息使用者需求和如何满足其需求。根据政府财政总会计目标，费用按其经济性质和具体用途分为以下类别：

1. 财政拨款费用。拨款指立法机关准予的根据立法机关或类似权力机构指定的目的分配资金的一种授权[1]。财政拨款则是政府为了履行其职能而提供的资金支持，通常用于公共服务和基础设施建设等方面。例如，政府可能会向教育、医疗、交通等领域提供财政拨款，以支持这些领域的正常运行和发展，包括政府机关商品和服务拨款费用、政府机关工资福利拨款费用、资本性拨款费用、其他拨款费用。财政补助的资金通常来自政府的特定预算，具有较为明确的使用范围和限制。

2. 财政补助费用。财政补助是政府为了支持特定行业、地区或群体的发展而提供的资金支持，通常具有一定的目的性和针对性。例如，政府可能会向某些企业提供补助，以鼓励它们在新兴产业上开展研发活动，或者向某些地区提供补助，以支持当地的基础设施建设和经济发展。财政补助包括对事业单位补助拨款费用、对企业补助拨款费用、对个人和家庭补助拨款费用、对社会保障基金补助拨款费用。

财政拨款和财政补助都是政府提供资金支持的方式，但它们的目的、资金来源和使用方式等方面存在一定的差异。财政拨款的资金来自政府的总预算，使用范围更加广泛，使用限制也更少。

3. 转移性费用。转移支付是指为了实现宏观政策目标，财政收入在政府间无偿流动的政府经济行为。这种流动既可以在不同级次政府间流动（纵向转移支付），也可以在同级政府间流动（横向转移支付），通常包括均衡性转移支付、专项转移支付和分类转移支付等形式。

转移性费用是指以转移支付方式确认的费用，包括补助费用、上解费用、地区间援助费用等。

4. 专项费用。专项费用是指上级政府拨付给所辖政府安排的用于社会管理、公共事业发展、社会保障、经济建设以及政策补贴等方面具有指定用途的资金，包括财政专户管

---

[1] 国际公共部门准则。

理资金支出、专用基金支出。这些专项资金应当与正常的拨款相区分，要求单独核算，专款专用，不能挪作他用，同时接受有关部门的检查、监督。

5. 其他费用。其他费用是指除上述费用外的费用，如财务费用等。

二、预算支出

(一) 预算支出的概念

《基本准则》指出：预算支出是指政府会计主体在预算年度内依法发生并纳入预算管理的现金流出。预算支出是政府为提供公共产品和服务，满足社会共同需要而进行的财政资金的支付，主要包括：保证国家机器正常运转、维护国家安全、巩固各级政府政权建设的支出；维护社会稳定、提高全民族素质、提升人民生活水平的社会公共事业支出；有利于经济环境和生态环境改善、具有巨大外部经济效应的公益性基础设施建设的支出；对宏观经济运行进行必要调控的支出；等等。国家发展水平与政府预算支出水平成正比关系，国家发展水平越高，政府支出水平相应越高，反之，政府预算支出水平越低。

(二) 预算支出的确认

《基本准则》指出："预算支出一般在实际发生时予以确认，以实际发生的金额计量。"政府财政发生预算支出是政府预算资金使用的过程，对一级政府而言，其预算支出可分为本级的部门预算支出和对下级转移支付的预算支出。两者有不同的管理流程和规则。但预算支出方式主要是国库集中支付。国库集中支付以国库单一账户体系为基础，以健全的财政支付信息系统和银行间实时清算系统为依托，支付款项时，由单位提出申请，经校验审核后，将资金通过国库单一账户体系支付给收款人（如图6-1所示[①]）。

图6-1解释如下：

1. 一般公共预算资金、政府性基金预算资金、国有资本经营预算资金应当纳入国库单一账户体系，按照国库集中支付制度办理资金支付。财政专户管理资金应当参照国库集中支付流程办理资金支付，应直接支付给最终收款人。

2. 除划拨工会经费、住房公积金等财政部门批准的特殊款项外，预算单位不得通过零余额账户违规向本单位、上级主管单位、所属下级单位的实有资金账户支付财政资金。

(三) 预算支出分类

政府支出分类是将政府支出的内容进行合理的归纳，以便准确反映和科学分析支出活动的性质、结构、规模以及支出的效益。我国同时使用支出功能分类和支出经济分类两种方法对预算支出进行分类。

1. 支出功能分类。简单地讲，支出功能分类就是按政府主要职能活动分类。我国政府支出功能分类设置一般公共服务、外交、国防等大类（见表6-1），类下设款、项两级。

2. 支出经济分类。支出经济分类是按支出的经济性质和具体用途所作的一种分类。在支出功能分类明确反映政府职能活动的基础上，支出经济分类明确反映政府的钱究竟是怎么花出去的。我国政府支出经济分类设置工资福利支出、商品和服务支出等大类（见表6-1），类下设款级科目。

3. 政府收支分类科目。政府收支分类科目是对政府收入和支出项目进行的类别和层次

[①] 王小龙，等. 预算管理一体化规范实用教程 [M]. 北京：经济科学出版社，2020.

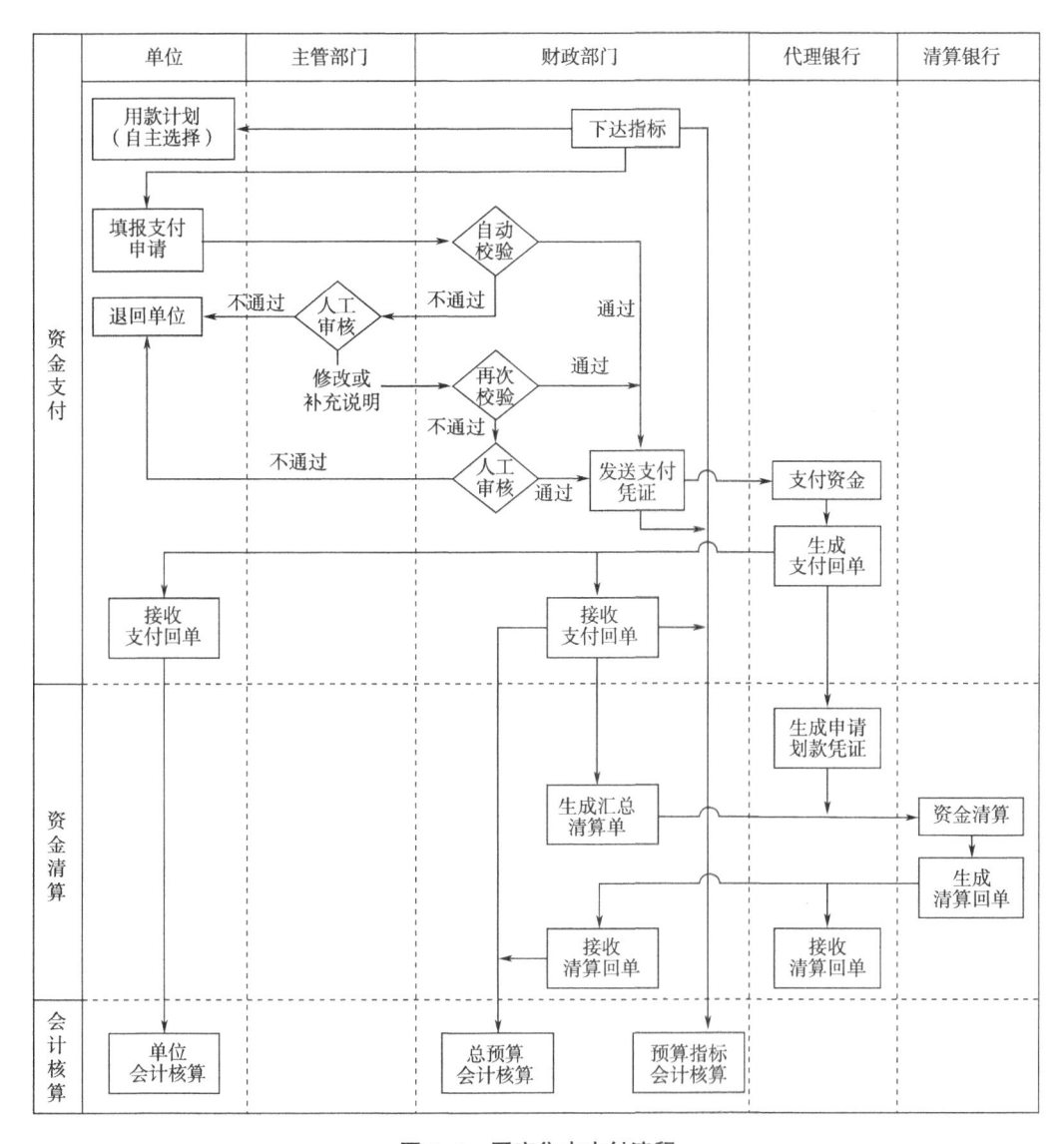

图 6-1 国库集中支付流程

划分，是各级政府和各部门编制预算、组织预算执行以及进行明细核算的基础工具。

我国现行政府支出分类科目分为支出功能分类科目和支出经济分类科目。其中，功能分类反映政府各项职能活动，大体上是按行业划分的，比如政府支出用于社保、办了教育还是投入农业等方面。而经济分类反映政府的钱具体怎么花，是按支出的性质划分的，比如支付了人员工资还是购买了办公设备。如果说功能分类反映了政府支出"做了什么事"的问题，经济分类则反映了"怎么样去做"的问题，主要反映各项支出的具体经济构成，反映政府的每一笔钱具体是怎么花的，如办学校的钱究竟用来发了工资，还是买了设备、盖了校舍。因此，功能分类科目和经济分类科目是相互关联、各有侧重点的财政支出反映形式。

我国政府支出经济分类科目设类、款两级。类级科目具体包括工资福利、商品和服务支出、对个人和家庭的补助、转移支付、基本建设支出等；款级科目是对类级科目的细化,主要体现部门预算编制和单位财务管理等有关方面的要求。从某种意义上讲,支出经济分类是对政府支出活动更为细致的反映,它是进行政府预算管理、部门财务管理以及政府统计分析的重要手段。

我国现行政府支出功能分类和经济分类的类级情况如表 6-1 所示。

表 6-1 政府支出功能分类和经济分类

支出功能分类（分设类、款、项三级）		支出经济分类（分设类、款两级）	
		政府预算支出	部门预算支出
1. 一般公共服务支出	16. 商业服务业支出	1. 机关工资福利支出	1. 工资福利支出
2. 外交支出	17. 金融支出	2. 机关商品和服务支出	2. 商品和服务支出
3. 国防支出	18. 援助其他地区支出	3. 机关资本性支出（一）	3. 对个人和家庭的补助
4. 公共安全支出	19. 自然资源海洋气象等支出	4. 机关资本性支出（二）	4. 债务利息及费用支出
5. 教育支出	20. 住房保障支出	5. 对事业单位经常性补助	5. 资本性支出（基本建设）
6. 科学技术支出	21. 粮油物资储备支出		6. 资本性支出
7. 文化旅游体育与传媒支出	22. 灾害防治及应急管理支出	6. 对事业单位资本性补助	7. 对企业补助（基本建设）
8. 社会保障和就业支出	23. 预备费	7. 对企业补助	8. 对企业补助
9. 社会保险基金支出	24. 其他支出	8. 对企业资本性支出	9. 对社会保障基金补助
10. 卫生健康支出	25. 转移性支出	9. 对个人和家庭的补助	10. 其他支出
11. 节能环保支出	26. 债务还本支出	10. 对社会保障基金补助	
12. 城乡社区支出	27. 债务付息支出	11. 债务利息及费用支出	
13. 农林水支出	28. 债务发行费用支出	12. 债务还本支出	
14. 交通运输支出		13. 转移性支出	
15. 资源勘探工业信息等支出		14. 预备费及预留	
		15. 其他支出	

我国政府收支分类体系能够充分发挥"数据辞典"的作用,在财政信息管理系统的有力支持下,可对任何一项财政收支进行"多维"定位,清清楚楚地说明政府的钱是怎么来的、干了什么事,为预算管理、统计分析、宏观决策和财政监督等提供全面、真实、准确的经济信息。

4. 预算收入支出表"预算支出"项目和"预算支出科目"的设置。预算收入支出表"预算支出"项目是为了满足预算会计报表使用者对预算信息需求而设置的,其类别、具体项目要符合预算管理和会计信息使用者的需要。预算支出科目是对预算资金的分类,其设置受预算收入支出表的影响。预算收入支出表"预算支出"分类和"预算支出类科目"的设置如表 6-2 所示。

表 6-2 预算收入支出表"预算支出"项目分类和"预算支出类科目"的设置

预算收入支出表"预算支出"项目	预算支出类科目
本级支出	一般公共预算支出
补助预算支出	政府性基金预算支出

续表

预算收入支出表"预算支出"项目	预算支出类科目
上解预算支出	国有资本经营预算支出
地区间援助预算支出	财政专户管理资金支出
债务还本预算支出	专用基金支出
债务转贷预算支出	补助预算支出
安排预算稳定调节基金	上解预算支出
调出预算资金	地区间援助预算支出
结余转出	调出预算资金
	安排预算稳定调节基金
	债务还本预算支出
	债务转贷预算支出
	待处理支出

三、费用与预算支出的关系

对于政府会计主体而言，费用和预算支出的确认既有相同之处，也存在区别。其区别如下。

（一）当期确认为预算支出收回但没有确认为费用收回

1. 当期收到退回以前年度已列支资金。收到退回以前年度已列支资金实质上是对以前年度盈余的调整，收到时不作为费用的收回，不影响费用。

2. 当期将以前年度国库集中支付结余收回预算。上一年度预算已执行完毕，财政总会计对于因资金节约或按采购合同要求延期支付的质量保证金等未付事项，在年终时已计列支出，以准确地反映预算执行的真实情况。次年，政府财政再将这部分国库集中支付结余确认为预算支出收回预算处理，但并未确认和冲减费用。当期预算支出与费用存在差异。

（二）当期确认为预算支出但没有确认为费用

1. 当期股权投资增支或减支。财政总会计取得各类投资（包括以付现方式取得投资），财务会计确认为资产而非费用，而预算会计对投资的确认以支付现金为依据，并确认为预算支出。可见，取得投资确认入账，费用和预算支出存在差异。

2. 当期债务转贷款支出和当期债务还本支出。债务转贷款支出，财务会计确认为应收地方政府债券转贷款、应收主权外债转贷款等资产，而预算会计将其确认为当期预算支出。本期债务转贷业务在财务会计和预算会计之间存在差异。当期债务还本，财务会计表现为负债减少和资产减少而不影响费用，但预算会计表现为现金减少和支出增加。当期债务还本确认为预算支出但并未确认为费用，此业务使预算支出和费用存在差异。

3. 拨付上年计提债务利息。拨付上年计提债务利息，财务会计表现为负债减少和资产减少，但不影响费用。拨付上年计提债务利息，预算会计则确认预算支出增加和现金减少，但不影响费用。

(三) 当期确认为费用但没有确认为预算支出

当期无偿划出股权投资，一方面按照被划出股权投资的账面余额确认为其他费用，另一方面减少股权投资成本，没有确认预算支出；当期计提未拨付债务利息等，费用和负债增加，但纳入预算管理的货币资金未发生变动，不确认预算支出。

第二节 拨款费用与其预算支出

一、拨款费用内容

拨款费用是政府财政根据年度和季度支出计划，按照计划规定的用途、数额和方向，通过既定的拨款程序，正确地将财政资金拨付给各用款单位的预算资金。它在财政拨款中形成财政总会计拨款费用部分，也是保证各类事业按计划和预算完成的财力保障。拨款费用的内容如下。

(一) 政府机关商品和服务拨款费用

政府机关商品和服务拨款费用是指本级政府财政拨付给机关和参照公务员法管理的事业单位（以下简称"参公事业单位"）购买商品和服务的各类费用，不包括用于购置固定资产、战略性和应急性物资储备等资本性拨款费用。

(二) 政府机关工资福利拨款费用

政府机关工资福利拨款费用是指本级政府财政拨付给机关和参公事业单位在职职工和编制外长期聘用人员的各类劳动报酬及为上述人员缴纳的各项社会保险费等费用。

(三) 对事业单位补助拨款费用

对事业单位补助拨款费用是指本级政府财政拨付的对事业单位（不含参公事业单位）的经常性补助费用，不包括对事业单位的资本性拨款费用。

(四) 对企业补助拨款费用

对企业补助拨款费用是指本级政府财政拨付的对各类企业的补助费用，不包括对企业的资本金注入和资本性拨款费用。

(五) 对个人和家庭补助拨款费用

对个人和家庭补助拨款费用是指本级政府财政拨付的对个人和家庭的补助费用。

(六) 对社会保障基金补助拨款费用

对社会保障基金补助拨款费用是指本级政府财政拨付的对社会保险基金的补助，以及补充全国社会保障基金的费用。

(七) 资本性拨款费用

资本性拨款费用是指本级政府财政拨付给行政事业单位和企业的资本性费用，不包括对企业的资本金注入。

(八) 其他拨款费用

其他拨款费用是指本级政府财政拨付的经常性赠予、国家赔偿费用、对民间非营利组织和群众性自治组织补贴等费用。

二、会计科目的设置

为了反映和监督政府拨款费用的增减变动情况，财务会计应设置以下会计科目。

（一）"政府机关商品和服务拨款费用"科目

"政府机关商品和服务拨款费用"科目用于反映和监督本级政府财政拨付给机关和参公事业单位购买商品和服务的各类费用，不包括用于购置固定资产、战略性和应急性物资储备等资本性拨款费用。

（二）"政府机关工资福利拨款费用"科目

"政府机关工资福利拨款费用"科目用于反映和监督本级政府财政拨付给机关和参公事业单位在职职工和编制外长期聘用人员的各类劳动报酬及为上述人员缴纳的各项社会保险费等费用。

（三）"对事业单位补助拨款费用"科目

"对事业单位补助拨款费用"科目用于反映和监督本级政府财政拨付的对事业单位（不含参公事业单位）的经常性补助费用，不包括对事业单位的资本性拨款费用。

（四）"对企业补助拨款费用"科目

"对企业补助拨款费用"科目用于反映和监督本级政府财政拨付的对各类企业的补助费用，不包括对企业的资本金注入和资本性拨款费用。

（五）"对个人和家庭补助拨款费用"科目

"对个人和家庭补助拨款费用"科目用于反映和监督本级政府财政拨付的对个人和家庭的补助费用。

（六）"对社会保障基金补助拨款费用"科目

"对社会保障基金补助拨款费用"科目用于反映和监督本级政府财政拨付的对社会保险基金的补助费用，以及补充全国社会保障基金的费用。

（七）"资本性拨款费用"科目

"资本性拨款费用"科目用于反映和监督政府财政拨付给行政事业单位和企业的资本性拨款费用，不包括对企业的资本金注入。

（八）"其他拨款费用"科目

"其他拨款费用"科目用于反映和监督本级政府财政拨付的经常性赠予、国家赔偿费用、对民间非营利组织和群众性自治组织补贴等拨款费用。

上述拨款费用科目结构共性为：借方登记实际发生的各种拨款费用；贷方登记当年各种拨款费用的退回金额以及年终转账将各科目借方余额转入本期盈余的金额；平时借方余额反映各种拨款费用的累计数；期末结转后，各个科目无余额。

预算会计为了反映因拨款应确认的预算支出增减变动情况，应设置"一般公共预算支出""政府性基金预算支出""国有资本经营预算支出"科目。三个科目性质、用途和结构前已述及，不再赘述。

三、拨款费用的账务处理

(一) 政府机关商品和服务拨款费用

政府财政实际发生政府机关商品和服务拨款费用时,财务会计应借记"政府机关商品和服务拨款费用"科目,贷记"国库存款"科目;同期,预算会计应借记"一般公共预算支出""政府性基金预算支出""国有资本经营预算支出"科目,贷记"资金结存"科目。

当年政府机关商品和服务拨款费用发生退回时,财务会计按照实际收到的退回金额,借记"国库存款"科目,贷记"政府机关商品和服务拨款费用"科目;同期,预算会计应借记"资金结存"科目,贷记"一般公共预算支出""政府性基金预算支出""国有资本经营预算支出"科目。

年终转账时,财务会计应将"政府机关商品和服务拨款费用"科目借方余额转入本期盈余,借记"本期盈余——预算管理资金本期盈余"科目,贷记"政府机关商品和服务拨款费用"科目;同期,预算会计应借记"一般公共预算结转结余""政府性基金预算结转结余""国有资本经营预算结转结余"科目,贷记"一般公共预算支出""政府性基金预算支出""国有资本经营预算支出"科目。

【例 6-1】2×24 年,某市财政总会计发生政府机关商品和服务拨款费用及其预算支出业务如下:

(1) 收到国库支付执行机构和中国人民银行国库报来的相关凭证表明,当年实际发生政府机关商品和服务拨款费用共计 15 000 万元。其中,纳入一般公共预算管理的资金支出 13 000 万元,纳入政府性基金预算的资金支出 2 000 万元。编制财务会计分录:

借:政府机关商品和服务拨款费用　　　　　　　　　　　　　　150 000 000
　　贷:国库存款　　　　　　　　　　　　　　　　　　　　　　150 000 000

同期,编制该业务的预算会计分录:

借:一般公共预算支出　　　　　　　　　　　　　　　　　　　130 000 000
　　政府性基金预算支出　　　　　　　　　　　　　　　　　　 20 000 000
　　贷:资金结存——库款资金结存　　　　　　　　　　　　　　150 000 000

(2) 该市收到当年发生的政府机关商品和服务拨款费用退款 10 万元,款项现已退回至国库。退款属于政府性基金预算支出。编制财务会计分录:

借:国库存款　　　　　　　　　　　　　　　　　　　　　　　　100 000
　　贷:政府机关商品和服务拨款费用　　　　　　　　　　　　　　100 000

同期,编制该业务的预算会计分录:

借:资金结存——库款资金结存　　　　　　　　　　　　　　　　100 000
　　贷:政府性基金预算支出　　　　　　　　　　　　　　　　　　100 000

(3) 年终结算,将拨款费用类各科目余额转账:"政府机关商品和服务拨款费用"科目借方余额 14 990 万元现将其转入本期盈余。编制财务会计分录:

借:本期盈余——预算管理资金本期盈余　　　　　　　　　　　149 900 000
　　贷:政府机关商品和服务拨款费用　　　　　　　　　　　　　149 900 000

同期,编制该业务的预算会计分录:

```
借：一般公共预算结转结余                    130 000 000
    贷：一般公共预算支出                              130 000 000
借：政府性基金预算结转结余                   19 900 000
    贷：政府性基金预算支出                            19 900 000
```

(二) 政府机关工资福利拨款费用

政府财政发生机关和参公单位在职职工和编制外长聘人员的各类劳动报酬，以及为上述人员缴纳的各项社会保险费等，财务会计应借记"政府机关工资福利拨款费用"科目，贷记"国库存款"科目；同期，预算会计应借记"一般公共预算支出/政府性基金预算支出/国有资本经营预算支出"科目，贷记"资金结存——库款资金结存"科目。

政府财政已确认的政府机关工资福利拨款支出退回，根据不同情况分别进行处理，如表6-3所示。

表6-3 已确认的政府机关工资福利拨款支出退回的账务处理

	财务会计分录	预算会计分录
属于本年度确认的支出发生退回，资金退回国库	借：国库存款 　　贷：政府机关工资福利拨款费用	借：资金结存——库款资金结存 　　贷：一般公共预算支出/政府性基金预算支出/国有资本经营预算支出
以前年度确认的支出发生退回，资金退回国库	借：国库存款 　　贷：以前年度盈余调整 　　　　——预算管理资金以前年度盈余调整	借：资金结存——库款资金结存 　　贷：一般公共预算支出/政府性基金预算支出/国有资本经营预算支出
已收回的存量资金确认冲减支出	借：其他应付款 　　贷：以前年度盈余调整 　　　　——预算管理资金以前年度盈余调整	借：待处理收入/资金结存——待处理结存 　　贷：一般公共预算支出/政府性基金预算支出/国有资本经营预算支出

政府财政期末结转时，财务会计应借记"本期盈余——预算管理资金本期盈余"科目，贷记"政府机关工资福利拨款费用"科目；同期，预算会计应借记"一般公共预算结转结余/政府性基金预算结转结余/国有资本经营预算结转结余"科目，贷记"一般公共预算支出/政府性基金预算支出/国有资本经营预算支出"科目。

(三) 对事业单位补助拨款费用

政府财政发生对事业单位（不含参公）的经常性补助支出时，财务会计应借记"对事业单位补助拨款费用"科目，贷记"国库存款"科目；同期，预算会计应借记"一般公共预算支出""政府性基金预算支出""国有资本经营预算支出"科目，贷记"资金结存——库款资金结存"科目。

政府财政发生已确认的对事业单位补助拨款支出退回、期末结转等业务，财务会计和预算会计的账务处理参照"政府机关工资福利拨款费用"科目。

(四) 对企业补助拨款费用

政府财政发生对各类企业的补助支出时，财务会计应借记"对企业补助拨款费用"科目，贷记"国库存款"科目；如果同期发生相关预算支出，预算会计应借记"一般公共预算支出""政府性基金预算支出""国有资本经营预算支出"科目，贷记"资金结存——库款资金结存"科目。

政府财政发生已确认的对企业补助拨款费用支出退回、期末结转等业务，财务会计和预算会计的账务处理参照"政府机关工资福利拨款费用"科目。

（五）对个人和家庭补助拨款费用

政府财政发生对个人和家庭补助拨款支出时，财务会计应借记"对个人和家庭补助拨款费用"科目，贷记"国库存款"科目；同期，预算会计应借记"一般公共预算支出""政府性基金预算支出""国有资本经营预算支出"科目，贷记"资金结存——库款资金结存"科目。

政府财政发生已确认的对个人和家庭补助拨款支出退回、期末结转等业务时，财务会计和预算会计的账务处理参照"政府机关工资福利拨款费用"的账务处理。

（六）社会保障基金补助拨款费用

政府财政发生对社会保险基金的补助以及补充全国社会保障基金的支出时，财务会计应借记"对社会保障基金补助拨款费用"科目，贷记"国库存款"科目；同期，预算会计应借记"一般公共预算支出""政府性基金预算支出""国有资本经营预算支出"科目，贷记"资金结存——库款资金结存"科目。

政府财政发生已确认的对社会保障基金补助拨款支出退回、期末结转等业务时，财务会计和预算会计的账务处理参照"政府机关工资福利拨款费用"的账务处理。

（七）资本性拨款费用

政府财政发生拨付给行政事业单位和企业的资本性拨款支出（不包括对企业的资本金注入）时，财务会计应借记"资本性拨款费用"科目，贷记"国库存款"科目；同期，预算会计应借记"一般公共预算支出""政府性基金预算支出""国有资本经营预算支出"科目，贷记"资金结存——库款资金结存"科目。

政府财政发生已确认的对行政事业单位和企业的资本性拨款支出退回、期末结转等业务时，财务会计和预算会计的账务处理参照"政府机关工资福利拨款费用"的账务处理。

（八）其他拨款费用

政府财政发生其他拨款支出时，财务会计应借记"其他拨款费用"科目，贷记"国库存款"科目；同期，预算会计应借记"一般公共预算支出""政府性基金预算支出""国有资本经营预算支出"科目，贷记"资金结存——库款资金结存"科目。

政府财政发生已确认的其他拨款支出退回、期末结转等业务时，财务会计和预算会计的账务处理参照"政府机关工资福利拨款费用"的账务处理。

第三节　财务费用与其预算支出

财务费用是指本级政府财政用于偿还政府债务的利息费用，政府债务发行、兑付、登记费用，以外币计算的政府资产及债务由汇率变化产生的汇兑损益等。

为了反映和监督财务费用的增减变动情况，财务会计应设置"财务费用"科目。该借方登记当期确认的财务费用；贷方主要登记年终转账将该科目借方或贷方余额转入本期盈余数额。"财务费用"科目平时借方余额反映本级政府财政财务费用的累计数，期末结转后，本科目应无余额。"财务费用"科目应设置"利息费用""债务发行兑付费用""汇兑损益"明细科目。

财务费用的账务处理包括以下内容。

一、利息费用

（一）按期计提利息费用

1. 中央政府财政计算本期应付国债利息，财务会计应借记"财务费用——利息费用"科目，贷记"应付利息——应付国债利息"科目。

2. 省级政府财政计算本期应付地方政府债券利息，财务会计应借记"财务费用——利息费用（本级承担部分）""应收地方政府债券转贷款——应收利息（下级财政承担部分）"科目，贷记"应付利息——应付地方政府债券利息"科目。

3. 省级以上（含省级）财政计算本期主权外债应付利息，财务会计应借记"财务费用——利息费用（本级承担部分）""应收主权外债转贷款——应收利息（下级财政承担部分）"科目，贷记"应付利息——应付主权外债利息"科目。

（二）利息的支付

省级以上政府财政（含省级）实际支付利息，根据以下三种情况分别进行账务处理：

1. 支付本级利息。省级以上政府财政（含省级）支付本级利息，财务会计应借记"应付利息——应付国债利息/应付地方政府债券利息"科目，贷记"国库存款/其他财政存款"科目；同期，预算会计应借记"一般公共预算支出/政府性基金预算支出"科目，贷记"资金结存——库款资金结存"科目。

2. 市县缴款，由省级代市县归还利息。财务会计应借记"国库存款/其他财政存款"科目，贷记"应收地方政府债券转贷款——应收利息""应收主权外债转贷款——应收利息"科目；同期，财务会计借记"应付利息"科目，贷记"国库存款/其他财政存款"科目。

3. 省级扣款且代市县归还利息扣款。其账务处理如表6-4所示。

表6-4 省级扣款且代市县归还利息扣款的账务处理

业务和事项内容	财务会计	预算会计
扣款时	借：与下级往来 　贷：应收地方政府债券转贷款——应收利息 　　　应收主权外债转贷款——应收利息	借：补助预算支出——调拨下级 　贷：资金结存——上下级调拨结存
归还时	借：应付利息 　贷：国库存款/其他财政存款	借：资金结存——上下级调拨结存 　贷：资金结存——库款资金结存

（三）提前收回已发行政府债券利息的处理

1. 中央政府财政提前收回已发行的国债，实际支付利息与计提的应付利息的差额，财务会计应借记"应付利息——应付国债利息"科目，贷记"财务费用——利息费用"

(当年差额)、"以前年度盈余调整——预算管理资金以前年度盈余调整"(以前年度差额)。

2. 省级政府财政提前收回已发行的国债,实际支付利息与计提的应付利息的差额,财务会应借记"应付利息——应付地方政府债券利息"科目,贷记"财务费用——利息费用"(当年差额)、"以前年度盈余调整——预算管理资金以前年度盈余调整"(以前年度差额)。

二、债务发行兑付费用

(一) 支付政府债务发行、兑付、登记款项

政府财政支付政府债务发行、兑付、登记相关款项确认财务费用时,财务会计按照实际支付的金额,借记"财务费用"科目,贷记"国库存款"科目(通过缴款方式支付)、"与上级往来"科目(上级政府财政通过代扣资金方式支付)。

确认财务费用的同期,对于通过缴款方式支付的款项,预算会计应借记"一般公共预算支出""政府性基金预算支出"科目(本级财政应承担的部分),贷记"资金结存"科目;上级政府财政通过代扣资金方式支付款项的,预算会计应借记"一般公共预算支出""政府性基金预算支出"科目(本级财政应承担的部分),贷记"补助预算收入"科目。

(二) 上级财政收到下级财政应承担的政府债券发行、兑付、登记款项

1. 收到下级政府财政缴款。政府财政收到下级政府财政缴款,财务会计应借记"国库存款""其他财政存款"科目,贷记"财务费用"科目。

2. 通过代扣资金方式收回下级政府财政承担的费用。政府财政代扣资金时,财务会计应借记"与下级往来"科目,贷记"财务费用"科目;同期,预算会计应借记"补助预算支出"科目,贷记"资金结存——上下级调拨结存"科目。支付资金时,财务会计应借记"财务费用"科目,贷记"国库存款""其他财政存款"科目;同期,预算会计应借记"资金结存——调拨下级"科目,贷记"资金结存——库款资金结存或专户资金结存"科目。

三、中央财政发生国债随卖、随买业务确认财务费用

中央财政发生国债随买业务时,账务处理如表6-5所示。

表6-5 国债随卖、随买业务确认财务费用的账务处理

业务和事项内容		财务会计	预算会计
中央财政发生国债随卖业务	随卖期限在一年以内(含一年)短期国债	借:国库存款 借/贷:财务费用——利息费用 　　贷:应付短期政府债券——应付国债	借:资金结存——库款资金结存 借/贷:一般公共预算支出 　　贷:债务预算收入——国债收入
	随卖期限在一年以上的长期国债	借:国库存款 借/贷:财务费用——利息费用 　　贷:应付长期政府债券——应付国债	借:资金结存——库款资金结存 借/贷:一般公共预算支出 　　贷:债务预算收入——国债收入

续表

业务和事项内容	财务会计	预算会计
中央政府财政发生国债随买业务	借：应付短期政府债券——应付国债 　　应付长期政府债券——应付国债 借/贷：财务费用——利息费用 贷：国库存款	借：债务还本预算支出——国债还本支出 借/贷：一般公共预算支出 贷：资金结存——库款资金结存

中央财政发生国债随卖、随买业务确认财务费用账务处理举例参见第四章短期和长期应付债券。

四、豁免利息

政府财政提前赎回已发行的政府债券、债权人豁免政府财政承担的主权外债应付利息（按照减少的当年已计提应付利息金额），财务会计应进行相应的账务处理，如表6-6所示。

表6-6　利息豁免的账务处理

业务和事项内容		财务会计
提前赎回政府债券并豁免利息	当年计提确认的利息	借：应付利息（中央和省级财政部门使用） 　　应付地方政府债券转贷款——应付利息（省以下财政部门使用） 贷：财务费用——利息费用
	以前年度计提确认的利息	借：应付利息（中央和省级财政部门使用） 　　应付地方政府债券转贷款——应付利息（省以下财政部门使用） 贷：以前年度盈余调整——预算管理资金以前年度盈余调整
提前赎回外债并豁免利息	当年计提确认的利息	借：应付利息（中央和省级财政部门使用） 　　应付主权外债转贷款——应付利息（省以下财政部门使用） 贷：财务费用——利息费用
	以前年度计提确认的利息	借：应付利息（中央和省级财政部门使用） 　　应付主权外债转贷款——应付利息（省以下财政部门使用） 贷：以前年度盈余调整——预算管理资金以前年度盈余调整

债权人（外方）豁免政府财政应归还的主权外债转贷款利息，实际支付利息与计提的应付利息的差额，财务会计应借记"应付利息——应付主权外债利息"科目，贷记"财务费用——利息费用"科目（当年差额）、"以前年度盈余调整——预算管理资金以前年度盈余调整"科目（以前年度差额）。

五、汇兑损益

汇兑损益是指将同一项目的外币资产或负债折合为记账本位币时，由汇率变动而形成的差额。该差异额要确认为政府财政的收益或损失，即汇兑损益。会计实务中，汇兑损益由交易损益和报表折算损益两部分构成。其中的交易损益可能来自外币兑换业务，也可能来自存储外币以及记录外币交易事项所形成的折算差异。而报表折算损益来自财务报表各外币项目的折算。期末，汇兑损益账务处理如表6-7所示。

表6-7 汇兑损益账务处理方法

要求		折算结果	折算差额的会计处理
外币存款的折算	期末，将所有以外币计算的存款按期末汇率折算为人民币金额，确认汇兑损益，财务会计、预算会计同期进行会计处理	折算后的金额<账面余额	财务会计： 借：财务费用——汇兑损益 　　贷：其他财政存款 预算会计： 借：一般公共预算支出 　　贷：资金结存——专户资金结存
		折算后的金额>账面余额	编制与上述财务会计、预算会计分录相反的会计分录
以外币计价资产（不含存款）的折算	期末，将所有以外币计算的政府资产（不含存款）按期末汇率折算为人民币金额，折算后的金额与其账面余额之间的差额应分别不同情况进行处理	折算后的金额<账面余额	财务会计： 借：财务费用——汇兑损益 　　贷：其他财政存款/应收主权外债转贷款
		折算后的金额>账面余额	财务会计：编制与"折算后的金额<账面余额"分录相反的会计分录
以外币计价负债的折算	期末，将所有以外币计算的借入款项、政府债券、主权外债转贷款、应付利息等政府负债按期末汇率折算为人民币金额，折算后的金额与其账面余额之间的差额应分别不同情况进行处理	折算后的金额<账面余额	财务会计： 借：借入款项/应付长期政府债券/应付主权外债转贷款/应付利息等 　　贷：财务费用——汇兑损益
		折算后的金额>账面余额	财务会计：编制与"折算后的金额<账面余额"分录相反的会计分录

【例6-2】2×23年12月31日，某市政府财政外币账户余额如表6-8所示。

表6-8 外币账户余额

项目	外币期初数额（万美元）	期初汇率	折合为人民币金额（万元）
其他财政存款	4 000	7.1	28 400
借入款项	12 000	7.1	85 200

2×24年，该市"其他财政存款"账户增加3 000万美元，增加时汇率为1∶7.3；该账户支付1 500万美元，支付时汇率为1∶7.4。该市偿还借入款项6 000万美元，偿还时的汇率为1∶7.1。

2×24年12月31日，中国人民银行公布的市场汇率为1∶7.2。

2×24 年 12 月 31 日：

(1) "其他财政存款"外币账户汇兑损益计算过程：

"其他财政存款"外币余额=4 000+3 000-1 500=5 500（万美元）

"其他财政存款"外币账户余额折合人民币金额=55 00×7.2=39 600（万元）

"其他财政存款"外币账户已有的人民币余额=28 400+3 000×7.3-1 500×7.4

=28 400+21 900-11 100=39 200（万元）

"其他财政存款"外币账户汇兑损益=39 600-39 200=400（万元）

(2) "借入款项"外币账户：

2×24 年 12 月 31 日"借入款项"外币余额=12 000-6 000=6 000（万美元）

"借入款项"外币账户余额折合人民币金额=6 000×7.2=43 200（万元）

"借入款项"外币账户已有的人民币余额=85 200-6 000×7.1=42 600（万元）

"借入款项"外币账户汇兑损益=43 200-42 600=600（万元）

根据上述计算结果编制该业务的会计分录，如表 6-9 所示。

表 6-9　汇兑损益的账务处理

	财务会计	预算会计
"其他财政存款"账户	借：其他财政存款　　　　4 000 000 　贷：财务费用——汇兑损益　　4 000 000	借：资金结存——账户资金结存 　　　　　　　　　　　4 000 000 　贷：一般公共预算支出　　4 000 000
"借入款项"账户	借：财务费用——汇兑损益　6 000 000 　贷：借入款项　　　　　　6 000 000	借：一般公共预算支出　　6 000 000 　贷：资金结存——账户资金结存　6 000 000

六、财务费用的期末结转

年终转账时，财务会计将"财务费用"科目借方或贷方余额转入本期盈余，应借记或贷记"本期盈余——预算管理资金本期盈余"科目，贷记或借记"财务费用"科目；同期，预算会计应借记"一般公共预算结转结余""政府性基金预算结转结余"科目，贷记"一般公共预算支出""政府性基金预算支出"科目。

【例 6-3】年终结算，某省财政将"财务费用"科目借方余额 1 600 万元转入本期盈余，其中：属于一般公共预算支出 900 万元，政府性基金预算支出 700 万元。编制财务会计分录：

借：本期盈余——预算管理资金本期盈余　　　　　　　　　　　16 000 000

　贷：财务费用　　　　　　　　　　　　　　　　　　　　　　16 000 000

同期，编制该业务的预算会计分录：

借：一般公共预算结余　　　　　　　　　　　　　　　　　　　9 000 000

　　政府性基金预算结余　　　　　　　　　　　　　　　　　　7 000 000

　贷：一般公共预算支出　　　　　　　　　　　　　　　　　　9 000 000

　　　政府性基金预算支出　　　　　　　　　　　　　　　　　7 000 000

第四节　转移性费用与其预算支出

一、转移支付概述

转移支付是指为了实现宏观政策目标，财政收入在政府间无偿流动的政府经济行为。这种流动既可以在不同级次政府间流动（纵向转移支付），也可以在同级政府间流动（横向转移支付）。转移支付方式确认的费用或支出，财务会计称其为转移支付费用，而预算会计则称其为转移支付支出。转移支付费用包括补助费用、上解费用、地区间援助费用等；转移支付支出包括补助预算支出、上解预算支出、调出预算支出以及无偿援助支出等。

二、补助费用及其预算支出

本级政府财政按财政体制规定或专项需要补助给下级政府财政的款项，包括对下级的税收返还、一般性转移支付和专项转移支付等。

为了反映和监督补助费用增减变动情况，财务会计应设置"补助费用"科目。该科目借方登记确认的补助费用；贷方登记退还或核减补助费用；"补助费用"科目平时借方余额反映本级政府财政对下级补助费用的累计数，期末结转后本科目无余额。

为了反映和监督本级政府财政按照财政体制规定或专项需要补助给下级政府财政款项的增减变动情况，预算会计应设置"补助预算支出"科目。该科目借方登记补助预算支出的增加；贷方登记补助预算支出的减少；"补助预算支出"科目平时借方余额反映补助预算支出的累计数，期末结转后本科目无余额。

"补助预算支出"科目应按照不同资金性质设置"一般公共预算补助支出"（核算本级政府财政对下级政府财政的一般性转移支付支出）、"政府性基金预算补助支出"（核算本级政府财政对下级政府财政的政府性基金预算转移支付支出）、"国有资本经营预算补助支出"（核算本级政府财政对下级政府财政的国有资本经营预算转移支付支出）和"调拨下级"（核算年度执行中，本级政府财政调拨给下级政府财政的尚未指定资金性质的资金或结算应确认事项金额）明细科目。同时，可根据管理需要，按照补助地区和政府收支分类科目中支出功能分类科目进行明细核算。

补助费用及其预算支出账务处理内容如下：

（一）向下级财政拨付转移支付资金

1. 拨付资金时能确认转移支付的性质及其科目。财务会计应根据拨付资金，借记"补助费用"科目，贷记"国库存款"科目；同期，预算会计应借记"补助预算支出——一般公共预算补助支出/政府性基金预算补助支出/国有资本经营预算补助支出"科目，贷记"资金结存——库款资金结存"科目。

2. 拨付资金时暂无法确认转移支付的性质及其科目。财务会计应根据拨付资金，借记"与下级往来"科目，贷记"国库存款"科目；同期，预算会计应借记"补助预算支出——调拨下级"科目，贷记"资金结存——库款资金结存"科目。

(二) 专项转移支付资金实行专户管理

专项转移支付资金实行专户管理的，根据有关支出管理部门下达的预算文件和拨款依据确认。

1. 拨付资金。拨付资金时，财务会计应借记"与下级往来"科目，贷记"其他财政存款"科目；同期，预算会计应借记"补助预算支出——调拨下级"科目，贷记"资金结存——专户资金结存"科目。

2. 确认补助支出。确认补助支出时，财务会计应借记"补助费用"科目，贷记"与下级往来"科目；同期，预算会计应借记"补助预算支出——一般公共预算补助支出/政府性基金预算补助支出/国有资本经营预算补助支出"科目，贷记"补助预算支出——调拨下级"科目。

(三) 补助费用及其预算支出的期末结转

年终转账时，财务会计将"补助费用"科目借方余额转入本期盈余，借记"本期盈余——预算管理资金本期盈余"科目，贷记"补助费用"科目；同期，预算会计应借记"一般公共预算结转结余""政府性基金预算结转结余""国有资本经营预算结转结余""资金结存"科目，贷记"补助预算支出——一般公共预算支出/政府性基金预算支出/国有资本经营预算支出/调拨下级"科目。

【例6-4】2×23年终，某省财政与所辖地市财政进行体制结算。经核算，省级一般公共预算需补助M市一般性转移支付80 000万元；同时，政府性基金预算需扣减N市专项转移支付2 000万元。

(1) 省财政对M市进行补助，编制财务会计分录：

借：补助费用——M市	800 000 000
贷：与下级往来——M市	800 000 000

同期，编制该业务的预算会计分录：

借：补助预算支出——一般公共预算补助支出	800 000 000
贷：补助预算支出——调拨下级	800 000 000

(2) 扣减N市专项转移支付，编制财务会计分录：

借：与下级往来——N市	20 000 000
贷：补助费用——N市	20 000 000

同期，编制该业务的预算会计分录：

借：补助预算支出——调拨下级	20 000 000
贷：补助预算支出——政府性基金预算补助支出	20 000 000

三、上解费用及其预算支出

上解费用是指本级政府财政按照财政体制规定或专项需要上交给上级政府财政的费用。

为了反映和监督上解费用的增减变动情况，财务会计应设置"上解费用"科目。该科目借方登记年终与上级政府财政结算确认的应上解费用数；贷方登记退还或核减上解费用、年终转账将上解费用余额转入本期盈余数额。平时借方余额反映本级政府财政上解费用的累计数，期末结转后本科目应无余额。"上解费用"科目可根据管理需要按照项目等进行明细核算。

上解预算支出是指本级政府财政按照财政体制规定或专项需要上交给上级政府财政的款项。

为了反映和监督上解预算支出增减变动情况，预算会计应设置"上解预算支出"科目。该科目的借方登记发生上解预算支出、年终与上级政府财政结算尚未支付的上解金额；贷方登记年终将本科目借方余额转入结转结余的数额；"上解预算支出"科目平时借方余额反映上解支出的累计数，期末结转后，本科目应无余额。

上解费用及其预算支出账务处理内容如下。

（一）发生上解预算费用及其预算支出

政府财政直接向上级财政划拨资金时，财务会计按照上解资金数，借记"上解费用"科目，贷记"国库存款"科目；同期，预算会计应借记"上解预算支出"科目，贷记"资金结存——库款资金结存"科目。

上级财政通过扣款方式划转上解资金时，财务会计应借记"上解费用"科目，贷记"与上级往来"科目；同期，预算会计应借记"上解预算支出"科目，贷记"补助预算收入——上级调拨"科目。

（二）上级财政退还或核减上解支出

1. 直接退回资金。上级财政退还或核减上解支出采用直接退回资金方式时，财务会计应借记"国库存款"科目，贷记"上解费用"科目；同期，预算会计应借记"资金结存——库款资金结存"科目，贷记"上解预算支出"科目。

2. 往来挂账。上级财政退还或核减上解支出采用往来挂账方式时，财务会计应借记"与上级往来"等科目，贷记"上解费用"科目；同期，预算会计应借记"补助预算收入——上级调拨"科目，贷记"上解预算支出"科目。

（三）年终结算和期末结转

两级财政年终结算时，本级政府财政确认尚未支付的上解金额，财务会计应借记"上解费用"科目，贷记"与上级往来"科目；同期，预算会计应借记"上解预算支出"科目，贷记"补助预算收入——上级调拨"科目。

年终转账时，财务会计将"上解费用"科目借方余额转入本期盈余，借记"本期盈余——预算管理资金本期盈余"科目，贷记"上解费用"科目；同期，预算会计借记"一般公共预算结转结余""政府性基金预算结转结余""国有资本经营预算结转结余"科目，贷记"上解预算支出——一般公共预算上解支出""上解预算支出——政府性基金预算上解支出""上解预算支出——国有资本经营预算上解支出"科目。

【例6-5】2×24年终，某市财政与省财政进行体制结算，相关的经济业务如下：

（1）经核算，省财政需向该市一般公共预算退还上解费用3 000万元。编制财务会计分录：

借：与上级往来　　　　　　　　　　　　　　　　　　　　　　30 000 000
　　贷：上解费用　　　　　　　　　　　　　　　　　　　　　　　　30 000 000

同期，编制该业务的预算会计分录：

借：补助预算收入——上级调拨　　　　　　　　　　　　　　　30 000 000
　　贷：上解预算支出——一般公共预算上解支出　　　　　　　　　　30 000 000

(2) 经结算，该市政府性基金预算应向省财政上解资金 600 万元。编制财务会计分录：

借：上解费用　　　　　　　　　　　　　　　　　　　　　6 000 000
　　贷：与上级往来　　　　　　　　　　　　　　　　　　　　6 000 000

同期，编制该业务的预算会计分录：
借：上解预算支出——政府性基金预算上解支出　　　　　　6 000 000
　　贷：补助预算收入——上级调拨　　　　　　　　　　　　6 000 000

(3) 年终，结转"上解费用"科目贷方余额 2 400 万元。编制财务会计分录：
借：本期盈余——预算管理资金本期盈余　　　　　　　　　24 000 000
　　贷：上解费用　　　　　　　　　　　　　　　　　　　　24 000 000

同期，编制该业务的预算会计分录：
借：上解预算支出——一般公共预算上解支出　　　　　　　30 000 000
　　贷：一般公共预算结转结余　　　　　　　　　　　　　　30 000 000
借：一般公共预算结转结余　　　　　　　　　　　　　　　　6 000 000
　　贷：上解预算支出——政府性基金预算上解支出　　　　　6 000 000

四、地区间援助费用与其预算支出

地区间援助费用是指援助方政府财政安排用于受援方政府财政统筹使用的各类援助、补偿、捐赠等费用，以帮助受援方政府或地区改善教育，并最终促进生产、经济、卫生和公共福利的改善。它是不同地区政府财政部门之间转移支付形成的收支，在地区间援助过程中，援助方地区政府财政部门援助资金时形成了地区间援助支出，接受援助方地区政府财政部门接受援助资金时形成了地区间援助收入。

为了反映和监督地区间援助费用的增减变动情况，财务会计应设置"地区间援助费用"科目。借方登记确认发生的地区间援助费用；贷方登记年终转账将地区间援助费用转入本期盈余。"地区间援助费用"平时借方余额反映地区间援助费用的累计数，期末结转后，本科目应无余额。

为了反映和监督地区间援助支出的增减变动情况，预算会计应设置"地区间援助预算支出"科目。该科目借方登记发生地区间援助预算支出；年终转账时，本科目借方余额转入"一般公共预算结转结余"科目；平时本科目为借方余额，反映地区间援助支出的累计数，期末结转后，本科目应无余额。"地区间援助预算支出"科目应按照受援地区等进行相应明细核算。

政府财政发生地区间援助费用时，财务会计应借记"地区间援助费用"科目，贷记"国库存款"科目；同期，预算会计应借记"地区间援助预算支出"科目，贷记"资金结存——库款资金结存"科目。

年终转账时，财务会计应将"地区间援助预算支出"科目借方余额转入本期盈余，借记"本期盈余——预算管理资金本期盈余"科目，贷记"地区间援助预算支出"科目；同期，预算会计应借记"一般公共预算结转结余"科目，贷记"地区间援助预算支出"科目。

【例 6-6】2×24 年，某省财政总会计发生地区间援助业务如下：
(1) 通过财政国库向乙省财政拨付地区间援助资金 2 500 万元，供乙省财政统筹安排使用，以缓解其临时财政困难。编制财务会计分录：

借：地区间援助费用　　　　　　　　　　　　　　　　　　　　　25 000 000
　　贷：国库存款　　　　　　　　　　　　　　　　　　　　　　　　25 000 000

同期，编制该业务的预算会计分录：

借：地区间援助预算支出　　　　　　　　　　　　　　　　　　　　25 000 000
　　贷：资金结存——库款资金结存　　　　　　　　　　　　　　　　25 000 000

（2）年终，结转"地区间援助费用"科目全部余额。编制财务会计分录：

借：本期盈余——预算管理资金本期盈余　　　　　　　　　　　　　25 000 000
　　贷：地区间援助费用　　　　　　　　　　　　　　　　　　　　　25 000 000

同期，编制该业务的预算会计分录：

借：一般公共预算结转结余　　　　　　　　　　　　　　　　　　　25 000 000
　　贷：地区间援助预算支出　　　　　　　　　　　　　　　　　　　25 000 000

第五节　财政专户管理资金支出与其预算支出

一、财政专户管理资金支出的概念和特点

财政专户是指财政部门为了履行财政管理职能，在银行业金融机构开设的用于管理核算特定专用资金的银行结算账户。

我国目前设立的财政专户主要包括四类：专项支出财政专户、社会保险基金财政专户、非税收入征缴专户、外国政府和国际金融组织贷款赠款财政专户。专项支出财政专户是指为满足公共预算等预算安排并按规定实行专户管理的专项资金核算管理需要，以及满足代管资金需要等设立的财政专户，主要用于专项资金的支出。社会保险基金财政专户是指为满足基本养老保险基金、基本医疗保险基金等各类社会保险基金核算管理需要设立的财政专户，其主要用途是核算各项社会保险缴费。非税收入征缴专户是指为满足广大缴款人缴纳款项和执收单位核对账务需要设立的财政专户，主要用来存储预算单位征收的各项非税收入。外国政府和国际金融组织贷款赠款财政专户是指为满足国际贷赠款资金核算管理需要，根据贷赠款方要求开设的财政专户，原则上一个项目开设一个账户。

财政专户资金是由纳税人支付的，必须严格按照法律法规和财政政策的规定，严格控制资金的使用，确保资金的合理使用，避免资金的浪费和滥用。财政专户管理资金支出是指政府财政用纳入财政专户管理的教育收费等资金安排的支出。

二、会计科目的设置

为了反映和监督财政专户管理资金支出增减变动情况，财务会计应设置"财政专户管理资金支出"科目。该科目借方登记发生财政专户管理资金支出；贷方登记已支出事项发生退回、年终转账将本科目借方余额转入财政专户管理资金结余；"财政专户管理资金支出"科目平时借方余额反映财政专户管理资金支出的累计数。期末结转后本科目应无余额。"财政专户管理资金支出"科目应根据政府收支分类科目中支出功能分类科目和支出经济分类科目进行明细核算。同时，可根据管理需要，按照预算单位和项目等进行明细核算。

为了反映和监督财政专户管理资金支出增减变动情况，预算会计应设置"财政专户管理资金支出"科目。该科目结构与财务会计"财政专户管理资金支出"科目相同。

三、财政专户管理资金支出的账务处理

政府财政发生财政专户管理资金支出时，财务会计应借记"财政专户管理资金支出"科目，贷记"其他财政存款"等科目；同期，预算会计应借记"财政专户管理资金支出"科目，贷记"资金结存——专户资金结存"科目。

当年已记入的财政专户管理资金支出发生退回时，财务会计按照实际退回的金额，借记"其他财政存款"科目，贷记"财政专户管理资金支出"科目；同期，预算会计应借记"资金结存——专户资金结存"科目，贷记"财政专户管理资金支出"科目。以前年度财政专户管理资金支出发生退回时，财务会计按照实际退回的金额，借记"其他财政存款"科目，贷记"以前年度盈余调整——财政专户管理资金以前年度盈余调整"科目；同期，预算会计进行相应账务处理，同当年已记入的财政专户管理资金支出发生退回。

年终转账，财务会计将"财政专户管理资金支出"科目借方余额转入本期盈余，借记"本期盈余——财政专户管理资金本期盈余"科目，贷记"财政专户管理资金支出"科目；同期，预算会计应借记"财政专户管理资金结余"科目，贷记"财政专户管理资金支出"科目。

【例6-7】2×24年，某省财政的财政专户管理资金支出业务如下：

(1) 财政专户管理的资金支出共计26 000万元。其中，教育行政事业性收费支出10 000万元，公安行政事业性收费支出5 000万元，卫生行政事业性收费支出5 000万元，党校行政事业性收费支出6 000万元。编制财务会计分录：

借：财政专户管理资金支出——教育行政事业性收费支出　　　100 000 000
　　　　　　　　　　　　　——公安行政事业性收费支出　　　　50 000 000
　　　　　　　　　　　　　——卫生行政事业性收费支出　　　　50 000 000
　　　　　　　　　　　　　——党校行政事业性收费支出　　　　60 000 000
　　贷：其他财政存款　　　　　　　　　　　　　　　　　　　260 000 000

同期，编制该业务的预算会计分录：
借：财政专户管理资金支出　　　　　　　　　　　　　　　　260 000 000
　　贷：资金结存——专户资金结存　　　　　　　　　　　　260 000 000

(2) 彩票发行机构和彩票销售机构的业务费支出25 000万元。
借：财政专户管理资金支出——非税支出（其他支出）　　　　250 000 000
　　贷：其他财政存款　　　　　　　　　　　　　　　　　　250 000 000

同期，编制该业务的预算会计分录：
借：财政专户管理资金支出　　　　　　　　　　　　　　　　250 000 000
　　贷：资金结存——专户资金结存　　　　　　　　　　　　250 000 000

(3) 年终转账，编制财务会计分录：
借：本期盈余——财政专户管理资金本期盈余　　　　　　　　510 000 000
　　贷：财政专户管理资金支出　　　　　　　　　　　　　　510 000 000

同期，编制该业务的预算会计分录：
借：财政专户管理资金结余　　　　　　　　　　　　　　　　510 000 000

贷：财政专户管理资金支出　　　　　　　　　　　　　　　　　510 000 000

第六节　专用基金支出与其预算支出

一、专用基金支出的概念

专用基金支出是指政府财政用专用基金收入安排的支出。由于专用基金设置的目的是更有效地利用受限资源，将资金集中投入非常特殊的项目或服务之中，因此，专用基金是专用性很强的财政资金，其管理（或使用）原则为：先收后支，量入为出；按规定用途安排使用；从其他财政存款账户中支付。

二、会计科目的设置

为了反映和监督专用基金支出增减变动情况，财务会计应设置"专用基金支出"科目。该科目借方登记发生的专用基金支出；贷方登记当年专用基金支出发生退回、年终转账本科目借方余额转入本期盈余；"专用基金支出"科目平时借方余额反映专用基金支出的累计数，期末结转后"专用基金支出"科目应无余额。"专用基金支出"科目可根据管理需要，按照专用基金种类、预算单位等进行明细核算。

为了反映和监督专用基金支出增减变动情况，预算会计应设置"专用基金支出"科目。该科目借方登记发生专用基金支出；贷方登记当年专用基金支出发生退回、年终借方余额转入本期盈余数额。平时借方余额反映专用基金支出的累计数。期末结转后，本科目应无余额。本科目应根据专用基金的种类设置明细科目。同时，根据预算管理需要，按预算单位等进行明细核算。

三、专用基金支出的账务处理

政府财政发生专用基金支出时，财务会计应借记"专用基金支出"科目，贷记"国库存款""其他财政存款"等科目；同期，预算会计应借记"专用基金支出"科目，贷记"资金结存"科目。

当年专用基金支出发生退回时，财务会计应按照实际退回的金额，借记"国库存款""其他财政存款"等科目，贷记"专用基金支出"科目；同期，预算会计应借记"资金结存"科目，贷记"专用基金支出"科目。如果以前年度专用基金支出发生退回，按照实际退回的金额，财务会计应借记"国库存款""其他财政存款"等科目，贷记"以前年度盈余调整——专用基金以前年度盈余调整"科目；同期，预算会计应借记"资金结存"科目，贷记"专用基金支出"科目。

政府财政年终转账时，财务会计将"专用基金支出"科目借方余额转入本期盈余，借记"本期盈余——专用基金本期盈余"科目，贷记"专用基金支出"科目；同期，预算会计应借记"专用基金结余"科目，贷记"专用基金支出"科目。

【例6-8】2×24年，某省政府财政发生专用基金支出业务如下：

（1）根据有关规定从其他财政存款账户向粮食部门拨付粮食风险基金6 185万元。编制财务会计分录：

借：专用基金支出——粮食风险基金　　　　　　　　　　　　　61 850 000
　　　　贷：其他财政存款——专用基金存款　　　　　　　　　　　　61 850 000
　　同期，编制该业务的预算会计分录：
　　借：专用基金支出——粮食风险基金　　　　　　　　　　　　　61 850 000
　　　　贷：资金结存——专户资金结存　　　　　　　　　　　　　　61 850 000
　（2）根据有关规定，粮食部门退回当年拨付粮食风险基金 50 万元。编制财务会计分录：
　　借：其他财政存款　　　　　　　　　　　　　　　　　　　　　　　500 000
　　　　贷：专用基金支出——粮食风险基金　　　　　　　　　　　　　　500 000
　　同期，编制该业务的预算会计分录：
　　借：资金结存——专户资金结存　　　　　　　　　　　　　　　　　500 000
　　　　贷：专用基金支出——粮食风险基金　　　　　　　　　　　　　　500 000
　（3）年终转账，将专用基金支出余额转入专用基金结余。编制财务会计分录：
　　借：本期盈余——专用基金本期盈余　　　　　　　　　　　　　61 350 000
　　　　贷：专用基金支出　　　　　　　　　　　　　　　　　　　　61 350 000
　　同期，编制该业务的预算会计分录：
　　借：专用基金结余　　　　　　　　　　　　　　　　　　　　　61 350 000
　　　　贷：专用基金支出　　　　　　　　　　　　　　　　　　　　61 350 000

第七节　债务还本和债务转贷支出

一、债务还本支出

债务还本支出是指政府财政偿还本级政府财政承担的纳入预算管理的债务本金支出。为了反映和监督债务还本支出增减变动情况，政府财政应设置预算会计"债务还本支出"科目。该科目借方登记债务还本支出的增加；贷方登记债务还本支出的减少；平时，"债务还本支出"科目借方余额反映本级政府财政债务还本预算支出的累计数。期末结转后，该科目无余额。"债务还本支出"科目应设置"国债还本支出""一般债务还本支出""专项债务还本支出"明细科目，并根据政府收支分类科目中"债务还本支出"科目进行明细核算。

债务还本预算支出的主要账务处理如下。

（一）日常的账务处理

政府财政偿还本级政府财政承担的政府债券、主权外债等纳入预算管理的债务本金时，借记"债务还本支出"科目，贷记"资金结存——库款资金结存""资金结存——专户资金结存""补助预算收入——上级调拨"等科目。

中央财政发生国债随买业务时，根据国债随买确认文件等相关债券管理资料，按照国债随买面值，借记"债务还本支出"科目；按照实际支付的金额，贷记"资金结存——库款资金结存"科目；按照其差额，借记或贷记"一般公共预算支出"科目。

（二）年终转账的账务处理

政府财政年终转账时，"债务还本支出"科目下"国债还本支出""一般债务还本支出"的借方余额转入"一般公共预算结转结余"，借记"一般公共预算结转结余"科目，贷记"债务还本预算支出——国债还本支出""债务还本预算支出——一般债务还本支出"科目。

"债务还本支出"科目下"专项债务还本支出"的借方余额转入"政府性基金预算结转结余"，借记"政府性基金预算结转结余"科目，贷记"债务还本预算支出——专项债务还本支出"科目，可根据预算管理需要，按照专项债务对应的政府性基金预算支出科目分别转入"政府性基金预算结转结余"相应明细科目。

债务还本支出账务处理举例参见第四章财政总会计负债。

二、债务转贷支出

债务转贷支出是指本级政府财政向下级政府财政转贷的债务支出。为了反映和监督债务转贷支出的增减变动情况，政府财政应设置预算会计"债务转贷支出"科目。该科目借方登记债务转贷支出的增加；贷方登记债务转贷支出的减少；平时，"债务转贷支出"科目借方余额反映债务转贷支出的累计数，期末结转后，该科目无余额。"债务转贷支出"科目应设置"一般债务转贷支出""专项债务转贷支出"明细科目，并根据政府收支分类科目中"债务转贷支出"科目和转贷地区进行明细核算。

债务转贷预算支出的主要账务处理如下。

（一）日常账务处理

本级政府财政向下级政府财政转贷地方政府债券资金时，借记"债务转贷支出"科目，贷记"资金结存——库款资金结存""补助预算支出——调拨下级"等科目。

本级政府财政向下级政府财政转贷主权外债资金，且主权外债最终还款责任由下级政府财政承担的具体账务处理如下：①支付转贷资金时，根据外债管理部门提交的转贷业务有关资料，借记"债务转贷支出"科目，贷记"资金结存——库款资金结存""资金结存——专户资金结存"科目。②外方或上级政府财政将贷款资金直接支付给用款单位或供应商时，根据外债管理部门提交的转贷业务有关资料，借记"债务转贷支出"科目，贷记"债务预算收入""债务转贷预算收入"科目。

（二）年终转账

年终转账时，"债务转贷支出"科目下"一般债务转贷支出"明细科目的借方余额转入"一般公共预算结转结余"，借记"一般公共预算结转结余"科目，贷记"债务转贷预算支出——一般债务转贷支出"科目；"债务转贷支出"科目下"专项债务转贷支出"明细科目的借方余额转入"政府性基金预算结转结余"，借记"政府性基金预算结转结余"科目，贷记"债务转贷预算支出——专项债务转贷支出"科目，可根据预算管理需要，按照专项债务对应的政府性基金预算支出科目分别转入"政府性基金预算结转结余"相应明细科目。

债务转贷支出账务处理举例参见第四章财政总会计负债。

【关键词汇】

政府机关商品和服务拨款费用（appropriation of goods and services for government agencies）	专用基金支出（expenditure on special purpose fund）
政府机关工资福利拨款费用（government salaries and welfare appropriations）	一般公共预算支出（general public budget expenditure）
对事业单位补助拨款费用（subsidize and allocate funds to public institutions）	政府性基金预算支出（budgetary expenditures for government-managed funds）
对企业补助拨款费用（subsidizing and allocating expenses for enterprises）	国有资本经营预算支出（budgetary expenditures for state capital operations）
对个人和家庭补助拨款费用（grant costs to individuals and families）	财政专户管理资金支出（special financial accounts manage the expenditure of funds）
对社会保障基金补助拨款费用（appropriations for social security fund subsidies）	补助预算支出（supplementary budget expenditure）
资本性拨款费用（capital appropriation costs）	上解预算支出（the above budget expenditure）
财务费用（financial expense）	地区间援助预算支出（interregional aid budget expenditure）
补助费用（subsidy cost）	预算稳定调节基金（budget stabilization fund）
上解费用（settlement charge）	债务还本预算支出（budget expenditure for debt service）
地区间援助费用（interregional assistance costs）	债务转贷预算支出（budgetary expenditure on debt transfer）

【思考与练习】

一、思考题

1. 简述费用和预算支出的概念、特征和主要内容。费用和预算支出的关系如何？
2. 试比较政府收支分类支出科目与财政总预算会计支出科目之间的差异。
3. 什么是拨款费用和拨款预算支出？各自包括哪些内容？
4. 什么是财政总会计的财务费用？它包括哪些内容？汇兑损益的账务处理包括哪些内容？
5. 什么是转移支付和转移支付费用？转移支付费用及其支出的账务处理包括哪些内容？
6. 简述地区间援助费用及其支出的内容，说明其账务处理方法。
7. 什么是财政专户、财政专户资金及其财政专户支出？说明财政专户管理资金支出的账务处理方法。
8. 什么是专用基金支出？说明专用基金的特点。

二、练习题

（一）单项选择题

1. 下列各项中，关于预算支出表述不正确的是（　　）。
   A. 它是依法发生并纳入预算管理的现金流出
   B. 它是以账面金额计量的现金流出
   C. 它是在预算年度内发生的支出
   D. 它一般在实际支付时予以确认

2. 下列各项中，应通过"补助支出"科目核算的有（　　）。
   A. 税收返还支出
   B. 专项补助下级财政的支出
   C. 年终结算应补拨给下级财政的自然灾害救济款
   D. 拨给某预算单位的经费

3. 政府财政发生下列经济业务时，财务会计和预算会计借记相同会计科目的是（　　）。
   A. 按规定补助给下级政府财政的款项
   B. 按规定需要上解给上级政府财政的款项
   C. 发生专用基金支出
   D. 地区间援助费用或支出

（二）多项选择题

1. 政府财政提前赎回已发行的政府债券、债权人豁免政府财政承担的主权外债应付利息时，应借记的会计科目有（　　）。
   A. 应付利息　　　　　　　　　B. 应付地方政府债券转贷款——应付利息
   C. 应付主权外债转贷款——应付利息　　D. 财务费用

2. 政府财政会计期末将所有以外币计算的存款按期末汇率折算为人民币金额，下列各项中，关于折算差额的会计处理正确的有（　　）。
   A. 折算后的金额<账面余额，财务会计分录：
      借：财务费用——汇兑损益
         贷：其他财政存款
   B. 折算后的金额>账面余额，预算会计分录：
      借：一般公共预算支出
         贷：资金结存——专户资金结存
   C. 折算后的金额<账面余额，预算会计分录：
      借：一般公共预算支出
         贷：资金结存——专户资金结存
   D. 折算后的金额>账面余额，财务会计分录：
      借：资金结存——专户资金结存
         贷：一般公共预算支出

3. 政府财政发生对事业单位（不含参公事业单位）的经常性补助支出时，下列会计科目中，属于预算会计应借记的会计科目的有（　　）。
   A. 政府性基金预算支出　　　　　B. 国有资本经营预算支出

C. 对事业单位补助拨款费用　　　　D. 一般公共预算支出

4. 政府财政当年已记入的财政专户管理资金支出发生退回时，下列会计处理正确的有（　　）。

A. 财务会计按照实际退回的金额：
借：其他财政存款
　　贷：财政专户管理资金支出

B. 财务会计按照实际退回的金额：
借：其他财政存款
　　贷：以前年度盈余调整

C. 预算会计按照实际退回的金额：
借：其他财政存款
　　贷：财政专户管理资金支出

D. 预算会计按照实际退回的金额：
借：资金结存——专户资金结存
　　贷：财政专户管理资金支出

（三）业务核算题

1. 资料：某县财政使用粮食风险基金对种粮农民进行直接补贴，从粮食风险基金财政专户拨付资金163万元。年终，该县财务会计和预算会计"专用基金支出"科目借方余额均为9 500万元。

要求：编制该县上述业务相关的会计分录。

2. 资料：某省财政年终与所属地市财政进行体制结算。经核算，省级一般公共预算需补助甲市一般性转移支付150 000万元；同时，政府性基金预算需扣减乙市专项转移支付6 000万元。

要求：编制该省上述业务的会计分录。

3. 资料：2×24年9月初，某省财政发行5年期地方政府一般债券20 000万元，发行利率为3%，债券到期一次还本付息。该省按照债券发行总额的0.15%支付发行手续费。年终结转"财务费用"科目借方余额为1 200万元。

要求：编制该省发行债券收到债券款、支付发行手续费、计提应付利息以及年终结算的财务会计分录和预算会计分录。

第七章 财政总会计净资产与预算结余

【学习目标和思政目标】
● 学习目标：了解净资产与预算结余的概念，熟悉净资产与预算结余相关会计科目的设置，掌握净资产与预算结余的账务处理方法。
● 思政目标：在掌握账务处理方法的同时，深刻理解政府加强盈余管控的意义，增强依法依规取得收入、节约费用支出的意识。通过预算稳定调节基金、预算周转金的讲授与学习，理解政府设置预算稳定调节基金、预算周转金的目的，深知我国政府是一个负责任、有担当、值得信赖的政府，将爱国情怀倾注到自己的专业中，为祖国的发展、繁荣而努力。通过对股权按投资权益法调整的学习，认识到不仅企业、个人投资有风险，政府投资也所面临多重风险，从而形成一定的风险意识，提高分析和识别风险技能，立足岗位，协助管理层有效地利用财务会计信息，回避、降低各类风险。

【学习重点和难点】
● 学习重点：财政总会计净资产特征、净资产核算的内容、预算结余的内容、本期和累计盈余及其预算结余的账务处理方法。
● 学习难点：本期盈余和累计盈余、预算结余账务处理方法。

第一节 净资产与预算结余概述

一、净资产

（一）净资产的概念

净资产是指本级财政总会计核算的资产扣除负债后的净额，由资产、负债两个会计要素所组成，即：资产-负债=净资产。

从资产、负债和净资产三个要素之间的数量关系看，净资产的变动不能独立于政府财政的资产和负债，它是资产和负债两个会计要素之间或某一会计要素单方面增减变动引起的，是对资产和负债分别计量并相互抵减的结果。

财政总会计净资产具有以下特征：

1. 根据净资产、资产、负债三个要素之间的关系可知，净资产不像资产、负债要素在发生时可按规定的方法单独计量，净资产要在资产和负债计量之后计算确定。因此，净资产确认与计量最终取决于资产和负债的确认与计量。

2. 净资产的变动主要来源于收入减费用（或支出）的余额。一般来说，引起净资产增减变动的原因主要有两种：一是含有经济利益或服务潜力的经济资源流入会计主体，使其资产增加或者负债减少，从而导致净资产增加，即财政总会计主体获得了收入而导致净资产增加；二是含有经济利益或服务潜力的经济资源流出会计主体，使财政总会计主体的资产减少或负债增加，从而导致净资产减少，也就是财政总会计主体发生了费用而导致净资产减少。

（二）净资产内容

财政总会计核算的净资产包括累计盈余、本期盈余、预算稳定调节基金、预算周转金、权益法调整、以前年度盈余调整等。

（三）净资产的确认与计量的基本原则

由于净资产是资产扣减负债后的差额，因此，无论是净资产的确认还是计量都不能单独进行，只能采用一定方法分别确认、计量资产和负债后，方可确定净资产。因此，《基本准则》规定，净资产金额取决于资产和负债的计量。

二、预算结余

《基本准则》指出：预算结余是指政府会计主体预算年度内预算收入扣除预算支出后的资金余额，以及历年滚存的资金余额。

预算结余有广义和狭义之分。广义的预算结余包括当年预算结余和历年滚存的资金余额。狭义的预算结余一般是指当年内预算收入扣除预算支出后的资金余额。根据《基本准则》的规定，预算结余包括结余资金和结转资金。其中，结余资金是指年度预算执行终了，预算收入实际完成数扣除预算支出和结转资金后剩余的资金；结转资金是指预算安排项目的支出年终尚未执行完毕或者因故未执行，且下年需要按原用途继续使用的资金。

预算结余包括一般公共预算结转结余、政府性基金预算结转结余、国有资本经营预算结转结余、财政专户管理资金结余、专用基金结余、预算稳定调节基金、预算周转金、资金结存。

第二节　本期盈余与本期预算结余

一、本期盈余

（一）本期盈余的概念

本期盈余是指政府财政纳入一般公共预算、政府性基金预算、国有资本经营预算管理的资金，财政专户管理资金、专用基金本期各项收入、费用分别相抵后的余额。其计算公式为：

$$本期盈余＝本期各项收入合计-本期各项费用合计$$

其中：本期各项收入包括税收收入、非税收入、投资收益、补助收入、上解收入、地区间援助收入、其他收入、财政专户管理资金收入、专用基金收入。

本期各项费用包括政府机关商品和服务拨款费用、政府机关工资福利拨款费用、对事业单位补助拨款费用、对企业补助拨款费用、对个人和家庭补助拨款费用、对社会保障基金补助拨款费用、资本性拨款费用、其他拨款费用、财务费用、补助费用、上解费用、地区间援助费用、其他费用、财政专户管理资金支出、专用基金支出。

(二) 会计科目的设置

为了反映和监督本期盈余增减变动情况，财务会计应设置"本期盈余"科目反映和监督政府财政纳入一般公共预算、政府性基金预算、国有资本经营预算管理的资金，以及财政专户管理资金、专用基金本期各项收入、费用分别相抵后的余额。该科目贷方登记本期各类收入转入数；借方登记本期各类收入费用转入数。

"本期盈余"科目应设置"预算管理资金本期盈余""财政专户管理资金本期盈余""专用基金本期盈余"明细科目。政府财政设置补充和动用预算稳定调节基金、设置补充预算周转金产生的盈余变动事项，也通过"本期盈余"科目核算。

(三) 本期盈余的账务处理

1. 收入类科目的结转。政府财政年终转账时，财务会计将纳入一般公共预算、政府性基金预算、国有资本经营预算管理的各类收入科目本年发生额转入本科目的贷方，借记"税收收入""非税收入""投资收益""补助收入""上解收入""地区间援助收入""其他收入"科目，贷记"本期盈余"科目。

2. 费用类科目的结转。政府财政年终转账时，财务会计将纳入一般公共预算、政府性基金预算、国有资本经营预算管理的各类费用科目本年发生额转入"本期盈余"科目的借方，借记"本期盈余"科目，贷记"政府机关商品和服务拨款费用""政府机关工资福利拨款费用""对事业单位补助拨款费用""对企业补助拨款费用""对个人和家庭补助拨款费用""对社会保障基金补助拨款费用""资本性拨款费用""其他拨款费用""财务费用""补助费用""上解费用""地区间援助费用""其他费用"科目。

【例 7-1】2×24 年某省年终转账前，财务会计收入和费用科目余额、一般公共预算收支科目余额如表 7-1 所示。

表 7-1 会计科目余额表 单位：万元

财务会计		预算会计	
税收收入	15 600 000	一般公共预算收入	15 800 000
非税收入	6 500 000	政府性基金预算收入	3 200 000
投资收益	38 000	国有资本经营预算收入	1 600 000
补助收入	25 000	财政专户管理资金收入	320 000
上解收入	18 000	专用基金收入	260 000
地区间援助收入	2 125 000	补助预算收入	2 125 000
		其中：一般公共预算补助收入	1 125 000
		政府性基金预算补助收入	600 000
		国有资本经营预算补助收入	400 000
其他收入	3 125 000	上解预算收入	418 000
		其中：一般公共预算上解收入	300 000
		政府性基金预算补助收入	70 800
		国有资本经营预算补助收入	47 200

续表

财务会计		预算会计	
财政专户管理资金收入	320 000	地区间援助预算收入（一般公共预算）	130 000
专用基金收入	218 000	调入预算资金 其中：一般公共预算调入资金 　　　政府性基金预算调入资金	215 000 150 500 64 500
收入合计	27 969 000	动用预算稳定调节基金（一般公共预算）	30 000
政府机关商品和服务拨款费用	12 496 000	债务预算收入 其中：一般债务收入 　　　专项预算收入	628 000 328 000 300 000
政府机关工资福利拨款费用	937 200	债务转贷预算收入 其中：一般债务转贷收入 　　　专项预算转贷收入	400 000 300 000 100 000
对事业单位补助拨款费用	6 248 000	预算收入合计	25 126 000
对企业补助拨款费用	3 124 000	一般公共预算支出	14 600 000
对个人和家庭补助拨款费用	—	政府性基金预算支出	3 000 000
对社会保障基金补助拨款费用	—	国有资本经营预算支出	1 400 000
资本性拨款费用	185 000	财政专户管理资金支出	100 000
财务费用	135 000	专用基金支出	130 000
财政专户管理资金支出	100 000	补助预算支出 其中：一般公共预算支出 　　　政府性基金预算补助支出	320 000 180 000 140 000
专用基金支出	150 000	上解预算支出 其中：一般公共预算上解支出 　　　政府性基金预算上解支出	350 000 245 000 105 000
费用合计	23 375 200	地区间援助预算支出	50 000
		调出预算资金	13 000
		安排预算稳定调节基金	—
		债务还本预算支出 其中：一般债务还本支出 　　　专项预算还本支出	340 000 200 000 140 000
		债务转贷预算支出 ——一般债务转贷支出	20 500
		预算支出合计	20 323 500
盈余或结余	4 593 800		

(1) 结转有关收入科目贷方余额：

借：税收收入		156 000 000 000
非税收入		65 000 000 000
投资收益		380 000 000
补助收入		250 000 000
上解收入		180 000 000
地区间援助收入		21 250 000 000
其他收入		31 250 000 000
财政专户管理资金收入		3 200 000 000
专用基金收入		2 180 000 000
贷：本期盈余		279 690 000 000

(2) 结转有关费用科目借方余额：

借：本期盈余		233 752 000 000
贷：政府机关商品和服务拨款费用		124 960 000 000
政府机关工资福利拨款费用		9 372 000 000
对事业单位补助拨款费用		62 480 000 000
对企业补助拨款费用		31 240 000 000
资本性拨款费用		1 850 000 000
财务费用		1 350 000 000
财政专户管理资金支出		1 000 000 000
专用基金支出		1 500 000 000

经计算，本期盈余为 45 938 000 000 元（279 690 000 000-233 752 000 000）。

二、本期预算结余

（一）本期预算结余的概念

本期预算结余是指预算年度内政府预算收入扣除预算支出后的余额，计算公式为：

$$预算结余 = 预算收入 - 预算支出$$

其中：

本期预算收入包括本级收入、补助预算收入、上解预算收入、地区间援助预算收入、债务预算收入、债务转贷预算收入、动用预算稳定调节基金、调入预算资金。

本期预算支出包括本级支出、补助预算支出、上解预算支出、地区间援助预算支出、债务还本预算支出、债务转贷预算支出、安排预算稳定调节基金、调出预算资金、结余转出。

在财政总会计中，预算结余表现为国库或商业银行财政性存款的结存。它反映了政府当期运营中获得或消耗的资源及其资源结余情况。通过预算结余核算，可以客观、准确地评估政府的财政管理效率，以及是否有效地运用了拨款资金。此外，预算结余信息还可以对管理未来预算支出提供依据。

需要说明的是，《财政总会计制度》第三十八条规定，各项结转结余应每年结算一次。本期预算结余实际是"年度"预算的结余。

（二）本期盈余与本期预算结余关系

本期盈余与本期预算结余都反映各级政府财政一定时期运营活动的结果。前者反映的是本期收入与费用的差额，后者反映的是本期预算收支差额。两者有时可能相同，但多数情况不同，根本原因是彼此采用的确认标准不同。本期盈余是财务会计以权责发生制为基础确定的政府财政、财务成果，本期预算结余是预算会计以收付实现制为基础确定的预算收支执行的结果。具体来说，导致本期盈余与预算结余产生差异的原因有以下四种：①当期确认为收入但没有确认为预算收入；②当期确认为预算支出但没有确认为费用；③当期确认为预算收入但没有确认为收入；④当期确认为费用但没有确认为预算支出。

（三）会计科目设置

为了反映和监督各种预算资金结转结余情况，《财政总会计制度》规定，预算会计应设置"一般公共预算结转结余""政府性基金预算结转结余""国有资本经营预算结转结余""财政专户管理资金结余""专用基金结余"科目。其中：①"一般公共预算结转结余"科目用于核算本级政府财政一般公共预算收支的执行结果；②"政府性基金预算结转结余"科目用于核算本级政府财政政府性基金预算收支的执行结果；③"国有资本经营预算结转结余"科目用于核算本级政府财政国有资本经营预算收支的执行结果；④"财政专户管理资金结余"科目用于核算本级政府财政纳入财政专户管理的教育收费等资金收支的执行结果；⑤"专用基金结余"科目用于核算本级政府财政专用基金收支的执行结果。

上述五个预算资金结转结余科目结构基本相同，即：年终转账时，将不同基金预算的有关收入科目贷方余额从其借方转入该基金结转结余科目的贷方；将不同基金预算的有关支出科目借方余额从其贷方转入该基金结转结余科目的借方；各预算结转结余科目期末贷方余额反映该基金预算收支相抵后的滚存结转结余。

（四）本期预算结余的账务处理

年终，政府财政需要将某一个会计科目的发生额和余额转移到另一个科目，以正确计算确定各种预算结余，为预算管理提供重要的信息。

1. 一般公共预算本期结余的计算与结转。

（1）预算收入科目的结转。政府财政年终转账时，预算会计将一般公共预算的有关收入科目贷方余额转入本科目的贷方，借记"一般公共预算收入""补助预算收入——一般公共预算补助收入""上解预算收入——一般公共预算上解收入""地区间援助预算收入""调入预算资金——一般公共预算调入资金""债务预算收入——国债收入""债务预算收入——一般债务收入""债务转贷预算收入——一般债务转贷收入""动用预算稳定调节基金"科目，贷记"一般公共预算结转结余"科目。

（2）预算支出科目的结转。政府财政年终转账时，预算会计将一般公共预算的有关支出科目借方余额转入本科目的借方，借记"一般公共预算结转结余"科目，贷记"一般公共预算支出""补助预算支出——一般公共预算补助支出""上解预算支出——一般公共预算上解支出""地区间援助预算支出""调出预算资金——一般公共预算调出资金""安排预算稳定调节基金""债务还本预算支出——国债还本支出""债务还本预算支出——一般债务还本支出""债务转贷预算支出——一般债务转贷支出"科目。

一般公共预算结转结余的结转方法如图7-1所示。

```
                          一般公共预算结转结余
一般公共预算支出          │          一般公共预算收入
─────────────→          │          ←─────────────
    补助预算支出          │              补助预算收入
——一般公共预算支出        │          ——一般公共预算收入
─────────────→          │          ←─────────────
    上解预算支出          │              上解预算收入
——一般公共预算上解支出    │          ——一般公共预算收入
─────────────→          │          ←─────────────
  地区间援助预算支出      │            地区间援助预算收入
─────────────→          │          ←─────────────
    调出预算资金          │              调入预算资金
——一般公共预算调出资金    │
─────────────→          │          ←─────────────
债务还本支出——国债还本支出/一般债务还本支出 │  债务预算收入——国债收
─────────────→          │          入/一般债务收入
                         │          ←─────────────
   债务转贷预算支出       │           债务转贷预算收入——
——一般债务转贷支出       │           一般债务转贷收入
─────────────→          │          ←─────────────
                         │          动用预算稳定调节基金
                         │          ←─────────────
                         │
                         │ 贷方余额：反映一般公共预算
                         │ 收支相抵后的滚存结转结余
```

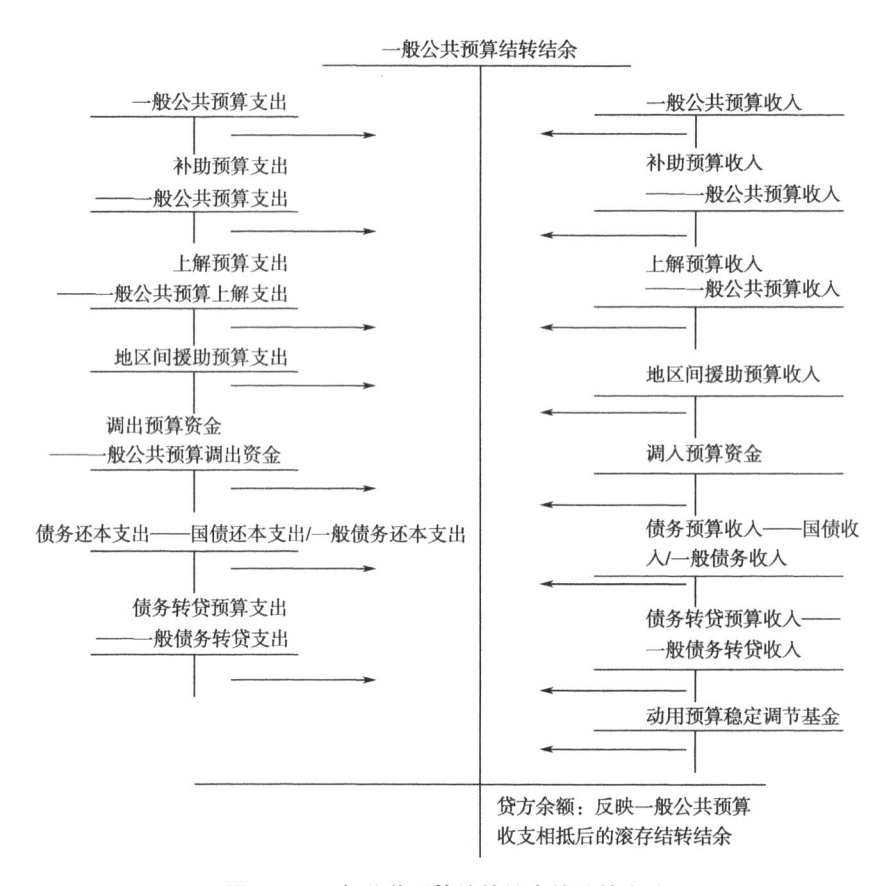

图 7-1　一般公共预算结转结余的结转方法

【例 7-2】承例 7-1，结转本期一般公共预算结转结余：
(1) 结转有关预算收入科目贷方余额：

借：一般公共预算收入	158 000 000 000
补助预算收入——一般公共预算收入	11 250 000 000
上解预算收入——一般公共预算收入	3 000 000 000
地区间援助预算收入	1 300 000 000
调入预算资金——一般公共预算收入	1 505 000 000
动用预算稳定调节基金	300 000 000
债务预算收入——一般债务收入	3 280 000 000
债务转贷预算收入——一般债务转贷收入	3 000 000 000
贷：一般公共预算结转结余	181 635 000 000

(2) 结转有关预算支出科目借方余额：

借：一般公共预算结转结余	153 085 000 000
贷：一般公共预算支出	146 000 000 000
补助预算支出——一般公共预算支出	1 800 000 000
上解预算支出——一般公共预算上解支出	2 450 000 000
地区间援助预算支出	500 000 000

调出预算资金	130 000 000
债务还本预算支出——一般债务还本支出	2 000 000 000
债务转贷预算支出——一般债务转贷支出	205 000 000

经计算，一般公共预算结转结余为 28 550 000 000 元（181 635 000 000-153 085 000 000）。

2. 政府性基金预算本期结余的计算与结转。政府财政年终转账时，应将"政府性基金预算收入""补助预算收入——政府性基金预算补助收入""上解预算收入——政府性基金预算上解收入""调入预算资金——政府性基金预算调入资金""债务预算收入——专项债务收入""债务转贷预算收入——专项债务转贷收入""政府性基金预算支出""补助预算支出——政府性基金预算补助支出""上解预算支出——政府性基金预算上解支出""调出预算资金——政府性基金预算调出资金""债务还本预算支出——专项债务还本支出""债务转贷预算支出——专项债务转贷支出"科目的余额转入"政府性基金预算结转结余"科目，结转方法同一般公共预算结转结余。

【例7-3】承例7-1，结转本期政府性基金预算收入和支出：

(1) 结转本期政府性基金预算收入科目贷方余额：

借：政府性基金预算收入	32 000 000 000
补助预算收入——政府性基金预算补助收入	6 000 000 000
上解预算收入——政府性基金预算上解收入	708 000 000
调入预算资金——政府性基金预算调入资金	645 000 000
债务预算收入——专项预算收入	3 000 000 000
债务转贷预算收入——专项预算转贷收入	1 000 000 000
贷：政府性基金预算结转结余	43 353 000 000

(2) 结转本期政府性基金预算支出科目借方余额：

借：政府性基金预算结转结余	33 850 000 000
贷：政府性基金预算支出	30 000 000 000
补助预算支出——政府性基金预算补助支出	1 400 000 000
上解预算支出——政府性基金预算上解支出	1 050 000 000
债务还本预算支出——专项预算还本支出	1 400 000 000

经计算，政府性基金预算结转结余为 9 503 000 000 元（43 353 000 000-33 850 000 000）。

3. 国有资本经营预算本期结余的计算与结转。政府财政年终转账时，应将"国有资本经营预算收入""补助预算收入——国有资本经营预算补助收入""上解预算收入——国有资本经营预算上解收入""国有资本经营预算支出""补助预算支出——国有资本经营预算补助支出""上解预算支出——国有资本经营预算上解支出""调出预算资金——国有资本经营预算调出资金"科目的余额转入"政府性基金预算结转结余"科目，结转方法同一般公共预算结转结余。

【例7-4】承例7-1，结转本期国有资本经营预算收入和支出：

(1) 结转本期国有资本经营预算收入科目贷方余额：

借：国有资本经营预算收入	16 000 000 000
补助预算收入——国有资本经营预算补助收入	4 000 000 000
上解预算收入——国有资本经营预算补助收入	472 000 000
贷：国有资本经营预算结转结余	20 472 000 000

(2) 结转本期国有资本经营预算支出科目借方余额：

借：国有资本经营预算结转结余　　　　　　　　　　　　　14 000 000 000
　　贷：国有资本经营预算支出　　　　　　　　　　　　　　14 000 000 000

年末，经计算"专用基金结余"科目贷方余额6 472 000 000元（20 472 000 000-14 000 000 000）。

4. 财政专户管理资金本期预算结余的计算与结转。政府财政年终转账时，应将"财政专户管理资金收入""财政专户管理资金支出"科目的余额转入"财政专户管理资金结余"科目，结转方法同一般公共预算结转结余。

【例7-5】承例7-1，结转财政专户管理资金收入和支出。

(1) 结转本期财政专户管理资金收入科目贷方余额：

借：财政专户管理资金收入　　　　　　　　　　　　　　　3 200 000 000
　　贷：财政专户管理资金结余　　　　　　　　　　　　　　3 200 000 000

(2) 结转本期财政专户管理资金支出科目借方余额：

借：财政专户管理资金结余　　　　　　　　　　　　　　　1 000 000 000
　　贷：财政专户管理资金支出　　　　　　　　　　　　　　1 000 000 000

年末，经计算"财政专户管理资金结余"科目贷方余额2 200 000 000元（3 200 000 000-1 000 000 000）。

5. 专用基金本期预算结余的计算与结转。政府财政年终转账时，应将"专用基金收入""专用基金支出"科目的余额转入"专用基金结余"科目，结转方法同一般公共预算结转结余。

【例7-6】承例7-1，结转本期专用基金收入和支出。

(1) 结转本期专用基金支出科目贷方余额：

借：专用基金收入　　　　　　　　　　　　　　　　　　　2 600 000 000
　　贷：专用基金结余　　　　　　　　　　　　　　　　　　2 600 000 000

(2) 结转本期专用基金支出科目借方余额：

借：专用基金结余　　　　　　　　　　　　　　　　　　　1 300 000 000
　　贷：专用基金支出　　　　　　　　　　　　　　　　　　1 300 000 000

年末，经计算"专用基金结余"科目贷方余额1 300 000 000元（2 600 000 000-1 300 000 000）。

第三节　累计盈余与预算累计结余

一、累计盈余与预算累计结余的概念

（一）累计盈余

累计盈余是指政府财政纳入一般公共预算、政府性基金预算、国有资本经营预算管理的预算资金，财政专户管理资金，专用基金历年实现的盈余滚存的金额。为了具体反映累计盈余来源和性质，各项资金结余应分别核算，不能混淆。

(二) 预算累计结余

预算累计结余是指预算年度内政府预算收入扣除预算支出后的余额,以及历年滚存的库款和专户资金余额。它是截至报告期末政府财政历年全部预算收支相抵后的余额。

二、会计科目的设置

为了反映和监督政府财政历年实现盈余滚存金额的增减变动情况,财务会计应设置"累计盈余"科目。该科目贷方登记年终转账将"本期盈余——预算管理资金本期盈余"科目余额转入本科目的金额;借方登记年终转账将"以前年度盈余调整——预算管理资金以前年度盈余调整"科目余额转入本科目金额;"累计盈余"科目期末余额反映预算管理资金累计盈余的累计数。"累计盈余"科目应设置"预算管理资金累计盈余""财政专户管理资金累计盈余"和"专用基金累计盈余"明细科目。其中"预算管理资金累计盈余"明细科目包括一般公共预算、政府性基金预算和国有资本经营预算三项预算的累计余额。

三、累计盈余的账务处理

(一) 预算管理资金累计盈余

政府财政年终转账,将"本期盈余——预算管理资金本期盈余"科目余额、"以前年度盈余调整——预算管理资金以前年度盈余调整"科目余额转入"累计盈余"科目时,借记或贷记"本期盈余——预算管理资金本期盈余"科目、"以前年度盈余调整——预算管理资金以前年度盈余调整"科目,贷记或借记"累计盈余"科目。

(二) 财政专户管理资金累计盈余

政府财政年终转账时,将"本期盈余——财政专户管理资金本期盈余"科目余额、"以前年度盈余调整——财政专户管理资金以前年度盈余调整"科目余额转入"累计盈余"科目,借记或贷记"本期盈余——财政专户管理资金本期盈余""以前年度盈余调整——财政专户管理资金以前年度盈余调整"科目,贷记或借记"累计盈余"科目。

(三) 专用基金累计盈余

政府财政年终转账时,将"本期盈余——专用基金本期盈余"科目的余额、"以前年度盈余调整——专用基金以前年度盈余调整"科目的余额转入本科目,借记或贷记"本期盈余——专用基金本期盈余"科目、"以前年度盈余调整——专用基金以前年度盈余调整"科目,贷记或借记"累计盈余"科目。

四、预算累计结余的账务处理

预算累计结余包括一般公共预算累计结余、政府性基金预算累计结余、国有资本经营预算累计结余、财政专户管理资金累计结余和专用基金累计结余。由于上述累计结余通常在政府财政年终计算确定,其计算和结转方法同本章第二节本期预算结余。

【例7-7】承例7-1,该省年终结算,财务会计结转累计盈余的账务处理如下:

借:本期盈余——预算管理资金本期盈余　　　　　　　　43 058 000 000
　　　　　　——财政专户管理资金本期盈余　　　　　　　2 200 000 000

　　　　——专用基金本期盈余　　　　　　　　　　　　　　　　680 000 000
　　贷：累计盈余　　　　　　　　　　　　　　　　　　　　45 938 000 000

第四节　预算周转金与预算稳定调节基金

一、预算周转金

（一）预算周转金的概念

预算周转金是指政府财政为调剂预算年度内季节性收支差额，保证及时用款而设置的库款周转资金。

在预算年度内，不同月份预算收支可能是不均衡的，收支变化更不可能同步。经济运行好，预算收入增长快，但预算支出不一定相应增长；经济运行不佳，预算收入下降，但预算支出不一定随之下降，有时反而增长。此外，预算收支还可能存在季节性差异，收入旺季时，支出可能是淡季；支出旺季时，收入可能是淡季。为了防止可能发生的暂时性支付困难，保证必需的预算支出资金的需求，各级政府应设置预算周转金，防止预算执行中的收支脱节，缓和季节性收支矛盾。

预算周转金是一种有偿使用的财政性资金。与一般财政资金相比，其特殊性体现在以下方面：①它是一般有偿使用的资金，在性质上与银行的信贷资金相同，不同的只是这种资金的使用方向、数量规模和管理方式；②在资金使用上，必须与一般的财政资金相同，主要用于非营利性事业；③在数量上，国家对这项资金进行限制，主要目的是保证金融市场的秩序井然；④在管理方式上，国家采取一系列严格的方式加强管理与监督。

实务中，预算周转金由各级政府设置，由本级政府财政部门管理。它有两个来源渠道：一是从本级财政预算结余中设置和补充；二是由上级财政部门拨入。在预算执行过程中，当季节性等多种原因导致出现收不抵支时，可用周转金垫支；待收大于支时，应及时收回，并不得转作他用。根据《预算法》的规定，预算周转金只能用于本级政府调剂预算年度内季节性收支差额，不能挪作他用，也不得跨年度使用，其余额只能增加不能减少。

（二）会计科目的设置

财务会计和预算会计通过设置"预算周转金"科目核算政府财政设置的用于调剂预算年度内季节性收支差额周转使用的资金。该账户的贷方登记设置和补充的预算周转金；借方登记将预算周转金调入预算稳定调节基金；期末贷方余额反映预算周转金的规模。

（三）预算周转金的账务处理

政府财政设置和补充预算周转金时，财务会计应借记"本期盈余——预算管理资金本期盈余"科目，贷记"预算周转金"科目；同期，预算会计借记"一般公共预算结转结余"科目，贷记"预算周转金"科目。

政府财政将预算周转金调入预算稳定调节基金时，财务会计和预算会计均借记"预算周转金"科目，贷记"预算稳定调节基金"科目。

【例7-8】某县财政总预算会计根据发生的预算周转金业务如下：

（1）经上级财政机关批准，从本县上年结余中补充预算周转金5 000万元。编制财务会计分录：

借：本期盈余——预算管理资金本期 　　　　　　　　　50 000 000
　　贷：预算周转金 　　　　　　　　　　　　　　　　　　50 000 000
同期，编制该业务的预算会计分录：
借：一般公共预算结转结余 　　　　　　　　　　　　　50 000 000
　　贷：预算周转金 　　　　　　　　　　　　　　　　　　50 000 000

（2）将预算周转金1 650万元调入预算稳定调节基金。编制财务会计分录：
借：预算周转金 　　　　　　　　　　　　　　　　　　16 500 000
　　贷：预算稳定调节基金 　　　　　　　　　　　　　　　16 500 000
同期，编制该业务的预算会计分录，同财务会计。

二、预算稳定调节基金

（一）预算稳定调节基金的概念

预算稳定调节基金是指政府财政安排用于弥补以后年度预算资金不足的储备资金。它是基于"以丰补歉，以盈填亏"的财政理念而设置的，是一种政府预算储备。例如：在经济形势好、财政收入增长高的年份，安排资金存入预算稳定基金，减少政府支出，避免经济过热发展；当经济疲软、财政收入减少的时候，调入使用基金，增加政府开支，刺激社会总需求，抑制经济紧缩的加剧。因此，预算稳定基金是政府实施经济政策、熨平经济波动、稳定经济运行的重要工具。预算稳定调节基金的主要来源有两个：一是一般公共预算的结余资金，二是一般公共预算超收收入冲减赤字后的剩余部分。

《预算稳定调节基金管理暂行办法》

（二）会计科目的设置

为了反映和监督预算稳定调节基金增减变动情况，财务会计应设置"预算稳定调节基金"科目。该科目的贷方登记预算稳定调节基金的增加；借方登记预算稳定调节基金的减少；期末贷方余额反映预算稳定调节基金的规模。

为了反映和监督预算稳定调节基金增减变动情况，预算会计应设置"动用预算稳定调节基金"科目和"安排预算稳定调节基金"科目。前者为预算收入科目，后者为预算支出科目。

（三）预算稳定调节基金的账务处理

政府财政设置或补充预算稳定调节基金时，财务会计应借记"本期盈余——预算管理资金本期盈余"科目，贷记"预算稳定调节基金"科目；将预算周转金调入预算稳定调节基金时，借记"预算周转金"科目，贷记"预算稳定调节基金"科目；政府财政动用预算稳定调节基金，借记"预算稳定调节基金"科目，贷记"本期盈余——预算管理资金本期盈余"科目。

预算会计设置"动用预算稳定调节基金"、"安排预算稳定调节基金"和"预算稳定调节基金"三个科目，分别核算预算稳定调节基金的来源（基金收入）、基金支出和基金结存情况。

三个科目的相互关系如图7-2所示。

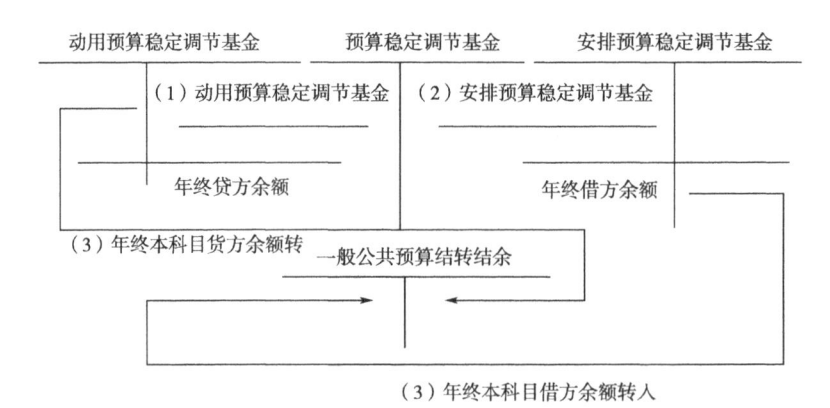

图 7-2 预算会计预算稳定调节基金的动用、安排和结余关系

【例 7-9】2×23 年某省财政根据发生的预算稳定调节基金业务如下：

(1) 政府财政补充预算稳定调节基金 43 500 万元，其中，从政府财政使用超收收入中转入 32 000 万元，其余部分从一般公共预算结余中转入。编制财务会计分录：

借：本期盈余——预算管理资金本期盈余　　　　　　　　　435 000 000
　　贷：预算稳定调节基金　　　　　　　　　　　　　　　435 000 000

同期，编制该业务的预算会计分录：

借：安排预算稳定调节基金　　　　　　　　　　　　　　　435 000 000
　　贷：预算稳定调节基金　　　　　　　　　　　　　　　435 000 000

(2) 政府财政将预算周转金调入预算稳定调节基金 30 000 万元。编制财务会计分录：

借：预算周转金　　　　　　　　　　　　　　　　　　　　300 000 000
　　贷：预算稳定调节基金　　　　　　　　　　　　　　　300 000 000

同期，编制该业务的预算会计分录，同财务会计。

(3) 政府财政调用预算稳定调节基金 25 000 万元。编制财务会计分录：

借：预算稳定调节基金　　　　　　　　　　　　　　　　　250 000 000
　　贷：动用预算稳定调节基金　　　　　　　　　　　　　250 000 000

第五节　权益法调整

一、权益法调整

权益法调整是指政府财政取得长期股权投资后，根据被投资单位所有者权益变动情况，按照权益法对投资的账面价值进行的调整。

通常，采用权益法核算政府财政股权投资时，股权投资的账面价值会随着被投资单位所有者权益变动而作出相应的调整。引起被投资单位所有者权益变动的原因主要有三个：一是被投资单位实现净损益；二是被投资单位进行利润分配；三是净损益、利润分配以外的经济业务。权益法调整是事业单位根据被投资单位除净损益和利润分配以外的所有者权益变动，按事业单位应享有或应分担的份额，而对净资产和股权投资账面余额的调整。

二、会计科目的设置

为了反映政府财政按照持股比例计算应享有的被投资主体除净损益和利润分配以外的所有者权益变动份额的增减变动情况，财务会计应设置"权益法调整"科目。该科目贷方登记权益法调整的增加额；借方登记权益法调整的减少额；年末余额，反映单位滚存的被投资单位权益变动金额。"权益法调整"科目应当按照被投资单位设置明细科目并进行明细核算。

三、权益法调整的账务处理

政府财政持有的股权投资采用权益法核算，年末，政府财政应按照被投资单位除净损益和利润分配以外的所有者权益变动的份额，借记或贷记"权益法调整"科目，贷记或借记"长期股权投资——其他权益变动"科目。政府财政处置长期股权投资时，因被投资企业除净损益以外所有者权益的其他变动而计入权益法调整净资产的数额，借记或贷记"权益法调整"科目，贷记或借记"投资收益"科目。

权益法调整的账务处理举例参见股权投资一节。

第六节 以前年度盈余调整

以前年度盈余调整是指政府财政调整以前年度盈余的事项，包括预算管理资金以前年度盈余调整、财政专户管理资金以前年度盈余调整和专用基金以前年度盈余调整。

为了反映和监督政府财政调整以前年度盈余的事项，财务会计应设置"以前年度盈余调整"科目。该科目贷方登记调整增加以前年度盈余的事项或调整减少以前年度费用的事项；借方登记减少以前年度盈余的事项或增加以前年度费用的事项；年终转账时，将"以前年度盈余调整"科目余额转入累计盈余科目。

预算会计通过设置"资金结存——库款资金结存/专户资金结存"科目核算政府财政调整以前年度盈余的事项。

政府财政以前年度盈余调整的账务处理如下。

一、调整以前年度收入

以前年度收入的调整包括预算管理资金、财政专户管理资金、专用基金等调整。具体账务处理方法如表 7-2 所示。

表 7-2 以前年度收入调整的账务处理

资金性质		会计分录	
预算管理资金	增加以前年度收入或预算收入	财务会计	借：有关资产科目 贷：以前年度盈余调整——预算管理资金以前年度盈余调整
		预算会计	借：资金结存——库款资金结存 贷：一般公共预算收入/政府性基金预算收入/国有资本经营预算收入
	减少以前年度收入或预算收入	财务会计、预算会计分别编制与预算管理资金增加分录相反的分录	

续表

	资金性质		会计分录
财政专户管理资金	增加以前年度资金	财务会计	借：其他财政存款 　　贷：以前年度盈余调整——财政专户管理资金以前年度盈余调整
		预算会计	借：资金结存——专户资金结存 　　贷：财政专户管理资金收入
	减少以前年度资金		财务会计、预算会计分别编制与财政专户管理资金增加分录相反的分录
专用基金	增加以前年度基金	财务会计	借：其他财政存款 　　贷：以前年度盈余调整——专用基金以前年度盈余调整
		预算会计	借：资金结存——专户资金结存 　　贷：专用基金收入
	减少以前年度基金		财务会计、预算会计分别编制与专用基金增加分录相反的分录

二、以前年度费用事项的调整

以前年度费用事项调整的具体账务处理方法如表 7-3 所示。

表 7-3　以前年度费用事项调整的账务处理方法

费用事项			会计分录
预算管理资金支出	增加以前年度费用或预算支出	财务会计	借：以前年度盈余调整——预算管理资金以前年度盈余调整 　　贷：有关资产科目
		预算会计	借：一般公共预算收入/政府性基金预算收入/国有资本经营预算收入 　　贷：资金结存——库款资金结存
	减少以前年度费用或预算支出	财务会计	借：有关资产科目 　　贷：以前年度盈余调整——预算管理资金以前年度盈余调整
		预算会计	借：资金结存——库款资金结存 　　贷：一般公共预算支出/政府性基金预算支出/国有资本经营预算支出
财政专户管理资金支出	增加以前年度专户管理资金支出	财务会计	借：以前年度盈余调整——财政专户管理资金以前年度盈余调整 　　贷：其他财政存款
		预算会计	借：财政专户管理资金支出 　　贷：资金结存——专户资金结存
	减少以前年度专户管理资金支出	财务会计 预算会计	编制与增加以前年度财政专户管理资金支出分录相反的会计分录
专用基金支出	增加以前年度基金	财务会计	借：以前年度盈余调整——专用基金以前年度盈余调整 　　贷：其他财政存款
		预算会计	借：专用基金支出 　　贷：资金结存——专户资金结存
	减少以前年度基金	财务会计 预算会计	编制与增加以前年度专用基金支出分录相反的会计分录

【例 7-10】2×24 年 3 月初，某市财政收到一笔 2×23 年发生的一般公共预算支出退回资金 2 000 万元退回至国库，该笔款项发生时列入"资本性拨款费用"科目。编制该业务的会计分录：

　　借：国库存款　　　　　　　　　　　　　　　　　　　　　　　　20 000 000

贷：以前年度盈余调整——预算管理资金以前年度盈余调整　　20 000 000

同期，编制该业务的预算会计分录：

借：资金结存——库款资金结存　　20 000 000
　　贷：一般公共预算支出　　20 000 000

三、以前年度股权投资的初次确认

本级政府财政初次确认以前年度的股权投资，财务会计应借记"股权投资"科目，贷记"以前年度盈余调整——预算管理资金以前年度盈余调整"科目。

四、以前年度的主权外债债权、债务的初次确认

（一）主权外债债权的初次确认

本级政府财政初次确认以前年度的主权外债债权，财务会计应借记"应收主权外债转贷款——应收本金"科目，贷记"以前年度盈余调整——预算管理资金以前年度盈余调整"科目。

（二）主权外债债务的初次确认

本级政府财政初次确认以前年度的主权外债债务的账务处理，应根据政府财政不同级次分别处理：

1. 省级（含省级）以上政府财政首次确认主权外债债务，财务会计应借记"以前年度盈余调整——预算管理资金以前年度盈余调整"科目，贷记"借入款项"科目。

2. 省级以下政府财政首次确认主权外债债务，财务会计应借记"以前年度盈余调整——预算管理资金以前年度盈余调整"科目，贷记"应付主权外债转贷款——应付本金"科目。

五、以前年度盈余调整的期末结转

以前年度盈余调整的期末结转应根据盈余资金不同性质分别处理，其中预算管理资金以前年度盈余调整的方法如图7-3所示。

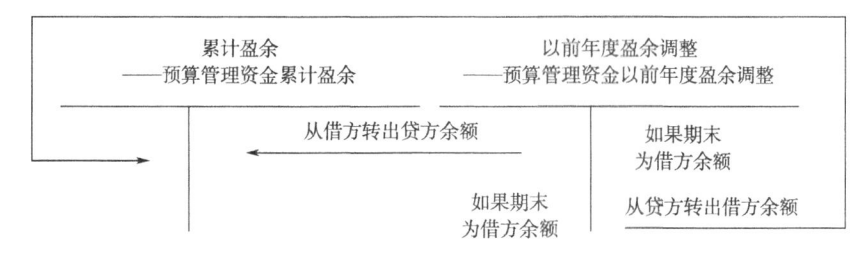

图7-3　预算管理资金以前年度盈余调整的方法

"以前年度盈余调整——财政专户管理资金以前年度盈余调整""专用基金以前年度盈余调整"的方法同"以前年度盈余调整——预算管理资金以前年度盈余调整"科目。

【关键词汇】

净资产（net asset）	预算结余（budgetary surplus）
本期盈余（current surplus）	一般公共预算结转结余（general public budget carryovers and balances）
累计盈余（accumulated surplus）	政府性基金预算结转结余（budget carryovers and surpluses of government managed funds）
预算稳定调节基金（budget stabilization fund）	国有资本经营预算结转结余（state capital operations budget carry-over and surplus）
预算周转金（budgetary turnover fund）	财政专户管理资金结余（special financial accounts manage fund balances）
权益法调整（equity method adjustment）	专用基金结余（surplus of special purpose funds）
以前年度盈余调整（adjustment of surplus from previous years）	资金结存（fund balance）

【思考与练习】

一、思考题

1. 什么是政府财政净资产、预算结余？它们分别包括哪些内容？简述政府财政净资产的特点。
2. 什么是政府财政本期盈余与预算结余？它们彼此关系如何？
3. 什么是预算周转金？什么是预算稳定调节基金？设置预算周转金和预算稳定调节基金的意义何在？
4. 什么是权益法调整？简述权益法调整账务处理的内容。

二、练习题

（一）单项选择题

1. 下列会计科目中，同属于净资产和预算结余的会计科目的是（　　）。
   A. 资金结存　　　　　　　　B. 权益法调整
   C. 预算稳定调节基金　　　　D. 一般公共预算结转结余

2. 下列各项中，不属于财政总会计累计盈余明细科目的是（　　）。
   A. 预算管理资金累计盈余　　B. 财政专户管理资金累计盈余
   C. 专用基金累计盈余　　　　D. 国有资本累计盈余

3. 下列净资产类科目中，期末结转无余额的科目是（　　）。
   A. 预算稳定调节基金　　　　B. 以前年度盈余调整
   C. 权益法调整　　　　　　　D. 预算周转金

4. 下列会计科目中，核算政府财政纳入预算管理的资金流入、流出、调整和滚存情况的是（　　）。
   A. 国库存款　　　　　　　　B. 其他财政存款
   C. 资金结存　　　　　　　　D. 国库现金管理资产

(二) 多项选择题

1. 下列明细科目中，属于财政总会计净资产科目所辖明细科目的有（　　）。
A. 预算管理资金累计盈余　　　　B. 财政专户管理资金累计盈余
C. 专用基金以前年度盈余调整　　D. 预算管理资金本期盈余

2. 政府财政发生下列业务中，财务会计和预算会计使用相同会计科目的有（　　）。
A. 安排预算稳定调节基金　　　　B. 设置和补充预算周转金
C. 调整以前年度盈余　　　　　　D. 上解给上级政府的财政款项

3. 下列会计科目及其明细科目中，年终转账时可能转入"一般公共预算结转结余"科目的有（　　）。
A. 上解预算支出　　　　　　　　B. 调出预算资金
C. 国有资本经营预算收入　　　　D. 上解给上级政府的财政款项

4. 下列各项中，关于预算稳定调节基金账务处理表述中，正确的有（　　）。
A. 使用超收收入设置预算稳定调节基金：
　　借：安排预算稳定调节基金
　　　　贷：预算稳定调节基金
B. 使用一般公共预算结余补充预算稳定调节基金：
　　借：安排预算稳定调节基金
　　　　贷：预算稳定调节基金
C. 动用预算稳定调节基金：
　　借：动用预算稳定调节基金
　　　　贷：预算稳定调节基金
D. 安排预算稳定调节基金：
　　借：安排预算稳定调节基金
　　　　贷：预算稳定调节基金

(三) 业务核算题

1. 资料：

(1) 某市财政经年终结算，财务会计中的收入类和费用类科目的余额情况如表 7-4 所示。

表 7-4　某市年终收入类和费用类科目余额表　　　　　　　　单位：万元

收入类科目	贷方余额	费用类科目	借方余额
税收收入	222 000	政府机关商品和服务拨款费用	56 000
非税收入	37 000	政府机关工资福利拨款费用	36 000
投资收益	9 250	对事业单位补助拨款费用	18 300
补助收入	55 800	对企业补助拨款费用	6 000
上解收入	18 500	对个人和家庭补助拨款费用	16 200
地区间援助收入	3 000	对社会保障基金补助拨款费用	35 500

续表

收入类科目	贷方余额	费用类科目	借方余额
其他收入	4 100	资本性拨款费用	38 000
		其他拨款费用	1 900
		财务费用	860
		补助费用	2 500
		上解费用	420
		地区间援助费用	185
		其他费用	370

（2）经研究决定，以本期盈余（预算管理资金本期盈余）补充预算稳定调节基金15 000万元。

（3）将"本期盈余——预算管理资金本期盈余"科目余额转入累计盈余科目。

要求：编制上述业务的会计分录。

2. 资料：2×24年2月初，某省财政收到退回2×23年一般公共预算支出款1 500万元并已入国库，该支出发生时已列入资本性拨款费用。

要求：编制该业务的会计分录。

3. 2×24年12月末，某市财政"本期盈余"和"以前年度盈余调整"科目及其明细科目余额如表7-5所示。

表7-5 "本期盈余"和"以前年度盈余调整"科目余额表　　单位：万元

科目名称		余额	
		借方	贷方
本期盈余	预算管理资金本期盈余	365 000	
	财政专户管理资金本期盈余		210 000
	专用基金本期盈余		450 000
以前年度盈余调整	预算管理资金以前年度盈余调整		125 000
	财政专户管理资金以前年度盈余调整		85 000
	专用基金以前年度盈余调整	76 000	

要求：根据表7-5，编制该市财政将"本期盈余"和"以前年度盈余调整"科目余额转入"累计盈余"的会计分录。

第八章 财政总会计报表

【学习目标和思政目标】
●学习目标：了解财务报表、预算会计报表的概念、种类和作用，熟悉财务报表、预算会计报表的内容和结构，掌握财务报表和预算会计报表的编制方法。
●思政目标：不仅要掌握财政总会计报表的编制程序、编制方法，还要深刻认识财政总会计报表信息在维护国家利益、社会公共利益和企业利益中所发挥的重要作用，全面理解政府治理能力的提升和实现国家治理能力现代化离不开财政总会计信息的支持，深刻认识政府会计在国家治理中所发挥的重要作用，学好政府会计知识，树立专业报国的理念。

【学习重点和难点】
●学习重点：资产负债表、净资产变动表、收入费用表、现金流量表、预算收入支出表、预算结转结余变动表、财政拨款预算收入支出表的结构和编制方法。
●学习难点：资产负债表、收入费用表、现金流量表、预算结转结余变动表的编制。

第一节 会计报表概述

一、会计报表的概念及特征

财政总会计报表是反映政府财政预算执行结果和财务状况的书面文件。它是各级政府财政活动过程及结果的综合反映，是各级政府财政部门了解情况、掌握政策、指导预算执行的主要基础资料，是编制下年度预算计划的重要依据，也是社会公众了解政府财政有关情况的主要来源。

财政总会计报表内涵极为丰富，其基本特征为：①从服务的对象看，财政总会计报表属于对外报表，其服务对象主要是人民代表大会、政府及其有关部门、政府财政部门自身和其他会计信息使用者。②从提供的信息内容看，它反映了政府财政在某一特定日期的财务状况、一定会计期间运行情况、现金流入和流出情况以及某一会计年度内预算结余与本期盈余差异调整情况。③从提供信息的会计基础看，财政总会计报表以权责发生制和收付实现制为基础，全面清晰反映政府财政财务信息和预算执行信息。④从财政总会计报表目标看，它不仅提供政府财政预算执行情况、财务状况、运行情况和现金流量等会计信息，还反映政府财政受托责任履行情况。

二、会计报表的组成

财政总会计报表分为财务报表和预算会计报表。

(一) 财务报表

财务报表是对政府会计主体财务状况、运行情况和现金流量等信息的结构性表述,包括资产负债表、收入费用表、现金流量表、本年预算结余与本期盈余调节表等会计报表和附注。

(二) 预算会计报表

预算会计报表是综合反映政府会计主体年度预算收支执行结果的文件,包括预算收入支出表、一般公共预算执行情况表、政府性基金预算执行情况表、国有资本经营预算执行情况表、财政专户管理资金收支情况表、专用基金收支情况表等会计报表和附注。

三、会计报表编制要求

(一) 编报要及时

各级政府财政部门必须在规定的期限内做出报表,以便及时汇总、及时上报。

收入费用表应当按月度和年度编制,资产负债表、现金流量表、本年预算结余与本期盈余调节表和附注应当至少按年度编制。

预算收入支出表应当按月度和年度编制,一般公共预算执行情况表、政府性基金预算执行情况表、国有资本经营预算执行情况表应当按旬、月度和年度编制,财政专户管理资金收支情况表、专用基金收支情况表应当按月度和年度编制。旬报、月报的报送期限及编报内容应当根据上级政府财政具体要求和本行政区域预算管理的需要办理。

(二) 提供真实、完整的会计报表

财政总会计应当根据总会计制度编制并提供真实、完整的会计报表,会计报表的数字必须根据核对无误的账目记录编制,切实做到账表一致,客观、准确地反映各级政府财政预算执行情况、财务状况、运行情况和现金流量等,不得估列代编,弄虚作假。

(三) 按照统一规定填制会计报表

财政总会计要严格按照统一规定的种类、格式、内容、计算方法和编制口径填制会计报表,以保证全国统一汇总和分析。汇总报表的单位要把所属单位的报表汇集齐全,防止漏报。

四、会计报表编制前准备工作

(一) 按月结账

为了提供各级政府财政预算执行情况、财务状况、运行情况和现金流量等分期会计信息,反映政府财政受托责任履行情况,财政总会计应当按月进行会计结账。具体结账方法按照会计基础工作规范有关规定办理。

(二) 及时进行年终清理结算

财政总会计年终清理结算的主要事项如下:

1. 核对年度预算。年终前，财政总会计应配合预算管理部门将本级政府财政全年预算指标与上、下级政府财政转移性收支预算和本级各部门预算进行核对，及时办理预算调整和转移支付事项。

2. 清理本年收入。财政总会计应认真清理本年收入，与非税收入征收部门核对年末应收非税收入情况，并组织收入征收部门和国家金库进行年度对账，督促收入征收部门和国家金库年终前及时将本年税收收入和非税收入缴入国库或指定财政专户，确保准确核算本年收入。

3. 清理本年支出和费用。政府财政发生应在本年支领列报的款项，非特殊原因，应在年终前办理完毕。财政总会计对本级各单位的支出和费用应与单位的相应收入核对无误。

4. 核实股权、债权和债务。年末，财政总会计对股权、债权（如股权投资、借出款项、应收股利、应收地方政府债券转贷款、应收主权外债转贷款）和债务（如借入款项、应付短期政府债券、应付长期政府债券、应付地方政府债券转贷款、应付主权外债转贷款、应付利息、其他负债）等余额与相关管理部门进行核对，确保账实相符，账账相符。

5. 清理往来款项。政府财政要认真清理其他应收款、其他应付款等各种往来款项，在年度终了前予以收回或归还。应转作收入或支出、费用的各项款项，预算会计与财务会计要及时处理。

（三）及时进行结账

财政总会计对年终报告清理期内发生的会计事项，应当划清会计年度，及时进行结账。属于清理上年度的会计事项，记入上年度会计账；属于新年度的会计事项，记入新年度会计账，防止错记漏记。

1. 上年度的会计事项结账依据。

（1）依据年终财政结算进行核算。财政预算管理部门要在年终清理的基础上，于次年元月底前结清上下级政府财政的转移性收支和往来款项。财政总会计要根据预算结算单，与年度预算执行过程中已补助和已上解数额进行比较，计算出全年最后应补或应退数额，填制"年终财政决算结算单"，作为年终财政结算凭证，预算会计和财务会计据以入账。

（2）依据被投资主体决算数据进行核算。财政部门内部涉及股权投资的相关管理部门应及时取得纳入财政总会计核算范围的被投资主体经审计后的决算报表，并据此向财政总会计提供股权投资核算所需资料，财务会计对股权投资变动情况进行核算。

（3）依据人大审议意见进行核算。本级人民代表大会常务委员会（或人民代表大会）审查意见中提出的需更正原报告有关事项，财政总会计应根据审查意见相应调整有关账目。

2. 结账步骤。年终结账工作一般分为年终转账、结清旧账和记入新账三个步骤，依次做账。

（1）年终转账。政府财政应计算出预算会计和财务会计各科目12月份合计数和全年累计数，结出年末余额。

预算会计将预算收入和预算支出分别转入"一般公共预算结转结余""政府性基金预算结转结余""国有资本经营预算结转结余""财政专户管理资金结余""专用基金结余"等科目冲销。

财务会计将收入和费用分别转入相应的本期盈余科目冲销，再将本期盈余科目转入相应的累计盈余科目冲销。

（2）结清旧账。将各收入、支出和费用科目的借方、贷方结出全年总计数。对年终有余额的科目，在"摘要"栏内注明"结转下年"字样，表示转入新账。

（3）记入新账。根据年终转账后的总账和明细账余额，编制年终"资产负债表"和有关明细表（不需填制记账凭证），预算会计和财务会计将表列各科目余额分别记入新年度有关总账和明细账年初余额栏内，并在"摘要"栏注明"上年结转"字样，以区别新年度发生数。

第二节　财务报表

一、财务报表概述

财务报表是对政府财政的财务状况和财务业绩的结构性表述。财务状况信息主要是指政府财政在某一特点时点掌控的全部财产、负债和净资产存量情况以及各种资产、负债和净资产的详细情况。财务业绩是指政府财政的工作绩效，是指政府及其部门履行自身职责的行为及其产出结果和社会经济影响。它既包括政府"产出"的绩效，即政府提供公共服务和进行社会管理的绩效表现，又包括政府"过程"的绩效，即政府在行使职能过程中的绩效表现。由于政府提供公共服务不收费或低于成本收费，因此政府不能像企业那样通过价值指标（利润）反映工作绩效，而是通过提供公共产品和服务的数量以及为此消耗资源的经济、效率、公平等评价政府财务业绩。

二、资产负债表

（一）资产负债表概述

1. 资产负债表的概念。资产负债表又称"财务状况表"，是指反映政府会计主体在某一特定日期的财务状况的报表。它是根据资产、负债和净资产之间的相互关系，按照一定的分类标准和一定的顺序，将政府财政一定日期的资产、负债和净资产项目适当排列所形成的报告文件。资产负债表使用者据此作出各类经济决策或者进行监督和管理。

2. 资产负债表的作用。

（1）财政总会计资产是政府提供公共产品、公共服务和支持经济社会等全面发展的物质基础，其增减变动信息是政府相关利益各方所关注的重点。通过资产负债表提供的资产信息，可以全面、系统、完整地了解政府资产总量及其结构，有助于合理配置政府资产资源，提升国家治理能力。

（2）财政总会计负债是整个社会债务的重要组成部分。资产负债表使用者可通过资产负债表提供的负债信息了解政府非经常性财政收入来源（政府发行债券或借款）渠道，掌握财政总会计负债总量、结构。资产负债表还可以帮助他们利用负债信息加强负债规模控制，降低融资成本，有效防范和化解财政负债风险。

（3）资产负债表提供的净资产信息，如累计盈余、预算稳定调节基金、预算周转金等信息，可以反映政府财政管理水平高低、治理能力的大小。

（4）资产负债表项目栏"年初余额"项目与"期末余额"项目比较，反映资产、负债和净资产不同时期增减变动结果和变动趋势。

（二）资产负债表的内容和格式

《财政总会计制度》规定，政府财政资产负债表采用账户式结构，包括左右两方：左方列示资产各项目，反映全部资产的分布及存在形态；右方列示负债和净资产各项目，反映全部负债和净资产的内容及构成情况。资产各项目按其流动性由强到弱的顺序排列，具体包括流动资产、非流动资产；负债各项目按其到期日的远近或紧迫程度排列，具体包括流动负债、非流动负债，净资产具体分为累计盈余、预算稳定调节基金、预算周转金和权益法调整。资产负债表左右双方平衡，即资产总计等于负债和净资产总计。资产负债表格式如表8-1所示。

（三）资产负债表的编制

根据"表从账出"的原则，编制资产负债表应当以总分类账及其相关明细账的期末余额为依据。同时，资产负债表是一种比较报表，表中分别要列示"期末余额"和"年初余额"。资产负债表编制方法如下：

1. "年初数"项目的填列方法。资产负债表本表"年初余额"栏内各项数字，应当根据上年年末资产负债表"期末余额"栏内数字填列。如果本年度资产负债表规定的各个项目的名称和内容同上年度不一致，应对上年年末资产负债表各项目的名称和数字按照本年度的规定进行调整，填入本表"年初余额"栏内。

2. "期末数"项目的填列方法。前已述及，编制资产负债表的依据主要是总分类账及其相关明细账资料。具体来说，资产负债表相关项目的编制方法分为以下几种：

（1）根据总账科目余额直接填列。资产负债表中大部分项目是根据相关总账科目期末余额直接填列的。这些项目包括：①资产类项目（国库存款、其他财政存款、国库现金管理资产、有价证券、应收非税收入、借出款项、预拨经费、在途款、其他应收款、股权投资）。②负债类项目（应付短期政府债券、应付国库集中支付结余、其他应付款、应付代管资金、其他负债）。③净资产类项目（预算稳定调节基金、预算周转金和权益法调整）。

（2）根据若干科目期末余额填列。例如"累计盈余"项目，反映政府财政纳入一般公共预算、政府性基金预算、国有资本经营预算管理的预算资金，财政专户管理资金，专用基金历年实现的盈余滚存的金额。本项目应当根据"预算管理资金累计盈余""财政专户管理资金累计盈余""专用基金累计盈余"科目的期末余额填列。

（3）根据总账科目余额方向填列。这些项目包括：①"与下级往来"项目，正数反映下级政府财政欠本级政府财政的款项金额；负数反映本级政府财政欠下级政府财政的款项金额。本项目应当根据"与下级往来"科目的期末余额填列，期末余额如为借方则以正数填列，如为贷方则以负数填列。②"与上级往来"项目，正数反映本级政府财政期末欠上级政府财政的款项金额；负数反映上级政府财政欠本级政府财政的款项金额。本项目应当根据"与上级往来"科目的期末余额填列，期末余额如为贷方则以正数填列，如为借方则以负数填列。

（4）根据相关科目的明细科目期末余额填列。这些项目包括：①"应收地方政府债券转贷款""应收主权外债转贷款""应付地方政府债券转贷款""应付主权外债转贷款"

四个项目应分别根据其"应收本金"明细科目期末余额及债务管理部门提供的资料分析填列。②"应收利息"项目应当根据"应收地方政府债券转贷款""应收主权外债转贷款"科目下的"应收利息"明细科目期末余额填列。③"一年内到期的非流动资产"项目，反映政府财政期末非流动资产项目中距离偿还本金日期1年以内（含1年）的转贷款本金。本项目应根据"应收地方政府债券转贷款""应收主权外债转贷款"科目下的"应收本金"明细科目期末余额及债务管理部门提供的资料分析填列。

（5）根据总账科目余额及债务管理部门提供的资料分析填列。如"应付长期政府债券""借入款项"项目，应分别根据其总账科目期末余额及债务管理部门提供的资料分析填列。

（6）根据政府财政不同级次分析填列。这些项目包括：①"应付利息"项目，省级以上（含省级）政府财政应当根据"应付利息"科目期末余额填列；市县政府财政应当根据"应付地方政府债券转贷款""应付主权外债转贷款"科目下的"应付利息"明细科目期末余额填列。②"一年内到期的非流动负债"项目，反映政府财政期末承担的距离偿还本金日期1年以内（含1年）的非流动负债。省级以上（含省级）政府财政应当根据"应付长期政府债券""借入款项"科目余额，市县政府财政应当根据"应付地方政府债券转贷款""应付主权外债转贷款"科目下的"应付本金"明细科目期末余额及债务管理部门提供的资料分析填列。

【例8-1】2×24年，M省政府财政根据发生的经济业务编制相关的的会计分录（参见二维码），编制资产负债表，如表8-1所示。

表8-1　资产负债表

总会财01表

编制单位：M省　　　　　　2×24年12月31日　　　　　　单位：万元

资产	年初余额	期末余额	负债和净资产	年初余额	期末余额
流动资产：			流动负债：		
国库存款	25 200 000	34 729 500	应付短期政府债券	3 412 000	3 412 000
其他财政存款	4 000 000	3 987 000	应付国库集中支付结余	1 706 000	1 676 000
国库现金管理资产	10 000 000	10 000 000	与上级往来	597 100	597 100
有价证券	2 007 500	2 007 500	其他应付款	255 900	264 400
应收非税收入	200 000	100 000	应付代管资金		
应收股利	35 800	15 800	应付利息	2 559 000	2 545 000
借出款项	182 000	188 000	一年内到期的非流动负债		
与下级往来	238 500	208 500	流动负债合计	8 530 000	8 494 500
预拨经费	627 500	623 500	非流动负债：		
在途款	200 000	200 000	应付长期政府债券	5 116 000	4 826 000
其他应收款	211 500	211 500	借入款项	3 837 000	3 837 000
应收利息	17 200	17 200	应付地方政府债券转贷款	2 558 000	2 570 000

续表

资产	年初余额	期末余额	负债和净资产	年初余额	期末余额
一年内到期的非流动资产			应付主权外债转贷款	1 279 000	1 295 000
流动资产合计	42 920 000	52 288 500	其他负债		
非流动资产：			非流动负债合计	12 790 000	12 528 000
应收地方政府债券转贷款	3 000 000	3 042 000	负债合计	21 320 000	21 022 500
应收主权外债转贷款	1 000 000	1 000 000	净资产：		
股权投资	6 900 000	7 112 200	累计盈余	13 000 000	22 920 200
非流动资产合计	10 900 000	11 154 200	预算稳定调节基金	9 750 000	9 750 000
			预算周转金	6 500 000	6 500 000
			权益法调整	3 250 000	3 250 000
			净资产合计	32 500 000	42 420 200
资产总计	53 820 000	63 442 700	负债和净资产总计	53 820 000	63 442 700

三、收入费用表

（一）收入费用表概述

1. 收入费用表的概念。收入费用表是反映政府财政在一定会计期间运行情况的报表。它是政府财政按照各项收入、费用、盈余构成分项编制的时期报表，也是综合反映各级政府财政在一定时期内财务业绩实现情况的财务报表。

2. 收入费用表作用。

（1）通过收入费用表，可以了解各级政府财政收入与费用实现的全过程和全部结果、政府财政提供公共产品和公共服务目标完成情况，以及公共预算执行和完成情况。

（2）收入费用表可以准确反映政府成本费用信息，科学反映政府运行成本，使用者能够对政府整体、部门单位、单个项目等资源耗费情况进行合理评判，为科学开展政府绩效考评、评价政府受托责任履行情况提供扎实有效的信息基础。

（二）收入费用表的内容和格式

收入费用表基本内容部分采用矩阵形式列示收入、费用各组成部分当期的增减变动情况。

1. 从纵向看，按照政府财政收入、费用总体构成进行列示，反映一定时期收入、费用及其盈余总体和构成情况。

2. 从横向看，按照资金性质（如预算管理资金、财政专户管理资金和专用基金）横向列示，反映每类资金收入、费用及其结余情况，说明不同性质资金对其收入、费用总额的影响。

收入费用表结构如表 8-2 所示。

(三)收入费用表的编制

1. "本月数"栏的填列。

收入费用表"本月数"栏反映各项目的本月实际发生数。在编制年度收入费用表时,应将本栏改为"上年数"栏,反映上年度各项目的实际发生数。

收入费用表"本年累计数"栏反映各项目自年初起至报告期末止的累计实际发生数。编制年度收入费用表时,应当将本栏改为"本年数"。

2. "本月数"栏各项目的内容和填列方法。

(1) 根据总账科目本期发生额填列。采用这种方式填列的收入类项目包括"税收收入""非税收入""投资收益""补助收入""上解收入""地区间援助收入""其他收入""财政专户管理资金收入""专用基金收入"。

采用这种方式填列的费用类项目包括"政府机关商品和服务拨款费用""政府机关工资福利拨款费用""对事业单位补助拨款费用""对企业补助拨款费用""对个人和家庭补助拨款费用""对社会保障基金补助拨款费用""资本性拨款费用""其他拨款费用""财务费用""补助费用""上解费用""地区间援助费用""其他费用""财政专户管理资金支出""专用基金支出"。

(2) 根据表中项目计算填列。这些项目包括:①"收入合计"项目,反映政府财政本期取得的各项收入合计金额。其中,预算管理资金的"收入合计"应当根据属于预算管理资金的"税收收入""非税收入""投资收益""补助收入""上解收入""地区间援助收入""其他收入"项目金额的合计填列;财政专户管理资金的"收入合计"应当根据"财政专户管理资金收入"项目的金额填列;专用基金的"收入合计"应当根据"专用基金收入"项目的金额填列。②"费用合计"项目,反映政府财政本期发生的各类费用合计金额。其中,预算管理资金的"费用合计"应当根据属于预算管理资金的"政府机关商品和服务拨款费用""政府机关工资福利拨款费用""对事业单位补助拨款费用""对企业补助拨款费用""对个人和家庭补助拨款费用""对社会保障基金补助拨款费用""资本性拨款费用""其他拨款费用""财务费用""补助费用""上解费用""地区间援助费用""其他费用"项目金额的合计填列;财政专户管理资金的"费用合计"应当根据"财政专户管理资金支出"项目的金额填列;专用基金的"费用合计"应当根据"专用基金支出"项目的金额填列。

(3) 根据表中相关项目相抵后的结果分析填列。例如"本期盈余"项目,反映政府财政本年末收入减去费用的金额。本项目根据收入费用表"收入合计"减去"费用合计"的差额填列。

【例8-2】承例8-1,该省根据2×24年发生的经济业务编制收入费用表,如表8-2所示。

表8-2 收入费用表   总会财02表

编制单位:M省2×24年   单位:万元

项目	本年累计数		
	预算管理资金	财政专户管理资金	专用基金
收入合计	10 207 200	15 000	8 000

续表

项目	本年累计数		
	预算管理资金	财政专户管理资金	专用基金
税收收入	9 800 000		
非税收入	150 000		
投资收益	7 200		
补助收入			
上解收入			
地区间援助收入			
其他收入	250 000		
财政专户管理资金收入		15 000	
专用基金收入			8 000
费用合计	334 000	6 000	0
政府机关商品和服务拨款费用	20 000		
政府机关工资福利拨款费用	15 000		
对事业单位补助拨款费用			
对企业补助拨款费用	18 000		
对个人和家庭补助拨款费用			
对社会保障基金补助拨款费用			
资本性拨款费用	5 000		
其他拨款费用	4 000		
财务费用	16 000		
补助费用	30 000		
上解费用	30 000		
地区间援助费用	16 000		
其他费用	180 000		
财政专户管理资金支出		6 000	
专用基金支出			
本期盈余	9 873 200	9 000	8 000

注：本表金额省略"本月数"。

四、现金流量表

(一) 现金流量表的概念和作用

1. 现金流量表的概念。现金流量表是反映政府财政在一定会计期间现金流入和流出情况的报表。现金是指政府财政的国库存款、其他财政存款及国库现金管理资产中的商业银行定期存款。本表中现金流量是指现金的流入和流出。主体的现金流量信息有助于向财务报表使用者提供有关受托责任和决策制定的信息。

有关现金流量的信息可能有助于主体财务报表使用者评价主体现金流量、评价主体是否遵循法律和规章（包括批准预算），以及作出是否向该主体提供资源或进行交易的决策。一般来说，他们关心主体如何创造和使用现金及现金等价物。政府财政现金流量表结构如图 8-1 所示。

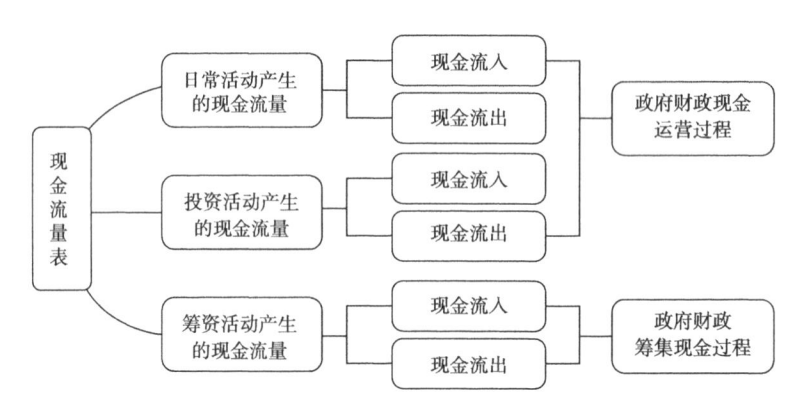

图 8-1 政府财政现金流量表结构

2. 现金流量表的作用。

（1）现金流量表提供的现金流量信息，有助于报表使用者了解各级政府是如何获得其活动所需的现金和这些现金使用的方式。

（2）现金流量表信息有助于使用者预测政府主体的未来现金需求、未来创造现金流量的能力以及应对其活动范围和性质变动的能力。同时，通过现金流量表，政府主体可以解除其报告期内现金流入和现金流出的受托责任。

（3）现金流量表与其他财务报表一起使用时，所提供的信息可以帮助使用者评价主体净资产、财务结构（包括流动性和偿付能力）以及为适应环境和时机变化而影响现金流量金额和时间的能力。同时，现金流量表消除了对相同交易和其他事项使用不同会计处理的影响，从而加强了不同主体业绩报告的可比性。

（二）现金流量的分类

现金流量表将当期现金流量划分为日常活动、投资活动和筹资活动的现金流量。其中，日常活动是指政府财政除投资或筹资活动以外的其他活动。投资活动是指政府财政长期资产和不包括现金等价物的其他投资的购买和处置活动。筹资活动指导致主体投入资本及借款规模和构成发生变化的活动。每类活动的现金流量分为现金流入和现金流出。具体内容参见表 8-3。

（三）现金流量表的内容和格式

按照《财政总会计制度》规定，政府财政现金流量表在格式的设计上主要依照现金流量的性质，依次分类反映日常活动产生的现金流量、投资活动产生的现金流量和筹资活动产生的现金流量，最后汇总反映政府财政现金及现金等价物金额。有外币现金流量及境外控制实体的现金流量折算为人民币的政府财政组织，其现金流量表还要反映"汇率变动对现金的影响额"内容。政府财政现金流量表格式如表 8-3 所示。

(四) 现金流量表的编制

日常活动产生的现金流量项目主要根据与报表相关项目对应的会计科目发生额分析填列。

1. 日常活动产生的现金流量项目的编制方法。

(1) 根据单一会计科目期末余额直接填列。例如："组织财政专户管理资金收入收到的现金"项目应根据"财政专户管理资金收入"科目发生额分析填列；"组织专用基金收入收到的现金"项目应根据"专用基金收入"科目发生额分析填列；"财政专户管理资金支出所支付的现金"项目应根据"财政专户管理资金支出"科目借方发生额分析填列；"专用基金支出所支付的现金"项目应根据"专用基金支出"科目借方发生额分析填列。

(2) 根据两个科目发生额分析填列。①"组织税收收入收到的现金"项目，应根据"税收收入""在途款"科目发生额分析填列。②"政府机关商品和服务拨款所支付的现金""政府机关工资福利拨款所支付的现金""对事业单位补助拨款所支付的现金""对企业补助拨款所支付的现金""对个人和家庭补助拨款所支付的现金""对社会保障基金补助拨款所支付的现金""资本性拨款所支付的现金"七个项目，每个项目应根据其所对应的会计科目借方发生额和"应付国库集中支付结余"科目借方发生额分析填列。例如"政府机关商品和服务拨款所支付的现金"项目，应根据"政府机关商品和服务拨款费用"科目和"应付国库集中支付结余"科目借方发生额分析填列。

(3) 根据两个（不含两个）以上科目发生额分析填列。例如："组织非税收入收到的现金"项目，应根据"非税收入""应收非税收入""在途款"科目发生额分析填列；"上下级政府财政资金往来收到的现金"项目，根据"补助收入""上解收入""与下级往来""与上级往来"科目贷方发生额分析填列；"收回暂付性款项相关的现金"项目，应根据"预拨经费""借出款项""其他应收款"科目贷方发生额分析填列；"其他日常活动所收到的现金"项目，应根据会计"地区间援助收入""其他收入""其他应付款""应付代管资金""在途款""以前年度盈余调整"等科目贷方发生额分析填列。

2. 投资活动产生的现金流量相关项目的编制方法。

(1) 根据单一会计科目期末余额直接填列。例如"取得股权投资所支出的现金""有价证券"项目，应分别根据"股权投资""有价证券"科目借方发生额分析填列。

(2) 根据会计科目明细科目期末余额分析填列。例如"收回股权投资所收到的现金"（包括本年出售、转让、处置股权）项目应根据"股权投资"科目下"投资成本""损益调整"明细科目贷方发生额分析填列。

(3) 根据两个或两个以上科目发生额分析填列。例如："取得股权投资收益收到的现金"（包括被投资单位分配股利、利润或处置股权、企业破产清算等产生收益）项目，应根据"应收股利""投资收益"科目贷方发生额分析填列；"收到其他与投资活动有关的现金"是指本年收到除"收回股权投资所收到的现金""取得股权投资收益收到的现金"项目外与投资活动相关的现金，该项目应根据"有价证券""应收股利"等科目贷方发生额分析填列。

3. 筹资活动产生的现金流量相关项目的编制方法。

(1) 根据单一会计科目期末余额直接填列。例如"借入款项收到的现金"项目，根据"借入款项"科目贷方发生额分析填列。

（2）根据两个或两个以上科目发生额分析填列。例如："发行政府债券收到的现金（包括本年发行国债和地方政府债券）"项目，应根据"应付短期政府债券""应付长期政府债券"科目贷方发生额分析填列；"其他筹资活动收到的现金"项目，应根据"其他应付款""其他应收款"等科目贷方发生额分析填列；"其他筹资活动支付的现金（包括本年支付的政府债券发行、兑付、登记费用）"项目，应根据"财务费用""其他应付款""其他应收款"等科目借方发生额分析填列。

（3）根据一个会计科目及其明细科目期末余额分析填列。例如："取得政府债券转贷款收到的现金""取得主权外债转贷款收到的现金"项目，应分别根据其对应的总账科目及其"应付本金"明细科目贷方发生额分析填列；"转贷地方政府债券所支付的现金""转贷主权外债所支付的现金"项目，应分别根据其对应的总账科目及其"应收本金"明细科目借方发生额分析填列。

（4）根据两个或两个以上会计科目及其明细科目期末余额分析填列。例如："收回转贷款本金收到的现金"项目，应根据"应收地方政府债券转贷款""应收主权外债转贷款"科目下"应收本金"明细科目贷方发生额分析填列；"收到下级上缴转贷款利息相关的现金"项目，应根据"应收地方政府债券转贷款""应收主权外债转贷款"科目下"应收利息"明细科目贷方发生额分析填列。

4. 汇率变动对现金的影响额。"汇率变动对现金的影响额"项目反映政府财政外币现金流量折算为人民币时，所采用的即期汇率折算的人民币金额与期末汇率折算的人民币金额之间的差额。本项目根据"财务费用"科目下的"汇兑损益"明细科目发生额分析填列。

5. 现金净增加额。"现金净增加额"项目反映政府财政本年现金变动的净额，根据本表中"日常活动产生的现金流量净额""投资活动产生的现金流量净额""筹资活动产生的现金流量净额""汇率变动对现金的影响额"项目金额的合计数填列，金额小于零则以负数填列。

【例 8-3】承例 8-1，该省财政根据 2×24 年发生的经济业务编制的现金流量表如表 8-3 所示。

表 8-3 现金流量表

编制单位：M 省　　　　　　　　　2×24 年　　　　　　　　　总会财 03 表
　　　　　　　　　　　　　　　　　　　　　　　　　　　　　　单位：万元

项目	本年金额	上年金额
一、日常活动产生的现金流量		
组织税收收入收到的现金	9 800 000	
组织非税收入收到的现金	250 000	
组织财政专户管理资金收入收到的现金	15 000	
组织专用基金收入收到的现金	8 000	
上下级政府财政资金往来收到的现金	0	
收回暂付性款项相关的现金	8 500	

续表

项目	本年金额	上年金额
其他日常活动所收到的现金		
现金流入小计	10 081 500	
政府机关商品和服务拨款所支付的现金	20 000	
政府机关工资福利拨款所支付的现金	15 000	
对事业单位补助拨款所支付的现金		
对企业补助拨款所支付的现金	18 000	
对个人和家庭补助拨款所支付的现金		
对社会保障基金补助拨款所支付的现金		
财政专户管理资金支出所支付的现金	6 000	
专用基金支出所支付的现金		
上下级政府财政资金往来所支付的现金	30 000	
资本性拨款所支付的现金	5 000	
暂付性款项所支付的现金	6 000	
其他日常活动所支付的现金	16 000	
现金流出小计	116 000	
日常活动产生的现金流量净额	9 965 500	
二、投资活动产生的现金流量		
收回股权投资所收到的现金		
取得股权投资收益收到的现金	20 000	
收到其他与投资活动有关的现金		
现金流入小计	20 000	
取得股权投资所支出的现金	135 000	
支付其他与投资活动有关的现金		
现金流出小计	135 000	
投资活动产生的现金流量净额	115 000	
三、筹资活动产生的现金流量		
发行政府债券收到的现金	60 000	
借入款项收到的现金		
取得政府债券转贷款收到的现金	12 000	
取得主权外债转贷款收到的现金		
收回转贷款本金收到的现金		

续表

项目	本年金额	上年金额
收到下级上缴转贷款利息相关的现金		
其他筹资活动收到的现金		
现金流入小计	72 000	
转贷地方政府债券所支付的现金	42 000	
转贷主权外债所支付的现金		
支付债务本金相关的现金	350 000	
支付债务利息相关的现金	14 000	
其他筹资活动支付的现金		
现金流出小计	406 000	
筹资活动产生的现金流量净额	−334 000	
四、汇率变动对现金的影响额		
五、现金净增加额	9 516 500	

五、本年预算结余与本期盈余调节表

本年预算结余与本期盈余调节表是反映政府财政在某一会计年度内预算结余与本期盈余差异调整情况的报表。

根据《财政总会计制度》规定，政府财政总会计由财务会计与预算会计组成。财务会计实行权责发生制，预算会计实行收付实现制，实现财务会计与预算会计适度分离，对于纳入预算管理的财政资金收支业务，在采用预算会计核算的同时也应当进行财务会计核算。收付实现制下，政府预算会计的收入和支出以是否涉及现金收支来确认；而权责发生制下，政府财务会计当期的收入和费用则以权利和责任是否发生来确认，而不论是否涉及现金收支。财政总会计的经济业务不可能都涉及现金，在不同的核算基础下，政府财务会计确定的"本期盈余"与预算会计报表确定的"预算结余"可能存在差异。在财政总会计统一系统中，财务会计与预算会计这两大分支是同源的，彼此之间存在勾稽关系，这种勾稽关系可以通过本期预算结余与本期盈余差异调节表得到具体体现。编制本年预算结余与本期盈余调节表，将预算会计与财务会计收支差异和其他事项导致的差异剥离出来，能够使预算结余与本年盈余相等，实现预算会计与财务会计核算目标的一致性，同时，也使政府会计主体单位正确地审查、验证自身账务。

（一）当期预算结余与本期盈余的关系

财政总会计当期预算结余（以下简称"预算结余"）是指本年预算收入与预算支出的差额，是以收付实现制基础确定的政府财政预算执行结果，其数额来源于预算会计预算收入支出表的年末"结转结余"项目；本期盈余是指本年收入与费用的差额，是以权责发生制为基础确定的政府财政运行结果，其数额来源于财务会计收入费用表的年末"本期盈余"项目。由于双方采用的会计基础不同，预算结余与本期盈余可能存在差异，这种差异

可分为两类：

1. 当期确认为收入但没有确认为预算收入，或者当期确认为预算收入但没有确认为收入；

2. 当期确认为费用但没有确认为预算支出，或者当期确认为预算支出但没有确认为费用。

按照差异形成与运营活动关系划分，上述差异可分为日常活动产生的差异、投资活动产生的差异、筹资活动产生的差异和其他差异四类。具体项目及其内容如表8-4所示。

（二）本年预算结余与本期盈余调节表的结构

由于预算结余与本期盈余差异的客观性，财政总会计制度要求政府财政编制本年预算结余与本期盈余调节表，反映财政总会计制度实施过程中本年预算结余与本期盈余之间差异及差异的调节情况。本年预算结余与本期盈余调节表是政府财政财务报表的组成部分。

【例8-4】承例8-1，该省财政根据2×24年方发生的经济业务编制的预算结余与本期盈余调节表如表8-4所示。

表8-4 本年预算结余与本期盈余调节表

总会财04表

编制单位：M省　　　　　　　　　2×24年　　　　　　　　　单位：万元

项目	金额
本年预算结余（本年预算收入与支出差额）：	9 540 000
日常活动产生的差异：	
加：1. 当期确认为收入但没有确认为预算收入	
当期应收未缴库非税收入	150 000
减：2. 当期确认为预算收入但没有确认为收入	
当期收到上期应收未缴库非税收入	250 000
3. 当期确认为预算支出收回但没有确认为费用收回	
（1）当期收到退回以前年度已列支资金	
（2）当期将以前年度国库集中支付结余收回预算	30 000
投资活动产生的差异：	
加：1. 当期确认为收入但没有确认为预算收入	
（1）当期投资收益或损失	7 200
（2）当期无偿划入股权投资	250 000
2. 当期确认为预算支出但没有确认为费用	135 000
减：3. 当期确认为预算收入但没有确认为收入	
（1）当期收到利润收入和股利股息收入	20 000
（2）当期收到清算、处置股权投资的收入	

续表

项目	金额
4. 当期确认为费用但没有确认为预算支出	180 000
当期无偿划出股权投资费用	180 000
筹资活动产生的差异：	
加：1. 当期确认为预算支出但没有确认为费用	
（1）当期转贷款支出	42 000
（2）当期债务还本支出	350 000
（3）拨付上年计提债务利息	14 000
减：2. 当期确认为预算收入但没有确认为收入	
（1）当期债务收入	60 000
（2）当期转贷款收入	12 000
3. 当期确认为费用但没有确认为预算支出	46 000
当期计提未拨付债务利息	16 000
其他差异事项	30 000
当期汇兑损益净额	
本期盈余（本年收入与费用的差额）	9 890 200

（三）本年预算结余与本期盈余调节表的编制

本年预算结余与本期盈余调节表编制过程实质是将预算结余科目余额数据调节为本期盈余科目余额的过程。其调节的基本原理是：先根据本年预算收入与支出的差额和本年收入与费用的差额分别得到预算结余金额、本期盈余金额，再将预算结余通过差异调整得到本期盈余。

1. 日常活动差异。

（1）"当期确认为收入但没有确认为预算收入"项目，应根据"应收非税收入"以及"非税收入"科目发生额分析填列。

（2）"当期确认为预算收入但没有确认为收入"项目，应根据"应收非税收入"科目贷方发生额以及"国库存款"科目借方发生额分析填列，不含以前年度盈余调整事项和新增确认的非税收入。

（3）"当期收到退回以前年度已列支资金"项目，应根据"国库存款""其他财政存款"科目借方发生额以及"以前年度盈余调整"科目贷方发生额分析填列。

（4）"当期将以前年度国库集中支付结余收回预算"项目，应根据"应付国库集中支付结余"科目借方发生额以及"以前年度盈余调整"科目贷方发生额分析填列。

2. 投资活动产生的差异。

（1）"当期投资收益或损失"项目，应根据"投资收益"科目发生额分析填列。其中，投资损失以负数填列；不含清算、处置股权投资增加的收益。

（2）"当期无偿划入股权投资"项目，应根据"股权投资"科目下"投资成本"明细科目借方发生额、"其他收入"科目贷方发生额分析填列。

（3）"当期股权投资增支"项目，应根据"股权投资"科目下"投资成本"明细科目借方发生额以及"国库存款"科目贷方发生额分析填列，不含无偿划入或权益法调整增加的股权投资以及补记以前年度股权投资。

（4）"当期股权投资减支"项目，应根据"股权投资"科目下"投资成本"明细科目贷方发生额以及"国库存款"科目借方发生额分析，以负数填列，不含无偿划出或权益法调整减少的股权投资额。

（5）"当期收到利润收入和股利股息收入"项目，应根据"资金结存——库款资金结存"科目借方发生额以及"一般公共预算收入——利润收入、股利股息收入""国有资本经营预算收入——利润收入、股利股息收入"贷方发生额分析填列，不含清算、处置股权投资增加的收益。

（6）"当期收到清算、处置股权投资的收入"项目，应根据"投资收益""国库存款"科目借方发生额、"股权投资"等科目贷方发生额分析填列。

（7）"当期确认为费用但没有确认为预算支出"项目，主要是指当期无偿划出股权投资费用。应根据"股权投资"科目下"投资成本"明细科目贷方发生额、"其他费用"科目借方发生额分析填列。

3. 筹资活动产生的差异。筹资活动产生的差异填列方法如下：

（1）根据会计科目借方发生额直接填列，如"当期转贷款支出""当期债务还本支出"项目应分别根据"债务转贷预算支出""债务还本预算支出"科目借方发生额分析填列。

（2）"拨付上年计提债务利息"项目，应根据"应付利息"科目年初贷方余额填列；市县政府财政根据"应付地方政府债券转贷款"和"应付主权外债转贷款"科目下"应付利息"明细科目年初贷方余额填列。

（3）根据会计科目贷方发生额直接填列，例如"当期债务收入""当期转贷款收入"项目，应分别根据"债务预算收入""债务转贷预算收入"科目贷方发生额分析填列。

（4）"当期确认为费用但没有确认为预算支出"项目，主要是"当期计提未拨付债务利息"项目。省级以上（含省级）政府财政根据"应付利息"科目年末贷方余额填列；市县政府财政根据"应付地方政府债券转贷款——应付利息"以及"应付主权外债转贷款——应付利息"科目年末贷方余额填列。

4. 其他差异事项。其他差异事项反映政府财政其他活动事项产生的差异。其中，减少预算结余和增加本期盈余事项以正数反映，增加预算结余和减少本期盈余事项以负数反映。中央财政计提其他负债产生的费用也通过本项目反映。

5. 当期汇兑损益净额。该项目应根据"财务费用——汇兑损益"发生额分析填列，汇兑损失以负数反映，汇兑收益以正数反映。

6. 本期盈余（本年收入与费用的差额）。该项目应根据本表"当期预算结余""投资活动产生的差异""日常活动产生的差异""筹资活动产生的差异""其他差异事项""当期汇兑损益净额"金额汇总填列。本项目与"收入费用表"本期盈余合计数一致。

六、附注

(一) 附注的作用和特点

附注是指对在会计报表中列示项目的文字描述或明细资料，以及对未能在会计报表中列示项目的说明。无论是财务报表还是预算会计报表，由于受格式、反映形式等因素的限制，有时所提供的信息不能完全满足报表使用者的需要。对此，需要附注来完善会计报表，为会计信息的使用者理解会计报表提供帮助。附注是会计报表不可缺少的内容。很多情况下，只有通过报表附注的文字阐述和其他补充资料，才能对报表作出全面、准确的理解；一些在报表中以表格形式难以表达的内容也需要靠报表附注加以披露；政府还有一些必须向报告阅读者提供的重要财务陈述，如政府运营的基本情况，对政府财务状况、财务成果、现金流量具有重大影响的事项的特殊说明，等等，更需要在报表附注中表达。

附注是在保持报表正文简练的基础上，对报表信息进一步地说明、补充或解释，以提高会计报表的实用性。会计报表"表内"以数字为主，"表外"附注以文字注释为主，两者相互配合，相得益彰，不但使熟悉会计的专业人士能深刻理解，而且使非会计专业的人士也能明白。财务报告发展变化的特点之一是附注的作用日益重要，备受人们的重视，起到报表本身不可替代的作用。

附注与报表信息相比具有一定的特点：①附注主要以文字而非数字来表达信息；②附注侧重提供定性而非定量信息；③附注对报表兼具基础和补充作用。当然，虽然附注具有相对独立的地位和重要的作用，但不能用以取代报表中对项目的适当分类与描述，也不能与报表信息重复甚至矛盾。

(二) 附注的内容

财务报表附注应当至少披露下列内容：
1. 遵循《财政总预算会计制度》的声明。
2. 本级政府财政预算执行情况和财务状况的说明。
3. 会计报表中列示的重要项目的进一步说明，包括其主要构成、增减情况等。
4. 或有负债情况的说明。
5. 有助于理解和分析会计报表的其他需要说明的事项。

第三节 预算会计报表

预算会计报表包括预算收入支出表、预算执行情况表和附注。

一、预算收入支出表

预算收入支出表是反映政府财政在某一会计期间各类财政资金收、支、余情况的报表。预算收入支出表根据资金性质，按照收入、支出、结转结余的构成分类、分项列示，按月度和年度编制。

【例 8-5】承例 8-1，该省财政根据 2×24 年发生的经济业务编制预算收入支出表如表 8-5 所示。

表 8-5 预算收入支出表

总会预 01 表

编制单位：某省　　　　　　　　　　2×24 年　　　　　　　　　　单位：万元

项目	一般公共预算	政府性基金预算	国有资本经营预算	财政专户管理资金	专用基金
年初结转结余（略）					
收入合计	9 832 000	60 000	250 000	15 000	8 000
本级收入	9 820 000		250 000		
补助预算收入					
上解预算收入					
债务预算收入		60 000			
债务转贷预算收入	12 000				
财政专户管理资金收入				15 000	
专用基金收入					8 000
支出合计	469 000	5 000	145 000	6 000	0
本级支出	31 000	5 000	145 000		
其中：权责发生制列支					
预算安排专用基金的支出					
补助预算支出					
上解预算支出	30 000				
地区间援助预算支出	16 000				
债务还本预算支出	350 000				
债务转贷预算支出	42 000				
财政专户管理资金支出				6 000	
安排风险基金					
年末结转结余	9 363 000	55 000	105 000	9 000	8 000

预算收入支出表"项目"栏的填列方法如下：

（1）"年初结转结余"项目和"年末结转结余"项目的填列。"年初结转结余"项目和"年末结转结余"项目应分别根据"一般公共预算""政府性基金预算""国有资本经营预算"项目和"专用基金"项目本年初、本年末各类资金结转结余金额填列。

（2）"收入合计"项目和"支出合计"项目的编制。

①"收入合计"项目。"收入合计"项目反映政府财政本期取得的各类资金的收入合计金额。该项目计算方法为：

收入合计＝一般公共预算收入合计＋政府性基金预算收入合计＋国有资本经营预算收入合计＋财政专户管理资金收入合计＋专用基金收入合计

式中：一般公共预算收入合计为一般公共预算的本级收入、补助预算收入、上解预算收入、地区间援助预算收入、债务预算收入、债务转贷预算收入、动用预算稳定调节基金、调入预算资金相加之和；政府性基金预算收入合计为政府性基金预算的本级收入、补助预算收入、上解预算收入、债务预算收入、债务转贷预算收入、调入预算资金相加之和；国有资本经营预算收入合计为国有资本经营预算的本级收入、补助预算收入、上解预算收入相加之和；财政专户管理资金收入合计为财政专户管理资金的本级收入金额；专用基金收入合计为专用基金的本级收入金额。

②"支出合计"项目。"支出合计"项目反映政府财政本期发生的各类资金的支出合计金额。

$$支出合计=一般公共预算支出合计+政府性基金预算支出合计+国有资本经营预算支出合计+财政专户管理资金支出合计+专用基金支出合计$$

式中：一般公共预算支出合计为一般公共预算的本级支出、补助预算支出、上解预算支出、地区间援助预算支出、债务还本预算支出、债务转贷预算支出、安排预算稳定调节基金、调出预算资金相加之和；政府性基金预算支出合计为政府性基金预算的本级支出、补助预算支出、上解预算支出、债务还本预算支出、债务转贷预算支出、调出预算资金相加之和；国有资本经营预算支出合计为国有资本经营预算的本级支出、补助预算支出、上解预算支出、调出预算资金相加之和；财政专户管理资金支出合计为财政专户管理资金的本级支出金额；专用基金支出合计为专用基金的本级支出金额。

(3)"本级收入"项目和"本级支出"项目的填列。"本级收入"项目反映政府财政本期取得的各类资金的本级收入金额，"本级支出"项目反映政府财政本期发生的各类资金的本级支出金额。

二、预算执行情况表

(一) 预算执行情况表的组成

预算执行情况表由一般公共预算执行情况表、政府性基金预算执行情况表、国有资本经营预算执行情况表、财政专户管理资金收支情况表和专用基金收支情况表五表组成。前三张报表按照政府收支分类科目中与该预算相关收支科目列示。

1. 一般公共预算执行情况表。一般公共预算执行情况表是反映政府财政在某一会计期间一般公共预算收支执行结果的报表。一般公共预算执行情况表按照政府收支分类科目中一般公共预算收支科目列示，其结构如表8-6所示。

表8-6 一般公共预算执行情况表

编制单位： 年 月 日 总会预02-1表
单位：元

项目	本月（旬）数	本年（月）累计数
一般公共预算收入		
101 税收收入		
10101 增值税		
1010101 国内增值税		

续表

项目	本月（旬）数	本年（月）累计数
……		
一般公共预算支出		
201 一般公共服务支出		
20101 人大事务		
2010101 行政运行		
……		

2. 政府性基金预算执行情况表。政府性基金预算执行情况表是反映政府财政在某一会计期间政府性基金预算收支执行结果的报表。该表按照政府收支分类科目中政府性基金预算收支科目列示。其基本结构同一般公共预算执行情况表。

3. 国有资本经营预算执行情况表。国有资本经营预算执行情况表是反映政府财政在某一会计期间国有资本经营预算收支执行结果的报表。该表按照政府收支分类科目中国有资本经营预算收支科目列示。其基本结构同一般公共预算执行情况表。

4. 财政专户管理资金收支情况表。财政专户管理资金收支情况表是反映政府财政在某一会计期间纳入财政专户管理的资金收支情况的报表。该表按照相关政府收支分类科目列示。其基本结构同一般公共预算执行情况表。

5. 专用基金收支情况表。专用基金收支情况表是反映政府财政在某一会计期间专用基金收支情况的报表。该表按照专用基金类型分别列示。其基本结构同一般公共预算执行情况表。

（二）预算执行情况表的编制

预算执行情况表由预算收入和预算支出构成。其根据该预算收入科目、支出科目及所属各明细科目的本期发生额填列。

三、附注

总会计预算会计报表附注应当至少披露下列内容：

（1）遵循《财政总会计制度》的声明。
（2）本级政府财政预算执行情况的说明。
（3）会计报表中列示的重要项目的进一步说明，包括其主要构成、增减变动情况等。
（4）有助于理解和分析会计报表的其他需要说明的事项。

【关键词汇】

资产负债表（balance sheet）	一般公共预算执行情况表（general public budget performance table）
收入费用表（statement of income and expense）	政府性基金预算执行情况表（statement on the implementation of budgets for government-managed funds）
现金流量表（cash flow statement）	国有资本经营预算执行情况表（state capital operation budget implementation table）

本年预算结余与本期盈余调节表（reconciliation of budget balance of the current year and surplus of the current period）	财政专户管理资金收支情况表（statement of income and expenditure of funds under the administration of special financial accounts）
附注（foot-notes to financial statements）	专用基金收支情况表（statement of income and expenditure of special purpose funds）
预算收入支出表（statement of budget receipts and expenditures）	

【思考与练习】

一、思考题

1. 什么是财政总会计报表？与企业财务报表相比，财政总预算会计报表特征表现在哪些方面？
2. 简述财政总会计报表的编制要求以及编制前的准备工作包括哪些内容。
3. 利用资产负债表可以为使用者提供哪些相关的信息？
4. 简述收入支出表的作用、结构及其编制方法。
5. 什么是本年预算结余与本期盈余调节表？简述当期预算结余与本期盈余的关系。
6. 什么是现金流量表？政府财政总会计编制资产负债表、收入费用表的同时为什么要编制现金流量表？
7. 简述财政总会计收入费用表与预算收入支出表的关系。

二、练习题

（一）单项选择题

1. 某企业2×23年4月1日从银行借入期限为3年的长期借款400 000 000元，编制2×24年年度资产负债表时，此项借款应填入的报表项目是（　　）。

　　A. "短期借款"　　　　　　　　B. "长期借款"
　　C. "其他长期负债"　　　　　　D. "一年内到期的长期负债"

2. 下列会计科目中，期末余额应在资产负债表"流动资产合计"项目填列的是（　　）。

　　A. "预拨经费"　　　　　　　　B. "与下级往来"
　　C. "应收非税收入"　　　　　　D. "股权投资"

3. 下列各项中，属于现金流量表"投资活动产生的现金流量"流出的是（　　）。

　　A. 资本性拨款所支付的现金　　　B. 转贷主权外债所支付的现金
　　C. 专用基金支出所支付的现金　　D. 取得股权投资所支出的现金

4. 下列各项中，属于"本年预算结余与本期盈余调节表"当期确认费用但未确认预算支出的是（　　）。

　　A. 取得股权投资所支出的现金　　B. 为取得存货等计入物资成本的支出
　　C. 为购建固定资产等的资本性支出　D. 计提的折旧费用和摊销费用

5. 下列政府会计报表中，属于财务报表的是（　　）。

　　A. 预算收入支出表　　　　　　B. 本年预算结余与本期盈余调节表

C. 专用基金收支情况表　　　　　　D. 净资产变动表

（二）多项选择题

1. 下列会计科目中，其借方或贷方余额应以"-"填列在资产负债表中的有（　　）。
A. "与上级往来"　　　　　　　B. "预算周转金"
C. "其他负债"　　　　　　　　D. "与下级往来"

2. 下列各项中，应填列在资产负债表"累计盈余"项目的有（　　）。
A. "预算管理资金累计盈余"　　B. "财政专户管理资金累计盈余"
C. "专用基金累计盈余"　　　　D. "以前年度盈余调整"

3. 下列资产负债表项目中，应根据相关科目下明细科目期末余额及债务管理部门提供的资料分析填列（　　）。
A. "应付主权外债转贷款"　　　B. "应付地方政府债券转贷款"
C. "应收地方政府债券转贷款"　D. "应收主权外债转贷款"

4. 下列各项中，属于财政总会计资产负债表"净资产"项目的是（　　）。
A. 累计盈余　　　　　　　　　B. 预算周转金
C. 预算稳定调节基金　　　　　D. 本期盈余

5. 下列各项中，属于政府财政总会计现金流量表中"现金"的有（　　）。
A. 国库存款
B. 库存现金
C. 其他财政存款
D. 国库现金管理资产中的商业银行定期存款

（三）业务核算题

1. 资料：某省 2×24 年 12 月 31 日，部分总账及其所辖明细科目余额如表 8-7 所示。

表8-7　资产负债表部分总账及其所辖明细科目余额　　　　单位：万元

总账科目	明细科目		借或贷	余额	备注
应收地方政府债券转贷款	应收本金		贷	580 000	
	应收利息		贷	23 200	
应收主权外债转贷款	应收本金		借	180 000	
	应收利息		借	90 000	
应付地方政府债券转贷款	应付本金		贷	180 000	
	应付利息		贷	7 200	
应付主权外债转贷款	应付本金		贷	58 000	
应付长期政府债券	应付地方政府一般债券	本金	贷	50 000	
		利息		6 000	
预算管理资金累计盈余			贷	62 850 000	
财政专户管理资金累计盈余			贷	2 160 000	

续表

总账科目	明细科目	借或贷	余额	备注
专用基金累计盈余		借	35 000	
预算稳定调节基金		贷	380 000	
预算周转金		贷	250 000	

注：应付长期政府债券发行日为 2×22 年 6 月 30 日，到期日为 2×25 年 6 月 30 日。

要求：根据表 8-12 资料，计算资产负债表下列项目期末余额。
(1) 应收利息。
(2) 一年内到期非流动资产。
(3) 应收地方政府债券转贷款。
(4) 应付长期政府债券。
(5) 累计盈余。
(6) 净资产合计。

2. 资料：某省财政 2×24 年本年预算结余与本期盈余差异如下：
(1) 日常活动产生的差异：当期确认为收入但没有确认为预算收入 150 000 万元；当期确认为预算收入但没有确认为收入 250 000 万元。
(2) 筹资活动产生的差异：当期转贷款支出 42 000 万元；拨付上年计提债务利息 14 000 万元；当期债务收入 60 000 万元。

要求：根据上述资料，填列本年预算结余与本期盈余调节表部分项目金额，见表 8-8。

表 8-8 预算结余与本期盈余调节表部分项目

项目	金额
本年预算结余：	9 480 000
日常活动产生的差异：	（ ）
投资活动产生的差异：	-167 800
筹资活动产生的差异：	（ ）
本期盈余	（ ）

3. 资料：某省财政 2×24 年发生经济业务如下：组织非税收入收到现金 250 000 万元；发行政府债券收到现金 8 000 万元；支付债务利息相关现金 500 万元；组织财政专户管理资金收入收到现金 15 000 万元；资本性拨款支付现金 5 000 万元；转贷主权外债支付现金 1 000 万元；取得主权外债转贷款收到现金 3 000 万元；对事业单位补助拨款支付现金 450 000 万元。

要求：计算现金流量表以下项目的金额：
(1) 日常活动产生的现金流量"现金流入小计"。
(2) 日常活动产生的现金流量净额。
(3) 投资活动产生的现金流量"现金流入小计"和"现金流出小计"。
(4) 筹资活动产生的现金流量净额。
(5) 现金净增加额。

下篇 政府单位会计

第九章　政府单位会计概述

【学习目标和思政目标】
●学习目标：了解政府单位的组成与经济特征，熟悉政府单位会计概念、政府单位资金预算指标的核算，掌握政府单位的会计科目设置方法及主要内容。
●思政目标：深刻理解政府单位在社会发展中所发挥的重要作用，增强提高政治思想觉悟和专业知识水平的自觉性。

【学习重点和难点】
●学习重点：政府单位组成及其经济特征，政府单位会计科目的设置。
●学习难点：政府单位资金预算指标。

第一节　政府单位的组成与经济特征

一、政府单位①的组成

按照社会组织的类别分类，行政单位和事业单位（以下简称"政府单位"）属于政府范畴，它们是我国社会公共服务的提供者和社会事务的监督管理者，同时也是政府职能的承担者和践行者。

（一）行政单位

行政单位在广义和狭义上有不同的定义和范围。狭义的行政单位是指行使国家权力、管理国家事务的各级国家机关，包括：国家权力机关，即全国人民代表大会和地方各级人民代表大会及其常务委员会；国家行政机关，即国务院和地方各级人民政府及其所属工作机构；国家审判机关，即各级人民法院；国家检察机关，即各级人民检察院。

广义上的行政单位除上述狭义范围外还包括以下两个方面：一是政党组织的中央和地方各级常设工作机构，其中政党组织包括中国共产党、中国国民党革命委员会、中国民主同盟、中国民主建国会、中国民主促进会、中国农工民主党、中国致公党、九三学社、台湾民主自治同盟等；二是中国人民政治协商会议各级常设工作机构。

行政单位作为公共服务的提供者和社会事务的监督管理者，担负着行使国家权力、管理国家事务的重要任务，代表着政府履行相关职能，在强化政府行政管理、维护社会公共秩序等方面发挥着举足轻重的作用。

---

① 本教材使用"政府单位"代表"行政单位"和"事业单位"；如果某一业务或某一核算只适用于行政单位或事业单位，则具体使用"行政单位"或"事业单位"。

（二）事业单位

事业单位是指国家为了社会公益目的，由国家机关举办或者其他组织利用国有资产举办的，从事教育、科技、文化、卫生等活动的社会服务组织[①]。它是我国国民经济和社会发展的一个重要组成部分。事业单位的特征主要表现在以下三个方面：一是数量众多、涉及行业或领域广泛、人才济济。目前，中国有 100 多万个事业单位，其职工总数接近 3 000 万人，占公共部门就业人数的 41%、全国劳动力总量的 4%，涉及教育、科技、文化、卫生等领域。中国的经济资源有相当大一部分投入了事业单位，绝大多数事业单位是以脑力劳动为主体的知识密集性组织，专业人才是事业单位的主要人员，其中包括 60%的受过良好教育的专业技术人员（如教师、医生、科学家、工程师、演员、作家等）[②]。二是事业单位不是从事生产经营的单位，一般不直接提供物质产品，或者虽然提供物质产品但是作为新知识、信息、技术的载体来提供，即使从事部分生产经营活动也不具有经常性，其社会职能是提供非生产性的公共服务。三是事业单位运营资金主要来源于国家财政拨款，其开展专业及辅助活动支付的款项也属于国家财政开支的范围，一般由国家财政予以全部或部分补贴。

事业单位作为以提供公益服务为主要宗旨的公益性单位或非公益性职能部门，在参与社会事务管理，履行公共管理和公共服务职责，促进我国教育、科技、文化、卫生等各项事业不断发展壮大，推动社会进步等方面都发挥了重要的作用。

（三）政府单位的经济特征

从经济角度看，政府单位不是追求利润的最大化而是提供公共产品和公共服务的经济实体。与企业、非营利组织等相比，政府单位的经济特征主要表现在以下三个方面：

1. 经济资源来源的单一性和经济资源使用的无偿性。政府单位是政府为了满足社会公共需要而设立的社会组织。它们一般不直接从事物质资料的生产、流通和服务等经营活动，而主要从事提供公共服务和监督管理社会公共事务等非生产性活动。因此，政府单位在履职和开展业务活动中所拥有的经济资源不是采取商业手段获取的，主要是通过财政全额拨款或部分补助形式取得的。从不同渠道取得的财政资金按照预算规定的用途和开支标准使用，不需要返还，也无须支付任何代价，具有无偿性的特点。

2. 提供的产品为公共产品。政府单位履职和开展业务活动提供的产品属于政府运行所必需的公共产品，这些产品范围广泛、形态各异。它们既有实物形态的，如交通、水利或电力等设施、城市建设设施、环境保护设施及园林、街道绿化等；也有服务形态的，如公安局、检察院、法院、行政管理等国家机关提供的公职服务以及文化、教育、卫生、体育等领域提供的公共事业服务等。公共产品垄断性强，有些公共产品是由政府单位免费向社会提供的，公民不以直接享用多少而交费（或纳税）；而有些公共产品是有偿提供的，但收取的费用很低，仅为弥补一定的支出。

3. 预算管理是一切理财活动的中心。政府单位的资金来源主要依靠财政拨款。为了确保各项业务活动的连续性，政府单位的财务收支必须在年度开始前按照规定的程序编制

[①] 《事业单位登记管理暂行条例》（2004 年国务院修改发布）。
[②] 世界银行东亚和太平洋地区减贫和经济管理局. 中国：深化事业单位改革，改善公共服务提供 [M]. 北京：中信出版社，2005：1.

预算。预算反映了政府单位预算年度内的资金收支规模、结构、来源和去向。在现代社会中，预算过程是政府单位日常财务管理和财务收支活动的核心，政府单位发挥社会管理和公共服务功能主要是借助预算来实现的。与预算相关的预算编制、审批、执行和调整等一系列预算管理活动贯穿了政府单位各项财务活动的始终，预算管理是政府单位一切理财活动的基础和前提。

二、政府单位会计概念

政府单位会计是适用于政府单位的一门专业会计，是政府会计的重要组成部分。它以货币为主要计量单位，对政府单位资金运动的过程及结果进行确认、计量、记录和报告，向会计信息使用者提供与政府单位财务状况、运行情况、现金流量、预算执行情况等相关的会计信息，反映政府单位受托责任的履行情况，帮助会计信息使用者进行监督、管理和决策。

关于政府单位会计概念，进一步明确以下几点：

（一）政府单位会计是政府会计的一个分支

政府会计包括财政总会计和政府单位会计（包括行政单位会计和事业单位会计），政府单位会计是政府会计的组成部分。

（二）政府单位会计是一门专业会计

首先，事业单位的运营活动专业性强，如高校、医院、科研等事业单位的业务活动，有些具有生产加工（项目研究）、商品流通、餐饮服务（单位食堂或招待所）等功能，需要采用成本会计、商品流通会计、饮食服务会计等专门方法进行会计核算；其次，事业单位涉及的行业众多，比如工业型事业单位、农业型事业单位、流通型事业单位、科技型或文化型等事业单位，它们彼此之间业务活动特点、管理要求不尽相同，采用的会计核算方法也各具特色。因此，政府单位会计融合了多种专业会计的理论与方法，是一门专业会计。

（三）政府单位会计内容是经济资源的增减变动情况

政府单位会计以经济资源的增减变动为核算内容。经济资源的范围有广义和狭义之分。当政府单位会计内容为广义的经济资源时，该资源包括全部的资产（流动资产和非流动资产）和全部的负债（流动负债和非流动负债），以此为基础，构成了财务会计的内容；当政府单位会计内容为狭义的经济资源时，即经济资源仅为全部的货币资金（主要是指预算资金），以此为基础，便构成了政府单位预算会计的内容。

（四）政府单位会计的层级

根据机构建制和经费领报关系，政府单位会计分为主管会计单位、二级会计单位和基层会计单位三级。

主管会计单位，是指向同级财政部门领报经费，并发生预算管理关系，有下一级会计单位的行政单位、事业单位。

二级会计单位，是指向主管会计单位或上一级会计单位领报经费，并发生预算管理关系，有下一级会计单位的行政单位、事业单位。

基层会计单位，是指向上一级会计单位领报经费，并发生预算管理关系，没有下一级会计单位的行政单位、事业单位。向同级财政部门领报经费，没有下一级会计单位的行政单位视同基层会计单位。

政府单位的会计组织层级与预算管理的组织层级相对应。与主管会计单位、二级会计单位和基层会计单位分别对应的是一级预算单位、二级预算单位和基层预算单位。政府单位会计层级与预算管理层级对应关系如图9-1所示。

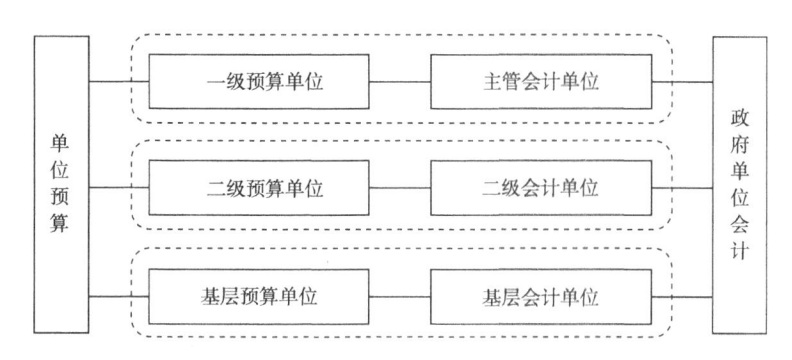

图9-1 政府单位会计层级与预算管理层级对应关系

三、政府单位会计的组成和模式

政府单位会计由财务会计、预算会计和成本会计组成。财务会计提供相关的财务信息，反映政府单位公共受托责任履行情况，有助于财务报告使用者客观评价政府单位过去的运营业绩，预测未来的发展趋势，并作出相关决策或者进行监督和管理；预算会计提供的预算执行过程和结果信息，帮助预算会计报表使用者评价和考核政府单位预算任务完成情况，为编制后续年度预算提供参考和依据；政府单位成本会计为政府单位内部管理者进行决策或进行监督和管理提供所需的各种成本信息。本书在此部分仅介绍财务会计和预算会计的核算。

政府单位会计核算应当实现预算会计与财务会计适度分离并相互衔接。所谓"适度分离"，是指适度分离政府预算会计和财务会计功能、决算报告和财务报告功能，全面反映政府会计主体的预算执行信息和财务信息；"相互衔接"是指政府预算会计要素和财务会计要素相互协调，决算报告和财务报告相互补充，共同反映政府会计主体的预算执行信息和财务信息。通过这种模式，政府单位会计能够全面、清晰地反映政府财务信息和预算执行信息，有助于提高政府单位财务管理水平。

第二节 政府单位会计科目

政府单位会计由财务会计和预算会计构成，会计科目相应分为财务会计科目和预算会计科目。

一、财务会计科目

根据《政府单位会计制度》的规定，政府单位财务会计科目按照权责发生制基础设置，具体分为资产、负债、净资产、收入和费用五类一级会计科目，如表9-1所示。

《政府会计制度》

表 9-1 会计科目名称和编号（财务会计类）

序号	科目编号	科目名称	序号	科目编号	科目名称
		（一）资产类	40	2201	应付职工薪酬
1	1001	库存现金	41	2301	应付票据
2	1002	银行存款	42	2302	应付账款
3	1011	零余额账户用款额度	43	2303	应付政府补贴款
4	1021	其他货币资金	44	2304	应付利息
5	1101	短期投资	45	2305	预收账款
6	1201	财政应返还额度	46	2307	其他应付款
7	1211	应收票据	47	2401	预提费用
8	1212	应收账款	48	2501	长期借款
9	1214	预付账款	49	2502	长期应付款
10	1215	应收股利	50	2601	预计负债
11	1216	应收利息	51	2901	受托代理负债
12	1218	其他应收款			（三）净资产类
13	1219	坏账准备	52	3001	累计盈余
14	1301	在途物品	53	3101	专用基金
15	1302	库存物品	54	3201	权益法调整
16	1303	加工物品	55	3301	本期盈余
17	1401	待摊费用	56	3302	本年盈余分配
18	1501	长期股权投资	57	3401	无偿调拨净资产
19	1502	长期债券投资	58	3501	以前年度盈余调整
20	1601	固定资产			（四）收入类
21	1602	固定资产累计折旧	59	4001	财政拨款收入
22	1611	工程物资	60	4101	事业收入
23	1613	在建工程	61	4201	上级补助收入
24	1701	无形资产	62	4301	附属单位上缴收入
25	1702	无形资产累计摊销	63	4401	经营收入
26	1703	研发支出	64	4601	非同级财政拨款收入
27	1801	公共基础设施	65	4602	投资收益
28	1802	公共基础设施累计折旧（摊销）	66	4603	捐赠收入
29	1811	政府储备物资	67	4604	利息收入
30	1821	文物资源	68	4605	租金收入
31	1831	保障性住房	69	4609	其他收入
32	1832	保障性住房累计折旧			（五）费用类
33	1891	受托代理资产	70	5001	业务活动费用
34	1901	长期待摊费用	71	5101	单位管理费用
35	1902	待处理财产损溢	72	5201	经营费用
		（二）负债类	73	5301	资产处置费用
36	2001	短期借款	74	5401	上缴上级费用
37	2101	应交增值税	75	5501	对附属单位补助费用
38	2102	其他应交税费	76	5801	所得税费用
39	2103	应缴财政款	77	5901	其他费用

二、预算会计科目

根据《政府单位会计制度》的规定,政府单位预算会计科目按照收付实现制设置,具体分为预算收入、预算支出和预算结余三类一级科目,如表 9-2 所示。

表 9-2 会计科目名称和编号(预算会计类)

预算收入类			预算支出类			预算结余类		
序号	科目编号	科目名称	序号	科目编号	科目名称	序号	科目编号	科目名称
1	6001	财政拨款预算收入	10	7101	行政支出	18	8001	资金结存
2	6101	事业预算收入	11	7201	事业支出	19	8101	财政拨款结转
3	6201	上级补助预算收入	12	7301	经营支出	20	8102	财政拨款结余
4	6301	附属单位上缴款预算收入	13	7401	上缴上级支出	21	8201	非财政拨款结转
5	6401	经营预算收入	14	7501	对附属单位补助支出	22	8202	非财政拨款结余
6	6501	债务预算收入	15	7601	投资支出	23	8301	专用结余
7	6601	非同级财政拨款预算收入	16	7701	债务还本支出	24	8401	经营结余
8	6602	投资预算收益	17	7901	其他支出	25	8501	其他结余
9	6609	其他预算收入				26	8701	非财政拨款结余分配

说明:

(1) 政府单位应当按照会计制度的规定设置、使用会计科目。在不影响会计处理和编制报表的前提下,根据本单位会计核算和财务管理的需要,可以自行增设或减少某些会计科目。

(2) 预算会计的"资金结存"账户实质上是一个用于预算收、支、余账户之间借贷平衡记账的对应账户,它不是财务会计的货币资金类账户,可以不在会计报表上反映。另外,由于会计主体很可能有部分不纳入预算管理的资金(如代管资金、往来资金等),所以预算会计的"资金结存"账户余额往往与财务会计的货币资金类账户余额不等[①]。

【关键词汇】

政府单位(government agency)	政府单位财务会计(financial accounting for government units)
行政单位(administrative unit)	政府单位预算会计(budget accounting for government units)
事业单位(public institution)	政府单位会计制度(accounting system for government units)
政府单位会计(government unit accounting)	

---

① 王彦,王建英,赵西卜. 政府与非营利组织会计 [M]. 7 版. 北京:中国人民大学出版社,2021:38.

【思考与练习】

一、思考题

1. 与企业会计相比，政府单位会计特点表现在哪些方面？
2. 如果您想了解一家公立学校或医院运行情况，需要知道它的哪些具体情况？其中有哪些可由会计信息提供？
3. 与预算会计科目相比，政府单位财务会计科目设置有何特点？
4. 比较说明政府单位收入费用类科目与预算收入、预算支出科目设置的异同。

二、练习题

（一）单项选择题

1. 下列会计科目中，属于政府单位财务会计科目的是（　　）。
   A. 财政拨款预算收入　　　　　　B. 财政拨款收入
   C. 经营预算收入　　　　　　　　D. 事业预算收入
2. 下列会计科目中，按照收付实现制基础设置的是（　　）。
   A. 捐赠收入　　　　　　　　　　B. 事业收入
   C. 经营预算收入　　　　　　　　D. 经营收入

（二）多项选择题

1. 下列各项中，关于政府单位经济特征表述正确的有（　　）。
   A. 政府单位在履行职能过程中的财务资源主要依靠税收
   B. 政府单位使用财务资源一般具有无偿性
   C. 政府单位通过预算发挥其社会管理和公共服务作用
   D. 预算管理是政府单位一切理财活动的基础
2. 下列会计科目中，属于政府单位预算会计科目的是（　　）。
   A. 国库存款　　　　　　　　　　B. 资金结存
   C. 事业收入　　　　　　　　　　D. 事业支出
3. 政府单位资产科目中，需要设置备抵科目（折旧或摊销）的有（　　）。
   A. 固定资产　　　　　　　　　　B. 保障性住房
   C. 无形资产　　　　　　　　　　D. 公共基础设施

第十章 政府单位流动资产

【学习目标和思政目标】
●学习目标：了解资产的概念、特点和分类，熟悉流动资产的相关概念及其内容，掌握政府单位流动资产的核算方法。
●思政目标：①结合货币资金的日常核算，形成认真做事、细心谨慎和独立公正的工作态度，认识"诚"的可贵性、"准"的重要性。在银行转账结算方式的学习中，通过介绍支付宝、微信等应用现状，深入认识我国作为互联网应用大国的担当，增强民族自豪感和文化自信。②通过对短期投资的学习，深刻理解金融是宏观经济活动的核心，认识短期投资的显著特点（风险和收益并存），增强风险意识。③结合应收款项坏账的核算，培养风险意识；了解应收账款业务所导致的信用危机，弘扬诚信友善的社会主义核心价值观，彰显职业责任，塑造会计精神。④存货具有流动性强、易消耗、管理易出现漏洞等特点，通过存货学习，树立公共资源管理的责任心和责任观。

【学习重点和难点】
●学习重点：货币资金控制、短期投资、应收账款、存货。
●学习难点：财政应返还额度、应收票据贴现、计提坏账准备、存货计价和加工物资。

第一节 流动资产概述

一、流动资产的概念

流动资产是指预计在1年内（含1年）变现或者耗用的资产，包括货币资金、短期投资、应收及预付款项、存货等。

根据流动资产的概念，"预计在1年内（含1年）变现"一般针对应收及预付款项、短期投资等，"耗用的资产"一般是指存货由一种形态（如材料）转变为另一形态（如科技产品、药品）的过程。

二、流动资产的特征

流动资产特征是与非流动资产相比较而呈现出的一种特点。流动资产的特点有：周转期限短、资产价值一次性消耗或转移、占用数量具有波动性。

（1）流动资产保持其自身形态的时间是短暂的，一般不会超过一年。例如，货币资金由于具备了流通手段的职能，可以随时用于购置资产或支付费用。

(2) 流动资产单位价值较低或一次性使用或耗费，有时直接作为其他资产的构成要素，例如政府单位活动中领用或耗用的材料、物品等。

(3) 流动资产占用的数量不是固定不变的，它会随着政府单位活动的变化而有升有降。例如，政府文化单位持有的流动资产会随着服务对象所处的季节、民族风俗的不同而不同，这些政府单位流动资产的消耗具有一定的季节性或地域性。

三、流动资产的内容

《基本准则》规定，政府会计主体拥有的流动资产包括货币资金、短期投资、应收及预付款项、存货等。

第二节 货币资金与短期投资

一、货币资金

货币资金是指单位在运营过程中处于货币形态的那部分资金，包括库存现金、银行存款、零余额账户用款额度和其他货币资金。

(一) 库存现金

库存现金是指存放于单位财会部门、由出纳人员负责经管的货币，包括库存的人民币和各种外币。会计实务中，有些性质与库存现金相似，例如个人因某种需要而向单位临时借款出具的借条、单位存放于其他单位作为押金的现金等，不能作为库存现金。

1. "库存现金""资金结存"科目的设置。为了反映和监督库存现金的增减变动情况，财务会计应设置"库存现金"科目。该科目的借方登记库存现金的增加额；贷方登记库存现金减少额；期末借方余额反映单位实际持有的库存现金。

政府单位应当设置"库存现金日记账"，由出纳人员根据收付款凭证，按照业务发生顺序逐笔登记。每日终了，应当计算当日的现金收入合计额、现金支出合计额和结余额，将结余额与实际库存额核对，做到账款相符。有外币现金的政府单位，还应当分别按照人民币和外币进行明细核算。

需要说明的是，"库存现金"科目应当设置"受托代理资产"明细科目，核算政府单位受托代理、代管的现金。

为了反映和监督纳入部门预算管理的资金的流入、流出、调整和滚存等情况，预算会计应设置"资金结存"科目。该科目的借方登记资金结存的流入或增加；贷方登记资金结存流出、减少。年末借方余额反映政府单位预算资金的累计滚存情况。

"资金结存"科目应当设置"零余额账户用款额度""货币资金""财政应返还额度"三个明细科目。年末，三个明细账科目余额情况如下："零余额账户用款额度"明细科目年末结账后无余额；"货币资金"明细科目年末借方余额反映政府单位尚未使用的货币资金；"财政应返还额度"明细科目年末借方余额反映政府单位应收财政返还的资金额度。

2. 库存现金日常账务处理。政府单位在日常运营活动中发生库存现金增加时，财务会计应借记"库存现金"科目，贷记"银行存款"科目（从银行等金融机构提取现金）、

"零余额账户用款额度"科目（按规定从单位零余额账户提取现金）、"事业收入"科目、"应收账款"等科目（事业单位因提供服务、商品或者其他事项收到现金）；同期，预算会计应借记"资金结存——货币资金"科目，贷记"资金结存——零余额账户用款额度""事业预算收入"等科目。

政府单位库存现金减少时，应借记"业务活动费用""单位管理费用""库存物品"等相关科目（因购买服务、商品或者其他事项支付现金）、"其他应收款"科目（借出周转金）、"其他费用"科目（对外捐赠现金），贷记"库存现金"科目、"应交增值税——应交税金"科目（增值税一般纳税人）；同期，预算会计按实际支付的金额，借记"行政支出"科目、"事业支出"科目、"其他支出"科目（对外捐出现金），贷记"资金结存"等科目。

政府单位收到受托代理、代管的现金时，财务会计按照实际收到的金额，借记"库存现金——受托代理资产"科目，贷记"受托代理负债"科目；支付受托代理、代管的现金时，按照实际支付的金额，借记"受托代理负债"科目，贷记"库存现金——受托代理资产"科目。预算会计对政府单位收到或支付的受托代理、代管现金不编制会计分录。

3. 库存现金短缺或溢余。政府单位在库存现金清查中发现现金短缺，财务会计应按照实际短缺的金额，借记"待处理财产损溢"科目，贷记"库存现金"科目；同期，预算会计按照实际短缺的金额，借记"其他支出"科目，贷记"资金结存——货币资金"科目。如果清查结果为现金溢余，财务会计应按照实际溢余的金额，借记"库存现金"科目，贷记"待处理财产损溢"科目；同时，预算会计按照实际溢余的金额，借记"资金结存——货币资金"科目，贷记"其他预算收入"科目。

库存现金短缺或溢余应根据不同情况分别处理：

（1）如为现金短缺，属于应由责任人赔偿或向有关人员追回的，财务会计应借记"其他应收款"科目，贷记"待处理财产损溢"科目。收到赔偿款或追回资金，财务会计应借记"库存现金"科目，贷记"其他应收款"科目；同期，预算会计应借记"资金结存——货币资金"科目，贷记"其他支出"科目。如果属于无法查明原因的现金短缺，报经批准核销时，借记"资产处置费用"科目，贷记"待处理财产损溢"科目。

（2）如为现金溢余，属于应支付给有关人员或单位的，财务会计应借记"待处理财产损溢"科目，贷记"其他应付款"科目。支付时，财务会计应借记"其他应付款"科目，贷记"库存现金"科目；同期，预算会计应借记"其他预算收入"科目，贷记"资金结存——货币资金"科目。如果属于无法查明原因的现金溢余，报经批准后，财务会计应借记"待处理财产损溢"科目，贷记"其他收入"科目。

【例10-1】2×24年5月，某事业单位根据发生的库存现金收支业务编制相关的会计分录。

（1）支付现金500元购买零星办公用品，并直接交行政管理部门使用。编制财务会计分录：

借：单位管理费用　　　　　　　　　　　　　　　　　　　500
　　贷：库存现金　　　　　　　　　　　　　　　　　　　　　　500

同期，编制该业务的预算会计分录：

借：事业支出　　　　　　　　　　　　　　　　　　　　　500
　　贷：资金结存——货币资金　　　　　　　　　　　　　　　　500

（2）职工张某出差预借差旅费 1 500 元，以现金付讫。张某出差归来报销差旅费 2 000 元，以现金补足差额。

①张某预借差旅费，编制财务会计分录：

借：其他应收款——职工张某　　　　　　　　　　　　　　　　　　1 500
　　贷：库存现金　　　　　　　　　　　　　　　　　　　　　　　　　1 500

②张某报销差旅费，编制财务会计分录：

借：单位管理费用　　　　　　　　　　　　　　　　　　　　　　　　2 000
　　贷：其他应收款——职工张某　　　　　　　　　　　　　　　　　　1 500
　　　　库存现金　　　　　　　　　　　　　　　　　　　　　　　　　　500

同期，编制该业务的预算会计分录：

借：事业支出　　　　　　　　　　　　　　　　　　　　　　　　　　2 000
　　贷：资金结存——货币资金　　　　　　　　　　　　　　　　　　　2 000

（3）25 日现金清查时，发现库存现金比其账面余额少 180 元，原因待查。经查，25 日现金短缺 100 元为出纳员张洁的责任，已收到赔款 100 元；其余短缺无法查明原因，经批准确认为资产损失。

①现金短缺时，编制财务会计分录：

借：待处理财产损溢　　　　　　　　　　　　　　　　　　　　　　　　180
　　贷：库存现金　　　　　　　　　　　　　　　　　　　　　　　　　　180

同期，编制该业务的预算会计分录：

借：其他支出　　　　　　　　　　　　　　　　　　　　　　　　　　　180
　　贷：资金结存——货币资金　　　　　　　　　　　　　　　　　　　　180

②现金短缺报经批准时，编制财务会计分录：

借：库存现金　　　　　　　　　　　　　　　　　　　　　　　　　　　100
　　资产处置费用　　　　　　　　　　　　　　　　　　　　　　　　　　80
　　贷：其他应收款——出纳员张洁　　　　　　　　　　　　　　　　　　180

同期，编制该业务的预算会计分录：

借：资金结存——货币资金　　　　　　　　　　　　　　　　　　　　　100
　　贷：其他支出　　　　　　　　　　　　　　　　　　　　　　　　　　100

（二）银行存款

银行存款是指政府单位存入银行和其他金融机构的各种存款。按照国家有关规定，任何独立核算的政府单位都必须在当地银行开设账户。政府单位在银行开设账户以后，除规定可用现金直接支付的款项外，其他一切货币收支业务都必须通过银行存款账户进行结算。

为了反映和监督银行存款增减变动情况，财务会计应设置"银行存款"科目。该科目的借方登记银行存款的增加额；贷方登记银行存款的减少额；期末借方余额反映政府单位存在银行或其他金融机构的款项。政府单位应当按开户银行或其他金融机构、存款种类及币种等，分别设置"银行存款日记账"，由出纳人员根据收付款凭证，按照业务的发生顺序逐笔登记，每日终了应结出余额。"银行存款日记账"应定期与"银行对账单"核对，至少每月核对一次。月度终了，政府单位银行存款账面余额与银行对账单余额之间如有差额，必须逐笔查明原因，并按月编制"银行存款余额调节表"调节相符。

政府单位银行存款增加时，财务会计应借记"银行存款"科目，贷记"库存现金""事业收入""经营收入""其他收入"等相关科目；同期，预算会计按照存入的金额，借记"资金结存——货币资金"科目，贷记"事业预算收入""经营预算收入""其他预算收入"科目。

政府单位银行存款减少时，财务会计应借记"库存现金"科目（提取现金，预算会计不编制分录）、"业务活动费用""单位管理费用"等相关科目（支付相关费用）、"应交增值税——应交税金（进项税额）"科目（增值税一般纳税人），贷记"银行存款"科目；同期，预算会计应借记"行政支出""事业支出""经营支出"科目，贷记"资金结存——货币资金"科目。

政府单位收到银行存款利息，财务会计应借记"银行存款"科目，贷记"利息收入"等科目；同期，预算会计应借记"资金结存——货币资金"科目，贷记"其他预算收入——利息收入"科目。政府单位支付银行手续费等时，财务会计应借记"业务活动费用""单位管理费用"等科目，贷记"银行存款"科目；同期，预算会计应借记"其他支出"科目，贷记"资金结存——货币资金"科目。

收到受托代理、代管的银行存款时，财务会计应借记"银行存款——受托代理资产"科目，贷记"受托代理负债"科目；支付受托代理、代管的银行存款时，编制相反的会计分录。预算会计不编制会计分录。

（三）零余额账户用款额度

零余额账户用款额度与国库集中收付制度直接相关。在介绍零余额账户用款额度核算方法前，先对国库集中收付制度进行说明。

1. 国库集中收付制度。国库集中收付制度又称国库单一账户制度，是指财政部门在中央银行或商业银行设立国库单一账户体系，将所有财政收支都纳入国库单一账户体系管理。在此制度下，所有财政收入直接缴入国库或财政专户；财政性资金统一通过国库单一账户体系支付给商品和劳务供应者或用款单位。

国库集中支付包括财政直接支付和财政授权支付两种方式。

（1）财政直接支付。财政直接支付是指由财政部门开具支付令，通过财政部门开设在代理银行的零余额账户，由代理银行先行将资金直接支付给最终收款人，每日营业终了，人民银行国库单一账户再与代理银行进行资金清算。财政直接支付方式流程如图10-1所示。

实行财政直接支付的支出内容包括工资支出、工程采购支出、物品和服务采购支出。

政府单位收到的"财政直接支付入账通知书"及相关原始凭证，按照通知书中的直接支付入账金额，借记"库存物品""固定资产""业务活动费用""单位管理费用""应付职工薪酬"等科目，贷记"财政拨款收入"等科目。

（2）财政授权支付。财政授权支付是指预算单位根据财政部门下达的用款额度，自行开具支付令，通过预算单位开设在代理银行的零余额账户，由代理银行先行将资金支付给最终收款人，每日营业终了，人民银行国库单一账户再与代理银行进行资金清算。财政授权支付方式流程如图10-2所示。

2. 零余额账户用款额度。零余额账户用款额度是指实行国库集中支付的政府单位，

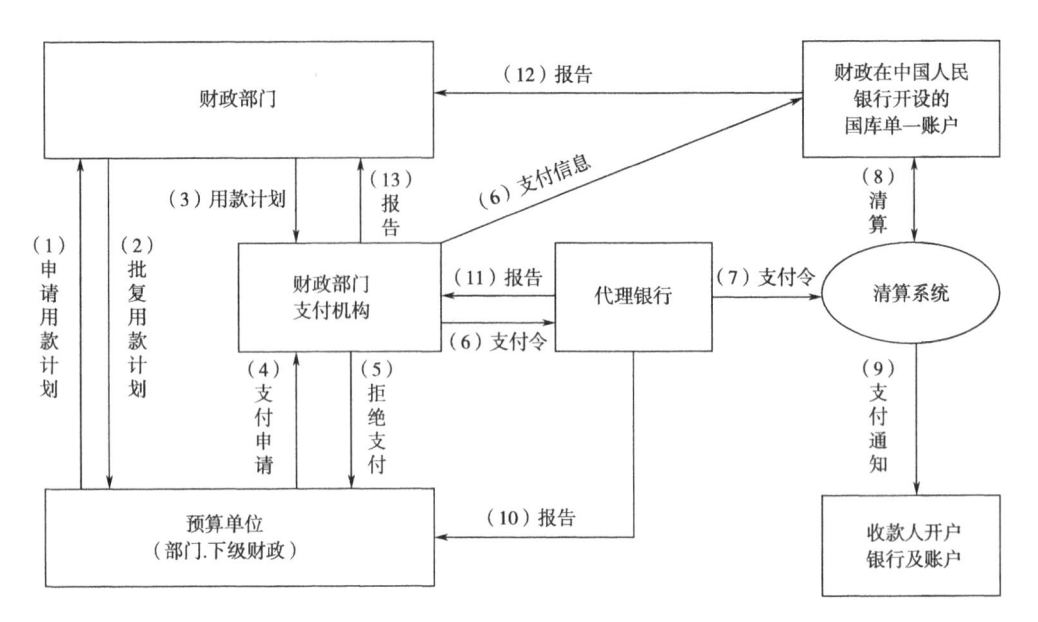

图 10-1　财政直接支付方式流程

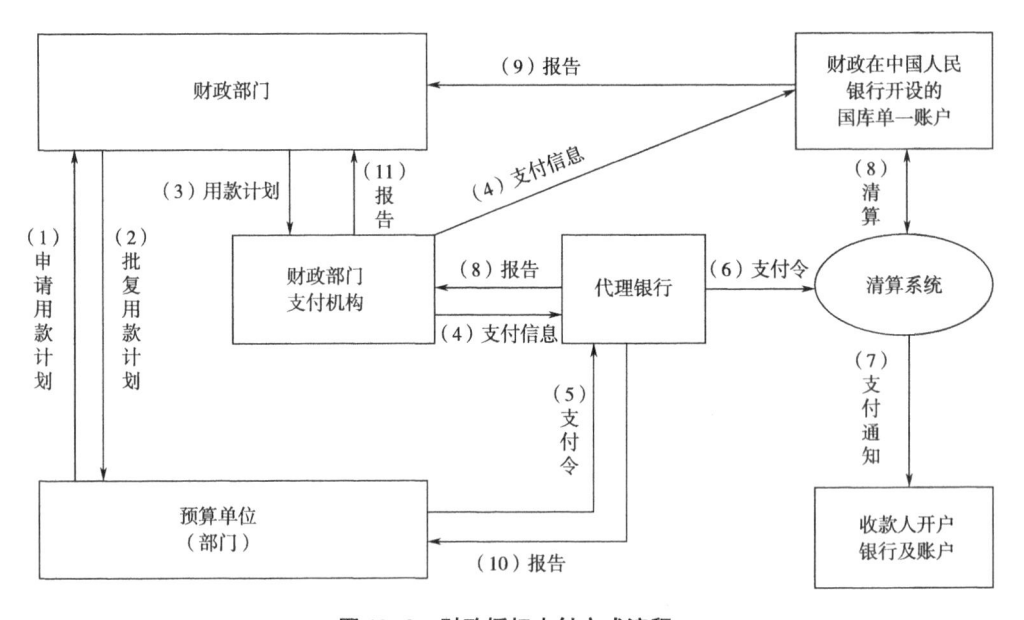

图 10-2　财政授权支付方式流程

根据财政部门批复的用款计划收到的零余额账户用款额度。

财政授权的转账业务一律通过单位零余额账户办理。需要说明两点：一是政府单位在商业银行开设的单位零余额账户不是实存资金账户，是一个过渡性的待结算账户，该账户反映的用款额度不是实际的货币资金；二是单位零余额账户的用款额度具有与人民币存款相同的支付结算功能，可办理转账、汇兑、委托收款和提取现金等支付结算业务。可以向本单位按账户管理规定保留的相应账户划拨工会经费、住房公积金及提租补贴，以及划拨经财政部门批准的特殊款项。

为了反映和监督零余额账户用款额度增减变动情况，财务会计应当设置"零余额账户用款额度"科目。该科目借方登记收到授权支付到账额度；贷方登记支用的零余额用款额度；期末借方余额反映政府单位尚未支用的零余额用款账户额度。"零余额账户用款额度"科目年末应无余额。

零余额账户用款额度的账务处理内容如下：

（1）零余额账户用款额度的增加和减少。在财政授权支付方式下，政府单位收到代理银行盖章的"财政授权支付到账通知书"时，根据通知书所列数额，财务会计应借记"零余额账户用款额度"科目，贷记"财政拨款收入"科目；同期，预算会计应借记"资金结存——零余额账户用款额度"科目，贷记"财政拨款预算收入"科目。

政府单位按规定支用额度时，财务会计应借记有关科目，贷记"零余额账户用款额度"科目。从零余额账户提取现金时，借记"库存现金"科目，贷记"零余额账户用款额度"科目；同期，预算会计应借记"资金结存——货币资金"科目，贷记"资金结存——零余额账户用款额度"科目。将现金退回单位零余额账户，财务会计应借记"银行存款"等科目，贷记"零余额账户用款额度"科目；同期，预算会计应借记"资金结存——零余额账户用款额度"科目，贷记"资金结存——货币资金"科目。

（2）国库授权支付额度的退回。有时，政府单位因购货退回等发生国库授权支付额度退回的，应按照退回金额，借记"零余额账户用款额度"科目，贷记"库存物品"等科目。

【例10-2】2×24年12月份，某行政单位根据发生的国库集中支付业务编制相关的会计分录。

（1）2日，收到代理银行转来的"财政授权支付额度到账通知书"，通知书中注明的本月授权额度为500 000元。编制财务会计分录：

借：零余额账户用款额度　　　　　　　　　　　　　　　　　500 000
　　贷：财政拨款收入　　　　　　　　　　　　　　　　　　500 000

同期，编制该业务的预算会计分录：

借：资金结存——零余额账户用款额度　　　　　　　　　　　500 000
　　贷：财政拨款预算收入　　　　　　　　　　　　　　　　500 000

（2）5日，采用国库授权支付方式支付职工薪酬3 000 000元，通过银行转账划入职工个人账户。编制财务会计分录：

借：应付职工薪酬　　　　　　　　　　　　　　　　　　　3 000 000
　　贷：零余额账户用款额度　　　　　　　　　　　　　　3 000 000

同期，编制该业务的预算会计分录：

借：行政支出　　　　　　　　　　　　　　　　　　　　　3 000 000
　　贷：资金结存——零余额账户用款额度　　　　　　　　3 000 000

（3）25日，购买办公用品2 000元直接交行政管理部门使用，款项从零余额账户中支付。编制该单位对上述资料进行会计记账的会计分录：

借：单位管理费用　　　　　　　　　　　　　　　　　　　　2 000
　　贷：零余额账户用款额度　　　　　　　　　　　　　　　2 000

同期，编制财务会计分录：

借：行政支出　　　　　　　　　　　　　　　　　　　　　　2 000

贷：资金结存——零余额账户用款额度　　　　　　　　　　　　　　　　　　　　　2 000

（4）30日，以零余额账户用款支付行政办公大楼日常维修费50 000元。编制财务会计分录：

　　借：单位管理费用　　　　　　　　　　　　　　　　　　　　　　　　　　　　　50 000
　　　　贷：零余额账户用款额度　　　　　　　　　　　　　　　　　　　　　　　　　50 000

同期，编制该业务的预算会计分录：

　　借：行政支出　　　　　　　　　　　　　　　　　　　　　　　　　　　　　　　50 000
　　　　贷：资金结存——零余额账户用款额度　　　　　　　　　　　　　　　　　　　50 000

（3）零余额账户用款额度的期末注销。年度终了，政府单位根据代理银行提供的对账单作注销额度的相关账务处理，借记"财政应返还额度——财政授权支付"科目，贷记"零余额账户用款额度"科目。

政府单位本年度财政授权支付预算指标数大于零余额账户用款额度下达数的，根据未下达的用款额度，借记"财政应返还额度——财政授权支付"科目，贷记"财政拨款收入"科目。

下年初，政府单位根据代理银行提供的上年度注销额度恢复到账通知书作恢复额度的相关账务处理，借记"零余额账户用款额度"科目，贷记"财政应返还额度——财政授权支付"科目。政府单位收到财政部门批复的上年末下达零余额账户用款额度的，借记"零余额账户用款额度"科目，贷记"财政应返还额度——财政授权支付"科目；同期，预算会计应借记"资金结存——零余额账户用款额度"科目，贷记"资金结存——财政应返还额度"科目。

需要说明的是，根据《政府会计准则制度解释第5号》的规定，实行预算管理一体化的中央预算单位在会计核算时不再使用"零余额账户用款额度"科目，"财政应返还额度"科目和"资金结存——财政应返还额度"科目下不再设置"财政直接支付""财政授权支付"明细科目。

（四）其他货币资金

其他货币资金是指政府单位除库存现金、银行存款、零余额账户用款额度以外的货币资金。就性质而言，其他货币资金同现金和银行存款同属于货币资金，但其存放地点和用途不同于现金和银行存款，因此在会计上应分别核算。其他货币资金主要包括：①外埠存款，指政府单位到外地进行临时或零星采购时，汇往采购地银行开立采购专户的款项；②银行本票存款，指政府单位为取得银行本票按规定存入银行的款项；③银行汇票存款，指政府单位为取得银行汇票按规定存入银行的款项；④信用卡存款，指政府单位为取得信用卡按规定存入银行的款项。

为了反映和监督其他货币资金增减变动情况，财务会计应设置"其他货币资金"科目，借方登记其他货币资金的增加，贷方登记其他货币资金的减少，期末余额在借方，反映政府单位实际持有的其他货币资金。"其他货币资金"科目应设置"外埠存款""银行本票存款""银行汇票存款""信用卡存款"等明细科目进行明细核算。

政府单位发生其他货币资金增加业务时，财务会计应借记"其他货币资金"科目（在采购地开立专户、款项交存银行取得银行本票、银行汇票），贷记"银行存款"科目；同期，预算会计应借记"事业支出"科目，贷记"资金结存——货币资金"科目。

政府单位发生其他货币资金减少业务时，财务会计应借记"库存物品""单位管理费用"等科目（购物或支付有关费用），以及"其他货币资金"科目；同期，预算会计应借记"行政支出""事业支出"科目，贷记"资金结存——货币资金"科目。

二、短期投资

（一）短期投资概述

短期投资是指政府会计主体取得的持有时间不超过 1 年（含 1 年）的投资。政府单位持有短期投资是为了在将来随时转换为现金，为此，短期投资具有与货币资金类似的性质，具有较强的变现能力。

与长期投资相比，事业单位短期投资具有以下特点：一是投资对象主要是国债；二是投资具有高度的变现性，可根据需要随时变现，其流动性仅次于货币资金；三是投资的目的是谋求高于银行存款利息收入的利益。

按投资性质分类，事业单位短期投资可分为债权性投资和权益性投资。其中：债权性投资是指为取得债权所作的投资，如购买国债、地方政府债券等，这种投资的一般特点是有固定的投资回收期和利息收入；权益性投资是指为获取另一会计主体的权益或净资产进行的投资。

（二）会计科目的设置

为了反映和监督短期投资增减变动情况，财务会计应设置"短期投资"科目。该科目的借方登记短期投资的取得成本；贷方登记短期投资处置时结转的实际成本；期末借方余额反映事业单位持有的短期投资成本。其明细账应当按照国债投资的种类等设置并进行明细核算。

为了反映事业单位以货币资金对外投资发生的现金流出情况，预算会计应设置"投资支出"科目。该科目的借方登记以货币资金对外投资的金额和所支付的相关税费；贷方登记年末转入其他结余的投资支出。年末结转后，"投资支出"科目应无余额。"投资支出"科目应当按照投资类型、投资对象、政府收支分类科目中"支出功能分类科目"的项级科目和"部门预算支出经济分类科目"的款级科目等进行明细核算。

（三）短期投资的账务处理

事业单位取得短期投资时，财务会计按照确定的投资成本（包括购买价款和相关税费），借记"短期投资"科目，贷记"银行存款"等科目；同期，预算会计按照投资金额和所支付的相关税费金额的合计数，借记"投资支出"科目，贷记"资金结存"科目。

事业单位收到取得投资时实际支付价款中包含的已到付息期但尚未领取的利息，财务会计按照实际收到的金额，借记"银行存款"科目，贷记"短期投资"科目。同期，预算会计根据不同情况分别处理：一是将投资收益纳入单位预算，事业单位按照实际收到的金额，借记"资金结存"科目，按照取得投资时"投资支出"科目的发生额，贷记"投资支出"科目，按照其差额，贷记或借记"投资预算收益"科目；二是按规定将投资收益上缴财政的，按照取得投资时"投资支出"科目的发生额，借记"资金结存"科目，贷记"投资支出"科目。

事业单位收到短期投资持有期间的利息，按照实际收到的金额，借记"银行存款"科目，贷记"投资收益"科目；同期，预算会计应借记"资金结存——货币资金"科目，贷记"投资预算收益"科目。

事业单位出售短期投资或到期收回短期投资本息，财务会计按照实际收到的金额，借记"银行存款"科目，按照出售或收回短期投资的账面余额，贷记"短期投资"科目，按照其差额，借记或贷记"投资收益"科目。涉及增值税业务的，按照应交的增值税，贷记"应交增值税——应交税金（销项税额）"科目；同期，预算会计按照实际收到的金额借记"资金结存——货币资金"科目，按照实收款小于投资成本的差额借记"投资预算收益"科目，按照出售或收回当年投资额贷记"投资支出"科目，按照出售或收回以前年度投资的投资额贷记"其他结余"科目。如果实收款大于投资成本的差额，应贷记"投资预算收益"科目。

【例10-3】2×24年，某事业单位根据发生的购买国债业务编制相关的会计分录。

（1）1月5日，用银行存款510 000元（包括已到期未付的利息10 000元）购入面值为500 000元的国债，期限为5年期、年利率4%，利息于每年6月30日支付。该单位将购入的国债划分为短期投资。编制财务会计分录：

借：短期投资　　　　　　　　　　　　　　510 000
　　贷：银行存款　　　　　　　　　　　　　　510 000

同期，编制该业务的预算会计分录：

借：投资支出　　　　　　　　　　　　　　510 000
　　贷：资金结存——货币资金　　　　　　　510 000

（2）收到购买时已到付息期但尚未领取的利息。编制财务会计分录：

借：银行存款　　　　　　　　　　　　　　10 000
　　贷：短期投资　　　　　　　　　　　　　　10 000

同期，编制该业务的预算会计分录：

借：资金结存——货币资金　　　　　　　　10 000
　　贷：投资支出　　　　　　　　　　　　　　10 000

（3）6月30日收到国债的半年利息。编制财务会计分录：

借：银行存款　　　　　　　　（500 000×4%×1/2）10 000
　　贷：投资收益　　　　　　　　　　　　　　10 000

同期，编制该业务的预算会计分录：

借：资金结存——货币资金　　　　　　　　10 000
　　贷：投资预算收益　　　　　　　　　　　　10 000

（4）7月10日，对外转让部分国债，其面值20万元，取得转让价款20.3万元，不考虑相关税费。编制财务会计分录：

借：银行存款　　　　　　　　　　　　　　203 000
　　贷：短期投资　　　　　　　　　　　　　　200 000
　　　　投资收益　　　　　　　　　　　　　　3 000

同期，编制该业务的预算会计分录：

借：资金结存——货币资金　　　　　　　　203 000
　　贷：投资支出　　　　　　　　　　　　　　200 000
　　　　投资预算收益　　　　　　　　　　　　3 000

第三节 应收及预付款项

应收及预付款项是指政府单位在其业务活动过程中形成的短期债权，如财政应返还额度、应收票据、应收账款、预付账款和其他应收款项。

一、财政应返还额度

财政应返还额度是指实行国库集中支付的单位年终应收财政下年度返还的资金额度，即反映结转下年使用的用款额度。

为了反映和监督财政应返还额度的增减变动情况，财务会计应设置"财政应返还额度"科目。该科目借方登记财政应返还额度增加数；贷方登记财政应返还额度减少数；期末借方余额反映单位应收财政下年度返还的资金额度。该科目应当设置"财政直接支付""财政授权支付"两个明细科目进行明细核算。

（一）财政直接支付方式

在财政直接支付方式下，年度终了，政府单位根据本年度财政直接支付预算指标数与当年财政直接支付实际支出数的差额，借记"财政应返还额度——财政直接支付"科目，贷记"财政补助收入"科目；同期，预算会计应"资金结存——财政应返还额度"科目，贷记"财政拨款预算收入"科目。

下年度恢复财政直接支付额度后，政府单位以财政直接支付方式发生实际支出时，借记有关科目，贷记"财政应返还额度——财政直接支付"科目。

（二）财政授权支付方式

在财政授权支付方式下，年度终了，政府单位依据代理银行提供的对账单作注销额度的相关账务处理，财务会计应借记"财政应返还额度——财政授权支付"科目，贷记"零余额账户用款额度"科目；同期，预算会计应借记"资金结存——财政应返还额度"科目，贷记"资金结存——零余额账户用款额度"科目。

政府单位本年度财政授权支付预算指标数大于零余额账户用款额度下达数的，根据未下达的用款额度，借记"财政应返还额度——财政授权支付"科目，贷记"财政补助收入"科目；同期，预算会计应借记"资金结存——财政应返还额度"科目，贷记"财政拨款预算收入"科目。

下年初，政府单位依据代理银行提供的额度恢复到账通知书作恢复额度的相关账务处理，财务会计应借记"零余额账户用款额度"科目，贷记"财政应返还额度——财政授权支付"科目；同期，预算会计应借记"零余额账户用款额度"科目，贷记"资金结存——财政应返还额度"科目。

【例10-4】2×23年12月31日，某单位预算结余资金为200 000元，其中：财政直接支付（甲项目）年终结余资金为130 000元，财政授权支付年终结余资金为70 000元。2×24年1月15日，收到《财政直接支付额度恢复到账通知书》恢复2×23年度财政直接支付额度130 000元；收到代理银行转来的《财政授权支付额度恢复到账通知书》恢复2×23年度财政授权支付额度70 000元。2×24年3月5日，财政直接支付甲项目上年预算指标数 100 000 元。

(1) 2×23 年 12 月 31 日账务处理如表 10-1 所示。

表 10-1 财政应返还额度年末的账务处理

	财政直接支付方式 (确认本年度预算指标数与当年实际支付数的差额)	财政授权支付 (注销额度)
财务会计	借：财政应返还额度——财政直接支付 　　　　　　　　　　　　　　　130 000 　贷：财政拨款收入　　　　　　　　130 000	借：财政应返还额度——财政授权支付　70 000 　贷：零余额账户用款额度　　　　　　　70 000
预算会计	借：资金结存——财政应返还额度　130 000 　贷：财政拨款预算收入　　　　　　130 000	借：资金结存——财政应返还额度　　　70 000 　贷：资金结存——零余额账户用款额度　70 000

(2) 2×24 年相关账务处理如表 10-2 所示。

表 10-2 财政应返还额度次年初的账务处理

	财政直接支付方式（发生实际支出）	财政授权支付（恢复额度）
财务会计	借：业务活动费用　　　　　　　　100 000 　贷：财政应返还额度——财政直接支付 　　　　　　　　　　　　　　　100 000	借：财政应返还额度——财政授权支付　70 000 　贷：零余额账户用款额度　　　　　　　70 000
预算会计	借：行政支出/事业支出　　　　　　100 000 　贷：资金结存——财政应返还额度　100 000	借：资金结存——零余额账户用款额度　70 000 　贷：资金结存——财政应返还额度　　　70 000

二、应收票据

(一) 票据与应收票据

应收票据是指事业单位因开展经营活动销售产品、提供有偿服务等而收到的商业汇票，包括银行承兑汇票和商业承兑汇票。事业单位与其他单位发生业务活动，除用现金直接支付外，还可以用票据作为结算工具。通常，政府单位持有还没有到期、尚未兑现的票据（包括支票、银行本票、银行汇票和商业汇票等），但在实务中，上述票据大部分为即期票据，有较强的兑付能力，即刻收款或存入银行，不确认为应收票据。作为应收票据核算的是商业汇票。

商业汇票指出票人签发的，委托付款人在指定日期无条件支付确定的金额给收款人或者持票人的票据。在银行开立存款账户的法人以及其他组织之间须具有真实的交易关系或债权债务关系，才能使用商业汇票。商业汇票的付款期限由交易双方商定，但最长不得超过 6 个月。商业汇票可以背书转让，符合条件的商业汇票可向银行申请贴现。

商业汇票按其承兑人的不同，分为商业承兑汇票和银行承兑汇票。商业承兑汇票是由银行以外的付款人承兑的票据；银行承兑汇票是由在承兑银行开立存款账户的存款人签发的而由银行承兑的票据。按是否计息，商业汇票可分为不带息商业汇票和带息商业汇票。不带息商业汇票是指商业汇票到期时，承兑人只按票面金额（即面值）向收款人或被背书人支付票款的票据。带息票据是指商业汇票到期时，承兑人必须按票面金额加上应计利息向收款人或被背书人支付票款的票据。

(二) 应收票据取得与到期收回

为了反映和监督应收票据增减变动情况，财务会计应设置"应收票据"科目。该科目的借方登记取得的商业汇票的票面金额；贷方登记到期收回的商业汇票的票面余额；期末借方余额反映单位持有的商业汇票票面金额。其明细账应当按照开出、承兑商业汇票的单位设置并进行明细核算。

事业单位应当设置"应收票据备查簿"，逐笔登记每一应收票据的种类、号数、出票日期、到期日、票面金额、交易合同号和付款人、承兑人、背书人姓名或单位名称、背书转让日、贴现日期、贴现率和贴现净额、收款日期、收回金额和退票情况等资料。应收票据到期结清票款或退票后，应当在备查簿内逐笔注销。

事业单位因销售产品、提供服务等收到商业汇票，财务会计应按照商业汇票的票面金额，借记"应收票据"科目，按照确认的收入金额，贷记"事业收入""经营收入"等科目，涉及增值税销项税额的，还应进行相应的处理。

事业单位持有票据到期收回票款时，财务会计应按照实际收到的商业汇票票面金额，借记"银行存款"科目，贷记"应收票据"科目；同期，预算会计应借记"资金结存——货币资金"科目，贷记"经营预算收入"等科目。

事业单位持有票据因付款人无力支付票款，收到银行退回的商业承兑汇票、委托收款凭证、未付票款通知书或拒付款证明等，按照商业汇票的票面金额，借记"应收账款"科目，贷记"应收票据"科目。

【例 10-5】M 事业单位为增值税小规模纳税人，2×24 年根据发生的应收票据业务编制相关的会计分录。

(1) 4 月 1 日，该单位所属非独立核算部门向 N 公司销售一批产品，开具的普通发票上注明的货款（含税）为 61 800 元，款项已存入银行。收到 N 公司商业承兑汇票一张，面值为 61 800 元，期限为 6 个月，票面年利率为 4.2%。编制财务会计分录：

借：应收票据——N 公司　　　　　　　　　　　　　　　　　　　　61 800
　　贷：经营收入　　　　　　　　　　　　　　　　　　　　　　　　　60 000
　　　　应交增值税　　　　　　　　　　　　　　　　　　　　　　　　 1 800

不含税销售额＝含税销售额÷（1+征收率）＝61 800÷（1+3%）＝60 000（元）

(2) 10 月 1 日，持有 N 公司签发的商业承兑汇票到期，将收回的款项 63 097.8 元转存银行。编制财务会计分录：

借：银行存款　　　　　　　　　　　　　　　　　　　　　　　　　　63 097.8
　　贷：应收票据——N 公司　　　　　　　　　　　　　　　　　　　　61 800.0
　　　　经营费用　　　　　　　　　　　　　　　　　　　　　　　　　 1 297.8

同期，编制该业务的预算会计分录：

借：资金结存——货币资金　　　　　　　　　　　　　　　　　　　　63 097.8
　　贷：经营预算收入　　　　　　　　　　　　　　　　　　　　　　　63 097.8

如果 N 公司签发并承兑的票据到期，但其无力支付票款。M 事业单位编制对上述资料进行会计记账的会计分录：

借：应收账款——N 公司　　　　　　　　　　　　　　　　　　　　　61 800

贷：应收票据——N公司　　　　　　　　　　　　　　　　　　　61 800

(三) 商业汇票贴现与转让

1. 商业汇票贴现。商业汇票贴现是指事业单位持有的应收票据到期前如果需要变现，将未到期的商业汇票背书后转让给银行，银行受理后，从票据到期值中扣除按银行贴现率计算确定的贴现利息，将余额付给事业单位。在贴现中，银行向贴现单位收取的利息为贴现利息；银行计算贴现利息使用的利率为贴现率；贴现单位从银行获得的票据到期值扣除贴现利息后的货币资金称为贴现所得。相关概念的计算公式如下：

$$贴现所得 = 票据到期值 - 贴现息$$
$$贴现利息 = 票据到期值 \times 贴现率 \times 贴现期$$
$$贴现期 = 票据期限 - 票据已持有期限$$

按照中国人民银行《支付结算办法》的规定，实付贴现金额按票面金额扣除贴现日至汇票到期前1日的利息计算，承兑人在异地的，贴现期限及贴现利息的计算应另加3天的划款日期。

事业单位持未到期的商业汇票向银行贴现，财务会计应按照实际收到的金额（即扣除贴现息后的净额），借记"银行存款"科目，按照贴现息金额，借记"经营费用"等科目，按照商业汇票的票面金额，贷记"应收票据"科目（无追索权）或"短期借款"科目（有追索权）；同期，预算会计应借记"资金结存——货币资金"科目，贷记"经营预算收入"等科目（贴现净额）。

事业单位持附追索权的商业汇票到期未发生追索事项的，财务会计应按照商业汇票的票面金额，借记"短期借款"科目，贷记"应收票据"科目。

【例10-6】 2×24年5月2日，甲事业单位将非独立核算经营活动中取得的不带息商业承兑汇票向银行贴现。该票据出票日为3月23日、期限为6个月、面值为110 000元。甲事业单位与承兑单位在同一票据交换区域内，银行年贴现率为4.75%，该单位与银行签订的协议中规定，商业汇票无追索权。该单位票据贴现支付贴现息2 090元，实际取得贴现款107 910元已转存银行。编制财务会计分录：

借：银行存款　　　　　　　　　　　　　　　　　　　107 910
　　经营费用——利息支出　　　　　　　　　　　　　　2 090
　贷：应收票据——乙单位　　　　　　　　　　　　　110 000

同期，编制该业务的预算会计分录：

借：资金结存——货币资金　　　　　　　　　　　　　107 910
　贷：经营预算收入　　　　　　　　　　　　　　　　107 910

2. 商业汇票背书转让以取得物资。事业单位持有的商业汇票到期前，可将汇票背书转让以取得所需要的物资。事业单位将商业汇票背书转让以取得所需物资时，财务会计应按照取得物资的成本，借记"库存物品"等科目，按照商业汇票的票面金额，贷记"应收票据"科目，如有差额，借记或贷记"银行存款"等科目；同期，预算会计根据支付的金额，借记"经营支出"等科目，贷记"资金结存——货币资金"科目。

【例10-7】 2×24年3月5日，甲事业单位（小规模纳税人）将持有的乙公司商业汇票背书转让给丙公司，采购非独立核算经营活动所需的材料，取得增值税专用发票上注明的材料款为45 000元，增值税为5 850元，该票据的面值为50 000元。另以转账支票补付材料价差850元。编制财务会计分录：

借：库存物品	50 850	
贷：应收票据——乙公司		50 000
银行存款		850

同期，编制该业务的预算会计分录：

借：经营支出	850	
贷：资金结存——货币资金		850

三、应收账款

应收账款是指事业单位提供服务、销售产品等应收取的款项，以及单位因出租资产、出售物资等应收取的款项。应收账款是事业单位在结算过程中形成的流动资产，属于单位的短期债权，它体现了行政单位对其他单位或者个人的货币、商品或者劳务的一种索取权。需要说明的是，应收账款仅指本单位应收其他单位的款项，不包括本单位付出的各类存出保证金，如租入资产的保证金。

为了反映和监督应收账款增减变动情况，财务会计应设置"应收账款"科目。该科目的借方登记应收账款的增加额；贷方登记应收账款的减少额；期末借方余额反映单位尚未收回的应收账款。其明细账应当按照对方单位（或个人）设置并进行明细核算。

事业单位发生应收账款时，财务会计按照应收未收金额，借记"应收账款"科目，贷记"事业收入""经营收入""租金收入""其他收入"等科目。涉及增值税业务的，按照应交增值税，贷记"应交增值税——应交税金（销项税额）"科目（增值税一般纳税人）、"应交增值税"科目（增值税小规模纳税人）。

事业单位应收账款收回应根据以下情况分别进行处理：

（1）收回应收账款无须上缴财政。事业单位收回应收账款时，财务会计应按照实际收到的金额，借记"银行存款"等科目，贷记"应收账款"科目；同期，预算会计应借记"资金结存——货币资金"科目，贷记"事业预算收入""经营预算收入""其他预算收入"科目。

（2）应收账款收回需要上缴财政，包括出租资产确认应收租金和出售物资确认应收款项。事业单位出租资产发生应收未收租金、出售物资确认应收款项时，财务会计应按照应收未收金额，借记"应收账款"科目，贷记"应缴财政款"科目，涉及增值税业务的，按照应交的增值税，贷记"应交增值税——应交税金（销项税额）"科目；收回后需要上缴财政的应收账款时，按照实际收到的金额，借记"银行存款"等科目，贷记"应收账款"科目；将收回的款项上缴财政时，借记"应缴财政款"科目，贷记"银行存款"等科目。

【例10-8】2×24年，某事业单位根据发生的应收账款业务编制相关的会计分录。

7月1日，将一处闲置门面房以经营租赁方式出租给某商户，双方约定每月租金18 000元（含税），并按月支付。截至7月31日，尚未收到商户应交纳的当月租金。8月31日，收到商户交纳的7月和8月租金，共计36 000元。该租金收回后应上缴财政。编制财务会计分录：

（1）7月、8月确认当月应收租金。

借：应收账款	18 000	
贷：应缴财政款		18 000

(2) 8月份收回租金。

借：银行存款　　　　　　　　　　　　　　　　　　　　　　　　36 000
　　贷：应收账款　　　　　　　　　　　　　　　　　　　　　　　　36 000

(3) 8月份上缴租金。

借：应缴财政款　　　　　　　　　　　　　　　　　　　　　　　　36 000
　　贷：银行存款　　　　　　　　　　　　　　　　　　　　　　　　36 000

四、坏账及其会计处理

(一) 坏账核算方法

事业单位应收账款，有时因债务人拒付、破产、死亡等不能如数收回而使单位蒙受损失。在会计上，无法收回的应收账款称为"坏账"，由此发生的损失称为"坏账损失"。

《政府单位会计制度》规定，事业单位应当于每年年末对收回后不需上缴财政的应收账款进行全面检查，如发生不能收回的迹象，应当计提坏账准备。也就是政府单位对于收回后不需上缴财政的应收账款应采用备抵法核算。备抵法是指按期对预计可能产生的坏账损失计提坏账准备，将确认坏账损失计入当期资产损失，当某一应收账款的全部或部分被确定为坏账时，应根据其金额冲减坏账准备，同时转销相应的应收账款金额的一种核算方法。

正确估计坏账损失是恰当运用备抵法的关键，事业单位可以采用应收款项余额百分比法、账龄分析法、个别认定法等方法计提坏账准备。其中：应收款项余额百分比法是指按应收款项余额的一定比例计算提取坏账准备的一种方法。这种方法建立在坏账损失与应收款项余额直接相关的基础上，认为应收款项的余额越大，产生坏账的风险也就越高。因此，当期坏账准备应根据应收款项期末余额乘以规定的坏账比例计算确定。提取坏账的比例可以按照以往的数据资料确定，也可以按规定的百分率计算。年度终了，单位应提取的坏账准备大于已提取的坏账准备时，应按其差额提取；反之，则按其差额冲减坏账准备。

坏账准备计提方法一经确定，不得随意变更。如需变更，应当按照规定报经批准，并在财务报表附注中予以说明。

(二) 坏账准备的账务处理

为了反映和监督事业单位坏账准备计提、转销等情况，财务会计应设置"坏账准备"科目。该科目贷方登记当期计提的坏账准备金额，借方登记实际发生的坏账损失金额和冲减的坏账准备金额；期末贷方余额反映事业单位提取的坏账准备金额。

事业单位提取坏账准备时，财务会计应借记"其他费用"科目，贷记"坏账准备"科目；冲减坏账准备时，借记"坏账准备"科目，贷记"其他费用"科目。

事业单位对于账龄超过规定年限并确认无法收回的应收账款、其他应收款，应当按照有关规定报经批准后，按照无法收回的金额，财务会计借记"坏账准备"科目，贷记"应收账款""其他应收款"科目。

事业单位已核销的应收账款、其他应收款在以后期间又收回的，财务会计应按照实际收回金额，借记"应收账款""其他应收款"科目，贷记"坏账准备"科目；同期，借记"银行存款"等科目，贷记"应收账款""其他应收款"科目。预算会计应借记"资金结存——货币资金"科目，贷记"非财政拨款结余"科目。

【例10-9】2×22年至2×24年,某事业单位根据发生的坏账业务编制相关的会计分录。

(1) 2×22年末,该单位应收账款余额为2 000 000元,提取坏账准备的比例为0.3%,"坏账准备"账户余额为零。

$$2×22年应提取坏账准备=2\ 000\ 000×0.3\%=6\ 000(元)$$

编制财务会计分录:
借:其他费用　　　　　　　　　　　　　　　　　　　　　　　　6 000
　贷:坏账准备　　　　　　　　　　　　　　　　　　　　　　　　　　6 000

(2) 2×23年发生坏账损失12 000元,其中甲单位2 000元,乙单位10 000元,年末应收账款为2 400 000元。

$$坏账准备应保留的余额=2\ 400\ 000×0.3\%=7\ 200(元)$$
$$"坏账准备"账户已有余额=6\ 000(贷方)-12000(借方)=-6\ 000(元)$$
$$应提取的坏账准备=7\ 200+6\ 000=13\ 200(元)$$

编制财务会计分录:
借:其他费用　　　　　　　　　　　　　　　　　　　　　　　　13 200
　贷:坏账准备　　　　　　　　　　　　　　　　　　　　　　　　　　13 200

(3) 2×24年已冲销的上年乙单位应收账款10 000元又收回,年末应收账款2 600 000元。

①确认收回的应收账款,编制财务会计分录:
借:银行存款　　　　　　　　　　　　　　　　　　　　　　　　10 000
　贷:应收账款——乙单位　　　　　　　　　　　　　　　　　　　　10 000

同期,编制该业务的预算会计分录:
借:资金结存——货币资金　　　　　　　　　　　　　　　　　　10 000
　贷:经营预算收入　　　　　　　　　　　　　　　　　　　　　　　10 000

②年末,确认冲销多提的坏账准备:

$$坏账准备余额=2\ 600\ 000×0.3\%=7\ 800(元)$$
$$"坏账准备"账户已有贷方余额=7\ 200+10\ 000=17\ 200(元)$$
$$应提取的坏账准备=7\ 800-17\ 200=-9\ 400(元)$$

编制财务会计分录:
借:坏账准备　　　　　　　　　　　　　　　　　　　　　　　　9 400
　贷:其他费用　　　　　　　　　　　　　　　　　　　　　　　　　　9 400

五、预付账款和待摊费用

(一) 预付账款

预付账款是指政府单位按照购货、服务合同或协议规定预付给供应单位(或个人)的款项,以及按照合同规定向承包工程的施工企业预付的备料款和工程款。预付货款如同应收账款一样,是结算中的资金占用,反映了政府单位的短期债权。但两者性质不同,应收账款是应向购货方收取的款项,而预付账款则是预先付给供货方的款项,虽然款项已经付出,但对方的义务尚未履行完毕,要求对方履行义务仍是政府单位的权利。政府单位预付一定数额的款项,主要目的是掌握存货等物资货源、劳务供应的渠道,以避免未来价格变动及市场风险。

为了反映和监督预付账款增减变动情况,财务会计应设置"预付账款"科目。该科目的借方登记预付账款的增加额;贷方登记预付账款的减少额;期末借方余额反映政府单位实际预付但尚未结算的款项。"预付账款"科目应当按照供应单位(或个人)及具体项目进行明细核算;对于基本建设项目发生的预付账款,还应当在本科目所属基建项目明细科目下设置"预付备料款""预付工程款""其他预付款"等明细科目,进行明细核算。

1. 预付账款的确认和结算。政府单位根据购货、服务合同或协议规定预付款项时,财务会计按照预付金额,借记"预付账款"科目,贷记"财政拨款收入""零余额账户用款额度""银行存款"等科目;同期,预算会计应借记"行政支出/事业支出"等科目,贷记"财政拨款预算收入/资金结存"科目。

政府单位收到所购资产或服务时,财务会计按照购入资产或服务的成本,借记"库存物品""固定资产""无形资产""业务活动费用"等相关科目,按照应交的增值税,借记"应交增值税——应交税金(进项税额)"科目,按照相关预付账款的账面余额,贷记"预付账款"科目,按照实际补付的金额,贷记"财政拨款收入""零余额账户用款额度""银行存款"等科目;同期,预算会计按照实际补付的金额进行账务处理,同预付款项。

政府单位根据工程进度结算工程价款及备料款时,财务会计按照结算金额,借记"在建工程"科目,按照相关预付账款的账面余额,贷记"预付账款"科目,按照实际补付的金额,贷记"财政拨款收入""零余额账户用款额度""银行存款"等科目;同期,预算会计按照实际补付的金额进行账务处理,同预付款项。

2. 预付账款的退回。政府单位发生预付账款退回的,财务会计应按照实际退回金额,借记"财政拨款收入"(本年直接支付)、"财政应返还额度"(以前年度直接支付)、"零余额账户用款额度"、"银行存款"等科目,贷记"预付账款"科目。

政府单位发生预付账款退回,预算会计应根据预付款时间分别进行处理:当年预付账款退回,应借记"财政拨款预算收入""资金结存"科目,贷记"行政支出"或"事业支出"科目;以前年度预付账款退回,预算会计应借记"资金结存"科目,贷记"财政拨款结余——年初余额调整"或"财政拨款结转——年初余额调整"等科目。

3. 预付账款的核销。政府单位应当于每年年末对预付账款进行全面检查。如果有确凿证据表明预付账款不再符合预付款项性质,或者因供应单位破产、撤销等可能无法收到所购货物、服务的,应当先将其转入其他应收款,再按照规定进行处理。将预付账款账面余额转入其他应收款时,借记"其他应收款"科目,贷记"预付账款"科目。

【例 10-10】甲事业单位为增值税小规模纳税人,2×23 年至 2×24 年发生预付款项业务如下:

(1) 2×23 年 12 月 15 日,该单位所属科技服务部预付丙科研所技术服务费 5 万元,款项从零余额账户支付。编制财务会计分录:

借:预付账款 ——丙科研所 50 000
　　贷:零余额账户用款额度 50 000

同期,编制该业务的预算会计分录:

借:事业支出 50 000
　　贷:资金结存——零余额账户用款额度 50 000

(2) 26 日,收到技术服务结算清单,共发生服务费 2.8 万元,编制财务会计分录:

借：业务活动费 28 000
　　贷：预付账款——丙科研所 28 000
(3) 31 日收到丙科研所退回的预付款 1.5 万元并存入银行，编制财务会计分录：
借：银行存款 15 000
　　贷：预付账款——丙科研所 15 000
同期，编制该业务的预算会计分录：
借：资金结存——货币资金 15 000
　　贷：事业支出 15 000
(4) 2×24 年 2 月 10 日，有确凿证据表明预付丙科研所技术服务费余款 0.7 万元因该研究所撤销而无法收回，予以转账。编制财务会计分录：
借：其他应收账款——丙科研所 7 000
　　贷：预付账款——丙科研所 7 000

（二）待摊费用

待摊费用是指政府单位已经支付，但应当由本期和以后各期分别负担的分摊期在 1 年以内（含 1 年）的各项费用，如预付的航空保险费、租金、取暖费、书报费等。这些支出虽然在某月支付或发生，但其受益期是付款后的几个月甚至全年。为了正确计算各个会计期间的业务成果，必须按照权责发生制的要求，严格划分费用的归属期，分月摊入各月成本费用，如预付航空保险费应在保险期的有效期内、预付租金应在租赁期内分期平均摊销，计入当期费用。

需要说明：①摊销期限在 1 年以上的租入固定资产改良支出和其他费用，应当通过"长期待摊费用"科目核算，不作为待摊费用核算；②有些费用受益期限虽然超过一个月，但如果费用不多（例如预付零星报刊订阅费），为了简化核算工作，也可以不作为待摊费用处理，而直接计入支付月份的费用；③待摊费用的摊销期限，有的可以明确确定（例如预付固定资产租金等），其摊销期限可以根据预付期限确定，有的则不能明确确定（例如领用低值易耗品的摊销期限），这就需要根据具体情况测定；④如果某项待摊费用已经不能使单位受益，应当将其摊余金额一次全部转入当期费用。

为了反映和监督待摊费用的增减变动情况，财务会计应设置"待摊费用"科目。该科目借方登记待摊费用的增加额；贷方登记按规定转销或摊销的待摊费用。期末借方余额反映政府单位各种已支付但尚未摊销的分摊期在 1 年以内（含 1 年）的费用。"待摊费用"明细账应按费用种类设置。

政府单位发生待摊费用时，财务会计根据实际预付的金额，借记"待摊费用"科目，贷记"财政拨款收入""零余额账户用款额度""银行存款"等科目；同期，预算会计应借记"行政支出/事业支出"等科目，贷记"财政拨款预算收入/资金结存"科目。

政府单位按照受益期限分期平均摊销时，按照摊销金额，借记"业务活动费用""单位管理费用""经营费用"等科目，贷记"待摊费用"科目。

【例 10-11】2×23 年 12 月 15 日，某行政单位预付 2×24 年行政办公用房租金 240 000元，期限一年，款项以银行存款支付。该单位办公用房租金业务的处理方法如下：
(1) 预付办公用房租金，编制财务会计分录：
借：待摊费用 240 000

　　　　贷：银行存款　　　　　　　　　　　　　　　　　　　　　　　240 000
　　同期，编制该业务的预算会计分录：
　　借：行政支出　　　　　　　　　　　　　　　　　　　　　　　　240 000
　　　　贷：资金结存——货币资金　　　　　　　　　　　　　　　　240 000
　（2）2×24年每月摊销费用，编制财务会计分录：
　　借：业务活动费用　　　　　　　　　　　　　　　　　　　　　　 20 000
　　　　贷：待摊费用　　　　　　　　　　　　　　　　　　　　　　 20 000

六、应收股利和应收利息

（一）应收股利

应收股利是指事业单位持有长期股权投资应当收取的现金股利或应当分得的利润。作为事业单位的一项短期债权，其形成主要来源于两个方面：一是取得长期股权投资时所支付的价款中所包含的已宣告但尚未发放的现金股利；二是持有股权投资期间，被投资单位宣告发放现金股利或利润的，投资单位按应享有的份额确认的应收股利或利润。

为了反映和监督应收股利增减变动情况，事业单位财务会计应设置"应收股利"科目。该科目借方登记应收股利的增加；贷方登记应收股利的减少；期末借方余额反映事业单位尚未收到的现金股利或利润。其明细账按被投资单位设置并进行明细核算。

（二）应收利息

应收利息是指事业单位长期债券投资等应收取的利息。它的形成主要来源于两个方面：一是取得债权投资时，所支付的价款中包含的已到付息期但尚未支付的利息；二是在持有债权投资期间，资产负债表日按投资的面值、票面利率计算的利息所确认的应收债权投资的利息。应收利息是单位的短期债权，属于流动资产的组成部分。

为了反映和监督应收利息增减变动情况，事业单位财务会计应设置"应收利息"科目。该科目借方登记应收利息的增加；贷方登记应收利息的减少；期末借方余额反映事业单位应收未收的债券投资等应收利息。明细账应按被投资单位设置并进行明细核算。

需要说明的是，事业单位购入的到期一次还本付息的长期债券投资持有期间取得的利息，在"长期债券投资——应收利息"科目核算。

应收股利、应收利息的账务处理参见本章短期投资和长期投资。

七、其他应收款

其他应收款是指政府单位除财政应返还额度、应收票据、应收账款、预付账款、应收股利、应收利息以外的其他各项应收及暂付款项，如职工预借的差旅费、已经偿还银行但尚未报销的本单位公务卡欠款、拨付给内部有关部门的备用金、应向职工收取的各种垫付款项、支付的可以收回的订金或押金、应收的上级补助和附属单位上缴款项等。其他应收款虽然与单位专业及辅助业务活动无直接联系，但它们也是单位流动资产的重要组成部分，应加强对其他应收款的核算与管理。

为了反映和监督其他应收款增减变动情况，财务会计位应设置"其他应收款"科目。该科目借方登记其他应收款项发生额；贷方登记收回的其他应收款项；期末借方余额反映政府单位尚未收回的其他应收款。其明细账应当按照其他应收款的类别以及债务单位（或个人）设置并进行明细核算。

政府单位发生其他各种应收及暂付款项时，按照实际发生金额，借记"其他应收款"科目，贷记"零余额账户用款额度""银行存款""库存现金""上级补助收入""附属单位上缴收入"等科目。涉及增值税业务的，要进行相应账务处理；收回其他各种应收及暂付款项时，按照收回的金额，借记"库存现金""银行存款"等科目，贷记"其他应收款"科目。

政府单位应当于每年年末对其他应收款进行全面检查，如发生不能收回的迹象，应当计提坏账准备。对于账龄超过规定年限、确认无法收回的其他应收款，按照规定报经批准后予以核销。经批准核销时，财务会计应按照核销金额，借记"坏账准备"科目（事业单位）、"资产处置费用"科目（行政单位），贷记"其他应收款"科目。

【例10-12】2×23年12月31日，某行政单位对其他应收款进行全面检查时，发现年初代行政管理部门张某偿还的公务卡欠款3 000元一直未办理报销手续，报经批准后予以核销。2×24年3月10日，已核销的其他应收款又如数收回。

（1）2×23年12月31日编制财务会计分录：

借：资产处置费用　　　　　　　　　　　　　　　　　　　　　3 000
　　贷：其他应收款　　　　　　　　　　　　　　　　　　　　　　3 000

（2）2×24年3月10日编制财务会计分录：

借：银行存款　　　　　　　　　　　　　　　　　　　　　　　　3 000
　　贷：其他收入　　　　　　　　　　　　　　　　　　　　　　　3 000

同期，编制该业务的预算会计分录：

借：资金结存　　　　　　　　　　　　　　　　　　　　　　　　3 000
　　贷：其他预算收入　　　　　　　　　　　　　　　　　　　　　3 000

第四节　存　货

一、存货概述

（一）存货的概念

存货是指政府单位在开展业务活动及其他活动中为耗用或出售而储存的资产，如材料、产品、包装物和低值易耗品等，以及未达到固定资产标准的用具、装具、动植物等。政府单位从事日常运营活动，除了要有必要的货币资金外，还必须具有一定数量的材料、燃料、包装物和低值易耗品等存货。这些存货既是政府单位流动资产的重要组成部分，也是政府单位从事各类行政、事业活动的物质基础。

《政府会计准则第1号——存货》

（二）存货的特点

存货是政府单位业务活动较为活跃的物质资源，政府单位持有存货是为了耗用而非出售。存货是有形资产，有别于专利权、商标权等无形资产，存货具有较强的变现能力和明显的流动性；存货与固定资产同为有形资产，但其价值转移方式不同于固定资产，在正常的业务活动中，存货不断地处于销售和重置、耗用和重置之中，在 1 年内能够有规律地转换为货币资金或其他资产，而固定资产使用周期长，其价值分期转移。

(三) 存货的分类

政府单位存货可以按照不同的性质进行以下分类。

1. 材料：是指使用后就消耗掉或者逐渐消耗掉，不能保持原有形态的各种原材料，包括主要材料、辅助材料、外购半成品和修理用备件等。

2. 燃料：是指使用后就消失掉的各种固体、液体和气体燃料。

3. 包装物：是指为包装本单位有关产品而储备的各种包装容器。

4. 低值易耗品：是指政府单位价值较低、容易损耗、不够固定资产标准，不属于材料、燃料和包装物范围的各种用具、装具等。

5. 动植物：是指政府单位确认为存货的动物和植物。

二、存货的计价

(一) 存货取得的计价

《政府会计准则第 1 号——存货》指出："存货在取得时应当按照成本进行初始计量。"政府单位取得存货的方式不同，其成本构成内容也不尽相同（如表 10-3 所示）。

表 10-3 存货取得的计价方法

存货取得方式		成本构成及其确定方法
购入存货成本		购买价款、相关税费、运输费、装卸费、保险费以及使得存货达到目前场所和状态所发生的归属于存货成本的其他支出
加工存货	自行加工	耗用的直接材料费用、发生的直接人工费用和按照一定方法分配的与存货加工有关的间接费用
	委托加工	委托加工前存货成本、委托加工的成本以及使存货达到目前场所和状态所发生的归属于存货成本的其他支出
置换取得的存货		其成本按照换出资产的评估价值，加上支付的补价或减去收到的补价，再加上为换入存货发生的其他相关支出确定
接受捐赠	有相关凭据	其成本按照有关凭据注明的金额加上相关税费、运输费等确定
	没有相关凭据可供取得，但按规定需经过资产评估	其成本按照评估价值加上相关税费、运输费等确定
	没有相关凭据、也未经资产评估	其成本比照同类或类似资产的市场价格加上相关税费、运输费等确定
	没有相关凭据且未经资产评估、同类或类似资产的市场价格也无法可靠取得	其成本按照名义金额入账，相关税费、运输费等计入当期费用
无偿调入存货		其成本按照调出方账面价值加上相关税费、运输费等确定

续表

存货取得方式		成本构成及其确定方法
盘盈	经过资产评估	其成本按照评估价值确定
	未经资产评估	其成本按照重置成本确定

（二）存货发出的计价

在政府单位持续运营过程中，存货始终处于流动状态，原有的存货不断流出，新的存货又不断流入。而在某一会计期间内，同一种存货可以分不同批次购入。受产地、市价、运费等变动因素影响，各次购入存货的单价或单位采购成本又有所不同。当政府单位发出存货时，就必须采用一定的方法确定其发出成本。

根据《政府会计准则第1号——存货》的规定，政府单位应当根据实际情况采用先进先出法、加权平均法或者个别计价法确定发出存货的实际成本。计价方法一经确定，不得随意变更。

1. 个别计价法。个别计价法是指对存货逐一辨认，分别按各自购入或取得时的成本计价，以确定发出和结存存货的实际成本。个别计价法的特征是注重所发出存货具体项目的实物流转与成本流转之间的联系，逐一辨认各批发出存货和期末存货所属的购进批别或生产批别，分别将其购入或生产时所确定的单位成本作为计算各批发出存货和期末存货的成本。

【例10-13】2×24年5月份，某事业单位所辖非独立核算的经营单位库存甲材料收入、发出及购进单价成本如表10-4所示。

表10-4 库存甲材料收发资料   金额单位：元

日期	收入			发出			库存		
	数量（件）	单价	总额	数量（件）	单价	总额	数量（件）	单价	总额
5月1日							200	10	2 000
5月8日	600	9.5	5 700				800		
5月12日				400			400		
5月16日	300	10.5	3 150				700		
5月27日				200			500		
5月31日				240			260		
合计	900	—	8 850	840			260		

该单位12日发出的400件甲材料中，有100件是上期结转下来的，有300件为8日购入的；27日发出的200件中为8日购进的；31日发出的240件为16日购进的。采用个别计价法发出和结存甲材料成本计算方法如下：

发出甲材料成本＝100×10+300×9.5+200×9.5+240×10.5＝8 270（元）

期末结存甲材料成本＝100×10+100×9.5+60×10.5＝2 580（元）

根据计算结果编制财务会计分录（假定全部用于经营活动）：

借：经营费用   8 270

贷：库存物品——甲材料　　　　　　　　　　　　　　　　　　　　8 270

　　个别计价法是一种合理而准确的存货计价方法。但这种方法的前提是需要对发出存货和结存存货的批次进行具体认定，以辨别其所属的收入批次，所以计算工作量较大。个别计价法适用于一般不能替代使用的存货料，以及为特定项目专门购入或制造的存货。

　　2. 先进先出法。先进先出法是指按库存中最早进货的价格进行发出存货计价的一种方法。这种方法以先收到的存货先发出使用这样的实物流动假设为前提，并根据这种假设的成本流转顺序对发出存货和期末库存存货进行计价。即本期发出存货的成本按存货中早期进货的价格计算，在发出存货的数量超过库存中最早进货的数量时，超过部分要依次按后一批收进的存货单价计算。期末结存的存货按库存中近期进货的价格计算。

　　采用这种方法时，要依次查明有关各批次的实际单位成本，核算手续比较烦琐。所以先进先出法适用于收、发存货业务次数不多的单位。

　　【例10-14】承例10-13。根据表10-4资料，按先进先出法计算甲材料发出和结存成本结果如表10-5所示。

表10-5　甲材料明细账（简式）
（按先进先出法计算）　　　　　　　　金额单位：元

日期	收入			发出			库存		
	数量(件)	单价	总额	数量(件)	单价	总额	数量(件)	单价	总额
5月1日							200	10	2 000
5月8日	600	9.5	5 700				200 600	10 9.5	7 700
5月12日				200 200	10 9.5	3 900	400	9.5	3 800
5月16日	300	10.50	3 150				400 300	9.5 10.5	6 950
5月27日				200	9.5	1 900	200 300	9.5 10.5	5 050
5月31日				200 40	9.5 10.5	2 320	260	10.5	2 730
合计	900		8 850	840		8 120	260	—	2 730

　　3. 加权平均法。加权平均法有"月末一次加权平均法"和"移动加权平均法"之分。在此仅介绍月末一次加权平均法。

　　月末一次加权平均法是指以月初存货数量加上当月全部进货数量作为权数，去除当月全部进货成本加上月初存货成本，计算出存货的加权平均单位成本，以此为基础计算当月发出存货的成本和期末存货的成本的一种方法。其计算公式如下：

$$存货加权平均单位成本 = \frac{期初库存存货的实际成本 + 本期各批进货成本之和}{期初库存存货数量 + 本期各批进货数量之和}$$

$$本期发出存货成本 = 本期发出存货的数量 \times 存货加权平均单位成本 \tag{10-1}$$

或

本期发出存货成本=（期初库存存货的实际成本+本期各批进货成本之和）-本期期末库存存货成本

(10-2)

期末库存存货成本=期末库存存货的数量×存货加权平均单位成本

式（10-1）一般称为正算（顺算）成本法，式（10-2）称为倒算（倒挤）成本法。

【例10-15】承例10-13。根据表10-4资料，采用加权平均法计算结果如下：

甲材料单位成本=（2 000+5 700+3 150）÷（200+600+300）=9.86（元）

本月发出甲材料成本=840×9.86=8 282.40（元）

月末库存甲材料成本=（2 000+5 700+3 150）-8 282.40=2 567.60（元）

采用加权平均法，只在月末计算月份内发出存货和结存存货的成本，这样可以大大简化存货核算工作，但平时不能确定发出存货成本和结存存货金额，当市场存货价格上涨时，加权平均成本会低于其现行成本。

（三）期末存货价值的确定

会计期末，为了客观、真实、准确地反映政府单位期末存货的实际价值，政府单位在编制资产负债表时要确定"存货"项目的金额，这个过程即确定期末存货的价值。

政府单位期末存货的价值通常采用历史成本计价。这里所讲的"历史成本"是指根据存货发出计价方法（如先进先出法、个别计价法等）计算确定的期末存货价值。

三、在途物品

在途物品是指政府单位采购材料等物资时货款已付或已开出商业汇票但尚未验收入库的在途物品的采购成本。有时，政府单位购进材料等物品尤其是异地购进的，其付款与收货的时间不尽一致，会出现款项已付但材料等物品尚未收到的情况，应将此物品应作为在途核算。

为了反映和监督在途物资增减变动情况，财务会计应设置"在途物品"科目。该科目借方登记购入材料等物资的采购成本的金额；贷方登记所购材料等物资到达、验收入库的金额；期末借方余额反映政府单位在途物资的采购成本。其明细科目按照供应单位和物资品种设置并进行明细核算。

政府单位购入材料等物品，财务会计应按照确定的物品采购成本的金额，借记"在途物品"科目，按照实际支付的金额，贷记"财政拨款收入""零余额账户用款额度""银行存款"等科目，涉及增值税业务的，应借记"应交增值税"科目；同期，预算会计应借记"行政支出/事业支出/经营支出等"科目，贷记"财政拨款预算收入/资金结存"科目。

政府单位所购材料等物品到达并验收入库，财务会计应按照确定的库存物品成本金额，借记"库存物品"科目，按照物品采购成本金额，贷记"在途物品"科目，按照使得入库物品达到目前场所和状态所发生的其他支出，贷记"银行存款"等科目。

【例10-16】某事业单位属于增值税一般纳税人。2×24年6月份，该单位根据发生的库存物品采购业务编制相关的会计分录。

（1）5日，采用财政直接支付方式购买非独立核算经营活动用材料一批，发票及账单已收到，增值税专用发票上注明的价款为20 000元，增值税税额2 600元，已经税务机关认证。另以零余额账户存款支付保险费1 000元，增值税税额60元，材料尚未到达。编制财务会计分录：

借：在途物品 21 000
　　应交增值税——应交税金（进项税额） 2 660
　　贷：财政拨款收入 22 600
　　　　零余额账户用款额度 1 060

同期，编制该业务的预算会计分录：

借：事业支出 23 660
　　贷：财政拨款预算收入 22 600
　　　　资金结存——零余额账户用款额度 1 060

（2）20日，该单位购进的材料已收到，并验收入库。编制财务会计分录：

借：库存物品 21 000
　　贷：在途物品 21 000

四、库存物品

库存物品是指政府单位在开展业务活动及其他活动中为耗用或出售而储存的各种材料、产品、包装物、低值易耗品，以及达不到固定资产标准的用具、装具、动植物及已完成测绘、地质勘察、设计成果等的成本。

需要说明的是：政府单位随买随用的零星办公用品，可以在购进时直接列作费用；直接储存管理的各项应急或救灾储备物资等，作为储备物资核算；在建工程和基本建设中购买和使用的材料物资，作为工程物资核算。

（一）库存物品的取得

1. 外购库存物品。政府单位外购的库存物品验收入库，财务会计按照确定的成本（包括购买价款、相关税费、运输费、装卸费、保险费以及其他使得库存物品到达目前场所和状态所发生的其他支出），借记"库存物品"科目，贷记"财政拨款收入""零余额账户用款额度""银行存款""应付账款""在途物品"等科目。涉及增值税业务的，还应进行增值税相关内容的处理。如被认定为增值税一般纳税人的事业单位，应按照支付的增值税，借记"应交增值税——应交税金（进项税额）"科目；被认定为增值税小规模纳税人的事业单位，应将支付的增值税计入物资成本。同期，预算会计应按照购入库存物品实际支出，借记"行政支出""事业支出""经营支出"等科目，贷记"财政拨款预算收入""资金结存"科目。

【例10-17】2×24年8月，甲事业单位根据发生的外购库存物品业务编制相关的会计分录。

（1）10日，从乙单位购进专业业务活动用材料并验收入库。增值税专用发票注明的价款为60 000元，增值税税额为7 800元。款项采用财政直接支付方式结算。编制财务会计分录：

借：库存物品 67 800
　　贷：财政拨款收入 67 800

同期，编制该业务的预算会计分录：

借：事业支出 67 800

贷：财政拨款预算收入　　　　　　　　　　　　　　　　　　　　　　　67 800

（2）15日，从丙单位购进用于增值税应税项目的材料一批，增值税专用发票注明的价款为80 000元，增值税税额为10 400元，已经税务机关认证，材料验收入库。款项以零余额账户付讫。编制财务会计分录：

　　借：库存物品　　　　　　　　　　　　　　　　　　　　　　　　　　80 000
　　　　应交增值税——应交税金（进项税额）　　　　　　　　　　　　　10 400
　　　贷：零余额账户用款额度　　　　　　　　　　　　　　　　　　　　90 400

同期，编制该业务的预算会计分录：

　　借：事业支出　　　　　　　　　　　　　　　　　　　　　　　　　　90 400
　　　贷：资金结存——零余额账户用款额度　　　　　　　　　　　　　　90 400

2. 接受捐赠的库存物品。捐赠的基本特征在于其无偿性，这也是捐赠有别于财产其他转让方式的显著标志。接受捐赠库存物品是政府单位无偿取得资产所有权的一种方式。它具有无偿、自愿、公益性之特征。

有时政府单位以接受捐赠方式取得库存物品的同时会取得相关凭证，而有时无法取得相关凭证，因此，其入账价值应根据不同情况区别处理：政府单位接受捐赠库存物品并取得相关凭证，库存物品成本按照有关凭据注明的金额加上相关税费、运输费等确定；没有相关凭据可供取得，但按规定经过资产评估的，其成本按照评估价值加上相关税费、运输费等确定；没有相关凭据可供取得也未经评估的，其成本比照同类或类似资产的市场价格加上相关税费、运输费等确定；没有相关凭据且未经评估、同类或类似资产的市场价格也无法可靠取得的，按照名义金额入账，相关税费、运输费等计入当期费用。

政府单位接受捐赠的库存物品验收入库，财务会计应按照确定的成本，借记"库存物品"科目，按照发生的相关税费、运输费等，贷记"银行存款"等科目，按照其差额，贷记"捐赠收入"科目；同期，预算会计应借记"其他支出"科目（实际支付的相关税费），贷记"资金结存"科目。

【例10-18】2×24年，甲事业单位发生如下库存物品受赠业务：

（1）6月10日，接受境外乙公司捐赠零配件，有关凭证注明的零配件金额为100 000元人民币。以银行存款支付接受捐赠发生的相关费用8 000元。

（2）8月16日，接受国内丙公司捐赠一批材料1 000千克，该批材料既没有相关凭据，也未经评估，但同类材料的市场价格为每千克80元。材料运达单位，以银行存款支付运输费3 000元，不考虑相关税金。

（3）12月25日，接受国内丁公司捐赠一批办公物品，单位按照名义金额入账。另以零余额账户支付相关税费5 000元。

根据上述经济业务，财务会计和预算会计账务处理如表10-6所示。

表10-6　接受捐赠库存物品的账务处理

	财务会计		预算会计	
接受乙公司捐赠零配件	借：库存物品 　贷：银行存款 　　　捐赠收入	108 000 8 000 100 000	借：其他支出 　贷：资金结存——货币资金	5 000 5 000

续表

	财务会计		预算会计	
接受丙公司捐赠材料	借：库存物品 　贷：银行存款 　　　捐赠收入	83 000 3 000 80 000	借：其他支出 　贷：资金结存——货币资金	3 000 3 000
接受丁公司捐赠办公物品	借：库存物品 　贷：捐赠收入 借：其他费用 　贷：零余额账户用款额度	1 1 5 000 5 000	借：其他支出 　贷：资金结存——零余额账户用款额度	5 000 5 000

3. 无偿调入库存物品。经主管部门和财政部门批准，政府单位可以从上级或系统内无偿调入存货，以调整和优化资产配置，满足公益事业发展的需要。

政府单位无偿调入的库存物品验收入库，财务会计应按照确定的成本，借记"库存物品"科目，按照发生的相关税费、运输费等，贷记"银行存款"等科目，按照其差额，贷记"无偿调拨净资产"科目；同期，预算会计应借记"其他支出"科目（实际支付的相关税费），贷记"资金结存"科目。

【例10-19】2×24年12月20日，甲单位从系统内部乙单位无偿调入一批材料，该批材料在乙单位的账面价值为250 000元。以银行存款支付调入材料发生的相关费用为8 000元。编制财务会计分录：

借：库存物品　　　　　　　　　　　　　　　　　　　　　　258 000
　贷：银行存款　　　　　　　　　　　　　　　　　　　　　　8 000
　　　其他净资产　　　　　　　　　　　　　　　　　　　　250 000

同期，编制该业务的预算会计分录：

借：其他支出　　　　　　　　　　　　　　　　　　　　　　　8 000
　贷：资金结存——货币资金　　　　　　　　　　　　　　　　8 000

4. 换入库存物品。换入库存物品是政府单位将持有的、用于日常运营活动的物品与不同类型的物品进行交换，这种交换不涉及或只涉及少量的货币资金。

一般来说，政府单位通过置换取得的库存物品，其成本按照换出资产的评估价值，再加上支付的补价或减去收到的补价，加上为换入库存物品发生的其他相关支出确定。

（1）换入库存物品未涉及补价。政府单位置换换入的库存物品验收入库，按照确定的成本，借记"库存物品"科目，按照换出资产的账面余额，贷记相关资产科目（换出资产为固定资产、无形资产的，还应当借记"固定资产累计折旧""无形资产累计摊销"科目），按照置换过程中发生的其他相关支出，贷记"银行存款"等科目，按照借贷方差额，借记"资产处置费用"科目或贷记"其他收入"科目；同期，预算会计应借记"其他支出"科目（实际支付的相关税费），贷记"资金结存"科目。

（2）换入库存物品涉及补价。政府单位置换换入库存物品涉及补价分以下两种情况处理：

①支付补价的，政府单位按照确定的成本，借记"库存物品"科目，按照换出资产的账面余额，贷记相关资产科目（换出资产为固定资产、无形资产的，还应当借记"固定资产累计折旧""无形资产累计摊销"科目），按照支付的补价和置换过程中发生的其他相

关支出，贷记"银行存款"等科目，按照借贷方差额，借记"资产处置费用"科目或贷记"其他收入"科目；同期，预算会计应借记"其他支出"科目（实际支付的补价和其他相关支出），贷记"资金结存"科目。

②收到补价的，政府单位按照确定的成本，借记"库存物品"科目，按照收到的补价，借记"银行存款"等科目，按照换出资产的账面余额，贷记相关资产科目（换出资产为固定资产、无形资产的，还应当借记"固定资产累计折旧""无形资产累计摊销"科目），按照置换过程中发生的其他相关支出，贷记"银行存款"等科目，按照补价扣减其他相关支出后的净收入，贷记"应缴财政款"科目，按照借贷方差额，借记"资产处置费用"科目或贷记"其他收入"科目；同期，预算会计应按照其他相关支出大于收到的补价的差额，借记"其他支出"科目，贷记"资金结存"科目。

【例10-20】2×24年，甲单位根据库存物品置换业务编制相关的会计分录。

（1）5月份，经批准以一台科研设备换入乙单位一批科研材料。科研设备账面余额为350 000元，累计折旧70 000元，未计提减值准备。换出科研设备的评估价值为300 000元，以银行存款支付补价20 000元、其他费用10 000元。编制财务会计分录：

借：库存物品　　　　　　　　　　　　　　　　　　　　　330 000
　　累计折旧　　　　　　　　　　　　　　　　　　　　　 70 000
　贷：固定资产　　　　　　　　　　　　　　　　　　　　350 000
　　　银行存款　　　　　　　　　　　　　　　　　　　　 30 000
　　　其他收入　　　　　　　　　　　　　　　　　　　　 20 000

同期，编制该业务的预算会计分录：

借：其他支出　　　　　　　　　　　　　　　　　　　　　 30 000
　贷：资金结存——货币资金　　　　　　　　　　　　　　 30 000

（2）10月份，经批准以一批M材料换入乙单位一批N科研材料。该批M材料的账面价值为70 000元，评估价值为60 000元。收到乙单位支付的补价20 000元存入零余额账户用款额度，另以银行存款支付运输等费用4 000元。编制财务会计分录：

借：库存物品——N材料　　　　　　　　　　　　　　　　 64 000
　　零余额账户用款额度　　　　　　　　　　　　　　　　 20 000
　贷：库存物品　　　　　　　　　　　　　　　　　　　　 70 000
　　　银行存款　　　　　　　　　　　　　　　　　　　　　4 000
　　　其他收入　　　　　　　　　　　　　　　　　　　　 10 000

（二）库存物品的发出

1. 政府单位开展业务活动领用。政府单位开展业务活动等领用库存物品，按照领用物品的实际成本，借记"业务活动费用""单位管理费用""经营费用"等科目，贷记"库存物品"科目。

政府单位领用低值易耗品、包装物，采用一次转销法摊销的，在首次领用时将其账面余额一次性摊销计入有关成本费用，借记有关科目，贷记"库存物品"科目。

采用五五摊销法摊销低值易耗品、包装物的，首次领用时，将其账面余额的50%摊销计入有关成本费用，借记有关科目，贷记"库存物品"科目；使用完后，将剩余的账面余额转销计入有关成本费用，借记有关科目，贷记"库存物品"科目。

【例 10-21】2×24 年 3 月 10 日，某公立医院住院部领用新购入的医疗器械 10 件，其中中型器械 4 件，单位成本 500 元，小型器械 6 件，单位成本 300 元。该医院资产管理制度规定，领用中型医疗器械采用五五摊销法摊销，小型医疗器械则采用一次转销法。根据以上资料，该单位应当做以下账务处理：

(1) 摊销中型医疗器械成本，编制财务会计分录：

借：业务活动费用　　　　　　　　　　　　　　　　(4×500×50%) 1 000
　　贷：库存物品　　　　　　　　　　　　　　　　　　　　　　　1 000

(2) 医疗器械剩余的账面余额 1 000 元，待医疗器械报废时再转销计入成本费用，摊销小型医疗器械成本。编制财务会计分录：

借：业务活动费用　　　　　　　　　　　　　　　　　　　　　　1 800
　　贷：库存物品　　　　　　　　　　　　　　　　　　　　　　　1 800

2. 出售库存物品。库存物品出售分为可自主出售和不可自主出售两种方式。前者是指政府单位有权决定出售对象和价格；后者则经批准后方可出售。政府单位按照规定自主出售、发出库存物品，按照出售物品的实际成本，借记"经营费用"等科目，贷记"库存物品"科目。

政府单位经批准对外出售的库存物品（不含可自主出售的库存物品）发出时，按照库存物品的账面余额，借记"资产处置费用"科目，贷记"库存物品"科目；同期，按照收到的价款，借记"银行存款"等科目，按照处置过程中发生的相关费用，贷记"银行存款"等科目，按照其差额，贷记"应缴财政款"科目。

【例 10-22】2×24 年 10 月 20 日，某事业单位（小规模纳税人）对外出售库存物品取得收入 183 600 元存入银行，其中自主出售经营活动持有的库存物品收入 120 000 元，增值税 3 600 元，非自主出售库存物品收入 60 000 元。该批库存物品为 150 000 元，其中自主出售库存物品成本 100 000 元，非自主出售库存物品成本 50 000 元。

(1) 确认收入，编制财务会计分录：

借：银行存款　　　　　　　　　　　　　　　　　　　　　　183 600
　　贷：经营收入　　　　　　　　　　　　　　　　　　　　　120 000
　　　　应缴财政款　　　　　　　　　　　　　　　　　　　　 60 000
　　　　应交增值税　　　　　　　　　　　　　　　　　　　　 3 600

(2) 结转出售成本，编制财务会计分录：

①自主出售库存物品：

借：经营费用　　　　　　　　　　　　　　　　　　　　　　100 000
　　贷：库存物品　　　　　　　　　　　　　　　　　　　　　100 000

②非自主出售库存物品：

借：资产处置费用　　　　　　　　　　　　　　　　　　　　 50 000
　　贷：库存物品　　　　　　　　　　　　　　　　　　　　　 50 000

3. 对外捐赠的库存物品。政府单位经批准对外捐赠的库存物品发出时，财务会计应按照库存物品的账面余额和对外捐赠过程中发生的归属于捐出方的相关费用合计数，借记"资产处置费用"科目，按照库存物品账面余额，贷记"库存物品"科目，按照对外捐赠过程中发生的归属于捐出方的相关费用，贷记"银行存款"等科目；同期，预算会计按照支付的应归属于捐出方的相关支出，借记"其他支出"科目，贷记"资金结存"科目。

4. 无偿调出的库存物品。政府单位经批准无偿调出的库存物品发出时，财务会计按照库存物品的账面余额，借记"无偿调拨净资产"科目，贷记"库存物品"科目。按照无偿调出过程中发生的归属于调出方的相关费用，借记"资产处置费用"科目，贷记"银行存款"等科目；同期，预算会计按照支付的应归属于调出方的相关支出，借记"其他支出"科目，贷记"资金结存"科目。

【例10-23】10月份，上级主管部门将甲事业单位一批科研材料无偿调剂给丙单位，该批材料的账面余额为200 000元。甲单位以银行存款支付承担的相关费用4 500元。编制财务会计分录：

借：无偿调拨净资产　　　　　　　　　　　　　　　　　　　　200 000
　　贷：库存物品　　　　　　　　　　　　　　　　　　　　　　　　200 000
借：资产处置费用　　　　　　　　　　　　　　　　　　　　　　4 500
　　贷：银行存款　　　　　　　　　　　　　　　　　　　　　　　　4 500

同期，编制该业务的预算会计分录：
借：其他支出　　　　　　　　　　　　　　　　　　　　　　　　4 500
　　贷：资金结存——货币资金　　　　　　　　　　　　　　　　　4 500

5. 置换换出的库存物品。政府单位以持有库存物品置换换入库存物品、长期股权投资、固定资产和无形资产等，其入账价值按照换出库存物品的评估价值加上支付的补价或减去收到的补价，再加上换入资产发生的其他相关支出确定。

（1）换出库存物品支付补价。财务会计按照确定的换入库存物品、长期股权投资、固定资产和无形资产成本，借记"库存物品""长期股权投资""固定资产""无形资产"等科目，按照换出库存物品的账面余额，贷记"库存物品"科目，如果需要支付补价和其他相关支出，还需要按照支付的补价和置换过程中发生的其他相关支出，贷记"银行存款"等科目，按照借贷方差额，借记"资产处置费用"科目或贷记"其他收入"科目；同期，预算会计按照支付的补价和其他相关支出，借记"其他支出"科目（实际支付的补价和其他相关支出），贷记"资金结存"科目。

（2）换出库存物品收到补价。政府单位以持有库存物品置换换入库存物品、长期股权投资等资产收到补价，财务会计按照确定的换入资产成本，借记"库存物品""长期股权投资""固定资产""无形资产"等科目，按照换出库存物品的账面余额，贷记"库存物品"科目，按照收到的补价，借记"银行存款"等科目，按照补价扣减其他相关支出后的净收入，贷记"应缴财政款"科目，按照借贷方差额，借记"资产处置费用"科目或贷记"其他收入"科目。

【例10-24】2×24年6月10日，甲事业单位以其库存物品与乙单位办公用车进行置换，该库存物品账面余额为150 000元，评估价值为160 000元，甲事业单位置换资产收到乙单位支付补价13 000元存入银行，同期以银行存款支付与资产置换相关的费用3 000元。

（1）换入资产，编制财务会计分录：
　　　　　　　　　汽车入账价值=160 000+3 000-13 000=150 000（元）
借：固定资产　　　　　　　　　　　　　　　　　　　　　　　　150 000
　　银行存款　　　　　　　　　　　　　　　　　　　　　　　　　13 000
　　贷：库存物品　　　　　　　　　　　　　　　　　　　　　　　　150 000

　　　　银行存款　　　　　　　　　　　　　　　　　　　　　　　　3 000
　　　　应缴财政款　　　　　　　　　　　　　　　　　　　　　　　10 000
同期，编制该业务的预算会计分录：
借：其他支出　　　　　　　　　　　　　　　　（13 000+3 000）16 000
　　贷：资金结存——货币资金　　　　　　　　　　　　　　　　　16 000
（2）支付应缴财政款，编制财务会计分录：
借：应缴财政款　　　　　　　　　　　　　　　　　　　　　　　10 000
　　贷：银行存款　　　　　　　　　　　　　　　　　　　　　　 10 000

（三）库存物品清查盘点

政府单位应定期或不定期地对库存物品进行盘点清查，保证库存物品的完整，做到账实相符。

1. 库存物品盘盈。政府单位库存物品盘盈，应按照确定的成本转入待处理资产，财务会计应借记"库存物品"科目，贷记"待处理财产损溢"科目；政府单位按照规定报经批准后处理时，对于盘盈的库存物品，借记"待处理财产损溢"科目，贷记"单位管理费用"（事业单位）或"业务活动费用"（行政单位）科目。

2. 库存物品盘亏或者毁损、报废。政府单位盘亏或者毁损、报废的库存物品转入待处理资产时，财务会计应借记"待处理财产损溢"科目，贷记"库存物品"科目，涉及增值税业务的，应进行相关的账务处理；报经批准处理时，财务会计应借记"资产处置费用"科目，贷记"待处理财产损溢——待处理财产价值"科目。

政府单位处理毁损、报废库存物品过程中取得的残值或残值变价收入、保险理赔和过失人赔偿等，借记"库存现金""银行存款""库存物品""其他应收款"等科目，贷记"待处理财产损溢——处理净收入"科目；处理毁损、报废实物资产过程中发生的相关费用，借记"待处理财产损溢——处理净收入"科目，贷记"库存现金""银行存款"等科目。

政府单位将库存物品残值或残值变价收入、保险理赔和过失人赔偿扣除相关清理费用后，如果处理收入大于相关费用的，按照处理收入减去相关费用后的净收入，借记"待处理财产损溢——处理净收入"科目，贷记"应缴财政款"等科目；如果处理收入小于相关费用的，按照相关费用减去处理收入后的净支出，借记"资产处置费用"科目，贷记"待处理财产损溢——处理净收入"科目。

五、加工物品

（一）加工物品概述

加工物品是指政府单位自制或委托外单位加工的各种物资以及未完成的测绘、地质勘察、设计成果等。加工物品按其加工单位的不同，分为自制物品和委托加工物品。其中：自制物品是指政府单位组织内部人力、物资和设备自行加工的物品，委托加工物品是指单位将库存物品作为原材料委托其他单位加工的物品。

为了反映和监督加工物品增减变动情况，财务会计应设置"加工物品"科目。该科目借方登记为加工物品领用材料成本、发生的直接人工费用、分配的间接费用以及其他费用；贷方登记制造完成并验收入库物资的全部实际成本。期末借方余额反映政府单位自制加工但尚未完工的各种物资的实际成本。"加工物品"科目应设置"自制物品""委托加工物品"两个一级明细科目,并按照物品类别或品种设置明细账进行明细核算。

(二) 自制物品

1. 自制物品成本构成及其分类。政府单位自行加工物品必然要发生一定的耗费,为加工存货而发生的耗费构成了物品加工成本。按照费用的发生与加工物品的关系来区分,加工费用分为直接费用和间接费用。

(1) 直接费用是指加工物品时能够直接计入物品成本的费用。加工物品中领用材料或物资、加工工人薪酬等都属于直接费用。直接费用可以根据原始凭证直接计入某种物品成本。

(2) 间接费用是指加工物品时不能直接计入物品成本的费用。计算间接费用,需要选择适当分配标准,在不同物品之间进行合理分摊,再计入物品成本。间接费用一般可以按生产工人工资、生产工人工时、机器工时、耗用材料的数量或成本、直接费用(直接材料和直接人工)或产品产量等进行分配。间接费用可根据自己的具体情况自行选择分配方法。

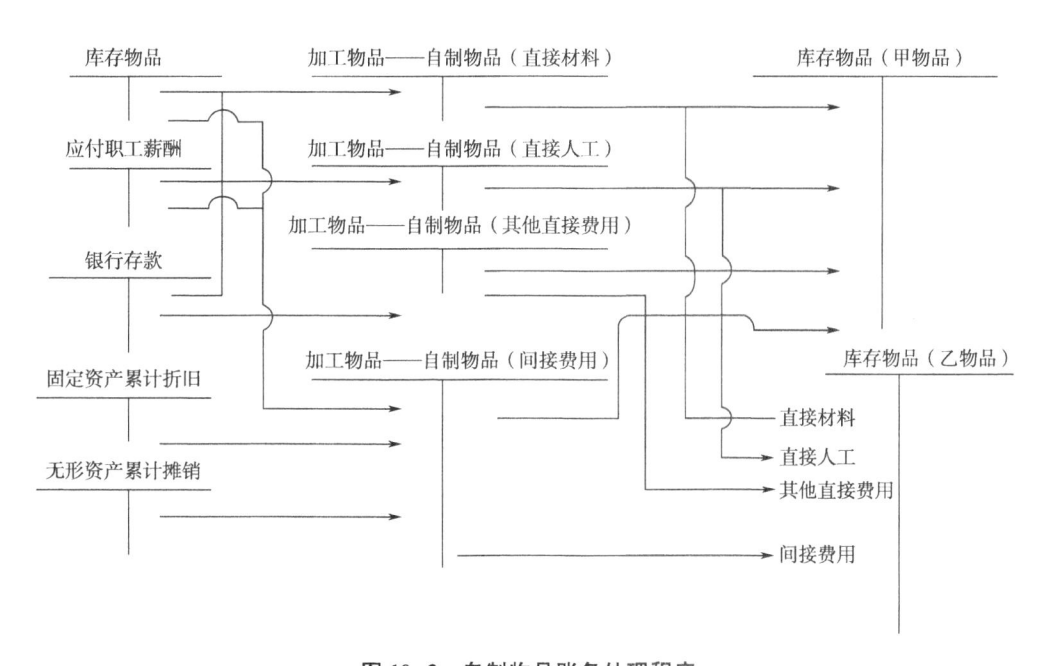

2. 自制物品账务处理程序。自制物品账务处理程序如图 10-3 所示。

图 10-3 自制物品账务处理程序

【例 10-25】某科研单位为一般纳税人,2×24 年 5 月,对外承接一项科研设备研制任务,合同约定:设备总价款为 500 000 元,合同签订时支付 30% 的价款,设备交付时支付 65% 的价款,设备交付半年后再支付 5% 的价款。该科研单位根据发生的自制物品业务编制相关的会计分录。

(1) 5 月 10 日收到客户预付的第一笔货款 150 000 元存入银行,编制财务会计分录:

借:银行存款　　　　　　　　　　　　　　　　　　　　　　　150 000
　　贷:预收账款　　　　　　　　　　　　　　　　　　　　　　　150 000

同期，编制该业务的预算会计分录：

借：资金结存——货币资金　　　　　　　　　　　　　　　　　150 000
　　贷：事业预算收入　　　　　　　　　　　　　　　　　　　　150 000

(2) 5月至8月，为研制该设备以零余额账户支付相关费用50 000元，确认职工薪酬100 000元，计提加工设备折旧费75 000元，领用库存物品30 000元。编制财务会计分录：

借：加工物品——研制设备　　　　　　　　　　　　　　　　　255 000
　　贷：银行存款　　　　　　　　　　　　　　　　　　　　　　50 000
　　　　应付职工薪酬　　　　　　　　　　　　　　　　　　　 100 000
　　　　固定资产累计折旧　　　　　　　　　　　　　　　　　　75 000
　　　　库存物品　　　　　　　　　　　　　　　　　　　　　　30 000

同期，编制该业务的预算会计分录：

借：事业支出　　　　　　　　　　　　　　　　　　　　　　　　50 000
　　贷：资金结存——货币资金　　　　　　　　　　　　　　　　50 000

(3) 9月5日，该单位按期完成制造设备，结转完工设备加工成本。编制财务会计分录：

借：库存物品　　　　　　　　　　　　　　　　　　　　　　　 255 000
　　贷：加工物品——研制设备　　　　　　　　　　　　　　　　255 000

（三）委托加工物品

政府单位从外部购入物品的性能不一定完全能满足运营活动的需要。因此，有时需要将物品送往外部委托其他单位进行加工，制成另一种材料（如纸张加工成商标纸、木材加工成木箱、钢材加工成专用工具等），以满足活动的需要。委托外部加工物品发出后，虽然其保管地点发生了转移，但仍属于单位加工物品范畴。物品经过加工不仅实物形态、性能发生变化，使用价值也随之变化，而且，在其加工过程中要消耗材料，还要发生各种费用支出等，从而使委托加工物品的价值相应增加。

政府单位发给外单位加工的材料时，财务会计应按照其实际成本，借记"加工物品——委托加工物品"科目，贷记"库存物品"科目。

政府单位支付加工费、运输费等费用，财务会计按照实际支付的金额，借记"加工物品——委托加工物品"科目，贷记"零余额账户用款额度""银行存款"等科目。涉及增值税业务的，还应该进行与增值税相关业务的处理；同期，预算会计应借记"事业支出"或"经营支出"等科目（实际支付金额），贷记"财政拨款预算收入"或"资金结存"科目。

委托加工完成的材料等验收入库，财务会计应按照加工前发出材料的成本和加工、运输成本等，借记"库存物品"等科目，贷记"加工物品——委托加工物品"科目。

【例10-26】 2×24年3月，甲事业单位根据发生的委托加工业务（为增值税应税业务）编制相关的会计分录。

(1) 5日，委托乙企业加工一批M材料，发出材料成本为50 000元。编制财务会计分录：

借：加工物品——委托加工物品——M材料　　　　　　　　　　50 000

　　　　贷：库存物品　　　　　　　　　　　　　　　　　　　　　　　　　　50 000
　（2）8日，开出转账支票，支付材料运输费用3 000元，增值税300元。编制财务会计分录：
　　　　借：加工物品——委托加工物品——M材料　　　　　　　　　　　　3 000
　　　　　　应交增值税——应交税金（进项税额）　　　　　　　　　　　　300
　　　　贷：银行存款　　　　　　　　　　　　　　　　　　　　　　　　3 300
　　同期，编制该业务的预算会计分录：
　　　　借：经营支出　　　　　　　　　　　　　　　　　　　　　　　　3 300
　　　　贷：资金结存——货币资金　　　　　　　　　　　　　　　　　　3 300
　（3）15日，以零余额账户存款支付乙企业加工费用40 000元，增值税5 200元。编制财务会计分录：
　　　　借：加工物品——委托加工物品——M材料　　　　　　　　　　　40 000
　　　　　　应交增值税——应交税金（进项税额）　　　　　　　　　　　5 200
　　　　贷：零余额用款额度　　　　　　　　　　　　　　　　　　　　45 200
　　同期，编制该业务的预算会计分录：
　　　　借：经营支出　　　　　　　　　　　　　　　　　　　　　　　45 200
　　　　贷：资金结存——货币资金　　　　　　　　　　　　　　　　　45 200
　（4）20日，收回委托加工完毕物品并验收入库，结转其全部成本。编制财务会计分录：
　　　　借：库存物品——M材料　　　　　　　　　　　　　　　　　　93 000
　　　　贷：加工物品——委托加工物品——M材料　　　　　　　　　　93 000

【关键词汇】

流动资产（current assets）	存货（inventory）
短期投资（current investment）	加权平均法（method of weighted mean）
应收票据（notes receivable）	委托加工物品（consigned goods）
商业汇票贴现（trade bill discounting）	低值易耗品（low priced and easily worn articles）
应收账款（accounts receivable）	库存物品（stock article）
坏账准备（bad-debt provision）	待摊费用（unamortized expense）

【思考与练习】

一、思考题

1. 什么是流动资产？简述流动资产的特征及其内容。
2. 简述加强库存现金管理的意义，试说明库存现金管理的方法。
3. 什么是零余额账户用款额度？零余额账户用款额度与银行存款有什么不同？
4. 简述国库集中支付制度的财政直接支付和财政授权支付两种方式会计处理的区别。
5. 应收票据、应收账款和预付账款同为行政事业单位短期债权，试说明三者会计处理的区别。
6. 什么是坏账和坏账损失？试说明行政事业单位坏账损失的估计方法及其会计处理。
7. 存货包括哪些内容？如何对存货进行购入和发出核算？

8. 自制物品成本包括哪些内容？简要说明自制物品成本的计算方法。

二、练习题

（一）单项选择题

1. 政府单位现金清查中，经检查仍无法查明原因的现金短款，经批准后应计入（　　）。
   A. 财务费用　　　　　　　　　　B. 单位管理费用
   C. 资产处置费用　　　　　　　　D. 业务活动费用

2. 某事业单位采用应收账款余额百分比法提取坏账准备，且提取比例为5%。2×24年初"坏账准备"账户的贷方余额为15 000元，2×24年末应收账款余额为200 000元。2×24年末实际计提的坏账准备（　　）元。
   A. 5 000　　　　B. -5 000　　　　C. 10 000　　　　D. -10 000

3. 下列各项中，关于事业单位盘盈存货报经批准处理的表述正确的是（　　）。
   A. 确认为以前年度损益调整　　　B. 确认为其他收入
   C. 冲减库存物品成本　　　　　　D. 冲减当期支出

4. 甲事业单位将不需要使用的一台通用设备与乙事业单位的一批库存物品置换。通用设备原值100 000元，已提折旧40 000元，评估价值50 000元，收到补价2 000元；库存物品成本40 000元，评估价值48 000元，支付补价2 000元，换入设备支付安装费3 000元。甲事业单位换入库存商品的入账成本是（　　）元。
   A. 60 000　　　　B. 48 000　　　　C. 40 000　　　　D. 50 000

5. 某事业单位购入短期国债，支付买价40 000元，相关的税金1 000元、费用2 600元，则国债投资的入账价值为（　　）元。
   A. 41 000　　　　B. 42 600　　　　C. 40 000　　　　D. 43 600

（二）多项选择题

1. 事业单位接受捐赠、无偿调入的存货，其成本可能按照（　　）入账。
   A. 同类存货的市场价格加上相关税费、运输费等
   B. 合同或协议约定的价值
   C. 人民币1元
   D. 有关凭据注明的金额加上相关税费、运输费等

2. 下列各项中，事业单位不应通过"应收票据"核算的是（　　）。
   A. 销售库存物品收到的商业汇票　　B. 提供科技服务收到的银行本票
   C. 转账收到的支票　　　　　　　　D. 销售医疗器械收到的银行汇票

3. 某事业单位对外转让部分当年取得的面值为100 000元的国债，取得转让价款101 500元，不考虑其他因素。下列关于该业务的表述正确的有（　　）。
   A. 确认投资收益1 500元　　　　　B. 转销投资支出101 500元
   C. 不确认投资预算收益　　　　　　D. 按面值确认其他结余

4. 下列各项中，关于事业单位应收账款会计处理表述中，正确的有（　　）。
   A. 应收账款收回后区别是否需要上缴财政进行不同的会计处理
   B. 应上缴财政的应收账款收回后应计提坏账准备
   C. 收回后不需上缴财政的应收账款应当计提坏账准备
   D. 年末应当对预计可能产生的坏账损失计提坏账准备

5. 下列各项中，属于事业单位其他应收款核算的有（   ）。
A. 应收上级的补助款项
B. 单位拨付给其内部用款单位的备用款项
C. 向职工收取的各种垫付款项
D. 按照购货合同预付给供应单位的款项

（三）业务核算题

1. 资料：2×24年甲事业单位发生以下应收和预付款项业务：

（1）2×24年单位出租办公用房给某公司，租期6个月，一次性收到6个月租金（含税价）90 000元，当天收到该公司开具的期限为6个月、票面金额为90 000元的商业汇票。票据到期，全部票款收到并存入银行。计算房屋租金收入适用的小规模纳税人增值税税率为5%，房产税税率为12%。

（2）2×24年6月5日，收到乙公司当日签发的带息商业汇票一张，用以偿还之前所欠货款。该票据的面值为100 000元，期限90天，年利率为6%。7月15日，因急需资金，将该商业汇票向银行贴现，年贴现率为9%，贴现收入存入银行。

要求：①计算甲单位该项应收票据的贴现期、到期值、贴现利息和贴现收入。②编制取得和贴现该项应收票据的会计分录。

2. 资料：甲事业单位采用应收账款余额百分比法核算坏账损失，坏账准备计提比例为0.5%。2×24年1月1日，"应收账款"科目余额为1 000 000元。5月8日，收回2×23年度核销的坏账4 000元，存入银行。11月9日，因一客户破产，有应收账款2 500元不能收回，经批准确认为坏账。12月31日，"应收账款"科目的余额为800 000元。

要求：编制甲事业单位2×24年与坏账业务相关的会计分录。

3. 资料：2×24年1月，M行政单位发生以下与存货有关的业务。

（1）通过政府采购购买办公用品一批，其成本为15 000元，直接交付使用，款项以银行存款支付。

（2）单位所属信息中心将多余的账面成本38 000元的电脑耗材（评估价为15 000元）与某事业单位的办公用品进行置换，收到对方单位以银行转账支付的补价5 000元。

（4）无偿从N单位调入劳保用品50 000元，已验收入库。以单位零余额账户支付相关费用3 000元。

（5）接受捐赠的库存物品30 000元，验收入库，支付相关运输费等3 000元，以银行存款支付。

（6）月末，经盘点盘盈办公耗材2 000元；经批准，报废劳保用品5 000元。

要求：编制M行政单位上述经济业务的会计分录。

第十一章　政府单位非流动资产

【学习目标和思政目标】

●学习目标：了解非流动资产的概念、特点和分类，熟悉长期股权投资、长期债权投资、固定资产、在建工程、无形资产、公共基础设置、政府储备物资、文物资源、保障性住房的内容及其核算方法。

●思政目标：①通过长期股权投资、长期债权投资的学习，在掌握其账务处理的基础上，深刻理解长期投资所面临的多重风险，增强风险意识，提高分析和识别风险技能，立足岗位，协助管理层有效地利用财务会计信息回避、降低各类风险。②在固定资产学习中，结合马克思在《资本论》中关于折旧的精辟论述，弘扬马克思主义精神，运用马克思主义的科学立场、方法解决各类理论及实践问题。③学习无形资产、文物资源过程中，以习近平总书记关于加强知识产权保护工作指示为依据，深刻理解无形资产对政府单位创新所发挥的重要作用，将创新精神融入无形资产账务处理的学习过程之中，分析我国会计学者对世界会计界产生的影响，结合"华为"创新精神，增强爱国情怀，增强国家的荣誉感和民族自信力，刻苦学习、努力奋斗。④通过保障性住房、公共基础设置、政府储备物资的学习，学会关心国家大事，形成家国情怀、天下为公的意识。

【学习重点和难点】

●学习重点：长期股权投资、长期债权投资、固定资产、在建工程、无形资产、公共基础设置、政府储备物资、文物资源、保障性住房。

●学习难点：长期股权投资权益法、在建工程、固定资产资产折旧、无形资产摊销。

第一节　长期投资

长期投资是指政府会计主体取得的除短期投资以外的债权和股权性质的投资。投资的目的是促进事业单位医疗、科技、教育等资源的合理配置，提高资产的使用价值，并利用对外投资所获得的投资回报缓解事业单位资金紧缺的矛盾，促进各类公益事业的发展。

一、长期股权投资

（一）长期股权投资概述

长期股权投资是指事业单位通过投资拥有被投资单位股权并成为被投资单位股东，按所持股份比例享有权益并承担责任的长期投资。长期股权投资具有投资大、投资期限长、风险大及能获得高收益的

《政府会计准则第 2 号——投资》

特点。

长期股权投资一般有两种投资形式：一是直接投资形式，二是间接投资形式。直接投资是指将现金或资产投入被投资单位，由被投资单位向投资者出具出资证明书，确认其股权；间接投资是指投资者投资于某被投资单位时，通过证券市场购买被投资单位股票形成的长期股权投资。根据事业单位财务规则的规定，事业单位不得使用财政拨款及其结余进行对外投资，不得从事股票、期货、基金、政府单位债券等投资，国家另有规定的除外。可见，事业单位长期股权投资一般是指直接投资。

（二）会计科目的设置

为了反映和监督长期股权投资增减变动情况，事业单位财务会计应设置"长期股权投资"科目。该科目借方登记长期投资的增加数；贷方登记长期投资的收回、冲减数；期末借方余额反映政府单位持有的对外投资成本。"长期股权投资"科目一般应当按照被投资单位进行明细核算。如果长期股权投资采用权益法核算，还应当分别设置"成本""损益调整""其他权益变动"明细科目进行明细核算。

为了反映以货币资金对外投资发生现金支出增减变动情况，事业单位预算会计应设置"投资支出"科目。该科目的借方登记以货币资金对外投资的金额和所支付的相关税费；贷方登记年末转入其他结余的投资支出。年末结转后，"投资支出"科目应无余额。"投资支出"科目应当按照投资类型、投资对象、政府收支分类科目中"支出功能分类科目"的项级科目和"部门预算支出经济分类科目"的款级科目等进行明细核算。

在取得长期股权投资时，应当按照其实际成本将其作为初始投资成本入账。长期股权投资取得方式不同，其实际成本内容也有所不同。

（三）长期股权投资取得的账务处理

1. 支付货币资金取得投资。事业单位以货币资金取得的长期股权投资，财务会计应将实际支付的价款（包括购买价款以及税金、手续费等相关税费）作为投资成本，借记"长期股权投资"科目，按支付的价款中包含的已宣告但尚未发放的现金股利，借记"应收股利"科目；按实际支付的全部价款，贷记"银行存款"等科目。同期，预算会计应按照投资金额和所支付的相关税费金额的合计数，借记"投资支出"科目，贷记"资金结存"科目。

事业单位实际收到购买时包含的已宣告但尚未发放的现金股利时，财务会计应借记"银行存款"等科目，贷记"应收股利"科目。同期，预算会计根据收到的现金股利，借记"资金结存"科目，贷记"投资支出"科目。

【例 11-1】2×24 年 1 月初，某事业单位使用非财政拨款资金 480 000 元投资于北方公司，占该公司全部股权的比例为 20%，有权参与其经营决策，并按照股权比例享有净利润和其他所有者权益，采用权益法核算，支付的价款中包括已宣告尚未发放的现金股利 20 000 元，另支付交易费用 15 000 元。全部款项以银行存款付讫。5 月底收到北方公司宣告发放的全部现金股利。

（1）该单位进行投资取得股权，编制财务会计分录：

借：长期股权投资——成本　　　　　　　　　　　　　　　475 000
　　应收股利　　　　　　　　　　　　　　　　　　　　　 20 000
　贷：银行存款　　　　　　　　　　　　　　　　　　　　　　　495 000

同期，编制该业务的预算会计分录：
借：投资支出 495 000
　　贷：资金结存——货币资金 495 000
（2）收到现金股利，编制财务会计分录：
借：银行存款 20 000
　　贷：应收股利 20 000
同期，编制该业务的预算会计分录：
借：资金结存——货币资金 20 000
　　贷：投资支出 20 000

2. 以非现金资产置换取得投资。事业单位以现金以外的其他资产置换取得的长期股权投资，其成本按照换出资产的评估价值加上支付的补价或减去收到的补价，再加上换入长期股权投资发生的其他相关支出确定。

（1）未涉及补价取得长期股权投资。事业单位置换取得的长期股权投资，财务会计应按照确定的成本，借记"长期股权投资"科目，按照换出资产的账面余额，贷记相关资产科目（换出资产为固定资产、无形资产的，还应当借记"固定资产累计折旧""无形资产累计摊销"科目），按照置换过程中发生的其他相关支出，贷记"银行存款"等科目，按照借贷方差额，借记"资产处置费用"科目或贷记"其他收入"科目。

预算会计应按照实际支付的其他支出，借记"其他支出"科目，贷记"资金结存——货币资金"科目。

（2）涉及补价取得长期股权投资：

①支付补价取得长期股权投资。事业单位置换取得长期股权投资需要支付补价的，财务会计应按照确定的成本，借记"长期股权投资"科目，按照换出资产的账面余额，贷记相关资产科目（换出资产为固定资产、无形资产的，还应当借记"固定资产累计折旧""无形资产累计摊销"科目），按照支付的补价和置换过程中发生的其他相关支出，贷记"银行存款"等科目，按照借贷方差额，借记"资产处置费用"科目或贷记"其他收入"科目。

预算会计根据支付的补价，借记"投资支出"科目，贷记"资金结存"科目。

②收到补价取得长期股权投资。事业单位置换取得长期股权投资收到支付补价的，财务会计应按照确定的成本，借记"长期股权投资"科目，按照收到的补价，借记"银行存款"等科目，按照换出资产的账面余额，贷记相关资产科目（换出资产为固定资产、无形资产的，还应当借记"固定资产累计折旧""无形资产累计摊销"科目），按照置换过程中发生的其他相关支出，贷记"银行存款"等科目，按照补价扣减其他相关支出后的净收入，贷记"应缴财政款"科目，按照借贷方差额，借记"资产处置费用"科目或贷记"其他收入"科目。

预算会计根据其他相关支出大于收到的补价的差额，借记"投资支出"科目，贷记"资金结存"科目。

3. 接受捐赠取得长期股权投资。事业单位接受捐赠的长期股权投资，财务会计按照确定的投资成本，借记"长期股权投资"科目，贷记"捐赠收入"科目。同期，预算会计按照实际支付的相关税费，借记"投资支出"科目，贷记"资金结存"科目。

4. 无偿调入长期股权投资。事业单位无偿调入长期股权投资，其成本按照调出方账面价值加上相关税费确定。无偿调入长期股权投资，财务会计应按照确定的投资成本，借记"长期股权投资"科目，贷记"无偿调拨净资产"科目；同期，预算会计应按照实际支付的相关税费，借记"投资支出"科目，贷记"资金结存"科目。

5. 以未入账无形资产取得长期股权投资。事业单位以未入账的无形资产取得的长期股权投资，按照评估价值加相关税费作为投资成本，借记"长期股权投资"科目，按照发生的相关税费，贷记"银行存款""其他应交税费"等科目，按其差额，贷记"其他收入"科目；同期，预算会计应根据实际支付的相关税费，借记"其他支出"科目，贷记"资金结存"科目。

（四）长期股权投资持有的账务处理

按照财务会计理论，投资单位取得长期股权投资并按初始投资成本计价后，根据对被投资单位实施影响或控制程度，应分别采用成本法或权益法进行核算。

1. 成本法。成本法是指投资按照投资成本计量的方法。成本法下，除投资方追加投资、收回投资等外，长期股权投资的账面价值一般保持不变。被投资单位宣告分派利润或现金股利，投资方按应享有的份额确认为当期投资收益。

被投资单位宣告发放现金股利或利润时，财务会计按照应收的金额，借记"应收股利"科目，贷记"投资收益"科目。收到现金股利时，财务会计按照实际收到的金额，借记"银行存款"等科目，贷记"应收股利"科目；同期，预算会计应按照实际收到的金额，借记"资金结存——货币资金"科目，贷记"投资预算收益"科目。

【例11-2】2×24年甲事业单位根据长期股权投资业务编制相关的会计分录。

（1）经批准，1月份以货币资金3 000 000元投资乙公司，取得乙公司有表决权20%的股份。编制财务会计分录：

借：长期股权投资——成本　　　　　　　　　　　　　3 000 000
　　贷：银行存款　　　　　　　　　　　　　　　　　　　　　3 000 000

同期，编制该业务的预算会计分录：

借：投资支出　　　　　　　　　　　　　　　　　　　3 000 000
　　贷：资金结存——货币资金　　　　　　　　　　　　　　　3 000 000

（2）6月30日，乙公司宣告从历年积累中分配利润2 500 000元。甲事业单位按照其持有比例确定可分回的金额为500 000元。编制财务会计分录：

借：应收股利　　　　　　　　　　　　　　　　　　　500 000
　　贷：投资收益　　　　　　　　　　　　　　　　　　　　　500 000

（3）7月10日，收到乙公司分派的全部利润并存入银行。编制财务会计分录：

借：银行存款　　　　　　　　　　　　　　　　　　　500 000
　　贷：应收股利　　　　　　　　　　　　　　　　　　　　　500 000

同期，编制该业务的预算会计分录：

借：资金结存——货币资金　　　　　　　　　　　　　500 000
　　贷：投资预算收益　　　　　　　　　　　　　　　　　　　500 000

2. 权益法。权益法是指长期股权投资按照实际成本入账后，根据被投资单位经营损益状况，按其持有被投资单位股份的比例以及股利的分配作出相应调整的方法。被投资单位当期实现收益或其他所有者权益增加，投资方按比例相应调高"长期股权投资"科目；

发生亏损或其他所有者权益减少，投资方则按比例调低"长期股权投资"科目；收到发放的股利，也要调低"长期股权投资"科目。在权益法下，"长期股权投资"科目的账面价值已不是长期股权投资的原始成本，而是投资方在被投资单位净资产中应享有的份额。

具体来说，被投资单位实现净利润时，投资单位按照应享有的份额，借记"长期股权投资——损益调整"科目，贷记"投资收益"科目；按照应负担的被投资单位发生净亏损的份额，借记"投资收益"科目，贷记"长期股权投资——损益调整"科目，但以"长期股权投资"科目的账面余额减记至零为限。发生亏损的被投资单位以后年度又实现净利润的，按照收益分享额弥补未确认的亏损分担额等后的金额，借记"长期股权投资——损益调整"科目，贷记"投资收益"科目。

被投资单位宣告分派现金股利或利润时，投资单位按照应享有的现金股利或利润的份额，借记"应收股利"科目，贷记"长期股权投资——损益调整"科目。

被投资单位发生除净损益和利润分配以外的所有者权益变动时，投资单位按照应享有的份额，借记"权益法调整"科目，贷记"长期股权投资——其他权益变动"科目，或作相反会计分录。

【例11-3】2×22年至2×24年，甲事业单位根据长期股权投资业务编制相关的会计分录。

（1）2×22年1月5日，以银行存款取得乙公司所有者权益份额的35%，实际成本为934 500元，采用权益法核算。编制财务会计分录：

借：长期股权投资——成本　　　　　　　　　　　　　　　　934 500
　　贷：银行存款　　　　　　　　　　　　　　　　　　　　　934 500

同期，编制该业务的预算会计分录：

借：投资支出　　　　　　　　　　　　　　　　　　　　　　934 500
　　贷：资金结存——货币资金　　　　　　　　　　　　　　　934 500

（2）2×22年，乙公司全年实现净利润800 000元，其他权益增加285 715元。编制财务会计分录：

应享有的投资收益=800 000×35%=280 000（元）
应享有的其他权益变动=285 715×35%=100 000（元）

借：长期股权投资——损益调整　　　　　　　　　　　　　　280 000
　　　　　　　　　——其他权益变动　　　　　　　　　　　100 000
　　贷：投资收益　　　　　　　　　　　　　　　　　　　　　280 000
　　　　权益法调整　　　　　　　　　　　　　　　　　　　　100 000

2×22年末，"长期股权投资"科目余额=934 500+280 000+100 000=1 314 500（元）。

（3）2×23年5月，乙公司宣告分派现金股利1 000 000元。

现金股利=1 000 000×35%=350 000（元）

编制财务会计分录：

借：应收股利——乙公司　　　　　　　　　　　　　　　　　350 000
　　贷：长期股权投资——损益调整　　　　　　　　　　　　　350 000

2×23年末，"长期股权投资"科目余额=1 314 500-350 000=964 500（元）。

（4）2×23 年，乙公司全年发生巨额亏损 2 800 000 元。

$$应承担投资损失 = 2\,800\,000 \times 35\% = 980\,000（元）$$
$$尚未弥补亏损额 = 980\,000 - 964\,500 = 15\,500（元）$$

编制财务会计分录：

借：投资收益　　　　　　　　　　　　　　　　　　　　　964 500
　　贷：长期股权投资——损益调整　　　　　　　　　　　　　　964 500

（5）2×24 年乙公司全年实现净利润 380 000 元。

$$应确认的投资收益 = 380\,000 \times 35\% - 15\,500 = 117\,500（元）$$

编制财务会计分录：

借：长期股权投资——损益调整　　　　　　　　　　　　　117 500
　　贷：投资收益　　　　　　　　　　　　　　　　　　　　　117 500

（五）长期股权投资处置的账务处理

1. 长期股权投资的出售（转让）。事业单位按照规定报经批准出售（转让）长期股权投资时，应当区分长期股权投资取得方式分别进行处理。

（1）处置以现金取得的长期股权投资。事业单位处置以现金取得的长期股权投资，按照实际取得的价款，借记"银行存款"等科目，按照被处置长期股权投资的账面余额，贷记"长期股权投资"科目，按照尚未领取的现金股利或利润，贷记"应收股利"科目，按照发生的相关税费等支出，贷记"银行存款"等科目，按照借贷方差额，借记或贷记"投资收益"科目。

预算会计按照处置长期股权投资取得价款扣减投资账面余额和相关税费后的差额，借记"资金结存——货币资金"科目，按照投资款，贷记"投资支出""其他结余"科目，其差额，贷记"投资预算收益"科目。

处置成本法核算的
长期股权投资
应用案例

处置权益法核算的
长期股权投资
应用案例

【例 11-4】承例 11-3，假定 2×23 年 1 月初，甲事业单位将持有乙公司股权投资的 20% 处置，取得股款 280 000 元存入银行。

处置前，"长期股权投资——成本"科目余额为 934 500 元，"长期股权投资——损益调整"科目借方余额为 280 000 元，"长期股权投资——其他权益变动"贷方余额为 100 000 元。

$$处置长期股权投资的金额 = (934\,500 + 280\,000 + 100\,000) \times 20\% = 262\,900（元）$$

编制财务会计分录：

借：银行存款　　　　　　　　　　　　　　　　　　　　280 000
　　贷：长期股权投资——成本　　　　　　　　　　　　　　　186 900
　　　　　　　　　　——损益调整　　　　　　　　　　　　　 56 000
　　　　　　　　　　——其他权益变动　　　　　　　　　　　 20 000
　　　　投资收益　　　　　　　　　　　　　　　　　　　　 17 100
借：权益法调整　　　　　　　　　　　　　　　　　　　　100 000
　　贷：投资收益　　　　　　　　　　　　　　　　　　　　　100 000

同期，编制该业务的预算会计分录：

借：资金结存——货币资金 280 000
　　贷：其他结余 186 900
　　　　投资预算收益 93 100

（2）处置以现金以外的其他资产取得的长期股权投资。事业单位处置以现金以外的其他资产取得的长期股权投资，其账务处理分为两种情况：

①处置净收入上缴财政。政府单位处置以现金以外的其他资产取得的长期股权投资，财务会计按照被处置长期股权投资的账面余额，借记"资产处置费用"科目，贷记"长期股权投资"科目；同期，按照实际取得的价款，借记"银行存款"等科目，按照尚未领取的现金股利或利润，贷记"应收股利"科目，按照发生的相关税费等支出，贷记"银行存款"等科目，按照贷方差额，贷记"应缴财政款"科目。同期，预算会计按照获得的现金股利或利润，借记"资金结存——货币资金"科目，贷记"投资预算收益"科目。

②投资收益纳入单位预算管理。如果处置投资的投资收益纳入单位预算管理，财务会计应当以处置投资所取得价款，抵减被处置长期股权投资账面余额、应收股利账面余额和相关税费支出合计的差额，贷记"投资收益"科目，如有贷差，贷记"应缴财政款"科目；同期，预算会计应借记"资金结存——货币资金"科目（取得价款扣减投资账面余额和相关税费后的差额），贷记"投资预算收益"科目。

【例11-5】甲事业单位2×24年初"长期股权投资"科目余额（采用权益法核算）如下：以固定资产置换取得的丙公司长期股权投资成本4 000 000元，损益调整（借方）500 000元，其他权益变动（贷方）100 000元。经批准，2×24年1月10日该单位出售丙公司股权，取得处置价款4 900 000元，尚未领取的现金股利200 000元一同转让，处置过程中发生其他相关税费150 000元，按照规定将处置时取得的投资收益纳入本单位预算管理。编制财务会计分录：

借：资产处置费用 4 000 000
　　贷：长期股权投资——成本 4 000 000
借：银行存款 4 900 000
　　长期股权投资——其他权益变动 100 000
　　贷：应收股利 200 000
　　　　长期股权投资——损益调整 500 000
　　　　银行存款 150 000
　　　　投资收益 150 000
　　　　应缴财政款 4 000 000

投资收益=490-（400+50-10）-20-15=15（万元）

借：投资收益 100 000
　　贷：权益法调整 100 000

同期，编制该业务的预算会计分录：

借：资金结存——货币资金 750 000
　　贷：投资预算收益 750 000

投资预算收益=490-400-15=75（万元）

2. 核销长期股权投资。事业单位持有的长期股权投资因被投资单位破产清算等原因，有确凿证据表明长期股权投资发生损失，按照规定报经批准后予以核销时，按照予以核销的长期股权投资的账面余额，借记"资产处置费用"科目，贷记"长期股权投资"科目。

二、长期债券投资

长期债券投资是指事业单位购入的在1年内（不含1年）不能变现或不准备随时变现的国债等债权性质的投资。长期债券投资反映了国债等证券发行单位与投资者（企业、事业单位或个人）之间的债权、债务关系。债券投资者能按约定的利率收取利息，到期收回本金，但无权参与债券发行单位的经营管理决策。投资长期债券可以转让，但在债权债务方约定的期限内一般不能要求债务单位提前偿还本金。

（一）长期债券投资的取得

为了反映和监督长期债券投资增减变动情况，事业单位财务会计应设置"长期债券投资"科目。该科目借方登记长期债券投资的增加数；贷方登记长期投资的收回、冲减数；期末借方余额反映事业单位持有的长期债券投资的价值。

长期债券投资在取得时，财务会计按照确定的投资成本，借记"长期债券投资——成本"科目，按照支付的价款中包含的已到付息期但尚未领取的利息，借记"应收利息"科目，按照实际支付的金额，贷记"银行存款"等科目；同期，预算会计按照实际支付的价款，借记"投资支出"科目，贷记"资金结存——货币资金"科目。

事业单位实际收到取得债券时所支付价款中包含的已到付息期但尚未领取的利息时，财务会计应借"银行存款"科目，贷记"应收利息"科目；预算会计应借记"资金结存——货币资金"科目，贷记"投资支出"等科目。

【例11-6】2×19年7月1日，某事业单位购入5年期、年利率为4%、面值为600 000元的国库券，到期一次还本付息。另支付有关税费12 000元。全部款项以银行存款付讫。编制财务会计分录：

借：长期债券投资——成本　　　　　　　　　　　　　　612 000
　　贷：银行存款　　　　　　　　　　　　　　　　　　612 000

同期，编制该业务的预算会计分录：

借：投资支出　　　　　　　　　　　　　　　　　　　　612 000
　　贷：资金结存——货币资金　　　　　　　　　　　　612 000

（二）长期债券投资的持有

事业单位持有长期债券投资期间，应按期以债券票面金额与票面利率计算确认利息收入，并计入投资收益。如为到期一次还本付息的债券投资，确认债券利息收入时，应借记"长期债券投资——应计利息"科目，贷记"投资收益"科目；如为分期付息、到期一次还本的债券投资，则应借记"应收利息"科目，贷记"投资收益"科目。

事业单位收到分期支付的利息时，财务会计应按照实际收到的金额，借记"银行存款"等科目，贷记"应收利息"科目；同期，预算会计应借记"资金结存——货币资金"科目，贷记"投资预算收益"科目。

【例11-7】承例11-6，2×19年12月31日该事业单位确认债券利息收入时，编制会计分录如下：

应确认债券利息收入＝600 000×4%×6/12＝12 000（元）

编制财务会计分录：

借：长期债券投资——应计利息　　　　　　　　　　　　12 000
　　贷：投资收益　　　　　　　　　　　　　　　　　　　　　　12 000

2×20 年至 2×24 年每年 12 月 31 日确认债券利息：

$$应确认债券利息收入 = 600\,000 \times 4\% \times 1 = 24\,000（元）$$

编制财务会计分录：

借：长期债券投资——应计利息　　　　　　　　　　　　24 000
　　贷：投资收益　　　　　　　　　　　　　　　　　　　　　　24 000

2×25 年 6 月 30 日确认债券利息收入，编制会计分录同 2×19 年 12 月 31 日，略。

（三）对外出售长期债券投资

事业单位出售长期债券投资，财务会计应按照实际收到的金额，借记"银行存款"科目，按照长期债券投资的账面余额，贷记"长期债券投资"科目，按照已记入"应收利息"科目但尚未收取的金额，贷记"应收利息"科目，按照其差额，贷记或借记"投资收益"科目。涉及增值税业务的，按照应交增值税，贷记"应交增值税——应交税金（销项税额）"科目；同期，预算会计按照出售长期债券投资收到的金额，借记"资金结存——货币资金"科目，按照投资成本贷记"投资支出""其他结余"科目，按其差额贷记"投资预算收益"科目。

【例 11-8】 承例 11-6，假设 2×23 年 6 月末，该单位将国债的 60% 转让，实际收到价款 450 000 元，存入银行。取得的投资收益纳入单位预算管理。

（1）确认当年 1 月至 6 月应计利息，编制财务会计分录：

借：长期股权投资——应计利息　　　　　　　　　　　　12 000
　　贷：投资收益　　　　　　　　　　　　　　　　　　　　　　12 000

（2）处置投资，编制财务会计分录：

借：银行存款　　　　　　　　　　　　　　　　　　　　450 000
　　贷：长期债券投资——成本　　　　　　　　　　　　　　　367 200
　　　　　　　　　　——应计利息　　　　　　　　　　　　　57 600
　　　　投资收益　　　　　　　　　　　　　　　　　　　　　25 200

同期，编制该业务的预算会计分录：

借：资金结存——货币资金　　　　　　　　　　　　　　450 000
　　贷：其他结余　　　　　　　　　　　　（612 000×60%）367 200
　　　　投资预算收益　　　　　　　　　　　　　　　　　　82 800

（四）到期收回长期债券投资

事业单位持有长期债券投资到期收回，财务会计按照实际收到的金额，借记"银行存款"科目，按照长期债券投资的账面余额，贷记"长期股权投资"科目，按照相关应收利息金额，贷记"应收利息"科目，按照其差额，贷记"投资收益"科目；同期，预算会计按照实际收到的金额，借记"资金结存——货币资金"科目，按照投资成本，贷记"投资支出（当年投资成本）""其他结余（以前年度投资成本）"科目，按其差额，贷记"投资预算收益"科目。

【例 11-9】 承例 11-7，2×24 年 7 月 1 日，该单位持有的剩余国库券到期收回其本息，存入银行。取得的投资收益纳入单位预算管理。编制财务会计分录：
　　借：银行存款　　　　　　　　　　　　　　　　　　　　292 800
　　　　贷：长期债券投资——成本　　　　　　　　　　　　　　244 800
　　　　　　　　　　　　——应计利息　　　　　　　　　　　　 48 000
　　同期，编制该业务的预算会计分录：
　　借：资金结存——货币资金　　　　　　　　　　　　　　　292 800
　　　　贷：其他结余　　　　　　　　　　　　　　　　　　　244 800
　　　　　　投资预算收益　　　　　　　　　　　　　　　　　 48 000

第二节　固定资产

一、固定资产概述

（一）固定资产的概念及特点

固定资产是指政府单位为满足自身开展业务活动或其他活动需要而控制的、使用年限超过 1 年（不含 1 年）、单位价值在规定标准以上，并在使用过程中基本保持原有物质形态的资产，一般包括房屋及构筑物、专用设备、通用设备等。单位价值虽未达到规定标准，但是使用年限超过 1 年（不含 1 年）的大批同类物资，如图书、家具、用具、装具等，应当确认为固定资产。

《政府会计准则第 3 号——固定资产》

政府单位固定资产具有以下特点：①它是有形资产，有别于无形资产（专利权、商标权等）。它在若干会计期间内保持其原有的实物形态，其价值随着使用而逐渐、分期转移。②它不同于存货，固定资产使用期限超过一年或长于一年，不会在一年内或超过一年的一个营业周期内变现或者耗用，能在较长的时期内发挥作用。③取得或持有固定资产是为了科研、教育、医疗服务、出租给他人或日常运营管理，而不是用于出售。

总之，资产单位价值在规定的标准之上，持久、耐用，在使用过程中基本保持原有物质形态，以自用为原则是固定资产的主要特点。

（二）固定资产分类

固定资产一般分为六类：房屋和构筑物、设备、文物和陈列品、图书和档案、家具和用具、特种动植物。

1. 房屋和构筑物。房屋和构筑物是指政府单位拥有占有权和使用权的房屋、建筑物及其附属设施。其中，房屋包括办公用房、业务用、库房、职工宿舍用房、职工食堂、锅炉房等；建筑物包括道、围墙、水塔等；附属设施包括房屋、建筑物内的电梯、通信路、输电线路、水气管道等。

2. 设备。设备是指政府单位根据业务工作的实际需要购买的各种具有专门性能、专门用途和一般用途的设备，如学校的教学仪、科研单位的科研仪器、医院的医疗器械以及政府单位用于业务工作的通用性设备、办公用的家具、交通工具等。

3. 文物和陈列品。文物和陈列品是指博物馆、展览馆、纪念馆等文化事业单位的各种文物和陈列品，如古物、字画、纪念物品等。

4. 图书和档案。图书和档案是指专业图书馆、文化馆贮藏的书籍，以及单位贮藏的统一管理使用的业务用书，如政府单位图书馆（室）、阅览室的图书等。

5. 家具和用具。家具是指用于居室装修、布置的家居用品，如椅子、沙发、床、衣柜等；而用具则是指与生活、工作或其他特定用途相关的物品，如餐具、厨具、文具等。

6. 特种动植物。特种动植物包括经济林、薪炭林、产畜和役畜等。

（三）固定资产账簿体系及运用的基本要求

1. "固定资产"与"固定资产累计折旧"总账科目。"固定资产"科目用来核算固定资产的原值。其借方登记增加的固定资产原值，贷方登记减少的固定资产原值；借方余额为实有固定资产的原值。为了反映固定资产增减变动及结存的详细情况，政府单位应当设置"固定资产登记簿"和"固定资产卡片"，按固定资产类别设置明细账，进行明细核算。

"固定资产累计折旧"科目用来核算固定资产的累计折旧。它是"固定资产"科目的调整科目。该科目贷方登记固定资产累计折旧的增加额；借方登记固定资产因减少而注销的折旧额；期末贷方余额反映政府单位提取的固定资产折旧累计数。

2. "固定资产""固定资产累计折旧"明细账。政府单位"固定资产""固定资产累计折旧"科目应按照固定资产类别设置"房屋和构筑物""设备""文物和陈列品""图书和档案""家具和用具""特种动植物"明细科目。

二、固定资产的取得

（一）外购固定资产

政府单位外购固定资产，财务会计应当按照成本（包括购买价款、相关税费以及固定资产交付使用前所发生的可归属于该项资产的运输费、装卸费、安装费和专业人员服务费等）进行初始计量。涉及增值税业务的，还应进行相关的账务处理。如果政府单位以一笔款项购入多项没有单独标价的固定资产，应当按照各项固定资产同类或类似资产市场价格的比例对总成本进行分配，分别确定各项固定资产的入账成本。

政府单位购入不需安装的固定资产，验收合格时，财务会计应当按照确定的固定资产成本，借记"固定资产"科目，贷记"财政拨款收入""零余额账户用款额度""应付账款""银行存款"等科目；同期，预算会计按照实际支付的税费，借记"行政支出""事业支出""经营支出"等科目，贷记"财政拨款预算收入""资金结存"科目。

政府单位购入固定资产扣留质量保证金的，财务会计应当在取得固定资产时，按取得固定资产的成本，借记"固定资产"科目（不需安装）或"在建工程"科目（需安装），按照实际支付的金额，贷记"财政拨款收入""零余额账户用款额度""应付账款""银行存款"等科目，按照质量保证金额贷记"其他应付款"［扣留期在1年以内（含1年）］或"长期应付款"（扣留期超过1年）科目。质保期满支付质量保证金时，借记"其他应付款""长期应付款"科目，贷记"财政拨款收入""零余额账户用款额度""银行存款"等科目。

同期，预算会计按照购买固定资产实际支付的金额，借记"行政支出""事业支出""经营支出"等科目，贷记"财政拨款预算收入""资金结存"科目。

【例11-10】2×24年,某事业单位根据外购专业业务活动固定资产业务编制相关的会计分录。

(1) 3月20日,采用财政直接支付方式购入一台不需要安装的设备,设备价款为60 000元。另以银行存款支付运输费、保险费等费用5 000元。编制财务会计分录:

借:固定资产 65 000
　　贷:财政补助收入 60 000
　　　　银行存款 5 000

同期,编制该业务的预算会计分录:

借:事业支出 65 000
　　贷:财政拨款预算收入 60 000
　　　　资金结存——货币资金 5 000

(2) 6月10日,采用财政授权支付方式购入甲、乙、丙三种型号的专用设备,共支付设备款130 000元,另以银行存款支付运输费5 000元、安装费3 000元。三种设备的市场价格分别为75 000元、45 000元和30 000元,购入设备的成本总额按各种设备市场价格比例分摊,其结果如表11-1所示。

表11-1　甲、乙、丙三套设备购置成本分摊表　　　金额单位:元

设备类别	市场价格	比例(%)	分摊购置成本	分摊相关费用	成本合计
甲设备	75 000	50	65 000	4 000	69 000
乙设备	45 000	30	39 000	2 400	41 400
丙设备	30 000	20	26 000	1 600	27 600
合计	150 000	100	130 000	8 000	138 000

根据表11-1的资料,编制财务会计分录:

借:固定资产——专用设备——甲设备 69 000
　　　　　　　——专用设备——乙设备 41 400
　　　　　　　——专用设备——丙设备 27 600
　　贷:零余额账户用款额度 130 000
　　　　银行存款 8 000

同期,编制该业务的预算会计分录:

借:事业支出 138 000
　　贷:资金结存——零余额账户用款额度 130 000
　　　　　　　——货币资金 8 000

(3) 10月10日,通过银行转账支付购买一套专用设备用于专业业务活动,全部价款为300 000元,签订合同后支付第一笔货款50 000元;该设备验收时支付剩余货款,设备无须安装即可投入使用;该单位收到设备并支付扣除质量保证金15 000元(质保期1年)后的剩余货款,达到保质期后再支付质量保证金。

①支付第一笔款项50 000元,编制财务会计分录:

借:预付账款 50 000
　　贷:银行存款 50 000

同期，编制该业务的预算会计分录：

借：事业支出　　　　　　　　　　　　　　　　　　　　　　　50 000
　　贷：资金结存——货币资金　　　　　　　　　　　　　　　　　50 000

②收到设备并支付扣除质量保证金后的剩余款项235 000元，编制财务会计分录：

借：固定资产　　　　　　　　　　　　　　　　　　　　　　　300 000
　　贷：银行存款　　　　　　　　　　　　　　　　　　　　　　235 000
　　　　预付账款　　　　　　　　　　　　　　　　　　　　　　 50 000
　　　　其他应付款　　　　　　　　　　　　　　　　　　　　　 15 000

同期，编制该业务的预算会计分录：

借：事业支出　　　　　　　　　　　　　　　　　　　　　　　235 000
　　贷：资金结存——货币资金　　　　　　　　　　　　　　　　235 000

（二）自行建造的固定资产

政府单位所需要的固定资产，除了通过外购等方式取得外，有时还根据运营活动的特殊需要利用自有的人力、物力条件自行建造。

政府单位自行建造的固定资产交付使用时，按照自行建造资产交付使用前所发生的全部必要支出确定固定资产成本，财务会计应借记"固定资产"科目，贷记"在建工程"科目。已交付使用但尚未办理竣工决算手续的固定资产，按照估计价值入账，待办理竣工决算后再按照实际成本调整原来的暂估价值。具体账务处理方法参见本节在建工程相关内容。

（三）融资租入的固定资产

政府单位租入的固定资产，按照其租赁形式不同区分为临时性租赁和融资租赁。

1. 临时性租赁（或称经营性租赁）。临时性租赁是指政府单位为解决运营上的临时需要而租入的固定资产，临时性租赁发生的租赁费列入政府单位的业务活动费用、单位管理费用等，租入的固定资产不作为自有固定资产入账核算，而只在备查簿中作备查登记，租入的固定资产由出租方提取折旧。

2. 融资租赁。融资租赁是指政府单位向经国家有关部门批准经营融资租赁业务的公司租入的固定资产。这种租赁方式与临时性租赁相比，一般租赁期限较长，租赁费用包括设备的价款、租赁费、借款利息等，而且，在租赁期满后，即使租赁资产的所有权不转移，租赁人实质上承担了租赁资产的绝大部分风险，是租赁资产实质上的所有人。在租赁合同到期前，承租单位承担着一种长期应付款的债务，直至合同到期付清全部的租赁费，承租单位方可解除长期负债责任。因此，融资租赁实际上是转移了与资产所有权相关的全部风险和报酬的租赁，是一种变相的分期付款购买固定资产形式。

政府单位融资租赁取得的固定资产，其成本按照租赁协议或者合同确定的租赁价款、相关税费以及固定资产交付使用前所发生的可归属于该项资产的运输费、途中保险费、安装调试费等确定。政府单位融资租入的固定资产，财务会计按照确定的成本，借记"固定资产"科目（不需安装）或"在建工程"科目（需安装），按照租赁协议或者合同确定的租赁付款额，贷记"长期应付款"科目，按照支付的运输费、途中保险费、安装调试费等金额，贷记"财政拨款收入""零余额账户用款额度""银行存款"等科目。政府单位定期支付租金时，按照实际支付金额，借记"长期应付款"科目，贷记"财政拨款收入""零余额账户用款额度""银行存款"等科目。

预算会计按照融资租入固定资产实际支付的相关税费、运输费等，借记"行政支出""事业支出""经营支出"等科目，贷记"财政拨款预算收入""资金结存"科目。

【例 11-11】2×24 年，某事业单位根据融资租入设备业务编制相关会计分录。

(1) 以融资方式租入经营活动所需要的设备 1 台并投入使用。租赁合同议定：租赁价款为 154 000 元，租期为 4 年。以零余额账户支付运输费 3 000 元、安装调试费 2 000 元、途中保险费 1 000 元，共计 6 000 元。编制财务会计分录：

借：固定资产——融资租入固定资产　　　　　　　　　　　　　160 000
　　贷：长期应付款　　　　　　　　　　　　　　　　　　　　154 000
　　　　零余额账户用款额度　　　　　　　　　　　　　　　　　6 000

同期，编制该业务的预算会计分录：

借：事业支出　　　　　　　　　　　　　　　　　　　　　　　　6 000
　　贷：资金结存——零余额账户用款额度　　　　　　　　　　　6 000

(2) 按租赁协议规定，租赁价款分 4 年于每年年初支付。以零余额账户支付第 1 年租赁费 38 500 元。编制财务会计分录：

借：长期应付款　　　　　　　　　　　　　　　　　　　　　　38 500
　　贷：零余额账户用款额度　　　　　　　　　　　　　　　　38 500

同期，编制该业务的预算会计分录：

借：事业支出　　　　　　　　　　　　　　　　　　　　　　　38 500
　　贷：资金结存——零余额账户用款额度　　　　　　　　　　38 500

需要说明的是，单位按规定跨年度分期付款购入固定资产的账务处理，应参照融资租入固定资产的处理方法。

(四) 接受捐赠的固定资产

有时，政府单位增加的固定资产来自国内单位、个人或国际组织或境外个人的捐赠。政府单位接受捐赠的固定资产，其成本按照有关凭据注明的金额加上相关税费、运输费等确定；没有相关凭据可供取得但按规定经过资产评估的，其成本按照评估价值加上相关税费、运输费等确定；没有相关凭据可供取得也未经评估的，其成本比照同类或类似资产的市场价格加上相关税费、运输费等确定；没有相关凭据且未经评估、同类或类似资产的市场价格也无法可靠取得的，相关税费、运输费等计入当期费用。如受赠的系旧的固定资产，在确定其初始入账成本时应当考虑该项资产的新旧程度。

政府单位接受捐赠的固定资产，财务会计应按照确定的固定资产成本，借记"固定资产"科目（不需安装）或"在建工程"科目（需安装），按照发生的相关税费、运输费等，贷记"零余额账户用款额度""银行存款"等科目，按照其差额，贷记"捐赠收入"科目；同期，预算会计按照取得固定资产实际支付的相关税费、运输费等，借记"其他支出"科目，贷记"资金结存"科目。

政府单位接受捐赠的固定资产按照名义金额入账的，财务会计按照名义金额，借记"固定资产"科目，贷记"捐赠收入"科目，按照发生的相关税费、运输费等，借记"其他费用"科目，贷记"零余额账户用款额度""银行存款"等科目；同期，预算会计按照接受捐赠固定资产实际发生的相关税费、运输费等，借记"其他支出"科目，贷记"资金结存"科目。

【例11-12】2×24年10月,某行政单位接受境外公益组织捐赠的一台不需要安装的办公设备,未取得相关凭据,也无法可靠取得同类或类似固定资产。接受捐赠资产发生相关税费、运输费等12 000元,以银行存款付讫。根据以上资料,该单位应当做以下账务处理:

(1) 确认固定资产,编制财务会计分录:

借:固定资产　　　　　　　　　　　　　　　　　　　　　　1
　　贷:捐赠收入　　　　　　　　　　　　　　　　　　　　　　1

(2) 支付相关税费,编制财务会计分录:

借:其他费用　　　　　　　　　　　　　　　　　　　　　12 000
　　贷:银行存款　　　　　　　　　　　　　　　　　　　　12 000

同期,编制该业务的预算会计分录:

借:行政支出　　　　　　　　　　　　　　　　　　　　　12 000
　　贷:资金结存——货币资金　　　　　　　　　　　　　　12 000

(五) 无偿调入固定资产

无偿调入固定资产是政府单位之间转移国有资产的一种行为。调入的主体主要是主管部门和财政部门。固定资产在政府单位之间调剂,既能优化事业资产配置,提高国有资产利用率和财政资金使用效益,又是对预算配置资产的补充。

政府单位无偿调入的固定资产,财务会计按照确定的固定资产成本,借记"固定资产"科目(不需安装)或"在建工程"科目(需安装),按照发生的相关税费、运输费等,贷记"零余额账户用款额度""银行存款"等科目,按照其差额,贷记"无偿调拨净资产"科目;同期,预算会计按照无偿调入固定资产实际发生的相关税费、运输费等,借记"其他支出"科目,贷记"资金结存"科目。

【例11-13】2×24年5月10日,甲行政单位经批准从乙单位无偿调入汽车一辆,调出方账面价值为150 000元。因调入车辆发生相关费用为3 000元,以银行存款支付。编制财务会计分录:

借:固定资产——通用设备　　　　　　　　　　　　　　153 000
　　贷:无偿调拨净资产　　　　　　　　　　　　　　　　150 000
　　　　银行存款　　　　　　　　　　　　　　　　　　　　3 000

同期,编制该业务的预算会计分录:

借:其他支出　　　　　　　　　　　　　　　　　　　　　3 000
　　贷:资金结存——零余额账户用款额度　　　　　　　　　3 000

(六) 置换取得固定资产

一般来说,资产置换是指置换双方主要以存货、固定资产、无形资产和长期股权投资等非货币性资产进行的交换。资产置换既可以满足双方运营的需要,发挥资产的潜能,也能在一定程度上减少货币资金的流出。

1. 置换资产不涉及补价。政府单位通过置换取得固定资产不涉及补价的,其成本按照换出资产的评估价值加上换入固定资产发生的其他相关支出确定。通过置换换入固定资产时,按照确定的成本,借记"固定资产"科目,按照换出资产的账面余额,贷记相关资产科目(换出资产为固定资产、无形资产的,还应当借记"固定资产累计折旧""无形资产累计摊销"科目),按照支付的补价和置换过程中发生的其他相关支出,贷记"银行存款"等科目，按照借贷方差额，借记"资产处置费用"科目或贷记"其他收入"科目。

预算会计按照置换中实际支付的其他支出，借记"其他支出"科目，贷记"资金结存"科目。

2. 置换资产涉及补价。补价是指对资产置换中不等价部分用货币资金所作的平衡。通过置换取得固定资产涉及补价时，换入固定资产成本按照换出资产的评估价值加上支付的补价或减去收到的补价，再加上换入固定资产发生的其他相关支出确定。

（1）换入固定资产支付补价的，应将支付的补价计入固定资产成本，其余账务处理与不涉及补价的处理相同。预算会计按照实际支付的补价和其他相关支出计入其他支出。

（2）换入固定资产收到补价的，按照换出资产的评估价值减去收到的补价，加上换入固定资产发生的其他相关支出确定固定资产成本，借记"固定资产"科目，按照收到的补价，借记"银行存款"等科目，按照换出资产的账面余额，贷记相关资产科目（换出资产为固定资产、无形资产的，还应当借记"固定资产累计折旧""无形资产累计摊销"科目），按照置换过程中发生的其他相关支出，贷记"银行存款"等科目，按照补价扣减其他相关支出后的净收入，贷记"应缴财政款"科目，按照借贷方差额，借记"资产处置费用"科目或贷记"其他收入"科目。

预算会计按照置换过程中发生的其他相关支出大于收到的补价的差额，借记"其他支出"科目，贷记"资金结存"科目。

【例 11-14】 2×24 年 5 月 10 日，甲事业单位经批准，将闲置的设备与丙单位生产的一批办公家具进行置换，换入的办公家具作为固定资产管理。设备的账面原价为 100 000 元，在交换日的累计折旧为 35 000 元，评估价值为 87 000 元。办公家具的账面价值为 80 000 元，评估价值为 85 000 元。甲事业单位收到丙单位支付补价 15 000 元，以零余额账户支付换入家具的运输费等 8 000 元。编制财务会计分录：

借：固定资产——通用设备　　　　　　　　　　　　　　　80 000
　　累计折旧　　　　　　　　　　　　　　　　　　　　　35 000
　　银行存款　　　　　　　　　　　　　　　　　　　　　15 000
　　贷：固定资产　　　　　　　　　　　　　　　　　　　100 000
　　　　银行存款　　　　　　　　　　　　　　　　　　　8 000
　　　　应缴财政款　　　　　　　　　　　　　　　　　　7 000
　　　　其他收入　　　　　　　　　　　　　　　　　　　15 000

同期，编制该业务的预算会计分录：

借：其他支出　　　　　　　　　　　　　　　　　　　　　8 000
　　贷：资金结存——货币资金　　　　　　　　　　　　　8 000

三、固定资产折旧

（一）固定资产折旧概述

1. 固定资产折旧的概念。折旧是指在固定资产使用寿命内，按照确定的方法对应计的折旧额进行系统分摊。其中，应计折旧额是指应当计提折旧的固定资产的原价扣除其预计净残值后的金额。

为了如实反映固定资产在报告时点的实际价值，提供固定资产在报告期间的损耗信息，加强政府单位的资产管理与成本核算，按照会计制度的要求，政府单位需要对固定资产计提折旧，使固定资产价值符合其实际情况。

2. 影响折旧的因素。政府单位计算各期折旧额的依据或者说影响折旧的因素主要有以下三个：①应折旧金额，政府单位固定资产的应折旧金额为其成本。②净残值，是指预计的固定资产报废时可以收回的残余价值扣除预计清理费用后的数额。根据规定，政府单位计提固定资产折旧不考虑预计净残值。③使用寿命，一般为固定资产预计使用年限。

3. 折旧范围和折旧起讫时间。计算折旧要明确哪些固定资产应计提折旧，即折旧范围。根据《政府会计准则第3号——固定资产》的规定，政府单位应当对除下列各项资产以外的其他固定资产计提折旧：文物和陈列品；动植物；图书、档案；以名义金额计量的固定资产。

固定资产一般应当按月计提折旧，当月增加的固定资产当月计提折旧；当月减少的固定资产，当月不再计提折旧。固定资产提足折旧后，无论能否继续使用，均不再计提折旧；提前报废的固定资产，也不再补提折旧。已提足折旧的固定资产，可以继续使用的，应当继续使用，规范管理。

需要说明两点：一是固定资产因改建、扩建或修缮等而延长其使用年限的，应当按照重新确定的固定资产的成本以及重新确定的折旧年限重新计算折旧额；二是政府单位计提融资租入固定资产折旧时，应当采用与自有固定资产相一致的折旧政策。能够合理确定租赁期届满时将会取得租入固定资产所有权的，应当在租入固定资产尚可使用年限内计提折旧；无法合理确定租赁期届满时能够取得租入固定资产所有权的，应当在租赁期与租入固定资产尚可使用年限两者中较短的期间内计提折旧。

（二）固定资产折旧计算方法

会计上计算折旧的方法很多，有年限平均法、直线法、加速折旧法等。根据《政府会计准则第3号——固定资产》规定，政府单位一般应当采用年限平均法或者工作量法计提固定资产折旧。

1. 年限平均法。年限平均法也称直线法，是指将固定资产的应折旧金额按均等的数额在其预计使用期内分配于每一会计期间的一种方法。年限平均法建立在固定资产服务潜力随时间的延续而减退、与其使用程度无关的假设上。因此，固定资产的折旧费可以均衡地摊配于其使用年限内的各个期间。年限平均法是目前会计实务中应用最为广泛的折旧计算方法。采用年限平均法，固定资产年折旧额计算公式为：

$$固定资产年折旧额 = 应折旧金额（成本） \div 预计使用年限$$

$$固定资产月折旧额 = 固定资产年折旧额 \div 12$$

在实际工作中，为了反映固定资产在一定时期内的损耗程度并简化核算，各期折旧额一般根据固定资产原值乘以该期折旧率计算确定。固定资产折旧率是指一定时期内固定资产折旧额与固定资产原始成本的比率。

【例11-15】 某单位行政管理用设备一台，其原值为280 000元，预计使用年限为10年，采用年限平均法计提折旧。该设备折旧计算结果如下：

$$设备年折旧额 = 280\,000 \div 10 = 28\,000（元）$$

$$设备月折旧率 = [(28\,000 \div 280\,000) \div 12] \times 100\% \approx 0.83\%$$

$$设备月折旧额 = 280\,000 \times 0.83\% = 2\,324（元）$$

年限平均法的优点是直观、计算简单,并且以固定资产的使用时间为计算折旧的基础,所以能够较好地反映无形损耗对固定资产的影响。

2. 工作量法。工作量法是按照固定资产实际完成的工作总量计算折旧的一种方法。采用这种方法,每期计提的折旧随当期固定资产提供工作量的多少而变动,提供的工作量多就多提折旧,反之则少提折旧,而每一工作量所负担的折旧费是相同不变的。这里所讲的工作量可以是车辆行驶的里程数,也可以是机器完成的工作时数或生产产品的产量数。

采用工作量法计提折旧,应先以固定资产在使用年限内预计总工作量(如总工作时数或总产量)去除应计折旧总额,算出每一工作量应分摊的折旧,然后乘以当期的实际工作量,求出该期应计提的折旧额。其计算公式为:

$$单位折旧 = \frac{固定资产原值}{预计总工作量(总里程、总工时、总产量等)}$$

$$当期折旧额 = 当期工作量 \times 单位折旧额$$

【例11-16】某政府单位一台仪器的原价为60 000元,预计可使用40 000小时,按工作量法计提折旧。2×24年10月份,该仪器工作3 600小时,其月折旧额计算结果如下:

仪器单位小时折旧额=60 000÷40 000=1.5(元/时)

仪器本月折旧额=3 600×1.5=5 400(元)

工作量法的优点是:简单明了、容易计算,且计提的折旧额与固定资产的使用程度相联系,既充分考虑了固定资产有形损耗因素的影响,也符合配比原则。其缺点是:只重视有形损耗对固定资产的影响,而忽视了无形损耗对固定资产的作用。另外,要准确预计固定资产在其使用期间的预计总工作量也比较困难。

工作量法主要适用于车辆、船舶等运输工具以及大型精密设备的折旧计算。

(三)固定资产折旧的账务处理

政府单位固定资产应当按月计提折旧,并根据用途计入当期费用或者相关资产成本。计提折旧时,按照实际计提的金额,借记"业务活动费用""单位管理费用"等科目,贷记"固定资产累计折旧"科目。

【例11-17】2×24年1月,某事业单位固定资产计提折旧情况如表11-2所示。

表11-2 固定资产折旧计算表

2×24年1月 单位:元

	资产类别	上月初资产折旧额	上月增加资产折旧额	上月减少资产折旧额	本月资产折旧额
行政管理部门	房屋	130 000	5 000		135 000
	设备	120 000	—		120 000
教学部门	设备	60 000	12 000	2 000	70 000
科研部门	设备	38 000			38 000
后勤管理部门	运输车辆	52 000			52 000
合计		400 000	17 000	2 000	415 000

根据表11-2编制财务会计分录:

借:单位管理费用——固定资产折旧费　　　　　　　　　　　　　307 000

　　　　业务活动费用——固定资产折旧费　　　　　　　　　　108 000
　　　贷：固定资产累计折旧　　　　　　　　　　　　　　　　　　　415 000

注：表中要以上月折旧额为基础来计算本月折旧额，是因为本月折旧额根据本月初在用资产计算，本月内增加和减少的资产不增减折旧额。而上月折旧额，即上月初在用资产折旧额，加上上月增加资产折旧额，减去上月减少资产折旧额，正是上月末，即本月初在用资产的折旧额。

四、固定资产后续支出

固定资产投入使用后，政府单位为了适应新技术发展的需要，或者为维护或提高固定资产的使用效能，往往需要对现有固定资产进行维护、改建、扩建或者改良。通常将固定资产投入使用后再发生的支出称为固定资产的后续支出。

（一）符合固定资产确认条件的后续支出

政府单位发生固定资产改建、扩建或修缮等业务活动并将固定资产转入改建、扩建时，财务会计按照固定资产的账面价值，借记"在建工程"科目，按照固定资产已计提折旧，借记"固定资产累计折旧"科目，按照固定资产的账面余额，贷记"固定资产"科目；发生的改建、扩建等后续支出，借记"在建工程"科目，贷记"财政拨款收入""零余额账户用款额度""银行存款"等科目；固定资产改建、扩建等完成交付使用时，按照在建工程成本，借记"固定资产"科目，贷记"在建工程"科目。

预算会计按照实际支付的后续支出，借记"行政支出""事业支出""经营支出"等科目，贷记"财政拨款预算收入""资金结存"科目。具体核算方法参见本章第三节"在建工程"。

（二）不符合固定资产确认条件的后续支出

政府单位发生不符合固定资产确认条件的后续支出，如为维护固定资产的正常使用而发生的日常修理等支出，财务会计应将后续支出计入当期损益或相关资产成本，借记"业务活动费用""单位管理费用""经营费用"等科目，贷记"财政拨款收入""零余额账户用款额度""银行存款"等科目。

预算会计按照实际支付的后续支出，借记"行政支出""事业支出""经营支出"等科目，贷记"财政拨款预算收入""资金结存"科目。

五、固定资产的处置

固定资产处置是指政府单位对其占有、使用的固定资产进行产权转让或者注销产权的行为。处置方式包括出售、出让、转让、对外捐赠、报废、报损等。

（一）固定资产出售（或转让）

政府单位在运营过程中，对那些不适用或不需用而闲置的固定资产应予以出售转让。出售（转让）的固定资产，其占有、使用权甚至所有权发生了变化，与之相应的资产账面余额、累计折旧等一并转销。

政府单位报经批准出售、转让固定资产，财务会计应按照被出售、转让固定资产的账面价值，借记"资产处置费用"科目，按照固定资产已计提折旧，借记"固定资产累计折旧"科目，按照固定资产账面余额，贷记"固定资产"科目；同时，按照收到的价款，借记"银行存款"等科目，按照处置过程中发生的相关费用，贷记"银行存款"等科目，按照其差额，贷记"应缴财政款"科目。

（二）固定资产的对外捐赠

政府单位报经批准对外捐赠固定资产，财务会计按照固定资产已计提折旧，借记"固定资产累计折旧"科目，按照被处置固定资产账面余额，贷记"固定资产"科目，按照捐赠过程中发生的归属于捐出方的相关费用，贷记"银行存款"等科目，按照其差额，借记"资产处置费用"科目；同期，预算会计按照对外捐赠过程中发生的归属于捐出方的相关费用，借记"其他支出"科目，贷记"资金结存——货币资金"科目。

（三）固定资产的无偿调出

政府单位报经批准无偿调出固定资产，财务会计按照固定资产已计提的折旧，借记"固定资产累计折旧"科目，按照被处置固定资产账面余额，贷记"固定资产"科目，按照其差额，借记"无偿调拨净资产"科目；同期，按照无偿调出过程中发生的归属于调出方的相关费用，借记"资产处置费用"科目，贷记"银行存款"等科目；同期，预算会计按照支付归属于调出方的相关支出，借记"其他支出"科目，贷记"资金结存——货币资金"科目。

【例11-18】2×24年12月20日，某事业单位经批准无偿调出一辆班车，该班车账面余额为450 000元，已计提折旧250 000元，无偿调出过程中以零余额账户支付相关费用15 000元。

(1) 转销班车账面余额和累计折旧，编制财务会计分录：

借：无偿调拨净资产　　　　　　　　　　　　　　　　　　200 000
　　固定资产累计折旧　　　　　　　　　　　　　　　　　250 000
　贷：固定资产　　　　　　　　　　　　　　　　　　　　　　　450 000

(2) 支付相关费用，编制财务会计分录：

借：资产处置费用　　　　　　　　　　　　　　　　　　　15 000
　贷：零余额账户用款额度　　　　　　　　　　　　　　　　　15 000

同期，编制该业务的预算会计分录：

借：事业支出　　　　　　　　　　　　　　　　　　　　　15 000
　贷：资金结存——零余额账户用款额度　　　　　　　　　　15 000

（四）固定资产的换出

政府单位报经批准置换换出固定资产，财务会计按照确定的换入资产入账价值，借记相关资产科目，按照换出固定资产的累计折旧，借记"固定资产累计折旧"科目，按照换出固定资产的账面余额，贷记"固定资产"科目，按照置换过程中发生的其他相关支出以及支付的补价，贷记"银行存款"等科目，按照借贷方差额，借记"资产处置费用"科目或贷记"其他收入"科目；同期，预算会计按照实际支付的补价和其他相关支出，借记"其他支出"科目，贷记"资金结存——货币资金"科目。

政府单位换出固定资产收到补价的，财务会计按照确定的换入资产成本，借记相关资产科目，按照收到的补价，借记"银行存款"等科目，按照换出资产的累计折旧，借记"固定资产累计折旧"科目，按照换出固定资产的账面余额，贷记"固定资产"科目，按照置换过程中发生的其他相关支出，贷记"银行存款"等科目，按照补价扣减其他相关支出后的净收入，贷记"应缴财政款"科目，按照借贷方差额，借记"资产处置费用"科目或贷记"其他收入"科目；同期，预算会计按照其他相关支出大于收到的补价的差额，借记"其他支出"科目，贷记"资金结存——货币资金"科目。

【例 11-19】 某事业单位（增值税一般纳税人）于 2×24 年 5 月 20 日经有关部门批准有偿转让不再使用的专用设备一台，该设备原值为 600 000 元，已经计提折旧 200 000 元；按照评估价格出售，获得出售价款 450 000 元并存入银行；以银行存款支付有关拆卸费、运输费 2 500 元；按照出售收入应当交纳有关税费 27 000 元；将出售该设备的净收入上缴国库。编制财务会计分录：

(1) 注销设备账面余额。

借：资产处置费用　　　　　　　　　　　　　　　　400 000
　　固定资产累计折旧　　　　　　　　　　　　　　200 000
　　贷：固定资产　　　　　　　　　　　　　　　　　　　　600 000

(2) 收到出售设备款 450 000 元。

借：银行存款　　　　　　　　　　　　　　　　　　450 000
　　贷：应缴财政款　　　　　　　　　　　　　　　　　　　450 000

(3) 支付拆卸费用等 2 500 元。

借：应缴财政款　　　　　　　　　　　　　　　　　　2 500
　　贷：银行存款　　　　　　　　　　　　　　　　　　　　2 500

(4) 确认应交的增值税 27 000 元。

借：应缴财政款　　　　　　　　　　　　　　　　　　27 000
　　贷：应交增值税　　　　　　　　　　　　　　　　　　　27 000

(5) 将出售设备净收入上缴国库。

借：应缴财政款　　　　　　　　　　　　　　　　　420 500
　　贷：银行存款　　　　　　　　　　　　　　　　　　　　420 500

第三节　在建工程

一、在建工程核算内容

在建工程是指已经发生必要支出但尚未达到交付使用状态的建设项目工程。单位无论新建、改建、扩建还是进行技术改造、设备更新等，在建工程所发生的各种建筑和安装支出均属于资本性支出，所形成的资产为固定资产。在建工程核算内容如下：①建筑安装工程投资，指政府单位发生的构成建设项目实际支出的建筑工程和安装工程发生的实际成本，不包括被安装设备本身的价值以及按照合同规定支付给施工单位的预付备料款和预付工程款。②设备投资，指政府单位发生的构成建设项目实际支出的各种设备的实际成本。③待摊投资，指政府单位发生的构成建设项目实际支出的、按照规定应当分摊计入有关工程成本和设备成本的各项间接费用和税费支出。④其他投资，指政府单位发生的构成建设项目实际支出的房屋购置支出，基本畜禽、林木等购置、饲养、培育支出，办公生活用家具、器具购置支出，软件研发和不能计入设备投资的软件购置等支出。此外，还包括政府单位为进行可行性研究而购置的固定资产，以及取得土地使用权支付的土地出让金。⑤待核销基建支出，指建设项目发生的江河清障、航道清淤、飞播造林、补助群众造林、水土保持、城市绿化、取消项目的可行性研究费以及项目整体报废等不能形成资产部分的基建投资支出。⑥基建转出投资，指为建设项目配套而建成的、产权不归属本政府单位的专用设施的实际成本。

二、工程物资

工程物资是指政府单位为在建工程准备的各种物资，包括工程用材料、设备等。工程物资在工程施工中起着举足轻重的作用，其核算与管理水平直接关系到工程施工能否顺利进行，是影响工程成本高低和工程质量的重要因素。

为了反映和监督工程物资的增减变动情况，财务会计应设置"工程物资"科目。该科目的借方登记工程物资的增加额；贷方登记工程物资的减少额。期末借方余额反映政府单位为在建工程准备的各种物资的成本。"工程物资"科目可按照"库存材料""库存设备"等工程物资类别进行明细核算。

政府单位购入为工程准备的物资，财务会计按照确定的物资成本，借记"工程物资"科目，贷记"财政拨款收入""零余额账户用款额度""银行存款""应付账款"等科目。购进工程物资涉及增值税，按照增值税专用发票注明的增值税，借记"应交增值税——应交税金（进项税额）"科目。政府单位领用工程物资，按照物资成本，借记"在建工程"科目，贷记"工程物资"科目。工程完工后将领出的剩余物资退库时作相反的会计分录。工程完工后将剩余的工程物资转作本政府单位存货等的，按照物资成本，借记"库存物品"等科目，涉及增值税业务的，按照应确认的增值税，借记"应交增值税——应交税金（进项税额）"科目。

预算会计按照购进工程物资实际支付的款项，借记"行政支出""事业支出""经营支出"等科目，贷记"财政拨款预算收入""资金结存"科目。

三、建筑安装工程投资

建筑安装工程投资是指政府单位发生的构成基本建设实际支出的建筑工程和安装工程的实际支出，不包括被安装设备本身的价值以及按合同规定支付给施工单位的预付备料款和预付工程款。

为了反映和监督在建的建设项目工程实际成本增减变动情况，财务会计应设置"在建工程"科目。该科目借方登记各项在建工程实际支出；贷方登记工程完工转出成本；期末借方余额反映政府单位尚未完工的在建工程发生的实际成本。"在建工程"科目应设置"建筑安装工程投资""设备投资""待摊投资""其他投资""预付工程款""待核销基建支出""基建转出投资"等明细科目。

政府单位将固定资产等资产转入改建、扩建等时，财务会计按照固定资产等资产的账面价值，借记"在建工程——建筑安装工程投资"科目，按照已计提的折旧或摊销，借记"固定资产累计折旧"等科目，按照固定资产等资产的原值，贷记"固定资产"等科目；固定资产等资产改建、扩建过程中涉及替换（或拆除）原资产的某些组成部分的，财务会计按照被替换（或拆除）部分的账面价值，借记"待处理财产损溢"科目，贷记"在建工程——建筑安装工程投资"科目；政府单位对于发包建筑安装工程，根据建筑安装工程价款结算账单与施工企业结算工程价款时，财务会计按照应承付的工程价款，借记"在建工程——建筑安装工程投资"科目，按照预付工程款余额，贷记"预付账款"科目，按照其差额，贷记"财政拨款收入""零余额账户用款额度""银行存款""应付账款"等科目；政府单位自行施工的小型建筑安装工程，按照发生的各项支出金额，借记"在建工程——建筑安装工程投资"科目，贷记"工程物资""零余额账户用款额度""银行存款""应付职工薪酬"等科目。

在建工程应用案例

预算会计按照建筑安装工程投资实际支付的款项，借记"行政支出""事业支出""经营支出"等科目，贷记"财政拨款预算收入""资金结存"科目。

政府单位工程竣工，办妥竣工验收交接手续并交付使用时，按照建筑安装工程成本（含应分摊的待摊投资），借记"固定资产"等科目，贷记"在建工程——建筑安装工程投资"科目。

上述内容的财务会计处理如图 11-1 所示。

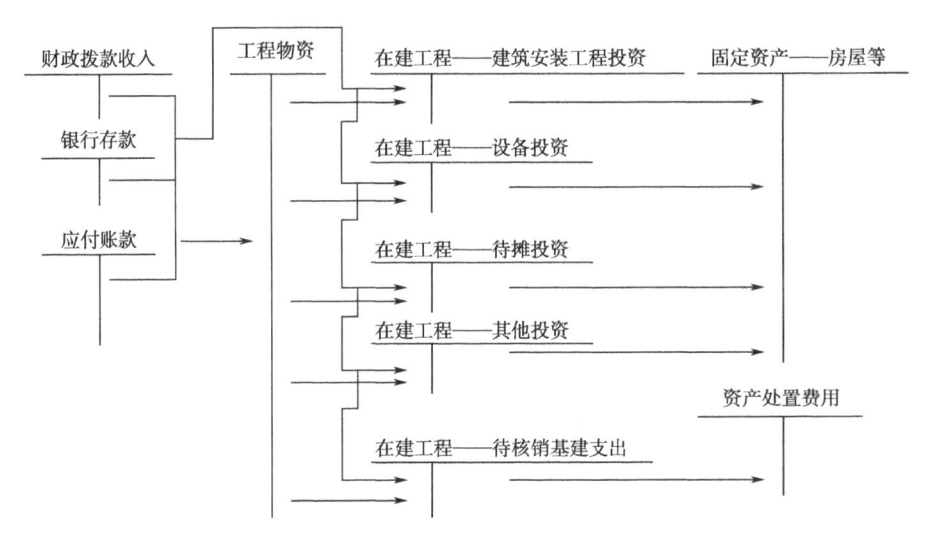

图 11-1 工程物资及在建工程财务会计处理

【例 11-20】 2×24 年，某事业单位根据发生在建工程业务编制相关的会计分录。

(1) 1 月 5 日，与甲公司签订发包建筑安装工程合同，对单位科研大楼进行扩建。

①4 月 10 日，将科研大楼停止使用转入在建工程。该大楼的账面余额为 16 000 000 元，累计折旧 4 000 000 元。编制财务会计分录：

借：在建工程——建筑安装工程投资　　　　　　　　　　　12 000 000
　　固定资产累计折旧　　　　　　　　　　　　　　　　　 4 000 000
　　贷：固定资产　　　　　　　　　　　　　　　　　　　　　　　　16 000 000

②4 月 20 日，扩建中拆除楼房部分设施的账面价值为 800 000 元。编制财务会计分录：

借：待处理财产损溢　　　　　　　　　　　　　　　　　　　800 000
　　贷：在建工程——建筑安装工程投资　　　　　　　　　　　　　　　800 000

③6月30日，按照合同预付工程款1 300 000元，款项以财政直接支付结算。编制财务会计分录：

借：预付账款 1 300 000
　　贷：财政拨款收入 1 300 000

同期，编制该业务的预算会计分录：

借：事业支出 1 300 000
　　贷：财政拨款预算收入 1 300 000

④12月25日，根据建筑安装工程价款结算账单与施工企业结算工程款共计1 500 000元，其工程余款以财政零余额账户结算。编制财务会计分录：

借：在建工程——建筑安装工程投资 1 500 000
　　贷：预付账款 1 300 000
　　　　零余额账户用款额度 200 000

同期，编制该业务的预算会计分录：

借：事业支出 200 000
　　贷：资金结存——零余额账户用款额度 200 000

⑤12月31日，结转科研大楼扩建完工成本。编制财务会计分录：

借：固定资产 12 700 000
　　贷：在建工程——建筑安装工程投资 12 700 000

（2）3月5日开始自行施工小型建筑安装工程。该工程领用物资130 000元，以银行存款支付与工程相关的费用35 000元，确认应付工程人员薪酬20 000元。5月20日工程竣工，已办妥竣工验收交接手续并交付使用。

①领用物资，编制财务会计分录：

借：在建工程——建筑安装工程投资 130 000
　　贷：工程物资 130 000

②支付相关费用，编制财务会计分录：

借：在建工程——建筑安装工程投资 35 000
　　贷：银行存款 35 000

同期，编制该业务的预算会计分录：

借：事业支出 35 000
　　贷：资金结存——零余额账户用款额度 35 000

③确认应付职工薪酬，编制财务会计分录：

借：在建工程——建筑安装工程投资 20 000
　　贷：应付职工薪酬 20 000

④工程竣工交付使用，结转建筑安装工程完工成本。编制财务会计分录：

借：固定资产 185 000
　　贷：在建工程——建筑安装工程投资 185 000

第四节 无形资产

一、无形资产概述

(一) 无形资产的概念和特征

无形资产是指政府单位控制的没有实物形态的可辨认非货币性资产，如专利权、商标权、著作权、土地使用权、非专利技术等。资产满足下列条件之一的，符合无形资产定义中的可辨认标准：一是能够从单位中分离或者划分出来，并能单独或者与相关合同、资产或负债一起，用于出售、转移、授予许可、租赁或者交换。二是源自合同性权利或其他法定权利，无论这些权利是否可以从单位或其他权利和义务中转移或者分离。

无形资产虽然不存在物质实体，但它体现了基于法律或合同关系所赋予的单位各项特殊的权利，或者反映了单位在运营上能够得到某种优越的经济利益或形成服务潜力，即使没有物质实体，但它们可能具有很大的潜在价值，且其价值能够在政府单位若干运行期内使用或发挥作用，预期能够产生服务潜力或带来未来的经济利益。无形资产属于长期资产，并且是非货币性资产。无形资产与运营活动密切相关，政府单位拥有无形资产的目的是提供公共服务和监管社会事务，其产生的服务潜力或带来的经济利益只能在运营中得以体现。无形资产带来的服务潜力或经济利益具有不确定性。有些无形资产确认的账面价值与以后实际价值往往出现较大差距。多数情况下，无形资产的潜在价值可能分布在零至很大金额的范围内，具有高度不确定性。

(二) 无形资产的内容

单位无形资产包括专利权、商标权、著作权、土地使用权、非专利技术等。

1. 专利权。专利权是指国家专利注册机构授予专利申请人在法定期限内对其发明创造成果所享有的专有权利，包括独家制造、出售其专利产品或转让其专利等权利。该权利受国家法律保护，任何单位和个人，未经专利人许可，不得擅自利用专利人拥有的专利，否则构成侵权行为，须承担法律责任，赔偿经济损失。专利权受法律保护的时间是有限的，例如，我国专利法规定，发明专利的法定有效时间为 20 年，实用新型和外观设计专利的法定有效时间为 15 年。但是，随着科学技术的迅猛发展，专利的实际经济寿命往往短于其法定期限。

2. 商标权。商标权是指专门在某类指定的商品或产品上使用特定的名称或图案的权利。经商标管理机构核准注册的商标为注册商标，商标注册人享有注册商标专用权，且受法律保护。商标权包括独占使用权和禁止权，前者是指商标权享有人在商标注册的范围内独家使用商标的权利，即商标权独占性的法律特征；后者是指商标权享有人排除和禁止他人对商标独占使用权进行侵犯的权利，即商标权排他性的法律特征。

3. 著作权。著作权又称版权，是指作者对其创作的文学、科学和艺术作品依法享有的某些特殊权利。根据《中华人民共和国著作权法》的规定，中国公民、法人和非法人单位的作品，不论是否发表，均享有著作权，受国家法律保护。著作权一般包括以下人身权和财产权：发表权、署名权、修改权、保护作品完整权、使用权和获得报酬权。著作权人依法拥有的著作权除法律另有规定者外，未经著作权人许可或者转让，他人不得占有和行使；出版者、表演者、录音录像制作者、广播电台、电视台等依法取得的他人著作权，不得侵犯作者的署名权、修改权、保护作品完整权和获得报酬权。

4. 土地使用权。土地使用权是指国家准许政府单位在规定期间内对国有土地享有开发、利用和经营的权利。根据我国土地管理法的规定，我国土地实行公有制，任何单位和个人不得侵占、买卖或者以其他形式非法转让。土地使用权具有以下几个特点：①相对独立性。在土地使用权存续期间，其他任何单位和个人，包括土地的所有者，均不得任意收回土地或者非法干预土地使用权人的合法活动。②使用内容的充分性。土地使用权人在法定范围内拥有对土地实际占有、使用、收益和处分的权利。③土地使用权是一种物权，即有对物的请求权，如：可能丧失占有时，有返还请求权；正常使用受到侵害时，有除去妨害请求权；在发生被妨害的危险时，有防止请求权。

5. 非专利技术。非专利技术又称专有技术，是指不为外界所知、在生产经营活动中已采用了的、不享有法律保护的、可以带来经济效益的各种技术和诀窍。政府单位的非专利技术一般是指政府单位在组织事业收入或经营收入过程中取得的有关生产、经营和管理等方面的知识、经验和技巧。需要说明的是，由于非专利技术的发明创造者不愿意或者来不及申请专利，或者虽然提出了专利申请而没有取得专利权，因此，非专利技术不受专利法的保护，主要依靠发明创造者自我保密的方式来维持其独占权。

按期限划分，上述无形资产可分为使用年限有限和使用年限不确定两类。使用年限有限是指无形资产使用年限为法律所规定，例如专利权、著作权、商标权等；使用年限不确定是指法律上未对无形资产使用年限作出规定，该类无形资产通常为政府单位提供服务潜力或者带来经济利益的期限不确定。

（三）无形资产的确认

政府单位的无形资产如果在会计上加以确认，除满足无形资产定义外，还必须同时满足下列条件：第一，与该无形资产相关的服务潜力很可能实现或者经济利益很可能流入单位；第二，该无形资产的成本或者价值能够可靠地计量。这两个条件的内涵前已述及，不再赘述。

二、无形资产的取得

为了反映与监督无形资产增减变动情况，财务会计应设置"无形资产"科目。该科目借方登记取得无形资产的成本；贷方登记处置无形资产的成本；期末借方余额反映政府单位无形资产的原价。其明细账应当按照无形资产的类别等设置并进行明细分类核算。

（一）外购无形资产

政府单位外购无形资产，财务会计应当按照外购成本入账，预算会计应按照外购实际支付的相关税费入账。外购无形资产的账务处理方法参照"固定资产"科目相关规定。

【例11-21】2×24年10月份，某事业单位购入一项专利权，其价值为150 000元，相关费用为13 200元，全部款项以银行存款支付。编制财务会计分录：

借：无形资产——专利权　　　　　　　　　　　　　　　163 200
　　贷：银行存款　　　　　　　　　　　　　　　　　　　　163 200

同期，编制该业务的预算会计分录：

借：事业支出　　　　　　　　　　　　　　　　　　　　　　　163 200
　　贷：资金结存——货币资金　　　　　　　　　　　　　　　　　163 200

需要说明的是，政府单位购入的不构成相关硬件不可缺少组成部分的应用软件，作为无形资产核算。非大批量购入、单价小于 1 000 元的无形资产，可以于购买的当期将其成本一次性全部转销。

（二）委托软件公司开发软件

委托软件公司开发软件，视同外购无形资产进行处理。合同中约定预付开发费用的，财务会计按照预付金额，借记"预付账款"科目，贷记"财政拨款收入""零余额账户用款额度""银行存款"等科目。软件开发完成交付使用并支付剩余或全部软件开发费用时，按照软件开发费用总额，借记"无形资产"科目，按照相关预付账款金额，贷记"预付账款"科目，按照支付的剩余金额，贷记"财政拨款收入""零余额账户用款额度""银行存款"等科目。

预算会计按照实际支付的款项金额，借记"行政支出""事业支出""经营支出"等科目，贷记"财政拨款预算收入""资金结存——货币资金"科目。

【例 11-22】 2×24 年 4 月，M 事业单位委托 N 软件开发公司开发内部控制系统，合同总价款为 2 000 000 元，按照合同约定，签订合同后先预付 600 000 元，采用财政直接支付方式支付。2×24 年 10 月，该系统开发完成并交付使用，用财政直接支付方式支付剩余价款 1 400 000 元。

（1）按合同约定预付开发费用。编制财务会计分录：

借：预付账款　　　　　　　　　　　　　　　　　　　　　　　600 000
　　贷：财政拨款收入　　　　　　　　　　　　　　　　　　　　　600 000

同期，编制该业务的预算会计分录：

借：事业支出　　　　　　　　　　　　　　　　　　　　　　　600 000
　　贷：财政拨款预算收入　　　　　　　　　　　　　　　　　　　600 000

（2）系统开发完成交付使用并支付剩余价款时，编制财务会计分录：

借：无形资产　　　　　　　　　　　　　　　　　　　　　　2 000 000
　　贷：预付账款　　　　　　　　　　　　　　　　　　　　　　　600 000
　　　　财政拨款收入　　　　　　　　　　　　　　　　　　　　1 400 000

同期，编制该业务的预算会计分录：

借：事业支出　　　　　　　　　　　　　　　　　　　　　　1 400 000
　　贷：财政拨款预算收入　　　　　　　　　　　　　　　　　　1 400 000

（三）自行研究开发无形资产

政府单位为了提高公共事业服务质量，往往会在政府单位内部投入巨额的资金致力于研究开发活动，自行研究开发无形资产。内部研究项目的开发必须投入人力和物力，发生各种支出，比如科研人员的薪酬、设备的折旧、外购相关技术发生的支出等。

政府单位自行研究开发活动分为研究和开发两个阶段，其中：研究是指为获取并理解新的科学或技术知识而进行的独创性的有计划调查；开发是指在进行生产或使用前将研究成果或其他知识应用于某项计划或设计，以生产出新的或具有实质性改进的材料、装置、产品等。与此相适应，自行研究开发支出分为研究阶段支出与开发阶段支出。

为了反映和监督研发支出的增减变动情况，财务会计应设置"研发支出"科目。该科目借方登记研发支出的增加额；贷方登记期末转入当期费用或无形资产成本的研发支出；期末借方余额反映政府单位正在进行的自行研究开发项目开发阶段发生的费用。其明细账可按自行研究开发项目，分别在"研究支出""开发支出"科目下设置明细科目进行明细核算。

自行研究开发无形资产财务会计程序如图 11-2 所示。

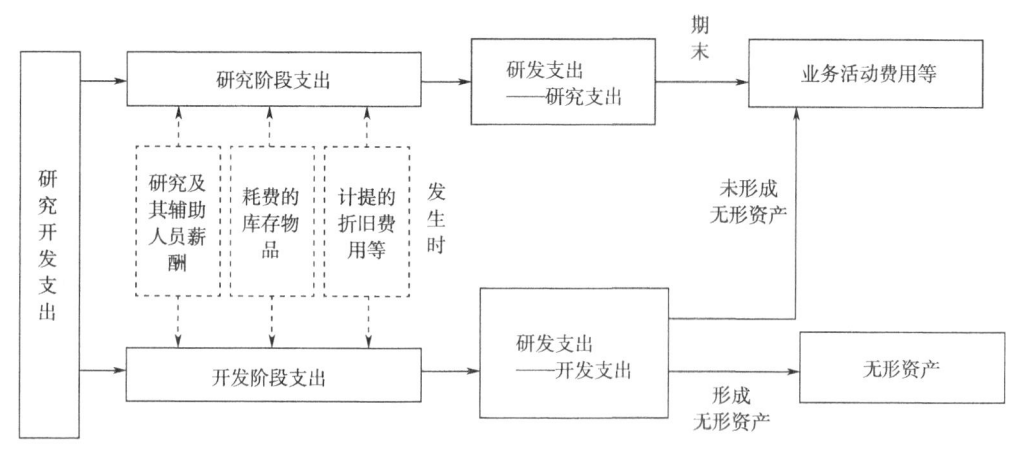

图 11-2 自行研究开发无形资产财务会计程序

1. 研究阶段支出。政府单位在研究阶段发生支出时，财务会计按照从事研究及其辅助活动人员计提的薪酬、研究活动领用的库存物品、发生的与研究活动相关的各项费用，借记"研发支出——研究支出"科目，贷记"应付职工薪酬""库存物品""财政拨款收入""零余额账户用款额度""固定资产累计折旧""银行存款"等科目；同期，预算会计按照实际支付的款项金额，借记"行政支出""事业支出""经营支出"等科目，贷记"财政拨款预算收入""资金结存——货币资金"科目。

期（月）末，将"研发支出"科目归集的研究阶段的支出金额转入当期费用时，借记"业务活动费用"等科目，贷记"研发支出——研究支出"科目。

2. 开发阶段支出。与研究阶段相比，开发阶段在一定程度上具备了形成一项新产品或新技术的基本条件。

政府单位在开发阶段发生支出时，按照从事开发及其辅助活动人员计提的薪酬，开发活动领用的库存物品，发生的与开发活动相关的管理费、间接费和其他各项费用，财务会计应借记"研发支出——开发支出"科目，贷记"应付职工薪酬""库存物品""财政拨款收入""零余额账户用款额度""固定资产累计折旧""银行存款"等科目。自行研究开发项目完成，达到预定用途形成无形资产的，财务会计按照"研发支出——开发支出"科目归集的开发阶段的支出金额，借记"无形资产"科目，贷记"研发支出——开发支出"科目，政府单位自行研究开发项目涉及增值税进项税额的，按照增值税税额，借记"应交增值税——应交税金（进项税额）"科目，贷记"银行存款"等科目；同期，预算会计按照实际支付的款项金额，借记"行政支出""事业支出""经营支出"等科目，贷记

"财政拨款预算收入""资金结存——货币资金"科目。

政府单位应于每年年度终了评估研究开发项目是否能达到预定用途,如预计不能达到预定用途(如无法最终完成开发项目并形成无形资产的),应当将已发生的开发支出金额全部转入当期费用,财务会计应借记"业务活动费用"等科目,贷记"研发支出——开发支出"科目。

【例11-23】 2×24年,某事业单位根据自行研究开发非专利技术业务编制相关的会计分录。

(1) 2×23年1月至2月份为研究阶段,共发生咨询费200 000元、材料费600 000元,全部以银行存款支付。确认研发人员薪酬500 000元。假定2月末集中进行账务处理。

① 支付相关费用。编制财务会计分录:

借:研发支出——研究支出　　　　　　　　　　　　　　1 300 000
　　贷:银行存款　　　　　　　　　　　　　　　　　　　　　　800 000
　　　　应付职工薪酬　　　　　　　　　　　　　　　　　　　　500 000

同期,编制该业务的预算会计分录:

借:事业支出　　　　　　　　　　　　　　　　　　　　　800 000
　　贷:资金结存——货币资金　　　　　　　　　　　　　　　　800 000

② 月末,将研发支出转入当期费用。编制财务会计分录:

借:业务活动费用　　　　　　　　　　　　　　　　　　1 300 000
　　贷:研发支出——研究支出　　　　　　　　　　　　　　1 300 000

(2) 2×23年3月进入开发阶段,至年末共领用材料1 000 000元,确认开发人员薪酬800 000元,专用设备折旧费用600 000元,以零余额账户支付相关费用。编制财务会计分录:

借:研发支出——开发支出　　　　　　　　　　　　　　2 400 000
　　贷:库存物品　　　　　　　　　　　　　　　　　　　　1 000 000
　　　　应付职工薪酬　　　　　　　　　　　　　　　　　　　800 000
　　　　固定资产累计折旧　　　　　　　　　　　　　　　　　600 000

(3) 年末,自行研究开发项目完成,经确认达到预定用途形成无形资产的开发支出为2 000 000元,未形成无形资产部分计入业务活动费。编制财务会计分录:

借:无形资产——专利权　　　　　　　　　　　　　　　2 000 000
　　业务活动费用　　　　　　　　　　　　　　　　　　　　400 000
　　贷:研发支出——开发支出　　　　　　　　　　　　　　2 400 000

(四) 置换取得的无形资产

政府单位置换取得无形资产,其账务处理方法参照"固定资产"科目相关规定。

(五) 接受捐赠无形资产

政府单位接受捐赠无形资产,其账务处理方法参照"固定资产"科目相关规定。

(六) 无偿调入无形资产

政府单位无偿调入无形资产,其账务处理方法参照"固定资产"科目相关规定。

三、无形资产摊销

（一）无形资产摊销概述

无形资产摊销是指在无形资产使用寿命内，按照确定的方法对应摊销金额进行系统分摊。无形资产属于非流动资产，它能够长期为政府单位提供公共服务潜力或经济利益，其价值也会随着提供公共服务或带来经济利益而递减。根据收支配比原则，无形资产成本应在各个会计期间进行合理摊配，以便正确反映无形资产价值，提供相关的会计信息。

（二）无形资产摊销期和摊销方法

按照《政府会计准则第 4 号——无形资产》的规定，对于使用年限有限的无形资产，政府单位应当在持有期间对其取得成本予以摊销。

1. 无形资产摊销期。关于无形资产摊销年限，《政府会计准则第 4 号——无形资产》规定：①法律规定了有效年限的，将法律规定的有效年限作为摊销年限；②法律没有规定有效年限的，相关合同或单位申请书中的受益年限作为摊销年限；③法律没有规定有效年限、相关合同或单位申请书也没有规定受益年限的，应当根据无形资产为政府会计主体带来服务潜力或经济利益的实际情况，预计其使用年限；④非大批量购入、单价小于 1 000 元的无形资产，可以于购买的当期将其成本一次性全部转销。

2. 无形资产摊销方法。《政府会计准则第 4 号——无形资产》规定，政府单位应当采用年限平均法或者工作量法对无形资产进行摊销，应摊销金额为其成本，不考虑预计残值。年限平均法和工作量法的概念及其摊销额计算方法参见本章第二节"固定资产折旧"相关内容。

（三）无形资产摊销的账务处理

为了反映无形资产摊销的增减变动情况，财务会计应设置"无形资产累计摊销"科目。该科目的贷方登记计提的无形资产摊销额；借方登记因无形资产减少而转销的摊销额。期末贷方余额反映单位计提的无形资产摊销累计数。其明细账应当按照所对应的无形资产设置并进行明细分类核算。

政府单位按月对无形资产进行摊销的账务处理，参照"固定资产累计折旧"科目相关规定。

【例 11-24】 2×24 年 5 月份，某事业单位无形资产摊销计算结果如表 11-3 所示。

表 11-3　无形资产摊销计算表　　　　　　金额单位：元

项目	入账成本	摊销期限（月）	本月摊销额	借记科目
专利权甲	36 000	80	450	业务活动费用
专利权乙	108 000	180	600	加工物品
土地使用权	600 000	240	2 500	单位管理费用
合计	—	—	3 550	—

根据表 11-11 编制财务会计分录：
借：业务活动费用　　　　　　　　　　　　　　　　　　　　　450

加工物品	600
单位管理费用	2 500
贷：无形资产累计摊销	3 550

四、无形资产后续支出

无形资产投入使用后，政府单位为了适应新技术发展的需要，或者为维护或提高无形资产的使用效能，往往需要对现有无形资产进行漏洞修补、技术维护、升级改造或扩展其功能等工作。将无形资产投入使用后发生的相关支出称为无形资产的后续支出。按照后续支出是否计入无形资产成本，无形资产后续支出分为计入无形资产的后续支出和计入事业（或经营）支出的后续支出两类。其财务会计和预算会计的账务处理参照"固定资产"科目相关规定。

【例11-25】2×22年1月1日，某事业单位取得一项软件系统，其价款为600 000元，摊销期限为5年。2×24年3月10日，对该软件系统进行升级改造（无须暂停摊销），用零余额账户用款额度支付软件公司劳务费150 000元。经升级改造，软件系统使用期限延长2年。根据以上资料，该单位应当做以下账务处理：

(1) 2×22年取得软件系统以及升级改造前摊销的会计分录略。

(2) 2×24年3月支付升级改造费。编制财务会计分录：

借：无形资产　　　　　　　　　　　　　　　　　　　　　150 000
　贷：零余额账户用款额度　　　　　　　　　　　　　　　150 000

同期，编制该业务的预算会计分录：

借：事业支出　　　　　　　　　　　　　　　　　　　　　150 000
　贷：资金结存——零余额账户用款额度　　　　　　　　　150 000

(3) 计提2×24年软件系统摊销额（按年摊销）：

$$软件系统账面价值 = 600\,000 - \frac{600\,000}{5 \times 12} \times (2 \times 12 + 3) = 330\,000\ (元)$$

$$软件系统升级后成本 = 330\,000 + 150\,000 = 480\,000\ (元)$$

$$软件系统摊销额 = \frac{480\,000}{4 \times 12 + 9} \times 9 = 75\,789\ (元)$$

编制财务会计分录：

借：业务活动费用——无形资产　　　　　　　　　　　　　75 789
　贷：无形资产累计摊销　　　　　　　　　　　　　　　　75 789

五、无形资产处置

无形资产处置是指事业单位对其占有、使用的国有资产进行产权转让或者注销产权的行为。其主要方式包括出售、无偿转让（调剂）、置换、对外捐赠、报废（损）等。

无形资产处置的账务处理参照"固定资产"科目相关规定。

【例11-26】2×24年3月，M事业单位将某项专利权出售，该专利权成本为300 000元，已累计摊销金额为160 000元。出售专利权取得价款80 000元，应缴增值税4 800元，全部价税款存入银行。另以零余额账户支付其他费用1 500元。处置净收入确认为本单位其他收入。编制财务会计分录：

借：资产处置费用	140 000	
无形资产累计摊销	160 000	
银行存款	80 000	
贷：无形资产——专利权		300 000
应交增值税——应交税金（销项税额）		4 800
零余额账户用款额度		1 500
其他收入		73 700

同期，编制该业务的预算会计分录：

借：资金结存——货币资金	80 000	
贷：其他预算收入		80 000

【例 11-27】M 事业单位拥有一项专利权，因不能提供未来服务予以报废处理。该专利权的账面余额为 120 000 元，采用直线法摊销，摊销期限为 10 年，已摊销 4 年。编制财务会计分录：

$$报废时累计摊销额 = (120\,000 \div 10) \times 4 = 48\,000（元）$$

借：资产处置费用	72 000	
无形资产累计摊销	48 000	
贷：无形资产——专利权		120 000

第五节　公共基础设施、政府储备物资、文物资源和保障性住房

公共基础设施、政府储备物资、文物资源、保障性住房等资产是政府单位提供基本公共服务、满足公共需要而控制和管理的资产，它们构成了政府单位资产核算的重要内容。

一、公共基础设施

（一）公共基础设施的内容

一般来说，公共基础设施是指政府部门占有并直接负责维护管理、供社会公众使用的工程性公共基础设施资产，包括城市交通设施、公共照明设施、环保设施、防灾设施、健身设施、广场及公共构筑物等。《政府会计准则第 5 号——公共基础设施》指出，公共基础设施是指政府会计主体为满足社会公共需求而控制的、同时具有以下特征的有形资产：①是一个有形资产系统或网络的组成部分；②具有特定用途；③一般不可移动。

具体来说，公共基础设施主要包括以下内容：

1. 市政基础设施。市政基础设施是指城市道路、桥梁、隧道、公交场站、路灯、广场、公园绿地、室外公共健身器材，以及环卫、排水、供水、供电、供气、供热、污水处理、垃圾处理系统等资产。

2. 交通基础设施。交通基础设施是指公路基础设施（如公路照明、公路通信、通风、

景观、防护、防撞、标志标牌、绿化、标示）、航道基础设施（如航道构筑物设施、助航设施、安全设施以及监控设施）、港口基础设施（如码头主体、护岸结构、引桥及作业区域、后方堆场、仓储设施，导助航设施）等资产。

3. 水利基础设施。水利基础设施是指大坝、堤防、水闸、泵站、渠道等资产。

4. 其他公共基础设施。其他公共基础设施是指除市政基础设施、交通基础设施以外的公共基础设施，如公共厕所、城市景观照明设施等。

需要说明是：与公共基础设施配套使用的修理设备、工具器具、车辆等动产，作为管理公共基础设施单位的固定资产核算，不作为公共基础设施核算；与公共基础设施配套、供单位在公共基础设施管理中自行使用的房屋构筑物等，能够与公共基础设施分开核算的，作为单位的固定资产核算，不作为公共基础设施核算；属于文物资源的公共基础设施，不作为公共基础设施核算。

（二）公共基础设施的确认

政府单位将一项资产视为公共基础设施时，应同时满足下列两个条件：①与该公共基础设施相关的服务潜力很可能实现或者经济利益很可能流入政府会计主体；②该公共基础设施的成本或者价值能够可靠地计量。政府单位在作此判断时，还应当根据具体情况对公共基础设施进行确认。如：对于自建或外购的公共基础设施，单位应当在该项公共基础设施验收合格并交付使用时确认；对于无偿调入、接受捐赠的公共基础设施，政府会计主体应当在开始承担该项公共基础设施管理维护职责时确认。

公共基础设施的各组成部分具有不同使用年限或者以不同方式提供公共产品或服务，适用不同折旧率或折旧方法且可以分别确定各自原价的，应当分别将各组成部分确认为该类公共基础设施的一个单项公共基础设施。

政府单位在购建公共基础设施时，能够分清购建成本中的构筑物部分与土地使用权部分的，应当将其中的构筑物部分和土地使用权部分分别确认为公共基础设施；不能分清购建成本中的构筑物部分与土地使用权部分的，应当整体确认为公共基础设施。

（三）公共基础设施的账务处理

为了反映和监督公共基础设施及其累计折旧增减变动情况，财务会计应设置"公共基础设施""公共基础设施累计折旧"科目。两个科目的性质、用途和明细账的设置参照"固定资产""固定资产累计折旧"科目相关规定。

公共基础设施核算内容包括：公共基础设施的取得（自行建造、接受其他单位无偿调入、接受捐赠、外购等）；公共基础设施有关的后续支出（改建、扩建、维护）；公共基础设施折旧、公共基础设施处置（对外捐赠、无偿调出）；公共基础设施清查盘点；等等。公共基础设施上述业务的账务处理参照"固定资产"科目相关规定。

二、政府储备物资

（一）政府储备物资的概念及内容

一般来说，政府储备物资是指政府单位直接储存管理的各项政府应急或救灾储备物资等。《政府会计准则第 6 号——政府储备物资》指出:"政府储备物资,是指政府会计主体为满足实施国家安全与发展战略、进行抗灾救灾、应对公共突发事件等特定公共需求而控制的,同时具有下列特征的有形资产:(一)在应对可能发生的特定事件或情形时动用;(二)其购入、存储保管、更新(轮换)、动用等由政府及相关部门发布的专门管理制度规范。"

需要说明的是,负责采购并拥有储备物资调拨权力的单位(以下简称"采购单位")将政府储备物资交由其他单位或企业(以下简称"代储单位")代为储存的,由采购单位通过"政府储备物资"科目核算政府储备物资,代储单位将受托代储的政府储备物资作为受托代理资产核算。

为了反映和监督政府储备物资的增减变动情况,财务会计应设置"政府储备物资"科目。该科目借方登记政府单位储备物资的增加额;贷方登记政府单位储备物资的减少额;期末借方余额反映政府单位管理的政府储备物资的实际成本。其明细账应当按照政府储备物资的种类、品种、存放地点等设置并进行明细核算。

(二)政府储备物资的取得

政府单位取得政府储备物资方式包括购入、委托加工、接受捐赠和无偿调入。无论采取何种方式,财务会计应当按照其成本入账,预算会计应按照实际支付的相关税费入账。政府储备物资不同取得方式的会计处理参照"库存物品"科目相关规定。

(三)政府储备物资的发出

政府单位应当严格执行国家有关法律法规、规章、规范性文件、标准规范,严格执行政府储备物资出库指令,接受有关部门和单位监督,保证国家储备物资数量准确、质量合格、储存安全。

1. 因动用而发出政府储备物资。

(1)政府储备物资无须收回。政府单位经批准因动用而发出无须收回的政府储备物资的,财务会计按照发出物资的账面余额,借记"业务活动费用"科目,贷记"政府储备物资"科目。

(2)政府储备物资需要收回。因动用而发出需要收回或者预期可能收回的政府储备物资的,在发出物资时,按照发出物资的账面余额,借记"政府储备物资——发出"科目,贷记"政府储备物资——在库"科目;按照规定的质量验收标准收回物资时,按照收回物资原账面余额,借记"政府储备物资——在库"科目,按照未收回物资的原账面余额,借记"业务活动费用"科目,按照物资发出时登记在"政府储备物资——发出"科目所属明细科目中的余额,贷记"政府储备物资——发出"科目。

2. 政府储备物资调拨。政府单位因行政管理主体变动等而将政府储备物资调拨给其他主体的,财务会计按照无偿调出政府储备物资的账面余额,借记"无偿调拨净资产"科目,贷记"政府储备物资"科目。

3. 政府储备物资对外销售。政府单位对外销售政府储备物资,根据其销售收入是否纳入单位预算分别进行账务处理:

(1)销售收入纳入单位预算管理。政府单位对外销售政府储备物资并将销售收入纳入单位预算统一管理的,其账务处理内容如下:

①财务会计按照发出物资的账面余额,借记"业务活动费用"科目,贷记"政府储备物资"科目。②对外销售政府储备物资实现销售收入时,财务会计按照确认的收入金

额，借记"银行存款""应收账款"等科目，贷记"事业收入"等科目；同期，预算会计应按照收到的销售价款，借记"资金结存"科目，贷记"事业预算收入等"科目。③对外销售政府储备物资发生的相关税费，应借记"业务活动费用"科目，贷记"银行存款等"科目。同期，预算会计按照支付的相关税费，借记"行政支出/事业支出"科目，贷记"资金结存"科目。

（2）销售净收入上缴财政。对外销售政府储备物资并按照规定将销售净收入上缴财政的，发出物资时，按照发出物资的账面余额，借记"资产处置费用"科目，贷记"政府储备物资"科目；取得销售价款时，按照实际收到的款项金额，借记"银行存款"等科目，按照发生的相关税费，贷记"银行存款"等科目，按照销售价款大于所承担的相关税费后的差额，贷记"应缴财政款"科目。

【例11-28】2×24年10月20日，某事业单位经批准对外销售甲类和乙类两种政府储备物资。其中：销售甲类物资取得收入1 500 000元并存入银行，该物资的账面余额为1 200 000元，规定销售收入纳入行政事业单位预算统一管理；销售乙类物资取得收入800 000元并存入银行，账面余额为650 000元，按规定已将销售净收入上缴财政。编制财务会计分录：

（1）销售甲类物资：

①发出物资：

借：业务活动费用　　　　　　　　　　　　　　　　　　　　1 200 000
　　贷：政府储备物资　　　　　　　　　　　　　　　　　　　1 200 000

②确认实现销售收入：

借：银行存款　　　　　　　　　　　　　　　　　　　　　　1 500 000
　　贷：事业收入　　　　　　　　　　　　　　　　　　　　　1 500 000

（2）销售乙类物资

①发出物资：

借：资产处置费用　　　　　　　　　　　　　　　　　　　　　 650 000
　　贷：政府储备物资　　　　　　　　　　　　　　　　　　　　650 000

②确认实现销售收入：

借：银行存款　　　　　　　　　　　　　　　　　　　　　　　 800 000
　　贷：应缴财政款　　　　　　　　　　　　　　　　　　　　　800 000

三、文物资源

（一）文物资源概述

1. 文物资源的内涵。文物资源，是指按照《中华人民共和国文物保护法》等有关法律、行政法规规定，被认定为文物的有形资产，以及考古发掘品、尚未被认定为文物的古籍和按照文物征集尚未入藏的征集物[①]。

关于文物资源内涵主要解释以下内容：

---

① 《政府会计准则第11号——文物资源》及其应用指南（财会〔2023〕19号）。

(1) 文物资源是有形资产，包括：①具有历史、艺术、科学价值的古文化遗址、古墓葬、古建筑、石窟寺和石刻；②与重大历史事件、革命运动和著名人物有关的，具有重要纪念意义、教育意义和史料价值的建筑物、遗址、纪念物；③历史上各时代珍贵的艺术品、工艺美术品；④重要的革命文献资料以及具有历史、艺术、科学价值的手稿、古旧图书资料等；⑤反映历史上各时代、各民族社会制度、社会生产、社会生活的代表性实物。

(2) 考古发掘品。考古发掘品是指在中华人民共和国境内地下、内水和领海所进行的考古调查、勘探、发掘活动中获得的所有实物资料。考古发掘品属于国家所有。

(3) 尚未被认定为文物的古籍。

(4) 尚未入藏的征集物。

需要说明：①行政事业单位按照《博物馆条例》《博物馆藏品管理办法》等规定进行管理的其他藏品，参照《政府会计准则第 11 号——文物资源》执行。上述文物资源和其他藏品均通过"文物资源"科目核算。②博物馆、纪念馆、公共图书馆等用于提供公共文化服务且未被认定为文物的建筑物、场地、设备等，公共图书馆的普通馆藏文献等，适用《政府会计准则第 3 号——固定资产》等其他政府会计准则。③行政事业单位开发的文化创意产品一般确认为存货。

我国是具有五千多年历史的文明古国，有着丰富的文物资源。这些文物资源承载着中华民族的基因、血脉和文明历史，蕴藏着中华民族特有的精神价值、思维方式和创造力、生命力、想象力，是民族精神标识。保护文物资源就是保护历史，保护中华文明资源，保护中华民族精神家园。政府单位会计要加强文物资源管理和保护的基础性管理工作，通过文物资源核算，将考古发掘品、待入藏文物、借用的文物资源纳入核算体系，全面反映文物资源增减变动情况，实现文物资源的全生命周期管理，为文物资源管理工作提供客观可靠的财务信息。

2. 文物资源的特征。与其他资产相比，文物资源一般具有以下显著特征①：

(1) 它们在文化、环境、教育和历史方面的价值不可能在纯粹以市场价格为依据的财务价值中得到完全反映。

(2) 法律和/或法定义务可能禁止或严厉限制它们通过销售进行处置。

(3) 它们通常具有不可替代性，即使它们的实体状态恶化，其价值也可能日益增长。

(4) 它们的使用寿命可能难以估计，有些可能会长达几百年甚至无限。

(二) 文物资源取得的账务处理

为了反映文物资源增减变动情况，财务会计应设置"文物资源"科目。该科目借方登记文物资源的增加；贷方登记文物资源的减少；期末借方余额反映单位期末文物资源的价值。"文物资源"科目应当按照文物资源的类型、计量属性等进行明细核算（如表 11-4 所示）。

表 11-4 "文物资源"科目明细科目的设置

一级科目	文物资源		
一级明细科目	可移动文物	不可移动文物	其他藏品

---

① 《国际公共部门会计准则第 17 号——不动产、厂房和设备》。

续表

一级科目	文物资源							
二级明细科目	成本			名义金额		成本		名义金额
三级明细科目	待入藏	馆藏	借出	待入藏	馆藏	借出	待入藏	馆藏	借出

通常情况下，政府单位对于购买、调拨、接受捐赠、依法接收、指定保管等方式取得的文物资源，应当在取得时对其予以确认。

对于考古发掘取得的发掘品，政府单位应当在其数量、形态稳定时予以确认，通常不晚于提交考古发掘报告之日；对于考古发现的古遗址、古墓葬等，政府单位应当将文物行政部门发布文物认定公告之日作为确认时点。因文物认定等将现有其他相关资产重分类为文物资源的，政府单位应当在相关文物认定手续办理完毕时将其确认为文物资源。

政府单位应当按照成本对文物资源进行初始计量；对于成本无法可靠取得的文物资源，应当按照名义金额计量。政府单位为取得文物资源发生的相关支出，包括文物资源入藏前发生的保险费、运输费、装卸费以及专业人员服务费等，应当在发生时计入当期费用。

1. 购买文物资源。政府单位对于依法征集购买取得的文物资源，应当按照购买价款确定其成本。以一笔款项征集购买多项没有单独标价的文物资源，政府单位应当按照系统、合理的方法对购买价款进行分配，分别确定各项文物资源的成本。

政府单位通过征集购买方式取得的文物资源，财务会计应当按照购买价款，借记"文物资源"科目，贷记"财政拨款收入""银行存款"等科目；同期，预算会计应借记"行政支出""事业支出"等科目，贷记"财政拨款预算收入""资金结存"等科目。

政府单位取得文物资源直接入藏的，应当将其记入"文物资源"科目下的"馆藏"明细科目；取得后暂未入藏的，政府单位应当将其记入"文物资源"科目下的"待入藏"明细科目，待办理完成入藏手续后由"文物资源"科目下的"待入藏"明细科目转入"馆藏"明细科目。政府单位通过其他方式取得文物资源且尚未入藏的，参照上述规定进行账务处理。

2. 考古发掘、接受捐赠的文物资源。政府单位通过考古发掘、接受捐赠等方式取得文物资源的，应当按照成本无法可靠取得的文物资源进行会计处理。财务会计应按照名义金额入账，借记"文物资源"科目，贷记"累计盈余""捐赠收入"等科目。

在接受捐赠过程中，政府单位按照规定向捐赠人支付物质奖励的，在发生时计入当期费用。

3. 调入、依法接收、指定保管的文物资源。政府单位通过调拨、依法接收、指定保管等方式取得的文物资源，其成本应当按照该文物资源在调出方的账面价值予以确定，财务会计应当按照确定的成本或名义金额，借记"文物资源"科目，贷记"无偿调拨净资产"科目。

如果调出方未将该文物资源入账或该文物资源账面价值为零（即已按制度规定提足折旧的，下同），政府单位应当按照成本无法可靠取得的文物资源进行会计处理。

4. 其他资产重分类为文物资源。政府单位控制的其他相关资产重分类为文物资源的，其成本应当按照该资产原账面价值予以确定。资产原账面价值为零的，政府单位应当按照成本无法可靠取得的文物资源进行会计处理。其他资产重分类为文物资源的，财务会计应按照该资产的账面价值，借记"文物资源"科目，按照相关资产科目余额，借记"固定资产累计折旧"等科目（如有），贷记"固定资产"等科目。资产原账面价值为零的，在转销原资产相关科目余额的同期，财务会计按照名义金额借记"文物资源"科目，贷记"累计盈余"科目。

5. 文物资源盘盈。政府单位因盘点、普查等方式盘盈的文物资源，有相关凭据的，其成本按照凭据注明的金额予以确定；没有相关凭据的，政府单位应当按照成本无法可靠取得的文物资源进行会计处理。

政府单位文物资源发生盘盈的，财务会计应当按照确定的成本或名义金额，借记"文物资源"科目，贷记"待处理财产损溢"科目。盘盈的文物资源按照规定报经批准处理后，对属于本年度取得的文物资源，财务会计应借记"待处理财产损溢"科目，贷记"捐赠收入""无偿调拨净资产""累计盈余"等科目；对属于以前年度取得的文物资源，财务会计应按照前期差错进行账务处理，借记"待处理财产损溢"科目，贷记"以前年度盈余调整"科目。

【例11-29】2×24年，某事业单位根据发生的文物资源业务编制相关的会计分录。

（1）单位依法通过征集购买取得一件文物，其价款为100 000元，通过银行存款付讫。另以现金支付运输费和装卸费共计2 000元，不考虑增值税。编制财务会计分录：

借：文物资源　　　　　　　　　　　　　　　　　　　　　102 000
　　贷：银行存款　　　　　　　　　　　　　　　　　　　　100 000
　　　　库存现金　　　　　　　　　　　　　　　　　　　　　2 000

同期，编制该业务的预算会计分录：

借：事业支出　　　　　　　　　　　　　　　　　　　　　102 000
　　贷：资金结存——货币资金　　　　　　　　　　　　　102 000

（2）经批准，单位接受其他单位无偿调入3件文物资源，该项资产在调出单位的账面价值为150 000元，调入过程中发生由本单位负担的运输费为4 000元，以银行存款付讫。编制财务会计分录：

借：文物资源　　　　　　　　　　　　　　　　　　　　　154 000
　　贷：银行存款　　　　　　　　　　　　　　　　　　　　　4 000
　　　　无偿调拨净资产　　　　　　　　　　　　　　　　　150 000

同期，编制该业务的预算会计分录：

借：其他支出　　　　　　　　　　　　　　　　　　　　　　4 000
　　贷：资金结存——货币资金　　　　　　　　　　　　　　4 000

（3）单位接受某画家捐赠其收藏的一幅古代画作，以银行存款支付举办捐赠仪式相关费用3 000元。编制财务会计分录：

借：文物资源　　　　　　　　　　　　　　　　　　　　　　　　1
　　贷：捐赠收入　　　　　　　　　　　　　　　　　　　　　　　1
借：其他费用　　　　　　　　　　　　　　　　　　　　　　3 000
　　贷：银行存款　　　　　　　　　　　　　　　　　　　　　3 000

同期，编制该业务的预算会计分录：

借：其他支出　　　　　　　　　　　　　　　　　　　　　　3 000
　　贷：资金结存——货币资金　　　　　　　　　　　　　　3 000

(三) 文物资源保护、利用的账务处理

1. 文物资源本体修复修缮支出。政府单位对于文物资源本体的修复修缮等相关保护支出，财务会计应按照实际发生的费用，借记"业务活动费用"科目，贷记"财政拨款收入""银行存款""库存物品"等科目；同期，预算会计按照实际支付的金额，借记"行政支出""事业支出"等科目，贷记"财政拨款预算收入""资金结存"等科目。

【例 11-30】 2×24 年某省文物局根据预算安排对其所辖省级文庙进行修缮，通过财政直接支付修缮保护工程和附属建筑工程款 1 000 000 元。编制财务会计分录：

借：业务活动费用　　　　　　　　　　　　　　　　1 000 000
　　贷：财政拨款收入　　　　　　　　　　　　　　　　1 000 000

同期，编制该业务的预算会计分录：

借：行政支出　　　　　　　　　　　　　　　　　　1 000 000
　　贷：财政拨款预算收入　　　　　　　　　　　　　　1 000 000

2. 文物资源借出和借入。

(1) 政府单位将已入藏的文物资源借给外单位的，应当至少在每年年末核查尚未收回的文物资源，财务会计按照账面价值，借记"文物资源"科目下的"借出"明细科目，贷记"文物资源"科目下的"馆藏"明细科目；在借出的文物资源收回时作相反会计分录。

(2) 政府单位从外单位借入文物资源的，应当至少在每年年末核查尚未归还的文物资源，按照该文物资源在借出方的账面价值，财务会计借记"受托代理资产"科目，贷记"受托代理负债"科目；在归还借入的文物资源时作相反会计分录。

(四) 文物资源调出、撤销退出的账务处理

政府单位发生文物资源调出、撤销退出等情形的，应当分以下情况进行账务处理。

1. 文物资源调出。政府单位报经批准无偿调出文物资源的，财务会计应按照调出文物资源的账面价值，借记"无偿调拨净资产"科目，贷记"文物资源"；按照无偿调出过程中发生的归属于调出方的相关支出，借记"资产处置费用"科目，贷记"财政拨款收入""银行存款"等科目。同期，预算会计应按照实际支付的金额，借记"其他支出"科目，贷记"财政拨款预算收入""资金结存"等科目。

【例 11-31】 某事业单位报经批准无偿调出文物资源，该文物资源账面余额为 1 500 000 元，调出过程中发生由本单位负担的相关费用 20 000 元。编制财务会计分录：

借：无偿调拨净资产　　　　　　　　　　　　　　　1 500 000
　　贷：文物资源　　　　　　　　　　　　　　　　　1 500 000
借：资产处置费用　　　　　　　　　　　　　　　　　　20 000
　　贷：银行存款　　　　　　　　　　　　　　　　　　　20 000

同期，编制该业务的预算会计分录：

借：其他支出　　　　　　　　　　　　　　　　　　　　20 000
　　贷：资金结存——货币资金　　　　　　　　　　　　　20 000

2. 文物资源被依法拆除或发生毁损、丢失。文物资源报经文物行政部门批准被依法拆除或者因不可抗力等毁损、丢失的，政府单位应当在按照规定程序核查处理后确认文物资源灭失时，按照该文物资源的账面价值，财务会计应借记"待处理财产损溢"科目，贷

记"文物资源"科目。文物资源报经批准予以核销时，财务会计应借记"资产处置费用"科目，贷记"待处理财产损溢"科目。

政府单位在按照规定程序核查处理过程中依法取得净收入的，财务会计应当按照收到的金额借记"银行存款"等科目，贷记"其他收入"科目；同期，预算会计应借记"资金结存"等科目，贷记"其他预算收入"科目。政府单位发生净支出的，财务会计按照实际支出净额，借记"资产处置费用"科目，贷记"银行存款"等科目；同期，预算会计应借记"其他支出"科目，贷记"资金结存"等科目。

3. 文物资源重分类为其他资产。文物资源撤销退出后仍作为其他资产进行管理的，政府会计主体应当按照该文物资源的账面价值，在财务会计借记"固定资产"等科目，贷记"文物资源"科目。

四、保障性住房

（一）保障性住房的内容

保障性住房是指政府为中低收入住房困难家庭所提供的限定标准、限定价格或租金的住房。保障性住房一般由廉租住房、经济适用住房和政策性租赁住房构成。其中：

1. 经济适用住房是指政府提供政策优惠，限定套型面积和销售价格，按照合理标准建设，面向城市低收入住房困难家庭供应，具有保障性质的政策性住房。

2. 公共租赁住房是指限定建设标准和租金水平，面向符合规定条件的城镇中等偏下收入住房困难家庭、新就业无房职工和在城镇稳定就业的外来务工人员出租的保障性住房。

3. 棚改房是"棚户区改造房"的简称，包含两层含义：一是指棚户区内将要被改造拆迁的住房，依法拥有被拆迁房屋的所有权；二是指棚户区改造后建设的住房。

保障性住房是政府住房体系不可或缺的组成部分，其支出属于政府预算支出的范畴，所形成的住房属于政府资产。因此，保障性住房增减变动情况构成了政府单位会计列报的内容。

（二）保障性住房的取得

为了反映和监督保障性住房增减变动情况，财务会计应设置"保障性住房"科目。该科目借方登记增加的保障性住房原值；贷方登记减少的保障性住房原值；期末借方余额反映保障性住房的原值。"保障性住房"科目应按照保障性住房的类别、项目等设置明细账并进行明细核算。

保障性住房的取得方式主要有外购、自行建造、接受其他单位无偿调入、接受捐赠、融资租赁取得等。无论何种方式取得保障性住房，财务会计应当在取得时按其成本入账，预算会计按照实际支付金额入账。政府单位保障性住房取得的账务处理参照"固定资产"科目相关规定。

（三）保障性住房折旧

根据规定，政府单位应当参照《政府会计准则第3号——固定资产》及其应用指南的相关规定，按月对其控制的保障性住房计提折旧。政府单位应设置"保障性住房累计折旧"科目，核算保障性住房折旧增减变动情况，该科目的性质、结构及其保障性住房折旧账务处理可参见"固定资产累计折旧"科目相关规定。

（四）保障性住房的出租和处置

按照规定，出租保障性住房并将出租收入上缴同级财政，按照收取的租金金额，借记"银行存款"等科目，贷记"应缴财政款"科目。

政府单位按照规定报经批准处置保障性住房，分为无偿调出保障性住房和出售保障性住房两种方式。政府单位保障性住房处置的财务会计和预算会计处理参照"固定资产"科目相关规定。

政府单位应当定期对保障性住房进行清查盘点。对于发生的保障性住房盘盈、盘亏、毁损或报废等，其会计处理可参照固定资产盘盈、盘亏、毁损或报废的账务处理。

第六节 其他非流动资产

一、长期待摊费用

长期待摊费用是指政府单位已经发生但应由本期和以后各期负担的分摊期限在1年以上（不含1年）的各项费用，如以经营租赁方式租入的固定资产发生的改良支出等。长期待摊费用本质上是一种费用，但由于这些费用所产生的服务潜力或者带来的经济利益在将来实现，并且这些费用支出数额较大，如果将其全部计入支出年度，就不能正确反映当期的财务状况和运行情况，因此，需要对这些费用进行分期摊销处理。

为了反映与监督长期待摊费用的增减变动情况，政府单位应设置"长期待摊费用"科目，借方登记政府单位发生的待摊费用；贷方登记各期摊销的费用；期末借方余额反映政府单位尚未摊销完毕的长期待摊费用。其明细账应按长期待摊费用的种类设置并进行明细核算。

政府单位发生长期待摊费用时，财务会计按照支出金额，借记"长期待摊费用"科目，贷记"财政拨款收入""零余额账户用款额度""银行存款"等科目；按照受益期间摊销长期待摊费用时，按照摊销金额，借记"业务活动费用""单位管理费用""经营费用"等科目，贷记"长期待摊费用"科目。

预算会计按照实际发生的支出金额，借记"行政支出""事业支出"科目，贷记"财政拨款预算收入""资金结存"科目。

需要说明的是，如果某项长期待摊费用已经不能使单位受益，应当将其摊余金额一次全部转入当期费用。按照摊销金额，借记"业务活动费用""单位管理费用""经营费用"等科目，贷记"长期待摊费用"科目。

【例11-32】2×24年，某事业单位（小规模纳税人）对以经营租赁方式租入的研发大楼进行改造，根据发生的相关业务编制会计分录如下：

（1）以财政直接支付方式支付购进大楼改造工程所需物资成本120 000元，增值税15 600元。编制财务会计分录：

借：工程物资　　　　　　　　　　　　　　　　　　　135 600
　　贷：财政拨款收入　　　　　　　　　　　　　　　　　　135 600

同期，编制该业务的预算会计分录：

借：事业支出	135 600	
贷：财政拨款预算收入		135 600

（2）研发大楼改造工程耗用工程物资 110 000 元，应确认的职工薪酬为 58 400 元，用银行存款支付其他费用 23 600 元。编制财务会计分录：

借：在建工程——租入固定资产改良支出	192 000	
贷：工程物资		110 000
应付职工薪酬		58 400
银行存款		23 600

同期，编制该业务的预算会计分录：

借：事业支出	23 600	
贷：资金结存——货币资金		23 600

（3）研发大楼改造工程完工，将全部工程支出转入长期待摊费用。编制财务会计分录：

借：长期待摊费用——租入固定资产改良支出	192 000	
贷：在建工程——租入固定资产改良支出		192 000

（4）研发大楼投入使用，按租期 4 年、分月摊销研发大楼改造工程支出。

$$每月摊销额 = 192\ 000 \div 4 \div 12 = 4\ 000（元）$$

编制财务会计分录：

借：业务活动费用	4 000	
贷：长期待摊费用——租入固定资产改良支出		4 000

二、受托代理资产

（一）受托代理资产的概念

受托代理资产是指单位接受委托方委托管理的各项资产，包括受托指定转赠的物资、受托储存管理的物资等。

在受托代理交易过程中，政府单位通常只是从委托方收到受托资产，并按照委托人的意愿将资产转赠给指定的其他组织或者个人，或者按照有关规定将资产转交给指定的其他组织或者个人，政府单位本身并不拥有受托资产的所有权和使用权，它只在交易过程中起中介作用。

（二）受托转赠物资

为了反映与监督受托转赠物资增减变动情况，政府单位应设置"受托代理资产"科目。该科目借方登记受托代理资产增加；贷方登记受托代理资产减少；期末借方余额反映单位受托代理资产中实物资产的价值。其明细账应当按照资产的种类和委托人设置并进行明细核算；属于转赠资产的，还应当按照受赠人设置并进行明细核算。

需要说明的是，政府单位管理的罚没物资也应当通过"受托代理资产"科目核算；单位收到受托代理资产为现金和银行存款的，不通过"受托代理资产"科目核算，应当通过"库存现金""银行存款"科目进行核算。

政府单位接受委托人委托需要转赠给受赠人的物资，其成本按照有关凭据注明的金额确定。政府单位接受委托转赠的物资验收入库，财务会计应按照确定的成本，借记"受托代理资产——受托转赠物资"科目,贷记"受托代理负债"科目;受托协议约定由受托方承担相关税费、运输费等的,还应当按照实际支付的相关税费、运输费等金额,借记"其他费用"科目,贷记"银行存款"等科目。

政府单位按照受托协议约定,由受托方承担相关税费、运输费的,预算会计应借记"其他支出"科目,贷记"财政拨款预算收入""资金结存"科目。

政府单位将受托转赠物资交付受赠人时,财务会计按照转赠物资的成本,借记"受托代理负债"科目,贷记"受托代理资产——受托转赠物资"科目。

有时,转赠物资的委托人取消了对捐赠物资的转赠要求且不再收回捐赠物资,应当将转赠物资转为单位的存货、固定资产等。按照转赠物资的成本,借记"受托代理负债"科目,贷记"受托代理资产——受托转赠物资"科目;同期,借记"库存物品""固定资产"等科目,贷记"其他收入"科目。

【例 11-33】 2×24 年,甲事业单位根据发生的受托转赠物资业务编制相关的会计分录。

(1) 8 月 10 日,接受委托转赠的抗旱物资一批并验收入库,该批物资凭据注明的金额为 350 000 元。编制财务会计分录:

借:受托代理资产——受托转赠物资　　　　　　　　　　　　　350 000
　　贷:受托代理负债　　　　　　　　　　　　　　　　　　　　350 000

(2) 8 月 15 日,支付由本单位承担的保管费 1 800 元。编制财务会计分录:

借:其他费用　　　　　　　　　　　　　　　　　　　　　　　1 800
　　贷:银行存款　　　　　　　　　　　　　　　　　　　　　　1 800

同期,编制该业务的预算会计分录:

借:其他支出　　　　　　　　　　　　　　　　　　　　　　　1 800
　　贷:资金结存——货币资金　　　　　　　　　　　　　　　　1 800

(3) 8 月 31 日,委托人取消了对捐赠物资的转赠要求且不再收回捐赠物资,将转赠物资 50 000 元转为存货,其余部分确认为固定资产。编制财务会计分录:

借:受托代理负债　　　　　　　　　　　　　　　　　　　　　350 000
　　贷:受托代理资产——受托转赠物资　　　　　　　　　　　　350 000

同期,编制该业务的预算会计分录:

借:库存物品　　　　　　　　　　　　　　　　　　　　　　　50 000
　　固定资产　　　　　　　　　　　　　　　　　　　　　　　300 000
　　贷:其他收入　　　　　　　　　　　　　　　　　　　　　　350 000

(三) 受托储存管理物资

政府单位接受委托人委托存储保管的物资,其成本按照有关凭据注明的金额确定。接受委托储存的物资验收入库,按照确定的成本,借记"受托代理资产——受托储存管理物资"科目,贷记"受托代理负债"科目;发生由受托单位承担的与受托存储保管的物资相关的运输费、保管费等费用时,按照实际发生的费用金额,借记"其他费用"等科目,贷记"银行存款"等科目;同期,预算会计应借记"其他支出"科目,贷记"财政拨款预算收入""资金结存"科目。

根据委托人要求交付或发出受托存储保管的物资时,按照发出物资的成本,借记"受托代理负债"科目,贷记"受托代理资产——受托储存管理物资"科目。

（四）罚没物资

政府单位取得罚没物资时，其成本按照有关凭据注明的金额确定。罚没物资验收入库，按照确定的成本，借记"受托代理资产"科目，贷记"受托代理负债"科目。罚没物资成本无法可靠确定的，政府单位应当设置备查簿进行登记；按照规定处置或移交罚没物资时，按照罚没物资的成本，借记"受托代理负债"科目，贷记"受托代理资产"科目。处置时取得款项的，按照实际取得的款项金额，借记"银行存款"等科目，贷记"应缴财政款"等科目。

三、待处理非流动资产损溢

政府单位持有的各类资产发生以下情形，应作为待处理财产损溢处理：①自然损耗、意外灾害造成的毁损；②管理不善或责任者的过失造成的毁损；③因手续不健全或制度不严密而发生的资产盘盈或盘亏；④计量或检验不准确造成多收多付或少收少付等。待处理财产损溢应及时查明原因，按照规定程序报批处理。

政府单位应设置"待处理财产损溢"科目，核算其在资产清查过程中查明的各种资产盘盈、盘亏和报废、毁损的价值。借方登记资产盘亏、毁损的金额及盘盈转销金额；贷方登记资产的盘盈金额及盘亏、毁损的转销金额。期末如为借方余额，反映尚未处理完毕的各种资产的净损失；期末如为贷方余额，反映尚未处理完毕的各种资产净溢余。年末，经批准处理后，"待处理财产损溢"科目一般应无余额。"待处理财产损溢"科目应当按照待处理的资产项目进行明细核算；对于在资产处理过程中取得收入或发生相关费用的项目，还应当设置"待处理财产价值""处理净收入"明细科目进行明细核算。

政府单位资产清查中查明的资产盘盈、盘亏、报废和毁损，一般应当先记入"待处理财产损溢"科目，按照规定报经批准后及时进行账务处理。年末结账前一般应处理完毕。

（一）资产盘盈

政府单位发生各类资产（包括固定资产、无形资产、公共基础设施、政府储备物资、文物资源、保障性住房等资产）盘盈并将资产转入待处理资产时，按照确定的成本，借记"固定资产""无形资产""公共基础设施""政府储备物资""文物资源""保障性住房"等科目，贷记"待处理财产损溢"科目。

政府单位按照规定报经批准后处理时，对于盘盈的流动资产，借记"待处理财产损溢"科目，贷记"单位管理费用"（事业单位）或"业务活动费用"（行政单位）科目。对于盘盈的非流动资产，如属于本年度取得的，按照当年新取得相关资产进行账务处理；如属于以前年度取得的，按照前期差错处理，借记"待处理财产损溢"科目，贷记"以前年度盈余调整"科目。

固定资产盘盈
应用案例

【例11-34】2×24年6月30日，某单位进行资产清查盘点，发现有一台使用中的设备未入账。该型号设备存在活跃市场，市场价格为60 000元。7月10日，收到上级主管部门批复意见，将盘盈资产作为前期差错处理。根据以上资料，该单位应当做以下账务处理：

(1) 设备盘盈，编制财务会计分录：

借：固定资产	60 000	
贷：待处理财产损溢——待处理财产价值		60 000

（2）转销盘盈设备，编制财务会计分录：

借：待处理财产损溢——待处理财产价值	60 000	
贷：前期调整		60 000

（二）资产盘亏或者毁损、报废

政府单位发生各类资产盘亏或者毁损、报废并将资产转入待处理资产时，借记"待处理财产损溢——待处理财产价值"科目［盘亏、毁损、报废固定资产、无形资产、公共基础设施、保障性住房的，还应借记"固定资产累计折旧""无形资产累计摊销""公共基础设施累计折旧（摊销）""保障性住房累计折旧"科目］，贷记"库存物品""固定资产""无形资产""公共基础设施""政府储备物资""文物资源""保障性住房""在建工程"等科目。涉及增值税业务的，相关账务处理参见"应交增值税"科目。

报经批准处理时，借记"资产处置费用"科目，贷记"待处理财产损溢——待处理财产价值"科目。

政府单位处理毁损、报废实物资产过程中取得的残值或残值变价收入、保险理赔和过失人赔偿等，借记"库存现金""银行存款""库存物品""其他应收款"等科目，贷记"待处理财产损溢——处理净收入"科目；处理毁损、报废实物资产过程中发生的相关费用，借记"待处理财产损溢——处理净收入"科目，贷记"库存现金""银行存款"等科目。

固定资产盘亏应用案例

政府单位处理收支结清，如果处理收入大于相关费用，按照处理收入减去相关费用后的净收入，借记"待处理财产损溢——处理净收入"科目，贷记"应缴财政款"等科目；如果处理收入小于相关费用，按照相关费用减去处理收入后的净支出，借记"资产处置费用"科目，贷记"待处理财产损溢——处理净收入"科目。

预算会计按照支付的处理净支出，借记"其他支出"科目，贷记"资金结存"等科目。

【例 11-35】 某事业单位为增值税一般纳税人。2×24 年 12 月 M 型仪器报废，其原值为 400 000 元，已计提折旧 200 000 元，取得保险理赔款 100 000 元，支付处置费用 20 000 元，全部收付款通过银行结算。与该仪器报废相关的会计处理内容如下：

（1）转销报废仪器的账面价值和累计折旧。编制财务会计分录：

借：待处理财产损溢	200 000	
固定资产累计折旧	200 000	
贷：固定资产		400 000
借：资产处置费用	200 000	
贷：待处理财产损溢		200 000

（2）收到报废仪器赔偿款、支付处置费用。编制财务会计分录：

借：银行存款	100 000	
贷：待处理财产损溢		100 000

借：待处理财产损溢	20 000	
贷：库存现金		20 000
借：待处理财产损溢	80 000	
贷：应缴财政款		80 000

该单位不需要进行预算会计核算。

如果该仪器已计提折旧 320 000 元，取得残值变价收入 40 000 元，支付处置费 80 000 元，无保险赔款。

(1) 转销报废仪器的账面价值和累计折旧，编制财务会计分录参照原题（1）。

(2) 编制收到仪器变价收入、支付费用的财务会计分录：

①取得残值变价收入：

借：银行存款	40 000	
贷：待处理财产损溢		40 000

②支付处置费用：

借：待处理财产损溢	80 000	
贷：银行存款		80 000

同期，编制该业务的预算会计分录：

借：其他支出	40 000	
贷：资金结存		40 000

③结转仪器报废损失净额：

借：资产处置用	40 000	
贷：待处理财产损溢		40 000

【关键词汇】

长期股权投资（long-term equity investment）	公共基础设施（public infrastructure）
长期债券投资（long-term bond investment）	政府储备物资（government reserves）
固定资产（fixed assets）	文物资源（cultural relics resources）
固定资产累计折旧（accumulated depreciation of fixed assets）	保障性住房（indemnificatory housing）
在建工程（construction in process）	受托代理资产（fiduciary assets）
无形资产（intangible assets）	长期待摊费用（long-term unamortized expenses）
研发支出（research and development expenditure）	

【思考与练习】

一、思考题

1. 什么是政府单位长期投资？试比较长期股权投资与长期债券投资会计处理的异同。

2. 何谓固定资产折旧？简述固定资产折旧的性质。《政府单位会计制度》对固定资产折旧范围是如何规定的？影响固定资产折旧的因素有哪些？采用年限平均法和工作量法是如何计算折旧的？

3. 政府单位为什么对固定资产计提折旧？为什么不采用加速折旧法？
4. 政府单位无形资产包括哪些内容？无形资产的购入和摊销如何核算？
5. 政府单位储备物资和公共基础设施资产主要内容是什么？
6. 说明政府单位核算文物资源的意义。

二、练习题

（一）单项选择题

1. 事业单位融资租入固定资产，下列会计科目中，应登记应付租金的是（　　）。
   A. 预收账款　　　　　　　　B. 其他应付款
   C. 事业支出　　　　　　　　D. 经营支出

2. 采用权益法核算长期股权投资，事业单位按应分担的被投资单位亏损份额（　　）。
   A. 记入"长期股权投资——成本"科目贷方
   B. 冲减应收股息
   C. 记入"投资收益"科目借方
   D. 计入其他支出

3. 事业单位无偿调入固定资产，其成本确定方法为（　　）。
   A. 按照调出方账面价值加上相关税费等确定
   B. 按照调出方账面价值减去相关税费等确定
   C. 按照调入资产的评估价值确定
   D. 按照名义金额确定

4. 政府单位进行股权投资，被投资单位发生净亏损以后年度又实现净利润的，政府会计主体在其收益分享额弥补未确认的亏损分担额后，恢复确认（　　）。
   A. 投资收益　　　　　　　　B. 经营收入
   C. 其他收入　　　　　　　　D. 投资预算收入

（二）多项选择题

1. 下列有关无形资产的会计处理中，不正确的是（　　）。
   A. 转让无形资产使用权所取得的收入应计入营业外收入
   B. 使用寿命不确定的无形资产不应摊销
   C. 转让无形资产所有权所发生的支出应计入其他业务成本
   D. 购入但尚未投入使用的、使用寿命确定的无形资产的价值不应进行摊销

2. 下列各项中，除以名义金额计量的固定资产之外，事业单位应计提折旧的有（　　）。
   A. 钢结构房屋　　　　　　　B. 陈列品
   C. 动植物　　　　　　　　　D. 电影设备

3. 下列各项中，事业单位当月应计提折旧的有（　　）。
   A. 已提足折旧仍继续使用的固定资产
   B. 当月无偿调入未提足折旧的专用设备
   C. 以名义金额计量的固定资产
   D. 当月达到预定可使用状态的办公大楼

4. 下列关于政府单位无形资产的表述中，正确的有（　　）。

A. 法律及相关合同没有规定使用年限的，不计提摊销
B. 无偿调拨的，应按照其账面价值与相关税费之和入账
C. 自行研发的，最终未形成资产，发生的费用全部计入当期费用
D. 对其进行摊销，应采用年限平均法或者工作量法

（三）业务核算题

1. 资料：甲事业单位报经批准于 2×22 年 1 月 1 日以自有房产出资，与乙单位共同成立丙公司。甲单位该房产账面余额 16 000 000 元，累计折旧 2 000 000 元，评估价值 13 000 000 元。丙公司注册资本 20 000 000 元，甲单位出资的股权占有比例为 70%，乙单位出资股权的占有比例为 30%，同时甲支付了 1 000 000 元补价。为了简化处理，假定不考虑其他税费相关问题。

（1）2×22 年丙公司全年实现净利润 8 000 000 元，除净利润以外的所有者权益科目中"资本公积"减少额为 1 000 000 元。

（2）2×23 年 1 月，丙公司根据 2×22 年业绩，向股东宣告分派现金股利 6 000 000 元。按照本级财政部门的规定，甲单位需将长期股权投资持有期间取得的投资收益上缴本级财政。甲单位 2×23 年 2 月取得现金股利 4 200 000 元后将该现金股利上缴。

（3）2×23 年因市场环境影响，丙公司经营困难，全年发生净亏损 22 000 000 元。

（4）2×24 年丙公司经营略有好转，全年实现净利润 2 500 000 元。

要求：编制上述业务的财务会计分录和预算会计分录。

2. 资料：2×24 年，某事业单位发生固定资产毁损业务。

（1）因遭受水灾而毁损研究设备一台，该设备原价 200 000 元，已计提折旧 160 000 元。将毁损的设备转入待处理资产。

（2）清理设备取得残料变价收入 5 000 元存入银行，经保险公司核定应赔偿损失 14 400 元，尚未收到赔款。设备报废，以现金支付清理费用 6 000 元。

（3）按规定，清理设备净收入应缴入国库。

（4）设备清理完毕，确认资产损失并转销待处理财产价值。

要求：编制上述业务的财务会计分录和预算会计分录。

3. 资料：2×24 年，某事业单位发生自行研究开发非专利技术业务。

（1）1 月至 2 月份为研究阶段，共发生咨询费 200 000 元，材料费 600 000 元，全部以银行存款支付。确认研发人员薪酬 500 000 元。假定 2 月末集中进行账务处理，具体内容：支付相关费用；月末，将研发支出转入当期费用。

（2）3 月进入开发阶段，至年末共领用材料 1 000 000 元，确认开发人员薪酬 800 000 元，专用设备折旧费用 600 000 元，以零余额账户支付相关费用。

（3）年末，自行研究开发项目完成，经确认达到预定用途形成无形资产的开发支出为 2 000 000 元。

要求：编制上述非专利技术研发相关业务的会计分录。

第十二章 政府单位负债

【学习目标和思政目标】
●学习目标：了解负债、流动负债和非流动负债的概念和特征，熟悉流动负债和非流动负债的内容，掌握流动负债和非流动负债的核算方法。
●思政目标：①通过借款的学习，树立遵守承诺、诚实守信，弘扬诚信的精神。②通过预计负债的学习，懂得政府的管理活动也面临众多的风险和不确定性，树立谨慎做事、未雨绸缪的意识，提高预警和化解风险的能力。③通过职工薪酬的学习，深刻理解按劳分配理论，严格遵守国家分配政策。④通过应交税费的学习，树立依法纳税的意识，增强法治观念。

【学习重点和难点】
●学习重点：应付及预收款项、应缴财政款、应付职工薪酬、应交税费、长期借款。
●学习难点：应交增值税、应付职工薪酬、长期借款和预计负债。

第一节 负债概述

一、负债的概念

负债是指政府单位过去的经济业务或者事项形成的，预期会导致经济资源流出政府单位的现时义务，包括短期借款、应交税费、应缴财政款、应付职工薪酬、应付票据、应付账款、应付政府补贴款、应付利息、预收账款、预提费用、长期借款、长期应付款、预计负债、受托代理负债等。负债是政府单位提供公共服务、管理社会事务过程中客观存在的一种经济现象，它反映了政府单位资产总额中属于债权人的权益或利益，代表了政府单位对其债权人所应承担的经济责任。

《政府会计准则第8号——负债》

二、负债的特征

政府单位负债一般具有以下基本特征：

（一）负债是过去或目前已经发生的经济业务引起的现时的（经济）义务

"现时、经济义务"通常是政府单位发生取得资产或接受劳务服务等经济业务的结果，如因借款所承担的还本付息义务、因赊购资产负有付清款项的义务、因依法取得应缴财政专户资金承担的应缴国库款义务等。政府单位未来业务活动可能产生的经济义务不能确认为负债。

总体而言，政府单位的经济义务可分为两类：一类是法定义务或称法定责任，如应交税费、应交国库款等；另一类是合约义务或称合约责任，如应付款项、短期借款等，债权、债务双方通过合约明确其经济责任。

（二）负债的实质是政府单位未来经济利益或服务潜力的减少

负债作为一项现时义务，无论是法定义务还是合约义务，都需要在未来期间通过交付现金、转让资产或提供服务来清偿，因此，现时负债代表着政府单位未来经济利益或服务潜能的流出。

（三）负债能用货币确切计量或合理估计

负债一般产生于合同，其金额和支付时间均已由合同所规定。在某些特殊情况下，负债状况可能要取决于未来的运营活动，但其金额必须能够合理地判断和估计。否则，就无法综合反映债权人的权益和债务人的义务。

三、负债的分类

政府单位负债一般按照流动性分为流动负债和非流动负债。负债的流动性一般是指负债的偿还速度或偿还时间的长短。

（一）流动负债

流动负债是指预计在1年内（含1年）偿还的负债，包括应付及预收款项、应付职工薪酬、应缴款项等。可见，流动负债通常是运营活动引起的，如赊购库存物品产生的应付账款、应付票据等，接受职工提供服务形成的应付职工薪酬，履职或提供公共服务取得的应缴财政款项等。

（二）非流动负债

非流动负债是指流动负债以外的负债，如长期借款、长期应付款、预计负债等。举借非流动负债主要是为了满足购置大型仪器或设备、增建和扩建政府用房资金的需要。因此，非流动负债的偿还期限较长，且其金额一般也较大，利息费用也是政府单位长期的固定性支出。

区分流动负债与非流动负债具有重要的意义：一是可以提供政府单位负债的偿还或支付期限信息，以评估其财务状况；二是用流动资产与流动负债相比较，可以反映政府单位的短期偿债能力。

第二节 流动负债

一、流动负债概述

（一）流动负债的内容

流动负债一般是债权人提出要求时即应偿付，或预期在资产负债表日后一年内需要清偿的债务。根据《政府单位会计制度》的规定，政府单位流动负债包括短期借款、应交增值税、其他应交税费、应缴财政款、应付职工薪酬、应付票据、应付账款、应付政府补贴款、应付利息、预收账款、其他应付款等。

（二）流动负债的特点

流动负债是指预计在1年内（含1年）偿还的负债，它除具备负债的一般特征外，还具有以下特点：

1. 偿还期限短，流动负债是在债权人提出要求时，债务人即期偿付，或在一年内或在一个营业周期内履行偿债的义务。

2. 履行偿债义务时，需要用政府单位的流动资产或流动负债进行偿付，也可以通过向债权人提供劳务方式清偿负债。

3. 流动负债的举借目的是满足日常运营活动周转的需要，其时间短于一年或者超过一年但在其营业周期内，流动负债数额一般也不大，财务风险尚不凸显。

（三）流动负债的分类

流动负债可以按照不同标志划分为不同类别，如表12-1所示。

表12-1 流动负债的分类

划分标志	种类	举例	特点
按产生的原因	借贷形成的	短期借款等	到期还本付息
	结算过程中形成的	应付款项、应交税费	
	运营过程中形成的	预提费用、应付职工薪酬等	
按应付金额是否确定	应付金额确定的	应付账款、应付票据等	具有确定的金额、偿还日期和确定的债权人（卖方），也可以较为精确地计量
	视业务活动情况而定的	应交所得税	在期末才能确定其金额，运营期间负债金额不能确定
	应付金额需予以估计的	预提费用等	在发生时金额不能精确地计量，只能合理地估计
按偿付的方式	货币性负债	短期借款、应付账款等	债务到期以货币偿付
	非货币性负债	预收账款等	债务到期以实物或劳务偿付

二、短期借款

（一）短期借款的概念和特点

短期借款是指事业单位经批准向银行或其他金融机构等借入的期限在1年内（含1年）的各种借款。事业单位借入借款，无论用于哪些方面，只要得到资金，一项流动负债就随即形成。期末尚未归还的短期借款本金，应反映在资产负债表"短期借款"科目。归还短期借款时，除归还本金外，应按照货币时间价值支付利息。事业单位借款应纳入部门预算管理，不将财政资金作为偿还来源。

与其他流动负债相比，短期借款具有以下特点：一是借款的债权人不仅包括银行，还包括其他非银行金融机构；二是借款期限较短，一般为1年以下（含1年）；三是借款到期不仅偿还本金，还应支付借款利息。

（二）会计科目的设置

为了反映和监督短期借款增减变动情况，财务会计应设置"短期借款"科目。该科目的贷方登记短期借款增加额；借方登记短期借款减少额；期末余额在贷方，表示尚未归还的借款本金。该账户的明细账按债权人设置。

（三）短期借款的账务处理

短期借款的核算内容包括借入资金、结算利息和到期归还本息三个方面。

1. 借入资金。短期借款一般期限不长，通常在事业单位办妥各种借款手续后，财务会计按照实际借入的金额，借记"银行存款"科目，贷记"短期借款"科目；同期，预算会计按照实际借入的金额，借记"资金结存"科目，贷记"债务预算收入"科目。

如果事业单位持有的银行承兑汇票到期但无力支付票款，应在票据承兑银行将承兑的票据款转作向单位提供的信贷资金时，按照应付票据的账面余额，借记"应付票据"科目，贷记"短期借款"科目。

2. 结算利息。短期借款利息是事业单位为筹集资金发生的耗费，在借款期限内应列入其他费用。由于短期借款利息支付方式不同，归还借款利息可以采取以下方式：

（1）预提借款利息。事业单位对于按期支付（如按季）或借款到期连同本金一并偿还且数额较大的短期借款利息，可采用预提办法核算。财务会计按期预提借款利息时，按预提的数额，借记"其他费用"科目，贷记"应付利息"科目。实际支付利息时，财务会计应借记"应付利息"科目，贷记"银行存款"等科目；同期，预算会计应借记"其他支出"科目，贷记"资金结存"科目。

（2）短期借款利息直接列支。事业单位借入短期借款的利息是按月支付的，或利息数额不大且在借款到期时与本金一起偿还的，可以不采用预提办法核算利息，而在实际支付或收到银行计息通知时进行账务处理，财务会计借记"其他费用"科目，贷记"银行存款"等科目；同期，预算会计借记"其他支出"科目，贷记"资金结存"科目。

3. 到期归还本息。由于短期借款利息已于平时支付，因此在归还借款时，财务会计按尚未偿还的借款本金，借记"短期借款"账户，按尚未偿还的利息，借记"其他费用"科目，按借款本金或本息之和，贷记"银行存款"科目；同期，预算会计按照偿还借款本金或本息之和，借记"债务还本支出"科目，贷记"资金结存"科目。

【例12-1】2×24年，某事业单位根据发生的短期借款业务编制相关的会计分录。

（1）1月3日，向工商银行借入金额为240 000元、期限为9个月、年利率为6%的短期借款，用于运营活动，每季度支付一次利息。编制财务会计分录：

借：银行存款　　　　　　　　　　　　　　　　　　　　　　　　　　240 000
　　贷：短期借款　　　　　　　　　　　　　　　　　　　　　　　　　　240 000

同期，编制该业务的预算会计分录：

借：资金结存　　　　　　　　　　　　　　　　　　　　　　　　　　240 000
　　贷：债务预算收入　　　　　　　　　　　　　　　　　　　　　　　　240 000

（2）1月31日计提短期借款利息。

$$应付利息 = 240\,000 \times 6\% \div 12 = 1\,200（元）$$

借：其他费用　　　　　　　　　　　　　　　　　　　　　　　　　　1 200
　　贷：应付利息　　　　　　　　　　　　　　　　　　　　　　　　　　1 200

(3) 2月、3月末，计提短期借款财务会计分录，略。

(4) 3月31日支付第一季度的借款利息，编制财务会计分录。

借：应付利息　　　　　　　　　　　　　　　　　　　　3 600
　　贷：银行存款　　　　　　　　　　　　　　　　　　　　3 600

同期，编制该业务的预算会计分录：

借：其他支出　　　　　　　　　　　　　　　　　　　　　3 600
　　贷：资金结存——货币资金　　　　　　　　　　　　　　3 600

(5) 第二季度借款利息的会计处理方法同(3)、(4)。

(6) 9月30日借款到期归还本金和第三季度的利息时，编制财务会计分录：

借：短期借款　　　　　　　　　　　　　　　　　　　　240 000
　　应付利息　　　　　　　　　　　　　　　　　　　　　3 600
　　贷：银行存款　　　　　　　　　　　　　　　　　　　243 600

同期，编制该业务的预算会计分录：

借：债务还本支出　　　　　　　　　　　　　　　　　　243 600
　　贷：资金结存——货币资金　　　　　　　　　　　　　243 600

三、应交增值税

增值税是以商品或劳务在流转过程中产生的增值额为征收对象而征收的一种流转税。按照《中华人民共和国增值税暂行条例》的规定，在我国境内销售货物或者加工、修理修配劳务，销售服务、无形资产、不动产以及进口货物的单位和个人为增值税的纳税人，增值税以其销售货物、劳务、服务、无形资产、不动产和货物进口金额为计税依据。

为了简化增值税的计算和征收，减少税收征管的漏洞，增值税法将增值税纳税人按经营规模大小和会计核算水平的健全程度分为一般纳税人和小规模纳税人。

(一) 增值税一般纳税人

1. 增值税一般纳税人应交增值税概述。增值税一般纳税人采用一般计税方法计算交纳增值税。增值税的一般计税方法是：先按当期销售额和适用的税率计算出销项税额，然后以该销项税额对当期购进项目支付的税款（即进项税额）进行抵扣，从而间接算出当期的应纳税额。当期应纳税额的计算公式如下：

$$当期应纳税额 = 当期销项税额 - 当期进项税额$$

公式中的"当期销项税额"是指纳税人当期销售货物、劳务、服务、无形资产、不动产时按照销售额和增值税税率计算并收取的增值税税额。销项税额的计算公式如下：

$$销项税额 = 销售额 \times 增值税税率$$

公式中的"当期进项税额"是指纳税人当期购进货物、劳务、服务、无形资产、不动产所支付或承担的增值税税额，通常包括：①从销售方取得的增值税专用发票上注明的增值税税额；②从海关取得的完税凭证上注明的增值税税额；③购进农产品，按照农产品收购发票或者销售发票上注明的农产品买价和规定的扣除率计算的进项税额；④接受境外单位或者个人提供的应税服务，从税务机关或者境内代理人取得的解缴税款的中华人民共和国税收缴款凭证（以下简称"税收缴款凭证"）上注明的增值税税额。

当期销项税额小于当期进项税额不足抵扣时，其不足部分可以结转下期继续抵扣。

一般纳税人销售货物、劳务、有形动产租赁服务或者进口货物，除另有规定外，税率为13%，即基本税率。

纳税人销售交通运输、邮政、基础电信、建筑、不动产租赁服务，销售不动产，转让土地使用权，销售或者进口下列货物，税率为9%：①粮食等农产品、食用植物油、食用盐；②自来水、暖气、冷气、热水、煤气、石油液化气、天然气、二甲醚、沼气、居民用煤炭制品；③图书、报纸、杂志、音像制品、电子出版物；④饲料、化肥、农药、农机、农膜；⑤国务院规定的其他货物。

增值税一般纳税人销售增值电信服务、金融服务、现代服务（租赁服务除外）、生活服务、无形资产（不含土地使用权），税率为6%。

2. "应交增值税"科目及其明细账的设置。为了反映和监督应交增值税的发生、抵扣、交纳、退税及转出等情况，单位应当设置"应交增值税"科目。该科目贷方登记应交的增值税，借方登记已交的增值税；期末贷方余额反映应交未交的增值税，期末如为借方余额，反映尚未抵扣或多交的增值税。

属于增值税一般纳税人的单位，还应当在"应交增值税"科目下设置"应交税金""未交税金""预交税金""待抵扣进项税额""待认证进项税额""待转销项税额""简易计税""转让金融商品应交增值税""代扣代交增值税"等明细科目。应交增值税总账及其明细账设置如表12-2所示。

表12-2 应交增值税总账及其明细账设置

一级科目	明细科目		专栏内容
应交增值税	应交税金	进项税额	记录单位购进货物、加工修理修配劳务、服务、无形资产或不动产而支付或负担的、准予从当期销项税额中抵扣的增值税税额
		已交税金	记录单位当月已交纳的应交增值税税额
		转出未交增值税	记录一般纳税人月度终了转出当月应交未交的增值税税额
		转出多交增值税	记录一般纳税人月度终了转出当月多交的增值税税额
		减免税款	记录政府单位按照现行增值税制度规定准予减免的增值税税额
		销项税额	记录政府单位销售货物、加工修理修配劳务、服务、无形资产或不动产应收取的增值税税额
		进项税额转出	记录政府单位购进货物、加工修理修配劳务、服务、无形资产或不动产等发生非正常损失以及其他原因而不应从销项税额中抵扣、按照规定转出的进项税额
	未交税金		核算政府单位月度终了从"应交税金"或"预交税金"明细科目转入当月应交未交、多交或预缴的增值税税额，以及当月交纳以前期间未交的增值税税额
	预交税金		核算政府单位转让不动产、提供不动产经营租赁服务等，以及其他按照现行增值税制度规定应预缴的增值税税额
	待认证进项税额		核算政府单位由于未经税务机关认证而不得从当期销项税额中抵扣的进项税额

续表

一级科目	明细科目	专栏内容
应交增值税	待转销项税额	核算政府单位销售货物、加工修理修配劳务、服务、无形资产或不动产,已确认相关收入(或利得)但尚未发生增值税纳税义务而需于以后期间确认为销项税额的增值税额
	简易计税	核算政府单位采用简易计税方法发生的增值税计提、扣减、预缴、缴纳等业务
	转让金融商品应交增值税	核算政府单位转让金融商品发生的增值税税额
	代扣代交增值税	核算政府单位购进在境内未设经营机构的境外政府单位或个人在境内的应税行为代扣代缴的增值税

属于增值税小规模纳税人的单位只需在"应交增值税"科目下设置"转让金融商品应交增值税""代扣代交增值税"明细科目。

3. 增值税进项税额的核算。政府单位购买用于增值税应税项目的资产或服务等时,财务会计按照应计入相关成本费用或资产的金额,借记"业务活动费用""在途物品""库存物品""工程物资""在建工程""固定资产""无形资产""应交增值税——应交税金(进项税额)"等科目,按照应付或实际支付的金额,贷记"应付账款""应付票据""银行存款""零余额账户用款额度"等科目。预算会计按照实际支付的金额,借记"事业支出""经营支出"等科目,贷记"资金结存"等科目。

政府单位购进资产或服务等,用于简易计税方法计税项目、免征增值税项目、集体福利或个人消费等,其进项税额按照现行增值税制度规定不得从销项税额中抵扣。

政府单位因发生非正常损失或改变用途等,原已记入"应交增值税——应交税金(进项税额转出)"科目的进项税额,按规定不得从销项税额中抵扣的,财务会计应将进项税额转出时,借记"待处理财产损溢"等科目,贷记"应交增值税——应交税金(进项税额转出)"等科目;原不得抵扣且未抵扣进项税额的固定资产、无形资产等,因改变用途等用于允许抵扣进项税额的应税项目的,应按照允许抵扣的进项税额,借记"应交增值税——应交税金(进项税额)"科目,贷记"固定资产""无形资产"等科目。

预算会计按照实际支付的金额,借记"事业支出""经营支出"等科目,贷记"资金结存"等科目。

4. 增值税销项税额的核算。政府单位销售货物或提供服务,财务会计应当按照应收或已收的金额,借记"应收账款""应收票据""银行存款"等科目,按照确认的收入金额,贷记"经营收入""事业收入"等科目,按照现行增值税制度规定计算的销项税额(或采用简易计税方法计算的应纳增值税额),贷记"应交增值税——应交税金(销项税额)"科目或"应交增值税——简易计税"科目;同期,预算会计按照收到的包含增值税的价款总额,借记"资金结存"科目,贷记"事业预算收入""经营预算收入"等科目。

政府单位发生销售退回的,应根据按照规定开具的红字增值税专用发票作相反的会计分录。

5. 月末转出多交增值税或未交增值税以及交纳增值税。月度终了,政府单位应当将当月应交未交或多交的增值税，自"应交增值税——应交税金"明细科目转入"应交增值税——未交税金"明细科目。对于当月应交未交的增值税，借记"应交增值税——应交税金（转出未交增值税）"科目，贷记"应交增值税——未交税金"科目；对于当月多交的增值税，借记"应交增值税——未交税金"科目，贷记"应交增值税——应交税金（转出多交增值税）"科目。

【例12-2】2×24年6月，某增值税一般纳税事业单位当月发生增值税销项税额合计262 600元，增值税进项税额转出合计14 950元，增值税进项税额合计97 525元。该单位当月应交增值税计算结果如下：

$$当月应交增值税=262\ 600+14\ 950-97\ 525=180\ 025（元）$$

编制财务会计分录：

借：应交增值税费——应交增值税（转出未交增值税）　　　　　180 025
　　贷：应交增值税费——未交增值税　　　　　　　　　　　　　180 025

计算结果显示，该政府单位当期销项税额小于当期进项税额。根据税法规定，当期进项税额不足抵扣的部分可以结转下期继续抵扣，会计上不需要编制专门的会计分录。

【例12-3】承例12—2，2×24年7月，该单位交纳6月未交的增值税180 025元，编制财务会计分录：

借：应交增值税费——未交增值税　　　　　　　　　　　　　　180 025
　　贷：银行存款　　　　　　　　　　　　　　　　　　　　　　180 025

同期，编制该业务的预算会计分录：

借：事业支出　　　　　　　　　　　　　　　　　　　　　　　180 025
　　贷：资金结存　　　　　　　　　　　　　　　　　　　　　　180 025

政府单位交纳增值税包括交纳当月应交增值税、交纳以前期间未交增值税、预交增值税和减免增值税四种情况。

政府单位交纳当月应交的增值税，财务会计应借记"应交增值税——应交税金（已交税金）"科目，贷记"银行存款"等科目；政府单位交纳以前期间未交的增值税，借记"应交增值税——未交税金"科目，贷记"银行存款"等科目；预交增值税时，借记"应交增值税——预交税金"科目，贷记"银行存款"等科目。

预算会计按照实际交纳的增值税税额，借记"事业支出""经营支出"等科目，贷记"资金结存"等科目。

月末，政府单位应将"预交税金"明细科目余额转入"未交税金"明细科目，借记"应交增值税——未交税金"科目，贷记"应交增值税——预交税金"科目；单位对于当期直接减免的增值税，借记"应交增值税——应交税金（减免税款）"科目，贷记"业务活动费用""经营费用"等科目。

(二) 小规模纳税人

小规模纳税人核算增值税采用简化的方法，即购进货物、服务、无形资产或不动产，取得增值税专用发票上注明的增值税，一律不予抵扣，直接计入相关成本费用或资产成本。

小规模纳税人销售货物、服务、无形资产或不动产时，按照不含税的销售额和规定的增值税征收率计算应交纳的增值税（即应纳税额），但不得开具增值税专用发票。

一般来说，小规模纳税人采用销售额和应纳税额合并定价的方法并向客户结算款项、销售货物或提供应税劳务后，应进行价税分离，确定不含税的销售额。不含税的销售额计算公式如下：

$$不含税销售额 = 含税销售额 \div (1+征收率)$$

$$应纳税额 = 不含税销售额 \times 征收率$$

小规模纳税人通过"应交增值税"科目核算应交增值税的增减变动情况，并在科目下设置"转让金融商品应交增值税"和"代扣代交增值税"两个明细科目。

政府单位购买用于增值税应税项目的资产或服务等时，财务会计按照应计入相关成本费用或资产的金额（含增值税），借记"业务活动费用""在途物品""库存物品""工程物资""在建工程""固定资产""无形资产"等科目，贷记"应付账款""应付票据""银行存款""零余额账户用款额度"等科目；同期，预算会计按照实际支付的金额，借记"事业支出""经营支出"等科目，贷记"资金结存"等科目。

政府单位销售货物或提供服务，财务会计应当按照应收或已收的金额，借记"应收账款""应收票据""银行存款"等科目，按照确认的收入金额，贷记"经营收入""事业收入"等科目，按照现行增值税制度规定计算的应交增值税，贷记"应交增值税"科目。

预算会计按照实际收到的含税金额，借记"资金结存"科目，贷记"事业预算收入""经营预算收入"等科目。

【例12-4】某事业单位为增值税小规模纳税人，适用增值税税率为3%。2×24年5月，单位根据发生的增值税业务编制相关的会计分录。

（1）10日，购入材料一批，取得增值税专用发票注明的价款为30 000元，增值税税额为3 900元，款项以银行存款支付，材料验收入库。编制财务会计分录：

借：库存物品　　　　　　　　　　　　　　　　　　　　　　　33 900
　　贷：银行存款　　　　　　　　　　　　　　　　　　　　　　33 900

同期，编制该业务的预算会计分录：

借：事业支出　　　　　　　　　　　　　　　　　　　　　　　33 900
　　贷：资金结存——货币资金　　　　　　　　　　　　　　　　33 900

（2）20日，销售产品一批，开具的普通发票中注明的货款（含税）为51 500元，款项已存入银行。

$$不含税销售额 = \frac{含税销售额}{1+征收率} = \frac{51\ 500}{1+3\%} = 50\ 000（元）$$

$$应交增值税 = 不含税销售额 \times 征收率 = 50\ 000 \times 3\% = 1\ 500（元）$$

编制财务会计分录：

借：银行存款　　　　　　　　　　　　　　　　　　　　　　　51 500
　　贷：经营收入　　　　　　　　　　　　　　　　　　　　　　50 000
　　　　应交增值税　　　　　　　　　　　　　　　　　　　　　 1 500

同期，编制该业务的预算会计分录：

借：资金结存——货币资金　　　　　　　　　　　　　　　　　51 500
　　贷：经营预算收入　　　　　　　　　　　　　　　　　　　　51 500

（3）用银行存款交纳增值税1 500元。

借：应交增值税　　　　　　　　　　　　　　　　　　　　　　 1 500

贷：银行存款　　　　　　　　　　　　　　　　　　　　　　　　　　1 500
　　同期，编制该业务的预算会计分录：
　　借：事业支出　　　　　　　　　　　　　　　　　　　　　　　　　　1 500
　　　　贷：资金结存——货币资金　　　　　　　　　　　　　　　　　　1 500

四、其他应交税费

其他应交税费是指政府单位按照税法等规定计算应交纳的除增值税以外的各种税费，包括城市维护建设税、教育费附加、地方教育费附加、车船税、房产税、城镇土地使用税和企业所得税等。

为了反映和监督其他应交税费增减变动情况，财务会计应设置"其他应交税费"科目。该科目贷方登记应交纳的各种税费等，借方登记实际交纳的税费；期末借方余额反映政府单位多缴纳的税费；本科目期末贷方余额反映政府单位应交未交的税费。"其他应交税费"科目应当按照应交纳的税费种类进行明细核算。

需要说明的是：一是政府单位代扣代缴的个人所得税也作为其他应交税费核算；二是政府单位应交纳的印花税不需要预提应交税费，直接通过"业务活动费用""单位管理费用"等科目核算，不作为其他应交税费核算。

（一）城市维护建设税、教育费附加

城市维护建设税（以下简称"城建税"）是一种附加税。按照现行税法规定，城市维护建设税应根据应交增值税、消费税之和的一定比例计算交纳。应纳税额计算公式如下：

$$应纳税额 = （应交增值税 + 应交消费税） \times 适用税率$$

城市维护建设税适用税率根据纳税人所在地区不同分为以下三档差别比例税率，即：纳税人所在地为市区的，税率为7%；纳税人所在地为县城、镇的，税率为5%；纳税人所在地不在市区、县城或者镇的，税率为1%。

教育费附加是对交纳增值税、消费税的单位和个人征收的一种附加费。它以交纳的增值税、消费税为计征依据，并按照3%的比例计算交纳。教育费附加的计算公式如下：

$$应纳教育费附加 = （应交增值税 + 应交消费税） \times 征收比率$$

政府单位发生城市维护建设税、教育费附加纳税义务的，财务会计按税法规定计算的应交税费金额，借记"业务活动费用""单位管理费用""经营费用"等科目，贷记"其他应交税费——应交城市维护建设税/应交教育费附加"科目。实际交纳城市维护建设税、教育费附加，借记"其他应交税费——应交城市维护建设税/应交教育费附加"科目，贷记"银行存款"等科目。

预算会计按照实际交纳的税费金额，借记"事业支出""经营支出"等科目，贷记"资金结存"科目。

【例12-5】某事业单位位于市区，2×24年6月从事非独立核算经营活动，实际交纳增值税60 000元。该单位当月应交纳城市维护建设税、教育费附加计算方法如下：

（1）6月末计提应交税费：

应交城市维护建设税=60 000×7%=4 200（元）

应交教育费附加=60 000×3%=1 800（元）

根据计算结果编制该业务的财务会计分录：

借：经营费用 6 000
　　贷：其他应交税费——应交城市维护建设税 4 200
　　　　　　　　　　——应交教育费附加 1 800

(2) 7月初交纳城市维护建设税、教育费附加。编制该业务的财务会计分录：

借：其他应交税费——应交城市维护建设税 4 200
　　　　　　　　——应交教育费附加 1 800
　　贷：银行存款 6 000

同期，编制该业务的预算会计分录：

借：事业支出 6 000
　　贷：资金结存——货币资金 6 000

(二) 房产税、城镇土地使用税、车船税

1. 房产税、城镇土地使用税和车船税的内容。

(1) 房产税是指对转让国有土地使用权、地上的建筑物及其附着物并取得收入的单位和个人征收的一种税。

(2) 城镇土地使用税简称"土地使用税"，是以城镇土地为征税对象，对拥有土地使用权的单位和个人征收的一种税。

(3) 车船税是以车船为征税对象，向拥有车船的单位和个人征收的一种税。在中华人民共和国境内，车辆、船舶（以下简称"车船"）的所有人或者管理人为车船税的纳税人，应当依照《中华人民共和国车船税法》规定交纳车船税。

2. 房产税、城镇土地使用税、车船税的账务处理。政府单位发生房产税、城镇土地使用税、车船税纳税义务的，按照税法规定计算的应交税费金额，财务会计应借记"业务活动费用""单位管理费用""经营费用"等科目，贷记"其他应交税费——应交房产税、应交城镇土地使用税、应交车船税"科目。

政府单位实际交纳上述各种税费时，财务会计应借记"其他应交税费——应交房产税、应交城镇土地使用税、应交车船税"科目，贷记"财政拨款收入""零余额账户用款额度""银行存款"等科目；同期，预算会计按照实际交纳的税费金额，借记"事业支出""经营支出"等科目，贷记"资金结存"科目。

【例12-6】2×24年12月末，某事业单位全年应交相关税金为：房产税53 000元、城镇土地使用税12 000元、车船税13 800元。编制相关的会计分录如下：

(1) 确认应交税金义务。编制财务会计分录：

借：单位管理费用 78 800
　　贷：其他应交税费——应交房产税 53 000
　　　　　　　　　　——应交城镇土地使用税 12 000
　　　　　　　　　　——应交车船税 13 800

(2) 2×25年1月初实际交纳相关税金。编制财务会计分录：

借：其他应交税费——应交房产税 53 000

——应交城镇土地使用税	12 000
——应交车船税	13 800
贷：银行存款	78 800

同期，编制该业务的预算会计分录：

借：事业支出	78 800
贷：资金结存——货币资金	78 800

（三）代扣个人所得税

个人所得税是以自然人取得的各类应税所得为征税对象而征收的一种所得税，是政府利用税收对个人收入进行调节的一种手段。各项应税所得包括：工资、薪金所得；个体工商户的生产、经营所得；对企事业单位的承包经营、承租经营所得；劳务报酬所得；稿酬所得；特许权使用费所得；利息、股息、红利所得；财产租赁所得；财产转让所得；偶然所得。

根据《中华人民共和国个人所得税法》规定，个人所得税以所得人为纳税义务人、以支付所得的单位或者个人为扣缴义务人。为此，单位承担对个人所得税代扣代缴的义务。所谓代扣代缴是指按照税法规定负有扣缴税款义务的单位或者个人，在向个人支付应纳税所得时，应计算应纳税额，从其所得中扣除并缴入国库，同时向税务机关报送扣缴个人所得税报告表。这种方法有利于控制税源，防止漏税和逃税。

政府单位代扣个人所得税的，按税法规定计算应代扣代缴的个人所得税金额，财务会计应借记"应付职工薪酬"科目，贷记"其他应交税费"科目。

政府单位实际交纳代扣代缴的个人所得税时，财务会计应借记"其他应交税费"科目，贷记"财政拨款收入""零余额账户用款额度""银行存款"等科目；同期，预算会计按照实际交纳的税费金额，借记"行政支出""事业支出""经营支出"等科目，贷记"财政拨款预算收入""资金结存"科目。

【例12-7】2×24年6月末，某行政单位为职工代扣代缴6月份个人所得税286 400元，并且于次月初通过银行转账实际交纳代扣税款。编制会计分录如下：

（1）代扣个人所得税。编制财务会计分录：

借：应付职工薪酬	286 400
贷：其他应交税费——应交个人所得税	286 400

（2）交纳代扣的个人所得税。编制财务会计分录：

借：其他应交税费——应交个人所得税	286 400
贷：银行存款	286 400

同期，编制该业务的预算会计分录：

借：行政支出	286 400
贷：资金结存——货币资金	286 400

（四）应交企业所得税

企业所得税是对企业经营所得以及其他所得征收的一种税。所得税法规定，企业和其他取得收入的组织统称为"企业"，可见，"企业"一词包括事业单位。事业单位虽然是公益性或非营利性组织，但其通过经营或接受捐赠等活动取得的收入也要依法缴纳企业所得税。

应交所得税一般在年度结束时根据应纳税所得额和适用的所得税税率计算确定。其中，应纳税所得额是指纳税年度的应纳税收入总额减去与取得应税收入有关的支出项目后的余额。计算公式如下：

$$应纳税所得额 = 应纳税收入总额 - 准予扣除的支出项目金额$$

政府单位发生企业所得税纳税义务，按税法规定计算的应交税金数额，财务会计应借记"所得税费用"科目，贷记"其他应交税费——单位应交所得税"科目。实际缴纳企业所得税时，借记"其他应交税费——单位应交所得税"科目，贷记"财政拨款收入""零余额账户用款额度""银行存款"等科目；同期，预算会计按照实际缴纳的所得税，借记"非财政拨款结余"科目，贷记"资金结存"科目。

【例12-8】2×24年，某事业单位全年经营结余为6 000 000元，均为应纳税所得。经计算，该单位应交企业所得税1 500 000元。编制会计分录如下：

(1) 确认所得税费。编制财务会计分录：

借：所得税费用　　　　　　　　　　　　　　　　　　1 500 000
　　贷：其他应交税费——单位应交所得税　　　　　　　　1 500 000

(2) 以银行存款实际缴纳企业所得税。编制财务会计分录：

借：其他应交税费——单位应交所得税　　　　　　　　1 500 000
　　贷：银行存款　　　　　　　　　　　　　　　　　　1 500 000

同期，编制该业务的预算会计分录：

借：非财政拨款结余　　　　　　　　　　　　　　　　1 500 000
　　贷：资金结存——货币资金　　　　　　　　　　　　1 500 000

五、应缴财政款

应缴财政款是指政府单位取得或应收的按照规定应当上缴财政的款项，包括应缴国库的款项和应缴财政专户的款项。其中：①应缴国库款项是指政府单位取得的按规定应当缴入国库的款项，包括政府单位代收的纳入预算管理的基金、行政性收费收入、罚没收入、无主财物变价收入和其他按预算管理规定应上缴预算的款项。我国预算资金实行收缴分离的管理办法，即预算资金直接缴入国库，财政专户管理的资金直接缴纳财政专户。但有时，单位（如实行集中缴库的单位）预算资金收纳和上缴之间存在时间差，因此产生应缴国库款负债义务或责任。②应缴财政专户的款项是指事业单位按规定应缴入财政专户的款项，如高中以上学费、住宿费，高校委托培养费，党校收费，教育考试考务费，函大、电大、夜大及短训班培训费，等等。

需要说明的是，事业单位应缴国库款和应缴财政专户款，两者关系十分密切，均属于财政性资金，均需要上缴财政部门。但两者存在以下区别：①性质不同，应缴国库款是纳入预算管理的财政性资金，应缴财政专户款是纳入财政专户管理的财政性资金；②缴纳账户不同，应缴国库款需要上缴财政国库账户，而应缴财政专户款需要上缴财政专户；③从返还角度来看，应缴国库款上缴国库后不予返还，应缴财政专户款上缴财政专户后通过核拨返还给单位。

为了反映应缴财政款增减变动情况，财务会计应设置"应缴财政款"科目。该科目贷方登记取得的应缴财政款项；借方登记上缴的财政款项。期末贷方余额反映单位应当上缴财政但尚未缴纳的款项。年终清缴后，"应缴财政款"科目一般应无余额。"应缴财政款"

科目应当按照应缴财政款项的类别进行明细核算。

政府单位取得或应收按照规定应缴财政的款项时，借记"银行存款""应收账款"等科目，贷记"应缴财政款"科目；政府单位处理毁损、报废实物资产，如果处理收入大于相关费用的，按照处理收入减去相关费用后的净收入，借记"待处理财产损溢——处理净收入"科目，贷记"应缴财政款"科目；政府单位上缴应缴财政的款项时，按照实际上缴的金额，借记"应缴财政款"科目，贷记"银行存款"科目。

【例12-9】2×24年10月，某行政单位根据发生的应缴财政款业务编制相关的会计分录。

（1）经计算，全月取得罚没收入3 500元、无主财物变价收入8 000元，全部款项已存入银行。

借：银行存款　　　　　　　　　　　　　　　　　　　　　　11 500
　　贷：应缴财政款　　　　　　　　　　　　　　　　　　　　　11 500

（2）以银行存款上缴全部的应缴国库款。

借：应缴财政款　　　　　　　　　　　　　　　　　　　　　　11 500
　　贷：银行存款　　　　　　　　　　　　　　　　　　　　　　11 500

（3）将腾空的办公楼一层出租，收到承租方支付的年租金120 000元，租金已存入银行。

借：银行存款　　　　　　　　　　　　　　　　　　　　　　120 000
　　贷：应缴财政款　　　　　　　　　　　　　　　　　　　　　120 000

六、应付及预收账款

应付及预收款项主要是单位因所购物资或服务等而应付供货单位货款或因以后提供物资或劳务而预先收取的款项，包括应付票据、应付账款、应收账款、其他应付款等。

（一）应付票据

1. 应付票据的概念及种类。应付票据是指事业单位因购买材料、物资等而开出、承兑的商业汇票，包括银行承兑汇票和商业承兑汇票。当事业单位采用商业承兑汇票结算货款并开出承兑商业汇票后即构成一项债务，所签发的汇票为应付票据。可见，与一般的应付款项相比，应付票据对单位具有更强的按时偿还债务的法律约束力。

在采用银行承兑汇票方式下，由银行承兑票据的目的是为收款方按期收回债权提供可靠的信用保证，对付款人或承兑申请人来说，这项负债不会由于银行承兑而消失。因此，即使是由银行承兑的汇票，付款人（或承兑申请人）的现存义务依然存在，也应将银行承兑的汇票作为应付票据。

2. 会计科目的设置。为了反映和监督应付票据增减变动情况，事业单位财务会计应设置"应付票据"科目。该科目的贷方登记开出并承兑汇票的面值；借方登记支付票据的款项；期末贷方余额反映单位开出、承兑的尚未到期的应付票据金额。事业单位应当设置"应付票据备查簿"，详细登记每一应付票据的种类、号数、出票日期、到期日、票面金额、交易合同号和收款人姓名或单位名称，以及付款日期和金额等资料。应付票据到期结清票款后，应当在备查簿内逐笔注销。

3. 应付票据的账务处理。

（1）商业汇票的开出、承兑。事业单位开出、承兑商业汇票时，财务会计应借记"库存物品""固定资产"等科目，贷记"应付票据"科目，涉及增值税业务的，应按照增值税专用发票注明的税额，借记"应交增值税"科目；事业单位以商业汇票抵付应付账款时，借记"应付账款"科目，贷记"应付票据"科目。

事业单位开具的票据为银行承兑汇票的，于支付银行承兑汇票的手续费时，财务会计应借记"业务活动费用""经营费用"等科目，贷记"银行存款""零余额账户用款额度"等科目；同期，预算会计按照支付银行承兑汇票的手续费，借记"事业支出""经营支出"等科目，贷记"资金结存"科目。

（2）商业汇票到期。事业单位持有的商业汇票到期时，财务会计应当在收到银行支付到期票据的付款通知时，借记"应付票据"科目，贷记"银行存款"科目；同期，预算会计应借记"事业支出""经营支出"科目，贷记"资金结存"科目。

银行承兑汇票到期，事业单位无力支付票款的，财务会计按照应付票据账面余额，借记"应付票据"科目，贷记"短期借款"科目；商业承兑汇票到期，事业单位无力支付票款的，按照应付票据账面余额，借记"应付票据"科目，贷记"应付账款"科目。

【例12-10】2×24年，某事业单位根据发生的应付票据业务编制相关的会计分录。

（1）3月1日，开出并承兑一张面值为46 800元、期限为3个月的银行承兑汇票，用于购买专项研究材料。增值税专用发票上注明的材料价款为40 000元，增值税税额为5 200元。材料验收入库。

借：库存物品　　　　　　　　　　　　　　　　　　　　　　40 000
　　应交增值税——应交税金（进项税额）　　　　　　　　　5 200
　　贷：应付票据　　　　　　　　　　　　　　　　　　　　　　45 200

（2）支付银行承兑汇票手续费23.4元（不考虑增值税）。

借：其他费用　　　　　　　　　　　　　　　　　　　　　　23.4
　　贷：银行存款　　　　　　　　　　　　　　　　　　　　　　23.4

（3）6月1日应付票据到期，该单位通知其开户银行支付票款，共计46 800元。

借：应付票据　　　　　　　　　　　　　　　　　　　　　　45 200
　　贷：银行存款　　　　　　　　　　　　　　　　　　　　　　45 200

（4）假定6月1日应付票据到期，该单位无款支付票款。收到承兑银行代为支付票款的通知。

借：应付票据　　　　　　　　　　　　　　　　　　　　　　45 200
　　贷：短期借款　　　　　　　　　　　　　　　　　　　　　　45 200

如果该单位开具并承兑的票据为商业承兑汇票，票据到期且该单位无力支付票款。

借：应付票据　　　　　　　　　　　　　　　　　　　　　　45 200
　　贷：应付账款　　　　　　　　　　　　　　　　　　　　　　45 200

（二）应付账款

1. 应付账款的概念。应付账款是指政府单位因购买物资、接受服务、开展工程建设等而应付的偿还期限在1年以内（含1年）的款项。应付账款是基于买卖双方在购销活动中因取得物资或劳务与支付货款在时间上背离而产生的债务责任。由于应付账款一般在较短期限内支付，因此将应付账款列入资产负债表流动负债项目。应付账款与应付票据不同，虽然两者都是交易引起的流动负债，但应付账款是尚未结清的债务，而应付票据是一种期票，是延期付款的证明。

2. 会计科目的设置。为了反映应付账款增减变动情况，财务会计应设置"应付账款"科目。该科目的贷方登记应付账款的增加额；借方登记应付账款的减少额；期末贷方余额反映政府单位尚未支付的应付账款。"应付账款"科目应当按照债权单位（或个人）设置明细科目并进行明细核算。

3. 应付账款的账务处理。

（1）应付账款的确认。政府单位收到所购物资或服务、完成工程但尚未付款时，财务会计按照应付未付款项的金额，借记"库存物品""固定资产"等科目，贷记"应付账款"科目，涉及增值税业务的，按照取得增值税专用发票注明的税额，借记"应交增值税——应交税金（进项税额）"科目。

（2）应付账款的偿付。政府单位偿付应付账款时，财务会计按照实际支付的金额，借记"应付账款"科目，贷记"财政拨款收入""零余额账户用款额度""银行存款"等科目；同期，预算会计应借记"事业支出""经营支出"科目，贷记"资金结存"科目。

政府单位开出、承兑商业汇票抵付应付账款时，借记"应付账款"科目，贷记"应付票据"科目。政府单位无法偿付或债权人豁免偿还的应付账款，应当按照规定报经批准后进行账务处理。经批准核销时，借记"应付账款"科目，贷记"其他收入"科目，核销的应付账款应在备查簿中保留登记。

【例12-11】2×24年5月份，某事业单位根据发生的应付账款业务编制相关的会计分录。

（1）3日，从M公司购入一批科研材料，货款200 000元，增值税26 000元，对方代垫运杂费2 000元。材料已运到并验收入库，款项尚未支付。

借：库存物品　　　　　　　　　　　　　　　　　　　　　　228 000
　　贷：应付账款——M公司　　　　　　　　　　　　　　　　　228 000

（2）10日，根据供电部门通知，该单位本月应付电费36 000元，其中专业业务部门30 000元，经营部门6 000元，款项尚未支付。15日，用银行存款支付电费36 000元。

①应付电费入账：

借：业务活动费用　　　　　　　　　　　　　　　　　　　　30 000
　　经营支出　　　　　　　　　　　　　　　　　　　　　　　6 000
　　贷：应付账款——××电力公司　　　　　　　　　　　　　36 000

②以银行存款支付电费：

借：应付账款——××电力公司　　　　　　　　　　　　　　36 000
　　贷：银行存款　　　　　　　　　　　　　　　　　　　　36 000

（3）25日，开出并承兑不带息商业汇票一张，面值为50 000元，用以抵付当年所欠乙公司货款。

借：应付账款——乙公司　　　　　　　　　　　　　　　　　50 000
　　贷：应付票据——乙公司　　　　　　　　　　　　　　　　50 000

（4）30日，确认的应付丙公司应付账款6 000元，因其撤销而无法支付。

借：应付账款——丙公司　　　　　　　　　　　　　　　　　6 000

贷：其他收入　　　　　　　　　　　　　　　　　　　　　　　　　　6 000

（三）应付政府补贴款

应付政府补贴款是指负责发放政府补贴的行政单位按照规定应当支付给政府补贴接受者的各种政府补贴款。

为了反映和监督应付政府补贴款增减变动情况，行政单位财务会计应设置"应付政府补贴款"科目。该科目贷方登记应付政府补贴款的增加额；借方登记应付政府补贴款的减少额；期末贷方余额反映行政单位应付未付的政府补贴金额。"应付政府补贴款"科目应当按照应支付的政府补贴种类进行明细核算。行政单位还应当根据需要按照补贴接受者进行明细核算，或者建立备查簿对补贴接受者予以登记。

行政单位发生应付政府补贴时，财务会计按照依规定计算确定的应付政府补贴金额，借记"业务活动费用"科目，贷记"应付政府补贴款"科目。

行政单位支付应付政府补贴款时，财务会计按照支付金额，借记"应付政府补贴款"科目，贷记"零余额账户用款额度""银行存款"等科目；同期，预算会计按照支付金额，借记"行政支出"科目，贷记"资金结存"科目。

【例 12-12】 某行政单位根据发生的政府补贴业务编制相关的会计分录。

（1）2×24 年 12 月末，某行政单位按照规定应当支付给政府补贴接受人的各种政府补贴款 600 000 元。编制财务会计分录：

　　借：业务活动费用　　　　　　　　　　　　　　　　　　　　　　600 000
　　　　贷：应付政府补贴款　　　　　　　　　　　　　　　　　　　　600 000

（2）2×25 年 1 月初，以银行存款支付应付未付的政府补贴款 600 000 元。编制财务会计分录：

　　借：应付政府补贴款　　　　　　　　　　　　　　　　　　　　　600 000
　　　　贷：银行存款　　　　　　　　　　　　　　　　　　　　　　　600 000

同期，编制该业务的预算会计分录：

　　借：行政支出　　　　　　　　　　　　　　　　　　　　　　　　600 000
　　　　贷：资金结存——货币资金　　　　　　　　　　　　　　　　　600 000

（四）预收账款

预收账款是指事业单位按照合同规定预收的款项。有时，单位根据合同预收客户部分货款，并承诺于收款后的一定日期向客户交付材料、物资或提供劳务。与应付账款不同，预收账款负债不以货币清偿，而以货物偿付。预收账款也与分期收款不同，预收账款收款在先，提供货物或劳务在后；而分期收款则提供货物或劳务在先，收款在后。

为了反映和监督预收货款增减变动情况，事业单位财务会计应设置"预收账款"科目。该科目的贷方登记从付款方预收款项的增加额；借方登记确认有关收入并转销的预收账款；期末贷方余额反映单位按规定预收但尚未实际结算的款项。"预收账款"科目应当按照债权单位（或个人）进行明细核算。

事业单位从付款方预收款项时，财务会计按照实际预收的金额，借记"银行存款"等科目，贷记"预收账款"科目。

事业单位确认有关收入时，财务会计按照预收账款账面余额，借记"预收账款"科目，按照应确认的收入金额，贷记"事业收入""经营收入"等科目，按照付款方补付或退回付款方的金额,借记或贷记"银行存款"等科目,涉及增值税业务的,按照开具增值税专用发票上注明的税额,贷记"应交增值税——应交税金(销项税额)"科目;同时,预算会计按照从付款方预收的款项,借记"资金结存"科目,贷记"事业预算收入""经营预算收入"科目等。

事业单位对于无法偿付或债权人豁免偿还的预收账款,应当按照规定报经批准后进行账务处理。经批准核销时,借记"预收账款"科目,贷记"其他收入"科目。核销的预收账款应在备查簿中保留登记。

【例12-13】甲事业单位为林业系统增值税小规模纳税人。2×24年该单位根据发生的预收账款业务编制相关的会计分录。

(1) 8月3日,与乙公司签订供货合同,向其出售一批林业产品,价税款共计30 900元。根据购货合同的规定,乙公司在购货合同签订后一周内,应当向甲事业单位预付全部款项的60%,剩余货款在交货后付清。8月9日,收到乙公司预付货款30 000元并存入银行。编制财务会计分录:

借:银行存款　　　　　　　　　　　　　　　　　　　　　　　18 540
　　贷:预收账款——乙公司　　　　　　　　　　　　　　　　　18 540

同期,编制该业务的预算会计分录:

借:资金结存——货币资金　　　　　　　　　　　　　　　　　18 540
　　贷:经营预算收入　　　　　　　　　　　　　　　　　　　　18 540

(2) 9月20日,甲单位将货物发到乙公司,并收到乙公司补付的全部剩余款项。

借:预收账款——乙公司　　　　　　　　　　　　　　　　　　18 540
　　银行存款　　　　　　　　　　　　　　　　　　　　　　　12 360
　　贷:经营收入　　　　　　　　　　　　　　　　　　　　　　30 000
　　　　应交增值税　　　　　　　　　　　　　　　　　　　　　　900

同期,编制该业务的预算会计分录:

借:资金结存——货币资金　　　　　　　　　　　　　　　　　12 360
　　贷:经营预算收入　　　　　　　　　　　　　　　　　　　　12 360

假定2×24年9月15日,甲单位收到乙公司通知,撤销林产品采购合同,已预付的资金豁免偿还。编制财务会计分录:

借:预收账款——乙公司　　　　　　　　　　　　　　　　　　18 540
　　贷:其他收入　　　　　　　　　　　　　　　　　　　　　　18 540

七、应付职工薪酬

(一) 应付职工薪酬的内容

应付职工薪酬是指政府单位按照有关规定应付给职工(含长期聘用人员)及为职工支付的各种薪酬,包括基本工资、国家统一规定的津贴补贴、规范津贴补贴(绩效工资)、改革性补贴、社会保险费(如职工基本养老保险费、职业年金、基本医疗保险费等)、住房公积金等。

1. 基本工资。基本工资是指政府单位为了保证职工的基本生活需要,职工在组织中可以定期拿到、数额固定的劳动报酬。它由用人单位按照规定的工资标准支付,与工资额的其他组成部分相比具有相对稳定性，一般不考虑员工之间的个体差异。

2. 绩效工资。绩效工资是指以对员工绩效的有效考核为基础，实现将工资与考核结果相挂钩的工资制度，它的理论基础就是"以绩取酬"，基本特征是将员工的薪酬收入与个人业绩挂钩。绩效工资一般包括年终一次性奖金、节假日补贴、现行的生活补贴、津贴补贴、在职人员新增绩效工资、离退休人员新增生活补贴。

3. 国家统一规定的津贴补贴。津贴和补贴是指为了补偿职工特殊或额外的劳动消耗和出于其他特殊原因支付给职工的津贴，以及为了保证职工工资水平不受物价影响支付的物价补贴，包括补偿职工特殊或额外劳动消耗的津贴（如高空津贴、井下津贴等）、保健津贴、技术性津贴、工龄津贴及其他津贴（如直接支付的伙食津贴、合同制职工工资性补贴及书报费等）。

需要注意的是，根据国家法律、法规和政策规定，因病、工伤、产假、计划生育、婚丧假、探亲假、事假、定期休假、停工学习、执行国家和社会义务等应支付的工资也包括在内。

4. 社会保险缴费和住房公积金。社会保险缴费是指政府单位按照国家规定的基准和比例计算，为职工缴纳的基本养老、基本医疗、失业、工伤、生育等社会保险费以及残疾人就业保障金等。住房公积金是指政府单位按照国家规定的基准和比例计算，向住房公积金管理机构缴存的住房公积金。

（二）当期应付职工薪酬的确认

为了反映和监督职工薪酬结算与分配情况，财务会计应设置"应付职工薪酬"科目。该科目的贷方登记本月应发的各种职工薪酬，借方登记本月发放的各种职工薪酬，贷方余额反映政府单位应付未付的职工薪酬。

"应付职工薪酬"科目应当根据国家有关规定按照"基本工资"（含离退休费）、"国家统一规定的津贴补贴"、"规范津贴补贴（绩效工资）"、"改革性补贴"、"社会保险费"、"住房公积金"、"其他个人收入"等进行明细核算。其中，"社会保险费""住房公积金"明细科目核算内容包括政府单位从职工工资中代扣代缴的社会保险费、住房公积金，以及政府单位为职工计算缴纳的社会保险费、住房公积金。

政府单位计提从事专业及其辅助活动人员的职工薪酬（含单位为职工计算缴纳的社会保险费、住房公积金，下同），财务会计应借记"业务活动费用""单位管理费用"科目，贷记"应付职工薪酬"科目；计提应由在建工程、加工物品、自行研发无形资产负担的职工薪酬，借记"在建工程""加工物品""研发支出"等科目，贷记"应付职工薪酬"科目；计提从事专业及其辅助活动之外的经营活动人员的职工薪酬，借记"经营费用"科目，贷记"应付职工薪酬"科目；因解除与职工的劳动关系而给予的补偿，借记"单位管理费用"等科目，贷记"应付职工薪酬"科目。

（三）应付职工薪酬的支付

政府单位向职工支付工资、津贴补贴等薪酬时，财务会计按照实际支付的金额，借记"应付职工薪酬"科目，贷记"财政拨款收入""零余额账户用款额度""银行存款"等科目；政府单位按照国家有关规定缴纳职工社会保险费和住房公积金时，财务会计按照实际支付的金额，借记"应付职工薪酬——社会保险费、住房公积金"科目，贷记"财政拨款收入""零余额账户用款额度""银行存款"等科目；从应付职工薪酬中支付的其他款项，借记"应付职工薪酬"科目，贷记"零余额账户用款额度""银行存款"等科目。

同期，预算会计按照实际支付的金额，借记"行政支出""事业支出""经营支出"等科目，贷记"财政拨款预算收入""资金结存"科目。

(四) 代扣款项的支付

政府单位按照税法规定代扣职工个人所得税时，财务会计应借记"应付职工薪酬——基本工资"科目，贷记"其他应交税费——应交个人所得税"科目；从应付职工薪酬中代扣为职工垫付的水电费、房租等费用时，按照实际扣除的金额，借记"应付职工薪酬——基本工资"科目，贷记"其他应收款"等科目；从应付职工薪酬中代扣社会保险费和住房公积金，按照代扣的金额，借记"应付职工薪酬——基本工资"科目，贷记"应付职工薪酬——社会保险费、住房公积金"科目。

【例 12-14】2×24 年 10 月份，M 事业单位职工薪酬结算汇总表如表 12-3 所示。

表 12-3 职工薪酬结算汇总表

单位：M 事业单位　　　　　　　　　2×24 年 10 月份　　　　　　　　　单位：元

部门及人员	应付职工薪酬					代扣款项					实发工资
	基本工资	国家津贴补贴	其他津贴补贴	绩效工资	合计	社会保险费	住房公积金	个人所得税	水电费、物业费	合计	
科研机构	300 000	180 000	75 000	150 000	705 000	49 500	60 000	10 500	600	120 600	584 400
科研辅助机构	270 000	162 000	67 500	135 000	634 500	44 550	54 000	9 450	—	108 000	526 500
行政管理部门	150 000	138 000	57 500	115 000	460 500	37 950	46 000	8 050	800	92 800	367 700
基建部门施工人员	80 000	30 000	20 000	10 000	140 000	15 000	13 000	2 500	200	30 700	109 300
经营部门人员	200 000	120 000	50 000	100 000	470 000	33 000	40 000	7 000	300	80 300	389 700
合　计	1 000 000	630 000	270 000	510 000	2 410 000	180 000	213 000	37 500	1 900	432 400	1 977 600

该单位财务部门根据工资结算汇总表编制相关的会计分录。

(1) 计算确认应付职工薪酬。

借：业务活动费用	1 339 500
单位管理费用	460 500
在建工程	140 000
经营费用	470 000
贷：应付职工薪酬——基本工资	1 000 000
——国家津贴补贴	630 000
——其他津贴补贴	270 000
——绩效工资	510 000

(2) 按规定代扣职工个人所得税、社会保险费、住房公积金。

借：应付职工薪酬——基本工资　　　　　　　　　　　　430 500

贷：其他应交税费——应交个人所得税　　　　　　　　　　　　　37 500
　　　　应付职工薪酬——社会保险费　　　　　　　　　　　　　180 000
　　　　　　　　　　——住房公积金　　　　　　　　　　　　　213 000

(3) 代扣为职工垫付的水电费、物业费等。
借：应付职工薪酬——基本工资　　　　　　　　　　　　　　　　1 900
　　贷：其他应收款　　　　　　　　　　　　　　　　　　　　　1 900

(4) 采用财政直接支付方式将工资划入个人工资账户。
借：应付职工薪酬——基本工资　　　　　　　　　　　　　　　1 977 600
　　贷：财政拨款收入　　　　　　　　　　　　　　　　　　　1 977 600

【例12-15】2×24年10月份，M事业单位以上一年度月平均工资为缴费基数计算本月应缴社会保险费、住房公积金和工会经费，如表12-4所示。

表12-4　社会保险费、住房公积金和工会经费计算表

2×24年10月份　　　　　　　　　　　　　　　　　　　单位：元

部　门	计提基数	社会保险费（30%）	住房公积金（12%）	合　计
科研机构	700 000	210 000	84 000	294 000
科研辅助机构	630 000	189 000	75 600	264 600
行政管理部门	460 000	138 000	55 200	193 200
基建部门	140 000	42 000	16 800	58 800
经营部门人员	400 000	120 000	48 000	168 000
合计	2 330 000	699 000	279 600	978 600

(1) 根据表12-4，计提2×24年10月份应付社会保险费、住房公积金。
借：业务活动费用　　　　　　　　　　　　　　　　　　　　　558 600
　　单位管理费用　　　　　　　　　　　　　　　　　　　　　193 200
　　在建工程　　　　　　　　　　　　　　　　　　　　　　　　58 800
　　经营费用　　　　　　　　　　　　　　　　　　　　　　　168 000
　　贷：应付职工薪酬——社会保险费　　　　　　　　　　　　　699 000
　　　　　　　　　　——住房公积金　　　　　　　　　　　　　279 600

(2) 采用财政直接支付方式支付社会保险费、住房公积金。
借：应付职工薪酬——社会保险费　　　　　　　　　　　　　　699 000
　　　　　　　　——住房公积金　　　　　　　　　　　　　　279 600
　　贷：财政拨款收入　　　　　　　　　　　　　　　　　　　978 600

八、预提费用及其他应付款项

(一) 预提费用

预提费用是指政府单位预先提取的已经发生但尚未支付的费用，如单位日常活动发生的租金费用不一定于租入资产时即刻支付，但按照权责发生制要求属于当期费用，无论当

期是否支付，应当在发生当期予以确认。为此，单位应按期预提计入相关费用的租金并确认为一项流动负债（称为"预提费用"）。待支付租金时，再转销此项流动负债。

为了反映预提费用增减变动情况，财务会计应设置"预提费用"科目。该科目贷方登记预提的费用数额；借方登记支付的预提费用数额；期末贷方余额反映单位已预提但尚未支付的各项费用。政府单位应当按照预提费用的种类进行明细核算。对于提取的项目间接费用或管理费，应当在"预提费用"科目下设置"项目间接费用或管理费"明细科目，并按项目进行明细核算。

需要说明的是，事业单位按规定从科研项目收入中提取的项目间接费用或管理费也通过"预提费用"科目核算。

政府单位按规定从科研项目收入中提取项目间接费用或管理费时，财务会计应按照提取的金额，借记"单位管理费用"科目，贷记"预提费用——项目间接费用或管理费"科目；同期，预算会计应借记"非财政拨款结转——项目间接费用或管理费"科目，贷记"非财政拨款结余——项目间接费用或管理"科目。单位实际使用计提的项目间接费用或管理费时，财务会计应按照实际支付的金额，借记"预提费用——项目间接费用或管理费"科目，贷记"银行存款""库存现金"等科目；同期，预算会计应借记"事业支出"科目，贷记"资金结存"科目。

提取和使用财政科研项目间接费用或管理费用应用案例

政府单位按期预提租金等费用时，财务会计按照预提的金额，借记"业务活动费用""单位管理费用""经营费用"等科目，贷记"预提费用"科目。实际支付相关的款项时，财务会计应按照支付金额，借记"预提费用"科目，贷记"零余额账户用款额度""银行存款"等科目；同期，预算会计应借记"行政支出""事业支出""经营支出"科目，贷记"资金结存"科目。

提取和使用非财政科研项目间接费用或管理费用应用案例

【例12-16】2×24年，甲事业单位根据发生的经济业务编制相关的会计分录。

（1）1月1日，与乙单位签订房屋租赁合同。从乙单位租入办公大楼一幢用于业务活动，租期为3年，年租金为600 000元，平均分四次于每季度末支付。该单位每月预提房屋租金费用。预提第1个月房屋租金，编制财务会计分录：

借：业务活动费用　　　　　　　　　　　　　　　　　　　　　50 000
　　贷：预提费用　　　　　　　　　　　　　　　　　　　　　　50 000

（2）预提第2个月房屋租金的会计分录同（1），略。

（3）以银行存款支付一个季度租金，并确认第3个月租金费用。

借：预提费用　　　　　　　　　　　　　　　　　　　　　　　100 000
　　业务活动费用　　　　　　　　　　　　　　　　　　　　　　50 000
　　贷：银行存款　　　　　　　　　　　　　　　　　　　　　　150 000

同期，编制该业务的预算会计分录：

借：事业支出　　　　　　　　　　　　　　　　　　　　　　　150 000
　　贷：资金结存——货币资金　　　　　　　　　　　　　　　　150 000

【例12-17】2×24年9月份，某公立高校项目经费到账情况如表12-5所示。

表 12-5　项目经费到账明细表　　　　　　　　金额单位：元

项目承接单位	项目名称	项目性质	项目金额	到账方式	计提基数	计提比例（%）	计提金额
基础研究学院	（略）	纵向课题	3 000 000	一次到账	2 800 000	5	140 000
工商管理学院	（略）	横向课题	150 000	分次到账	150 000	3	4 500
国际交流学院	（略）	横向课题	2 000 000	分次到账	1 800 000	4	72 000
合　计	—	—	5 150 000	—	4 750 000	—	216 500

根据表12-3资料编制计提项目间接费用或管理费的财务会计分录：

借：单位管理费用　　　　　　　　　　　　　　　　　　　　　216 500
　　贷：预提费用——项目间接费用或管理费　　　　　　　　　　216 500

（二）应付利息

应付利息是指事业单位按照合同约定应支付的借款利息，包括短期借款、分期付息到期还本的长期借款等应支付的利息。它是事业单位使用债务资金所付出的代价。事业单位举借资金到期除按照借款合同清偿本金外，还必须按照借款本金、利率以及借款时间支付一定利息，在实际支付利息前形成事业单位的一笔负债，即应付利息。

为了反映和监督应付利息增减变动情况，事业单位财务会计应设置"应付利息"科目。该科目贷方登记应付利息的增加额；借方登记应付利息减少额；期末贷方余额反映单位应付未付的利息。"应付利息"科目应当按照债权人等进行明细核算。

事业单位为建造固定资产、公共基础设施等借入的专门借款的利息，属于建设期间发生的，按期计提利息费用时，按照计算确定的金额，借记"在建工程"科目，贷记"应付利息"科目；不属于建设期间发生的，按期计提利息费用时，按照计算确定的金额，借记"其他费用"科目，贷记"应付利息"科目。

事业单位按期计提其他借款利息费用时，按照计算确定的金额，借记"其他费用"科目，贷记"应付利息"科目。

事业单位实际支付应付利息时，财务会计按照支付的金额，借记"应付利息"科目，贷记"银行存款"等科目；同期，预算会计应借记"其他支出"科目，贷记"资金结存——货币资金"科目。

（三）其他应付款

其他应付款是指政府单位除应交增值税、其他应交税费、应缴财政款、应付职工薪酬、应付票据、应付账款、应付政府补贴款、应付利息、预收账款以外，其他各项偿还期限在1年内（含1年）的应付及暂收款项，如收取的押金、存入保证金、已经报销但尚未偿还银行的本单位公务卡欠款等。其他应付款的内容包括：①同级政府财政部门预拨的下期预算款和没有纳入预算的暂付款项；②采用实拨资金方式通过本单位转拨给下属单位的财政拨款；③行政事业单位已经报销但尚未偿还银行的本单位公务卡欠款等；④无法偿付或债权人豁免偿还确认的其他应付款项；⑤收取的押金、存入保证金等。

为了反映和监督其他应付款增减变动情况，财务会计应设置"其他应付款"科目。该科目贷方登记发生的其他应付款；借方登记偿付的其他应付款；期末贷方余额反映单位尚未支付的其他应付款。"其他应付款"科目应当按照其他应付款的类别以及债权单位（或个人）进行明细核算。需要说明的是，同级政府财政部门预拨的下期预算款和没有纳入预算的暂付款项，以及采用实拨资金方式通过本单位转拨给下属单位的财政拨款，也通过"其他应付款"科目核算。政府单位发生暂收款项的会计处理内容如下：

1. 发生暂收款项。政府单位取得暂收款项时，财务会计借记"银行存款"等科目，贷记"其他应付款"科目。确认收入时，应借记"其他应付款"科目，贷记"事业收入"等科目；同期，预算会计应借记"资金结存"科目，贷记"事业预算收入"等科目。退回（转拨）暂收款时，借记"其他应付款"科目，贷记"银行存款"等科目。

2. 收到同级财政部门预拨的下期预算款和没有纳入预算的暂付款项。收到款项时，财务会计按照实际收到的金额借记"银行存款"等科目，贷记"其他应付款"科目。待到下一预算期或批准纳入预算时，财务会计应借记"其他应付款"科目，贷记"财政拨款收入"等科目；同期，预算会计应借记"资金结存"科目，贷记"财政拨款预算收入"等科目。

3. 其他应付义务。政府单位发生其他应付义务，财务会计确认其他应付款项时，借记"业务活动费用/单位管理费用"等科目，贷记"其他应付款"科目。支付其他应付款项，财务会计应借记"其他应付款"科目，贷记"银行存款"等科目；同期，预算会计应借记"行政支出/事业支出"等科目，贷记"资金结存"科目。

政府单位发生无法偿付或债权人豁免偿还的其他应付款项时，财务会计应借记"其他应付款"科目，贷记"其他收入"科目。

第三节 非流动负债

一、非流动负债概述

（一）非流动负债的概念

在全部负债中，流动负债以外的负债为非流动负债，包括长期借款、长期应付款、预计负债等。非流动负债是单位因长期性的理财活动而向债权人筹措的资金。

政府单位在其运营过程中，长期占用的资金主要来自两个方面：一是净资产；二是举借长期债务。随着单位业务活动的不断扩大，补充运营资金尤其是添置设备、改建或扩建房屋和建筑物等所必需的投资，往往需要长时间占用大笔资金，仅靠财政拨款或净资产中结余资金来完成这些活动远远不够。因此，举借长期债务也是事业单位开展正常运营活动重要的资金来源。

（二）非流动负债的内容

政府单位的非流动负债包括长期借款、长期应付款、预计负债。

（三）非流动负债的特点

非流动负债除具有负债的共同特点外，与流动负债相比还具有以下特点：

1. 举借非流动债务是为了购置大型设备、增建和扩建事业用房等，因此，非流动负债的偿还期限较长，一般超过一年或者超过一个营业周期以上，并且非流动负债的金额一般都比较大，其利息费用成为单位长期的固定性支出，加大了单位的财务风险。

2. 因非流动负债的期限长、金额大，所以在会计处理上必须考虑利息因素，并且利息的会计处理较为复杂。相比之下，流动负债利息的会计处理方法较为简单。

3. 对非流动负债的取得、付息、归还等方面都要作比较周密的安排；而流动负债的管理则相对较简单，在负债发生时，一般无须对如何归还债务预先作出安排。

二、长期借款

长期借款是指事业单位从银行或其他金融机构借入的偿还期限在 1 年以上（不含 1 年）的各项借款，如从各专业银行、商业银行取得的贷款，还包括向财务公司、投资公司等金融企业借入的款项。举借长期借款以事业单位的各种事业服务活动为依托，以满足其长期资产投资和永久性流动资产的需要。可见，长期借款成为事业单位长期资金的重要来源。长期借款具有筹资迅速、借款弹性大、成本低和能够发挥财务杠杆作用的优点。

与短期借款类似，长期借款核算内容包括资金借入、结算利息和归还本息三个方面。

为了反映和监督长期借款的增减变动情况，事业单位财务会计应设置"长期借款"科目。该科目贷方登记借入贷款的本金；借方登记偿还的贷款本金；期末贷方余额反映事业单位尚未偿还的长期借款。"长期借款"科目下设"本金"和"应计利息"明细科目，并应当按照贷款单位和贷款种类进行明细核算。对于基建项目借款，还应按具体项目进行明细核算。

长期借款的账务处理内容包括：

（一）借入款项

事业单位借入各项长期借款时，按照实际借入的金额，财务会计应借记"银行存款"科目，贷记"长期借款——本金"科目；预算会计应借记"资金结存"科目，贷记"债务预算收入"（本金）。

（二）资产负债表日借款利息的结算

1. 资产负债表日，为购建固定资产应支付的专门借款利息，财务会计分别以下情况处理：①属于工程项目建设期间发生的利息，计入工程成本，按照应支付的利息，借记"在建工程""基建工程"科目，贷记"应付利息（分期付息、到期还本）"或"长期借款——应计利息（到期一次还本付息）"科目；②属于工程项目完工交付使用后发生的利息，计入当期费用，按照应支付的利息，借记"其他费用""经营费用"等科目，贷记"应付利息"（分期付息、到期还本）或"长期借款——应计利息"（到期一次还本付息）科目。实际支付利息时，借记"应付利息"或"长期借款——应计利息"科目，贷记"银行存款"科目。

2. 资产负债表日，其他长期借款发生的利息，财务会计按照应支付的利息金额，借记"其他费用""经营费用"等科目，贷记"应付利息"科目或"长期借款——应计利息"科目。

单位实际支付利息时，财务会计应借记"应付利息"科目或"长期借款——应计利息"科目，贷记"银行存款"科目；同期，预算会计应借记"其他支出"科目，贷记"资金结存"科目。

(三) 归还借款本金和利息

事业单位到期归还长期借款本金、利息时，财务会计应借记"长期借款——本金、应计利息"（到期一次还本付息）科目，贷记"银行存款"科目；同期，预算会计应借记"债务还本支出"（支付的本金）、"其他支出"（支付的利息）科目，贷记"资金结存"科目。

【例12-18】2×23年1月3日，某事业单位从银行借入长期借款3 500 000元用于某工程建设，已存入银行。借款期限为3年，年利率为6%，每年计息一次，单利计算，借款期满，一次归还本息。2×23年1月5日，以银行存款支付工程款2 800 000元。2×24年6月30日，该工程达到可使用状态并完成交付使用，并结转了固定资产价值。应编制会计分录如下：

(1) 取得借款，编制财务会计分录：

借：银行存款　　　　　　　　　　　　　　　　　　　　　　　　3 500 000
　　贷：长期借款——本金　　　　　　　　　　　　　　　　　　　　3 500 000

同期，编制该业务的预算会计分录：

借：资金结存——货币资金　　　　　　　　　　　　　　　　　　　3 500 000
　　贷：债务预算收入——本金　　　　　　　　　　　　　　　　　　3 500 000

(2) 支付工程款，编制财务会计分录：

借：在建工程——某工程　　　　　　　　　　　　　　　　　　　　2 800 000
　　贷：银行存款　　　　　　　　　　　　　　　　　　　　　　　　2 800 000

同期，编制该业务的预算会计分录：

借：事业支出　　　　　　　　　　　　　　　　　　　　　　　　　2 800 000
　　贷：资金结存——货币资金　　　　　　　　　　　　　　　　　　2 800 000

(3) 2×23年12月31日结算借款利息：

$$借款利息 = 3\ 500\ 000 \times 6\% = 210\ 000\ （元）$$

借：在建工程——某工程　　　　　　　　　　　　　　　　　　　　　210 000
　　贷：长期借款——应计利息　　　　　　　　　　　　　　　　　　　210 000

(4) 2×24年6月30日结算借款利息105 000元，会计分录同上（3），略。

(5) 2×24年6月30日，结转固定资产价值：

借：固定资产——房屋建筑　　　　　　　　　　　　　　　　　　　3 115 000
　　贷：在建工程——某工程　　　　　　　　　　　　　　　　　　　3 115 000

(6) 2×24年12月31日结算借款利息105 000元：

借：其他费用（经营费用）　　　　　　　　　　　　　　　　　　　　105 000
　　贷：长期借款——应计利息　　　　　　　　　　　　　　　　　　　105 000

(7) 2×25年1初，借款到期归还本金。编制财务会计分录：

借：长期借款——本金　　　　　　　　　　　　　　　　　　　　　3 500 000
　　　　　　——应计利息　　　　　　　　　　　　　　　　　　　　　630 000
　　贷：银行存款　　　　　　　　　　　　　　　　　　　　　　　　4 130 000

同期，编制该业务的预算会计分录：

借：债务还本支出　　　　　　　　　　　　　　　　　　　　　　　3 500 000

其他支出	630 000
贷：资金结存——货币资金	4 130 000

三、长期应付款

长期应付款是指政府单位发生的偿还期限在1年以上（不含1年）的应付款项，如以融资租赁方式取得固定资产应付的租赁费、以分期付款方式购入固定资产的应付款等。当政府单位采用上述方式取得固定资产时，一般情况下资产使用在前、款项支付在后，在尚未偿还价款或尚未支付相关款项时，此类业务便形成了政府单位的一项非流动负债，即长期应付款。

长期应付款除具有非流动负债的一般特点外，还具有以下特点：一是具有分期付款的性质，如融资租入固定资产的租赁费是在整个租赁期内逐期偿还的；二是通过长期应付款取得固定资产，可以减少长期投资所承担的风险，而且不必在取得资产的同时支付款项，可推迟现金支付的时间，减少取得资产当期的现金压力。

为了核算和监督长期应付款的增减变动情况，财务会计应设置"长期应付款"科目。该科目的贷方登记确认的长期应付款；借方登记偿还的长期应付款；期末贷方余额反映尚未支付的各种长期应付款。其明细账应按长期应付款的种类设置并进行明细分类核算。

政府单位长期应付款核算主要内容如下：

（一）确认长期应付款

政府单位发生长期应付款时，财务会计应借记"固定资产""在建工程"等科目，贷记"长期应付款"科目。

（二）支付长期应付款

政府单位支付长期应付款时，财务会计按照实际支付的金额，借记"长期应付款"科目，贷记"财政拨款收入""零余额账户用款额度""银行存款"科目，涉及增值税业务的，还应进行相关的账务处理；同期，预算会计应借记"行政支出""事业支出""经营支出"科目，贷记"财政拨款预算收入""资金结存"科目。

（三）长期应付款无法偿付或债权人豁免

政府单位无法偿付或债权人豁免偿还的长期应付款，应当按照规定报经批准后进行账务处理。经批准核销时，借记"长期应付款"科目，贷记"其他收入"等科目。核销的长期应付款应在备查簿中保留登记。

【例12-19】2×24年1月5日，甲事业单位从乙融资租赁公司租入科研设备一台，按租赁协议或者合同确定的租赁价款为650 000元，另以财政授权方式支付运输费、途中保险费、安装调试费共计50 000元；按租赁协议规定，租赁费分5年于每年年初偿还，以财政直接支付方式结算。编制该业务的会计分录如下：

（1）租入固定资产，编制财务会计分录：

借：在建工程	650 000
贷：长期应付款——融资租入固定资产应付款	650 000

（2）支付工程款，编制财务会计分录：

借：在建工程	50 000
贷：零余额账户用款额度	50 000

同期,编制该业务的预算会计分录:
借:事业支出 50 000
　　贷:资金结存——零余额账户用款额度 50 000
(3) 资产交付使用,编制财务会计分录:
借:固定资产——融资租入固定资产 700 000
　　贷:在建工程 700 000
(4) 第1年至4年每年年初按期支付融资租赁费,编制财务会计分录:
借:长期应付款——融资租入固定资产应付款 130 000
　　贷:财政拨款收入 130 000
同期,编制该业务的预算会计分录:
借:事业支出 130 000
　　贷:财政拨款预算收入 130 000
(5) 租赁期满,固定资产所有权转归事业单位。
借:固定资产——专用设备 700 000
　　贷:固定资产——融资租入固定资产 700 000
(6) 第5年初,乙融资租赁公司因其改组而豁免甲事业单位最后一期设备租赁费130 000元。
借:长期应付款——融资租入固定资产应付款 130 000
　　贷:其他收入 130 000

四、预计负债

(一) 或有事项与预计负债

政府单位在会计核算中会经常面临某些不确定情形,有些情形的最终结果须以未来事件的发生或不发生来加以证实。比如,某事业单位的研发活动对周围环境造成污染而被起诉,如无特殊情况,该单位很可能败诉。一旦败诉,单位需要支付一笔赔款。但在诉讼成立时,该单位因败诉将支出多少金额或支出发生在何时,是难以确知的。而按照权责发生制原则,不能等到法院判决支付赔款时才确认因环境污染而产生的义务,应当在资产负债表日对赔款的可能性以及赔款数额的大小作出判断,以决定是否在当期确认赔款义务。这种不确定性情形即为或有事项。或有事项是指过去的交易或事项形成的一种状况,其结果须通过未来不确定事项的发生或不发生予以证实。常见的或有事项有商业票据背书转让或贴现、未决诉讼、未决仲裁、产品质量保证(含产品安全保证)等。

或有事项作为一种状况,可能是政府单位的一种潜在的权利,也可能是其现实或潜在的一种义务。因此,或有事项可能形成两种结果:一种是导致经济利益流入单位;另一种是导致经济利益流出单位。会计实务中,需要会计人员根据经验加以判断。其具体结果如图12-1所示。

如果或有事项的结果很可能导致经济利益流入政府单位,就形成或有资产,对或有资产,企业不应加以确认。如果或有事项的结果很可能导致经济利益流出政府单位,同时满足负债确认条件,政府单位需要将其确认为负债,会计实务中作为预计负债核算。如果不满足确认条件,作为潜在的义务的或有事项应按或有负债处理,需要在会计报表附注中披露。

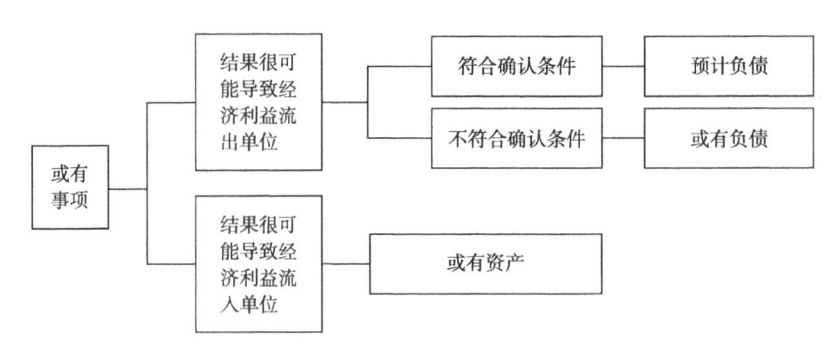

图 12-1 或有事项内容

图 12-1 的相关概念内涵如下：

预计负债是指政府单位对因或有事项所产生的现时义务而确认的负债，如未决诉讼等确认的负债。关于预计负债，可从以下方面来理解：

第一，预计负债属于或有事项范畴。或有事项的结果可能会产生预计负债、或有负债或者或有资产等，其中，预计负债属于负债的范畴，一般符合负债的确认条件而应予确认。随着某些未来事项的发生或者不发生，或有负债可能转化为政府单位的预计负债或负债，或者消失；或有资产也有可能形成政府单位的资产或者消失。

第二，预计负债不同于或有负债。或有负债是指过去的交易或者事项形成的潜在义务，其存在须通过未来不确定事项的发生或不发生予以证实；或过去的交易或者事项形成的现时义务，履行该义务不是很可能导致经济利益流出政府单位或该义务的金额不能可靠计量。

或有资产是指过去的交易或者事项形成的潜在资产，其存在须通过未来不确定事项的发生或不发生予以证实。或有资产作为一种潜在资产，其结果具有较大的不确定性，只有随着经济情况的变化，通过某些未来不确定事项的发生或不发生才能证实其是否会形成政府单位真正的资产。

（二）会计科目的设置

为了反映预计负债增减变动情况，财务会计应设置"预计负债"科目。该科目贷方登记因或有事项所产生的现时义务而确认的负债；借方登记实际偿付的预计负债；期末贷方余额反映政府单位已确认但尚未支付的预计负债金额。

"预计负债"科目的明细账应按照预计负债的项目设置并进行明细核算。

（三）预计负债的账务处理

政府单位确认预计负债时，财务会计按照预计的金额，借记"业务活动费用""经营费用""其他费用"等科目，贷记"预计负债"科目。

政府单位实际偿付预计负债时，财务会计按照偿付的金额，借记"预计负债"科目，贷记"银行存款""零余额账户用款额度"等科目；同期，预算会计应借记"事业支出""经营支出""其他支出"科目，贷记"资金结存"科目。

政府单位根据确凿证据需要对已确认的预计负债账面余额进行调整的，按照调整增加的金额，财务会计应借记有关科目，贷记"预计负债"科目；按照调整减少的金额，借记

"预计负债"科目,贷记"业务活动费用""经营费用"等科目。

【例12-20】2×23年至2×24年,某事业单位根据发生的预计负债业务编制相关的会计分录。

(1) 2×23年10月,因其研发产品质量问题对李某造成人身伤害,被李某提起诉讼,要求赔偿500 000元。至12月31日,法院尚未作出判决。事业单位预计该项诉讼很可能败诉,赔偿金额估计在250 000~375 000元,并且还需要支付诉讼费用10 000元。编制财务会计分录:

业务活动费用 = (250 000+375 000)÷2 = 312 500(元)

借:业务活动费用——诉讼赔偿　　　　　　　　　　　　　312 500
　　单位管理费用——诉讼费用　　　　　　　　　　　　　　10 000
　　贷:预计负债——未决诉讼　　　　　　　　　　　　　　322 500

(2) 该事业单位已就该产品质量向保险公司投保,单位基本确定可从保险公司获得赔偿125 000元,但尚未获得相关赔偿证明。编制财务会计分录:

借:其他应收款——××保险公司　　　　　　　　　　　　125 000
　　贷:其他收入——诉讼赔偿　　　　　　　　　　　　　　125 000

(3) 2×24年2月15日,法院判决事业单位向李某赔偿290 000元,并负担诉讼费用10 000元,双方均不再上诉。编制财务会计分录:

借:预计负债——未决诉讼　　　　　　　　　　　　　　　322 500
　　贷:其他应付款——李某　　　　　　　　　　　　　　　312 500
　　　　　　　　　——法院　　　　　　　　　　　　　　　 10 000

(4) 2×24年2月21日,该事业单位从保险公司获得产品质量赔偿款125 000元,并于当日用银行存款支付了对李某的赔偿款和诉讼费用。编制财务会计分录:

借:银行存款　　　　　　　　　　　　　　　　　　　　　125 000
　　贷:其他应收款——××保险公司　　　　　　　　　　　125 000
借:其他应付款——李某　　　　　　　　　　　　　　　　312 500
　　　　　　　——法院　　　　　　　　　　　　　　　　 10 000
　　贷:银行存款　　　　　　　　　　　　　　　　　　　　322 500

同期,编制该业务的预算会计分录:

借:事业支出　　　　　　　　　　　　　　　　　　　　　322 500
　　贷:资金结存——货币资金　　　　　　　　　　　　　　322 500

五、受托代理负债

受托代理负债是指政府单位接受委托取得受托代理资产时形成的负债。

为了反映受托代理负债增减变动情况,财务会计应设置"受托代理负债"科目。该科目的贷方登记受托代理负债的增加,借方登记受托代理负债的减少,期末贷方余额反映政府单位尚未交付或发出受托代理资产形成的受托代理负债金额。

受托代理负债的账务处理参见第十一章"受托代理资产"相关内容。

【关键词汇】

| 负债(liabilities) | 应缴财政款(payable financial funds) |

续表

负债（liabilities）	应缴财政款（payable financial funds）
流动负债（current liabilities）	应付职工薪酬（employee pay payable）
短期借款（short-term borrowing）	非流动负债（non-current liability）
应交增值税（value added tax payable）	预计负债（estimated liabilities）
应付账款（accounts payable）	长期借款（money borrowed for long term）
预收账款（deposit received）	长期应付款（long-term payable）
预提费用（accrued expenses）	

【思考与练习】

一、思考题

1. 流动负债和非流动负债的区分标志是什么？流动负债是如何分类的？
2. 短期借款、带息应付票据的利息是如何核算的？
3. 应付职工薪酬包括哪些内容？如何核算应付职工薪酬？
4. 增值税一般纳税人和小规模纳税人在应交增值税方面的核算有何不同？
5. 政府单位哪些税费通过"其他应交税费"科目核算？
6. 简述政府单位应缴财政款核算内容。其应交增值税、其他应交税费核算有何区别？
7. 应付票据、应付账款和预收账款同为政府单位的流动负债，它们彼此之间的会计核算有何异同？
8. 什么是预提费用？如何对预提费用进行会计核算？

二、练习题

（一）单项选择题

1. 某事业单位 2×24 年 7 月 1 日从银行借入资金 60 万元，期限为 6 个月，年利率为 6%，到期还本，按月计提利息，按季付息。该单位 7 月 31 日应计提的利息为（　　）万元。

　　A. 0.3　　　　　B. 0.6　　　　　C. 0.9　　　　　D. 3.6

2. 下列各项中，属于核算事业单位处置资产净收入的是（　　）。

　　A. 应缴国库款　　B. 应缴税费　　C. 应缴预算款　　D. 应缴财政专户款

3. 下列各项关于预计负债的表述中，正确的是（　　）。

　　A. 预计负债是政府单位承担的潜在义务

　　B. 与预计负债相关支出的时间或金额具有一定的不确定性

　　C. 预计负债计量应考虑未来期间相关资产预期处置利得的影响

　　D. 预计负债应按相关支出的最佳估计数减去基本确定能够收到的补偿后的净额计量

4. 2×24 年 4 月末，某政府单位按期预提租入办公用房租金 30 000 元时，下列按照预提的金额编制的会计分录中正确的是（　　）。

　　A. 借：单位管理费用　　　　　　　　　　　　　　　　　　　　　30 000
　　　　　贷：预提费用　　　　　　　　　　　　　　　　　　　　　　30 000

B. 借：预提费用　　　　　　　　　　　　　　　　30 000
　　贷：业务活动费用　　　　　　　　　　　　　　　　30 000
C. 借：非财政拨款结余　　　　　　　　　　　　　　30 000
　　贷：非财政拨款结转　　　　　　　　　　　　　　　30 000
D. 借：预提费用　　　　　　　　　　　　　　　　30 000
　　贷：银行存款　　　　　　　　　　　　　　　　　30 000

5. 下列各项中，关于事业单位应缴财政款的表述错误的是（　　）。
A. 应缴财政款是指单位取得或应收的按照规定应当上缴财政的款项
B. 该科目贷方登记实际上缴财政款项的金额
C. 包括应缴国库的款项和应缴财政专户的款项
D. 单位上缴应缴财政的款项时，按照实际上缴的金额，借记"应缴财政款"科目，贷记"银行存款"科目

（二）多项选择题

1. 下列各项中，应列入资产负债表"应付利息"项目的有（　　）。
A. 计提的短期借款利息
B. 计提的一次还本付息国债利息
C. 计提的分期付息、到期还本国债利息
D. 计提的分期付息、到期还本长期借款利息

2. 下列各项中，属于"应付职工薪酬"账户核算范围的有（　　）。
A. 支付临时工的工资　　　　　　B. 发放困难职工的补助金
C. 缴纳职工的工伤保险费　　　　D. 支付辞退职工的经济补偿金

3. 下列各项中，属于事业单位应缴款项的有（　　）。
A. 应缴预算款　　　　　　　　　B. 应缴税费
C. 应缴国库款　　　　　　　　　D. 应缴财政专户款

4. 下列各项中，属于政府单位应缴国库款内容的有（　　）。
A. 行政性收费收入　　　　　　　B. 罚没收入
C. 无主财物变价收入　　　　　　D. 应缴税费

5. 事业单位计提应付利息时，下列各项中属于财务会计可以贷记的科目有（　　）。
A. 应付利息　　　　　　　　　　B. 长期借款
C. 资金结存　　　　　　　　　　D. 短期借款

（三）业务核算题

1. 资料：2×24 年 5 月份，某行政单位发生应付职工薪酬 215 200 元。其中，工资 172 000 元，津贴补贴 19 600 元，社会保险费 13 200 元，住房公积金 10 400 元。该行政单位从应付职工薪酬中代扣代缴社会保险费和住房公积金合计 19 200 元，代扣代缴个人所得税 10 000 元，通过财政直接支付方式向职工支付工资等薪酬 162 400 元。该行政单位通过财政直接支付方式缴纳单位为职工承担的社会保险费 13 200 元和住房公积金 10 400 元。

要求：根据上述业务编制以下业务的会计分录。
（1）月末确认应付职工薪酬。
（2）从应付职工薪酬中代扣代缴社会保险费、住房公积金和个人所得税。
（3）向职工支付工资、津贴补贴等薪酬。

（4）缴纳单位为职工承担的社会保险费和住房公积金。

2. 科研单位为增值税一般纳税人，2×24年5月发生以下与增值税相关的业务：

（1）购进非独立核算产品生产经营用原料一批，取得增值税专用发票注明的价款为15 000元，增值税税额为1 950元。全部款项以零余额账户支付。

（2）出售科研产品一批，开具增值税专用发票注明的价款为30 000元，增值税税额为3 900元，全部款项已存入单位开户银行。

（3）将业务（1）购进用于生产经营产品的原料5 000元改为科研使用。

（4）月末盘点原料，发现因管理不善造成原料损失6 000元，该原料购进时支付的增值税为780元。

要求：根据上述经济业务，逐笔编制会计分录。

3. 资料：某市园林绿化局所属非独立核算经营中心为增值税小规模纳税人，适用的征收率为3%。2×24年发生相关经济业务如下：

（1）从甲企业购买一批用于培育花木肥料，取得增值税专用发票注明价款5 000元，增值税税额为650元，款项尚未付款。

（2）向乙公司开出商业承兑汇票购置维护苗圃所需的物品一批，取得增值税专用发票注明价款20 000元，增值税税额为2 600元，物品已验收入库。

（3）预收丙公司购买花木款40 000元存入银行。销售花木一批，开具的普通发票上注明的货款（含税）为51 500元，款项已存入银行。

要求：根据上述业务，编制相关的会计分录。

4. 资料：2×24年10月份，某行政单位发生经济业务如下：

（1）依法开出罚款单共计35 000元，其中实行直接缴库方式已缴入国库3 000元，另外5 000元现金为集中汇缴的款项，尚未上缴。

（2）收到其负责收取的证书费6 000元，存入银行。

（3）出租办公楼附属的一间房屋，收到承租方支付的租金收入3万元（假设相关税费为零），银行账户已收到款项。

（4）经计算，本月应发放高龄老人补贴150 000元、困难家庭补助168 000元，共计318 000元。

要求：根据上述业务，编制相关的会计分录。

5. 2×24年1月1日，某事业单位向开发银行借入资金3 500 000元，借款年利率为6%，借款期限为三年，每年年底归还借款利息，三年期满后一次还清本金。该单位使用借款扩建科研大楼，2×24年12月31日前共发生材料、人工费2 800 000元，款项通过银行已划拨给施工企业。2×25年3月31日前又发生费用50 000元，已与施工企业结清。科研大楼2×25年3月底完工达到可使用状态。

要求：

（1）编制2×24年以下业务的会计分录：①1月1日借入资金；②确认2×24年科研大楼各项支出；③年末确认并支付借款利息。

（2）编制2×25年以下业务的会计分录：①3月底确认利息费用并结转科研大楼施工成本；②3月底支付工程款；③4月起，按月预提借款利息。

（3）2×26年末，借款到期偿还借款本金。

6. 资料：甲事业单位（以下简称"甲单位"）为增值税小规模纳税人，2×19年1月

1日与乙公司签订一份购货合同，甲单位从乙公司购入一台需要安装的大型机器设备。合同约定，甲单位采用分期付款方式支付价款。该设备价款共计90 000元，首期款项15 000元及全部增值税23 100元于2×19年1月1日以零余额账户支付，其余款项在2×20年至2×24年的5年期间平均支付，每年的付款日期为当年12月31日。

2×19年1月5日，设备如期运抵甲单位并开始安装，发生运杂费10 000元、包装费9 000元。2×19年3月31日，设备达到预定可使用状态，发生安装费6 000元，增值税240元。全部税费以银行存款支付。

要求：

（1）编制购入设备、支付运杂费、包装费和安装费的会计分录。

（2）编制设备达到预定可使用状态，结转设备安装完工成本的会计分录。

（3）编制2×20年至2×24年每年支付设备款的会计分录。

第十三章　政府单位收入与预算收入

【学习目标和思政目标】
●学习目标：了解收入的概念、特点、内容及其分类，熟悉上级补助收入、附属单位上缴收入、非同级财政拨款收入、其他类收入的内容；掌握财政拨款收入、事业收入和经营收入的核算方法；了解预算收入、预算支出、预算结余的概念；熟悉预算收入、预算支出、预算结余的内容；掌握预算收入、预算支出和预算结余的核算方法。

●思政目标：树立爱国情怀和担当意识，懂得无论是组织预算收入还是安排预算支出，都要立足单位、放眼部门和国家，要有政治意识、依法办事以及成本效益意识，以维护国家利益为天职，秉持科学、规范、效率工作态度，发扬勤俭、节约和精打细算精神。

【学习重点和难点】
●学习重点：财政拨款收入、事业收入和经营收入，财政拨款预算收入、事业预算收入、经营预算收入、行政支出、事业支出、经营支出、财政拨款结转与结余、非财政拨款结转与结余、专用结余、经营结余。

●学习难点：财政拨款预算收入、事业预算收入、经营预算收入、经营支出、财政拨款结转与结余、非财政拨款结转与结余、专用结余、经营结余。

第一节　收入与预算收入概述

一、收入与预算收入的概念

为了分别反映单位预算执行信息和财务信息，满足构建"财务会计和预算会计适度分离并相互衔接"的会计核算模式的要求，《政府单位会计制度》将政府单位收入按照适用的会计基础分为收入和预算收入。

（一）收入

收入是指报告期内导致单位净资产增加的、含有服务潜力或者经济利益的经济资源的流入，包括财政拨款收入、事业收入、上级补助收入、附属单位上缴收入、经营收入、非同级财政拨款收入、投资收益、捐赠收入、利息收入、租金收入等。

政府单位收入来源广泛，既有政府拨款的财政补助收入、提供专业服务（如教育、文化、医疗、科技等）收入、专业业务活动及其辅助活动之外开展非独立核算经营活动取得的经营性收入，还有与单位运营活动无直接关系的收入，如接受捐赠收入、现金盘盈收入、租金收入等。

(二) 预算收入

预算收入是指政府单位在预算年度内依法取得的并纳入预算管理的现金流入，包括现金、支付权力（国库集中支付额度）、非现金资产（财政直接支付形成非资产）、借入债务资金、资产出售或变现取得的资金等。

预算收入是政府单位在预算年度内通过一定的形式和程序，有计划地筹措到的运行资金，是政府单位履职和开展管理公共事务、提供公共服务、维护和实现社会公共利益、保障国家机器正常运转的重要财力保证。同时，预算收入活动上接预算编制，下承经费支出，它是政府单位会计核算与财务管理的主要内容。

二、收入与预算收入的内容

收入与预算收入核算的会计基础不同，收入核算主要以权责发生制为基础，预算收入核算主要以收付实现制为基础。两者包括的内容也不完全相同，如表13-1所示。

表13-1 收入与预算收入的内容

收入		预算收入	
类别	概念	类别	概念
财政拨款收入	政府单位从同级政府财政部门取得的各类财政拨款	财政拨款预算收入	政府单位从同级政府财政部门取得的各类财政拨款
事业收入	事业单位开展专业业务活动及其辅助活动实现的收入，不包括从同级政府财政部门取得的各类财政拨款	事业预算收入	事业单位开展专业业务活动及其辅助活动取得的现金流入
上级补助收入	事业单位从主管部门和上级单位取得的非财政拨款收入	上级补助预算收入	事业单位从主管部门和上级单位取得的非财政补助现金流入
附属单位上缴收入	事业单位取得的附属独立核算单位按照有关规定上缴的收入	附属单位上缴预算收入	事业单位取得附属独立核算单位根据有关规定上缴的现金流入
经营收入	事业单位在专业业务活动及其辅助活动之外开展非独立核算经营活动取得的收入	经营预算收入	事业单位在专业业务活动及其辅助活动之外开展非独立核算经营活动取得的现金流入
非同级财政拨款收入	政府单位从非同级政府财政部门取得的经费拨款，包括从同级政府其他部门取得的横向转拨财政款、从上级或下级政府财政部门取得的经费拨款等	非同级财政拨款预算收入	政府单位从非同级政府财政部门取得的财政拨款，包括本级横向转拨财政款和非本级财政拨款
投资收益	事业单位股权投资和债券投资所实现的收益或发生的损失	投资预算收益	事业单位取得的按照规定纳入部门预算管理的属于投资收益性质的现金流入，包括股权投资收益、出售或收回债券投资所取得的收益和债券投资利息收入

续表

收入		预算收入	
类别	概念	类别	概念
捐赠收入	政府单位接受其他单位或者个人捐赠取得的收入	债务预算收入	事业单位按照规定从银行和其他金融机构等借入的、纳入部门预算管理的、不以财政资金作为偿还来源的债务本金
利息收入	政府单位取得的银行存款利息收入	其他预算收入	政府单位除财政拨款预算收入、事业预算收入、上级补助预算收入、附属单位上缴预算收入、经营预算收入、债务预算收入、非同级财政拨款预算收入、投资预算收益之外的纳入部门预算管理的现金流入
租金收入	政府单位经批准利用国有资产出租取得并按照规定纳入本单位预算管理的租金收入		
其他收入	政府单位取得的除财政拨款收入、事业收入、上级补助收入、附属单位上缴收入、经营收入、非同级财政拨款收入、投资收益、捐赠收入、利息收入、租金收入以外的各项收入		

三、收入与预算收入的特征

（一）收入的特征

1. 将导致政府单位经济利益或服务潜力的增加。收入将引起政府单位资产增加或者负债减少（或者两者兼而有之），并最终导致政府单位经济利益或服务潜力的增加。这里所指的"经济利益"是指现金或者最终能转化为现金的非现金资产；"服务潜力"是指从事宗旨或章程所规定的活动，向公众、会员或其他受益人、委托人提供所需产品或服务的能力。

2. 收入将导致政府单位本期净资产的增加。政府单位取得收入一定会增加本期净资产。需要说明的是，这里所指的仅是收入本身对净资产的影响。收入扣除相关成本费用后的净额可能会引起净资产的增加，也可能会引起净资产的减少。

3. 收入是依法获得的。收入是依法获得的，主要表现在两个方面：一是政府单位获得的收入必须符合国家有关法律、法规和规章制度。财政拨款收入必须按照预算法和规定的科目、内容和程序进行申报、审批和领拨。获得的其他收入也必须符合国家有关法律法规和规章制度的规定。二是政府单位依法取得的收入受国家法律的保护，是正当、合理的。

4. 收入是非偿还性资金。政府单位收入主要是通过政府拨款、服务收费、社会公众捐赠等形式取得的，因此属于非偿还性资金。政府单位取得的需要偿还的资金（如借入的款项）或应上缴的款项（如应上缴财政的罚没收入等）不应确认为收入，应当作为负债处理。

5. 收入的形式和渠道多种多样。政府单位收入来源的形式和渠道是多种多样的，既有财政拨款收入，也有上级补助收入，还有事业收入、经营收入、附属单位上缴收入、投资收益、利息收入、捐赠收入等。

(二) 预算收入的特征

1. 预算收入是政府单位通过开展业务活动和完成工作任务而取得的收入。如履职和开展业务活动取得的财政预算拨款、事业预算收入，开展非独立核算经营活动取得经营收入，还有运行中举借债务资金取得的债务收入、获得的捐赠收入等。引起预算收入发生的活动应当是已经发生的活动，不包括尚未发生的活动。

2. 预算收入的取得和使用是依法的。一方面，政府单位获得的预算收入必须符合国家有关法律、法规和规章制度，并按照规定纳入政府单位部门收入预算；另一方面，财政预算拨款必须按照预算法和规定的科目、内容及程序进行申报、审批、领拨及其使用。获得其他收入也必须符合国家有关法律、法规和规章制度。

3. 预算收入是非偿还性资金。政府单位取得的各项预算收入是不需要偿还的，可以按照规定安排用于开展业务工作。政府单位取得的需要偿还的资金包括应付款项、应缴预算资金、应缴财政专户等款项，属于负债的范畴，需要偿还债权人或上缴财政，不能作为预算收入。

四、收入的确认和确认标准

(一) 收入的确认

根据《基本准则》，财务会计收入确认以权责发生制为基础，也就是单位以取得收取款项的权利为标志来确定本期收入。凡是当期已经实现的收入，不论款项是否收取，都应当作为当期的收入；凡是不属于当期的收入，即使款项已在当期收到，也不应当作为当期的收入。财务会计收入的内容不同，收入确认的方法也不尽相同，如表13-2所示。

表 13-2 财务会计收入确认标准

收入类别		确认收入标准
财政拨款收入	划拨资金方式	收到财政拨款收入时，按照实际收到的金额确认收入
	国库集中支付方式	财政直接支付方式下，根据收到的"财政直接支付入账通知书"及相关原始凭证，按照通知书中的直接支付入账金额确认收入
		财政授权支付方式下，根据收到的"财政授权支付额度到账通知书"，按照通知书中的授权支付额度确认收入
事业收入	采用财政专户返还方式管理的事业收入	收到从财政专户返还的事业收入时，按照实际收到的返还金额确认收入
	采用预收款方式或应收款方式管理的事业收入	一般根据合同完成进度确认收入
	采用其他方式确认的事业收入	按照实际收到的金额确认收入
上级补助收入		按照应收或实际收到金额确认收入
附属单位上缴收入		
非同级财政拨款收入		
经营收入		应当在提供服务或发出存货，同时收讫价款或者取得索取价款的凭据时，按照实际收到或应收的金额予以确认

续表

收入类别	确认收入标准
投资收益	短期投资持有期间收到的利息,按照实际收到的金额确认投资收益
	持有长期债券投资的投资收益,按照计算确定的应收未收利息确认
	采用成本法核算的长期股权投资持有期间的投资收益,按照宣告分派的现金股利或利润中属于单位应享有的份额确认
	采用权益法核算的长期股权投资持有期间的投资收益,按照应享有或应分担的被投资单位实现的净损益确认
捐赠收入、利息收入	按照实际收到的金额确认收入
租金收入	固定资产出租收入,应当在租赁期内各个期间按照直线法予以确认
	如果采用预收租金方式的,按照各期租金金额分期确认租金收入
	采用后付租金方式的,按照每期确认的租金确认租金收入
	采用分期收取租金方式的,按每期收取的租金确认租金收入

(二) 预算收入的确认标准

根据《基本准则》的规定,政府单位预算收入一般在实际收到时予以确认,以实际收到的金额计量。由于预算收入取得方式不同,具体确认收入标准也不尽相同。

1. 财政直接支付方式下,各政府单位根据财政国库支付执行机构委托代理银行转来的财政直接支付入账通知书及相关原始凭证,按照通知书中的直接支付入账金额确认预算收入。

2. 财政授权支付方式下,各政府单位根据代理银行转来的财政授权支付额度到账通知书,按照通知书中的授权支付额度确认预算收入。

3. 在其他方式下,按照实际收到的金额确认预算收入。

第二节 财政拨款收入及其预算收入

一、财政拨款收入的概念、特点和拨款方式

拨款是指立法机关准予的根据立法机关或类似权力机构指定的目的分配资金的一种授权[①]。财政拨款收入是指政府单位从同级财政部门取得的各类财政拨款。财政拨款(预算)收入概念包括两层含义:

(1)"从同级财政部门取得"是指政府单位直接或者按照部门预算隶属关系从同一级次财政部门取得的财政拨款。例如甲市卫生局从甲市财政局取得财政拨款,属于"财政拨款(预算)收入"。这一界定包括两层含义:第一层含义是甲市市属单位"只有"从甲市财政局(即同级政府财政部门)取得的各级财政拨款才属于"财政拨款收入",从其他来源取得的各类财政拨款都不属于"财政拨款(预算)收入";其他来源的各类财政拨款别

---

① 《国际公共部门会计准则第 24 号——财务报表中预算信息的列报》。

除一些特殊情形，全部属于"非同级财政拨款（预算）收入"。第二层含义是甲市市属单位从甲市财政局（即同级政府财政部门）取得的各级财政拨款全部属于"财政拨款（预算）收入"，不确认为其他（预算）收入。

对于一级预算单位，一般从同级财政部门直接取得；对于二级及二级以下预算单位，一般按照部门预算隶属关系，通过一级预算单位从同级财政部门取得。

（2）"财政拨款"包括政府单位从同级财政部门取得的所有财政拨款，包括一般公共预算资金、政府性基金预算资金和国有资本经营预算资金等，具有全面性和完整性特征。

财政拨款收入是事业单位从事公益活动的资金来源和物质基础。与事业单位其他收入相比，财政补助资金的特点有：一是资金管理相对比较严格，资金的申请、审批、划拨、管理、使用、开支范围和开支标准等都有非常详细的管理办法和要求；二是资金拨付方式多样，财政部门按照政府单位预算和分月用款计划，采取拨款、财政直接支付或授权支付等方式。

需要指出的是，财政拨款收入不包括国家对事业单位基本建设投资。

财政拨款有划拨资金和国库集中支付两种方式。其中：①划拨资金是指财政部门根据核定的部门预算和政府单位用款计划，填制预算拨款凭证，通过本级国库将资金划拨到主管预算单位在银行设立的预算经费存款户，由主管预算单位按照规定用途办理支用或转拨到所属单位的拨款方式；②国库集中支付包括财政直接支付和财政授权支付两种方式，其具体支付程序参见第二章中的第二节。

二、会计科目的设置

（一）财政拨款收入

为了反映和监督财政拨款收入增减变动情况，财务会计应设置"财政拨款收入"科目。该科目的贷方登记收到的拨款数；借方登记缴回的拨款数。平时贷方余额反映财政拨款收入累计数。期末，将"财政拨款收入"科目余额转入事业结转结余，结账后，"财政拨款收入"科目应无余额。"财政拨款收入"科目可按照一般公共预算财政拨款、政府性基金预算财政拨款等拨款种类进行明细核算。"财政拨款收入"科目所属明细科目设置方法如表13-3所示。

表13-3 "财政拨款收入"科目所属明细科目的设置方法[①]

总 账	明细账				用 途
	级 次	明细科目			
财政拨款预算收入	一级	一般预算拨款收入；政府性基金拨款收入			提供预算资金种类信息
	二级	财政直接支付		财政授权支付		满足与国库和银行对账的需要
	三级	基本支出	项目支出	基本支出	项目支出	满足部门决算对基本支出、项目支出业务资金管理和报告的需要，以及政府工作报告中对支出功能分类数据的需要

---

① 王彦，王建英. 政府与事业单位会计 [M]. 5版. 北京：中国人民大学出版社，2017：188.

续表

总 账	明细账									用 途
	级 次	明细科目								
财政拨款预算收入	四级	人员经费	日常公用经费	A项目	B项目	人员经费	日常公用经费	A项目	B项目	区分财政资金收入限定的不同用途
	五级	按照支出功能分类设置								

需要说明的是，为便于读者清晰、简明理解政府单位会计的主要账务处理，本章节相关的会计处理未严格按照表 13-3 要求设置明细科目并编制会计分录，而是根据讲解的内容，针对每部分会计处理所涉及的主要会计科目的明细账及其设置方法进行说明。

（二）财政拨款预算收入

财政拨款预算收入是指政府单位从同级政府财政部门取得的各类财政拨款。为了反映财政拨款预算收入的增减变动情况，政府单位预算会计应设置"财政拨款预算收入"科目。该科目的贷方登记财政拨款预算收入的增加；借方登记财政拨款预算收入的减少。年末将"财政拨款预算收入"科目本年发生额转入财政拨款，结转后无余额。"财政拨款预算收入"科目所属明细科目的设置方法参见"财政拨款收入"科目。

三、财政拨款收入账务处理

（一）财政直接支付方式

在财政直接支付方式下，政府单位根据财政国库支付执行机构委托代理银行转来的财政直接支付入账通知书及相关原始凭证，按照通知书中的直接支付入账金额，财务会计应借记"库存物品""固定资产""业务活动费用""单位管理费用""应付职工薪酬"等科目，贷记"财政拨款收入"科目，涉及增值税业务的，按照应交的增值税，借记"应交增值税"科目；同期，预算会计借记"行政支出""事业支出"等科目，贷记"财政拨款预算收入"科目。

年末，根据本年度财政直接支付预算指标数与当年财政直接支付实际支付数的差额，财务会计应借记"财政应返还额度——财政直接支付"科目，贷记"财政拨款收入"科目；同期，预算会计应借记"资金结存——财政应返还额度"科目，贷记"财政拨款预算收入"科目。

【例 13-1】甲事业单位（以下简称"甲单位"）为财政全额拨款的教育事业单位，实行国库集中支付和政府采购制度。2×24 年 12 月份，甲单位根据发生的国库集中支付和政府采购业务编制相关的会计分录。

（1）5 日，甲单位收到财政国库支付执行机构委托代理银行转来的"财政直接支付入账通知书"和"工资发放明细表"，通知书和明细表中注明的工资支出金额为 900 000 元，代理银行已将 900 000 元划入甲单位职工个人账户。编制财务会计分录：

借：应付职工薪酬　　　　　　　　　　　　　　　　　　　　　　　　　900 000
　　贷：财政拨款收入　　　　　　　　　　　　　　　　　　　　　　　　900 000
同期，编制该业务的预算会计分录：
借：事业支出　　　　　　　　　　　　　　　　　　　　　　　　　　　900 000

贷：财政拨款预算收入　　　　　　　　　　　　　　　　　　　　　　　　　900 000

（2）10 日，甲单位按规定的政府采购程序与乙供货商签订了一份购买设备合同，合同金额为 600 000 元。甲单位根据发票验货后，向财政国库支付执行机构提交了"财政直接支付申请书"，向财政申请支付乙供货商货款，并收到代理银行转来的用于支付乙供货商货款的财政直接支付入账通知书，通知书中注明的金额为 600 000 元、增值税为 54 000 元。编制财务会计分录：

　　借：固定资产　　　　　　　　　　　　　　　　　　　　　　　　　　　　654 000
　　　　贷：财政拨款收入　　　　　　　　　　　　　　　　　　　　　　　　　654 000
　　同期，编制该业务的预算会计分录：
　　借：事业支出　　　　　　　　　　　　　　　　　　　　　　　　　　　　654 000
　　　　贷：财政拨款预算收入　　　　　　　　　　　　　　　　　　　　　　　654 000

（3）20 日，收到代理银行转来的财政直接支付入账通知书，财政直接支付科研楼维修工程款、增值税共计 272 500 元。编制财务会计分录：

　　借：在建工程　　　　　　　　　　　　　　　　　　　　　　　　　　　　272 500
　　　　贷：财政拨款收入　　　　　　　　　　　　　　　　　　　　　　　　　272 500
　　同期，编制该业务的预算会计分录：
　　借：事业支出　　　　　　　　　　　　　　　　　　　　　　　　　　　　272 500
　　　　贷：财政拨款预算收入　　　　　　　　　　　　　　　　　　　　　　　272 500

（4）该单位 2×24 年财政直接支付预算指标为 65 300 000 元，当年财政直接支付实际支出 64 800 000 元。编制财务会计分录：

　　借：财政应返还额度——财政直接支付　　　　　　　　　　　　　　　　　500 000
　　　　贷：财政拨款收入　　　　　　　　　　　　　　　　　　　　　　　　　500 000
　　同期，编制该业务的预算会计分录：
　　借：资金结存——财政直接支付　　　　　　　　　　　　　　　　　　　　500 000
　　　　贷：财政拨款预算收入　　　　　　　　　　　　　　　　　　　　　　　500 000

（二）财政授权支付方式

在财政授权支付方式下，财务会计根据收到的财政授权支付额度到账通知书，按照通知书中的授权支付额度，借记"零余额账户用款额度"科目，贷记"财政拨款收入"科目；同期，预算会计应借记"资金结存"科目，贷记"财政拨款预算收入"科目。

年末，本年度财政授权支付预算指标数大于零余额账户用款额度下达数的，根据未下达的用款额度，借记"财政应返还额度——财政授权支付"科目，贷记"财政拨款收入"科目。

【例 13-2】2×24 年，某事业单位根据发生的国库集中支付和政府采购业务编制相关的会计分录。

（1）2 日，收到代理银行转来的财政授权支付额度到账通知书，通知书中注明的本月授权额度为 450 000 元，用于单位日常基本支出。编制财务会计分录：

　　借：零余额账户用款额度　　　　　　　　　　　　　　　　　　　　　　　450 000
　　　　贷：财政拨款收入　　　　　　　　　　　　　　　　　　　　　　　　　450 000
　　同期，编制该业务的预算会计分录：

借：资金结存——零余额账户用款额度　　　　　　　　　　　　　　450 000
　　贷：财政拨款预算收入　　　　　　　　　　　　　　　　　　　　450 000

（2）10日，收到代理银行转来的财政授权支付额度到账通知书，本月获得财政授权额度100 000元用于单位办公楼维修。编制财务会计分录：

借：零余额账户用款额度　　　　　　　　　　　　　　　　　　　　100 000
　　贷：财政拨款收入　　　　　　　　　　　　　　　　　　　　　　100 000

同期，编制该业务的预算会计分录：

借：资金结存——零余额账户用款额度　　　　　　　　　　　　　　100 000
　　贷：财政拨款预算收入　　　　　　　　　　　　　　　　　　　　100 000

（3）年末，经计算该单位2×24年度财政授权支付预算指标为45 600 000元，当年零余额账户用款额度下达数为45 200 000元。编制财务会计分录：

借：财政应返还额度——财政授权支付　　　　　　　　　　　　　　400 000
　　贷：财政拨款收入　　　　　　　　　　　　　　　　　　　　　　400 000

同期，编制该业务的预算会计分录：

借：资金结存——财政应返还额度　　　　　　　　　　　　　　　　400 000
　　贷：财政拨款预算收入　　　　　　　　　　　　　　　　　　　　400 000

（三）其他方式

政府单位采用其他方式下收到财政拨款收入时，财务会计按照实际收到的金额，借记"银行存款"等科目，贷记"财政拨款收入"科目；同期，预算会计应按照实际收到的金额，借记"资金结存"科目，贷记"财政拨款预算收入"科目。

【例13-3】某市文化局所属歌剧院为事业单位，2×24年2月10日收到开户银行转来的收款通知，收到财政部门拨入一笔项目支出预算专项经费300 000元，用于繁荣当地文化事业。歌剧院应编制财务会计分录：

借：银行存款　　　　　　　　　　　　　　　　　　　　　　　　　300 000
　　贷：财政拨款收入　　　　　　　　　　　　　　　　　　　　　　300 000

同期，编制该业务的预算会计分录：

借：资金结存——货币资金　　　　　　　　　　　　　　　　　　　300 000
　　贷：财政拨款预算收入　　　　　　　　　　　　　　　　　　　　300 000

（四）财政拨款退回

政府单位因差错更正或购货退回等发生国库直接支付款项退回的，属于以前年度支付的款项，财务会计按照退回金额借记"财政应返还额度——财政直接支付"科目，贷记"以前年度盈余调整""库存物品"等科目；同期，预算会计要进行相应账务处理，参见"财政应返还额度"科目相关规定。

政府单位因差错更正或购货退回的款项属于本年度支付的，财务会计应按照退回金额，借记"财政拨款收入"科目，贷记"业务活动费用""库存物品"等科目；同期，预算会计应借记"财政拨款预算收入"科目，贷记"行政支出""事业支出"等科目。

转拨从本级政府财政部门取得资金应用案例

【例13-4】2×24年2月20日，甲事业单位收到通知，本年1月25日从乙单位购进存货因质量问题退货。该批存货价款为 500 000 元，已列支出 50 000 元，其余已确认存货。

编制财务会计分录：

借：财政拨款收入　　　　　　　　　　　　　　　　　　500 000
　　贷：库存物品　　　　　　　　　　　　　　　　　　450 000
　　　　业务活动费用　　　　　　　　　　　　　　　　 50 000

同期，编制该业务的预算会计分录：

借：财政拨款预算收入　　　　　　　　　　　　　　　　500 000
　　贷：事业支出　　　　　　　　　　　　　　　　　　500 000

（五）期末结转收入

期末，财务会计将"财政拨款收入"科目本期发生额转入本期盈余，借记"财政拨款收入"科目，贷记"本期盈余"科目；年末结转预算收入，预算会计应借记"财政拨款预算收入"科目，贷记"财政拨款结转"科目。

【例 13-5】2×24 年，某事业单位财政拨款收入情况为：财政拨款收入（直接支付）356 000 000 元、财政拨款收入（授权支付）244 000 000 元。年末，将财政拨款收入转入财政补助结转。编制财务会计分录：

借：财政拨款收入　　　　　　　　　　　　　　　　　600 000 000
　　贷：本期盈余　　　　　　　　　　　　　　　　　600 000 000

年末，编制该业务的预算会计分录：

借：财政拨款预算收入　　　　　　　　　　　　　　　600 000 000
　　贷：财政拨款结转——本年收支结转　　　　　　　600 000 000

第三节　事业收入及其预算收入

一、事业收入的内涵

"事业"是与企业相对而言的一个概念，一般是指"没有生产收入""所需经费有国库开支"的社会工作[①]，如学校的教育工作、事业单位的医疗活动、演艺团体的艺术活动、科研机构的科研工作等。这些工作或活动由政府财政开支，不实行经济核算，提供的是非物质生产和劳务服务。这些活动形成的收入为事业收入。从理财角度看，事业收入是指事业单位开展专业业务活动及辅助活动所取得的收入，其中：专业业务活动又称主营业务，是事业单位根据本单位专业特点所从事或开展的主要业务活动，如文化事业单位的演出活动、教育事业单位的教学活动、科学事业单位的科研活动、卫生事业单位的医疗保健活动等；辅助活动是指与专业业务活动相关，直接为专业业务活动服务的单位行政管理、后勤服务活动及其他有关活动。按照事业单位行业划分，事业收入分类如表 13-4 所示。

---

① 黄恒学. 中国事业管理体制改革研究 [M]. 北京：清华大学出版社，1998：2.

表 13-4 事业收入的分类

行　业	事业收入的内容
中小学校	(1) 义务教育阶段学生缴纳的杂费 (2) 非义务教育阶段学生缴纳的学费 (3) 借读学生缴纳的借读费 (4) 住宿学生缴纳的住宿费 (5) 按照有关规定向学生收取的其他费用等
高等学校	(1) 教育事业收入，即通过学历和非学历教育向学生个人或者单位收取的学费、住宿费、委托培养费、考试考务费、培训费和其他教育事业收入 (2) 科研事业收入，即通过承接科研项目、开展科研协作、转化科技成果、进行科技咨询等取得的收入
科学事业单位	(1) 科研收入，即承担科研课题（项目）和接受委托研制样品样机取得的收入 (2) 技术收入，即对外提供技术转让、技术咨询、技术业务、技术培训和技术承包取得的收入 (3) 学术活动收入，即开展学术交流、学术期刊出版等活动取得的收入 (4) 科普活动收入，即开展科学知识宣传、讲座和科技展览等活动取得的收入 (5) 试制产品收入，即从事中间试验产品的试制取得的收入 (6) 教学活动收入
医院	(1) 医疗收入，包括：①门诊收入，即挂号收入、诊察收入、检查收入、化验收入、治疗收入、手术收入、卫生材料收入、药品收入、药事服务费收入、其他门诊收入等。②住院收入，即床位收入、诊察收入、检查收入、化验收入、治疗收入、手术收入、护理收入、卫生材料收入、药品收入、药事服务费收入、其他住院收入等 (2) 科教项目收入，即科研、教学项目收入
基层医疗卫生机构	(1) 门诊收入，包括挂号收入、诊察收入、检查收入、化验收入、治疗收入、手术收入、卫生材料收入、药品收入、一般诊疗费收入和其他门诊收入等 (2) 住院收入，包括床位收入、诊察收入、检查收入、化验收入、治疗收入、手术收入、护理收入、卫生材料收入、药品收入、一般诊疗费收入和其他住院收入等
测绘事业单位	(1) 测绘工程收入，即对外承接测绘工程价款收入、提供测绘劳务收入等 (2) 测绘成果成图收入，即以纸质、拷贝、磁带等为载体的测绘数据、图件，提供用户使用所取得的价款收入 (3) 测绘科技收入，即对外承担的科技开发、技术转让、技术咨询、技术服务，以及测绘产品质量检验和测绘仪器检定等活动取得的收入
地质事业单位	(1) 业务收入，即在开展基础性、战略性、社会公益性地质工作所取得的收入 (2) 地质技术服务收入，即对外开展地质技术活动所取得的收入，包括地质成果转让收入、地质学术活动收入等 (3) 辅助收入，即后勤服务活动及其他有关活动收入
文物事业单位	(1) 门票收入，即开展业务活动出售门票取得的收入 (2) 展览收入，即自行举办或与外单位合办、协办展览而取得的收入 (3) 讲解导览收入，即为观众提供讲解、语音导览服务取得的收入 (4) 考古调查、勘探、发掘收入，即进行考古调查、勘探和依法考古发掘取得的收入 (5) 文物保护工程收入，即对外提供文物保护工程勘察设计、施工、监理等取得的收入 (6) 文物修复设计、施工收入，即对外提供文物修复等服务取得的收入 (7) 文物鉴定、审核收入，即对外提供文物拍卖标底审核、文物进出境审核等取得的收入

续表

行　业	事业收入的内容
文物事业单位	（8）文物调拨、交换、出借补偿收入，即因文物调拨、交换、出借取得的补偿收入 （9）其他事业收入
文化事业单位	（1）演出收入，即艺术表演团体进行各类文艺演出取得的收入 （2）文化场馆服务收入，即艺术表演场所、文化展示及纪念机构开展文艺演出、举办展览展映等活动所取得的收入 （3）技术服务收入，即提供各种技术指导、技术咨询、技术服务取得的收入 （4）培训收入，即举办各种文化艺术培训班取得的收入 （5）复印复制收入，即图书馆、文化馆、群艺馆、展览馆、美术馆、纪念馆等对外提供馆藏资料的复印复制等服务取得的收入 （6）门票收入，即文化展示及纪念机构销售门票取得的收入 （7）外借人员劳务收入，即对外提供演职人员、技术人员等取得的劳务收入 （8）其他事业收入
广播电视事业单位	（1）广告收入，因播出、刊登广告收取的收入 （2）收视费收入，即收取的电视节目收视费收入 （3）节目销售收入，即销售节目取得的收入 （4）合作合拍收入，即与国内外单位和机构合作广播电视节目或合拍影视节目取得的收入 （5）节目制作和播放收入，即为其他单位制作和播放广播电视节目取得的收入 （6）节目传输收入，即为用户传送广播电视节目取得的收入 （7）技术服务收入，即对外提供技术服务、技术咨询、翻译服务、信息服务、计量检测、设备技术安装和维修等取得的收入 （8）其他事业收入，主要包括培训收入、门票收入等
计划生育事业单位	（1）技术服务收入，即开展计划生育优生优育咨询指导、避孕节育手术、孕前优生健康检查、孕情环情监测、计划生育手术并发症诊治、生殖健康检查治疗等技术服务活动取得的收入 （2）病残儿鉴定收入，即人口和计划生育事业单位对病残儿进行鉴定所取得的收入 （3）培训收入，即开展业务培训取得的收入 （4）宣传品制作收入，即制作人口计生图书、音像等各类宣传品取得的收入 （5）其他事业收入
体育事业单位	（1）竞技体育比赛收入，即组织或参加各类竞技体育比赛和表演取得的各项收入 （2）门票收入，即体育场馆举办各类文体表演取得的门票收入 （3）出售广播电视转播权收入，即出售竞技体育比赛和表演的广播电视转播权取得的收入 （4）广告赞助收入，即利用体育场地、体育比赛服装和器材等为社会提供广告服务取得的收入 （5）体育技术服务收入，即对外提供技术指导、技术咨询、技术培训、信息服务和推广体育科研成果等取得的收入 （6）体育相关业务收入，即组织与体育相关的各种体育交流、体育展览、体育旅游等活动取得的收入 （7）无形资产转让收入，即按照国家有关规定，经过中介机构评估后转让无形资产取得的收入 （8）其他体育事业收入
国家物资储备事业单位	开展专业业务活动及其辅助活动取得的物资出库费收入、装卸收入、仓储费收入、设计收入、教学收入、港口收入等
彩票机构	财政部门核拨给彩票机构用于开展彩票发行销售业务活动及其辅助活动的业务费收入

事业单位一部分收入是利用政府的权力、信誉、资源取得的，或借助这些资源提供特定公共服务、准公共服务而取得的，如广播电视事业单位的广告收入，公立学校设备、场地或房屋出租出借收入，事业单位内部非独立核算招待所的住宿费收入，等等。这类收入一般与其专业业务活动及辅助活动没有直接关系，通常作为租金收入、其他收入或经营收入处理。

事业收入体现了事业活动的公益性原则，可能从商品或服务的接受方取得了补偿性收入，也可能从财政取得了补偿性资金。事业收入具有数额大、反复出现的特点。

二、会计科目的设置

（一）"事业收入"科目

为了反映和监督事业单位开展专业业务活动及其辅助活动取得的收入，事业单位财务会计应设置"事业收入"科目。该科目贷方登记事业收入的增加；借方登记期末收入转销的数额。期末，将"事业收入"科目余额转入"事业结转结余"科目，借记"事业收入"科目，贷记"事业结转结余"科目。期末结账后，"事业收入"科目应无余额。"事业收入"科目应当按照事业收入类别、项目，政府收支分类科目中"支出功能分类"相关科目等进行明细核算。事业收入中如有专项资金收入，还应按具体项目进行明细核算。

（二）"事业预算收入"科目

为了反映和监督事业单位开展专业业务活动及其辅助活动取得的现金流入，事业单位预算会计应设置"事业预算收入"科目。该科目的贷方登记实际收到的事业预算收入；借方登记年末转入非财政拨款结转或其他结余的事业预算收入。年末结转后，"事业预算收入"科目应无余额。

"事业预算收入"科目应当按照事业预算收入类别、项目、来源、政府收支分类科目中"支出功能分类科目"项级科目等进行明细核算。对于因开展科研及其辅助活动从非同级政府财政部门取得的经费拨款，应当在"事业预算收入"科目下单设"非同级财政拨款"明细科目进行明细核算；事业预算收入中如有专项资金收入，还应按照具体项目进行明细核算。"事业预算收入"科目明细科目设置方式如表13-5所示。

表13-5　事业预算收入明细科目设置方式

总账科目	二级明细科目	三级明细科目	四级明细科目	五级明细科目
事业预算收入	政府支出功能分类科目的"项"级科目	非专项收入	非同级财政拨款	××收入
			其他资金收入	
		专项收入	非同级财政拨款	××项目
			其他资金收入	

借：资金结存——货币资金　　　　　　　　　　　　　　　　　　　500 000
　　贷：事业预算收入——高科技研究——专项收入——非同级财政拨款——M项目　500 000

【例13-6】 某科学事业单位中标某政府主管部门使用本级政府财政拨款资金招标的高科技应用研究科研任务，获得M项目拨款500 000元，款项已经拨入该科学事业单位银行账户。该业务的预算会计分录见表13-5。

事业单位因开展科研及其辅助活动从非同级政府财政部门取得的经费拨款，也通过"事业预算收入"科目核算。

三、事业收入及其预算收入的账务处理

根据管理需要，事业单位事业收入分为财政专户返还方式管理的事业收入和直接确认的事业收入两类。前者将取得的款项先上缴财政，待收到财政专户返还款项时再确认收入。

（一）采用财政专户返还方式管理的事业收入

为了加强对由事业单位收取并使用资金的监管，根据财政部门的资金管理要求，有些事业收入取得时并不能直接作为事业单位的收入，而要纳入上缴财政专户管理。只有当财政返还部分款项时，事业单位才能将这部分收入确认为事业收入。因此，根据管理要求不同，事业收入分成两部分：一部分是无须上缴财政专户的，单位可直接确认为事业收入；另一部分是需要上缴财政专户的，在收到财政专户拨款通知时才可确认为本单位的事业收入[①]。

事业单位实现应上缴财政专户的事业收入时，财务会计按照实际收到或应收的金额，借记"银行存款""应收账款"等科目，贷记"应缴财政款"科目；向财政专户上缴款项时，按照实际上缴的款项金额，借记"应缴财政款"科目，贷记"银行存款"等科目；收到从财政专户返还的事业收入时，按照实际收到的返还金额，借记"银行存款"等科目，贷记"事业收入"科目。

预算会计收到从财政专户返还的款项，借记"资金结存"科目，贷记"事业预算收入"科目。

【例13-7】2×24年12月份某事业单位代行政府职能累计收取费用5 000 000元。按照相关政策，应从财政专户返还款项2 000 000元，该单位已收到相关款项并存入银行。编制会计分录如下：

（1）收到款项，编制财务会计分录：

借：银行存款　　　　　　　　　　　　　　　　　　　　　　5 000 000
　　贷：应缴财政款　　　　　　　　　　　　　　　　　　　　　　5 000 000

（2）上缴全部代收款项：

借：应缴财政专户款　　　　　　　　　　　　　　　　　　　5 000 000
　　贷：银行存款　　　　　　　　　　　　　　　　　　　　　　5 000 000

（3）收到财政专户返还款，编制财务会计分录：

借：银行存款　　　　　　　　　　　　　　　　　　　　　　2 000 000
　　贷：事业收入　　　　　　　　　　　　　　　　　　　　　　2 000 000

同期，编制该业务的预算会计分录：

借：资金结存——货币资金　　　　　　　　　　　　　　　　2 000 000
　　贷：事业预算收入　　　　　　　　　　　　　　　　　　　　2 000 000

---

① 王彦，王建英. 政府会计 [M]. 北京：中国人民大学出版社，2012：226.

(二) 采用预收款方式确认的事业收入

在预收款方式下，事业单位实际收到预收款项时，财务会计应按照收到的金额，借记"银行存款"等科目，贷记"预收账款"科目；同期，预算会计应借记"资金结存"科目，贷记"事业预算收入/经营预算收入"等科目。

以合同完成进度确认事业收入时，按照基于合同完成进度计算的金额，借记"预收账款""银行存款"（收到补款）科目，贷记"事业收入"科目，如果取得收入涉及应交增值税的，按照确认的应交增值税，贷记"应交增值税——应交税金（销项税额）"科目。确认收入的同期，如果收到补付款，预算会计应借记"资金结存——货币资金"科目，贷记"事业预算收入/经营预算收入"等科目。

【例13-8】 2×24年，甲公立学校根据发生的预收款项业务编制相关的会计分录。

(1) 9月1日，该学校根据与乙公司签订的培训协议收取乙公司18个月职工培训费360 000元存入银行。该培训收入未采用财政专户返还方式进行管理。收到培训费，编制财务会计分录：

借：银行存款　　　　　　　　　　　　　　　　　　　360 000
　　贷：预收账款——预收培训款　　　　　　　　　　360 000

同期，编制该义务的预算会计分录：

借：资金结存——货币资金　　　　　　　　　　　　　360 000
　　贷：事业预算收入　　　　　　　　　　　　　　　360 000

(2) 9月至12月，每月末确认收入20 000元。编制财务会计分录：

借：预收账款——预收培训款　　　　　　　　　　　　 20 000
　　贷：事业收入　　　　　　　　　　　　　　　　　 20 000

(三) 采用应收款方式确认的事业收入

在应收款方式下，事业单位根据合同完成进度计算本期应收的款项，借记"应收账款"科目，贷记"事业收入"科目，如果取得收入涉及应交增值税的，按照确认的应交增值税，贷记"应交增值税——应交税金（销项税额）"科目；实际收到款项时，借记"银行存款"等科目，贷记"应收账款"科目。同期，预算会计实际收到款项时，借记"资金结存"科目，贷记"事业预算收入"科目。

(四) 其他方式下确认的事业收入

事业单位采用其他方式确认事业收入时，财务会计应按照实际收到的金额，借记"银行存款""库存现金"等科目，贷记"事业收入"科目，如果取得收入涉及应交增值税的，按照确认的应交增值税，贷记"应交增值税"科目；同期，预算会计按照实际收到款项，借记"资金结存"科目，贷记"事业预算收入"科目。

【例13-9】 2×24年5月10日，某公立医院财会部门收到门诊挂号处报来当日"挂号诊察收入汇总日报表"，表中列明挂号收入15 000元，诊察收入65 000元，全部款项已存入银行。编制财务会计分录：

借：银行存款　　　　　　　　　　　　　　　　　　　 80 000
　　贷：事业收入——医疗收入　　　　　　　　　　　 80 000

同期，编制该业务的预算会计分录：

借：资金结存——货币资金　　　　　　　　　　　　　 80 000

贷：事业预算收入　　　　　　　　　　　　　　　　　　　　　　　　　80 000
　　（五）期末事业收入的转销
　　期末，政府单位将"事业收入"科目本期发生额转入本期盈余，借记"事业收入"科目，贷记"本期盈余"科目；年末，预算会计结转事业预算收入，借记"事业预算收入"科目，贷记"非财政拨款结转"（专项资金收入）科目、"其他结余"（非专项资金收入）科目。
　　【例 13-10】2×24 年 12 月末，某事业单位将事业收入 3 000 000 元转入本期盈余，其中专项资金收入 850 000 元，非专项资金收入 2 150 000 元。编制财务会计分录：
　　借：事业收入　　　　　　　　　　　　　　　　　　　　　　　　　3 000 000
　　　贷：本期盈余　　　　　　　　　　　　　　　　　　　　　　　　3 000 000
　　同期，编制该业务的预算会计分录：
　　借：事业预算收入　　　　　　　　　　　　　　　　　　　　　　　3 000 000
　　　贷：非财政拨款结转——专项资金收入　　　　　　　　　　　　　　850 000
　　　　其他结余——非专项资金收入　　　　　　　　　　　　　　　2 150 000

第四节　上级补助收入、附属单位上缴收入及其预算收入

一、上级补助收入及其预算收入

　　（一）上级补助收入及其预算收入概述
　　上级补助收入是指事业单位从主管部门和上级单位取得的非财政拨款收入。为了促进各类事业的发展或弥补事业单位业务收入抵补其业务支出的不足，各类事业单位的主管部门可以利用自身组织的收入和集中下级单位的收入以一定方式对所属事业单位予以拨款补助。这部分拨入资金形成了事业单位的上级补助收入。财政部门通过主管部门和上级单位转拨的事业经费，只能记入财政拨款收入，不能作为上级补助收入处理。
　　（二）会计科目的设置
　　1."上级补助收入"科目。为了反映和监督上级补助收入增减变动情况，事业单位财务会计应设置"上级补助收入"科目。该科目贷方登记确认的上级补助收入；借方登记期末将"上级补助收入"科目本期发生额转入本期盈余数；期末结转后，"上级补助收入"科目应无余额。"上级补助收入"科目应当按照发放补助单位、补助项目等进行明细核算。
　　2."上级补助预算收入"科目。为了反映和监督事业单位上级补助预算收入增减变动情况，事业单位预算会计应设置"上级补助预算收入"科目。该科目贷方登记收到的上级补助预算收入；借方登记年末将本科目本年发生额转入非财政拨款结转（专项资金收入）、转入其他结余（非专项资金收入）数额；年末结转后，"上级补助预算收入"科目应无余额。"上级补助预算收入"科目应当按照发放补助单位、补助项目、政府收支分类科目中"支出功能分类科目"的项级科目等进行明细核算。上级补助预算收入中如有专项资金收入，还应按照具体项目进行明细核算。
　　上级补助预算收入科目明细科目设置方式参见"事业预算收入"科目。

(三) 上级补助收入及其预算收入的账务处理

事业单位确认上级补助收入时，财务会计按照应收或实际收到的金额，借记"其他应收款""银行存款"等科目，贷记"上级补助收入"科目；实际收到应收的上级补助款时，按照实际收到的金额，借记"银行存款"等科目，贷记"其他应收款"科目；同期，预算会计按照实际收到的金额，借记"资金结存——货币资金"科目，贷记"上级补助预算收入"科目。

期末，事业单位将"上级补助收入"科目本期发生额转入本期盈余，财务会计应借记"上级补助收入"科目，贷记"本期盈余"科目。年末，预算会计将"上级补助预算收入"科目本年发生额中的专项资金收入转入"非财政拨款结转"科目，借记"上级补助预算收入"科目下各专项资金收入明细科目，贷记"非财政拨款结转——本年收支结转"科目；将"上级补助预算收入"科目本年发生额中的非专项资金收入转入"其他结余"，借记"上级补助预算收入"科目下各非专项资金收入明细科目，贷记"其他结余"科目。

【例13-11】2×24年7月5日，甲事业单位收到上级主管部门非财政（非专项资金收入）拨款收入5 000 000元，款项存入银行。编制财务会计分录：

(1) 确认（收到）拨款收入，编制财务会计分录：

借：银行存款　　　　　　　　　　　　　　　　　　　　　　　5 000 000
　　贷：上级补助收入——主管部门　　　　　　　　　　　　　　　5 000 000

同期，编制该业务的预算会计分录：

借：资金结存——货币资金　　　　　　　　　　　　　　　　　5 000 000
　　贷：上级补助预算收入——主管部门　　　　　　　　　　　　5 000 000

(2) 期末，结转上级补助收入或预算收入，编制财务会计分录：

借：上级补助收入——主管部门　　　　　　　　　　　　　　　5 000 000
　　贷：本期盈余　　　　　　　　　　　　　　　　　　　　　　5 000 000

同期，编制该业务的预算会计分录：

借：上级补助预算收入　　　　　　　　　　　　　　　　　　　5 000 000
　　贷：其他结余　　　　　　　　　　　　　　　　　　　　　　5 000 000

二、附属单位上缴收入及其预算收入

(一) 附属单位上缴收入及其预算收入概述

附属单位一般是指具有独立法人资格的单位，包括所属的事业单位和企业。如某科研机构兴办的具有独立法人资格的学校、医院等，就是科研单位的附属单位；又如某科研单位全资兴办的企业，也应作为科学事业单位的附属单位。主管单位与附属机构在行政上是领导与被领导关系，而在财务上则是分级核算单位，即附属单位是主管单位的内部独立核算单位。为了将双方作为独立法人来反映各自经济利益，主管单位对于所属机构缴款应单独设置账户予以反映。由于此项缴款是事业单位附属机构按规定标准或比例向事业单位缴纳的资金，其数额多少直接涉及双方的经济利益。因此，事业单位应对附属单位缴款加强管理与核算。

附属单位上缴收入是指事业单位附属独立核算单位按照有关规定上缴的收入，包括附属的事业单位上缴的收入和附属企业上缴的利润等。附属单位补偿事业单位在支出中垫支的各种费用，应当相应冲减支出，不能作为上缴收入处理。

附属单位上缴预算收入是指事业单位取得附属独立核算单位根据有关规定上缴的现金流入。

(二) 会计科目的设置

1. "附属单位上缴收入"科目。为了反映和监督附属单位上缴收入增减变动情况，事业单位财务会计应设置"附属单位上缴收入"科目。该科目贷方登记事业单位实际收到的款项；借方登记期末转销的款项；期末，将"附属单位上缴收入"科目余额转入事业结转结余，结账后，"附属单位上缴收入"科目应无余额。"附属单位上缴收入"科目应当按照附属单位、缴款项目、政府收支分类科目中"支出功能分类"相关科目等进行明细核算。附属单位上缴收入中如有专项资金收入，还应按具体项目进行明细核算。

2. "附属单位上缴预算收入"科目。为了反映和监督附属单位上缴预算收入增减变动情况，事业单位预算会计应设置"附属单位上缴预算收入"科目。该科目贷方登记收到附属单位缴来的款项；借方登记年末将本科目本年发生额转入非财政拨款结转、其他结余的金额；年末结转后，"附属单位上缴预算收入"科目应无余额。"附属单位上缴预算收入"科目应当按照附属单位、缴款项目、以及政府收支分类科目中"支出功能分类科目"的项级科目等进行明细核算。附属单位上缴预算收入中如有专项资金收入，还应按照具体项目进行明细核算。

(三) 附属单位上缴收入及其预算收入的账务处理

事业单位确认附属单位上缴收入时，财务会计按照应收或收到的金额，借记"其他应收款""银行存款"等科目，贷记"附属单位上缴收入"科目。

事业单位实际收到应收附属单位上缴款时，按照实际收到的金额，借记"银行存款"等科目，贷记"其他应收款"科目；同期，预算会计按照实际收到的金额，借记"资金结存——货币资金"科目，贷记"附属单位上缴预算收入"科目。

期末，事业单位将"附属单位上缴收入"科目本期发生额转入本期盈余，借记"附属单位上缴收入"科目，贷记"本期盈余"科目。年末，预算会计将"附属单位上缴预算收入"科目本年发生额转入"非财政拨款结转"（专项资金收入转入）、转入"其他结余"（非专项资金收入）时，借记"附属单位上缴预算收入"科目，贷记"非财政拨款结转——本年收支结转""其他结余"科目。

【例13-12】2×24年12月，甲事业单位收到下属独立核算的乙单位缴款（专项资金）4 000 000元，全部款项存入银行；确认应收所属丙企业上缴利润（非专项资金）1 500 000元。

(1) 确认附属单位上缴收入。编制财务会计分录：

借：银行存款　　　　　　　　　　　　　　　　　　　　　　4 000 000
　　其他应收款　　　　　　　　　　　　　　　　　　　　　　1 500 000
　　贷：附属单位上缴收入　　　　　　　　　　　　　　　　　　　　5 500 000

同期，编制该业务的预算会计分录：

借：资金结存——货币资金　　　　　　　　　　　　　　　　4 000 000
　　贷：附属单位上缴预算收入　　　　　　　　　　　　　　　　　4 000 000

(2) 期末，转销附属单位上缴收入。编制财务会计分录：

借：附属单位上缴收入　　　　　　　　　　　　　　　　　　　　　　5 500 000
　　　　贷：本期盈余　　　　　　　　　　　　　　　　　　　　　　　　　　5 500 000
年末，编制该业务的预算会计分录：
　　借：附属单位上缴预算收入　　　　　　　　　　　　　　　　　　　　5 500 000
　　　　贷：非财政拨款结转——本年收支结转　　　　　　　　　　　　　　4 000 000
　　　　　　其他结余　　　　　　　　　　　　　　　　　　　　　　　　　1 500 000

第五节　经营收入及其预算收入

一、经营收入及其预算收入概述

（一）经营活动与经营收入

经营收入是指事业单位在专业业务活动及其辅助活动之外开展非独立核算经营活动取得的收入。有些事业单位在开展专业业务活动及其辅助活动的同时，充分利用自身优势，从事经营活动或兴办经济实体，拓宽资金来源渠道，弥补事业经费的不足，促进公益事业可持续地发展。

事业单位经营收入主要有：事业单位非独立核算部门销售商品取得的销售收入和提供服务取得的服务收入，未纳入"收支两条线"管理的出租房屋、场地和设备取得的租赁收入以及其他经营收入。

事业单位经营收入具有以下特征：

1. 经营收入的来源是经营活动。事业单位收入有的来自专业业务活动，如公立学校的学费收入以及相关财政拨款收入，而有的是辅助活动取得的收入，如单位的行政管理活动、后勤服务活动等。经营收入来自专业业务活动及其辅助活动以外的经营活动，比如，高校对社会开展服务活动，将闲置的固定资产出租出借取得的收入属于经营活动取得的收入，但至于高校向社会提供的科技咨询、成果转让、实验室开放等教学、科研活动及其辅助活动取得的收入，只能作为事业收入，不能确认为经营收入；再如，作为事业单位的剧院取得的演出收入是事业收入，剧院附设的商品部取得的销售收入则是经营收入。

2. 经营收入来源是非独立核算的收入。非独立核算是与独立核算相对应的一种核算形式。其特点是单位从上级单位领取一定数额的物资、款项从事业务活动，一切收入全部上缴，所有支出向上级报销，不独立计算盈亏，逐日或定期将发生的经济业务资料报送上级，并由其集中进行会计核算。比如，科研机构所属的非独立核算的车队、食堂等后勤单位，它们服务于社会取得的收入及其支出由科研单位集中核算，并作为经营收入和经营支出处理。需要说明的是，事业单位收到所属独立核算的经营企业上缴的纯收入应当作为附属单位上缴收入，不能作为经营收入处理。如剧院所属的作为独立法人的乐队的商业演出收入应当单独作为经营收入核算，但如将一部分纯收入上缴剧院，剧院应当将其作为附属单位缴款处理，不能确认为经营收入。

需要说明的是，经营收入与事业收入均是因事业单位向社会提供了商品或服务而应获取的收入。不同之处是，经营活动体现了保本获利原则，只能从商品或服务接受方取得收入。事业收入体现了事业活动的公益性原则，可能从商品或服务的接受方取得补偿性收入，也可能从财政取得补偿性资金。

(二) 经营收入和经营预算收入的概念

经营收入是指事业单位在专业业务活动及其辅助活动之外开展非独立核算经营活动取得的收入。

经营预算收入是指事业单位在专业业务活动及其辅助活动之外开展非独立核算经营活动取得的现金流入。

二、会计科目的设置

为了反映和监督经营收入增减变动情况，事业单位财务会计应设置"经营收入"科目。该科目贷方登记实现的经营收入；借方登记期末转销数；期末结账后，经营收入科目应无余额。"经营收入"科目的明细账应当按照经营活动类别、项目，以及政府收支分类科目中"支出功能分类"相关设置并进行明细分类核算。

为了反映事业单位经营活动取得的现金流入情况，事业单位预算会计应设置"经营预算收入"科目。该科目贷方登记取得的经营预算收入；借方登记年末结转的经营预算收入。年末结转后，"经营预算收入"科目应无余额。"经营预算收入"科目应当按照经营活动类别、项目，以及政府收支分类科目中"支出功能分类科目"的项级科目等进行明细核算。

三、经营收入及其预算收入的账务处理

(一) 经营收入的账务处理

经营收入应当在提供服务或发出存货，同时收讫价款或者取得索取价款的凭据时，按照实际收到或应收的金额确认收入。具体确认方法，根据事业单位是否为增值税纳税人而有所区别。

事业单位开展经营活动实现经营收入时，按照确定的收入金额，借记"银行存款""应收账款""应收票据"等科目，贷记"经营收入"科目，涉及增值税业务的，按照应交增值税，贷记"应交增值税——应交税金（销项税额）"科目；同期，预算会计按照实际收到的金额，借记"资金结存——货币资金"科目，贷记"经营预算收入"科目。

期末，事业单位将"经营收入"科目本期发生额转入本期盈余，财务会计应借记"经营收入"科目，贷记"本期盈余"科目。年末，预算会计将经营预算收入发生额转入经营结余，借记"经营预算收入"科目，贷记"经营结余"科目。

(二) 经营预算收入的账务处理

事业单位应按照预算管理要求，对经营收入区分收入项目分别编制预算，取得的收入作为经营预算收入核算。

事业单位收到经营预算收入时，按照实际收到的金额，借记"资金结存——货币资金"科目，贷记"经营预算收入"科目；年末，将"经营预算收入"科目本年发生额转入经营结余，借记"经营预算收入"科目，贷记"经营结余"科目。

【例13-13】甲研究院所属非独立核算的服务部门核定为增值税一般纳税人。2×24年10月份根据发生的经济业务编制相关的会计分录。

(1) 该部门所属车队向乙单位提供运输服务,确认收入 35 000 元,应收增值税 3 150 元,已结算款项 20 000 元存入银行,余款暂欠。编制财务会计分录:

借:银行存款　　　　　　　　　　　　　　　　　　　　　　　20 000
　　应收账款——乙单位　　　　　　　　　　　　　　　　　　18 150
　　贷:经营收入　　　　　　　　　　　　　　　　　　　　　　　　35 000
　　　　应交增值税——应交税金(销项税额)　　　　　　　　　　　3 150

同期,编制该业务的预算会计分录:

借:资金结存——货币资金　　　　　　　　　　　　　　　　　20 000
　　贷:经营预算收入　　　　　　　　　　　　　　　　　　　　　　20 000

(2) 该部门所属加工车间销售自制商品 500 件,开出的增值税专用发票注明售价为 150 000 元,增值税税款为 19 500 元,该批商品加工成本为 125 000 元,款项全部存入银行。编制财务会计分录:

确认财务会计收入:

借:银行存款　　　　　　　　　　　　　　　　　　　　　　　169 500
　　贷:经营收入　　　　　　　　　　　　　　　　　　　　　　　　150 000
　　　　应交增值税——应交税金(销项税额)　　　　　　　　　　　19 500

结转财务会计成本:

借:经营费用　　　　　　　　　　　　　　　　　　　　　　　125 000
　　贷:库存物品　　　　　　　　　　　　　　　　　　　　　　　　125 000

同期,编制该业务的预算会计分录:

借:资金结存——货币资金　　　　　　　　　　　　　　　　　169 500
　　贷:经营预算收入　　　　　　　　　　　　　　　　　　　　　　169 500

(3) 月末,该研究院将"经营收入"科目余额转入"本期盈余"科目。编制财务会计分录:

$$2×24 年经营收入 = 35\,000 + 150\,000 = 185\,000(元)$$

借:经营收入　　　　　　　　　　　　　　　　　　　　　　　185 000
　　贷:本期盈余　　　　　　　　　　　　　　　　　　　　　　　　185 000

年末,结转经营预算收入 189 500 元 (20 000+169 500)。编制该业务预算会计分录:

借:经营预算收入　　　　　　　　　　　　　　　　　　　　　189 500
　　贷:经营结余　　　　　　　　　　　　　　　　　　　　　　　　189 500

第六节　非同级财政拨款收入及其预算收入

一、非同级财政拨款的内涵

理解"非同级财政拨款"内涵是把握非同级财政拨款收入核算的关键。规定单位取得的非同级财政拨款(预算)收入包括两大类:一类是从同级财政以外的同级政府部门取得的横向转拨财政款;另一类是从上级或下级政府(包括政府财政和政府部门)取得的各类财政款。

例如，乙市隶属于甲省，乙市下辖乙$_1$、乙$_2$、乙$_3$等县，对于乙市市属单位而言，"非同级财政拨款（预算）收入"包括：一是从甲省财政厅、乙$_1$县财政局、乙$_2$县财政局、乙$_3$县财政局等县财政部门取得的各类财政拨款；二是从甲省其他部门如住建厅、乙$_1$县教育局、乙$_2$县卫生局、乙$_3$县农林水利局等县其他部门取得的各级财政拨款，还包括从乙市其他部门如乙市公安局取得的各类财政拨款①。

二、会计科目的设置

（一）"非同级财政拨款收入"科目

为了反映和监督非同级财政拨款收入增减变动情况，财务会计应设置"非同级财政拨款收入"科目，核算从同级政府其他部门取得的横向转拨财政款、从上级或下级政府财政部门取得的经费拨款等。该科目贷方登记非同级财政拨款收入的增加额；借方登记非同级财政拨款收入的减少额；年末结账后，"非同级财政拨款收入"科目应无余额。"非同级财政拨款收入"科目应当按照本级横向财政拨款和非本级财政拨款设置明细科目进行明细核算。

（二）"非同级财政拨款预算收入"科目

为了反映和监督非同级财政拨款预算收入增减变动情况，政府单位预算会计应设置"非同级财政拨款预算收入"科目核算本级横向转拨财政款和非本级财政拨款。对于因开展科研及其辅助活动从非同级政府财政部门取得的经费拨款，应当通过"事业预算收入——非同级财政拨款"科目进行核算，不通过本科目核算。

"非同级财政拨款预算收入"科目贷方登记取得的非同级财政拨款预算收入；借方登记年末将本科目本年发生额转入非财政拨款结转（专项资金收入）、其他结余（非专项资金收入）的数额；年末结转后，"非同级财政拨款预算收入"科目应无余额。

非同级财政拨款预算收入明细科目设置方式参照"事业预算收入"科目。

三、非同级财政拨款收入及其预算收入的账务处理

政府单位确认非同级财政拨款收入时，财务会计按照应收或实际收到的金额，借记"其他应收款""银行存款"等科目，贷记"非同级财政拨款收入"科目；同期，预算会计按照实际收到的金额，借记"资金结存"科目，贷记"非同级财政拨款预算收入"科目。

期末，政府单位将本科目本期发生额转入本期盈余，财务会计应借记"非同级财政拨款收入"科目，贷记"本期盈余"科目。年末，预算会计将本科目本年发生额予以结转，借记"非同级财政拨款预算收入"科目，贷记"非财政拨款结转"科目（专项资金收入）、"其他结余"科目（非专项资金收入）。

需要说明的是，事业单位因开展科研及其辅助活动从非同级政府财政部门取得的经费拨款，应当通过"事业收入——非同级财政拨款"科目核算，不通过"非同级财政拨款收入"科目核算。

转拨从非本级政府非财政部门取得资金应用案例

转拨从非本级政府财政部门取得资金应用案例

---

① 刘用铨.政府会计非同级财政拨款（预算）收入核算解析[J].商业会计，2020（7）.

【例 13-14】2×24 年 1 月 5 日，某省属事业单位收到省科技厅拨来按项目进度拨付的科研课题项目经费 250 000 元，补助经费 200 000 元。为简化处理，本案例不考虑增值税的影响。

该省属事业单位收到的 450 000 元省科技厅拨款的来源都是同级财政以外的同级政府部门。从资金的用途看，收到的 250 000 元资金指定为科研课题项目经费，应确认为事业收入；200 000 元未明确指定用途，属于从同级政府其他部门取得的横向转拨财政款，应确认为非同级财政拨款收入。

(1) 1 月 5 日收到拨款，编制财务会计分录：

借：银行存款	450 000
贷：事业收入——非同级财政拨款	250 000
非同级财政拨款收入——本级横向转拨财政款	200 000

同期，编制该业务的预算会计分录：

借：资金结存——货币资金	450 000
贷：事业预算收入——非同级财政拨款	250 000
非同级财政拨款预算收入	200 000

(2) 期末，将"事业收入""非同级财政拨款收入"科目本年发生额结转至"本期盈余"科目。编制财务会计分录：

借：事业收入	250 000
非同级财政拨款收入	200 000
贷：本期盈余——政府盈余	450 000

同期，编制结转事业预算收入、非同级财政拨款预算收入的会计分录：

借：事业预算收入	250 000
非同级财政拨款预算收入	200 000
贷：非财政拨款结转——本年收支结转	450 000

第七节 债务预算收入

债务预算收入是指事业单位按照规定从银行和其他金融机构等借入的、纳入部门预算管理的、不以财政资金作为偿还来源的债务本金。

为了反映债务预算收入增减变动情况，事业单位财务会计应设置"债务预算收入"科目。该科目的贷方登记事业单位实际借入的金额；借方登记年末转入"非财政拨款结转"的专项资金收入或转入"其他结余"的非专项资金收入。年末结转后，"债务预算收入"科目应无余额。

在预算会计中对事业单位借款进行核算时，需要注意的是，为满足事业单位专项资金单独核算的要求，应该将事业单位借款按资金用途区分为专项资金和非专项资金，并将专项资金按具体项目进行明细核算。在年末，应将具有专项用途的债务预算收入按项目转入非财政拨款结转，而将非专项用途的债务预算收入转入其他结余。此外，还应将"债务预算收入"科目按照贷款单位、贷款种类，政府收支分类科目中"支出功能分类科目"的项级科目等进行明细核算。

事业单位借入各项短期或长期借款时，按照实际借入的金额，借记"资金结存——货币资金"科目，贷记"债务预算收入"科目；年末，将"债务预算收入"科目本年发生额中的专项资金收入转入"非财政拨款结转"科目，借记"债务预算收入"科目下各专项资金收入明细科目，贷记"非财政拨款结转——本年收支结转"科目；将"债务预算收入"科目本年发生额中的非专项资金收入转入"其他结余"科目，借记"债务预算收入"科目下各非专项资金收入明细科目，贷记"其他结余"科目。

事业单位债务预算收入会计处理方法参见第十二章短期借款和长期借款。

第八节　投资收益及其预算收入

投资收益是指事业单位本期因依法取得股权投资和债券投资所确认的收益或损失。投资收益大于投资损失的差额为投资净收益；反之则为投资净损失。事业单位对外投资收益主要包括：债权投资的利息收益，如国债利息等；股权投资的股利收入，如与外单位共同投资兴办事业单位，被投资事业单位根据投资协议分配给事业单位的税后利润。

为了反映投资收益及其投资预算收益增减变动情况，财务会计应设置"投资收益"科目，预算会计应设置"投资预算收益"科目。

"投资收益"科目反映和监督事业单位股权投资和债券投资所实现的收益或发生的损失。该科目贷方登记确认的投资收益以及期末转入本期盈余的投资损失；借方登记确认的投资损失以及期末转入本期盈余的投资收益。期末结转后，"投资收益"科目应无余额。"投资收益"科目应当按照投资的种类和被投资单位等设置明细科目并进行明细核算。

"投资预算收益"科目反映和监督事业单位取得的按照规定纳入部门预算管理的属于投资收益性质的现金流入，包括股权投资收益、出售或收回债券投资所取得的收益和债券投资利息收入。其明细账应当按照政府收支分类科目中"支出功能分类科目"的项级科目设置并进行明细核算。

政府单位投资收益分为短期投资收益和长期投资收益。其财务会计和预算会计处理方法参见第十章短期投资、第十一章长期投资。

科技成果转化
（作价投资方式）
应用案例

第九节　其他类收入及其预算收入

一、其他类收入概述

（一）其他类收入的概念和特点

其他类收入是指除财政拨款收入、事业收入、上级补助收入、附属单位上缴收入和经营收入之外的其他类收入的统称，包括捐赠收入、利息收入、租金收入和其他收入。

其他类收入是政府单位在运营过程中发生的一些零星的收入，也是政府单位业务成果的组成部分。它们数额大小不等，涉及面广且零星分散，但让渡资产使用权形成的收入所占比重较大；同时有些收入是偶发性事项形成的，如接受捐赠等，与政府单位活动没有必然联系。

(二) 其他类收入的内容

1. 捐赠收入是指政府单位本期接受捐赠取得的收入。
2. 利息收入是指政府单位本期取得的银行存款利息和债券投资利息收入。
3. 租金收入是指事业单位本期经批准利用国有资产出租、出借取得的收入，包括流动资产和非流动资产的出租收入。
4. 其他收入是指除捐赠收入、利息收入、租金收入以外的收入，如现金盘盈收入、按照规定纳入单位预算管理的科技成果转化收入、行政单位收回已核销的其他应收款、无法偿付的应付及预收款项、置换换出资产评估增值等。

二、捐赠收入

捐赠收入是指政府单位接受其他单位或者个人捐赠取得的收入。捐赠是无偿给予资产行为，其基本特征在于无偿性，不支付金钱或付出其他相应代价而取得某项财产。捐赠收入既不同于财政拨款收入，也不同于事业收入。事业单位将捐赠收入确认为其他收入。

为了反映和监督捐赠收入的增减变动情况，财务会计应设置"捐赠收入"科目。该科目贷方登记捐赠收入的增加额；借方登记捐赠收入的减少额；年末结账后，"捐赠收入"科目应无余额。"捐赠收入"科目应当按照捐赠资金的用途和捐赠单位等设置明细科目并进行明细核算。政府单位接受捐赠收入，预算会计通过"其他预算收入"科目处理。

政府单位日常接受捐赠收入的财务会计和预算会计处理方法前已述及，不再赘述。

期末，财务会计应将"捐赠收入"科目本期发生额转入本期盈余，借记"捐赠收入"科目，贷记"本期盈余"科目。年末，政府单位进行预算会计处理时，应将"其他预算收入——捐赠预算收入"科目本年发生额中的专项资金收入转入非财政拨款结转，借记"其他预算收入——捐赠预算收入"科目下各专项资金收入明细科目，贷记"非财政拨款结转——本年收支结转"科目；将"其他预算收入——捐赠预算收入"科目本年发生额中的非专项资金收入转入"其他结余"，借记"其他预算收入——捐赠预算收入"科目下各非专项资金收入明细科目，贷记"其他结余"科目。

三、利息收入

利息收入是指政府单位取得的银行存款利息收入。它是政府单位将暂时闲置的资金存入银行等金融机构所取得的收入。因为政府单位将资金提供他人使用但不构成权益性投资，所以利息收入实质是银行等金融机构占用或使用政府单位资金给予的报酬。

为了反映和监督利息收入增减变动情况，财务会计应设置"利息收入"科目。该科目贷方登记利息收入的增加额；借方登记利息收入的减少额；年末结账后，"利息收入"科目应无余额。

政府单位取得的利息收入，预算会计按照实际收到的金额，通过"其他预算收入"科目核算。

政府单位取得银行存款利息时，按照实际收到的金额，借记"银行存款"科目，贷记"利息收入"科目；同期，预算会计应借记"资金结存——货币资金"科目，贷记"其他预算收入——利息收入"科目。

期末，财务会计将"利息收入"科目本期发生额转入本期盈余时，借记"利息收入"科目，贷记"本期盈余"科目。年末，预算会计应按照实际收到的利息金额，借记"其他预算收入——利息收入"科目，贷记"其他结余"科目。

【例13-15】2×24年12月初，某事业单位"利息收入""其他预算收入——利息收入"科目发生额合计均为120 000元（非专项资金收入），12月根据发生的银行存款利息收入业务编制相关的会计分录。

（1）12月末，接到银行通知，该单位本月银行存款利息40 000元已转入银行存款账户。编制财务会计分录：

借：银行存款　　　　　　　　　　　　　　　　　　　　　40 000
　　贷：利息收入　　　　　　　　　　　　　　　　　　　　40 000

同期，编制该业务的预算会计分录：

借：资金结存——货币资金　　　　　　　　　　　　　　　40 000
　　贷：其他预算收入——利息收入　　　　　　　　　　　　40 000

（2）12月31日，将"利息收入"科目余额160 000元转入"本期盈余"科目。编制财务会计分录：

借：利息收入　　　　　　　　　　　　　　　　　　　　　160 000
　　贷：本期盈余——政府盈余　　　　　　　　　　　　　　160 000

年末，预算会计结转"其他预算收入——利息收入"科目余额160 000元。编制会计分录：

借：其他预算收入——利息收入　　　　　　　　　　　　　160 000
　　贷：其他结余　　　　　　　　　　　　　　　　　　　　160 000

四、租金收入

租金收入是指政府单位经批准利用国有资产出租取得并按照规定纳入本单位预算管理的租金收入，包括流动资产和非流动资产的出租收入。

为弥补事业发展经费不足，在保证完成事业任务的前提下，政府单位出租房屋、车辆、设备等国有资产活动已成为其运营活动的一部分。出租资产为国有资产，所以因资产出租形成的收入应作为政府非税收入核算与管理。

为了反映和监督租金收入增减变动情况，财务会计应设置"租金收入"科目。该科目贷方登记租金收入的增加额；借方登记租金收入的减少额；年末结账后，"租金收入"科目应无余额。"租金收入"科目应当按照出租、出借的国有资产类别设置明细科目并进行明细核算。

对于租金收入，预算会计通过"其他预算收入"科目核算。

由于政府单位出租资产收取租金方式不同，租金收入核算方法也有所不同。

（一）预付租金方式

在采用预付租金方式下，政府单位收到预付的租金时，财务会计按照收到的金额，借记"银行存款"等科目，贷记"预收账款"科目；同期，预算会计应借记"资金结存——货币资金"科目，贷记"其他预算收入——租金收入"科目。

政府单位分期确认租金收入时，财务会计应借记"预收账款"科目，贷记"租金收入"科目。

(二) 后付租金方式

在采用后付租金方式下，政府单位每期确认租金收入时，财务会计应借记"应收账款"科目，贷记"租金收入"科目。收到租金时，财务会计按照实际收到的金额，借记"银行存款"等科目，贷记"应收账款"科目；同期，预算会计进行相应处理，其方法同前面所述的预付租金方式。

(三) 分期收取租金方式

在采用分期收取租金方式下，政府单位每期收取租金时，财务会计应借记"银行存款"等科目，贷记"租金收入"科目。涉及增值税业务的，相关账务处理参照"应交增值税"科目；同期，预算会计进行相应处理，其方法同前面所述的预付租金方式。

期末，政府单位将"租金收入"科目本年发生额结转至"本期盈余"科目，财务会计应借记"租金收入"科目，贷记"本期盈余"科目；年末，预算会计按照全年实际收到的租金，借记"其他预算收入——租金收入"科目，贷记"其他结余"科目。

【例13-16】2×24年，甲事业单位根据发生的租金业务编制相关的会计分录。

(1) 1月1日，与乙公司签订房屋出租协议，将闲置的3间房屋出资给乙公司，期限1年，并收到与租金相关款项392 400元（含税）存入银行。合同约定，收款日期发生增值税纳税义务。编制财务会计分录：

①1月1日收到租金：

借：银行存款	392 400
贷：预收账款	360 000
应交增值税——应交税金（销项税额）	32 400

同期，编制该业务的预算会计分录：

借：资金结存——货币资金	392 400
贷：其他预算收入——租金收入	392 400

②1月至12月每月确认租金收入。每月编制财务会计分录：

借：预收账款	30 000
贷：租金收入	30 000

(2) 6月30日，与丙公司签订车辆租赁协议，将闲置班车出资给丙公司，期限为6个月，每月租金50 000元，租金于年末一次收取，不考虑增值税。编制财务会计分录：

①每月确认租金收入：

借：应收账款	50 000
贷：租金收入	50 000

②年末收取租金：

借：银行存款	300 000
贷：应收账款	300 000

同期，编制该业务的预算会计分录：

借：资金结存——货币资金	300 000
贷：其他预算收入——租金收入	300 000

(3) 12月31日，与丁公司签订办公大楼租赁合同，租期为3年，每月租金为120 000元，于每月末收取。同日，收到第一个月租金及增值税130 800元。编制财务会计分录：

借：银行存款　　　　　　　　　　　　　　　　　　　　　　130 800
　　贷：租金收入　　　　　　　　　　　　　　　　　　　　　　120 000
　　　　应交增值税——应交税金（销项税额）　　　　　　　　　　10 800

同期，编制该业务的预算会计分录：

借：资金结存——货币资金　　　　　　　　　　　　　　　　　130 800
　　贷：其他预算收入——租金收入　　　　　　　　　　　　　　130 800

(4) 12月末，将"租金收入"科目12月份发生额转入"本期盈余"科目。编制财务会计分录：

$$租金收入 = 30\,000 + 50\,000 + 120\,000 = 200\,000（元）$$

借：租金收入　　　　　　　　　　　　　　　　　　　　　　　200 000
　　贷：本期盈余　　　　　　　　　　　　　　　　　　　　　　200 000

同期，年末编制结转全年其他预算收入（非专项资金收入）的会计分录：

$$其他预算收入 = 392\,400 + 300\,000 + 130\,800 = 823\,200（元）$$

借：其他预算收入——租金收入　　　　　　　　　　　　　　　823 200
　　贷：其他结余　　　　　　　　　　　　　　　　　　　　　　823 200

五、其他收入

（一）其他收入的概念和内容

其他收入是指政府单位取得的除财政拨款收入、事业收入、上级补助收入、附属单位上缴收入、经营收入、非同级财政拨款收入、投资收益、捐赠收入、利息收入、租金收入以外的各项收入，包括：

1. 现金盘盈收入。
2. 科技成果转化收入，指政府单位按照规定纳入政府单位预算管理的科技成果转化收入。
3. 行政单位收回已核销的其他应收款。
4. 无法偿付的应付及预收款项。
5. 置换换出资产评估增值。
6. 其他。

（二）会计科目的设置

1. "其他收入"科目。为了反映政府单位其他收入增减变动情况，财务会计应设置"其他收入"科目。该科目贷方登记其他收入的增加额；借方登记其他收入的减少额；年末结账后，"其他收入"科目应无余额。"其他收入"科目应当按照其他收入的类别、来源等进行明细核算。

2. "其他预算收入"科目。为了反映和监督纳入部门预算管理现金的增减变动情况，政府单位预算会计应设置"其他预算收入"科目。该科目贷方登记其他预算收入的增加额；借方登记其他预算收入的减少额；年末，将"其他预算收入"科目本年发生额中的专项资金收入转入非财政拨款结转；将"其他预算收入"科目本年发生额中的非专项资金收入转入"其他结余"。年末结账后,"其他收入"科目应无余额。"其他预算收入"科目应当按照其他收入类别、政府收支分类科目中"支出功能分类科目"的项级科目等进行明细核算。其他预算收入中如有专项资金收入,还应按照具体项目进行明细核算。

需要说明的是,政府单位发生的捐赠预算收入、利息预算收入、租金预算收入金额较大或业务较多的,可单独设置"捐赠预算收入""利息预算收入""租金预算收入"等科目。

(三) 其他收入和其他预算收入的账务处理

政府单位日常确认其他收入时,财务会计按照应收或实际收到的金额,借记"其他应收款""待处理财产损溢""库存现金""银行存款""应付账款""预收账款""其他应付款""长期应付款"科目,贷记"其他收入"科目。同期,预算会计根据实际收到的金额,借记"资金结存——货币资金"科目,贷记"其他预算收入"科目。

【例13-17】M政府单位用无形资产与N事业单位置换换入固定资产,无形资产账面余额为200 000元,累计摊销60 000元,无形资产的评估价值为160 000元,支付补价20 000元,发生其他相关支出20 000元。双方资产转换手续已办妥。编制财务会计分录:

借:固定资产　　　　　　　　　　　　　(160 000+20 000+20 000) 200 000
　　无形资产累计摊销　　　　　　　　　　　　　　　　　　　　 60 000
　　贷:无形资产　　　　　　　　　　　　　　　　　　　　　　 200 000
　　　　银行存款　　　　　　　　　　　　　　　　　　　　　　　40 000
　　　　其他收入　　　　　　　　　　　　　　　　　　　　　　　20 000

同期,编制该业务的预算会计分录:

借:其他支出　　　　　　　　　　　　　　　　　　　　　　　　 40 000
　　贷:资金结存——货币资金　　　　　　　　　　　　　　　　 40 000

期末,财务会计将"其他收入"科目本期发生额转入"本期盈余",借记"其他收入"科目,贷记"本期盈余"科目。年末,预算会计将"其他预算收入"科目本年发生额中的专项资金收入转入"非财政拨款结转",借记"其他预算收入"科目下各专项资金收入明细科目,贷记"非财政拨款结转——本年收支结转"科目;将"其他预算收入"科目本年发生额中的"非专项资金收入"转入"其他结余",借记"其他预算收入"科目下各非专项资金收入明细科目,贷记"其他结余"科目。

【例13-18】2×24年12月末,某事业单位进行年终结账。该单位"其他收入"科目贷方余额为480 000元。"其他预算收入"科目贷方余额为400 000元,其中:专项资金明细科目余额为140 000元,非专项资金明细科目余额为260 000元。

(1)"其他收入"科目的结转。编制财务会计分录:

借:其他收入　　　　　　　　　　　　　　　　　　　　　　　　480 000
　　贷:本期盈余　　　　　　　　　　　　　　　　　　　　　　480 000

(2)"其他预算收入"科目的结转。编制该业务预算会计分录:

借:其他预算收入——专项资金收入　　　　　　　　　　　　　　140 000
　　贷:非财政拨款结转——本年收支结转　　　　　　　　　　　140 000
借:其他预算收入——非专项资金收入　　　　　　　　　　　　　260 000
　　贷:其他结余　　　　　　　　　　　　　　　　　　　　　　260 000

科技成果转化
（许可方式）应用案例

科技成果转化
（转让方式）应用案例

【关键词汇】

财政拨款收入（appropriation revenue）	财政拨款预算收入（budgetary revenue from financial appropriations）
事业收入（undertaking revenue）	事业预算收入（business budget revenue）
上级补助收入（grant from the higher authority）	上级补助预算收入（the superior subsidizes the budget revenue）
附属单位上缴收入（income to be handed over by affiliated units）	附属单位上缴预算收入（the income of the subsidiary units turned over to the budget）
经营收入（operating income）	经营预算收入（operating budget revenue）
非同级财政拨款收入（income from fiscal appropriations at different levels）	非同级财政拨款预算收入（budgetary revenue from non-corresponding fiscal appropriations）
投资收益（income from investment）	投资预算收益（budget return on investment）
捐赠收入（donation income）	债务预算收入（budgetary revenue from debt）
租金收入（rental income）	

【思考与练习】

一、思考题

1. 政府单位收入是如何分类的？财务会计核算哪些收入？预算会计核算哪些收入？
2. 什么是财政拨款收入？简述财政拨款收入与非同级财政拨款收入核算的异同。
3. 单位收入确认的基础是什么？简述财政拨款收入的确认标准。
4. 简述事业单位事业收入、经营收入的确认方法。
5. 如何对事业单位投资收益进行核算？
6. 简述取得捐赠收入的确认方法。

二、练习题

（一）单项选择题

1. 根据现行有关规定，下列各项中，不属于事业单位事业收入的是（　　）
   A. 公立学校收到的学费　　　　　B. 公立医院的挂号收入
   C. 电视台的广告收入　　　　　　D. 博物馆的门票收入
2. 下列选项中，属于事业单位收入类科目的是（　　）。
   A. 财政应返还额度　　　　　　　B. 经营结余

C. 事业结余 D. 财政补助收入

3. 在预算会计中，单位期末应将"事业预算收入"科目本期发生额中的专项资金收入结转记入的会计科目是（   ）。

A. 非财政拨款结转 B. 经营结余
C. 事业基金 D. 事业结余

4. 下列各项中，不属于政府单位财务会计收入的是（   ）。

A. 捐赠收入 B. 利息收入
C. 非同级财政拨款收入 D. 事业预算收入

5. 下列各项中，应通过"财政拨款收入"科目核算的是（   ）。

A. 纳入预算的暂付款项
B. 同级政府财政部门预拨的下期预算款
C. 采用实拨资金方式通过本单位转拨给下属单位的财政拨款
D. 从同级政府财政部门取得的各类财政拨款

(二) 多项选择题

1. 下列各项中，关于事业单位收入和预算收入的表述正确的有（   ）。

A. 在财务会计中，事业单位的收入采用收付实现制核算
B. 在预算会计中，事业单位的预算收入采用权责发生制核算
C. 在财务会计中，事业单位的收入采用权责发生制核算
D. 在预算会计中，事业单位的预算收入采用收付实现制核算

2. 下列各项中，关于经营收入和经营预算收入的表述，正确的有（   ）。

A. 期末，"经营收入"科目本期发生额转入"经营结余"科目
B. 期末，"经营预算收入""经营支出"科目本期发生额转入"本期盈余"科目
C. 期末，"经营收入"科目本期发生额转入"本期盈余"科目
D. 期末，"经营预算收入"科目本期发生额转入"经营结余"科目

3. 下列各项中，关于政府单位财务会计确认收入的表述正确的有（   ）。

A. 上级补助收入应按照应收或实际收到的金额确认收入
B. 捐赠收入按照实际收到的金额确认收入
C. 利息收入按照实际收到的金额确认收入
D. 固定资产出租收入应当在租赁期内各个期间按照直线法予以确认收入

4. 下列各项中，属于政府单位财务其他收入的有（   ）。

A. 捐赠收入 B. 行政单位收回已核销的其他应收款
C. 无法偿付的应付及预收款项 D. 现金盘盈收入

(三) 业务核算题

1. 资料：某实行国库集中支付和政府采购制度的事业单位（为增值税小规模纳税人），2×24年发生经济业务如下：

(1) 6月8日，该单位根据经过批准的部门预算和用款计划，向同级财政申请支付第三季度水费100 000元。6月23日，该单位收到了"财政直接支付入账通知书"，支付水费100 000元。

(2) 该单位部分事业收入采用财政专户返还的方式管理。6月5日，该单位收到应上缴财政专户的事业收入5 000 000元。6月15日，该单位将上述款项上缴财政专户。10月

15 日，该单位收到从财政专户返还的事业收入 5 000 000 元。

（3）月初，收到代理银行送来的财政授权额度到账通知书，本月获得财政授权额度 300 000 元用于单位行政办公楼维修。

（4）6 月 5 日，将上月通过财政直接支付购进的库存物品全部退回，其采购成本为 200 000 元。已接到代理银行转来的财政直接支付退款通知书。

（5）月末，结转各种收入。

要求：根据上述业务，逐笔编制相关的会计分录。

2. 资料：2×24 年，某文化事业单位发生相关业务如下：

（1）收到上级主管部门非财政补助收入 500 000 元，其中专项资金 3 000 000 元，款项存入银行。

（2）收到下属独立核算的乙单位缴款 400 000 元，其中专项资金 280 000 元；丙单位缴款 135 000 元为非专项资金。全部款项存入银行。

（3）期末，结转上述拨缴款收入。

要求：根据上述业务，逐笔编制相关的会计分录。

3. 某农科院所属非独立核算种子中心（为增值税小规模纳税人，适用税率为 3%），2×24 年发生经济业务如下：

（1）销售一批优质种子取得收入 30 900（含税）元，同时，收到客户开具同等金额的商业汇票一张。该批种子的账面余额为 28 000 元。

（2）向某蔬菜基地提供培植技术服务取得收入 20 000 元，确认应交增值税为 600 元，全部款项存入银行。

（3）将闲置试验田出租，本期结算应收某单位场地租赁费 18 000 元，增值税 540 元，款项尚未收到。

（4）期末，将经营收入结转计入本期盈余。

要求：根据上述业务，逐笔编制相关的会计分录。

4. 2×24 年，某事业单位发生相关经济业务如下：

（1）出售单位用自有资金购买并短期持有的国债 50 000 元，取得国债出售净额为 50 800 元，款项存入银行。

（2）收到被投资乙公司分配上年利润 500 000 元，存入开户银行。根据有关规定，该单位分享 40% 利润，其余部分上缴财政。

（3）接到开户银行的到账通知书，本期银行存款利息 12 000 元已结转记入该单位存款账户。

（4）期末，清理往来账项发现一笔其他应收账款 30 000 元无法收回，确认为坏账损失；接到债权人通知，将去年未付的一笔应付原料款予以豁免偿还。

要求：根据上述业务编制会计分录，期末将上述收入结转计入本期盈余。

第十四章 政府单位费用与预算支出

【学习目标和思政目标】
●学习目标：了解费用的性质、特点、分类及其内容；熟悉业务活动费用、单位管理费用、经营费用、所得税费用和其他费用内容；掌握业务活动费用、单位管理费用、经营费用、所得税费用的核算方法。
●思政目标：以马克思成本费用理论为依据，深刻理解政府单位成本、费用、支出、损失的内涵及其相互关系，认识加强成本费用核算的意义。学习费用与预算支出相关知识，不仅要掌握其核算理论和方法，还要注意培养厉行节约品质。遵循廉洁自律原则，反对享乐主义、奢靡之风，发挥会计的监督职能，积极参与管理、强化服务。

【学习重点和难点】
●学习重点：业务活动费用、单位管理费用、经营费用概念、内容及其核算方法。
●学习难点：业务活动费用和经营费用的核算方法。

第一节 费用与其预算支出概述

一、费用与预算支出的概念

（一）费用的概念

费用是指报告期内导致单位净资产减少的、含有服务潜力或者经济利益的经济资源的流出。政府单位在履行社会管理、公共服务职责或开展业务活动过程中，必然要发生各种各样的耗费，如支付职工薪酬、房屋及设备的折旧费、耗用库存物品等。这些资金耗费及损失是政府单位从事各类公共服务活动付出的代价，其结果导致政府单位服务潜力减少或者经济利益出。

（二）预算支出的概念

预算支出是指政府单位在预算年度内依法发生并纳入预算管理的现金流出。政府单位在履行职能或开展业务活动过程中，必然发生各种各样的耗费或支出，如支付职工薪酬、支付购置设备和库存物品款、日常办公支出等。根据《行政单位财务规则》《事业单位财务规则》的规定，政府单位应当将各项支出全部纳入预算，建立健全支出管理制度。对此，政府单位发生的上述支出必须纳入单位预算，由财务部门统一归口管理，统筹安排各项支出。政府单位发生各项支出，财务部门严格按照批准的预算和相关规定审核办理。

二、费用与预算支出的内容

费用与预算支出的内容如表 14-1 所示。

表 14-1 费用与预算支出的内容

序号	费用			预算支出
	按照费用的功能分类	按照费用的性质分类	功能分类与性质分类相结合（业务活动费用为例）	
1	业务活动费用	工资福利费用	工资福利费用	行政支出
2	单位管理费用	商品和服务费用	商品和服务费用	事业支出
3	经营费用	对个人和家庭的补助费用	对个人和家庭的补助费用	经营支出
4	资产处置费用	对企业补助费用	对企业补助费用	投资支出
5	上缴上级费用	资产的折旧费或摊销费	固定资产折旧费	上缴上级支出
6	对附属单位补助费用	计提专用基金	无形资产摊销费	对附属单位补助支出
7	所得税费用		公共基础设施折旧（摊销）费	债务还本支出
8	其他费用		保障性住房折旧费	其他支出
9			计提专用基金等	

三、费用与预算支出特点

（一）费用的特征

一般来说，费用具有以下基本特征：

1. 费用的发生可能导致政府单位资产减少，也可能导致政府单位负债增加，或者两者兼而有之。

政府单位发生费用会引起其资产减少（如以货币资金偿还债务，引起货币资金减少）：有些是资产数量的减少，如业务活动中材料的领用、各种款项的支付等；有些是资产价值的减少，如房屋、机器或设备计提的折旧、专利权等无形资产价值的摊销等。

2. 费用将导致政府单位本期净资产减少。这里"本期"是指费用发生的当期。同时某项业务确认为费用的前提是其引起资产和净资产同时减少，否则不能确认为费用，例如以银行存款偿还借款，引起资产减少但净资产未减少，此项业务结果不构成费用。

3. 与企业费用概念相比，政府单位费用的特点之一是不具有可补偿性。企业的费用一般通过产品或劳务的销售从销售收入中获得补偿，这是企业维持其生存的首要条件。而政府单位的服务具有公共性，其运行费用主要表现为消耗性的支出，除经营支出外，多数费用一般不能以成本方式从收入中予以补偿，或不能足额补偿。也就是费用与收入不存在直接因果关系或数量上的配比关系。但费用的多少与工作质量存在一定的联系，可在一定程度上说明费用绩效的高低。

（二）预算支出的特点

一般而言，政府单位预算支出具有以下特点：

1. 预算支出是单位在履职和开展业务活动过程中发生的支出。单位发生预算支出的活动包括提供管理服务和公益服务活动、非独立核算经营活动、其他活动等。导致预算支出发生的活动应当是已经发生的活动，不包括尚未发生的活动。

2. 预算支出是一种资源流出。属于预算支出的资源包括现金、非现金资产、支付权力（国库集中支付额度）等，如归还政府借款本金、购买资本性资产付出的资金。

3. 预算支出是限定性支出。"限定性支出"是指纳入政府预算管理的资源流出，具体来说是指符合政府支出预算分项内容和额度的资源流出。在政府会计主体的资源流出中，只有既符合政府财政支出预算和部门支出预算分项规定的内容，又不超出各项预算的额度，才能够被确认为预算支出。

4. 预算支出不具有可补偿性。其原因同费用不具有可补偿性。

四、费用与预算支出关系

在日常用语中，费用与支出这两个词几乎是同义词，一定程度上反映了费用与支出之间的联系，这种联系表现为两者均为政府单位经济利益的流出。但费用与预算支出终究是两个不同概念，两者区别如下：

（1）核算基础不同。费用确认和计量的基础是权责发生制，而预算支出确认的基础是收付实现制。费用是指会计期内资源的使用或耗费，而支出是指同期内购买的商品和服务支付的价值①。

（2）确认时点不同。费用必须在同时满足三个条件的前提下予以确认，而预算支出在预算年度内政府会计主体依法取得并纳入预算管理的现金流出时确认。

（3）表现形式不同。费用的表现形式是产生经济资源的流出，可以表现为现金的流出，也可以表现为一项未来现金流出的债务，还可以表现为实物资产的价值耗损；预算收入的表现形式仅为现金流出。

（4）确认口径不同。政府会计主体偿还的银行借款、接受服务支付的增值税以及实际交纳的增值税等，财务会计确认为负债，不属于费用；而预算会计则确认为预算支出。

五、费用的确认与计量

(一) 费用的确认与计量标准

在政府单位会计中，将净资产减少或经济资源的流出确认为费用，除符合费用定义外，还需要具备一定的标准。《基本准则》第四十六条指出："费用的确认应当同时满足以下条件：1. 与费用相关的含有服务潜力或者经济利益的经济资源很可能流出政府会计主体；2. 含有服务潜力或者经济利益的经济资源流出会导致政府会计主体资产减少或者负债增加；3. 流出金额能够可靠地计量。"

单位各项费用应当在实际发生时按照其实际发生额计入当期费用。符合确认标准的费用，在报告期内可采用的列支方式有直接列支、预提应付、已付待摊和转账摊销四种方式。具体内容包括：①费用在支付时直接列入报告期内的费用中，多数费用采取这种方式。②预提应付是指将属于报告期的费用按规定预先列支但尚未支付，其特点是受益在

---

① 斯基亚沃-坎波，托马西. 公共支出管理 [M]. 张通，译. 北京：中国财政经济出版社，2001：217.

前、支付在后,如计提的银行借款利息费用就采用这种方式。③已付待摊是指在报告期内支付由本期和以后各期分别负担的各项费用,其特点是支付在前,受益、摊销在后,如预付财产保险费、预付经营租赁固定资产租金、预付报刊订阅费等。④转账摊销是指报告期承担的费用不需要通过货币结算,而采用转账形式列支。

(二) 预算支出的确认、计量标准

根据《基本准则》的规定,预算会计采用收付实现制会计基础,其支出一般应当在支付款项时予以确认,并按照实际支付金额进行计量。

第二节　业务活动费用及其预算支出

一、业务活动费用及其预算支出概述

(一) 业务活动费用的概念

业务活动费用是指政府单位依法履职或开展专业业务活动及其辅助活动所发生的各项费用。其中:依法履职是指政府单位按照国家赋予的职责、职能,开展相关的业务活动,如财政机关组织财政收入、安排财政支出、管理财政资金等活动,税务机关组织实施税收征收与管理等活动、公安机关维护交通安全和交通秩序活动;开展专业业务活动及其辅助活动包括教育机构的教学活动,科研机构的科研活动,医疗机构的医疗活动,文化事业单位的娱乐、演出、影像影视、广播电视、新闻出版等,体育事业单位的体育竞赛、体育公共设施服务、体育技术服务等。

业务活动费用包括职工薪酬和外部劳务费用、耗用库存物品、资产折旧或摊销、相关税费、计提的专用基金和其他费用等。它们是政府单位从事其主营或核心业务发生的主要支出,具有经常性、数额大的特点。它反映了政府单位在履行其职责、提供公益服务过程中发生的必要的耗费,是考核事业成果和资金使用效益的重要依据。

(二) 业务活动预算支出

业务活动预算支出主要包括行政支出、事业支出和经营支出。其中:行政支出是指行政单位履行其职责实际发生的各项现金流出;事业支出是指事业单位开展专业业务活动及其辅助活动实际发生的各项现金流出;经营支出是指事业单位在专业业务活动及其辅助活动之外开展非独立核算经营活动实际发生的各项现金流出。

二、会计科目的设置

(一) 业务活动费用

为了反映和监督政府单位业务活动费用增减变动情况,财务会计应设置"业务活动费用"科目。该科目借方登记业务活动费用的增加,贷方登记业务活动费用的减少。期末结账后,"业务活动费用"科目应无余额。"业务活动费用"科目应当按照项目、服务或者业务类别、支付对象等进行明细核算。为了满足成本核算需要,"业务活动费用"科

《中央本级基本支出预算管理办法》

目下还可按照"工资福利费用""商品和服务费用""对个人和家庭的补助费用""对企业补助费用""固定资产折旧费""无形资产摊销费""公共基础设施折旧（摊销）费""保障性住房折旧费""计提专用基金"等成本项目设置明细科目，归集能够直接计入业务活动或采用一定方法计算后计入业务活动的费用。

《中央本级项目支出预算管理办法》

"业务活动费用"科目所属明细科目设置方法如表14-2所示。

表14-2 "业务活动费用"科目所属明细科目设置方法

总账科目	一级明细科目	二级明细科目	三级明细科目
业务活动费用	教学活动	工资福利费用	工资
			津贴补贴
			社会保险费
		商品和服务费用	会议费
			邮电费
			差旅费
		对个人和家庭的补助费用	离休费、退休费
			抚恤金、生活补助
			医疗费
	科研活动	……	……

（二）业务活动预算会计支出科目

业务活动预算会计支出科目包括行政支出和事业支出。

1. 行政支出。"行政支出"科目用于反映和监督行政单位履行其职责实际发生的各项现金流出。该科目借方登记行政单位履行其职责实际支付的单位职工薪酬、外部人员劳务费、购买存货（固定资产、无形资产等及在建工程）支付相关款项、预付的资金等；贷方登记因购货退回等发生款项退回，或者发生差错更正属于当年支出收回以及年末将本科目本年发生额转入结转的数额；年末结转后，"行政支出"科目应无余额。

"行政支出"科目应当分别按照"财政拨款支出""非财政专项资金支出"和"其他资金支出"，以及"基本支出"和"项目支出"等进行明细核算，并按照政府收支分类科目中"支出功能分类科目"的项级科目进行明细核算；"基本支出"和"项目支出"明细科目下应当按照政府收支分类科目中"部门预算支出经济分类科目"的款级科目进行明细核算，同时在"项目支出"明细科目下按照具体项目进行明细核算。有一般公共预算财政拨款、政府性基金预算财政拨款等两种或两种以上财政拨款的行政单位，还应当在"财政拨款支出"明细科目下按照财政拨款的种类进行明细核算。

2. 事业支出。"事业支出"科目用于反映和监督事业单位开展专业业务活动及其辅助活动实际发生的各项现金流出。该科目借方登记开展专业业务活动及其辅助活动支付外部人员劳务费、购买存货（固定资产、无形资产等及在建工程）支付的款项、支付的预付账款、缴纳的相关税费以及发生的其他各项支出；贷方登记开展专业业务活动及其辅助活动过程中因购货退回等发生款项退回，或者发生差错更正属于当年支出的收回、年末将"事业支出"科目本年发生额中的支出转入财政或非财政结转数额;年末结转后"事业支出"科目应无余额。单位发生教育、科研、医疗、行政管理事业、后勤保障等活动的,可在"事业支出"科目下设置相应的明细科目进行核算,或单设"教育支出""科研支出""医疗支出""行政管理支出""后勤保障支出"等一级会计科目进行核算。

"事业支出"科目应当分别按照"财政拨款支出""非财政专项资金支出"和"其他资金支出",以及"基本支出"和"项目支出"等进行明细核算,并按照政府收支分类科目中"支出功能分类科目"的项级科目进行明细核算;"基本支出"和"项目支出"明细科目下应当按照政府收支分类科目中"部门预算支出经济分类科目"的款级科目进行明细核算,同时在"项目支出"明细科目下按照具体项目进行明细核算。有一般公共预算财政拨款、政府性基金预算财政拨款等两种或两种以上财政拨款的事业单位,还应当在"财政拨款支出"明细科目下按照财政拨款的种类进行明细核算。

三、业务活动费用及其预算支出的账务处理

(一) 职工薪酬和劳务费用

1. 职工薪酬。职工薪酬是指事业单位为获得职工提供的服务而给予各种形式的报酬以及其他相关支出。也就是说,性质上凡是事业单位为获得职工提供的服务给予或付出的各种形式的对价,都构成职工薪酬。职工薪酬主要由劳动报酬、社会保险、福利、教育、劳动保护、住房和其他人工费用等组成。

职工薪酬的核算包括职工薪酬的结算与分配两方面内容:

(1) 职工薪酬结算时,事业单位确认各项代垫款项时,借记"应付职工薪酬"科目,贷记"其他应付款"等科目;发放职工薪酬时,借记"应付职工薪酬"科目,贷记"财政拨款收入""零余额账户用款额度""银行存款"等科目;同期,预算会计应借记"行政支出/事业支出/经营支出"等科目,贷记"财政拨款预算收入/资金结存"科目。

(2) 月末分配职工薪酬时,事业单位计提从事专业业务活动及其辅助活动人员的薪酬等,借记"业务活动费用"科目,贷记"应付职工薪酬"等科目。

【例14-1】2×24年3月,某高校经计算本月从事教学、科研活动及其辅助活动人员薪酬共计6 060 000元,其中基本工资3 500 000元,津贴1 500 000元,社会保险费700 000元,住房公积金360 000元。编制财务会计分录:

借:业务活动费用——基本工资 3 500 000
　　　　　　——国家统一规定的津贴补贴 1 500 000
　　　　　　——社会保险费 700 000
　　　　　　——住房公积金 360 000
　　贷:应付职工薪酬 6 060 000

2. 劳务费用。政府单位为履职或开展业务活动发生的外部人员劳务费,财务会计按照计算确定的金额,借记"业务活动费用"科目,按照代扣代缴个人所得税的金额,贷记"其他应交税费——应交个人所得税"科目,按照扣税后应付或实际支付的金额,贷记"其他应付款""财政拨款收入""零余额账户用款额度""银行存款"等科目;同期,预算会计账务处理方法同职工薪酬。

【例14-2】2×24年9月5日,某事业单位支付外籍专家技术指导费10 000元,以现金

付讫。代扣代缴个人所得税 1 600 元。编制财务会计分录：

借：业务活动费用　　　　　　　　　　　　　　　　　　　　11 600
　　贷：库存现金　　　　　　　　　　　　　　　　　　　　　10 000
　　　　其他应交税费——应交个人所得税　　　　　　　　　　 1 600

同期，预算会计编制该业务的预算会计分录：

借：事业支出　　　　　　　　　　　　　　　　　　　　　　10 000
　　贷：资金结存——货币资金　　　　　　　　　　　　　　　10 000

（二）库存物品的领用

政府单位为履职或开展业务活动领用库存物品，以及动用发出相关政府储备物资，按照领用库存物品或发出相关政府储备物资的账面余额，借记"业务活动费用"科目，贷记"库存物品""政府储备物资"科目。

政府单位开展专业业务活动及其辅助活动领用存货时，根据实际情况采用先进先出法、加权平均法或者个别计价法确定发出存货的实际成本，财务会计按照计算确定的发出存货成本，借记"事业支出"科目，贷记"库存物品""政府储备物资"科目。

【例 14-3】 某事业单位按先进先出法计算材料的发出库存物品成本。2×24 年 3 月 1 日，经计算发出材料成本为 24 310 元。编制财务会计分录：

借：业务活动费用　　　　　　　　　　　　　　　　　　　　24 310
　　贷：库存物品　　　　　　　　　　　　　　　　　　　　　24 310

6 月 30 日，专业部门交回多领材料价值 800 元入库。编制财务会计分录：

借：库存物品　　　　　　　　　　　　　　　　　　　　　　　 800
　　贷：业务活动费用　　　　　　　　　　　　　　　　　　　　 800

（三）固定资产折旧和无形资产摊销

政府单位为履职或开展业务活动所使用的固定资产、无形资产以及为所控制的公共基础设施、保障性住房计提的折旧、摊销，按照计提金额，应借记"业务活动费用"科目，贷记"固定资产累计折旧""无形资产累计摊销""公共基础设施累计折旧（摊销）""保障性住房累计折旧"科目。

【例 14-4】 2×24 年 10 月份，某行政单位资产计提折旧共计 65 400 元，其中：行政用房屋 12 000 元；设备 5 400 元；公共基础设施 30 000 元；保障性住房 18 000 元。编制该月计提折旧的会计分录：

借：业务活动费用　　　　　　　　　　　　　　　　　　　　65 400
　　贷：固定资产累计折旧　　　　　　　　　　　　　　　　　17 400
　　　　公共基础设施累计折旧　　　　　　　　　　　　　　　30 000
　　　　保障性住房累计折旧　　　　　　　　　　　　　　　　18 000

（四）相关税费

一些政府单位尤其是文化体育、广播电视、卫生医疗、教育科技及社会团体等事业单位，出于不同目的，利用房产、土地、人才、职能优势，以众多方式（如联营、租赁、办实体等）通过事业活动取得应纳税收入，如：房屋、场地的租金收入；广播、电视、报纸的广告收入；有线电视的初装费收入；学校的对外办班收入；科研产品的出售收入；医疗器械的销售收入；各类实体上交的承包费管理费收入；等等。按照我国税法规定，事业单位不论其属哪个部门，实行什么管理方法，只要其取得税法规定应征税收入、拥有税法规定应当征税的财产、发生税法规定应当征税的某些行为、取得税法规定应当征税的收益，就必须交纳相关税费。

政府单位在履职或开展业务活动中按照税法的规定要缴纳各种税费，如城市维护建设税、教育费附加、地方教育费附加、车船税、房产税、城镇土地使用税等。这些税费，一方面构成了政府单位的业务活动费用，另一方面在缴纳之前形成了政府单位的负债。因此，单位按照计算确定应交纳的金额，借记"业务活动费用"科目，贷记"其他应交税费"等科目。

【例 14-5】2×24 年 12 月，某事业单位根据发生的业务活动确认的应交税费编制相关的会计分录。

（1）根据本期应交的增值税确认的应交城市维护建设税 3 500 元、教育费附加 1 500 元。

借：业务活动费用　　　　　　　　　　　　　　　　　　　　5 000
　　贷：其他应交税费——应交城市维护建设税　　　　　　　　3 500
　　　　　　　　　　——应交教育费附加　　　　　　　　　　1 500

（2）本期应交车船税 4 600 元、房产税 12 500 元。

借：业务活动费用　　　　　　　　　　　　　　　　　　　　17 100
　　贷：其他应交税费——车船税　　　　　　　　　　　　　　4 600
　　　　　　　　　　——房产税　　　　　　　　　　　　　　12 500

（五）计提基金

为了促进各类事业的健康发展，抵御各类风险，事业单位有时要按照规定从收入或结余中提取一定比例的专用基金，如科研单位按规定取得科研成果转化基金，医院按规定提取医疗风险基金，等等。预算会计下事业单位按照基于预算收入计算提取专用基金并计入费用时，按照计提的基金数额，借记"业务活动费用"科目，贷记"专用基金"科目。

【例 14-6】2×24 年，某科研事业单位取得事业预算收入 14 600 000 元，经营预算结余 5 000 000 元。分别按照事业预算收入的 15% 和经营预算结余的 20% 提取科技成果转化基金。编制财务会计分录：

应提取的专用基金 = 14 600 000×15% + 5 000 000×20% = 3 190 000（元）

借：业务活动费用　　　　　　　　　　　　　　　　　　　　3 190 000
　　贷：专用基金　　　　　　　　　　　　　　　　　　　　3 190 000

（六）其他业务活动费用及其预算支出

政府单位为履职或开展业务活动发生其他各项费用时，财务会计应按照费用确认金额，借记"业务活动费用"科目，贷记"财政拨款收入""零余额账户用款额度""银行存款""应付账款""其他应付款""其他应收款"等科目；同期，预算会计应按照实际支付的金额，借记"行政支出""事业支出"科目，贷记"资金结存"科目。

政府单位发生当年购货退回等业务，对于已计入本年业务活动费用的，按照收回或应收的金额，借记"财政拨款收入""零余额账户用款额度""银行存款""其他应收款"等科目，贷记"业务活动费用"科目；同期，预算会计按照收回的金额，借记"财政拨款预算收入""资金结存"科目，贷记"行政支出""事业支出"科目。

【例14-7】2×24 年12 月10 日，某事业单位发生的经济业务为：①通过单位零余额账户支付办公用品款项3 800元，购入的办公用品直接交付使用。②办公室王主任出差归来报销差旅费850元，以现金付讫。③以银行存款支付房屋维修费用5 000元。④通过单位零余额账户支付水费600元。⑤以银行存款支付网络通信费2 000元。

根据上述经济业务，编制该单位财务会计分录：

12 月10 日业务活动费用＝3 800＋850＋5 000＋600＋2 000＝12 250（元）

借：业务活动费用　　　　　　　　　　　　　　　　　　　12 250
　　贷：库存现金　　　　　　　　　　　　　　　　　　　　　　850
　　　　银行存款　　　　　　　　　　　　　　　　　　　　　7 000
　　　　零余额账户用款额度　　　　　　　　　　　　　　　　4 400

同期，编制上述经济业务的预算会计分录：

借：事业支出　　　　　　　　　　　　　　　　　　　　　12 250
　　贷：资金结存——货币资金　　　　　　　　　　　　　　　7 850
　　　　　　——零余额账户用款额度　　　　　　　　　　　　4 400

（七）业务活动费用期末转销

期末，财务会计将"业务活动费用"科目本期发生额转入本期盈余，借记"本期盈余"科目，贷记"业务活动费用"科目；年末，预算会计结转行政支出、事业支出，预算会计应借记"财政拨款结转"（财政拨款支出）、"非财政拨款结转"（非同级财政专项资金支出）、"其他结余"（非同级财政、非专项资金支出）科目，贷记"行政支出""事业支出"科目。

【例14-8】2×24 年12 月末，某政府单位"业务活动费用"科目本期发生额为1 370 000元；"事业支出"科目年末余额为16 450 000元，其中财政拨款支出15 000 000元，非财政专项资金支出1 000 000元，非财政非专项资金支出450 000元。

（1）期末，编制结转业务活动费的财务会计分录：

借：本期盈余　　　　　　　　　　　　　　　　　　　　1 370 000
　　贷：业务活动费用　　　　　　　　　　　　　　　　　1 370 000

（2）年末，结转当年事业支出。编制该业务的预算会计分录：

借：财政拨款结转——本年收支结转　　　　　　　　　15 000 000
　　非财政拨款结转——本年收支结转　　　　　　　　　1 000 000
　　其他结余　　　　　　　　　　　　　　　　　　　　　450 000
　　贷：事业支出　　　　　　　　　　　　　　　　　　16 450 000

第三节　单位管理费用及其预算支出

一、单位管理费用的性质和内容

单位管理费用是指事业单位本级行政及后勤管理部门开展管理活动发生的各项费用，包括单位行政及后勤管理部门发生的人员经费、公用经费、资产折旧（摊销）等费用，以及由单位统一负担的离退休人员经费、工会经费、诉讼费、中介费等。

事业单位管理费用具有以下特点：一是单位管理费用是为事业单位依法履职或开展专业业务活动及其辅助活动提供正常条件所发生的各项耗费，其目的是加强事业管理，与其履行职责或专业活动及其辅助活动没有直接关系。二是单位管理费用发生在本级行政及后勤管理部门等的管理活动中，具有全面性特点。因为事业单位行政管理覆盖任何单位各个部门，后勤服务也会惠及事业单位所有部门，单位管理费用信息可以全面反映单位行政和后勤管理支出情况，有助于提高单位管理水平。

单位管理费用主要包括人员经费、公用经费、资产折旧（摊销）、相关税费、由单位统一负担的相关费用等。其中：

（1）人员经费是指事业单位本级行政及后勤管理部门管理人员薪酬，包括基本工资、补助工资、其他工资、职工福利费、社会保障费等。

（2）公用经费是指单位为完成工作任务用于设备设施的维持性费用支出，以及直接用于公务活动的支出，具体包括公务费、业务费、修缮费、设备购置费、其他费用等。公务费用包括办公费、印刷费、水电费、取暖费、邮电费、交通费、差旅费、会议费、培训费、福利费、劳务费、租赁费、物业管理费、维修费、招待费和其他公用费用。

（3）资产折旧（摊销）等费用是指为管理活动所使用固定资产、无形资产计提的折旧、摊销费用。

（4）相关税费主要是指单位开展业务活动发生的城市维护建设税、教育费附加、地方教育费附加、车船税、房产税、城镇土地使用税等费用。

（5）由单位统一负担的相关费用主要是指由单位统一负担的离退休人员经费、工会经费、诉讼费、中介费等。

二、会计科目设置

为了反映和监督政府单位管理费用增减变动情况，财务会计应设置"单位管理费用"科目。该科目借方登记单位管理费用的增加额；贷方登记期末结转计入本期盈余的金额。期末结转后，"单位管理费用"科目应无余额。"单位管理费用"科目应当按照项目、费用类别、支付对象等进行明细核算。

为了满足成本核算需要，"单位管理费用"科目下还可以按照"工资福利费用""商品和服务费用""对个人和家庭的补助费用""固定资产折旧费""无形资产摊销费"等成本项目设置明细科目，归集能够直接计入单位管理活动或采用一定方法计算后计入单位管理活动的费用。

三、单位管理费用的账务处理

（一）职工薪酬和劳务费

职工薪酬和劳务费均属于事业单位的管理费用，两者的不同是：职工薪酬是事业单位接受本单位职工提供服务而给予的报酬，而劳务费是事业单位接受外部人员提供服务而给予的报酬。

事业单位为管理活动人员计提的薪酬，按照计算确定的金额，借记"单位管理费用"科目，贷记"应付职工薪酬"科目；为开展管理活动发生的外部人员劳务费，按照计算确定的费用金额，借记"单位管理费用"科目，按照代扣代缴个人所得税的金额，贷记"其他应交税费——应交个人所得税"科目，按照扣税后应付或实际支付的金额，贷记"其他应付款""财政拨款收入""零余额账户用款额度""银行存款"等科目。

预算会计按照支付给个人部分金额，借记"事业支出"科目，贷记"财政拨款预算收入""资金结存"科目；实际缴纳代扣个人所得税税款时，借记"事业支出"科目，贷记"资金结存"科目。

【例 14-9】 2×24 年 12 月，某事业单位根据发生的职工薪酬和劳务业务编制相关的会计分录。

(1) 根据"职工薪酬汇总表"，该月应付从事管理活动人员薪酬为 1 300 000 元。

借：单位管理费用　　　　　　　　　　　　　　　　　1 300 000
　　贷：应付职工薪酬　　　　　　　　　　　　　　　　　1 300 000

(2) 按本月应付职工薪酬的一定比例计提管理人员工会经费 26 000 元。

$$应计提工会经费 = 1\ 300\ 000 \times 2\% = 26\ 000\ （元）$$

借：单位管理费用——工会经费　　　　　　　　　　　　　26 000
　　贷：其他应付款　　　　　　　　　　　　　　　　　　　26 000

(3) 本月应确认应付管理人员职工基本养老保险费 260 000 元，基本养老保险 78 000 元，失业保险费 26 000 元。

借：单位管理费用——社会保险费　　　　　　　　　　　　364 000
　　贷：应付职工薪酬　　　　　　　　　　　　　　　　　　364 000

(4) 以现金支付临时聘用 5 名清洁工工资 15 000 元。编制财务会计分录：

借：单位管理费用——劳务费　　　　　　　　　　　　　　15 000
　　贷：库存现金　　　　　　　　　　　　　　　　　　　　15 000

同期，编制该业务的预算会计分录：

借：事业支出　　　　　　　　　　　　　　　　　　　　　15 000
　　贷：资金结存　　　　　　　　　　　　　　　　　　　　15 000

月末，经计算该单位 12 月份共发生职工薪酬和劳务费 1 705 000 元（1 300 000 + 26 000 + 364 000 + 15 000）。

(二) 公用经费

政府单位为开展管理活动发生公用经费，财务会计按照费用确认金额，借记"单位管理费用"科目，贷记"财政拨款收入""零余额账户用款额度""银行存款""库存物品""其他应收款""其他应付款"等科目；同期，预算会计按照实际支出的金额，借记"事业支出"科目，贷记"资金结存"科目。

【例 14-10】 承例 14-9，该单位 12 月 20 日发生公用经费业务为：①开出转账支票支付电话费 12 400 元、传真费 800 元、网络通信费 25 000 元，共计 38 200 元。②李源出差归来报销出差的住宿费、伙食补助等费用 6 000 元，原预借 5 000 元，补付现金 1 000 元。③维修办公楼用转账支票支付修缮费 20 000 元。④以零余额账户支付单位取暖用燃料费、热力费 60 000 元。⑤以财政直接支付方式支付单位办公用房、职工及离退休人员宿舍等的物业管理费 500 000 元。⑥开出转账支票 150 000 元，支付行政租赁办公用房房租。⑦以财政直接支付方式支付单位举行会议过程中按规定开支的房租费 30 000 元。

根据上述经济业务编制财务会计分录：

借：单位管理费用	805 000
贷：库存现金	1 000
银行存款	208 200
零余额账户用款额度	60 000
其他应收款——李源	5 000
财政拨款收入	530 000

同期，编制上述经济业务的预算会计分录：

借：事业支出	270 000
贷：资金结存——货币资金	210 000
——零余额账户用款额度	60 000

月末，经计算该单位12月份共发生管理费用804 200元（38 200+6 000+20 000+60 000+500 000+150 000+30 000）。

（三）固定资产折旧、无形资产摊销

事业单位为管理活动所使用固定资产、无形资产计提的折旧、摊销，按照应提折旧、摊销额，财务会计应借记"单位管理费用"科目，贷记"固定资产累计折旧""无形资产累计摊销"科目。

【例14-11】承例14-9，12月末该单位计提行政管理部门固定资产折旧125 000元，其中，房屋及构筑物50 000元，通用设备30 000元，专用设备20 000元，家具、用具及装具25 000元。摊销无形资产价值40 000元。

借：单位管理费用——折旧费用	125 000
——摊销费用	40 000
贷：累计折旧	125 000
累计摊销	40 000

（四）税费的确认

事业单位为开展管理活动发生城市维护建设税、教育费附加、地方教育费附加、车船税、房产税、城镇土地使用税等，财务会计按照计算确定应交纳的金额，借记"单位管理费用"科目，贷记"其他应交税费"等科目。

【例14-12】承例14-9，12月份该单位根据发生的相关税费业务编制相关的会计分录。

（1）31日，根据当月应交增值税计算的应交城市维护建设税为17 500元，教育费附加为7 500元。

借：单位管理费用	25 000
贷：其他应交税费——城市维护建设税	17 500
——应交教育费附加	7 500

（2）31月，经计算全年应交房产税53 000元、城镇土地使用税12 000元、车船税13 800元。

借：单位管理费用	78 800
贷：其他应交税费——应交房产税	53 000

——应交城镇土地使用税	12 000
——应交车船税	13 800

（五）其他管理费用

政府单位为开展管理活动发生的其他各项管理费用，财务会计按照费用确认金额，借记"单位管理费用"科目，贷记"财政拨款收入""零余额账户用款额度""银行存款""其他应付款""其他应收款"等科目；同期，预算会计按照实际支出的金额，借记"事业支出"科目，贷记"资金结存"科目。

单位发生当年购货退回等业务，对于已计入本年单位管理费用的，按照收回或应收的金额，借记"财政拨款收入""零余额账户用款额度""银行存款""其他应收款"等科目，贷记"单位管理费用"科目；同期，预算会计按照收回的金额，借记"财政拨款预算收入""资金结存"科目，贷记"事业支出"科目。

（六）单位管理费用的期末结转

期末，财务会计应将"单位管理费用"科目本期发生额转入本期盈余，借记"本期盈余"科目，贷记"单位管理费用"科目。

【例14-13】 承例14-9至例14-12，12月末，该单位将本月发生的管理费用结转计入本期盈余。

应转入本期盈余 = 1 300 000+26 000+364 000 +15 000 +38 200+6 000+20 000+60 000 + 500 000 +150 000 +30 000+125 000+40 000+25 000+78 800 = 2 778 000（元）

借：本期盈余　　　　　　　　　　　　　　　　　　　　2 778 000
　　贷：单位管理费用　　　　　　　　　　　　　　　　　　2 778 000

第四节　经营费用及其经营支出

一、经营费用及其经营支出概述

（一）经营费用

1. 经营费用的概念。经营费用是指事业单位在专业业务活动及其辅助活动之外开展非独立核算经营活动发生的各项费用。关于经营费用概念进一步解释两点：

（1）经营费用是专业业务活动及其辅助活动之外发生的各项费用。所谓专业业务活动，是指事业单位根据本单位专业特点所从事或开展的主要业务活动，即"主营业务"，如文化事业单位的演出活动、教育事业单位的教学活动、科学事业单位的科研活动、卫生事业单位的医疗保健活动等。辅助活动是指与专业业务活动相关、直接为专业业务活动服务的单位行政管理活动、后勤服务活动及其他有关活动。

（2）经营费用是非独立核算经营活动发生的费用。"非独立核算"是指事业单位内部的不具有独立法人资格、没有完整会计工作组织体系的部门或单位。这些部门或单位，在生产、销售定型产品和经销商品过程中，在承包建筑、安装、维修等工程过程中，在出租、出借暂时闲置的仪器设备、房屋场地及向社会提供餐饮、住宿、交通运输等服务活动过程中，所发生的资金耗费和损失，即属于经营支出。

事业单位从事非独立核算的经营活动所发生的全部支出（包括直接用于经营活动消耗的材料、工资等直接支出和由单位事业支出统一垫支需要分配转入的各项支出）都应纳入经营支出核算范围，并实行经营支出与经营收入的相互配比。

2. 经营费用的特点。经营费用与事业支出均为事业单位向社会提供商品或服务而发生的支出。不同之处是：经营活动体现了保本获利原则，其支出只能从商品或服务接受方获得补偿；而业务活动费用体现了事业活动的公益性原则，可能从商品或服务的接受方得到补偿，也可能从财政取得补偿。

经营费用的主要特征为：它是非独立核算的经营性业务发生的费用；费用需要由经营活动收入补偿；经营费用应当与经营收入相互配比。

3. 经营费用核算原则。事业单位开展非独立核算经营活动，应当正确归集经营活动发生的各项费用，无法直接归集的，应当按照规定的标准或比例合理分摊；为了提供事业单位经济业务管理水平相关信息，对经营活动的核算必须遵循收支配比原则，即在确定一个时期的经营收入时，还必须相应确认与该期收入有关的支出，并将收入和相应的支出相互配比，进行比较，确定事业成果。

（二）经营支出

经营支出是指事业单位在专业业务活动及其辅助活动之外开展非独立核算经营活动实际发生的各项现金流出。

二、会计科目的设置

（一）"经营费用"科目

为了反映和监督经营支出增减变动情况，事业单位财务会计应设置"经营费用"科目。该科目借方登记事业单位发生的各项经营费用；贷方登记冲减经营费用以及期末将"经营费用"科目余额全部转入经营结转结余数额。"经营费用"科目应当按照经营活动类别、项目、支付对象等进行明细核算。为了满足成本核算需要，"经营费用"科目下可按照"工资福利费用""商品和服务费用""对个人和家庭的补助费用""固定资产折旧费""无形资产摊销费"等成本项目设置明细科目，归集能够直接计入单位经营活动或采用一定方法计算后计入单位经营活动的费用。

（二）"经营支出"科目

为了反映和监督经营活动实际发生各项现金流出的增减变动情况，事业单位预算会计应设置"经营支出"科目。该科目借方登记开展经营活动过程支付经营部门职工薪酬、外部人员劳务费、购买存货（固定资产、无形资产等以及在建工程）、预付账款、相关税费以及其他各项支出；贷方登记开展经营活动中因购货退回等发生款项退回、差错更正属于当年支出收回的资金、年末将本科目本年发生额转入"经营结余"科目，借记"经营结余"科目，贷记本科目；年末结转后"经营支出"科目应无余额。"经营支出"科目应当按照经营活动类别、项目、政府收支分类科目中"支出功能分类科目"的项级科目和"部门预算支出经济分类科目"的款级科目等进行明细核算。

对于预付款项，可通过在"经营支出"科目下设置"待处理"明细科目进行明细核算，待确认具体支出项目后再转入本科目下相关明细科目。年末结账前，应将本科目"待处理"明细科目余额全部转入"经营支出"科目下相关明细科目。

三、经营费用及其经营支出的账务处理

事业单位为在专业业务活动及其辅助活动之外开展非独立核算经营活动人员计提的薪酬、领用或发出的存货、计提固定资产折旧或摊销无形资产成本、按规定确认应交纳的税费、发生与经营活动相关的其他各项费用等,借记"经营费用"科目(涉及增值税业务的,按照应交增值税的金额,借记"应交增值税——应交税金"科目),贷记"应付职工薪酬""库存物品""固定资产累计折旧""无形资产累计摊销""其他应交税费""银行存款""其他应付款""其他应收款"等科目。

单位发生当年购货退回等业务,对于已计入本年经营费用的,财务会计按照收回或应收的金额,借记"银行存款""其他应收款"等科目,贷记"经营费用"科目;同期,预算会计按照收回的金额,借记"资金结存"科目,贷记"经营支出"科目。

期末,财务会计将经营费用转入经营盈余时,借记"本期盈余"科目,贷记"经营费用"科目。年末,预算会计将"经营支出"科目本年发生额转入"经营结余"科目,借记"经营结余"科目,贷记"经营支出"科目。

【例 14-14】某事业单位所属非独立核算印刷厂,2×24 年 12 月发生以下与经营费用相关经济业务:

(1) 12 份该单位"职工薪酬汇总表"列明的经营人薪酬总额为 87 500 元。编制财务会计分录:

借:经营费用　　　　　　　　　　　　　　　　　　　　　87 500
　　贷:应付职工薪酬　　　　　　　　　　　　　　　　　　87 500

(2) 本月共发出材料成本为 30 500 元,其中,维护印刷设备消耗材料成本 18 300 元,印刷科普材料领用纸张成本 12 200 元。编制财务会计分录:

借:经营费用　　　　　　　　　　　　　　　　　　　　　30 500
　　贷:库存物品　　　　　　　　　　　　　　　　　　　　30 500

(3) 月末,该单位编制当月资产折旧摊销表,该表列明经营活动使用固定资产应计提折旧 35 000 元、专利权摊销 3 000 元。编制财务会计分录:

借:经营费用　　　　　　　　　　　　　　　　　　　　　38 000
　　贷:固定资产累计折旧　　　　　　　　　　　　　　　　35 000
　　　　无形资产累计摊销　　　　　　　　　　　　　　　　3 000

(4) 月末,经计算本月应交城市维护建设税 10 500 元,教育费附加 4 500 元,车船税 2 350 元,房产税 12 000 元,城镇土地使用税 4 000 元,共计税金为 33 350 元。

借:经营费用　　　　　　　　　　　　　　　　　　　　　33 350
　　贷:其他应交税费——应交城市维护建设税　　　　　　　10 500
　　　　　　　　　　——应交教育费附加　　　　　　　　　4 500
　　　　　　　　　　——应交车船税　　　　　　　　　　　2 350
　　　　　　　　　　——应交房产税　　　　　　　　　　　12 000
　　　　　　　　　　——应交城镇土地使用税　　　　　　　4 000

(5) 经计算,本月领用劳保用品共计 3 000 元用于经营活动;用支票支付经营部门电费、网费 5 800 元;以现金支付业务人员报销差旅费 1 500 元(出差前未预借资金)。编制财务会计分录:

借：经营费用　　　　　　　　　　　　　　　　　　　　　　10 300
　　贷：库存物品　　　　　　　　　　　　　　　　　　　　　3 000
　　　　银行存款　　　　　　　　　　　　　　　　　　　　　5 800
　　　　库存现金　　　　　　　　　　　　　　　　　　　　　1 500
同期，编制该业务的预算会计分录：
借：经营支出　　　　　　　　　　　　　　　　　　　　　　 7 300
　　贷：资金结存——货币资金　　　　　　　　　　　　　　 7 300

（6）12月末该单位将本月发生的经营费用结转计入本期盈余。

　　　　本期经营费用合计＝87 500＋30 500＋38 000＋33 350＋10 300＝199 650（元）

根据计算结果编制财务会计分录：
借：本期盈余　　　　　　　　　　　　　　　　　　　　　 199 650
　　贷：经营费用　　　　　　　　　　　　　　　　　　　　199 650

12月初，该单位"经营支出"科目累计余额为250 000元，本月发生支出合计7 300元。年末，结转经营支出，编制该业务的预算会计分录：
借：经营结余　　　　　　　　　　　　　　　　　　　　　 257 300
　　贷：经营支出　　　　　　　　　　　　　　　　　　　　257 300

第五节　资产处置费用及其预算支出

一、资产处置费用的概念

资产处置是指政府单位对其占有、使用的国有资产进行产权转让或者注销产权的行为，处置方式包括调剂（无偿转让）、出售、置换、对外捐赠、报废、报损。通过资产处置，实现资产价值变现和价值提升。

资产处置费用是指政府单位经批准处置资产时发生的费用，包括转销的被处置资产价值，以及在处置过程中发生的相关费用或者处置收入小于相关费用形成的净支出。如果在处置过程中处置收入大于相关费用形成的净收入，原则上应上缴财政。一般地，在处置过程中发生的相关费用可能会形成货币资金的流出，发生的相关收入可能会形成货币资金的流入，而转销的被处置资产价值则不会发生货币资金的流出。

政府单位在资产清查中查明的资产盘亏、毁损以及报废等，应当先通过"待处理财产损溢"科目进行核算，再将处理资产价值和处理净支出计入资产处置费用科目。短期投资、长期股权投资、长期债券投资的处置按照相关资产科目的规定进行账务处理。

二、会计科目的设置

为了反映和监督资产处置费用增减变动情况，财务会计应设置"资产处置费用"科目。该科目借方登记确认的资产处置费用；贷方登记转出的资产处置费用；期末，将本科目本期发生额转入本期盈余。期末结转后"资产处置费用"科目无余额。

"资产处置费用"科目应当按照处置资产的类别、资产处置的形式等进行明细核算。

三、资产处置费用及其预算支出的账务处理

(一) 资产处置不通过"待处理财产损溢"科目核算

按照规定,政府单位在资产清查中查明的资产盘亏、毁损以及报废等以外的资产处置业务,不需要通过"待处理财产损溢"科目核算。其账务处理程序如下:

1. 注销处置资产的账面价值。在报经批准处置资产时,财务会计按照处置资产的账面价值,借记"资产处置费用"科目;按照处置固定资产、无形资产、公共基础设施、保障性住房的累计折旧或摊销,借记"固定资产累计折旧""无形资产累计摊销""公共基础设施累计折旧(摊销)""保障性住房累计折旧"科目,按照处置资产的账面原值(或成本),贷记"库存物品""固定资产""无形资产""公共基础设施""政府储备物资""文物资源""保障性住房""其他应收款""在建工程"等科目。

2. 发生处置费用、取得处置收入。在资产处置过程中,处置收入与处置费用不会同时发生。通常,先发生处置费用,后取得处置收入。实务中,发生处置费用应及时计入资产处置费用,借记"资产处置费用"科目,贷记"库存现金""银行存款"等科目;取得处置收入时,应将处置收入与处置费用进行比较,如果收入小于费用,应将收入全额冲减费用,借记"库存现金""银行存款"等科目,贷记"资产处置费用"科目;反之,如果收入大于费用,应将收入冲减已入账的全部费用,借记"库存现金""银行存款"等科目,贷记"资产处置费用"科目,按照其差额,贷记"应缴财政款"等科目。涉及增值税业务的,相关账务处理参见"应交增值税"科目。

【例 14-15】 2×24 年,某事业单位报经批准处置一批专用设备,实际收到价款 2 000 000 元,该批设备账面余额为 1 500 000 元,累计折旧 300 000 元。用银行存款支付相关税费 60 000 元。按照规定,该单位将固定资产处置收益纳入预算管理。

(1) 注销资产账面价值。编制财务会计分录:

借:资产处置费用	1 200 000
固定资产累计折旧	300 000
贷:固定资产	1 500 000

(2) 用银行存款支付相关税费。编制财务会计分录:

借:资产处置费用	60 000
贷:银行存款	60 000

(3) 确认固定资产处置应缴财政款。编制财务会计分录:

借:银行存款	2 000 000
贷:资产处置费用	1 260 000
应缴财政款	740 000

(4) 交纳应缴财政款。编制财务会计分录:

借:应缴财政款	740 000
贷:银行存款	740 000

(二) 资产处置通过"待处理财产损溢"科目核算

按照规定,政府单位在资产清查中查明的资产盘亏、毁损以及报废等,需要通过"待处理财产损溢"科目核算。待查明原因报经批准后,将"待处理财产损溢"科目转入

"资产处置费用"。

政府单位账款核对中发现的现金短缺，属于无法查明原因的，报经批准核销时，借记"资产处置费用"科目，贷记"待处理财产损溢"科目。

政府单位资产清查过程中盘亏或者毁损、报废的存货、固定资产、无形资产、公共基础设施、政府储备物资、文物文化资产、保障性住房等，报经批准处理时，按照处理资产价值，借记"资产处置费用"科目，贷记"待处理财产损溢——待处理财产价值"科目。处理收支结清时，处理过程中所取得收入小于所发生相关费用的，按照相关费用减去处理收入后的净支出，借记"资产处置费用"科目，贷记"待处理财产损溢——处理净收入"科目；同时，资产处置过程中支付的处理净支出，预算会计应借记"其他支出"科目，贷记"资金结存"等科目。

期末，政府单位将"资产处置费用"科目本期发生额转入本期盈余，借记"本期盈余"科目，贷记"资产处置费用"科目。期末结转后，"资产处置费用"科目应无余额。

资产处置通过"待处理财产损溢"科目核算举例前已述及，略。

第六节 上缴上级费用、附属单位补助费用及其预算支出

一、上缴上级费用和上缴上级支出

（一）上缴上级费用和上缴上级支出的概念

上缴上级费用是指事业单位按照财政部门和主管部门的规定上缴上级单位款项发生的费用。

《事业单位财务规则》规定，非财政补助收入超出其正常支出较多的事业单位的上级单位可会同同级财政部门，根据该事业单位的具体情况，确定对这些事业单位实行收入上缴的办法。收入上缴主要有两种形式：一是定额上缴，即在核定预算时确定一个上缴的绝对数额；另一是按比例上缴，即根据收支情况，确定按收入的一定比例上缴。事业单位按已确定的定额或比例上缴的款项即为上缴上级费用。

上缴上级支出是指事业单位按照财政部门和主管部门的规定上缴上级单位款项发生的现金流出。

（二）会计科目的设置

1. "上缴上级费用"科目。为了反映和监督上缴上级费用的增减变动情况，事业单位财务会计应设置"上缴上级费用"科目。该科目贷方登记确认应上缴的数额；借方登记按规定上缴的款项；期末，将"上缴上级费用"科目余额转入本期盈余，借记"本期盈余"科目，贷记"上缴上级费用"科目。其明细账应当按照收缴款项单位或缴款项目等设置，并进行明细分类核算。一般可以将收缴款项单位作为一级明细科目，再根据缴款项目的具体内容下设明细科目。

2. "上缴上级支出"科目。为了反映和监督上缴上级支出增减变动情况，事业单位预算会计应设置"上缴上级支出"科目。该科目借方登记实际上缴的支出；贷方登记年末将"上缴上级支出"科目本年发生额转入其他结余的数额。年末结转后，本科目应无余额。

"上缴上级支出"科目应当按照收缴款项单位、缴款项目、政府收支分类科目中"支出功能分类科目"的项级科目和"部门预算支出经济分类科目"的款级科目等进行明细核算。

(三) 上缴上级费用和上缴上级支出的账务处理

事业单位发生上缴上级费用，财务会计按照实际上缴的金额或者按照规定计算出应当上缴上级单位的金额，借记"上缴上级费用"科目，贷记"银行存款""其他应付款"等科目。实际支付上缴款时，按照实际支付的金额，借记"其他应付款"科目，贷记"银行存款"等科目。

期末，事业单位将"上缴上级费用"科目本期发生额转入"本期盈余"科目，编制借记"本期盈余"科目，贷记"上缴上级费用"科目的会计分录。期末结转后，"上缴上级费用"科目应无余额。

事业单位按照规定将款项上缴上级单位的，预算会计按照实际上缴的金额，借记"上缴上级支出"科目，贷记"资金结存"科目；年末，将"上缴上级支出"科目本年发生额转入其他结余，借记"其他结余"科目，贷记"上缴上级支出"科目。

【例14-16】2×24年5月初，M事业单位接到上级主管部门下达的缴款通知，注明该单位应当于5月31日前上缴某项目资金200 000元。5月25日该单位将200 000元以财政授权支付方式上缴上级主管部门。

(1) 5月份确认应上缴上级款项。编制财务会计分录：

借：上缴上级费用　　　　　　　　　　　　　　　　　　　　　　　200 000
　　贷：其他应付款——上级主管部门　　　　　　　　　　　　　　　200 000

(2) 5月25日上缴上级款项。编制财务会计分录：

借：其他应付款——上级主管部门　　　　　　　　　　　　　　　　200 000
　　贷：零余额账户用款额度——财政授权支付　　　　　　　　　　　200 000

同期，编制该业务的预算会计分录：

借：上缴上级支出　　　　　　　　　　　　　　　　　　　　　　　200 000
　　贷：资金结存——零余额账户用款额度　　　　　　　　　　　　　200 000

(3) 5月末，结转本月上缴上级费用。编制财务会计分录：

借：本期盈余　　　　　　　　　　　　　　　　　　　　　　　　　200 000
　　贷：上缴上级费用　　　　　　　　　　　　　　　　　　　　　　200 000

(4) 12月末，该单位结转上缴上级支出，本年"上缴上级支出"科目发生额合计500 000元。编制该业务的预算会计分录：

借：其他结余　　　　　　　　　　　　　　　　　　　　　　　　　500 000
　　贷：上缴上级支出　　　　　　　　　　　　　　　　　　　　　　500 000

二、对附属单位补助费用和对附属单位补助支出

(一) 对附属单位补助费用

对附属单位补助费用是指事业单位用财政拨款收入之外的收入对附属单位补助发生的费用。"附属单位"是指事业单位附属的独立核算单位，一般应为法人单位。附属单位以协议或合同等形式，按照规定标准或比例缴纳给事业单位各项收入。但是，在附属单位开展专业业务及其辅助活动时，有时存在收不抵支的情况，需要举办单位给予一定的资金支

持。原则上，对附属单位补助的费用不得使用财政资金。

为了反映和监督对附属单位补助增减变动情况，财务会计应设置"对附属单位补助费用"科目。该科目借方登记对附属单位补助数额；贷方登记期末转入本期盈余的对附属单位补助数；期末结账后，"对附属单位补助费用"科目应无余额。其明细账应当按照接受补助单位或补助项目等设置并进行明细分类核算。一般可将接受补助的单位作为一级明细科目，再根据补助项目的具体内容下设明细科目。

对附属单位补助费用的确认按照权责发生制原则，在满足费用确认条件时予以确认。比如，事业单位与附属单位签订了补助协议，或事业单位履行了决策程序形成补助决议并明确了补助内容和金额，就可以据此确认费用，无须以现实的货币资金流出为前提。

事业单位发生对附属单位补助支出的，按照实际补助的金额或者按照规定计算出应当对附属单位补助的金额，财务会计应借记"对附属单位补助费用"科目，贷记"银行存款""其他应付款"等科目。期末，将"对附属单位补助费用"科目本期发生额转入本期盈余，借记"本期盈余"科目，贷记"对附属单位补助费用"科目。

（二）对附属单位补助支出

对附属单位补助支出是指事业单位用财政拨款预算收入之外的收入对附属单位补助发生的现金流出。

为了反映和监督对附属单位补助支出增减变动情况，事业单位预算会计应设置"对附属单位补助支出"科目。该科目的借方登记对附属单位实际补助的数额；贷方登记期末转入其他结余的对附属单位的补助数额；期末结账后，该科目应无余额。"对附属单位补助支出"科目应当按照接受补助单位、补助项目、政府收支分类科目中"支出功能分类科目"的项级科目和"部门预算支出经济分类科目"的款级科目等进行明细核算。

事业单位发生对附属单位补助支出的，按照实际补助的金额，借记"对附属单位补助支出"科目，贷记"资金结存"科目；年末，将"对附属单位补助支出"科目本年发生额转入其他结余，借记"其他结余"科目，贷记"对附属单位补助支出"科目。

【例 14-17】 2×24 年 12 月，某事业单位发生对附属单位补助业务及其会计处理如下：

（1）5 日，该单位集体决策，使用自有资金对附属服务中心（法人单位）进行一次性服务补贴 800 000 元。编制财务会计分录：

借：对附属单位补助费用　　　　　　　　　　　　　　　　　　800 000
　　贷：其他应付款　　　　　　　　　　　　　　　　　　　　　　　　800 000

未发生纳入预算管理的货币资金变动，预算会计不需要进行账务处理。

（2）25 日，该单位财务部门将 800 000 元拨付至附属服务中心基本存款账户。编制财务会计分录：

借：其他应付款　　　　　　　　　　　　　　　　　　　　　　800 000
　　贷：银行存款　　　　　　　　　　　　　　　　　　　　　　　　　800 000

同期，编制该业务的预算会计分录：

借：对附属单位补助支出　　　　　　　　　　　　　　　　　　800 000
　　贷：资金结存——货币资金　　　　　　　　　　　　　　　　　　800 000

（3）12 月份，"对附属单位补助费用"科目本期发生额合计 800 000 元。"对附属单位补助支出"科目本年发生额合计 3 600 000 元。编制期末结转对附属单位补助费用的财务会计分录：

借：本期盈余　　　　　　　　　　　　　　　　　　　　　800 000
　　贷：对附属单位补助费用　　　　　　　　　　　　　　　　800 000

同期，编制该业务的预算会计分录：

借：其他结余　　　　　　　　　　　　　　　　　　　　3 600 000
　　贷：对附属单位补助支出　　　　　　　　　　　　　　3 600 000

第七节　所得税费用

一、所得税费用的性质

所得税费用是指有企业所得税缴纳义务的事业单位按规定缴纳企业所得税所形成的费用。

根据《中华人民共和国企业所得税法》规定，企业和其他取得收入的组织为企业所得税的纳税人，包括依法成立的企业、事业单位、社会团体以及其他取得收入的组织。可见，事业单位虽然是公益性或非营利性组织，但如果取得所得税法所规定的应纳税"所得"，如销售货物所得、提供劳务所得、转让财产所得、股息红利所得、利息所得、租金所得、特许权使用费所得、接受捐赠所得和其他所得，也应依法缴纳企业所得税。

从会计的角度来看，事业单位缴纳的企业所得税和其他费用一样，符合费用的定义和确认的条件，其实质就是事业单位的一项费用，因此，将其称为"所得税费用"。单位核算所得税，主要是为确定当期应交所得税负债及收入费用中应确认的所得税费用，提供事业单位在现行条件下已承担的义务，以及因此而引起事业单位净资产减少或者经济利益流出等相关信息。

事业单位在计算应交所得税（或所得税费用）时，以每一纳税年度的收入总额减除不征税收入、免税收入、各项扣除以及允许弥补的以前年度亏损后的余额为应纳税所得额。当期应交所得税的计算公式为：

$$应交所得税 = 应纳税所得额 \times 所得税税率$$

二、会计科目的设置

为了反映和监督所得税费用增减变动情况，事业单位财务会计应设置"所得税费用"科目。该科目借方登记事业单位确认的所得税费用；贷方登记实际缴纳的所得税费用。年末，将所得税费用本年发生额转入"本期盈余"科目，结转后本科目无余额。

三、所得税费用的账务处理

事业单位发生企业所得税纳税义务的，财务会计按照税法规定计算的应交税金数额，借记"所得税费用"科目，贷记"其他应交税费——单位应交所得税"科目。

单位实际缴纳所得税时，财务会计应按照缴纳金额，借记"其他应交税费——单位应交所得税"科目，贷记"银行存款"科目；同期，预算会计应按照实际缴纳的所得税，借记"非财政拨款结余"科目，贷记"资金结存"科目。

年末，财务会计将"所得税费用"科目本年发生额转入"本期盈余"科目，借记"本期盈余"科目，贷记"所得税费用"科目。

【例14-18】2×24年，某事业单位根据发生的所得税业务编制相关的会计分录。

(1) 经计算，当年取得应纳税所得额380 000元，适用的所得税税率为25%。编制财务会计分录：

借：所得税费用　　　　　　　　　　　　　　　　　　　　　　95 000
　　贷：其他应交税费——单位应交所得税　　　　　　　　　　　　　95 000

(2) 以银行存款交纳所得税。编制财务会计分录：

借：其他应交税费——单位应交所得税　　　　　　　　　　　　　95 000
　　贷：银行存款　　　　　　　　　　　　　　　　　　　　　　　95 000

同期，编制该业务的预算会计分录：

借：非财政拨款结余——累计结余　　　　　　　　　　　　　　　95 000
　　贷：资金结存——货币资金　　　　　　　　　　　　　　　　　95 000

(3) 年末，将本年的所得税费用95 000元转入本期盈余。编制财务会计分录：

借：本期盈余　　　　　　　　　　　　　　　　　　　　　　　　95 000
　　贷：所得税费用　　　　　　　　　　　　　　　　　　　　　　95 000

第八节　其他费用和其他支出

一、其他费用和其他支出的内容

(一) 其他费用的内容

其他费用是指政府单位发生的除业务活动费用、单位管理费用、经营费用、资产处置费用、上缴上级费用、附属单位补助费用、所得税费用以外的各项费用，包括利息费用、坏账损失、罚没支出、现金资产捐赠支出以及相关税费、运输费等。

其他费用的共同特点是它们多数与单位各项业务活动无直接关系，对这些费用进行单独核算的意义在于正确反映单位各项费用水平，以评价单位管理水平。

(二) 其他支出的内容

其他支出是指政府单位除行政支出、事业支出、经营支出、上缴上级支出、对附属单位补助支出、投资支出、债务还本支出以外的各项现金流出，包括利息支出、对外捐赠现金支出、现金盘亏损失、接受捐赠（调入）和对外捐赠（调出）非现金资产发生的税费支出、资产置换过程中发生的相关税费支出、罚没支出等。

二、会计科目的设置

(一) "其他费用"科目

为了反映和监督其他费用增减变动情况，财务会计应设置"其他费用"科目。该科目借方登记发生的其他费用；贷方登记期末分摊转销的其他费用；年末结账后，"其他费用"科目应无余额。"其他费用"科目应当按照其他支出的类别、政府收支分类科目中"支出功能分类"相关科目等进行明细核算。其他支出中如有专项资金支出，应按具体项目进行明细核算。

（二）"其他支出"科目

为了反映和监督其他支出增减变动情况，政府单位预算会计应设置"其他支出"科目。该科目借方登记其他支出增加额；贷方登记其他支出减少额；年末结转后，本科目无余额。

"其他支出"科目应当按照其他支出的类别（"财政拨款支出"、"非财政专项资金支出"和"其他资金支出"）、政府收支分类科目中"支出功能分类科目"的项级科目和"部门预算支出经济分类科目"的款级科目等进行明细核算。其他支出中如有专项资金支出，还应按照具体项目进行明细核算。

三、其他费用和其他支出的账务处理

财务会计确认其他费用时，借记"其他费用"科目，贷记"应付利息""长期借款——应计利息""坏账准备""其他应付款""财政拨款收入""零余额账户用款额度""银行存款""库存现金"等科目；同期，预算会计支付其他支出时，借记"其他支出"科目，贷记"资金结存"科目。

期末，财务会计将"其他费用"科目本期发生额转入"本期盈余"科目，借记"本期盈余"科目，贷记"其他费用"科目；同期，预算会计借记"财政拨款结转——本年收支结转"（财政拨款支出）、"非财政拨款结转——本年收支结转"（非财政专项资金支出）、"其他结余"（非财政非专项资金支出）科目，贷记"其他支出"科目。

【例14-19】2×24年12月份，甲事业单位发生以下其他费用业务：

（1）15日，以银行存款归还两个月短期借款本金480 000元、利息4 800元（未预提）。编制财务会计分录：

借：短期借款　　　　　　　　　　　　　　　　　　　480 000
　　其他费用　　　　　　　　　　　　　　　　　　　　4 800
　　贷：银行存款　　　　　　　　　　　　　　　　　484 800

同期，编制该业务的预算会计分录：

借：其他支出　　　　　　　　　　　　　　　　　　　484 800
　　贷：资金结存——货币资金　　　　　　　　　　　484 800

（2）20日，开出转账支票向灾区捐赠货币资金500 000元。编制财务会计分录：

借：其他费用　　　　　　　　　　　　　　　　　　　500 000
　　贷：银行存款　　　　　　　　　　　　　　　　　500 000

同期，编制该业务的预算会计分录：

借：其他支出　　　　　　　　　　　　　　　　　　　500 000
　　贷：资金结存——货币资金　　　　　　　　　　　500 000

（3）25日，接受乙单位捐赠一项固定资产并按名义金额入账。接受捐赠资产支付相关税费、运输费3 800元，以银行存款付讫。

①确认固定资产，编制财务会计分录：

借：固定资产

贷：捐赠收入 1

②支付相关税费、运输费等，编制财务会计分录：
借：其他费用 3 800
　　贷：银行存款 3 800
同期，编制该业务的预算会计分录：
借：其他支出 3 800
　　贷：资金结存——货币资金 3 800

（4）31日，该单位对应收账款和其他应收款按其余额的5%计提坏账准备。当日，该单位不需要上缴财政的"应收账款"科目借方余额为600 000元，"其他应收款"科目借方余额为200 000元。该单位月初"坏账准备"科目贷方余额为30 000元。

31日应计提坏账准备=（600 000+200 000）×5%-30 000=10 000（元）

根据计算结果编制财务会计分录：
借：其他费用 10 000
　　贷：坏账准备 10 000

（5）月末，将12月份"其他费用"科目发生额转入本期盈余。编制财务会计分录：

转入本期盈余的其他费用= 4 800+500 000+3 800+10 000=518 600（元）

借：本期盈余 518 600
　　贷：其他费用 518 600

同期，编制该业务的预算会计分录：

本期其他支出合计988 600元（484 800+500 000+3 800），其中财政拨款资金支出484 800元，非财政专项资金支出500 000元，非财政、非专项资金支出3 800元。

借：财政拨款结转——本年收支结转（财政拨款资金支出） 484 800
　　非财政拨款结转——本年收支结转（非财政专项资金支出） 500 000
　　其他结余 3 800
　　贷：其他支出 988 600

【关键词汇】

费用（cost；expense）	预算支出（budget outlays）
业务活动费用（operating expenses）	行政支出（administrative expenditure）
单位管理费用（unit overhead）	事业支出（business expenditure）
经营费用（running expenses）	经营支出（operating expenses）
资产处置费用（disposal expenses）	上缴上级支出（payment to the higher authority）
上缴上级费用（pay the fee to the superior）	对附属单位补助支出（subsidizing expenditures to affiliated units）
对附属单位补助费用（subsidize expenses for affiliated units）	投资支出（investment outlays）
所得税费用（income tax expenses）	债务还本支出（debt service expenditure）
其他费用（other expenses）	其他支出（other expenses）

【思考与练习】

一、思考题

1. 如何理解政府单位费用？与企业费用相比，政府单位费用的特点表现在哪些方面？
2. 政府单位费用是如何分类的？简述政府单位报告期内费用列支方式。
3. 简述业务活动费用、单位管理费用的性质，说明其主要业务的核算方法。
4. 简述经营费用的性质，说明经营费用的特点及其核算原则。
5. 政府单位其他费用包括哪些内容？

二、练习题

（一）单项选择题

1. 某事业单位以银行存款对外捐赠一笔款项，下列各项中，属于财务会计核算应记入的会计科目是（　　）。
   A. 业务活动费用　　　　B. 其他支出
   C. 其他费用　　　　　　D. 事业支出

2. 事业单位计提除专门借款外的其他借款利息时，财务会计应借记的会计科目是（　　）。
   A. 其他支出　　　　　　B. 其他费用
   C. 预提费用　　　　　　D. 事业支出

3. 经批准，政府单位无偿调出非现金资产过程中发生的归属于调出方的相关费用，财务会计借记的会计科目是（　　）。
   A. 资金结存　　　　　　B. 无偿调拨净资产
   C. 累计盈余　　　　　　D. 资产处置费用

4. 事业单位发生企业所得税纳税义务，下列关于按照税法规定计算应交所得税的会计分录正确的是（　　）。
   A. 借记"所得税费用"科目，贷记"本期盈余"科目
   B. 借记"其他费用"科目，贷记"其他应交税费——单位应交所得税"科目
   C. 借记"所得税费用"科目，贷记"其他应交税费——单位应交所得税"科目
   D. 借记"其他应交税费——单位应交所得税"科目，贷记"银行存款"科目

5. 政府单位资产处置不通过"待处理财产损溢"科目核算时，处置资产过程中发生相关费用的会计分录正确的是（　　）。
   A. 借：应缴财政款
       贷：资产处置费用
   B. 借：固定资产累计折旧
       贷：资产处置费用
   C. 借：资产处置费用
       贷：待处理财产损溢
   D. 借：资产处置费用
       贷：银行存款

（二）多项选择题

1. 下列各项中，可以作为事业单位事业支出的有（　　）。

A. 专业业务活动之外开展非独立核算经营活动的支出
B. 开展专业业务活动发生的基本支出
C. 因借款确认的利息支出
D. 开展专业业务活动发生的项目支出

2. 下列各项中，应计入事业单位管理费用的有（   ）。
A. 按照规定上缴上级单位的款项
B. 由单位统一负担的离退休人员工会经费
C. 以非财政拨款对附属单位的补助
D. 单位行政管理部门发生的资产折旧（摊销）费

3. 下列各项中，关于"其他支出"科目年末结转的表述正确的是（   ）。
A. "其他支出"科目本年发生额中的非财政非专项资金支出应转入"其他结余"科目
B. "其他支出"科目本年发生额中的财政拨款支出转入"财政拨款结转"科目
C. "其他支出"科目本年发生额中的非财政专项支出结转记入"其他结余"科目借方
D. "其他支出"科目本年发生额中的非财政专项支出转入"非财政拨款结转"科目

4. 下列各项中，关于所得税业务会计处理正确的有（   ）。
A. 以银行存款交纳所得税，借记"所得税费用"科目，贷记"银行存款"科目
B. 年末结转所得税费用，借记"本期盈余"科目，贷记"所得税费用"科目
C. 以银行存款交纳所得税，借记"非财政拨款结余"科目，贷记"资金结存"科目
D. 确认当期所得税费用，借记"所得税费用"科目，贷记"其他应交税费"科目

5. 下列各项中，属于"其他费用"科目核算范围的有（   ）。
A 罚没支出   B. 上缴上级费用
C 现金资产捐赠支出   D. 资产处置费用

（三）业务核算题

1. 资料：2×24 年，某公立医院发生经济业务如下：
（1）经计算本月应付从事医疗及其辅助活动人员薪酬 650 000 元，其中，工资 390 000 元，津贴 150 000 元，奖金 110 000 元；提取福利费 91 000 元，应付各种社会保障费 117 000 元。
（2）医院普通外科领用处置治疗用药品一批，其成本 3 000 元。
（3）全年医疗收入 360 000 000 元，该省规定提取的医疗风险基金比例为 0.3%。
（4）计提医疗设备折旧 50 000 元。
（5）期末，将"业务活动费用"科目余额转入"本期盈余"科目。
要求：根据上述业务，逐笔编制会计分录。

2. 某事业单位为增值税小规模纳税人，该单位所属非独立核算印刷厂 2×24 年 12 月份发生经营费用业务如下：
（1）购买办公用品一批直接交付使用，取得增值税专用发票注明的价款 1 500 元，增值税 195 元，款项以银行存款付讫。
（2）10 月份职工薪酬结算情况为：职工 35 人，其薪酬总额为 87 500 元。为职工代扣医药费 500 元，个人所得税 800 元。

(3) 印制图书领用纸张一批，其成本为 120 000 元。

(4) 印刷车间领用劳保用品 1 000 元；报销差旅费 5 000 元以现金结算，对印刷设备进行维修，领用维修材料 7 000 元。

(5) 月末计提折旧 30 000 元，其中车间房屋 18 000 元，印刷设备 12 000 元。

(6) 经计算，本月应交城市维护建设税 10 500 元、教育费附加 4 500 元。

(7) 经计算，当年取得应纳税所得额 280 000 元，适用的所得税税率为 25%。

(8) 月末，将经营费用转入本期盈余。

要求：根据上述业务，逐笔编制相关的会计分录。

3. 2×24 年 8 月份，某事业单位发生经济业务如下：

(1) 计提本月短期借款利息 2 800 元。

(2) 批准，转销现金盘亏损失 500 元。

(3) 对外捐出库存物品，其账面价值 60 000 元。

(4) 以银行存款支付接受捐赠资产发生的相关费用 3 800 元。

(5) 应计提坏账准备 5 000 元。

(6) 月末，将本月份"其他费用"科目发生额转入"本期盈余"科目。

要求：根据上述业务，逐笔编制会计分录。

第十五章 政府单位净资产与预算结余

【学习目标和思政目标】
● 学习目标：了解净资产与预算结余的概念、特征，熟悉净资产与预算结余的内容，掌握净资产与预算结余的核算方法。
● 思政目标：深刻理解政府单位加强盈余和预算结余管控的意义，充分理解结余与发展的相互关系、提取专用基金的理论渊源，深刻认识马克思主义的资本积累理论在我国财政、会计领域的具体应用，提升将马克思主义基本理论与中国具体实践相结合的能力，树立创新精神。

【学习重点和难点】
● 学习重点：盈余、专用基金、权益法调整、本年盈余分配、资金结存、财政结转结余、非财政结转结余、专用结余、经营结余的内容及其账务处理。
● 学习难点：盈余、专用基金、权益法调整、财政结转结余、非财政结转结余、专用结余、经营结余的账务处理。

第一节 净资产

一、净资产概述

（一）净资产的概念

《基本准则》指出："净资产是指政府会计主体资产扣除负债后的净额。"就政府单位来说，净资产表明该政府单位的资产总额抵偿其现存一切义务后的差额。这个差额用公式可表示为：

$$净资产 = 资产 - 负债$$

结合上述净资产概念，可对净资产有以下认识：

1. 从资产、负债和净资产三个要素之间的数量关系看，净资产包含差量和变量两层含义。所谓差量，是指净资产是资产与负债之间的差额，这种差额体现了政府单位所控制的各类经济资源的净额，反映了政府单位在持续发展过程中所具有的经济实力和物质基础。所谓变量，是指净资产因政府单位运营状况而发生量的变化。通常情况下，净资产会随着收入扣除费用的正差额而增加，也会随着收入扣除费用的负差额而减少。其实质是指消耗了现存的服务潜力或经济资源、获得或处置某些资源所带来的结果。

2. 净资产体现的是一种剩余权益。权益有广义和狭义之分。对于一个会计主体来说，广义权益是指当事人依法享有的权力和利益，在资产负债表上表现为与资产总额相对应的部分，分为债权人权益和净资产两部分；狭义权益是指对净资产享有的权益，它是资产总额抵减一切债务（债权人权益）后的剩余权益。剩余权益（净资产）信息有助于各方了解政府单位负债情况，监控持有资产相关的债务水平。

3. 根据"净资产=资产-负债"的关系，确定净资产不像资产、负债要素那样在发生时可按规定的方法单独计量，而要在资产和负债计量之后计算确定。因此，净资产确认与计量最终取决于资产和负债的确认与计量标准。

（二）净资产与预算结余的内容

政府单位净资产包括累积盈余、专用基金、权益法调整、无偿调入净资产和本期盈余等。净资产核算逻辑关系如图15-1所示。

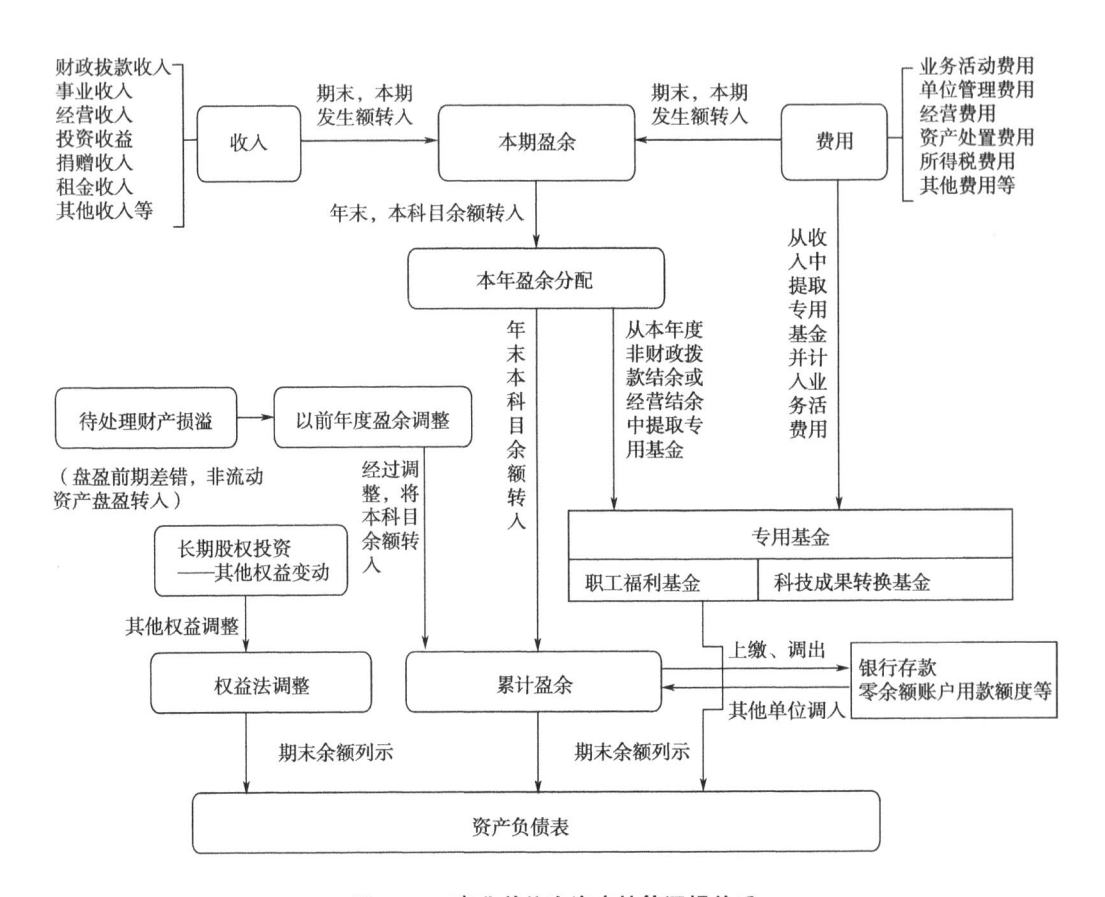

图15-1 事业单位净资产核算逻辑关系

政府单位预算结余包括资金结存、财政拨款结转结余、非财政拨款结转结余、专用结余、经营结余、其他结余。

二、盈余

（一）盈余概述

1. 盈余的概念。盈余是指政府单位一定期间提供公共服务、监管社会事务等活动形成的成果，也就是一定期间的全部收入抵减全部费用后的差额。如果收入抵减费用的差额为正数，政府单位净资产增加，反之，政府单位净资产减少。

盈余指标可以直接反映政府单位财务状况、管理水平、资金使用效益等诸多方面的状况，既可以评价行政政府单位管理层的运营业绩，提高财务管理水平，也可以为债权人、各级政府及其有关部门、政府单位自身、社会公众和其他利益相关者等财务报告使用者提供相关信息。

2. 盈余的特点。

（1）政府单位盈余是其全部收入与全部费用相抵后的余额，与企业的利润有着本质区别。企业的生产经营活动以营利为目的，其利润是在严格成本核算的基础上通过产品的销售和提供劳务而形成的，它体现了企业的经营效益。政府单位的业务工作不以营利为目的，其盈余的形成既可能是增收节支的结果，也可能是工作任务调整的结果。

（2）行政单位盈余与事业单位盈余存在两个主要差异。一是盈余构成不同。事业单位资金来源渠道繁多，除财政拨款外，还包括上级补助收入、事业收入、经营收入等，因此，其盈余是多种资金收入抵减费用后所形成的结余；与事业单位相比，行政单位的资金来源主要是财政拨款，所以其盈余构成主体是财政拨款。二是盈余的管理方法不同。事业单位盈余可以按规定提取职工福利基金等专用基金，而行政单位的盈余不允许提取基金，应按规定结转下年度继续使用。

3. 盈余的种类。按照计算时间不同，盈余分为本期盈余和累计盈余。前者是指本期各项收入、费用相抵后的余额；而后者主要是指历年实现的盈余扣除盈余分配后滚存的金额。

（二）本期盈余

1. 本期盈余的概念。本期盈余是指政府单位本期各项收入、费用相抵后的余额。它反映了政府单位一定时期（年、季或月）内开展依法行政、实施国家治理、承担市场监管任务、加强社会管理、促进公共服务、文化建设等活动方面所取得的各类经济资源及其资源使用的情况。

2. 会计科目的设置。为了反映和监督本期盈余增减变动情况，财务会计应设置"本期盈余"科目。该科目的贷方登记期末从各收入科目转入的本期发生的各项收入；借方登记期末从各项费用科目转入的本期发生的各项费用。期末如为贷方余额，反映政府单位自年初至当期期末累计实现的盈余；如为借方余额，反映政府单位自年初至当期期末累计发生的亏损。年末结账后，本科目应无余额。

3. 本期盈余形成的账务处理。期末，政府单位将各类收入科目的本期发生额转入"本期盈余"科目，借记"财政拨款收入""事业收入""上级补助收入""附属单位上缴收入""经营收入""非同级财政拨款收入""投资收益""捐赠收入""利息收入""租金收入""其他收入"科目，贷记"本期盈余"科目。

期末，政府单位将各类费用科目本期发生额转入本期盈余，借记"本期盈余"科目，贷记"业务活动费用""政府单位管理费用""经营费用""所得税费用""资产处置费用""上缴上级费用""对附属单位补助费用""其他费用"科目。

年末，政府单位完成上述结转后，将"本期盈余"科目余额转入"本年盈余分配"科目，借记或贷记"本期盈余"科目，贷记或借记"本年盈余分配"科目。盈余的账务处理程序如图 15-2 所示。

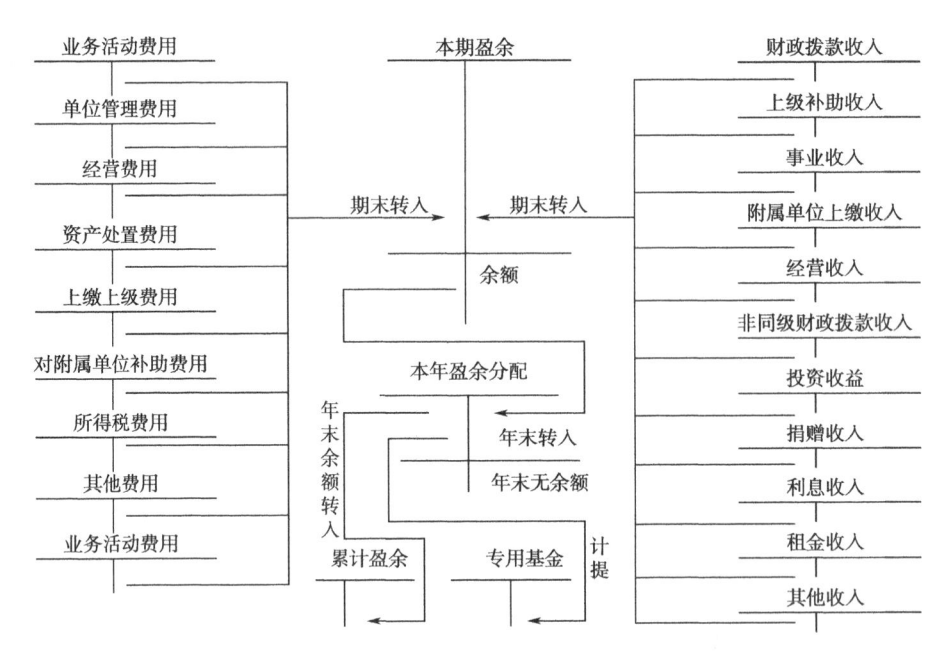

```
业务活动费用 ──┐              本期盈余              ┌── 财政拨款收入
单位管理费用 ──┤                                    ├── 上级补助收入
经营费用 ──────┤                                    ├── 事业收入
资产处置费用 ──┼── 期末转入 ── 期末转入 ───────────┼── 附属单位上缴收入
              │              余额                   ├── 经营收入
上缴上级费用 ──┤                                    ├── 非同级财政拨款收入
对附属单位补助费用 ┤    本年盈余分配                ├── 投资收益
所得税费用 ────┤    ┌──── 年末转入                 ├── 捐赠收入
其他费用 ──────┤ 年末余额转入  年末无余额           ├── 利息收入
业务活动费用 ──┘    累计盈余  专用基金  计提        ├── 租金收入
                                                    └── 其他收入
```

图 15-2 盈余的账务处理程序

【**例 15-1**】 2×24 年 11 月 M 事业单位"本期盈余"科目本年累计余额为 10 800 000 元,2×24 年 12 月 31 日转账前收入、费用类科目余额如表 15-1 所示。

表 15-1 转账前各收入、费用类科目余额　　　　　　　单位:元

账户	借方余额	贷方余额
财政拨款收入		30 000 000
事业收入		500 000
上级补助收入		80 000
附属单位上缴收入		20 000
经营收入		3 000 000
非同级财政拨款收入		400 000
投资收益		200 000
捐赠收入		100 000
利息收入		300 000
租金收入		650 000
其他收入		350 000
业务活动费用	22 000 000	
单位管理费用	200 000	
经营费用	800 000	

账户	借方余额	贷方余额
所得税费用	1 200 000	
资产处置费用	200 000	
上缴上级费用	350 000	
对附属单位补助费用	150 000	
其他费用	100 000	

根据表 15-1 资料，该单位 2×24 年 12 月 31 日应编制以下会计分录：

(1) 结转收益类账户：

借：财政拨款收入　　　　　　　　　　　　　　　　　　　30 000 000
　　事业收入　　　　　　　　　　　　　　　　　　　　　　　500 000
　　上级补助收入　　　　　　　　　　　　　　　　　　　　　 80 000
　　附属单位上缴收入　　　　　　　　　　　　　　　　　　　 20 000
　　经营收入　　　　　　　　　　　　　　　　　　　　　 3 000 000
　　非同级财政拨款收入　　　　　　　　　　　　　　　　　 400 000
　　投资收益　　　　　　　　　　　　　　　　　　　　　　 200 000
　　捐赠收入　　　　　　　　　　　　　　　　　　　　　　 100 000
　　利息收入　　　　　　　　　　　　　　　　　　　　　　 300 000
　　租金收入　　　　　　　　　　　　　　　　　　　　　　 650 000
　　其他收入　　　　　　　　　　　　　　　　　　　　　　 350 000
　　贷：本期盈余　　　　　　　　　　　　　　　　　　　35 600 000

(2) 结转费用科目发生额：

借：本期盈余　　　　　　　　　　　　　　　　　　　　25 000 000
　　贷：业务活动费用　　　　　　　　　　　　　　　　22 000 000
　　　　单位管理费用　　　　　　　　　　　　　　　　　 200 000
　　　　经营费用　　　　　　　　　　　　　　　　　　　 800 000
　　　　所得税费用　　　　　　　　　　　　　　　　　 1 200 000
　　　　资产处置费用　　　　　　　　　　　　　　　　　 200 000
　　　　上缴上级费用　　　　　　　　　　　　　　　　　 350 000
　　　　对附属单位补助费用　　　　　　　　　　　　　　 150 000
　　　　其他费用　　　　　　　　　　　　　　　　　　　 100 000

经过对收入、费用类科目的结转，该政府单位 12 月份"本期盈余"科目贷方余额为 10 600 000 元（35 600 000-25 000 000），即 12 月份实现的盈余总额。2×24 年全年盈余总额为 21 400 000 元（10 800 000+10 600 000）。

4. 本年盈余分配。本年盈余分配是指政府单位对本年度盈余的分配，如从非财政拨款结余中提取的职工福利基金、从经营结余中提取的科技成果转化基金等。盈余分配一方面可以使政府单位开展某些方面的活动有了资金保障；另一方面可以使盈余的剩余部分及时转入累计盈余，便于政府单位统筹安排使用盈余资金。

为了反映和监督本年盈余分配增减变动情况，财务会计应设置"本年盈余分配"科目。该科目借方登记年末"本期盈余"科目贷方余额转入的金额、从非财政拨款结余或经营结余中提取的专用基金、年末贷方余额转入累计盈余的金额；贷方登记年末"本期盈余"科目借方余额转入的金额、年末借方余额转入累计盈余的金额；年末结转后应无余额。

年末，本年盈余分配账务处理的内容包括：①将"本期盈余"科目余额转入"本年盈余分配"科目，借记或贷记"本期盈余"科目，贷记或借记"本年盈余分配"科目；②政府单位根据有关规定从本年度非财政拨款结余或经营结余中提取专用基金的，按照预算会计下计算的提取金额，借记"本年盈余分配"科目，贷记"专用基金"科目；③按照规定完成上述处理后，将"本年盈余分配"科目余额转入累计盈余，借记或贷记"本年盈余分配"科目，贷记或借记"累计盈余"科目。

【例15-2】承例15-1。年末，该政府单位根据发生的本年盈余分配业务编制相关会计分录。

(1) 根据年末收入、费用类科目的结转结果，将"本期盈余"科目余额21 400 000元转入"本年盈余分配"科目。编制财务会计分录：

借：本期盈余　　　　　　　　　　　　　　　　　　　　　　　21 400 000
　　贷：本年盈余分配　　　　　　　　　　　　　　　　　　　　21 400 000

(2) 按照规定提取专用基金500 000元，其中从本年度非财政拨款结余中提取专用基金350 000元，从经营结余中提取专用基金150 000元。编制财务会计分录：

借：本年盈余分配　　　　　　　　　　　　　　　　　　　　　　500 000
　　贷：专用基金　　　　　　　　　　　　　　　　　　　　　　　500 00

同期，编制该业务的预算会计分录：

借：非财政拨款结余分配　　　　　　　　　　　　　　　　　　　500 000
　　贷：专用结余　　　　　　　　　　　　　　　　　　　　　　　500 000

(3) 年末，将"本年盈余分配"科目余额20 900 000（21 400 000-500 000）转入累计盈余。编制财务会计分录：

借：本年盈余分配　　　　　　　　　　　　　　　　　　　　　20 900 000
　　贷：累计盈余　　　　　　　　　　　　　　　　　　　　　　20 900 000

（三）累计盈余

累计盈余是指政府单位历年实现的盈余扣除盈余分配后滚存的金额，以及因无偿调入调出资产产生的净资产变动额。具体来说，政府单位按照规定上缴、缴回、政府单位间调剂结转结余资金产生的净资产变动额，以及对以前年度盈余的调整金额，也属于累计盈余内容。

为了反映和监督累计盈余增减变动情况，财务会计应设置"累计盈余"科目。该科目贷方登记累计盈余的增加额；借方登记累计盈余的减少额；期末余额反映未分配盈余（或未弥补亏损）的累计数以及截至上年末无偿调拨净资产变动的累计数。

累计盈余账务处理的主要内容如下：

1. 累计盈余增加。具体内容包括：①年末"本年盈余分配"科目余额、"无偿调拨净资产"科目余额转入"累计盈余"科目，财务会计应借记或贷记"本年盈余分配""无偿调拨净资产"科目，贷记或借记"累计盈余"科目。②调入财政拨款结转资金。政府单位按照规定从其他政府单位调入财政拨款结转资金时，按照实际调入金额，财务会计应借记"零余额账户用款额度""银行存款"等科目，贷记"累计盈余"科目。③将"以前年度盈余调整"科目余额转入"累计盈余"科目，借记或贷记"以前年度盈余调整"科目，贷记或借记"累计盈余"科目。

2. 累计盈余减少。具体内容包括：①按照规定上缴财政拨款结转结余、缴回非财政拨款结转资金、向其他政府单位调出财政拨款结转资金时，财务会计应按照实际上缴、缴回、调出金额，借记"累计盈余"科目，贷记"财政应返还额度""零余额账户用款额度""银行存款"等科目。②按照规定使用专用基金购置固定资产、无形资产时，财务会计应按照固定资产、无形资产成本金额，借记"固定资产""无形资产"科目，贷记"银行存款"等科目；同期，按照专用基金使用金额，借记"专用基金"科目，贷记"累计盈余"科目。

【例15-3】某事业单位为增值税一般纳税人，2×24年1月初，该单位"累计盈余"科目余额为35 000 000元，2×24年12月31日，该政府单位根据发生与累计盈余相关的业务编制相关的会计分录。

(1) 12月初，经批准使用专用基金购置一台研发设备并交付使用，取得增值税专用发票注明的价款为150 000元，增值税为19 500元，款项以银行存款支付。编制财务会计分录：

借：固定资产　　　　　　　　　　　　　　　　　　　　　150 000
　　应交增值税——应交税金（进项税额）　　　　　　　　 19 500
　贷：银行存款　　　　　　　　　　　　　　　　　　　　 169 500
借：专用基金　　　　　　　　　　　　　　　　　　　　　169 500
　贷：累计盈余　　　　　　　　　　　　　　　　　　　　169 500

同期，编制该业务的预算会计分录。预算会计分录分两种情况：

情形一：使用从收入中提取并列入费用的专用基金购置研发设备。

借：事业支出　　　　　　　　　　　　　　　　　　　　　169 500
　贷：资金结存——货币资金　　　　　　　　　　　　　　169 500

情形二：使用从非财政拨款结余或经营结余中提取的专用基金购置研发设备。

借：专用结余　　　　　　　　　　　　　　　　　　　　　169 500
　贷：资金结存——货币资金　　　　　　　　　　　　　　169 500

(2) 将"本年盈余分配"科目贷方余额5 000 000元转入累计盈余。编制财务会计分录：

借：本年盈余分配　　　　　　　　　　　　　　　　　　 5 000 000
　贷：累计盈余　　　　　　　　　　　　　　　　　　　 5 000 000

(3) 将"无偿调拨净资产"科目借方余额180 000元转入累计盈余。编制财务会计分录：

借：累计盈余　　　　　　　　　　　　　　　　　　　　　180 000
　贷：无偿调拨净资产　　　　　　　　　　　　　　　　　180 000

(4) 按照规定上缴财政拨款结转资金300 000元，款项通过零余额账户支付。编制财务会计分录：

借：累计盈余　　　　　　　　　　　　　　　　　　　　　　　　　　300 000
　　　　贷：零余额账户用款额度　　　　　　　　　　　　　　　　　　　　　300 000
　同期，编制预算会计分录：
　　借：财政拨款结转——归集上缴　　　　　　　　　　　　　　　　　　300 000
　　　　贷：资金结存——零余额账户用款额度　　　　　　　　　　　　　　300 000
　（5）将"以前年度盈余调整"科目贷方余额200 000元转入累计盈余。编制财务会计分录：
　　借：以前年度盈余调整　　　　　　　　　　　　　　　　　　　　　　200 000
　　　　贷：累计盈余　　　　　　　　　　　　　　　　　　　　　　　　　200 000
　经计算，12月31日该政府单位"累计盈余"科目余额为39 889 500元（35 000 000+169 500+5 000 000-180 000-300 000+200 000）。

（四）以前年度盈余调整

以前年度盈余调整是指政府单位本年度发生的调整以前年度盈余的事项，包括本年度发生的重要前期差错更正涉及调整以前年度盈余的事项。这些事项通常是在年度资产负债表日后发生的，或者发现由于计量、确认、记录等方面出现少计或多计收入、费用等错误，以及盘盈实物资产等需要对以前年度财务报表数据进行调整的事项。

《政府会计准则第7号——会计调整》

为了反映和监督以前年度盈余调整的增减变动情况，财务会计应设置"以前年度盈余调整"科目。该科目借方登记调整增加以前年度费用、调整减少以前年度收入；贷方登记调整增加以前年度收入、调整减少以前年度费用以及盘盈的各种非流动实物资产。年末，将"以前年度盈余调整"科目本年发生额转入累计盈余，年末结账后，"以前年度盈余调整"科目应无余额。

政府单位本年调整增加以前年度收入时，财务会计应按照调整增加的金额，借记有关科目，贷记"以前年度盈余调整"科目；同期，预算会计按照实际收到的金额，借记"资金结存"科目，贷记"财政拨款结转/财政拨款结余/非财政拨款结转/非财政拨款结余（年初余额调整）"科目。调整减少时，财务会计和预算会计按照实际支付的金额编制与调整增加以前年度收入分录相反的会计分录。

政府单位调整增加以前年度费用时，财务会计应按照调整增加的金额，借记"以前年度盈余调整"科目，贷记有关科目；同期，预算会计按照实际支付的金额，借记"财政拨款结转/财政拨款结余/非财政拨款结转/非财政拨款结余（年初余额调整）"科目，贷记"资金结存"科目。调整减少的，财务会计和预算会计按照实际收到的金额，编制与调整增加以前年度费用分录相反的会计分录。

政府单位盘盈的各种非流动资产，报经批准后处理时，借记"待处理财产损溢"科目，贷记"以前年度盈余调整"科目。

政府单位经上述调整后，财务会计应将"以前年度盈余调整"科目的余额转入累计盈余，借记或贷记"累计盈余"科目，贷记或借记"以前年度盈余调整"科目。

【例15-4】2×24年，某事业单位根据发生的前期盈余调整业务编制相关的会计分录。

（1）3月10日，有关部门审查2×23年服务收入时，发现有一笔100 000元收入误计入其他应付款。根据审批意见，对该笔业务予以调整。

借：其他应付款	100 000	
贷：以前年度盈余调整		100 000

（2）4月5日，发现2×23年度的会计记录中有一项差错，将非独立核算经营部门管理人员工资20 000元误计入政府单位管理费用。

借：以前年度盈余调整	20 000	
贷：政府单位管理费用		20 000

（3）4月20日，经批准将"以前年度盈余调整"科目余额80 000元结转计入"累计盈余"科目。

借：以前年度盈余调整	80 000	
贷：累计盈余		80 000

三、专用基金

（一）专用基金概述

1. 专用基金的性质。事业单位资金的类型多样，既有用于正常支出所需要的资金，也有其支出范围及额度受到严格限制或需要必要积累以满足某方面需要的资金，不同类型资金的管理要求也不完全相同。

专用基金是指事业单位按规定设置、提取的具有专门用途的净资产，如职工福利基金等。根据专用基金的定义，专用基金的确认必须同时满足以下条件：一是专用基金不基于该政府单位与外界发生的经济交易或事项；二是具有专门用途或财务管理要求保本或保持适度规模；三是专用基金是一种准备而不是负债。

2. 专用基金的种类。《事业单位财务规则》（财政部令第108号）指出：专用基金包括职工福利基金和其他专用基金。

（1）职工福利基金是指按照非财政拨款结余的一定比例提取以及按照其他规定提取转入，用于单位职工的集体福利设施、集体福利待遇等的资金。

（2）其他专用基金是指除职工福利基金外，按照有关规定提取或者设置的专用资金。可见，其他专用基金主要是结合事业单位事业发展特点所安排的基金，主要包括科技成果转化基金、医疗风险基金。其中：①科技成果转化基金是指科学事业单位从事业收入中提取，在事业支出的相关科目中列支，以及在经营收支结余中提取转入，用于科技成果转化的资金。事业收入和经营收支结余较少的单位可以不提取科技成果转化基金。②医疗风险基金是指从医疗支出中计提、专门用于支付医院购买医疗风险保险发生的支出或实际发生的医疗事故赔偿的资金。

3. 专用基金的特点。专用基金与政府单位正常业务资金相比有以下特点：

（1）专用基金的形成均有特定渠道。专用基金不仅有专门用途，而且是从特定来源形成的。各项基金的提取比例和管理办法，国家有统一规定的，按照统一规定执行；没有统一规定的，由省（自治区、直辖市）主管部门（或举办政府单位）会同同级财政部门确定。

（2）各项专用基金都规定有专门的用途和使用范围，除财务制度规定可以合并使用外，专用基金一般不得互相占用、挪用。

（3）专用基金的使用均属于一次性消耗，没有循环周转，不可能通过专用基金支出直接取得补偿。

(二) 专用基金的管理

专用基金管理应当遵循先提后用、收支平衡、专款专用的原则，支出不得超出基金规模。具体管理要求如下：

1. 按比例提取专用基金。根据《事业单位财务规则》规定，各项基金的提取比例和管理办法，国家有统一规定的，按照统一规定执行；没有统一规定的，由主管部门会同本级财政部门确定。具体计提比例如表15-2所示。

表15-2　专用基金计提比例表

内容	提取方法	计提依据
职工福利基金	事业单位职工福利基金的提取比例在单位年度非财政拨款结余的40%以内确定。国家另有规定的，从其规定。地方事业单位职工福利基金的提取比例，由省级财政部门参照本通知的有关规定结合本地实际确定	《财政部关于事业单位提取专用基金比例问题的通知》（财教〔2012〕32号）
科技成果转化基金	科技成果转化基金从事业收入和经营收支结余中提取，事业收入扣除从财政部门、财务主管部门和其他相关部门取得的有指定项目和用途的专项资金形成的事业收入后，按照不超过10%的比例提取并在事业支出的相关科目中列支；按照当年经营支结余的10%提取	《财政部关于执行科学事业单位财务制度有关问题的通知》（财教〔2014〕10号）
医疗风险基金	医院累计提取的医疗风险基金比例不应超过当年医疗收入的0.1%~0.3%。具体比例可由各省（自治区、直辖市）财政部门会同主管部门（或举办单位）根据当地实际情况制定	医院财务制度

说明：非财政拨款区分为专项资金和非专项资金，职工福利基金计提依据是非财政非专项资金。

2. 支出按规定。事业单位各项专用基金都规定有专门的用途，在使用中要注意划清各项专用基金的界限。对于专用基金发生临时占用的，要注意及时还清。

3. 收支有计划。事业单位对各项专用基金要编制收支计划。安排的支出项目要以专用基金来源为依据，注意专用基金的积累。

(三) 专用基金的账务处理

为了反映和监督专用基金增减变动情况，事业单位财务会计应设置"专用基金"科目。该科目贷方登记专用基金提取、拨入、转入的增加数；借方登记专用基金的支出、转出的减少数；期末贷方余额反映事业单位累计提取或设置的尚未使用的专用基金。其明细账应按照基金类别设置并进行明细分类核算。

1. 专用基金的计提。年末，事业单位根据有关规定从本年度非财政拨款结余或经营结余中提取专用基金的，按照预算会计下计算的提取金额，借记"本年盈余分配"科目，贷记"专用基金"科目；根据有关规定从收入中提取专用基金并计入费用的，一般按照预算会计下基于预算收入计算提取的金额，借记"业务活动费用"等科目，贷记"专用基金"科目。国家另有规定的，从其规定；根据有关规定设置的其他专用基金，按照实际收到的基金金额，借记"银行存款"等科目，贷记"专用基金"科目。

【例15-5】2×24年,某事业单位当年实现非财政拨款结余400 000元、经营结余600 000元。根据规定,该政府单位按经营结余的25%计提所得税,按当年非财政拨款结余和缴纳所得税以后的经营结余的10%提取职工福利基金。

(1) 计提并确认应缴企业所得税,编制财务会计分录:

$$应缴所得税 = 600\ 000 \times 25\% = 150\ 000(元)$$

借:本年盈余分配 150 000
  贷:其他应缴税费——应缴企业所得税 150 000

(2) 计提并确认职工福利基金,编制财务会计分录:

提取的职工福利基金 = (400 000+600 000-150 000)×10% = 85 000(元)

借:本年盈余分配——提取职工福利基金 850 00
  贷:专用基金——职工福利基金 85 000

【例15-6】2×24年,某科学事业单位实现事业收入16 500 000元、经营结余5 800 000元。年末,假定按照2%的比例计提科技成果转化基金。编制会计分录如下:

$$科技成果转化基金提取额 = (16\ 500\ 000+5\ 800\ 000) \times 2\% = 446\ 000(元)$$

借:业务活动费用 330 000
  本年盈余分配 116 000
  贷:专用基金——科技成果转化基金 446 000

2. 专用基金的使用。事业单位按照规定使用提取的专用基金时,财务会计应借记"专用基金"科目,贷记"银行存款"等科目。

如果事业单位使用提取的专用基金购置固定资产、无形资产的,按照固定资产、无形资产成本金额,借记"固定资产""无形资产"科目,贷记"银行存款"等科目;同期,按照专用基金使用金额,借记"专用基金"科目,贷记"累计盈余"科目。

预算会计根据使用的专用基金来源分别进行会计处理:如果使用从收入中提取并列入费用的专用基金,应借记"事业支出"等科目,贷记"资金结存"科目;如果使用从非财政拨款结余或经营结余中提取的专用基金,应借记"专用结余"科目,贷记"资金结存"科目。

【例15-7】2×24年10月10日,某事业单位使用从非财政拨款结余提取的职工福利基金购置专门用于职工文体活动的设备一台,取得增值税普通发票注明的28 000元,增值税3 640元。全部款项以银行存款付讫。编制财务会计分录:

借:固定资产 31 640
  贷:银行存款 31 640
借:专用基金 31 640
  贷:累计盈余 31 640

同期,编制该业务的预算会计分录:

借:专用结余 31 640
  贷:资金结存——货币资金 31 640

四、权益法调整

权益法调整是指事业单位取得长期股权投资后，根据被投资政府单位所有者权益变动情况，按照权益法对投资的账面价值进行的调整。

通常，事业单位长期股权投资采用权益法核算时，长期股权投资的账面价值会随着被投资政府单位所有者权益变动而作出相应的调整。引起被投资政府单位所有者权益变动的原因主要有三个：一是被投资政府单位实现净损益；二是被投资政府单位进行利润分配；三是净损益、利润分配以外的经济业务。权益法调整是事业单位根据被投资政府单位除净损益和利润分配以外的所有者权益变动，按事业单位应享有或应分担的份额，而对净资产和长期股权投资账面余额的调整。

为了反映和监督权益法调整的增减变动情况，财务会计应设置"权益法调整"科目。该科目贷方登记权益法调整的增加额；借方登记权益法调整的减少额；年末余额反映政府单位滚存的被投资政府单位权益变动金额。"权益法调整"科目应当按照被投资政府单位设置明细科目并进行明细核算。

权益法调整的账务处理方法参见第十一章长期股权投资。

五、无偿调拨净资产

（一）无偿调拨净资产概述

无偿调拨净资产是指政府单位无偿调入或调出非现金资产所引起的净资产变动金额。无偿调入或调出的非现金资产包括存货、长期股权投资、固定资产、无形资产、公共基础设施、政府储备物资、文物资源、保障性住房等。

无偿调入或调出资产是政府单位之间转移国有资产的一种行为。调入或调出的主体主要是主管部门和财政部门。通过政府单位之间资产的调剂，可以优化事业资产配置，提高国有资产利用率和财政资金使用效益，也是对预算配置资产机制的有效补充。

为了反映无偿调拨净资产增减变动情况，政府单位应设置"无偿调拨净资产"科目。该科目贷方登记因无偿调入非现金资产而增加的净资产数额；借方登记因调出非现金资产而减少的净资产数额；年末将无偿调拨净资产余额转入累计盈余，年末结账后，"无偿调拨净资产"科目应无余额。

（二）无偿调入非现金资产

政府单位按照规定无偿调入非现金资产（如库存物品等存货、长期股权投资、固定资产、无形资产、公共基础设施、政府储备物资、文物资源、保障性住房等，下同），其成本按照调出方账面价值加上相关税费、运输费等确定。

政府单位按照规定取得无偿调入的非现金资产，按照确定的成本，借记"库存物品"等非现金资产科目，按照调入过程中发生的归属于调入方的相关费用，贷记"零余额账户用款额度""银行存款"等科目，按照其差额，贷记"无偿调拨净资产"科目。

政府单位按规定无偿调入非现金资产发生的归属于调入方的相关费用，其预算会计应借记"其他支出"科目，贷记"资金结存"等科目。

（三）无偿调出非现金资产

政府单位按照规定经批准无偿调出存货等非现金资产，按照调出资产的账面余额或账面价值，借记"无偿调拨净资产"科目，按照固定资产累计折旧、无形资产累计摊销、公共基础设施累计折旧或摊销、保障性住房累计折旧的金额，借记"固定资产累计折旧""无形资产累计摊销""公共基础设施累计折旧（摊销）""保障性住房累计折旧"科目，按照调出资产的账面余额，贷记"库存物品"等非现金资产科目；同期，按照调出过程中发生的归属于调出方的相关费用，借记"资产处置费用"科目，贷记"零余额账户用款额度""银行存款"等科目。

政府单位按规定无偿调出非现金资产发生的归属于调出方的相关费用，预算会计应借记"其他支出"科目，贷记"资金结存"等科目。

（四）无偿调拨净资产的结转

年末，政府单位应将"无偿调拨净资产"科目余额转入累计盈余，借记或贷记"无偿调拨净资产"科目，贷记或借记"累计盈余"科目。

【例15-8】2×24年12月31日，甲政府单位全年无偿调拨净资产总账记录如表15-3所示。

表15-3　无偿调拨净资产　　　　　　　　　　　　　　单位：元

日期	摘要	借方	贷方	余额
5月10日	从系统内部乙政府单位调入一批材料		200 000	200 000
10月20日	从丙政府单位无偿调入汽车一辆		250 000	450 000
12月25日	调出办公设备一批	100 000		350 000

年末，根据表15-3将"无偿调拨净资产"科目余额转入"累计盈余"科目，编制财务会计分录：

借：无偿调拨净资产　　　　　　　　　　　　　　　　　　　　　350 000
　　贷：累计盈余　　　　　　　　　　　　　　　　　　　　　　　350 000

第二节　预算结余

一、预算结余概述

（一）预算结余的概念和特点

预算结余是指政府单位预算年度内预算收入扣除预算支出后的资金余额，以及历年滚存的资金余额。预算结余包括结余资金和结转资金，其中：结余资金是指年度预算执行终了，预算收入实际完成数扣除预算支出和结转资金后剩余的资金；结转资金是指预算安排项目的支出年终尚未执行完毕或者因故未执行，且下年需要按原用途继续使用的资金。

预算结余信息能够反映预算资金的结余和结转情况，将预算收入、预算支出要素相互配合，系统完整地反映政府单位预算收支状况，具体地核算和报告各类预算资金结余情况。

预算结余具有以下特点：

1. 预算结余是政府单位全部预算收入与全部预算支出相抵后的余额，是政府单位的财务成果。其数额的多少取决于预算收入、预算支出的确认和计量，不存在单独对预算结余确认问题。

2. 由于政府单位的业务活动不以营利为目的，因此，形成预算结余可能是增收节支所致，也可能是对工作任务调整的结果。

3. 预算资金的不同来源形成不同类别的结余资金，例如财政或非财政拨款结余、专用结余、经营结余、其他结余等。不同类型结余一定程度上表明政府单位可动用预算资金的数额。

（二）预算结余的分类

预算结余按资金来源性质分类如下：

1. 财政拨款结转结余。财政拨款结转结余是指政府单位一定时期财政拨款的结转资金和结余资金。它根据年初预算结转结余加减年初余额调整、本年财政拨款结转结余增减变动额计算确定。其计算公式如下：

$$年末财政拨款结转结余 = 年初预算结转结余 \pm 年初余额调整金额 \pm 本年收支差额 + 本年归集调入 - 本年归集上缴或调出$$

2. 其他资金结转结余。其他资金结转结余是指政府单位一定时期除财政拨款结转结余资金以外的结转资金和结余资金，包括非财政拨款结转、非财政拨款结余、专用结余、经营结余。它根据年初其他预算资金结转结余加减年初其他预算资金余额调整额、本年其他预算资金结转结余增减变动额计算确定。其计算公式如下：

$$年末其他预算资金结转结余 = 年初其他预算资金结转结余 \pm 年初其他预算资金余额调整额 \pm 本年收支差额 \pm 本年的缴回资金 \pm 本年使用的专用结余 \pm 本年支付的所得税$$

事业单位预算结余构成及其形成如图 15-3 所示。

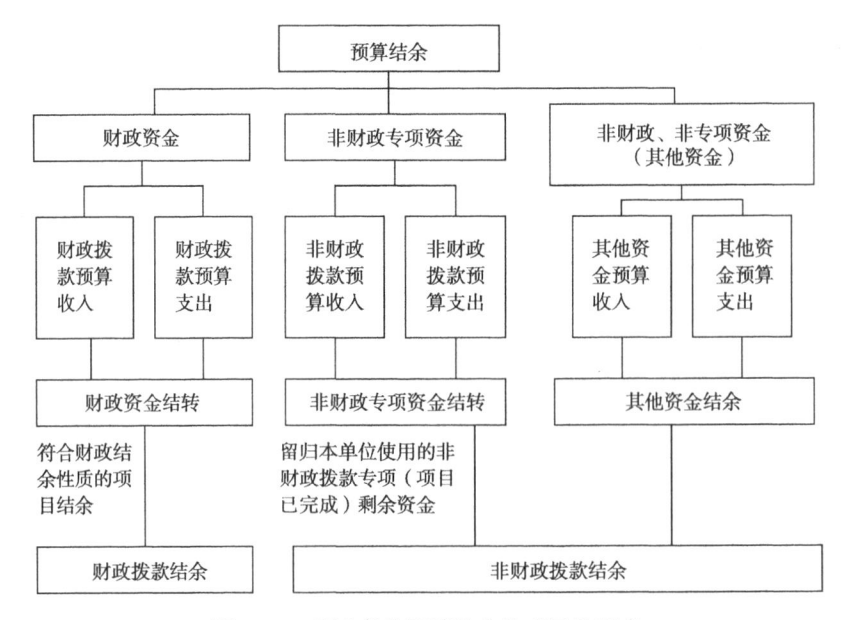

图 15-3 事业单位预算结余构成及其形成

二、资金结存

(一) 资金结存概念和内容

资金结存是指政府单位纳入部门预算管理的资金结存额。它随着预算资金的流入或收到预算资金使用额度而增加，随着预算资金的流出或支用预算资金款额度而减少。

资金结存包括以下三个方面：

1. 零余额账户用款额度。零余额账户用款额度是指实行国库集中支付的政府单位根据财政部门批复的用款计划收到和支用的零余额账户用款额度。

2. 货币资金。货币资金是指政府单位以库存现金、银行存款、其他货币资金形态存在的资金。

3. 财政应返还额度。财政应返还额度是指实行国库集中支付的政府单位可以使用的以前年度财政直接支付资金额度和财政应返还的财政授权支付资金额度。

(二) "资金结存"科目的设置

为了反映和监督纳入部门预算管理的资金的流入、流出、调整和滚存等情况，预算会计应设置"资金结存"科目。该科目的借方登记资金结存的流入或增加；贷方登记资金结存的流出或减少。年末借方余额反映政府单位预算资金的累计滚存情况。"资金结存"科目应当设置"零余额账户用款额度""货币资金""财政应返还额度"三个明细科目。年末，三个明细账科目余额情况如下："零余额账户用款额度"明细科目年末结账后无余额；"货币资金"明细科目年末借方余额反映政府单位尚未使用的货币资金；"财政应返还额度"明细科目年末借方余额反映政府单位应收财政返还的资金额度。

(三) 资金结存日常增加、减少的主要内容

1. 财政授权支付方式下，政府单位根据代理银行转来的财政授权支付额度到账通知书，按照通知书中的授权支付额度确认的资金结存及其收入（预算收入和财务会计收入）。财政授权支付方式下发生相关支出，引起资金结存减少和相关预算支出和费用。财政授权支付方式下，从零余额账户提取现金或退回现金。

2. 国库集中支付以外的其他支付方式取得预算收入，引起资金结存增加和相关预算收入的增加；在此支付方式下，发生相关支出时，引起资金结存减少和相关支出费用增加。

3. 使用以前年度财政直接支付额度发生支出时，引起预算支出增加和资金结存（财政应返还额度）减少。

4. 按照规定上缴财政拨款结转结余资金或注销财政拨款结转结余资金额度，引起的资金结存减少。

5. 收到从其他单位调入的财政拨款结转资金，增加资金结存。

6. 按照规定使用专用基金，减少资金结存。

7. 因购货退回、发生差错更正等退回国库直接支付、授权支付款项，或者收回货币资金的，增加资金结存。

8. 有企业所得税缴纳义务的事业单位缴纳所得税，减少资金结存。

资金结存具体账务处理方法及其相关的财务会计处理内容见相关章节。

(四) 资金结存年末的账务处理

年末，政府单位根据本年度财政直接支付预算指标数与当年财政直接支付实际支出数

的差额，借记"资金结存——财政应返还额度"科目，贷记"财政拨款预算收入"科目。

年末，政府单位依据代理银行提供的对账单作注销额度的相关账务处理，借记"资金结存——财政应返还额度"科目，贷记"资金结存——零余额账户用款额度"科目；本年度财政授权支付预算指标数大于零余额账户用款额度下达数的，根据未下达的用款额度，借记"资金结存——财政应返还额度"科目，贷记"财政拨款预算收入"科目。

下年初，政府单位依据代理银行提供的额度恢复到账通知书作恢复额度的相关账务处理，借记"资金结存——零余额账户用款额度"科目，贷记"财政应返还额度"科目。政府单位收到财政部门批复的上年末未下达零余额账户用款额度的，借记"资金结存——零余额账户用款额度"科目，贷记"资金结存——财政应返还额度"科目。

【例15-9】 某事业单位2×23年度财政授权支付年终结余资金为360 000元。2×24年2月15日，该单位收到代理银行转来的财政授权支付额度恢复到账通知书，恢复2×23年度财政授权支付额度360 000元。根据以上资料，该单位应当进行以下账务处理：

（1）2×23年注销财政授权支付年终结余资金。编制财务会计分录：

借：财政应返还额度——财政股权支付　　　　　　　　　　　360 000
　　贷：零余额账户用款额度　　　　　　　　　　　　　　　360 000

同期，编制预算会计分录：

借：资金结存——财政应返还额度　　　　　　　　　　　　360 000
　　贷：资金结存——零余额账户用款额度　　　　　　　　360 000

（2）2×24年恢复财政授权支付额度。编制财务会计分录：

借：零余额账户用款额度　　　　　　　　　　　　　　　　360 000
　　贷：财政应返还额度——财政授权支付　　　　　　　　360 000

同期，编制预算会计分录：

借：资金结存——零余额账户用款额度　　　　　　　　　　360 000
　　贷：资金结存——财政应返还额度　　　　　　　　　　360 000

三、财政拨款结转和结余

（一）财政拨款结转

结转资金是指当年预算已执行但未完成，或者因故未执行，下一年度需要按照原用途继续使用的资金。按形成时间，资金结转分为当年资金结转和累计资金结转，当年结转是指当年形成的财政拨款结转、累计结转是指截至年底形成的历年累计财政拨款结转资金。按结转资金来源，资金结转分为基本支出结转资金和项目支出结转资金。其中，基本支出结转资金包括人员经费结转资金和日常公用经费结转资金。

为了反映取得同级财政拨款结转资金的调整、结转和滚存情况，政府单位应设置"财政拨款结转"科目。"财政拨款结转"科目所属明细科目的设置如表15-4所示。

表15-4　财政拨款结转明细科目

归属类别	名称	核算内容
与会计差错更正、以前年度支出业务收回相关	年初余额调整	因发生会计差错更正、以前年度支出收回等，需要调整财政拨款结转的金额

续表

归属类别	名称	核算内容
与财政拨款调拨业务相关	归集调入	按照规定从其他政府单位调入财政拨款结转资金时，实际调增的额度数额或调入的资金数额
	归集调出	按照规定向其他政府单位调出财政拨款结转资金时，实际调减的额度数额或调出的资金数额
	归集上缴	按照规定上缴财政拨款结转资金时，实际核销的额度数额或上缴的资金数额
	政府单位内部调剂	经财政部门批准对财政拨款结余资金改变用途，调整用于本政府单位其他未完成项目等的调整金额
与年末财政拨款结转业务相关	本年收支结转	本年度财政拨款收支相抵后的余额
	累计结转	滚存的财政拨款结转资金

需要说明的是，年末结账后，表15-4财政拨款结转明细科目除"累计结转"外，其他明细科目均无余额。

"财政拨款结转"科目应当设置"基本支出结转""项目支出结转"两个明细科目，并在"基本支出结转"明细科目下按照"人员经费""日常公用经费"进行明细核算，在"项目支出结转"明细科目下按照具体项目进行明细核算；同时，"财政拨款结转"科目还应按照政府收支分类科目中"支出功能分类科目"的相关科目进行明细核算。

有一般公共预算财政拨款、政府性基金预算财政拨款等两种或两种以上财政拨款的，还应当在"财政拨款结转"科目下按照财政拨款的种类进行明细核算。

1. 年初余额调整业务。政府单位因发生会计差错更正、购货退回、预付款项收回等以前年度调整事项的，其账务处理具体分为两种情况：

（1）调整增加相关资产，财务会计应借记"零余额账户用款额度""银行存款"等科目，贷记"以前年度盈余调整"科目；同期，预算会计应借记"资金结存——零余额账户用款额度/货币资金"等科目，贷记"财政拨款结转——年初余额调整"科目。

（2）因会计差错更正调整减少相关资产，财务会计应借记"以前年度盈余调整"科目，贷记"零余额账户用款额度/银行存款"等科目；同期，应借记"财政拨款结转——年初余额调整"科目，贷记"资金结存——零余额账户用款额度/货币资金"等科目。

2. 财政拨款结转结余资金调整业务。

（1）从其他政府单位调入资金。政府单位按照规定从其他政府单位调入财政拨款结转资金的，财务会计应按照实际调增的额度数额或调入的资金数额，借记"财政应返款额度""零余额账户用款额度""银行存款"科目，贷记"累计盈余"科目；同期，预算会计应借记"资金结存——财政应返还额度/零余额账户用款额度/货币资金"科目，贷记"财政拨款结转——归集调入"科目。

（2）向其他政府单位调出资金。政府单位按照规定向其他政府单位调出财政拨款结转资金的，财务会计应按照实际调减的额度数额或调出的资金数额，借记"累计盈余"科目，贷记"银行存款"等科目；同期，预算会计应借记"财政拨款结转——归集调出"

科目，贷记"资金结存——财政应返还额度/零余额账户用款额度/货币资金"科目。

（3）上缴或注销资金。政府单位按照规定上缴财政拨款结转资金或注销财政拨款结转资金额度的会计处理同政府单位按照规定向其他政府单位调出财政拨款结转资金。

（4）政府单位经财政部门批准对财政拨款结余资金改变用途，调整用于本政府单位基本支出或其他未完成项目支出的，按照批准调剂的金额，借记"财政拨款结余——政府单位内部调剂"科目，贷记"财政拨款结转——政府单位内部调剂"科目。

3. 年末财政拨款结转业务。年末，政府单位将财政拨款预算收入本年发生额转入"财政拨款结转"科目，借记"财政拨款预算收入"科目，贷记"财政拨款结转——本年收支结转"科目；将各项支出中财政拨款支出本年发生额转入本科目，借记"财政拨款结转——本年收支结转"科目，贷记"财政拨款支出"等支出科目。

年末，冲销财政拨款结转科目有关明细科目的余额，将"财政拨款结转——本年收支结转/年初余额调整/归集调入/归集调出/归集上缴/政府单位内部调剂"科目余额转入"财政拨款结转——累计结转"科目。结转后，"财政拨款结转"科目除"累计结转"明细科目外，其他明细科目应无余额。

年末完成上述财政拨款结转后，应当对财政拨款结转各明细项目执行情况进行分析，按照有关规定将符合财政拨款结余性质的项目余额转入财政拨款结余，借记"财政拨款结转——累计结转"科目，贷记"财政拨款结余——结转转入"科目。

财政拨款结转账务处理程序如图15-4所示。

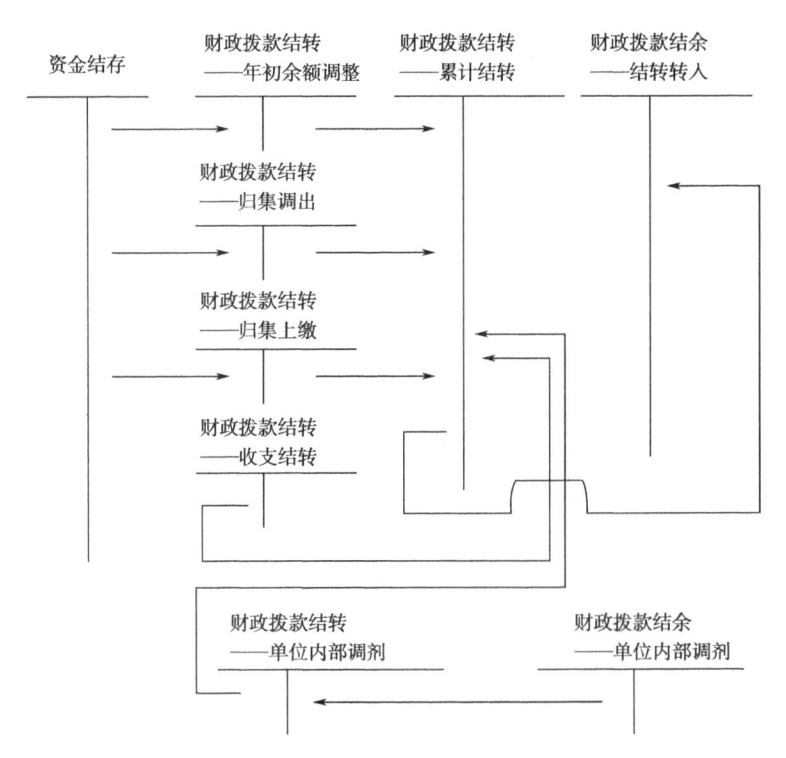

图15-4 财政拨款结转账务处理程序

财政拨款结转账务处理举例参见第十六章第五节。

(二) 财政拨款结余

1. 财政拨款结余的概念。财政拨款结余是指当年预算工作目标已完成或者因故终止，当年剩余的资金，具体包括两方面内容：一方面是政府单位在完成行政或事业计划的前提下因节约开支而形成的收支结余；另一方面是因行政或事业计划未完成或项目需跨年度进行而要结转下年度使用的资金结存。可见，财政拨款形成结余的原因是多方面的，既有各级政府预算部门加强资金管理形成的结余，又有制度、政策性因素及预算编制、调整等原因形成的结余。

为了反映和监督财政拨款结余增减变动情况，政府单位预算会计应设置"财政拨款结余"科目。该科目的贷方登记财政拨款结余的增加数；借方登记财政拨款结余的减少数。"财政拨款结余"科目年末贷方余额反映政府单位滚存的财政拨款结余资金数额。

"财政拨款结余"科目设置"年初余额调整""归集上缴""政府单位内部调剂""结转转入"明细科目。

2. 财政拨款结余的账务处理。

(1) 年初余额调整业务。年初余额调整业务主要是指因购货退回、会计差错更正等发生以前年度调整事项。其账务处理分两种：一是调整增加相关资产。财务会计应借记"零余额账户用款额度""银行存款等"科目，贷记"以前年度盈余调整"科目；同期，预算会计应借记"资金结存——零余额账户用款额度/货币资金"等科目，贷记"财政拨款结余——年初余额调整"科目。二是调整减少相关资产。因会计差错更正调整减少相关资产的，应编制与调整增加相关资产会计分录相反的分录。

(2) 财政拨款结余资金调整业务。政府单位经财政部门批准对财政拨款结余资金改变用途，调整用于本政府单位基本支出或其他未完成项目支出的，按照批准调剂的金额，借记"财政拨款结余——政府单位内部调剂"科目，贷记"财政拨款结转——政府单位内部调剂"科目。

政府单位按照规定上缴财政拨款结余资金或注销财政拨款结余资金额度的，财务会计按照实际上缴资金数额或注销的资金额度数额，借记"累计盈余"科目，贷记"财政应返还额度""零余额账户用款额度""银行存款"科目；同期，预算会计应借记"财政拨款结余——归集上缴"科目，贷记"资金结存——财政应返还额度/零余额账户用款额度/货币资金"科目。

(3) 财政拨款结余年末结转业务。年末，政府单位对财政拨款结转各明细项目执行情况进行分析，按照有关规定将符合财政拨款结余性质的项目余额转入财政拨款结余，借记"财政拨款结转——累计结转"科目，贷记"财政拨款结余——结转转入"科目；年末冲销有关明细科目余额时，将"财政拨款结余——年初余额调整/归集上缴/政府单位内部调剂/结转转入"科目余额转入"财政拨款结余——累计结转"科目。结转后，"财政拨款结余"科目除"累计结余"明细科目外，其他明细科目应无余额。

财政拨款结余账务处理程序如图15-5所示。

财政拨款结余账务处理举例参见第十六章第五节。

```
┌─────────────────────────────────────────────────────────────────────┐
│  财政拨款结余      资金结存    财政拨款结余      财政拨款结余          │
│  ——年初余额调整              ——年初余额调整    ——累计结余           │
│        └──────────←──────────────                  ↑                │
│                              财政拨款结余           │                │
│                              ——归集上缴            │                │
│                                                    │                │
│           财政拨款结转       财政拨款结余            │                │
│           ——累计结转        ——结转转入            │                │
│                                    ↓                                │
│              财政拨款结转    财政拨款结余                             │
│              ——单位内部调剂  ——单位内部调剂                         │
└─────────────────────────────────────────────────────────────────────┘
```

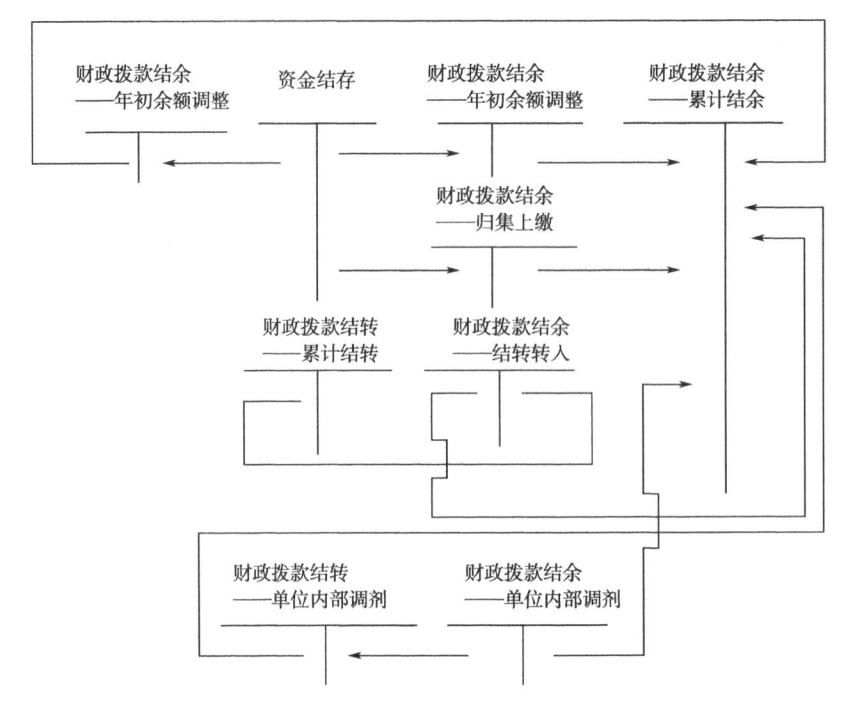

图 15-5　财政拨款结余账务处理程序

四、非财政拨款结转和结余

（一）非财政拨款结转

非财政拨款结转是指政府单位除财政拨款收支、经营收支以外各种非同级财政拨款专项资金的调整和结转。其中，非同级财政拨款专项资金包括两个方面：一是来自财政拨款但不属于同级财政拨款；二是专项资金，也就是指定用途、专款专用、单独核算的资金。

为了反映和监督非财政拨款结转情况，政府单位预算会计应设置"非财政拨款结转"科目。该科目贷方登记非财政补助专项资金收入转入数；借方登记上缴或注销非财政补助专项资金收入数；"非财政拨款结余"科目年末贷方余额，反映政府单位滚存的非同级财政拨款专项结转资金数额。

"非财政拨款结转"科目应设置"年初余额调整""缴回资金""项目间接费用或管理费""本年收支结转""累计结转"所辖明细科目。其中："项目间接费用或管理费"是指政府单位按照规定（取得的科研项目预算收入）计提的项目间接费用或管理费。年末，有关明细科目转销后，仅"累计结转"明细科目保留余额。

非财政拨款结转日常会计处理业务内容如下：

1. 提取项目管理费或间接费。政府单位按照规定从科研项目预算收入中提取项目管理费或间接费时，财务会计按照提取金额，借记"单位管理费用"科目，贷记"预提费用——项目间接费用或管理费"科目；同期，预算会计应借记"非财政拨款结余——项目间接费用或管理费"科目，贷记"非财政拨款结转——项目间接费用或管理费"科目。

2. 以前年度调整事项。政府单位因购货退回、会计差错更正等发生需要调整以前年度事项包括：

（1）调整增加相关资产。财务会计应借记"银行存款"等科目，贷记"以前年度盈余调整"科目；同期，预算会计应借记"资金结存——货币资金"科目，贷记"非财政拨款结转——年初余额调整"科目。

（2）调整减少相关资产。政府单位发生需要调整减少相关资产业务，编制与调整增加相关资产会计分录相反的分录。

3. 缴回非财政拨款结转资金。政府单位按照规定缴回非财政拨款结转资金，财务会计按照实际缴回资金，借记"累计盈余"科目，贷记"银行存款"等科目；同期，预算会计应借记"非财政拨款结转——缴回资金"科目，贷记"资金结存——货币资金"科目。

4. 年末非财政拨款结转业务。年末，将事业预算收入、上级补助预算收入、附属单位上缴预算收入、非同级财政拨款预算收入、债务预算收入、其他预算收入本年发生额中的专项资金收入转入"非财政拨款结转——本年收支结转"科目，借记"事业预算收入""上级补助预算收入""附属单位上缴预算收入""非同级财政拨款预算收入""债务预算收入""其他预算收入"科目下各专项资金收入明细科目，贷记"非财政拨款结转——本年收支结转"科目；将行政支出、事业支出、其他支出本年发生额中的非财政拨款专项资金支出转入"非财政拨款结转"科目，借记"非财政拨款结转——本年收支结转"科目，贷记"行政支出""事业支出""其他支出"科目下各非财政拨款专项资金支出明细科目。

年末冲销有关明细科目余额时，将"非财政拨款结转——年初余额调整/项目间接费用或管理费/缴回资金/本年收支结转"科目余额转入"非财政拨款结转——累计结转"科目。结转后，"非财政拨款结转"科目除"累计结转"明细科目外，其他明细科目应无余额。

年末完成上述结转后，应当对非财政拨款专项结转资金各项目情况进行分析，将留归本政府单位使用的非财政拨款专项（项目已完成）剩余资金转入非财政拨款结余，借记"非财政拨款结转——累计结转"科目，贷记"非财政拨款结余——结转转入"科目。

非财政拨款结转账务处理程序如图15-6所示。

非财政拨款结转账务处理举例参见第十六章第五节。

（二）非财政拨款结余

非财政拨款结余是指政府单位历年滚存的非限定用途的非同级财政拨款结余资金，主要包括非财政拨款结余扣除结余分配后滚存的金额。

为了反映和监督非财政拨款结余增减变动情况，预算会计应设置"非财政拨款结余"科目。该科目贷方登记非财政拨款结余的增加数额；借方登记调整减少、因计提间接费用或管理费上缴或注销非财政拨款结余数额；年末贷方余额反映政府单位非同级财政拨款结余资金的累计滚存数额。

"非财政拨款结余"科目应设置"年初余额调整""项目间接费用或管理费""结转转入""累计结余"明细科目。其中，"结转转入"明细科目登记按照规定留归政府单位使用、由政府单位统筹调配、纳入政府单位非财政拨款结余的非同级财政拨款专项剩余资金。

年末，将有关明细科目转销后，仅"累计结余"明细科目保留余额，年末贷方余额反映政府单位非同级财政拨款滚存的非专项结余资金数额。

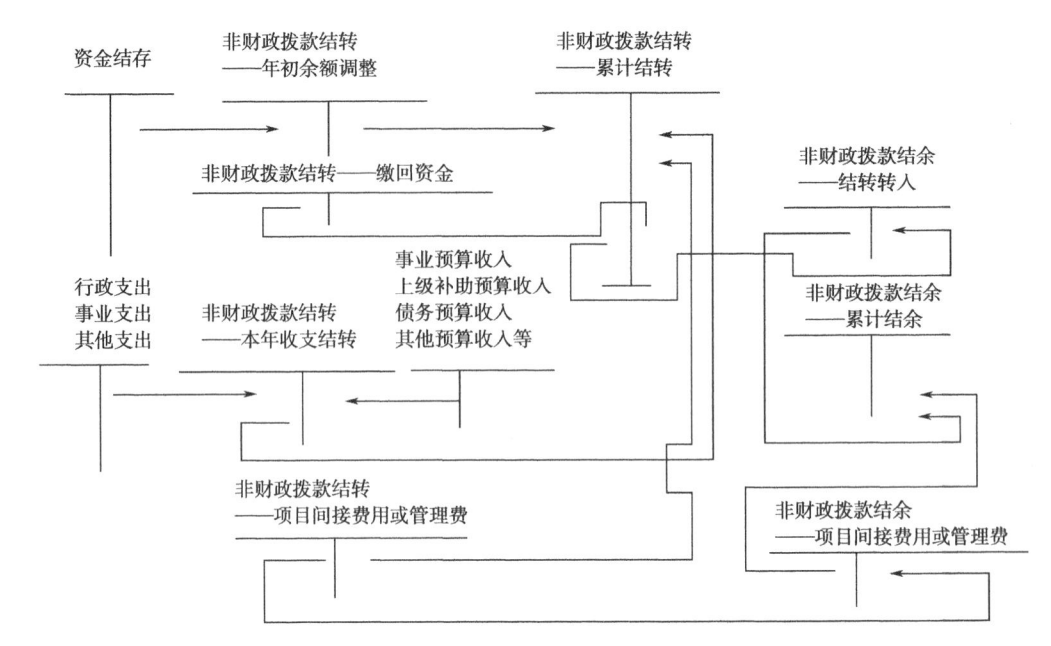

图 15-6 非财政拨款结转账务处理程序

非财政拨款结余日常账务处理内容如下：

1. 提取项目管理费或间接费。政府单位按照规定从科研项目预算收入中提取项目管理费或间接费时，财务会计处理方法同财政拨款结余提取项目管理费或间接费；预算会计应按照提取的金额，借记"非财政拨款结转——项目间接费用或管理费"科目，贷记"非财政拨款结余——项目间接费用或管理费"科目。

2. 缴纳企业所得税。有企业所得税缴纳义务的事业单位实际缴纳企业所得税时，财务会计按照缴纳金额，借记"其他应交税费——单位应交所得税"科目，贷记"银行存款"等科目；同期，预算会计借记"非财政拨款结余——累计结余"科目，贷记"资金结存——货币资金"科目。

3. 前年度事项调整。政府单位因购货退回、会计差错更正等发生以前年度调整事项，其账务处理内容如下：

（1）调整增加相关资产。政府单位因会计差错更正收到非同级财政拨款货币资金，属于非财政拨款结余资金的，财务会计应按照收到的金额，借记"银行存款"等科目，贷记"以前年度盈余调整"科目；同期，预算会计应借记"资金结存——货币资金"科目，贷记或借记"非财政拨款结转——年初余额调整"科目。

（2）调整减少相关资产。其账务处理方法为编制与调整增加相关资产会计分录相反的分录。

4. 非财政拨款结余年末的账务处理。年末，将留归本政府单位使用的非财政拨款专项（项目已完成）剩余资金转入"非财政拨款结余"科目，借记"非财政拨款结转——累计结转"科目，贷记"非财政拨款结余——结转转入"科目。同期，将"非财政拨款结余"科目的"年初余额调整""项目间接费用或管理费""结转转入"明细科目余额结转入其"累计结余"明细科目。结转后，"非财政拨款结转"科目除"累计结余"明细科目外,其他明细科目应无余额。

年末,事业单位将"非财政拨款结余分配"科目余额转入非财政拨款结余。"非财政拨款结余分配"科目为借方余额的,借记"非财政拨款结余——累计结余"科目,贷记"非财政拨款结余分配"科目;"非财政拨款结余分配"科目为贷方余额的,借记"非财政拨款结余分配"科目,贷记"非财政拨款结余——累计结余"科目。

年末,行政单位将"其他结余"科目余额转入非财政拨款结余。"其他结余"科目为借方余额的,借记"非财政拨款结余——累计结余"科目,贷记"其他结余"科目;"其他结余"科目为贷方余额的,借记"其他结余"科目,贷记"非财政拨款结余——累计结余"科目。

非财政拨款结余(事业单位)账务处理程序如图15-7所示。

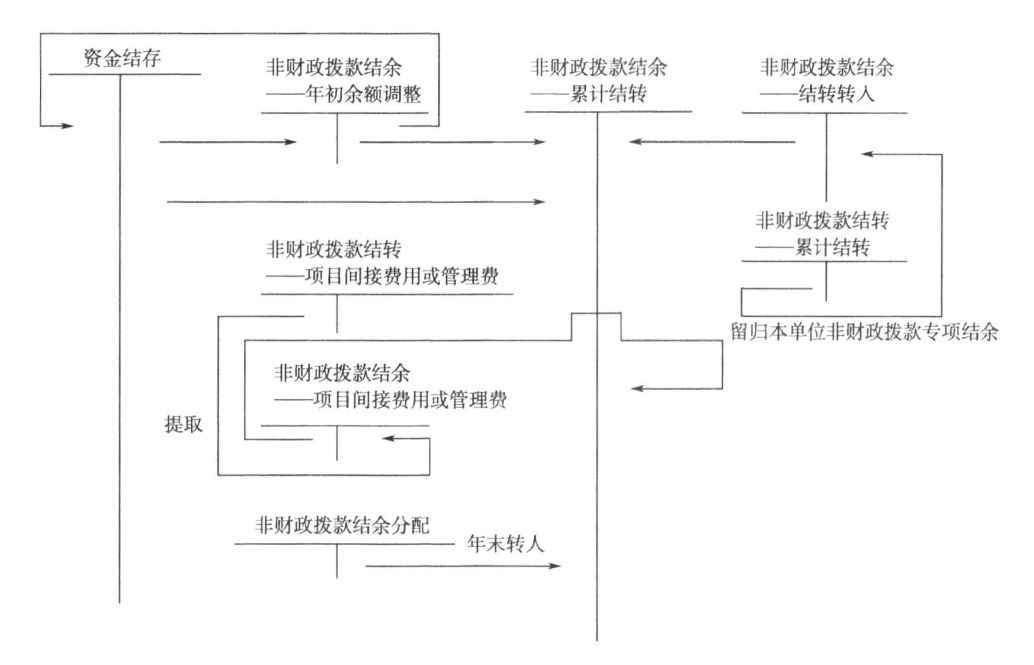

图 15-7 非财政拨款结余(事业单位)账务处理程序

非财政拨款结余(事业单位)账务处理举例参见第十六章第五节。

五、专用结余

专用结余是指事业单位按照规定从非财政拨款结余中提取的具有专门用途的资金。如职工福利基金就是按照非财政拨款结余一定比例提取,用于政府单位职工的集体福利设施、集体福利待遇等资金。

为了反映和监督专用结余的增减变动情况,事业单位预算会计应设置"专用结余"科目。该科目贷方登记提取的专用基金;借方登记使用的已经提取的专用基金。年末贷方余额反映事业单位从非同级财政拨款结余中提取的专用基金的累计滚存数额。"专用结余"科目应当按照专用结余的类别进行明细核算。

事业单位根据有关规定从本年度非财政拨款结余或经营结余中提取专用基金的,预算会计按照提取金额,借记"非财政拨款结余分配"科目,贷记"专用结余"科目;根据规定使用从非财政拨款结余或经营结余中提取的专用基金时，预算会计按照使用金额，借记"专用结余"科目，贷记"资金结存——货币资金"科目。

【例15-10】2×24年至2×25年，某科学事业单位根据发生的专用基金业务编制相关的预算会计分录。

（1）2×24年12月31日，非财政拨款本年结余为3 000 000元，按照规定的20%比例提取职工福利基金。

　　借：非财政拨款结余分配　　　　　　　　　　　　　　　　　600 000
　　　　贷：专用结余　　　　　　　　　　　　　　　　　　　　　　　600 000

（2）2×24年12月31日，该政府单位分别根据全年事业收入和经营收支结余的10%提取科技成果转化基金。该政府单位全年事业收入为365 000 000元，经营结余为53 000 000元。

　　　　应提取专用基金=（365 000 000+53 000 000）×10%=41 800 000（元）
　　借：非财政拨款结余分配　　　　　　　　　　　　　　　　41 800 000
　　　　贷：专用结余　　　　　　　　　　　　　　　　　　　　　41 800 000

（3）2×25年3月10日，该政府单位使用专用基金奖励科研部门3 000 000元用于研发活动，款项以银行存款支付。

　　借：专用结余　　　　　　　　　　　　　　　　　　　　　3 000 000
　　　　贷：资金结存——货币资金　　　　　　　　　　　　　　　3 000 000

六、经营结余

（一）经营结余的概念

经营结余是指事业单位本年度经营活动收支相抵后余额弥补以前年度经营亏损后的余额。当事业单位年度经营收入大于其经营支出时，其差额表现为当年的经营盈余；反之，当事业单位年度经营收入小于其经营支出时，其差额表现为当年的经营亏损。

经营结余反映事业单位在一定期间从事经营活动的最终成果。它既反映了事业单位管理者从事经营活动对公共资源受托责任的履行情况，也反映了管理者预算管理工作业绩和经营效率。

（二）经营结转结余的形成与结转

为了反映和监督经营结余增减变动情况，事业单位预算会计应设置"经营结余"科目。该科目贷方登记期末转入的经营预算收入；借方登记期末转入的经营预算支出。"经营结余"科目一般无余额；如为借方余额，反映事业单位累计发生的经营亏损。"经营结余"科目可以按照经营活动类别进行明细核算。

年末，事业单位将经营预算收入本年发生额转入"经营结余"科目，借记"经营预算收入"科目，贷记"经营结余"科目；将经营支出本年发生额转入"经营结余"科目，借记"经营结余"科目，贷记"经营支出"科目。

年末，事业单位完成上述结转后，如"经营结余"科目为贷方余额，将"经营结余"科目贷方余额转入"非财政拨款结余分配"科目，借记"经营结余"科目，贷记"非财政拨款结余分配"科目；如果"经营结余"科目为借方余额（经营亏损），不予以结转。

【例15-11】2×24年1月至11月"经营结余"科目借方余额为35 000元。该年12月份"经营预算收入"科目贷方发生额为168 000元,"经营支出"科目借方发生额为108 000元。12月末,编制预算会计分录如下:

(1) 结转经营预算收入:

借:经营预算收入　　　　　　　　　　　　　　　　　168 000
　　贷:经营结余　　　　　　　　　　　　　　　　　　　　168 000

(2) 结转支出:

借:经营结余　　　　　　　　　　　　　　　　　　　108 000
　　贷:经营支出　　　　　　　　　　　　　　　　　　　　108 000

(3) 计算年度经营损益并将其转入"非财政拨款结转"科目:

年度经营损益=-35 000+(168 000-108 0000)=25 000(元)

借:经营结余　　　　　　　　　　　　　　　　　　　25 000
　　贷:非财政补助结余分配　　　　　　　　　　　　　　　25 000

七、其他结余

其他结余是指政府单位本年度除财政拨款收支、非同级财政专项资金收支和经营收支以外各项收支相抵后的余额。

为了反映和监督其他结余增减变动情况,预算会计应设置"其他结余"科目。该科目贷方登记期末转入的其他预算收入;借方登记期末转入的其他预算支出;年末结转后,本科目无余额。

年末,政府单位将事业预算收入、上级补助预算收入、附属单位上缴预算收入、非同级财政拨款预算收入、债务预算收入、其他预算收入本年发生额中的非专项资金收入以及投资预算收益本年发生额转入"其他结余"科目,借记"事业预算收入""上级补助预算收入""附属单位上缴预算收入""非同级财政拨款预算收入""债务预算收入""其他预算收入"科目下各非专项资金收入明细科目和"投资预算收益"科目,贷记"其他结余"科目("投资预算收益"科目本年发生额为借方净额时,借记"其他结余"科目,贷记"投资预算收益"科目)。

年末,政府单位将行政支出、事业支出、其他支出本年发生额中的非同级财政、非专项资金支出,以及上缴上级支出、对附属单位补助支出、投资支出、债务还本支出本年发生额转入"其他结余"科目,借记"其他结余"科目,贷记"行政支出""事业支出""其他支出"科目下各非同级财政、非专项资金支出明细科目和"上缴上级支出""对附属单位补助支出""投资支出""债务还本支出"科目。

年末,政府单位完成上述结转后,行政单位将"其他结余"科目余额转入"非财政拨款结余——累计结余"科目;事业单位将"其他结余"科目余额转入"非财政拨款结余分配"科目。

八、非财政拨款结余分配

非财政拨款结余分配是指事业单位按照规定的程序、方法对其非财政补助结余进行结转和处理。根据《事业单位财务规则》的规定,非财政拨款结余可以按国家有关规定提取职工福利基金,剩余部分作为事业基金用于弥补以后年度政府单位收支差额;国家另有规定的,从其规定。

为了反映和监督本年度非财政拨款结余分配的情况和结果，事业单位应设置"非财政拨款结余分配"科目。该科目贷方登记从本期其他结余、经营结余转入的结余数以及年末转入非财政拨款结余数；借方登记根据有关规定提取的专用基金和年末转入非财政拨款结余数等。年末结转后，"非财政拨款结余分配"科目无余额。

年末，事业单位将"其他结余"科目余额转入"非财政拨款结余分配"科目，当"其他结余"科目为贷方余额时，借记"其他结余"科目，贷记"非财政拨款结余分配"科目；当"其他结余"科目为借方余额时，借记"非财政拨款结余分配"科目，贷记"其他结余"科目。

年末，事业单位将"经营结余"科目贷方余额转入"非财政拨款结余分配"科目，借记"经营结余"科目，贷记"非财政拨款结余分配"科目。

事业单位根据有关规定提取专用基金的，按照提取的金额，借记"非财政拨款结余分配"科目，贷记"专用结余"科目。

年末，事业单位按照规定完成上述"其他结余"科目余额、"经营结余"科目结转后，将"非财政拨款结余分配"科目余额转入"非财政拨款结余"科目。当"非财政拨款结余分配"科目为借方余额时，借记"非财政拨款结余——累计结余"科目，贷记"非财政拨款结余分配"科目；当本科目为贷方余额时，借记"非财政拨款结余分配"科目，贷记"非财政拨款结余——累计结余"科目。

【例15-12】2×24年12月31日，某事业单位根据发生的非财政拨款结余分配业务编制相关的预算会计分录。

（1）结转其他结余和经营结余，其中："其他结余"科目借方余额为800 000元；"经营结余"科目贷方余额为1 200 000元。

借：非财政拨款结余分配　　　　　　　　　　　　　　　　　800 000
　　贷：其他结余　　　　　　　　　　　　　　　　　　　　　　　800 000
借：经营结余　　　　　　　　　　　　　　　　　　　　　　1 200 000
　　贷：非财政拨款结余分配　　　　　　　　　　　　　　　　　1 200 000

（2）根据当年事业结余和经营结余提取职工福利费30 000元。

借：非财政拨款结余分配　　　　　　　　　　　　　　　　　 30 000
　　贷：专用结余　　　　　　　　　　　　　　　　　　　　　　　 30 000

（3）结转非财政拨款结余分配。

借：非财政拨款结余分配　　　　　　　　　　　　　　　　　 10 000
　　贷：非财政拨款结余——累计结余　　　　　　　　　　　　　 10 000

【关键词汇】

净资产（net asset）	预算结余（budgetary surplus）
累计盈余（accumulated surplus）	资金结存（fund balance）
本期盈余（current surplus）	财政拨款结转（financial appropriation carried forward）
本年盈余分配（distribution of surplus for the current year）	非财政拨款结余（surplus of non-financial appropriations）

续表

无偿调拨净资产（transfer of net assets without compensation）	专用结余（special balance）
专用基金（special-purpose fund）	经营结余（operating balance）
权益法调整（equity method adjustment）	非财政拨款结余分配（allocation of surplus non-financial appropriations）
以前年度盈余调整（adjustment of surplus from previous years）	

【思考与练习】

一、思考题

1. 什么是净资产？政府单位净资产包括哪些内容？净资产与其他会计要素的关系如何？
2. 什么是盈余？政府单位盈余特点主要表现在哪些方面？
3. 什么是专用基金？专用基金包括哪些内容？其特点表现在哪些方面？
4. 什么是权益法调整？被投资政府单位哪些经济业务的变动会引起事业单位对长期股权投资科目进行调整？
5. 什么是无偿调拨净资产？政府单位哪些资产调入或调出业务会引起净资产的变动？

二、练习题

(一) 单项选择题

1. 下列各项中，应在事业单位资产负债表中"净资产"部分单独列示的是（　　）。
   A. 财政拨款结余　　B. 其他结余　　C. 累计盈余　　D. 经营结余

2. 2×24年11月，某事业单位"财政拨款收入"科目发生额为40万元，"事业收入"科目发生额为100万元，"业务活动费用"科目发生额为20万元，"单位管理费用"科目发生额为30万元，不考虑其他因素，该单位月末完成所有结转后，"本期盈余"科目余额为（　　）万元。
   A. 110　　　　　　B. 60　　　　　　C. 80　　　　　　D. 90

3. 事业单位年终结账时，下列科目借方余额应转入"财政拨款结余"科目的是（　　）
   A. 事业支出——财政拨款支出　　　　B. 上缴上级支出
   C. 事业支出——其他事业支出　　　　D. 对附属单位补助

4. 下列各项中，事业单位预算会计按规定提取专用结余应借记的会计科目是（　　）。
   A. 非财政拨款结余分配　　　　　　B. 财政拨款结转
   C. 非财政拨款结转　　　　　　　　D. 非财政拨款结余

5. 下列各项中，政府单位按照规定从科研项目预算收入中提取项目管理费或间接费用的会计分录正确的是（　　）。
   A. 借：非财政拨款结转——累计结转
      贷：非财政拨款结余——结转转入
   B. 借：单位管理费用
      贷：预提费用——项目间接费用或管理费

C. 借：非财政拨款结余——累计结余
　　　贷：资金结存——货币资金
D. 借：本年盈余分配
　　　贷：专用基金

（二）多项选择题

1. 下列各项中，导致事业单位净资产总额发生增减变动的有（　　）。
A. 按规定上缴财政拨款结转资金
B. 按规定缴回非财政拨款结转资金
C. 按规定从非财政拨款结余中提取专用基金
D. 从外单位无偿调入实验设备

2. 下列各项中，事业单位年末应转入"非财政拨款结余分配"科目的有（　　）。
A. 专用结余　　　　　　　　　B. 非财政拨款结余
C. 经营结余　　　　　　　　　D. 其他结余

3. 事业单位完成财政补助收支结转后，下列项目中不应转入"财政补助结余"科目的有（　　）。
A. "财政补助结转"科目借方余额　　　B. "事业结余"科目贷方余额
C. "经营结余"科目借方余额　　　　　D. "经营结余"科目贷方余额

4. 事业单位其他资金来源结转结余的核算中，按照规定从科研项目预算收入中提取项目管理费或间接费时，按照提取金额应（　　）。
A. 借：非财政拨款结转——项目间接费用或管理费
　　　贷：非财政拨款结余——项目间接费用或管理费
B. 借：非财政拨款结转——缴回资金
　　　贷：资金结存——货币资金
C. 借：经营预算收入
　　　贷：经营结余
D. 借：财政拨款结余——单位内部调剂
　　　贷：财政拨款结转——单位内部调剂

5. 下列各项中，属于"资金结存"科目应设置的明细科目有（　　）。
A. 零余额账户用款额度　　　　B. 货币资金
C. 财政应返还额度　　　　　　D. 财政拨款收入

（三）业务核算题

1. 2×24年11月M事业单位"本期盈余"科目本年累计余额（贷方）为534 000 000元，2×24年12月31日转账前收入类科目发生额合计（贷方）：财政拨款收入30 000 000元、事业收入3 500 000元、上级补助收入280 000元、附属政府单位上缴收入320 000元、经营收入5 000 000元、非同级财政拨款收入600 000元、投资收益400 000元、捐赠收入300 000元、利息收入500 000元、租金收入850 000元、其他收入650 000元。

2×24年12月31日转账前费用类科目发生额合计（借方）：业务活动费用42 000 000元、政府单位管理费用1 200 000元、经营费用1 600 000元、所得税费用2 200 000元、资产处置费用400 000元、上缴上级费用1 350 000元、对附属政府单位补助费用350 000元、其他费用200 000元。

要求：

(1) 将12月份上述收入类和费用类科目发生额转入本期盈余。

(2) 计算该政府单位2×24年盈余总额。

(3) 12月31日将"本期盈余"科目余额转入"本年盈余分配"科目。

2. 某公立医院2×24年发生专用基金业务如下：

(1) 12月31日，按照本年结余20 560 000元（假定没有财政基本补助结转）和当地规定的40%比例，提取职工福利基金。

(2) 12月31日，根据医院全年实现医疗收入658 600 000元的0.2%提取医疗风险基金。2×24年初"专用基金——医疗风险基金"科目贷方余额1 200 000元。

(3) 2×24年6月该医院发生医疗纠纷，现经法院判决，应赔偿患者家属1 035 000元。

要求：根据上述经济业务，逐笔编制会计分录。

3. 2×24年1月初，M事业单位收到捐赠人张某捐赠资金50 000 000元，按照捐赠协议的规定，该项捐赠资金用于设立N发展基金，该基金只能用于国债投资，投资收益用于事业活动。2×24年3月份，使用该基金购买5年期国债3 000 000元。

要求：根据上述经济业务，编制会计分录。

4. 甲事业单位发生下列长期股权投资业务：

(1) 2×24年1月3日，以银行存款取得对乙公司股权投资，占乙公司有表决权股份的25%，该政府单位将其作为长期股权投资并采用权益法核算。支付投资款46 400 000元，价款中包含已宣告但尚未发放的现金股利1 450 000元，另外支付相关税费70 000元。款项均以银行存款支付。

(2) 2×24年3月16日，收到乙公司宣告分派的现金股利。

(3) 2×24年度，乙公司实现净利润20 000 000元，其他所有者权益变动（不含利润分配）4 000 000元。

(4) 2×25年1月4日，出售所持有的全部乙公司的股票，共取得价款52 000 000元。

要求：根据上述资料，编制甲事业单位长期股权投资的会计分录。

第十六章　政府单位会计报表

【学习目标和思政目标】
●学习目标：了解财务报表、预算会计报表的概念、种类和作用，熟悉财务报表、预算会计报表的内容和结构，掌握财务报表和预算会计报表的编制方法。
●思政目标：不仅要掌握会计报表编制程序、编制方法，还要深刻认识会计报表信息在维护国家利益、社会公共利益和政府单位利益中所发挥的重要作用，以"诚信为本、操守为重、坚持原则、不做假账"为原则，自觉形成提供真实可靠的会计信息的意识，不粉饰会计报表，践行公正和诚信理念。

【学习重点和难点】
●学习重点：资产负债表、净资产变动表、收入费用表、现金流量表、预算收入支出表、预算结转结余变动表、财政拨款预算收入支出表的结构和编制方法。
●学习难点：资产负债表、收入费用表、现金流量表、预算结转结余变动表的编制。

第一节　政府单位会计报表概述

一、会计报表的作用

为满足会计报表使用者对会计信息的需求，政府单位需要将日常分散的核算资料系统化，定期对财务活动和各项收支情况进行归纳、总结，形成表格化的会计报表，通过会计报表为各类会计报表使用者进行决策提供系统、科学的会计信息。政府单位会计报表分为财务会计报表（以下简称"财务报表"）和预算会计报表。财务报表主要以权责发生制为基础，是以财务会计核算数据为依据编制的报表；预算会计报表主要以收付实现制为基础，是以政府单位预算会计核算数据为依据编制的报表。

政府单位会计报表是政府单位、上级主管部门、财政部门、审计等部门了解政府单位财务状况和预算的执行情况，检查分析政府单位预算管理和财务管理水平，考核各单位维护财经纪律情况，指导和帮助各单位做好会计工作，提高预算管理质量的重要依据。

二、会计报表的分类

政府单位会计报表按照不同标准分为以下类别。

（一）预算会计报表和财务报表

按照会计报表所反映的内容，政府单位会计报表可以分为财务报表和预算会计报表。财务会计报表一般包括资产负债表、收入费用表、净资产变动表、现金流量表和附注；预算会计报表主要包括预算收入支出表、预算结转结余变动表和财政拨款预算收入支出表。

(二) 月度报表、季度报表和年度报表

按照编报的时间，政府单位会计报表可以分为月度报表、季度报表和年度报表。各单位至少需要按年度提供决算报告和财务报告。

(三) 单位报表和部门报表

按照编报的层次，政府单位会计报表分为单位报表和部门报表。单位报表是反映各政府单位预算和财务结果的报表；部门报表是各主管部门对本单位和所辖各单位的报表进行汇总后编制的报表。

政府单位会计报表名称和编制期如图 16-1 所示。

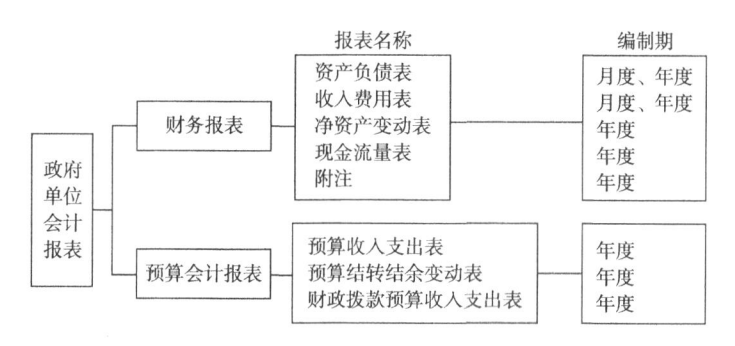

图 16-1 政府单位会计报表名称和编制期

三、会计报表编制要求

编制会计报表的目的是向会计报表的使用者提供单位财务状况、运营情况及预算执行情况等信息。要保证会计报表提供的信息满足使用者的需要，编制报表时应满足以下基本要求：

(1) 报表要求数字真实、计算准确、内容完整、编报及时。

(2) 政府会计报表表首应当披露以下基本信息：①编报单位的名称，如果单位名称发生变更的，还应明确标明；②报表所披露的日期或涵盖的会计期间；③货币名称和单位应当以人民币作为记账本位币列报，标明"单位：元"。

(3) 政府单位在列报当期会计报表时，至少应当提供所有列报项目上一个可比会计期间的比较数据，列报比较信息的要求适用于报表的所有组成部分。

(4) 政府会计报表应当由单位负责人和主管会计工作的负责人、会计机构及负责人(会计主管人员) 签名并盖章。

(5) 政府单位不得违反规定，随意改变会计制度规定的会计报表格式、编制依据和方法，不得随意改变会计制度规定的会计报表有关数据的会计口径。

四、财务报表与预算会计报表的关系

预算会计报表和财务报表分别来自政府预算会计系统和财务会计系统，因此这两个会计系统各自独立，各系统内部的会计要素形成各自的平衡，因此，两套系统的会计报表之间没有直接的勾稽关系，预算会计报表和财务报表之间可能存在差异。造成差异的原因主

要包括①：

（1）由于存在应收和预收业务，预算会计与财务会计采用不同确认时点，除财政拨款预算收入与财政拨款收入采用一致的确认时点之外，其他预算收入与收入之间有可能确认时点不同，因而导致金额差异。

（2）除了应付和预付等因素引起的确认差异之外，财务上还存在折旧、摊销等权责发生制业务，也会引起预算支出与费用的差异。一些货币资金支付后需要资本化，如购买材料、固定资产，会产生支出与费用的差异。

（3）由于某些资金不属于预算资金，财务上确认这类资金收入和费用的时候，预算上不能确认为预算收入或支出（例如从外部收得的专用基金）。

如果会计报表使用者，例如各级人民代表大会及其常务委员会、各级政府及其有关部门、政府会计主体、社会公众和其他利益相关者等，需要了解两套系统间报表的关系，可以采用附表形式，逐一列示差异成因。

第二节　财务报表

一、财务报表概述

（一）财务报表的概念

《基本准则》指出："财务报表是对政府会计主体财务状况、运行情况和现金流量等信息的结构性表述。"根据财务报表定义，政府单位财务报表具有以下几层含义：一是财务报表应当是对外报表，其服务对象主要是各级政府及其有关部门、债权人、政府会计主体自身和其他利益相关者等外部使用者，专门为了满足内部管理需要的报表不属于财务报表的范畴；二是财务报表应当综合反映政府单位的运营状况，包括某一时点的财务状况和某一时期的财务业绩与现金流量等信息；三是财务报表必须形成一个系统的文件，不应是零星的或者不完整的信息；四是财务报表包括会计报表和附注。

财务报表是财务会计确认与计量的最终结果体现，是向外界传递财务信息的主要载体或手段。财务报表，有助于与政府单位有利益关系的各方分析、评价政府单位当前的财务状况、财务业绩和现金流量等情况，正确反映政府单位有效履行公共受托责任状况。

（二）财务报表的作用

财务报表使用者众多，不同使用者对财务报表所提供信息的要求也不同，财务报表信息对于不同使用者所起的作用也不同。

1. 主管部门通过财务报表，可以了解所属政府单位预算执行情况和财务业绩，分析各项资金取得和使用的合理性、合法性，并通过对不同单位之间的财务状况、运行情况、现金流量等情况进行比较分析，发现财务管理中存在的问题，以便加强对单位财务、预算

---

① 王彦，王建英，赵西卜. 政府与非营利组织会计 [M]. 7版. 北京：中国人民大学出版社，2017.

等一系列工作的监督、管理和指导。

2. 财政部门通过财务报表可以了解各政府单位预算执行的进度，掌握预算支出情况，便于正确地核拨预算资金，核算总预算支出。

3. 政府单位内部管理者通过财务报表了解预算指标执行情况和财务业绩，掌握预算执行的进度，分析各项资金的取得和使用是否合理，考核资金使用效益情况，检查遵守和执行法律、行政法规、部门规章等情况。

4. 审计、税务、银行等部门通过财务报表了解政府单位的财务状况和运行情况，据以考核政府单位各项资金收支活动是否遵守国家的财经法规，以便加强对政府单位在财经政策上的宏观监督和管理。

此外，财务报表其他使用者，如债权人、社会公众等，通过财务报表了解政府单位偿债能力以及受托使用、保管公共资源情况，从而可以对政府单位的管理水平作出正确的评价。

因此，财务报表是向财务报表使用者提供决策有用信息的媒介和渠道，也是政府单位外部会计信息使用者与单位内部管理层之间相互沟通的桥梁和纽带。

（三）财务报表组成

为了满足不同的报表使用者对会计信息的不同需要，《政府单位会计制度》制定了完整的报表体系，其中财务报表是由会计报表和附注组成。

1. 会计报表。它是财务报表的主体，是政府单位向外界传递会计信息的主要途径和方式。会计报表至少应当包括以下种类：①资产负债表是指反映政府单位在某一特定日期全部资产、负债和净资产的情况报表。②收入费用表是指反映政府单位在某一会计期间内发生的收入、费用及当期盈余情况的报表。③净资产变动表是指反映单位在某一会计年度内净资产项目的变动情况的报表。④现金流量表是指反映政府单位在某一会计年度内现金流入和流出的报表。

2. 附注。附注是会计报表附注的简称，是指对在会计报表中列示项目的文字描述或明细资料，以及对未能在会计报表中列示项目的说明等。附注是财务报表有机组成部分，它有助于会计信息使用者对财务报表的理解和应用。

二、资产负债表

（一）资产负债表的概念和作用

1. 资产负债表的概念。资产负债表是反映政府单位在某一特定日期全部资产、负债和净资产情况的报表，又称"财务状况表"。它是根据资产、负债和净资产之间的相互关系，按照一定的分类标准和一定的顺序，将政府单位一定日期的资产、负债和净资产项目适当排列所形成的报告文件。资产负债表能够提供政府单位某一日期所拥有或控制的经济资源、承担的负债义务以及投资者和债权人等享有权益的信息，有助于资产负债表使用者作出各类决策或者进行监督和管理。

2. 资产负债表的作用。资产负债表是政府单位财务报表体系中的主要报表，它能够提供丰富的信息，具有以下作用：

（1）资产负债表中的资产项目，反映了政府单位所拥有的各种财务资源、结构以及政府单位偿还债务的能力，有助于预计政府单位未来满足负债和承诺要求并履行支付承诺的

（2）资产负债表中的负债、净资产项目，表明了政府单位所承担的长短期债务的数量、偿还期限的长短、各种财务资源来源渠道及其增减变动情况。

（3）根据不同时期资产负债表中相同项目的横向对比和不同时期不同项目的纵向对比，可以分析和掌握政府单位财务状况的发展趋势。

总之，通过资产负债表可以分析、检查资产、负债和净资产三者之间的结构比例是否合理，各项资产的配置是否合理，是否具有较好的偿债能力、经济运行能力，从而总结和评价政府单位的财务状况和运行情况。

（二）资产负债表的结构

资产负债表根据"资产=负债+净资产"的会计等式，依照一定的分类和一定的程序，把政府单位一定日期的资产、负债和净资产项目予以适当排列，按照一定的编制要求编制而成。它是政府单位特定日期所拥有或控制的资产、承担的债务责任以及净资产的静态反映。

关于资产负债表的格式，目前国际上通用的有账户式和报告式两种。政府单位编制账户式资产负债表。资产负债表的基本结构如表16-1所示。

（三）资产负债表的编制方法

总体而言，资产负债表是根据政府单位总分类账的期末余额编制的。根据"表从账出"的原则，编制资产负债表应当以总分类账及其相关明细账的期末余额为依据。同时，资产负债表是一种比较报表，表中要列示"期末数"和"年初数"。资产负债表编制方法如下：

1. "年初数"项目的填列方法。资产负债表"年初余额"栏内各项数字应当根据上年年末资产负债表"期末余额"栏内数字填列。

2. "期末数"项目的填列方法。前已述及，编制资产负债表的依据主要是总分类账及其相关明细账资料。具体来说，资产负债表相关项目的编制方法分为以下几种：

（1）根据总账科目余额直接填列。资产负债表中大部分项目是根据相关总账科目期末余额直接填列的。其中：资产项目包括短期投资、财政应返还额度、应收票据、预付账款、应收股利、应收利息、待摊费用、长期股权投资、固定资产原值、固定资产累计折旧、工程物资、在建工程、无形资产原值、无形资产累计摊销、研发支出、公共基础设施原值、公共基础设施累计折旧（摊销）、政府储备物资、文物资源、保障性住房原值（根据"保障性住房"科目的期末余额填列）、保障性住房累计折旧、长期待摊费用；负债项目包括短期借款、应缴财政款、应付职工薪酬、应付票据、应付账款、应付政府补贴款、应付利息、预收账款、其他应付款、预提费用、预计负债、受托代理负债；净资产项目包括累计盈余、专用基金。

（2）根据会计科目期末余额以"-"号填列。例如，"待处理财产损溢"科目期末为贷方余额，"应交增值税""其他应交税费""权益法调整""无偿调拨净资产""本期盈余"科目期末为借方余额，应当根据这些科目相应期末余额，以"-"号填列在该项目的期末金额栏，其中"无偿调拨净资产""本期盈余"科目月度报表列示、年度报表不列示。

（3）根据总账科目余额计算填列。资产负债表有些项目根据若干个总账科目的期末余额计算填列。具体内容包括：①"货币资金"项目应当根据"库存现金""银行存款""零余额账户用款额度""其他货币资金"科目的期末余额的合计数填列；若单位存在通过"库存现金""银行存款"科目核算的受托代理资产，还应当按照前述合计数扣减"库存现金""银行存款"科目下"受托代理资产"明细科目的期末余额后的金额填列。②"存货"项目应当根据"在途物品""库存物品""加工物品"科目的期末余额的合计数填列。③"受托代理资产"项目应当根据"受托代理资产"科目的期末余额与"库存现金""银行存款"科目下"受托代理资产"明细科目的期末余额的合计数填列。④"其他流动资产"项目应当根据有关科目期末余额的合计数填列；"其他非流动资产"项目应当根据有关科目的期末余额合计数填列。⑤"其他流动负债"项目应当根据有关科目的期末余额的合计数填列；"其他非流动负债"项目应当根据有关科目的期末余额合计数填列。

（4）根据明细科目余额分析计算填列。例如，"一年内到期的非流动资产"项目应当根据"长期债券投资"等科目的明细科目的期末余额分析填列。"一年内到期的非流动负债"项目应当根据"长期应付款""长期借款"等科目的明细科目的期末余额分析填列。

（5）根据总账科目和明细科目余额分析计算填列。例如，"长期债券投资"项目、"长期借款"项目、"长期应付款"项目应当根据该科目的期末余额减去其中将于1年内（含1年）应收或应付后的余额填列。

（6）根据总账科目余额减去其备抵科目后的净额填列。例如，"应收账款净额"项目、"其他应收款净额"项目、"固定资产净值"项目、"无形资产净值"项目、"公共基础设施净值"项目、"保障性住房净值"项目应当根据该总账科目余额减去其备抵科目后的净额填列。

【例16-1】2×24年，某省事业编制的农业生态研究所根据发生的经济业务编制的会计分录参见"二维码"，资产负债表如表16-1所示。

政府单位会计报表编制资料

表 16-1 资产负债表

会政财01表

编制单位：某省农业生态研究所　　2×24年12月31日　　单位：元

资产	期末余额	年初余额	负债和净资产	期末余额	年初余额
流动资产：			流动负债：		
货币资金	14 188 000	3 065 000	短期借款	440 000	540 000
短期投资	512 000	512 000	应交增值税	−263 820	−320 000
财政应返还额度	200 000	200 000	其他应交税费	195 000	130 000
应收票据	896 000	195 000	应缴财政款	230 000	230 000
应收账款净额	2 185 000	2 185 000	应付职工薪酬	290 000	290 000
预付账款	373 000	380 000	应付票据	619 000	460 000
应收股利	60 000	60 000	应付账款	78 000	263 000
应收利息	0	0	应付政府补贴款	0	0
其他应收款净额	672 000	665 000	应付利息	35 000	30 000

续表

资产	期末余额	年初余额	负债和净资产	期末余额	年初余额
存货	5 560 000	8 810 000	预收账款	300 000	500 000
待摊费用	20 000	30 000	其他应付款	100 000	100 000
一年内到期的非流动资产	0	0	预提费用	100 000	50 000
其他流动资产	0	0	一年内到期的非流动负债	0	0
流动资产合计	24 666 000	16 102 000	其他流动负债	0	0
非流动资产:			流动负债合计	2 123 180	2 273 000
长期股权投资	1 020 000	6 000 000	非流动负债:		
长期债券投资	700 000	500 000	长期借款	3 500 000	3 200 000
固定资产原值	20 250 000	15 000 000	长期应付款	2 650 000	2 000 000
减：固定资产累计折旧	4 300 000	4 120 000	预计负债	60 000	60 000
固定资产净值	15 950 000	10 880 000	其他非流动负债	0	0
工程物资	0	0	非流动负债合计	6 210 000	5 260 000
在建工程	2 000 000	2 000 000	受托代理负债	0	0
无形资产原值	850 000	700 000	负债合计	8 333 180	7 533 000
减：无形资产累计摊销	85 000	20 000			
无形资产净值	765 000	680 000	净资产:		
研发支出	0	0	累计盈余	49 997 820	42 000 000
公共基础设施原值	1 500 000	1 500 000	专用基金	19 880 000	19 839 000
减：公共基础设施累计折旧（摊销）	300 000	300 000	权益法调整	-250 000	-280 000
公共基础设施净值	1 200 000	1 200 000	无偿调拨净资产*	0	0
政府储备物资	1 200 000	1 200 000	本期盈余*	0	0
文物资源	0	0	净资产合计	69 627 820	61 559 000
保障性住房原值	36 000 000	36 000 000			
减：保障性住房累计折旧	6 000 000	6 000 000			
保障性住房净值	30 000 000	30 000 000			
长期待摊费用	510 000	580 000			
待处理财产损溢	-50 000	-50 000			
其他非流动资产	0	0			
非流动资产合计	53 295 000	52 990 000			

续表

资产	期末余额	年初余额	负债和净资产	期末余额	年初余额
受托代理资产		0			
资产总计	77 961 000	69 092 000	负债和净资产总计	77 961 000	69 092 000

三、净资产变动表

净资产变动表是指反映政府单位在某一会计年度内净资产项目变动情况的报表。净资产变动表可以反映政府单位净资产的构成内容、总额及其增减变动结果，分析净资产增减变动的原因，有助于报表使用者预测净资产发展趋势。

净资产变动表分为表头和基本内容两部分，其格式如表 16-2 所示。其中，净资产变动表基本内容以矩阵的形式列示：一方面，列示导致净资产变动的经济业务，即净资产变动的来源，对一定时期净资产的变动情况进行全面的反映（如本年盈余、无偿调拨净资产、归集调整预算结转结余、提取或设置专用基金、使用专用基金和权益法调整）；另一方面，按照净资产各组成部分（即累计盈余、专用基金、权益法调整）列示经济业务的变动对净资产各部分的影响。

净资产变动表的"本年数"栏反映本年度各项目的实际变动数；"上年数"栏反映上年度各项目的实际变动数（应当根据上年度净资产变动表中"本年数"栏内所列数字填列）。

如果上年度净资产变动表规定的项目的名称和内容与本年度不一致，其处理原则参见资产负债表。

净资产变动表"本年数"栏各项目的内容和填列方法如下：

(1) "上年年末余额"行各项目应当根据"累计盈余""专用基金""权益法调整"科目上年年末余额填列。

(2) "以前年度盈余调整"行"累计盈余"项目应当根据本年度"以前年度盈余调整"科目转入"累计盈余"科目的金额填列；如调整减少累计盈余，以"-"号填列。

(3) "本年年初余额"行"累计盈余""专用基金""权益法调整"项目应当根据其各自在"上年年末余额"和"以前年度盈余调整"行对应项目金额的合计数填列。

(4) "本年变动金额"行"累计盈余""专用基金""权益法调整"项目应当根据其各自在"本期盈余""无偿调拨净资产""归集调整预算结转结余""提取或设置专用基金""使用专用基金""权益法调整"行对应项目金额的合计数填列。

其中：① "本年盈余"行"累计盈余"项目应当根据年末由"本期盈余"科目转入"本年盈余分配"科目的金额填列；如转入时借记"本年盈余分配"科目，则以"-"号填列。② "无偿调拨净资产"行"累计盈余"项目应当根据年末由"无偿调拨净资产"科目转入"累计盈余"科目的金额填列；如转入时借记"累计盈余"科目，则以"-"号填列。③ "归集调整预算结转结余"行反映单位本年财政拨款结转结余资金归集调入、归集上缴或调出，以及非财政拨款结转资金缴回对净资产的影响。本行"累计盈余"项目应当根据"累计盈余"科目明细账记录分析填列；如归集调整减少预算结转结余，则以"-"号填列。④ "提取或设置专用基金"行。本行"累计盈余"项目应当根据"从预算结余中提取"行"累计盈余"项目的金额填列。本行"专用基金"项目应当根据"从预算收入中提取""从预算结余中提取""设置的专用基金"行"专用基金"项目金额的合计数填列。

（5）"使用专用基金"行"累计盈余""专用基金"项目应当通过对"专用基金"科目明细账记录的分析，根据本年按规定使用专用基金的金额填列；本行"专用基金"项目以"－"号填列。

（6）"权益法调整"行应当根据"权益法调整"科目本年发生额填列；若本年净发生额为借方时，以"－"号填列。

（7）"本年年末余额"行"累计盈余""专用基金""权益法调整"项目应当根据其各自在"本年年初余额""本年变动金额"行对应项目金额的合计数填列。

【例16-2】承例16-1，2×24年该研究所编制净资产变动表如表16-2所示。

表16-2 净资产变动表

会政财03表

编制单位：某省农业生态研究所　　　　2×24年　　　　　　　　　单位：元

项目	本年数				上年数			
	累计盈余	专用基金	权益法调整	净资产合计	累计盈余	专用基金	权益法调整	净资产合计
一、上年年末余额	42 000 000	19 839 000	-280 000	61 559 000				（略）
二、以前年度盈余调整（减少以"－"号填列）								
三、本年年初余额	42 000 000	19 839 000	-280 000	61 559 000				
四、本年变动金额（减少以"－"号填列）	7 997 820	41 000	30 000	8 068 820				
（一）本年盈余	7 997 820			7 997 820				
（二）无偿调拨净资产								
（三）归集调整预算结转结余								
（四）提取或设置专用基金		200 000		200 000				
其中：从预算收入中提取								
从预算结余中提取		200 000		200 000				
设置的专用基金								
（五）使用专用基金		159 000		159 000				
（六）权益法调整			30 000	30 000				
五、本年年末余额	49 997 820	19 880 000	-250 000	69 627 820				

四、收入费用表

(一) 收入费用表的概念及作用

1. 收入费用表的概念。收入费用表是指反映政府单位在某一会计期间发生的收入、费用及当期盈余情况的报表。收入费用表可以反映政府单位一定时期收入、费用发生的情况，使有关人员了解政府单位盈余水平，判断和确定政府单位运营成果，考核行政任务、事业计划完成情况，评价其工作业绩，预测单位盈余未来发展趋势。

2. 收入费用表的作用。

(1) 反映事业单位活动成果。收入费用表可以全面反映政府单位业务活动、运营活动发生的收入、支出情况，经过收入与支出的比较，可以确定政府单位在某一会计期间业务活动成果。

(2) 为评价政府单位管理机构、管理者业绩提供了重要依据。收入费用表提供的收入、费用信息可以反映政府单位管理机构和管理者的业绩，有助于考核他们受托责任履行情况。

(3) 有助于反映净资产增减变动情况。净资产增减变动情况是政府单位资源提供者较为关注的内容之一，收入费用表可以向资源提供者报告其净资产的增加、使用、结存情况。

(二) 收入费用表的结构

收入费用表由表头和正表两个部分构成。表头说明报表的名称、编制单位的名称、编制报表的日期和货币的计量单位等。

正表是收入费用表的核心，分为"项目"栏和"金额"栏两部分。

正表"项目"栏反映政府单位全部收支相抵后运营成果各项指标的构成、分类和排列。"项目"栏采取了报告式形式，分为收入（如财政拨款收入、事业收入、上级补助收入、非同级财政拨款收入等）类和费用（如业务活动费用、单位管理费用、经营费用、资产处置费等）类两部分。表内两类各项目之间关系如下：

本期收入－本期费用＝本期盈余

正表"金额"栏则反映政府单位不同时期（月份、年份）各项收支及运营成果达到的水平以及结余情况，便于报表使用者分析、考核政府单位收支、结余情况。收入费用表结构如表 16-3 所示。

(三) 收入费用表的编制方法

收入费用表各项目均需要填列"本月数"和"本年累计数"两栏。其中"本月数"栏反映各项目的本月实际发生数。编制年度收入费用表时，应当将本栏改为"本年数"，反映本年度各项目的实际发生数。"本年累计数"栏反映各项目自年初至报告期期末的累计实际发生数。编制年度收入费用表时，应当将本栏改为"上年数"，反映上年度各项目的实际发生数，"上年数"栏应当根据上年年度收入费用表中"本年数"栏内所列数字填列。

如果本年度收入费用表规定的项目的名称和内容同上年度不一致，其处理原则参见资产负债表。

收入费用表各项目的填列方法可归纳为以下两类：

1. 根据总账和明细账的本期发生额直接或分析填列。财政拨款收入、事业收入、上级补助收入、附属单位上缴收入、经营收入、非同级财政拨款收入、捐赠收入、利息收入、租金收入、其他收入、业务活动费用、单位管理费用、经营费用、资产处置费用、上缴上级费用、对附属单位补助费用、所得税费用、其他费用项目应根据其相应的会计科目的本期发生额填列。

"政府性基金收入"项目应当根据"财政拨款收入"相关明细科目的本期发生额填列。

2. 根据表中项目计算填列。"本期收入"项目应当根据本表中"财政拨款收入""事业收入""上级补助收入""附属单位上缴收入""经营收入""非同级财政拨款收入""投资收益""捐赠收入""利息收入""租金收入""其他收入"项目金额的合计数填列。"本期费用"项目应当根据本表中"业务活动费用""单位管理费用""经营费用""资产处置费用""上缴上级费用""对附属单位补助费用""所得税费用""其他费用"项目金额的合计数填列。

3. 根据总账科目的借方或贷方余额分析填列。"投资收益"项目应当根据"投资收益"科目的本期发生额填列;如为投资净损失,以"-"号填列。

4. 根据表中相关项目相抵后的结果分析填列。"本期盈余"项目应当根据本表中"本期收入"项目金额减去"本期费用"项目金额后的金额填列;如为负数,以"-"号填列。

【例16-3】承例16-1,2×24年该研究所根据发生的经济业务,编制"收入费用表"如表16-3所示。

表16-3 收入费用表

会政财02表

编制单位:某省农业生态研究所　　　　2×24年　　　　单位:元

项　目	本月数	本年累计数
一、本期收入	(略)	53 363 820
（一）财政拨款收入		43 050 000
其中:政府性基金收入		
（二）事业收入		6 955 000
（三）上级补助收入		1 095 000
（四）附属单位上缴收入		532 500
（五）经营收入		236 320
（六）非同级财政拨款收入		1 000 000
（七）投资收益		260 000
（八）捐赠收入		0
（九）利息收入		20 000
（十）租金收入		30 000
（十一）其他收入		185 000
二、本期费用	(略)	45 955 000
（一）业务活动费用		33 700 000

续表

项　目	本月数	本年累计数
（二）单位管理费用		11 695 000
（三）经营费用		230 000
（四）资产处置费用		0
（五）上缴上级费用		150 000
（六）对附属单位补助费用		50 000
（七）所得税费用		65 000
（八）其他费用		65 000
三、本期盈余	（略）	7 408 820

五、现金流量表

（一）现金流量表概述

1. 现金流量表的概念。现金流量表是指反映政府单位在某一会计年度内现金流入和流出信息的报表，如表16-9所示。

在现实经济活动中，政府单位虽然不以营利为其运营活动的核心目标和最终归宿，但其运营活动始于现金收入、终于现金支出是一个不争的事实，政府单位现金流转状况在很大程度上影响其履职能力和业务活动的发展。可见，现金取得与使用情况是政府单位的重要信息之一。资产负债表虽然可以提供政府单位的资产增减变动的结果，收入费用表可以提供政府单位本期盈余总额、结构及其变动信息，净资产变动表可以反映净资产形成原因以及使用情况，但三张报表均无法直接反映政府单位一定期间从事日常活动、投资活动和筹资活动产生现金流量的详细信息。编制现金流量表的目的是为报表使用者提供政府单位一定会计期间现金和现金等价物流入和流出的信息，帮助报表使用者了解和评价政府单位获取现金的能力，预测政府单位未来的现金流量。

2. 现金、现金流量及现金流量的分类。

（1）"现金"的概念。现金流量表的"现金"是指政府单位的库存现金以及其他可以随时用于支付的款项，包括库存现金、可以随时用于支付的银行存款、其他货币资金、零余额账户用款额度、财政应返还额度，以及通过财政直接支付方式支付的款项。

（2）现金流量的概念。现金流量是指政府单位现金的流入和流出。但现金内部之间发生的相关事项，如将库存现金转作银行存款、将银行存款转换为其他货币资金等，它们彼此之间的转换不构成现金流量事项，即不会导致现金流量的增加或减少。

（3）现金流量的分类。根据政府单位活动的性质和现金流量的来源，现金流量表将政府单位一定期间产生的现金流量分为日常活动现金流量、投资活动现金流量和筹资活动现金流量三类，每一类现金流量分为现金流入和现金流出。

3. 现金流量表的作用。

（1）有助于反映政府单位的工作业绩。有些政府单位工作成果最终体现为现金的存量，现金流入的多少直接反映其业务量和活动成果，现金增减变动结果是这些单位工作业绩的直观体现。

（2）有助于评价政府单位的支付能力和偿债能力。现金流量表有助于报表使用者了解政府单位当前的支付能力及偿债能力。

（3）有助于分析现金收付差异的原因。通过现金流量表，报表使用者可以将权责发生制的收入和费用与收付实现制提供的现金流量进行比较，揭示收入抵减费用后的余额与现金结余之间的差异及其原因，评价收入产生现金的能力，反映费用对现金的影响。

（4）有助于预测未来获取现金的能力。现金流量表能具体说明政府单位现金来源渠道和运用方向。过去的现金流量总与未来的现金流量相关，是未来现金流量的预示，所以通过现金流量表可以分析政府单位未来获取现金的能力，预测现金增减变动趋势。

（二）现金流量表的结构

现金流量表由表头和正表两个部分构成。现金流量表的结构如表16-9所示。表头说明报表的名称、编制单位的名称、编制报表的日期和货币的计量单位等。正表是现金流量表的核心，分为"项目"栏和"金额"栏两部分。现金流量表"项目"栏分为以下五部分：

1. 日常活动产生的现金流量。日常活动产生的现金流量是指政府单位投资活动和筹资活动以外的所有交易和事项引起的现金流入或现金流出。

2. 投资活动产生的现金流量。投资活动产生的现金流量是指政府单位长期资产的购建及其处置活动引起的现金流入或现金流出。其中：长期资产是指固定资产、无形资产、在建工程、公共基础设施等非流动资产。

3. 筹资活动产生的现金流量。筹资活动产生的现金流量主要是指政府单位债务规模和构成发生变动等引起的现金流入或现金流出。

上述日常活动、投资活动和筹资活动的现金流入、现金流出具体项目如表16-9所示。

4. 汇率变动对现金的影响额。汇率变动对现金的影响额是指政府单位本年外币现金流量折算为人民币时，所采用的现金流量发生日的汇率折算的人民币金额与外币现金流量净额按期末汇率折算的人民币金额之间的差额。

5. 现金净增加额。现金净增加额是指日常活动产生的现金流量净额、投资活动产生的现金流量净额、筹资活动产生的现金流量净额以及汇率变动对现金的影响额之和。

现金流量表"金额"栏分为"本年金额"和"上年金额"两部分，以此反映构成现金流量各项目金额增减变动情况，帮助现金流量表使用者了解和评价政府单位获取现金能力，并据以预测其未来的现金流量。

（三）现金流量具体项目的填列方法

1. 日常活动产生现金流量项目的填列方法如表16-4所示。

表16-4 日常活动产生现金流量项目的填列方法

项　目	项目内容	项目填列所依据的科目及其明细科目
财政基本支出拨款收到的现金	反映单位本年接受财政基本支出拨款取得的现金	银行存款、零余额账户用款额度、财政拨款收入等

续表

项目	项目内容	项目填列所依据的科目及其明细科目
财政非资本性项目拨款收到的现金	反映单位本年接受除用于购建固定资产、无形资产、公共基础设施等资本性项目以外的财政项目拨款取得的现金	同"财政基本支出拨款收到的现金"项目
财政非资本性项目拨款收到的现金	反映事业单位本年开展专业业务活动及其辅助活动取得的除财政拨款以外的现金	库存现金、银行存款、其他货币资金、应收账款、应收票据、预收账款、事业收入等
事业活动收到的除财政拨款以外的现金	反映事业单位本年开展专业业务活动及其辅助活动取得的除财政拨款以外的现金	库存现金、银行存款、其他货币资金、应收账款、应收票据、预收账款、事业收入等
收到的其他与日常活动有关的现金	反映单位本年收到的除以上项目之外的与日常活动有关的现金	库存现金、银行存款、其他货币资金、上级补助收入、附属单位上缴收入、经营收入、非同级财政拨款收入、捐赠收入、利息收入、租金收入、其他收入等
购买商品、接受劳务支付的现金	反映单位本年在日常活动中用于购买商品、接受劳务支付的现金	库存现金、银行存款、财政拨款收入、零余额账户用款额度、预付账款、在途物品、库存物品、应付账款、应付票据、业务活动费用、单位管理费用、经营费用等
支付给职工以及为职工支付的现金	反映单位本年支付给职工以及为职工支付的现金	库存现金、银行存款、零余额账户用款额度、财政拨款收入、应付职工薪酬、业务活动费用、单位管理费用、经营费用等
支付的各项税费	反映单位本年用于缴纳日常活动相关税费而支付的现金	库存现金、银行存款、零余额账户用款额度、应交增值税、其他应交税费、业务活动费用、单位管理费用、经营费用、所得税费用等
支付的其他与日常活动有关的现金	反映单位本年支付的除上述项目之外与日常活动有关的现金	库存现金、银行存款、零余额账户用款额度、财政拨款收入、其他应付款、业务活动费用、单位管理费用、经营费用、其他费用等

需要说明的是,"日常活动产生的现金流量净额"项目应当按照本表中"日常活动的现金流入小计"项目金额减去"日常活动的现金流出小计"项目金额后的金额填列;如为负数,以"-"号填列。

2. 投资活动产生现金流量项目的填列方法如表16-5所示。

表16-5 投资活动产生现金流量项目的填列方法

项目	项目内容	项目填列所依据的科目及其明细科目
收回投资收到的现金	反映单位本年出售、转让或者收回投资收到的现金	库存现金、银行存款、短期投资、长期股权投资、长期债券投资等

续表

项　目	项目内容	项目填列所依据的科目及其明细科目
取得投资收益收到的现金	反映单位本年因对外投资而收到被投资单位分配的股利或利润,以及收到投资利息而取得的现金	库存现金、银行存款、应收股利、应收利息、投资收益等
处置固定资产、无形资产、公共基础设施等收回的现金净额	反映单位本年处置这些非流动资产所取得的现金减去为处置这些资产而支付的有关费用之后的净额(含自然灾害所造成的长期资产损失而收到的保险赔款收入)	库存现金、银行存款、待处理财产损溢等
收到的其他与投资活动有关的现金	反映单位本年收到的除上述项目之外与投资活动有关的现金(金额较大的现金流入,应当单列项目反映)	库存现金、银行存款等
购建固定资产、无形资产、公共基础设施等支付的现金	反映单位本年购买和建造这些非流动资产所支付的现金(不含融资租入固定资产支付的租赁费)	库存现金、银行存款、固定资产、工程物资、在建工程、无形资产、研发支出、公共基础设施、保障性住房等
对外投资支付的现金	反映单位本年为取得短期投资、长期股权投资、长期债券投资而支付的现金	库存现金、银行存款、短期投资、长期股权投资、长期债券投资等
上缴处置固定资产、无形资产、公共基础设施等净收入支付的现金	本年单位将处置这些非流动资产所收回的现金净额予以上缴财政所支付的现金	库存现金、银行存款、应缴财政款等
支付的其他与投资活动有关的现金	反映单位本年支付的除上述项目之外与投资活动有关的现金(金额较大的现金流出,应当单列项目反映)	库存现金、银行存款等

需要说明的是,"投资活动产生的现金流量净额"项目应当按照本表中"投资活动的现金流入小计"项目金额减去"投资活动的现金流出小计"项目金额后的金额填列;如为负数,以"-"号填列。

3. 筹资活动产生现金流量项目的填列方法如表 16-6 所示。

表 16-6 　筹资活动产生现金流量项目的填列方法

项　目	项目内容	项目填列所依据的科目及其明细科目
财政资本性项目拨款收到的现金	反映单位本年接受用于购建固定资产、无形资产、公共基础设施等资本性项目的财政项目拨款取得的现金	银行存款、零余额账户用款额度、财政拨款收入等
取得借款收到的现金	反映事业单位本年举借短期、长期借款所收到的现金	库存现金、银行存款、短期借款、长期借款等
收到的其他与筹资活动有关的现金	反映单位本年收到的除上述项目之外与筹资活动有关的现金。对于金额较大的现金流入,应当单列项目反映	库存现金、银行存款等
偿还借款支付的现金	反映事业单位本年偿还借款本金所支付的现金	库存现金、银行存款、短期借款、长期借款等

项　目	项目内容	项目填列所依据的科目及其明细科目
偿付利息支付的现金	反映事业单位本年支付的借款利息等	同"偿还借款支付的现金"项目
支付的其他与筹资活动有关的现金	反映单位本年支付的除上述项目之外与筹资活动有关的现金,如融资租入固定资产所支付的租赁费	库存现金、银行存款、长期应付款等

需要说明的是,"筹资活动产生的现金流量净额"项目,应当按照本表中"筹资活动的现金流入小计"项目金额减去"筹资活动的现金流出小计"金额后的金额填列;如为负数,以"-"号填列。

4. "汇率变动对现金的影响额"项目,反映单位本年外币现金流量折算为人民币时,所采用的现金流量发生日的汇率折算的人民币金额与外币现金流量净额按期末汇率折算的人民币金额之间的差额。

5. "现金净增加额"项目,反映单位本年现金变动的净额。本项目应当根据本表中"日常活动产生的现金流量净额""投资活动产生的现金流量净额""筹资活动产生的现金流量净额""汇率变动对现金的影响额"项目金额的合计数填列;如为负数,以"-"号填列。

【例16-4】承例16-1,该研究所根据2×24年发生的经济业务编制现金流量表,如表16-7所示。

表16-7　现金流量表

会政财04表

编制单位:某省农业生态研究所　　　　　2×24年　　　　　　　　单位:元

项　目	本年金额	上年金额(略)
一、日常活动产生的现金流量:		
财政基本支出拨款收到的现金	35 250 000	
财政非资本性项目拨款收到的现金	9 305 000	
事业活动收到的除财政拨款以外的现金	5 600 000	
收到的其他与日常活动有关的现金	3 038 000	
日常活动的现金流入小计	53 193 000	
购买商品、接受劳务支付的现金	14 100 000	
支付给职工以及为职工支付的现金	24 450 000	
支付的各项税费		
支付的其他与日常活动有关的现金	4 130 000	
日常活动的现金流出小计	42 680 000	
日常活动产生的现金流量净额	10 513 000	

续表

项　目	本年金额	上年金额（略）
二、投资活动产生的现金流量：		
收回投资收到的现金	5 270 000	
取得投资收益收到的现金		
处置固定资产、无形资产、公共基础设施等收回的现金净额		
收到的其他与投资活动有关的现金		
投资活动的现金流入小计	5 270 000	
购建固定资产、无形资产、公共基础设施等支付的现金	4 600 000	
对外投资支付的现金	200 000	
上缴处置固定资产、无形资产、公共基础设施等净收入支付的现金		
支付的其他与投资活动有关的现金	60 000	
投资活动的现金流出小计	4 860 000	
投资活动产生的现金流量净额	410 000	
三、筹资活动产生的现金流量：		
财政资本性项目拨款收到的现金		
取得借款收到的现金	300 000	
收到的其他与筹资活动有关的现金		
筹资活动的现金流入小计	300 000	
偿还借款支付的现金	100 000	
偿还利息支付的现金		
支付的其他与筹资活动有关的现金		
筹资活动的现金流出小计		
筹资活动产生的现金流量净额	200 000	
四、汇率变动对现金的影响额		
五、现金净增加额	11 123 000	

第三节　预算会计报表

一、预算会计报表概述

（一）预算会计报表的概念

预算会计报表是指综合反映政府单位年度预算收支执行结果的书面文件，是政府单位决算报告的组成部分。它以日常预算会计核算资料为依据，按照规定的格式内容和编制方法编制，系统、完整地反映政府单位预算执行情况。预算会计报表集中反映了政府单位预算活动及其结果，编制预算会计报表是政府单位财务管理的一项重要基础工作。

（二）预算会计报表的作用

预算会计报表不仅是政府单位预算期内预算收支结果的综合反映，也是编制下一年度单位预算和实施预算收支科学管理的主要依据和信息基础，也是政府研究调整有关政策、做好财政管理以及调控经济的重要参考依据。其具体作用如下：

1. 通过预算会计报表，政府单位可以了解各项预算指标执行情况，分析和检查预算执行进度，考核预算资金使用效益情况，发现预算执行中的问题，有针对性地提出加强预算管理措施，提高预算管理水平。同时，预算会计报表为编制下年度单位预算提供重要依据。

2. 各级主管部门利用下级单位提供的预算会计报表，可以考核各单位执行国家有关方针政策的情况，督促各单位遵纪守法，维护财经纪律。主管部门通过对全系统的预算会计报表进行汇总后，可以分析和检查全系统预算执行情况，提高全系统的预算管理工作水平。

3. 财政机关通过政府单位上报的会计报表，可以掌握各单位的预算执行进度，了解各单位执行预算的情况和存在的问题，指导和帮助各单位做好预算会计工作，提高预算管理质量。

4. 政府单位的出资者和债权人利用预算会计报表，可以分析预算资金的利用情况，并据以作出投资、贷款、提供信用的决策。

（三）预算会计报表的内容

政府单位预算会计报表包括：

1. 预算收入支出表。预算收入支出表是指反映政府单位在某一会计年度内各项预算收入、预算支出和预算结转结余情况，以及年末非财政拨款结余分配情况的报表。

2. 预算结转结余变动表。预算结转结余变动表是指反映政府单位在某一会计年度内预算结转结余变动情况以及与资金结存勾稽关系的报表。

3. 财政拨款预算收入支出表。财政拨款预算收入支出表是指反映单位本年财政拨款预算资金收入、支出及相关变动具体情况的报表。

二、预算收入支出表

（一）预算收入支出表的概念和作用

预算收入支出表反映政府单位在某一会计年度内各项预算收入、预算支出和预算结转结余情况,以及年末非财政拨款结余的分配情况。该表通过对政府单位预算资金收入、支出及结余情况的全面列示,集中揭示了政府单位承担社会管理和公共服务职责的经费来源及其去向。预算收入支出表从以下方面为预算会计报表使用者提供有用的信息:

1. "本期预算收入"项目按政府单位取得预算收入来源的性质列示,可以反映政府单位各项预算收入占本期预算总收入比重,有助于会计报表使用者掌握政府单位预算收入构成。

2. "本年预算支出"项目将政府单位一定时期所发生的支出按不同性质分类,既反映了一定会计期间支出的全貌,又将"行政支出""事业支出""经营支出"等不同类别支出加以区分,便于会计报表使用者对各类性质不同的支出进行分析,掌握各类支出在总支出中所占比重。

3. "本年预算收支差额"总括反映了政府单位的预算执行情况,有助于会计报表使用者通过对预算收支差额及其构成分析,以检查监督年度收支预算完成情况,正确考核政府单位提供公共服务和监督社会事务的情况。

(二) 预算收入支出表的结构

预算收入支出表由表头和正表两个部分构成。预算收入支出表的结构如表16-8所示。表头说明报表的名称、编制单位的名称、编制报表的日期和货币的计量单位等。

正表是预算收入支出表的核心,分为"项目"栏和"金额"栏两部分。"项目"栏反映政府单位全部预算收支总量、构成,并采取了报告式形式,分为本年预算收入类、本年预算支出类和本年预算收支差额三部分。

正表"金额"栏的"本年数"栏反映各项目的本年实际发生数;"上年数"栏反映各项目上年度的实际发生数,应当根据上年度预算收入支出表中"本年数"栏内所列数字填列。

如果本年度预算收入支出表规定的项目的名称和内容同上年度不一致,其处理原则参见资产负债表。

(三) 预算收入支出表的编制

预算收入支出表各项目的填列方法可归纳为以下四类:

1. 根据总账和明细账的本期发生额直接或分析填列。例如"财政拨款预算收入""事业预算收入""上级补助预算收入""附属单位上缴预算收入""经营预算收入""债务预算收入""非同级财政拨款预算收入""投资预算收益""行政支出""事业支出""经营支出""上缴上级支出""对附属单位补助支出""投资支出""债务还本支出"。

"政府性基金收入"项目应当根据"财政拨款预算收入"相关明细科目的本年发生额填列。

2. 根据相关科目明细记录分析填列。如单位未单设"利息预算收入""捐赠预算收入""租金预算收入"科目,与此相关的项目,应根据"其他预算收入"科目的明细记录分析填列。如果单位单设"利息预算收入""捐赠预算收入""租金预算收入"科目,应当根据相应科目本年发生额填列。

如单位未单独设立"利息支出""捐赠支出"科目,该表与此相关的项目,应根据"其他支出"科目明细账记录分析填列。如果单位单独设立"利息支出""捐赠支出"科目,与此相关项目,应当根据相应科目本年发生额填列。

3. 根据表中项目计算填列。例如"本年预算收入"项目应当根据本表中"财政拨款预算收入""事业预算收入""上级补助预算收入""附属单位上缴预算收入""经营预算收入""债务预算收入""非同级财政拨款预算收入""投资预算收益""其他预算收入"项目金额的合计数填列。"本年预算支出"项目应当根据本表中"行政支出""事业支出""经营支出""上缴上级支出""对附属单位补助支出""投资支出""债务还本支出""其他支出"项目金额的合计数填列。

4. 根据表中相关项目相抵后的结果分析填列。例如"本年预算收支差额"项目应当根据本表中"本期预算收入"项目金额减去"本期预算支出"项目金额后的金额填列；如相减后金额为负数，以"-"号填列。

三、预算结转结余变动表

（一）预算结转结余变动表的概念和作用

预算结转结余变动表是指反映政府单位在某一会计年度内预算结转结余变动情况的报表。该表全面反映了政府单位预算资金结转结余的年初余额、本期变动以及年末结余情况。预算结转结余变动表至少包括以下含义：①预算结转结余变动表反映的是预算资金结转结余情况；②预算资金结转结余包括财政拨款结转结余和其他资金结转结余两部分内容；③预算结转结余变动表内部项目之间相互联系，彼此制约，形成一种在数量上可据以相互查考、核对的平衡相等关系。

（二）预算结转结余变动表的结构

预算结转结余变动表由表头和正表两个部分构成，如表16-10所示。表头说明报表的名称、编制单位的名称、编制报表的日期和货币的计量单位等。正表是预算结转结余变动表的核心，分为"项目"栏和"金额"栏两部分。预算结转结余变动表"项目"栏主要由年初预算结转结余、年初余额调整、本年变动金额和年末预算结转结余四部分构成。它们之间的关系是：

年末预算结转结余＝年初预算结转结余＋年初余额调整＋本年变动金额

预算结转结余变动表"金额"栏分为"本年数"和"上年数"两个栏次，其中："本年数"栏反映各项目的本年实际发生数；"上年数"栏反映各项目的上年实际发生数，应当根据上年度预算结转结余变动表中"本年数"栏内所列数字填列。

如果本年度预算结转结余变动表规定的项目的名称和内容同上年度不一致，其处理原则参见资产负债表。

（三）预算结转结余变动表的编制

1. "年初预算结转结余"项目，应当根据本项目下"财政拨款结转结余""其他资金结转结余"项目金额的合计数填列。

（1）"财政拨款结转结余"项目，应当根据"财政拨款结转""财政拨款结余"科目本年年初余额合计数填列。

（2）"其他资金结转结余"项目，应当根据"非财政拨款结转""非财政拨款结余""专用结余""经营结余"科目本年年初余额的合计数填列。

2. "年初余额调整"项目，应当根据本项目下"财政拨款结转结余""其他资金结转结余"项目金额的合计数填列。

(1)"财政拨款结转结余"项目,应当根据"财政拨款结转""财政拨款结余"科目下"年初余额调整"明细科目的本年发生额的合计数填列;如调整减少年初财政拨款结转结余,以"-"号填列。

(2)"其他资金结转结余"项目,应当根据"非财政拨款结转""非财政拨款结余"科目下"年初余额调整"明细科目的本年发生额的合计数填列;如调整减少年初其他资金结转结余,以"-"号填列。

3."本年变动金额"项目,应当根据本项目下"财政拨款结转结余""其他资金结转结余"项目金额的合计数填列。

(1)"财政拨款结转结余"项目,应当根据本项目下"本年收支差额""归集调入""归集上缴或调出"项目金额的合计数填列。具体内容包括:①"本年收支差额"项目,应当根据"财政拨款结转"科目下"本年收支结转"明细科目本年转入的预算收入与预算支出的差额填列;差额为负数的,以"-"号填列。②"归集调入"项目,应当根据"财政拨款结转"科目下"归集调入"明细科目的本年发生额填列。③"归集上缴或调出"项目,应当根据"财政拨款结转""财政拨款结余"科目下"归集上缴"明细科目,以及"财政拨款结转"科目下"归集调出"明细科目本年发生额的合计数填列,以"-"号填列。

(2)"其他资金结转结余"项目,根据本项目下"本年收支差额""缴回资金""使用专用结余""支付所得税"项目金额的合计数填列。具体内容包括:①"本年收支差额"项目,应当根据"非财政拨款结转"科目下"本年收支结转"明细科目、"其他结余"科目、"经营结余"科目本年转入的预算收入与预算支出的差额的合计数填列;如为负数,以"-"号填列。②"缴回资金"项目,应当根据"非财政拨款结转"科目下"缴回资金"明细科目本年发生额的合计数填列,以"-"号填列。③"使用专用结余"项目,反映本年事业单位根据规定使用从非财政拨款结余或经营结余中提取的专用基金的金额。本项目应当根据"专用结余"科目明细账中本年使用专用结余业务的发生额填列,以"-"号填列。④"支付所得税"项目,应当根据"非财政拨款结余"明细账中本年实际缴纳企业所得税业务的发生额填列,以"-"号填列。

4."年末预算结转结余"项目,应当根据本项目下"财政拨款结转结余""其他资金结转结余"项目金额的合计数填列。

(1)"财政拨款结转结余"项目,应当根据本项目下"财政拨款结转""财政拨款结余"项目金额的合计数填列。其中"财政拨款结转""财政拨款结余"项目,应当分别根据"财政拨款结转""财政拨款结余"科目的本年年末余额填列。

(2)"其他资金结转结余"项目,应当根据本项目下"非财政拨款结转""非财政拨款结余""专用结余""经营结余"项目金额的合计数填列。其中"非财政拨款结转""非财政拨款结余""专用结余""经营结余"项目,应当分别根据"非财政拨款结转""非财政拨款结余""专用结余""经营结余"科目的本年年末余额填列。

四、财政拨款预算收入支出表

财政拨款预算收入支出表是指反映政府单位本年财政拨款预算资金收入、支出及相关变动具体情况的报表。

财政拨款收入支出表由表头和正表两个部分构成,财政拨款收入支出表的结构如表16-13所示。

表头说明报表的名称、编制单位的名称、编制报表的日期和货币的计量单位等。

为了清楚地反映政府单位财政拨款收入、支出的各组成部分当期的增减变动情况以及财政拨款收支内容，财政拨款收入支出表正表以矩阵的形式列示。一方面，列示导致财政拨款收入支出变动的事项，按财政拨款收入、支出变动的来源对一定时期财政拨款收入支出变动情况进行全面反映；另一方面，按照财政拨款性质如按一般公共预算财政拨款、政府性基金预算财政拨款分类，列示每类收支变动情况。

财政拨款收入支出表填列方法如下：

（1）"年初财政拨款结转结余"栏中各项目，应当根据"财政拨款结转""财政拨款结余"及其明细科目的年初余额填列。本栏中各项目的数额应当与上年度财政拨款预算收入支出表中"年末财政拨款结转结余"栏中各项目的数额相等。

（2）"调整年初财政拨款结转结余"栏中各项目，应当根据"财政拨款结转""财政拨款结余"科目下"年初余额调整"明细科目及其所属明细科目的本年发生额填列；如调整减少年初财政拨款结转结余，以"-"号填列。

（3）"本年归集调入"栏中各项目，应当根据"财政拨款结转"科目下"归集调入"明细科目及其所属明细科目的本年发生额填列。

（4）"本年归集上缴或调出"栏中各项目，应当根据"财政拨款结转""财政拨款结余"科目下"归集上缴"科目和"财政拨款结转"科目下"归集调出"明细科目，及其所属明细科目的本年发生额填列，以"-"号填列。

（5）"单位内部调剂"栏中各项目，应当根据"财政拨款结转"和"财政拨款结余"科目下的"单位内部调剂"明细科目及其所属明细科目的本年发生额填列；对单位内部调剂减少的财政拨款结余金额，以"-"号填列。

（6）"本年财政拨款收入"栏中各项目，应当根据"财政拨款预算收入"科目及其所属明细科目的本年发生额填列。

（7）"本年财政拨款支出"栏中各项目，应当根据"行政支出""事业支出"等科目及其所属明细科目本年发生额中的财政拨款支出数的合计数填列。

（8）"年末财政拨款结转结余"栏中各项目，应当根据"财政拨款结转""财政拨款结余"科目及其所属明细科目的年末余额填列。

【例16-5】承例16-1，该研究所2×24年预算收入科目资料如表16-8所示。

表16-8 预算收入科目发生额　　　　　　　　单位：元

总账科目	一级明细科目	二级明细科目	借方发生额	贷方发生额
财政拨款预算收入				43 050 000
	基本支出			35 250 000
		人员经费		24 450 000
		日常公用经费		10 800 000
	项目支出			7 800 000
		A专项资金		300 000

续表

总账科目	一级明细科目	二级明细科目	借方发生额	贷方发生额
		B 专项资金		7 500 000
事业预算收入				6 105 000
	教学			3 600 000
		C 专项资金		1 100 000
		非专项资金		2 500 000
	科研			2 505 000
		D 专项资金		2 000 000
		非同级财政拨款		505 000
上级补助预算收入				1 095 000
	E 专项资金			219 000
	非专项资金			876 000
附属单位上缴预算收入	F 专项资金			532 500
经营预算收入				250 500
债务预算收入（非专项资金收入）				300 000
非同级财政拨款预算收入（非专项资金收入）				1 000 000
投资预算收益（非专项资金收入）				270 000
其他预算收入（非专项资金收入）				50 000

结转相关预算收入：

（1）根据例 16-1 业务（1）、（2）、（3），将"财政拨款预算收入"科目全年发生额合计转入"财政拨款结转"科目。

借：财政拨款预算收入——基本支出——人员经费　　　　24 450 000
　　　　　　　　　　　　　　——日常公用经费　　　　10 800 000
　　财政拨款预算收入——项目支出——A 项目　　　　　300 000
　　　　　　　　　　　　　　　——B 项目　　　　　7 500 000
　贷：财政拨款结转——本年收支结转　　　　　　　　43 050 000

（2）根据例 16-1 业务（4）、（5），将"事业预算收入"科目全年发生额合计转入"非财政拨款结转""其他结余"科目。

借：事业预算收入——教学活动——非专项资金收入　　　2 500 000
　　　　　　　　——C 专项资金收入　　　　　　　　1 100 000
　　　　　　　　——科研活动——D 专项资金收入　　　2 000 000

	——非同级财政拨款收入	505 000

    贷：非财政拨款结转——本年收支结转   3 100 000
        其他结余   3 005 000

（3）根据例16-1业务（6），将"上级补助预算收入"科目全年发生额合计转入"非财政拨款结转""其他结余"科目。

    借：上级补助预算收入——E专项资金   219 000
                      ——非专项资金   876 000
    贷：非财政拨款结转——本年收支结转   219 000
        其他结余   876 000

（4）根据例16-1业务（7），将"附属单位上缴预算收入"科目全年发生额合计转入"非财政拨款结转"科目。

    借：附属单位上缴预算收入——F专项资金   532 500
    贷：非财政拨款结转——本年收支结转   532 500

（5）根据例16-1业务（8），将"经营预算收入"科目全年发生额合计转入"经营结余"科目。

    借：经营预算收入   250 500
    贷：经营结余   250 500

（6）根据例16-1业务（9）—（12），将"债务预算收入""非同级财政拨款预算收入""投资预算收益""其他预算收入"科目全年发生额合计转入"其他结余"科目。

    借：债务预算收入   300 000
        非同级财政拨款预算收入   1 000 000
        投资预算收益   270 000
        其他预算收入   50 000
    贷：其他结余   1 620 000

【例16-6】承例16-1，2×24年该研究所预算支出科目资料如表16-9所示。

表16-9 预算支出科目发生额　　　　　　　　　　单位：元

总账科目	一级明细科目	二级明细科目	三级明细科目	借方发生额	贷方发生额
事业支出				46 450 000	
	财政拨款支出			40 550 000	
		基本支出		35 050 000	
			人员经费	24 450 000	
			日常公用经费	10 800 000	
		项目支出		5 300 000	
			A项目支出	300 000	
			B项目支出	5 000 000	
	非财政专项资金支出			2 900 000	

续表

总账科目	一级明细科目	二级明细科目	三级明细科目	借方发生额	贷方发生额
			C项目支出（教学）	1 100 000	
			D项目支出（科研）	1 800 000	
	其他资金支出			3 000 000	
经营支出				200 000	
上缴上级支出				150 000	
对附属单位补助支出				50 000	
投资支出				200 000	500 000
债务还本支出				100 000	
其他支出（财政拨款支出）				60 000	

根据表16-9，结转相关预算支出：

（1）根据例16-1业务（1）—业务（3），将"事业支出"科目全年发生额合计中的财政拨款支出转入"财政拨款结转"科目。

借：财政拨款结转——本年收支结转　　　　　　　　　　　　　40 550 000
　　贷：事业支出——财政拨款支出——基本支出——人员经费　　24 450 000
　　　　　　　　　　　　　　　　　　　　　——日常公用经费　10 800 000
　　　　　　　　　　　　　　　　　——项目支出——A项目支出　　 300 000
　　　　　　　　　　　　　　　　　　　　　　　——B项目支出　 5 000 000

（2）根据例16-1业务（13），将"事业支出"科目全年发生额合计中的非财政拨款支出转入"非财政拨款结转"科目。

借：非财政拨款结转——本年收支结转　　　　　　　　　　　　　2 900 000
　　贷：事业支出——非财政拨款支出——项目支出——C项目　　　1 100 000
　　　　　　　　　　　　　　　　　　　　　　　——D项目　　　1 800 000

（3）根据例16-1业务（13），将"事业支出"科目全年发生额合计中的非财政、非专项资金转入"其他结余"科目。

借：其他结余　　　　　　　　　　　　　　　　　　　　　　　　3 000 000
　　贷：事业支出——其他资金支出　　　　　　　　　　　　　　　3 000 000

（4）根据例16-1业务（14），将"经营支出"科目全年发生额合计转入"经营结余"科目。

借：经营结余　　　　　　　　　　　　　　　　　　　　　　　　 200 000
　　贷：经营支出　　　　　　　　　　　　　　　　　　　　　　　 200 000

（5）根据例16-1业务（11）、业务（15）—（18），将"上缴上级支出""对附属单位补助支出""投资支出""债务还本支出"科目全年发生额合计转入"其他结余"科目。

借：投资支出　　　　　　　　　　　　　　　　　　　　　　　　4 800 000
　　贷：上缴上级支出　　　　　　　　　　　　　　　　　　　　　 150 000

对附属单位补助支出	50 000
债务还本支出	100 000
其他结余	4 500 000

（6）根据例16-1业务（19），将"其他支出"科目全年发生额合计转入"财政拨款结转"科目。

借：财政拨款结转——本年收支结转　　　　　　　　　　　　　　60 000
　　贷：其他支出——财政拨款支出　　　　　　　　　　　　　　　60 000

（7）经计算，本年预算收支差额为10 443 000元。其中：

财政拨款结转收支结转＝43 050 000－40 550 000－60 000＝2 440 000（元）
非财政拨款结转收支结转＝3 100 000＋219 000＋532 500－2 900 000＝951 500（元）
其他结余＝3 005 000＋876 000＋1 620 000＋4 500 000－3 000 000＝7 001 000（元）
经营结余＝250 500－200 000＝50 500（元）

【例16-7】承例16-1，研究所进行年末转账工作。

（1）根据例16-1业务（32）、例16-5业务（1）、例16-6业务（1）（6），年末转销"财政拨款结转"科目所属相关明细科目的余额。

借：财政拨款结转——本年收支结转　　　　　　　　　　　　　2 440 000
　　　　　　　　——年初余额调整　　　　　　　　　　　　　　 50 000
　　　　　　　　——归集调入　　　　　　　　　　　　　　　　910 000
　　贷：财政拨款结转——累计结转　　　　　　　　　　　　　　2 700 000
　　　　　　　　　　——归集上缴　　　　　　　　　　　　　　 500 000
　　　　　　　　　　——归集调出　　　　　　　　　　　　　　 200 000

年末完成上述结转后，按规定将财政拨款累计结转中的800 000元转入财政拨款结余，其中项目资金结转600 000元，非项目资金结转200 000元。结转后，"财政拨款结转——累计结转"科目余额为1 900 000元（2 700 000－800 000）。

借：财政拨款结转——累计结转　　　　　　　　　　　　　　　　800 000
　　贷：财政拨款结余——结转转入——项目资金　　　　　　　　　600 000
　　　　　　　　　　　　　　　　——非项目资金　　　　　　　 200 000

（2）年末，将"财政拨款结余——结转转入"科目余额转入"财政拨款结余——累计结转结余"科目。

借：财政拨款结余——结转转入——项目资金　　　　　　　　　　600 000
　　　　　　　　　　　　　　——非项目资金　　　　　　　　　200 000
　　贷：财政拨款结余——累计结余　　　　　　　　　　　　　　　800 000

（3）年末，根据例16-1业务（27）、例16-5业务（2）（3）（4）、例16-6业务（2）转销"非财政拨款结转"科目相关明细科目的余额。

借：非财政拨款结转——本年收支结转　　　　　　　　　　　　　951 500
　　　　　　　　　——年初余额调整　　　　　　　　　　　　　150 000
　　贷：非财政拨款结转——项目间接费用或管理费　　　　　　　　50 000
　　　　　　　　　　　——缴回资金　　　　　　　　　　　　　 30 000
　　　　　　　　　　　——累计结转　　　　　　　　　　　　 1 021 500

（4）年末完成上述结转后，将非财政拨款累计结转中专项资金剩余100 000元转入非财政拨款结余。

  借：非财政拨款结转——累计结转   100 000
    贷：非财政拨款结余——结转转入   100 000

  经过结转，"非财政拨款结转——累计结转"科目余额为 921 500 元（1 021 500-100 000）。

  （5）年末，将"非财政拨款结余"科目中的"年初余额调整"明细科目贷方余额 60 000 元（参见表 16-10）、"结转转入"明细科目贷方余额 100 000 元、"项目间接费用或管理费"明细科目贷方余额 50 000 元［参见例 16-1 业务（27）］转入"非财政拨款结余"科目中的"累计结余"明细科目。

  借：非财政拨款结余——年初余额调整   60 000
       ——结转转入   100 000
       ——项目间接费用或管理费   50 000
    贷：非财政拨款结余——累计结余   210 000

  （6）年末，将"其他结余"科目贷方余额 7 001 000 元（3 005 000+876 000+1 620 000-3 000 000+4 500 000）转入"非财政拨款结余分配"科目。

  借：其他结余   7 001 000
    贷：非财政拨款结余分配   7 001 000

  （7）年末，将"经营结余"科目余额转入"非财政拨款结余分配"科目。

  借：经营结余   50 500
    贷：非财政拨款结余分配   50 500

  （8）年末，将"非财政拨款结余分配"科目贷方余额 7 051 500 元（7 001 000+50 500）转入"非财政拨款结余——累计结余"科目。

  借：非财政拨款结余分配   7 051 500
    贷：非财政拨款结余——累计结余   7 051 500

  该研究所根据上述会计分录登记会计账簿的结果，如表 16-10 所示。

表 16-10 财政拨款结转结余年初余额、本期发生额和期末余额   单位：元

总账科目	一级明细科目	本期发生额		期末余额（贷方）
		借方	贷方	
财政拨款结转	年初余额调整	例 16-7 业务（1） 50 000	例 16-1 业务（32） 50 000	0
	归集调入	例 16-7 业务（1） 910 000	例 16-1 业务（32） 910 000	0
	归集上缴	例 16-1 业务（32） 500 000	例 16-7 业务（1） 500 000	0
	归集调出	例 16-1 业务（32） 200 000	例 16-7 业务（1） 200 000	0
	本年收支结转	例 16-6 业务（1） 40 550 000 例 16-6 业务（6） 60 000 例 16-7 业务（1） 2 440 000	例 16-5 业务（1） 43 050 000	0
	累计结转	例 16-7 业务（1） 800 000	例 16-7 业务（1） 2 700 000	1 900 000
财政拨款结余	结转转入	例 16-7 业务（2） 800 000	例 16-7 业务（1） 800 000	0
	累计结余	例 16-1 业务（32） 200 000	例 16-7 业务（2） 800 000	600 000

续表

总账科目	一级明细科目	本期发生额 借方	本期发生额 贷方	期末余额（贷方）
非财政拨款结转	年初余额调整	例16-7 业务（3）150 000	例16-1 业务（29）150 000	0
	缴回资金	例16-1 业务（27）30 000	例16-7 业务（3）30 000	0
	项目间接费用或管理费	例16-1 业务（27）50 000	例16-7 业务（3）50 000	0
	本年收支结转	例16-6 业务（2）2 900 000 例16-7 业务（3）951 500	例16-5 业务（2）3 100 000 例16-5 业务（3）219 000 例16-5 业务（4）532 500	0
	累计结转	例16-7 业务（4）100 000	例16-7 业务（3）1 021 500	921 500
非财政拨款结余	年初余额调整①	例16-7 业务（5）60 000		0
	项目间接费用或管理费	例16-7 业务（5）50 000	例16-1 业务（27）50 000	0
	结转转入	例16-7 业务（5）100 000	例16-7 业务（4）100 000	0
	累计结余		例16-7 业务（5）210 000 例16-7 业务（8）7 051 500	921 500
其他结余		例16-6 业务（3）3 000 000 例16-7 业务（6）7 001 000	例16-5 业务（2）3 005 000 例16-5 业务（3）876 000 例16-5 业务（6）1 620 000 例16-6 业务（5）4 500 000	0
经营结余		例16-6 业务（4）200 000 例16-6 业务（7）50 500	例16-5 业务（5）250 500	0
非财政拨款结余分配		例16-7 业务（8）7 051 500	例16-7 业务（6）7 001 000 例16-7 业务（7）50 500	0
专用结余			例16-1 业务（30）200 000	200 000

根据会计账簿资料，编制预算收入支出表、预算结转结余变动表和财政拨款预算收入支出表，如表16-11、表16-12、表16-13所示。

表16-11 预算收入支出表

会政预01表

编制单位：某省农业生态研究所　　　　2×24年　　　　单位：元

项目	本年数	上年数（略）
一、本年预算收入	52 653 000	
（一）财政拨款预算收入	43 050 000	
其中：政府性基金收入		

---

① "非财政拨款结余——年初余额调整"科目贷方余额为60 000元；其他总账科目及其明细科目无期初余额。

续表

项目	本年数	上年数（略）
（二）事业预算收入	6 105 000	
（三）上级补助预算收入	1 095 000	
（四）附属单位上缴预算收入	532 500	
（五）经营预算收入	250 500	
（六）债务预算收入	300 000	
（七）非同级财政拨款预算收入	1 000 000	
（八）投资预算收益	270 000	
（九）其他预算收入	50 000	
其中：利息预算收入	20 000	
捐赠预算收入		
租金预算收入	30 000	
二、本年预算支出	42 210 000	
（一）行政支出	0	
（二）事业支出	46 450 000	
（三）经营支出	200 000	
（四）上缴上级支出	150 000	
（五）对附属单位补助支出	50 000	
（六）投资支出	4 800 000	
（七）债务还本支出	100 000	
（八）其他支出	60 000	
其中：利息支出		
捐赠支出		
三、本年预算收支差额	10 443 000	

表 16-12 预算结转结余变动表

编制单位：某省农业生态研究所　　　2×24 年

会政预 02 表
单位：元

项目	本年数	上年数（略）
一、年初预算结转结余	60 000	
（一）财政拨款结转结余		
（二）其他资金结转结余	60 000	
二、年初余额调整（减少以"-"号填列）	200 000	
（一）财政拨款结转结余	50 000	

续表

项目	本年数	上年数（略）
（二）其他资金结转结余	150 000	
三、本年变动金额（减少以"-"号填列）	10 623 000	
（一）财政拨款结转结余	2 650 000	
1. 本年收支差额	2 440 000	
2. 归集调入	910 000	
3. 归集上缴或调出	-700 000	
（二）其他资金结转结余	7 973 000	
1. 本年收支差额	8 003 000	
2. 缴回资金	-30 000	
3. 使用专用结余		
4. 支付所得税		
四、年末预算结转结余	10 883 000	
（一）财政拨款结转结余	2 500 000	
1. 财政拨款结转	1 900 000	
2. 财政拨款结余	600 000	
（二）其他资金结转结余	8 383 000	
1. 非财政拨款结转	921 500	
2. 非财政拨款结余	7 261 500	
3. 专用结余	200 000	
4. 经营结余（如有余额，以"-"号填列）		

表16-13　财政拨款预算收入支出表

会政预03表

编制单位：某省农业生态研究所　　　　2×24年　　　　单位：元

项目	年初财政拨款结转结余		调整年初财政拨款结转结余	本年归集调入	本年归集上缴或调出	单位内部调剂		本年财政拨款收入	本年财政拨款支出	年末财政拨款结转结余	
	结转	结余				结转	结余			结转	结余
一、一般公共预算财政拨款	50 000		600 000	-500 000				43 050 000	40 550 000	1 900 000	600 000

续表

项目	年初财政拨款结转结余		调整年初财政拨款结转结余	本年归集调入	本年归集上缴或调出	单位内部调剂		本年财政拨款收入	本年财政拨款支出	年末财政拨款结转结余	
	结转	结余				结转	结余			结转	结余
（一）基本支出			50 000	600 000	-500 000			35 250 000	35 250 000		
1. 人员经费								24 450 000	24 450 000		
2. 日常公用经费			50 000	600 000	-500 000			10 800 000	10 800 000		
（二）项目支出								7 800 000	5 300 000	1 900 000	600 000
1. A 项目								300 000	300 000	—	—
2. B 项目								7 500 000	5 000 000	1 900 000	600 000
……											
二、政府性基金预算财政拨款											
（一）基本支出											
1. 人员经费											
2. 日常公用经费											
（二）项目支出											
1. XX 项目											
2. XX 项目											
……											
总计											

第四节 附 注

一、财务报表附注的概念、作用和特点

附注是对在会计报表中列示的项目所作的进一步说明，以及对未能在会计报表中列示项目的说明。附注是财务报表的重要组成部分。

二、附注内容

附注主要包括下列内容：

（1）单位的基本情况。单位应当简要披露其基本情况，包括单位主要职能、主要业务活动、所在地、预算管理关系等。

（2）会计报表编制基础。

（3）遵循政府会计准则、制度的声明。

（4）重要会计政策和会计估计。单位应当采用与其业务特点相适应的具体会计政策，并充分披露报告期内采用的重要会计政策和会计估计。主要包括以下内容：①会计期间。②记账本位币，外币折算汇率。③坏账准备的计提方法。④存货类别、发出存货的计价方法、存货的盘存制度，以及低值易耗品和包装物的摊销方法。⑤长期股权投资的核算方法。⑥固定资产分类、折旧方法、折旧年限和年折旧率；融资租入固定资产的计价和折旧方法。⑦无形资产的计价方法；使用寿命有限的无形资产，其使用寿命估计情况；使用寿命不确定的无形资产，其使用寿命不确定的判断依据；单位内部研究开发项目划分研究阶段和开发阶段的具体标准。⑧公共基础设施的分类、折旧（摊销）方法、折旧（摊销）年限，以及其确定依据。⑨政府储备物资分类，以及确定其发出成本所采用的方法。⑩保障性住房的分类、折旧方法、折旧年限。⑪其他重要的会计政策和会计估计。⑫本期发生重要会计政策和会计估计变更的，变更的内容和原因、受其重要影响的报表项目名称和金额、相关审批程序，以及会计估计变更开始适用的时点。

（5）会计报表重要项目说明。政府单位应当按照资产负债表和收入费用表项目列示顺序，采用文字和数据描述相结合的方式披露重要项目的明细信息。报表重要项目包括货币资金、应收账款、存货、长期投资、固定资产、在建工程、无形资产、公共基础设施、政府储备物资、受托代理资产、应付账款、长期借款、事业收入、非同级财政拨款收入、业务活动费用等。

（6）本年盈余与预算结余的差异情况说明。为了反映财务会计和预算会计因核算基础和核算范围不同所产生的本年盈余数与本年预算结余数之间的差异，政府单位应当按照重要性原则，对本年度发生的各类影响收入（预算收入）和费用（预算支出）的业务进行适度归并和分析，披露将年度预算收入支出表中"本年预算收支差额"调节为年度收入费用表中"本期盈余"的信息。

（7）其他重要事项说明。

【关键词汇】

财务报表（financial statement）	预算结转结余变动表（statement of changes in budget carryover and balance）
净资产变动表（statement of changes in net assets）	财政拨款预算收入支出表（statement of budgetary revenue and expenditure for financial appropriations）

【思考与练习】

一、思考题

1. 什么是财务报表？其作用表现在哪些方面？简述政府单位财务报表种类及其编制要求。

2. 什么是资产负债表？其作用表现在哪些方面？分析资产负债表的格式，试说明我国政府单位资产负债表各项目排列的用意。

3. 什么是收入费用表？其作用表现在哪些方面？简述收入费用表的结构。

4. 简述净资产变动表的概念，说明编制净资产变动表的作用。说明净资产变动表与其他财务报表之间的关系。

5. 资产负债表已经表现了现金的结存，收入费用表又表达了盈余的形成，为什么还要单独编制现金流量表？

6. 政府单位预算会计报表由哪些报表组成？预算会计报表的作用主要表现在哪些方面？

7. 说明什么是预算收入支出表，编制预算收入支出表的作用主要表现在哪些方面。

8. 何谓财政拨款收入支出表？其结构如何？指出财政拨款收入支出表与预算收入支出表的关系。

9. 财务报表附注包括哪些主要内容？请设想，如果不披露这些内容，会对财务报表的理解造成怎样的障碍？试举几例说明。

二、练习题

（一）单项选择题

1. 某企业 2×22 年 4 月 1 日从银行借入期限为 3 年的长期借款 4 000 000 元，编制 2×24 年年度资产负债表时，此项借款应填入的报表项目是（　　）。
   A. 短期借款　　　　　　　　　B. 长期借款
   C. 其他非流动负债　　　　　　D. 一年内到期的非流动负债

2. 某事业单位年末结账后，"库存物品"科目借方余额为 800 000 元，"工程物资"科目借方余额为 160 000 元，"在途物品"科目借方余额为 200 000 元。不考虑其他因素，该单位年末资产负债表"存货"项目的期末余额为（　　）元。
   A. 1 000 000　　B. 1 160 000　　C. 960 000　　D. 800 000

3. 下列各项中，不属于政府单位"预算收入支出表"项目的是（　　）。
   A. 投资支出　　　　　　　　　B. 事业支出
   C. 经营费用　　　　　　　　　D. 对附属单位补助支出

4. 下列资产负债表项目，可直接根据有关总账余额填列的是（　　）。

A. 货币资金　　　B. 应收票据　　　C. 存货　　　D. 应收账款

5. 某事业单位 2×24 年度发生以下业务：以银行存款购买将于 2 个月后到期的国债 5 000 000 元，偿还应付账款 2 000 000 元，支付给职工现金 1 500 000 元，购买固定资产 3 000 000 元。假定不考虑其他因素，该单位 2×24 年度现金流量表中"购买商品、接受劳务支付的现金"项目的金额为（　　）元。

A. 2 000 000　　　B. 3 500 000　　　C. 6 500 000　　　D. 11 500 000

（二）多项选择题

1. 下列各项中，能引起资产负债表资产项目与负债及所有者权益项目同减的有（　　）。

A. 支付现金股利　　　　　　　　　B. 取得短期借款
C. 盈余公积补亏　　　　　　　　　D. 以现金支付职工薪酬

2. 附注与会计报表相比，下列各项中属于附注特点的有（　　）。

A. 附注侧重于提供定性而非定量信息　　B. 附注对报表兼具基础和补充作用
C. 附注信息可与表内项目信息重复　　　D. 附注主要以文字而非数字来表达信息

3. 下列各项中，不属于政府单位预算会计报表的是（　　）。

A. 预算收入支出表　　　　　　　　B. 财政拨款预算资金收入支出表
C. 收入费用表　　　　　　　　　　D. 预算结转结余变动表

4. 某事业单位 2×24 年度发生的下列业务或事项中，会引起投资活动产生的现金流量发生变化的有（　　）。

A. 收到财政资本性项目拨款 100 万元
B. 转让一项专利权，取得价款 200 万元
C. 购入一项专有技术用于日常运营，支付价款 10 万元
D. 采用权益法核算的长期股权投资确认投资收益 500 万元

5. 下列资产负债表项目中，不能直接根据相关总账科目期末余额填列的是（　　）。

A. 固定资产　　　B. 预付款项　　　C. 应收账款　　　D. 应付票据

（三）业务核算题

1. 资料：（1）某省属事业单位 2×24 年 12 月 31 日"会计科目余额表"如表 16-14 所示。

表 16-14　会计科目余额表　　　　　　　　　　　　　　　　单位：元

会计科目		借方余额	贷方余额	总账科目	借方余额	贷方余额
库存现金		100 000		固定资产	58 800 000	
银行存款		570 000		固定资产累计折旧		5 300 000
其他货币资金		350 000		无形资产	6 300 000	
应收账款		850 000		无形资产累计摊销		2 400 000
其他应收款		250 000		待处理财产损溢		5 000
坏账准备	应收账款		3 400	应交增值税	8 500	50 000
	其他应收款		1 250	长期借款		80 000

续表

会计科目	借方余额	贷方余额	总账科目	借方余额	贷方余额
在途物资	70 000				
库存物品	511 000				
加工物品	90 000				

（2）长期借款 80 000 元，其中：第 1 笔金额为 30 000 元，期限从 2×24 年 8 月 1 日至 2×27 年 8 月 1 日；第 2 笔金额为 50 000 元，期限从 2×23 年 8 月 1 日至 2×25 年 8 月 1 日。两笔借款均为到期一次还本、分期付息。

要求：根据上述资料，计算该事业单位 2×24 年 12 月 31 日的资产负债表下列项目的金额：①货币资金；②应收账款净额；③其他应收款净额；④存货；⑤固定资产净值；⑥无形资产净值；⑦待处理财产损溢；⑧应交增值税；⑨长期借款；⑩一年内到期的非流动负债。

2. 资料：2×24 年某事业单位发生经济业务如下：

（1）2×24 年 2 月，收到省委组织部发来的拨款通知单，注明拨付该单位人才计划资助经费 500 000 元，按项目进度拨付的科研课题项目经费 200 000 元，全部款项存入银行。省委组织部不是该单位的上级主管部门。

（2）当年取得借款收到现金 50 000 元，偿还长期借款本金 100 000 元，支付利息 4 000 元。

（3）融资租入固定资产支付的租赁费 150 000 元。

（4）当年处置公共基础设施收回现金 3 800 000 元，支付处置费用 250 000 元。按照规定，支付处置非流动资产收回现金净额的 80%。

要求：计算确定现金流量表以下项目金额：

（1）"事业活动收到的除财政拨款以外的现金"项目。

（2）"收到的其他与日常活动有关的现金"项目。

（3）"筹资活动产生的现金流量净额"项目。

（4）"处置固定资产、无形资产、公共基础设施等收回的现金净额"项目。

（5）"上缴处置固定资产、无形资产、公共基础设施等净收入支付的现金"项目。

主要参考文献

[1] 王国生. 事业单位会计 [M]. 北京：中国方正出版社，1997.

[2] 财政部会计司. 医院会计制度讲解 [M]. 北京：经济科学出版社，2011.

[3] 王彦，王建英. 政府会计 [M]. 北京：中国人民大学出版社，2012.

[4] 王国生. 行政事业单位会计实务 [M]. 北京：经济管理出版社，2014.

[5] 王国生. 政府会计学 [M]. 北京：北京大学出版社，2017.

[6] 王国生. 事业单位会计实务 [M]. 2版. 北京：中国人民大学出版社，2017.

[7] 王国生. 政府会计准则：基本准则分析与运用 [M]. 北京：首都经济贸易大学出版社，2018.

[8] 全国人大常委会法制工作委员会，全国人大常委会预算工作委员会，中华人民共和国财政部. 中华人民共和国预算法释义 [M]. 北京：中国财政经济出版社，2015.

[9] 王小龙，李敬辉，等. 预算管理一体化规范实用教程 [M]. 经济科学出版社，2020.

[10] 王彦，王建英，赵西卜. 政府与非营利组织会计 [M]. 7版. 北京：中国人民大学出版社，2017.

[11] 王彦，王建英，赵西卜. 政府与非营利组织会计 [M]. 8版. 北京：中国人民大学出版社，2024.